화엄경청량소
華嚴經淸凉疏

화엄경청량소
제18권

제6 타화자재천궁법회 ③

[제26 십지품 · 정종분 ⑦ ⑧]

제2 이구지 - 제3 발광지

청량징관 저

석반산 역주

일러두기

1. 본 화엄경소초의 번역에 사용된 원본은 봉은사에 소장된 목판 80권 『화엄경소초회본』이다.

2. 교정본은 민국(民國) 31년(1942) 대만의 화엄소초편인회(華嚴疏鈔編印會)에서 합본으로 교간(校刊)한 『화엄경소초 10권』을 사용하였다. 그리고 원본현토는 화엄학 연구소의 원조각성 강백의 현토본을 참고하였다.

3. 대장경 속에 경전과 합본으로 수록된 것은 없고, 다만 大正大藏經 권35에 『화엄경소 60권』이 있으며 권36에 『화엄경수소연의초(華嚴經隨疏演義鈔) 90권』이 있지만 경의 본문과의 손쉬운 대조를 위해 회본(會本)을 기본으로 하였으며, 일일이 찾아서 대장경과 대조하지는 못하였다.

4. 교재본이라 한 것은 민족사에서 1997년에 발간한 『현토과목 화엄경』(전 4권)을 지칭하며, 원문 인용은 이 본을 기본으로 하였다.

5. 본『청량소』전권에서는 소(疏)의 전문을 해석하였고, 초문(鈔文)은 너무 번다하고 중복되는 부분을 필자가 임의로 생략하였다.

6. 본문의 이해를 돕기 위하여 도표로 작성한 것은 전강 스승이신 봉선사 능엄학림의 월운강백께 허락을 얻어『화엄경과도(華嚴經科圖)』를 준용(準用)한 것이다.

7. 목차(目次)는『화엄경소초』의 과목을 사용하였고『화엄경과도』를 준용하였다. 과목에 이어지는 ( ) 안에는 간편한 대조를 위하여 목판본의 페이지를 표시하였다. 예) 一. 一) (一) 1 1) (1) 가. 가) (가) ㄱ. ㄱ) (ㄱ) a. a) (a) ㊀ ① ㉮ ㉠ ⓐ ㉯ ㉣ Ⓐ 一 1 가 ㄱ ⓐ Ⓐ ㉯ ㊀ ① ㉮ ㉠ ⓐ Ⓐ 一 1 가 ㄱ a A

8. 목차는 되도록 현대적 번역어로 제목을 삼으려 하였고, 제목에 이어 표기된 아라비아 숫자는 문단의 개수이다.

9. 경과 소문(疏文)은 조금 띄워서 차별화하였고 소문(疏文) 앞에는 ■ 표시를, 초문(鈔文) 앞에는 ● 로 표시하여 번역문을 수록하였다. ❖ 표시는 역자의 견해를 밝힌 부분이다.

10. 경구(經句)의 번역문은 한글대장경과 민족사 간(刊)『화엄경 전10권』을 참고하였고, 소(疏) 문장의 번역은 직역을 원칙으로 하였고, 인용문은 주로 한글대장경의 번역을 따르고자 노력하였다.

11. 본 청량소 번역에 참고한 주요 도서는 다음과 같다.

   (1) 한글대장경『화엄경1, 2, 3』『보살본업경』『대승입능가경』『대반열반경』『보살영락경』; 동국역경원 刊

   (2) 한글대장경『성유식론』『십지경론』『아비달마잡집론』『유가사지론』『대지도론』『섭대승론』『섭대승론석』『대승기신론소별기』『현양성교론』『신화엄경론』; 동국역경원 刊

   (3)『대정신수대장경』; 大正一切經刊行會 刊

(4) 현토과목 『화엄경』; 민족사 刊

(5) 『망월대사전』; 세계성전간행협회 刊, 『불교학대사전』; 홍법원 刊, 『중국불교인명사전』; 明復 編, 『인도불교고유명사사전』; 法藏館 刊

(6) 『신완역 주역』; 명문당 刊, 『장자』; 신원문화사 刊, 『노자도덕경』; 고림 刊, 『논어』; 전통문화연구회 編

12. 주)의 교정본 양식

(1) 소초회본; 대만교정본[華嚴疏鈔編印會]

(2) 宋元明淸南續金纂本 등; 소초회본의 출전 소개 양식

『화엄경청량소』 제18권 차례

大方廣佛華嚴經疏鈔 제35권의 ① 岡字卷
제26. 십지법문을 설하는 품[十地品] ⑦

제2절. 때를 여의는 지 7. ································· 16
1. 오게 된 뜻 ································· 17
2. 명칭 해석 ································· 18
3. 장애를 단절하다 ································· 21
4. 진여를 증득하다 ································· 24
5. 행법을 성취하다 ································· 25
6. 과덕을 증득하다 ································· 25
7. 경문 해석 3. ································· 26
(1) 찬탄하며 청법하는 부분 ································· 26
(2) 바로 설법하는 부분 2. ································· 28
가) 제2지의 행상을 밝히다 2 ································· 29
(가) 시작이 청정하다 3. ································· 30
ㄱ) 앞을 결론하고 뒤를 표방하다 ································· 30
ㄴ) 물어서 열 가지 명칭을 나열하다 9. ································· 33
a. 부드러우면서 정직한 마음 ································· 34
b. 참을성 있는 마음 ································· 35
c. 감관을 수호하는 마음 ································· 39
d. 고요한 마음 ································· 39
e. 순수하고 착한 마음 ································· 39
f. 잡란하지 않은 마음 ································· 41

g. 그리워하지 않는 마음 ································· 41
h. 큰 마음 ································· 41
i. 넓은 마음 ································· 41
ㄷ) 행법을 결론하여 지위에 들어가다 ················· 42
(나) 자체가 청정하다 3. ································· 43
ㄱ) 율의에 포섭되는 계 10. ································· 50
a. 살생하지 않는 계 ································· 51
b. 훔치지 않는 계 ································· 64
c. 삿된 음행을 하지 않는 계 ························ 71
d. 거짓말하지 않는 계 ································· 79
e. 이간하는 말 하지 않는 계 ························ 85
f. 나쁜 말을 하지 않는 계 ··························· 90
g. 번드르르한 말 하지 않는 계 ······················ 98
h. 탐내지 않는 계 ································· 104
i. 성냄을 여의는 계 ································· 108
j. 삿된 소견을 여의는 계 ····························· 114
ㄴ) 선법을 포섭하는 계 3. ································· 119
a. 착하지 않은 법을 간략히 관찰하여 선법을 포섭하는 행법을 일으키다
··· 121
b. 자세하게 장애를 다스림에 대해 관찰하여 선법을 포섭하는 행법을 일으키다 5. ································· 124
ⓐ 인천의 십선법 128   ⓑ 성문의 십선법 131
ⓒ 연각의 십선법 139   ⓓ 보살의 십선법 144
ⓔ 부처님의 십선법 149
c. 수행하기를 권함으로 결론하다 ················· 153
ㄷ) 중생을 섭수하는 계 2. ································· 154

a. 중생을 섭수함에 대해 자세히 밝히다 5. ·····················156
a) 지혜 10. ···156

㉮ 살생하는 죄 167　　　㉯ 훔치는 죄 168
㉰ 삿된 음행의 죄 169　㉱ 거짓말하는 죄 169
㉲ 이간질하는 죄 170　㉳ 나쁘게 말하는 죄 171
㉴ 번드르르한 말 하는 죄 171　㉵ 탐욕의 죄 172
㉶ 성냄의 죄 173　　　㉷ 삿된 소견의 죄 173

b) 서원 ···175
c) 행법 ···177
d) 원인을 모음에 대해 ···178
e) 결과를 모음에 대해 2. ···182
㈀ 소견이 삿되게 뒤바뀐 중생을 교화하다 ············184
㈁ 행법이 삿된 아홉 부류 중생을 교화하다 3. ·······188
① 욕구하는 중생을 교화하다 2. ······························189
② 구함이 있는 중생을 교화하다 2. ························210
㉠ 도의 차별 211　　　㉡ 세계의 차별 227
③ 범행을 구하는 중생을 교화하다 2. ····················230
㉠ 삿되게 범행을 구하는 중생을 교화하다 ···········230
㉡ 불법 안의 소승을 교화하다 ·······························240
b. 섭중생계를 결론하다 ···242
나) 제2지의 과덕을 밝히다 3. ·······································243
ㄱ. 조화롭고 부드러운 결과 ······································244
ㄴ. 보답으로 거둔 결과 2. ···248
ㄷ. 서원과 지혜의 결과 ··251
(3) 거듭 노래하는 부분 3. ···251
가) 제2지의 행상을 노래하다 ··252

나) 제2지의 과덕을 노래하다 ······································· 256
　다) 설한 내용을 결론하여 찬탄하다 ······························· 257

大方廣佛華嚴經疏鈔　제35권의 ② 劍字卷
제26. 십지법문을 설하는 품[十地品] ⑧

　제3절. 광명을 내는 지 7. ··· 260
　1. 오게 된 뜻 ·· 260
　2. 명칭 해석 ·· 264
　3. 장애를 단절하다 ·· 273
　4. 진여를 증득하다 ·· 276
　5. 행법을 성취하다 ·· 278
　6. 과덕을 얻다 ·· 278
　7. 경문 해석 3. ·· 279
　(1) 찬탄하며 청법하는 부분 2. ··································· 280
　(2) 바로 설법하는 부분 2. ··· 283
　가) 제3지의 행상을 밝히다 4. ···································· 285
　(가) 염행을 시작하는 부분 ·· 285
　(나) 염리를 수행하는 부분 3. ····································· 294
　ㄱ) 번뇌를 막아 내는 행법을 닦다 2. ························· 296
　(ㄱ) 무상을 관찰하여 유위법의 체성을 알다 2. ··········· 296
　① 어째서 무상한가 ··· 299
　② 어떤 것이 무상한가 ·· 302
　(ㄴ) 관찰하고도 구제하지 않는 이는 사람에 입각하여 허물을 밝힌다
　··· 306

ㄴ) 소승을 막는 행법을 닦다 2. ································· 317
　a. 소승의 마음을 막다 ··· 317
　b. 좁은 마음을 막다 2. ······································· 324
　　(a) 생사에 빠진 중생을 슬퍼하다 ···························· 324
　　(b) 확고한 의지로 자비롭게 구제하다 ······················· 330
ㄷ) 방편으로 중생을 섭수하는 행법을 닦다 4. ················ 336
　a. 중생을 섭수하는 행법을 시작하게 된 원인 ················ 339
　b. 중생을 섭수하는 방편을 구할 것을 생각하다 ············· 342
　c. 중생을 섭수하는 방편을 얻었다고 생각하다 ·············· 343
　d. 생각에 의지하여 행법을 닦다 2. ··························· 354
　　㉠ 법을 구하는 행법 ··· 355
　　㉡ 행법을 구하는 원인 ······································ 360
(다) 싫어하는 부분 3. ··· 366
　a. 어떻게 수행하는가 ·· 370
　b. 증득하여 들어가다 2. ·· 379
　　a) 앞을 결론함은 언제 닦고 증득하는가 ···················· 380
　　b) 닦을 대상이 무엇이며 닦아서 무엇을 증득하는가 2. ·········· 381
　　　㉠ 사선천에 대해 설명하다 4. ···························· 393
　　　　㉮ 초선에 대한 설명 398　　㉯ 이선에 대한 설명 406
　　　　㉰ 삼선에 대한 설명 414　　㉱ 사선에 대한 설명 425
　　　㉡ 사공천에 대해 밝히다 4. ······························ 433
　　　　㉮ 공무변처 441　　㉯ 식무변처 464
　　　　㉰ 무소유처 465　　㉱ 비상비비상처 467
　c. 들어간 의미 ··· 473
(라) 염행의 결과의 부분 3. ·· 473
　ㄱ) 사무량심은 곧 방편을 실천한 결과이다 2. ··············· 475

a) 인자함의 행법을 개별로 밝히다 ······································482
b) 남은 셋을 유례하여 밝히다 ···493
ㄴ) 다섯 신통은 공용을 행한 결과이다 5. ···························494
  a. 경계를 신령하게 통하다 ···498
  b. 천상의 귀처럼 통하다 ··501
  c. 남의 마음을 아는 신통 ···502
  d. 과거를 잘 아는 신통 ···512
  e. 천상의 눈처럼 보는 신통 ··514
ㄷ) 자재함으로 총합 결론하다 ···515
나) 제3지의 과덕 3. ··518
  ㄱ. 조화롭고 부드러운 결과 ··519
  ㄴ. 보답으로 거둔 결과 ···533
  ㄷ. 서원과 지혜의 결과 ···538
(3) 거듭 노래하는 부분 5. ··538
  가. 염행을 일으키는 부분을 노래하다 ···························538
  나. 염행의 부분을 노래하다 ·······································539
  다. 염분과 염행의 결과 부분를 노래하다 ······················543
  라. 제3지의 과덕을 노래하다 ······································544
  마. 결론을 노래하다 ···545

大方廣佛華嚴經 제35권

大方廣佛華嚴經疏鈔 제35권의 ① 岡字卷

제26 十地品 ⑦

제2 이구지(離垢地)는 계율에 대해 말한다. 시작이 청정하고[發起淨] 본성 자체가 청정하다[自體淨]고 말한다. 발기정(發起淨)은 정직한 마음 등의 열 가지 마음을 제시한다. 자체정(自體淨)은 이른바 삼취정계(三聚淨戒)이니, 수행자가 성인의 지위에 들어왔다고 함부로 행동하는 것이 아니라, 제8지에 이르기 전에는 철저한 계율을 중요시한다는 것이다. 그래서 범부와 성문과 연각, 보살 심지어 부처님까지 십선업을 닦아야 한다.

질직하고 부드럽고 참을성 있고	質直柔軟及堪能과
조복한 맘 고요한 맘 순일한 마음	調伏寂靜與純善과
생사를 뛰어나는 광대한 마음	速出生死廣大意여
열 가지 마음으로 2지에 들게 된다.	以此十心入二地로다

불자가 여기에선 전륜왕 되어	佛子住此作輪王하여
중생을 교화하여 십선(十善) 행하며	普化衆生行十善하고
여러 가지 선근을 모두 닦아서	所有善法皆修習하니
십력(十力)을 이루어서 세상 구제하도다.	爲成十力救於世로다

大方廣佛華嚴經 제35권
大方廣佛華嚴經疏鈔 제35권의 ① 岡字卷

제26. 십지법문을 설하는 품[十地品] ⑦

제2절. 때를 여의는 지[離垢地] 7.

❖ 제6회 십지품 제2 離垢地 (科圖 26-33; 岡字卷)

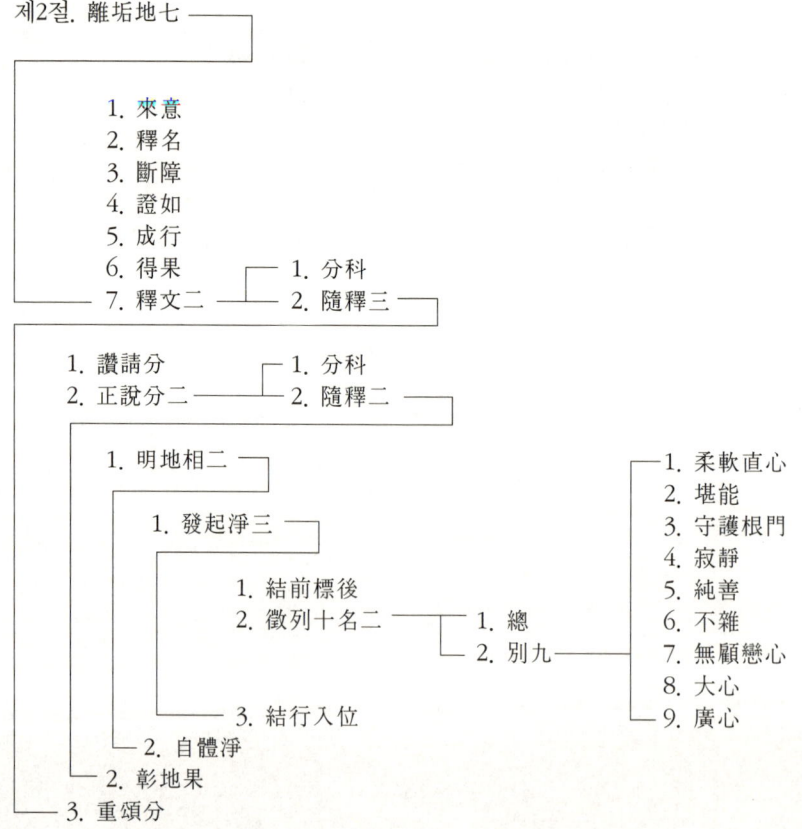

1. 오게 된 뜻[來意] 2.

1) 삼학(三學)에 의지하여 설명하다[約三學明] 2.
(1) 논경을 거론하다[擧論] (第二 1上5)
(2) 소가의 해석[疏釋] (言正)

[疏] 第二는 離垢地라 所以來者는 論에 云, 如是已證正位하야 依出世間道가 因清淨戒일새 說第二菩薩離垢地라하니라 言正位者는 卽初地見道니 是出世間이라 依此修於三學하나니 戒最在初일새 故先來也니라 前地에 雖證眞有戒나 未能無誤라

■ 제2절 (범계의) 때를 여의는 지(地)이다. 1. 오게 된 이유는 논경에 이르되, "보살이 이와 같이 이미 바른 지위를 증득하고 출세간도의 원인인 청정한 계에 의지하였으므로 제2절 보살의 때를 여의는 지[離垢地]를 설한다"라고 하였다. '바른 지위'라 말한 것은 곧 초지 견도위(見道位)를 가리키나니 바로 출세간을 말한다. 가. 이 초지를 의지하여 삼학을 닦게 되나니 계율이 가장 처음이므로 먼저 오게 되었다. 앞 지(地)에서도 비록 진여를 증득하고 지계를 하였지만 능히 잘못이 없게 할 수는 없는 까닭이다.

2) 십바라밀에 의지하여 설명하다[約十度明] (又以 1上8)

[疏] 又以十度로 明義에 前施此戒일새 故次明之라 下之八地를 依十度次하야 以辨來意니 準此可知니라
■ 2) 또 십바라밀에 의지하여 이치를 밝힌다면 앞은 보시바라밀이었고,

여기는 지계바라밀이므로 다음에 밝힌 것이다. 아래 여덟 지(地)도 십바라밀의 순서에 의지하여 '오게 된 뜻'을 밝혔으니 여기에 준해 보면 알 수 있으리라.

[鈔] 第二離垢地라 所以來者는 文二니 先, 擧論이오 後, 言正位下는 疏釋이니 謂依上見道하야 而有修道니 修道에 修行三學이라 上, 正釋論이오 後, 前地下는 解妨이니 妨云호대 初地에 豈無戒耶아 答意는 可知로다

● 제2절 때를 여의는 지이다. 1. 오게 된 이유는 문장이 둘이니 (1) 논경을 거론함이요, (2) 言正位 아래는 소가의 해석이다. 말하자면 위의 견도(見道)에 의지하여 수도(修道)가 있는 것이니 수도위(修道位)에서는 삼학을 닦아 나간다. 가. 바로 논경을 해석함이요, 나. 前地 아래는 비방을 해명함이다. 비방하되, "초지라고 어찌 계행이 없었겠는가?"라 하였다. 대답한 내용은 알 수 있으리라.

2. 명칭 해석[釋名] 6.

1) 유가론을 인용하여 밝히다[明引瑜伽] (言離 1下3)
2) 가만히 섭론을 인용하다[暗引攝論] (謂性)

[疏] 言離垢者는 慈氏가 云, 由極遠離犯戒垢故라하니 謂性戒成就가 非如初地의 思擇護戒라

■ '때를 여읜다'는 말은 『자씨론(慈氏論)』에, "계율을 범하는 허물을 완전하게 멀리 여의기 때문이다"라고 하였다. 말하자면 성계(性戒)를 성

취하는 것이 초지에서 생각으로 선택하여 계율을 수호하는 것과는 다르다는 뜻이다.

3) 유식론의 이치를 인용하다[引唯識義] (唯識)
4) 비바사론으로 회통하다[會婆娑文] (十住)
5) 다시 유가론을 인용하다[重引瑜伽] (瑜伽)
6) 계율을 잡아서 결론하다[結成約戒] (故此)

[疏] 唯識[1]에 亦云, 具淨尸羅하야 遠離微細毀犯煩惱垢故라하며 十住毘婆沙[2]에 雖云行十善道라하나 離諸垢故라하니 亦不異戒라 瑜伽에 亦名增上戒住라하니라 故로 此地中에 斷邪行障하고 證最勝眞如를 皆約戒明이니라

■ 『성유식론』 제9권에도 또한, "시라(尸羅)를 모두 맑게 해서 미세하게 훼범하는 번뇌의 허물을 멀리 여의기 때문이다"라고 하였다. 『십주비바사론』에서 비록 '열 가지 착한 길[十善道]을 행한다'고 하였지만 여러 허물을 여의는 까닭에 계율과 다르지 않다. 『유가사지론』에도 또한 '증상의 계율로 머문다[增上戒住]'고 말하였다. 그래서 이 지(地)에서 삿된 행위의 장애를 단절하고 가장 뛰어난 진여를 증득하는 것은 모두 계율에 의지하여 설명한 내용이다.

---

1) 『成唯識論』제9권에 云, "二, 離垢地는 具淨尸羅하야 遠離能起微細毀犯煩惱垢故며."(대정장 권31 p. 51 a-)
2) 인용문은 『十住毘婆沙論』제1권 入初地品 제2의 내용이다. 論云, "菩薩在初地始得善法味心多歡喜故名歡喜地. 第二地中行十善道離諸垢故名離垢地. 第三地中廣博多學爲衆說法能作照明故名爲明地. 第四地中布施持戒多聞轉增. 威德熾盛故名爲炎地. 第五地中功德力盛. 一切諸魔不能壞故名難勝地. 第六地中障魔事已. 諸菩薩道法皆現在前故名現前地. 第七地中去三界遠近法王位故名深遠地. 第八地中若天魔梵沙門婆羅門無能動其願故名不動地. 第九地中其慧轉明調柔增上故名善慧地. 第十地中菩薩於十方無量世界. 能一時雨法雨如劫燒已普澍大雨名法雲地."(대정장 권26 p. 23 a-).

[鈔] 言離垢下는 二, 釋名이니 先, 引瑜伽오 後, 謂性戒下는 是疏가 暗引 世親攝論第七하야 以釋瑜伽니 卽揀劣顯勝이라 釋成上極遠離之言 이 不在作意而無誤故라 若具引인대 瑜伽四十八[3]에 云, 如是略說 菩薩增上戒住하니 謂意樂淨故며 性戒具足故며 離一種[4]犯戒垢故 며 一切業道와 一切因果를 了知通達故며 乃至云, 若廣說者인대 如 十地經離垢地說이니 離垢地에 由遠離一切犯戒垢故라 彼離垢地는 卽增上戒住라하니라 釋曰, 彼旣指此하니 故宜引彼니라 唯識中에 言 具淨尸羅는 乃有二意하니 一云, 具足別解脫과 及定共과 道共故라 雖第三地에 始發定增이나 能離過時에 此地에 已滿일새 故有定共이 라 二云, 或唯別解脫이니 亦能全離加行의 根本과 後起罪故라 十住 毗婆沙는 卽第一論入初地品의 釋地名中이니라

- 2. 言離垢 아래는 명칭 해석이니 1) 『유가론』을 인용하여 밝힘이요, 2) 謂性戒 아래는 이 소에서 가만히 세친보살의 『섭대승론』 제7권을 인용하여 『유가론』을 해석한 내용이니 열등한 것을 분별하여 뛰어난 것을 드러냄이다. 위에서 '지극하게 멀리 여읜다'는 말이 생각을 지어도 잘못이 없음에 있지 않음을 이룬다고 해석한 까닭이다. 만일 갖추어 인용한다면 『유가사지론』 제48권에 이르되, "이처럼 간략히 보살의 증상계주(增上戒住)를 설명하였으니 말하자면 의요(意樂)가 깨끗하기 때문이며 성계(性戒)를 두루 갖추었기 때문이요, 온갖 종류의 계율을 깨뜨리는 때를 여의었기 때문이요, 온갖 업도(業道)와 인과를 분명

---

3) 인용문은 『유가사지론』 제48권 持隨法瑜伽處住品 제4의 ②의 내용이다. 論云, "當知是名略說菩薩增上戒住. 謂意樂淨故. 性戒具足故離一切種毁犯戒垢故. 一切業道一切因果了知通達故. 於諸淨業能自受行. 亦樂勸他令其受行故. 於有情界諸業所生衆苦艱辛得大哀愍. 如實觀照故. 善根淸淨故. 受生致威力故. 若廣宣說如十地經離垢地說. 遠離一切犯戒垢故. 名離垢地. 由離一切戒垢故. 卽此名爲增上戒住. 彼離垢地當知卽此增上戒住."(대정장 권30 p.557 a-).

4) 一種은 論作一切種.

히 알고 통달하였기 때문이요, (모든 깨끗한 일을 받아 행하고 또한 즐거이 다른 이들을 권하여 그로 하여금 받아 행하게 하기 때문이요) 나아가 자세히 말한다면 『십지경』의 이구지(離垢地)에서 설명한 내용과 같다. 이구지에서 온갖 계율 범하는 때를 여의게 되기 때문에 곧 이곳을 증상계주(增上戒住)라고 한다." 해석하자면 저기서는 이미 이런 것을 지적하였으므로 마땅히 저것을 인용한 것이다. 『유식론』에서 '시라를 모두 맑게 하여'라고 한 말에 두 가지 의미가 있으니 첫째, 별해탈계(別解脫戒)와 정공계(定共戒)와 도공계(道共戒)[5]를 갖추나니 비록 제3지에 처음으로 선정이 증가하지만 능히 허물을 여일 적에 이 지에서 이미 만족하게 되므로 정공계(定共戒)가 있는 것이다. 둘째, 혹은 별해탈계만 해당하나니 또한 가행지(加行智)와 근본지(根本智)와 후득지(後得智)와 뒤에 일어나는 죄를 완전히 여일 수 있기 때문이다. 『십주비바사론』은 곧 초지에 들어가는 내용 중 십지의 명칭을 해석한 부분이다.

3. 장애를 단절하다[斷障] 2.

1) 장애를 단절함을 밝히다[明斷障] (言邪 2上10)
2) 어리석음을 단절하다[辨斷愚] (由斯)

[疏] 言邪行障者는 謂所知障中의 俱生一分과 及彼所起誤犯三業이 能障二地라 由斯二地에 說斷二愚와 及彼麤重이라 一은 微細誤犯愚니 卽上俱生一分이 此能起業이오 二는 種種業趣愚니 卽彼所起誤犯三業이니라

―――――――――
5) 여기서 別解脫戒는 계법[곧 攝律儀戒]이고, 도공계(道共戒)는 도가 높아지면 같아지는 계이고, 정공계(定共戒)는 선정이 깊어지면 같아지는 계를 뜻한다.

■ '삿된 소행의 장애'라 말한 것은 말하자면 소지장(所知障) 중의 구생(俱生)번뇌의 일부분과 거기서 일으킨 잘못 범한 세 가지 업이 제2지를 장애하기 때문이다. 이런 제2지로 인하여 두 가지 어리석음과 그 추중번뇌를 단절하는 것이다. (두 가지 어리석음이란) (1) 미세하게 잘못 범한 어리석음이니 곧 위의 구생(俱生)번뇌의 일부분이 여기서 업을 일으키게 되는 것이요, (2) 갖가지 업에 나아가는 어리석음이니, 곧 저기서 일어난 잘못 범한 세 가지 업을 말한다.

[鈔] 言邪行下는 第三, 斷障이니 卽唯識文이라 先, 斷障이오 後, 斷愚라 障中에 論不釋名이나 攝論에 云, 謂於諸有身等의 邪行障[6]이라하니 意云, 身等三業에 有十惡行을 名邪行障이니라 謂所知下는 出體니 所知는 揀異煩惱오 俱生은 揀於分別이라 分別을 初地에 已斷盡故라 一分을 唯屬此地斷者라 從能障二地下는 具足인대 論에 云, 能障二地極淨尸羅라 入二地時에 便能永斷이라하니라 釋曰, 以易不顯이니라 由斯二下는 後, 斷愚也라 開上一障하야 而爲二愚니 愚卽現行이오 麤重是種子라 二, 種種業趣愚者는 毁責으로 爲名이오 不取惡果어니 豈名種種고 業趣不一일새 卽名爲種種이니 種種非一이 卽是毁責이니라 論에 更釋云호대 或唯起業이며 不了業愚라하니 謂前一은 是起業之愚오 後一은 卽是不了業愚라 非所發業이오 此二는 非必能起於業이라하니 則其二愚가 一向是愚니라 若依此釋인대 後之一愚는 亦愚品類니라

問이라 所知障은 不能發潤이어늘 如何此中에 能發三業고 答이라 唯

---

6) 인용문은 『攝大乘論』 제10권의 釋入因果修差別勝相 제5에 보이는 내용이다. 論云, "何者爲十種無明. 一凡夫性無明. 二依業愚等. 於諸衆生起邪行無明. 是二地障. 菩薩未入二地生如此想, 謂三乘人有三行差別. 迷一乘理故稱無明."(대정장 제31권 p. 221 b9-)

識第一에 云, 續生煩惱라하니 發犯戒業이 通所知障이라 此約誤犯일새 故不相違니라

● 3. 言邪行 아래는 장애를 단절함이니 곧 『성유식론』의 문장이다. 1) 장애를 단절함이요, 2) 어리석음을 단절함이다. 1) 장애를 단절함 가운데 논경에서 명칭을 해석하지 않았지만 『섭대승론』에 이르되, "말하자면 모든 중생의 신업 등의 삿된 소행의 장애이다"라고 하였다. 의미로 말하면 신업 따위의 세 가지 업으로 짓는 열 가지 나쁜 소행을 '삿된 소행의 장애'라 말한다. (1) 謂所知 아래는 체성을 내보임이니 소지장을 번뇌장과 구분한 것이요, 구생(俱生)은 분별과 구분한 것이다. 분별은 초지에서 이미 모두 단절한 까닭이다. 그 일부분이 오직 이 제2지에서 단절하는 것일 뿐이다. (2) 能障二地부터 아래는 구비해 말하면 섭론에 이르되, "능히 제2지의 지극히 청정한 계율을 장애한다. 제2지에 들어갈 때에 문득 영원히 단절하게 된다"고 하였다. 해석하자면 쉽기 때문에 밝히지 않은 것이다.

2) 由斯二 아래는 어리석음을 단절함이다. (1) 위의 한 가지 장애를 전개하여 두 가지 어리석음으로 삼았으니 어리석음은 현행(現行)을, 추중은 종자(種子)를 가리킨다. (2) 종종업취우(種種業趣愚)는 헐뜯음으로 이름한 뜻이요, 나쁜 결과를 취하지 않는데 어찌 갖가지라 이름할 수 있는가? 업에 나아감이 하나가 아니므로 '갖가지'라 이름하였으니, 갖가지여서 하나가 아닌 것이 그대로 헐뜯음이다. 『성유식론』에 다시, "혹은 오직 업만 일으키는 것과 업을 알지 못하는 어리석음이다"라고 해석하였다. 말하자면 앞의 하나는 업을 일으키는 어리석음이요, 뒤의 하나는 바로 업을 알지 못하는 어리석음이니 일으킨 업이 아니요, 이 두 가지는 반드시 업을 일으킬 수 없을 뿐만 아니라

그 두 가지 어리석음이 한결같이 어리석음인 것이다. 만일 여기에 의지해서 설명한다면 뒤의 한 가지 어리석음도 또한 어리석음의 종류에 속한다. 묻는다. "소지장은 능히 (업을) 윤택하게 하지 않는데 어떻게 이 가운데서 능히 세 가지 업이 일어났는가?" 답한다. "『성유식론』제1권에서, '윤회의 삶을 계속하게 하는 번뇌장이다'라고 하였으니 계율을 범하는 업을 일으킴이 소지장에 통한다. 이것은 잘못 범함에 의지하였으므로 서로 위배되지 않는다."

4. 진여를 증득하다[證如] (言最 3上9)

[疏] 言最勝者는 謂此眞如가 具無邊德하니 於一切法에 最爲勝故라 此亦由翻破戒之失하야 爲無邊德이니라

■ '가장 뛰어나다'고 말한 것은 이를테면 이 진여가 그지없는 공덕을 구비하였으므로 모든 법에서 가장 훌륭한 까닭이다. 이는 또한 파계한 허물을 뒤바꿈으로 인해 그지없는 공덕이 된다.

[鈔] 言最勝下는 第四, 證如니 戒爲最勝이라 由具戒故로 證最勝如니 謂此如理가 最爲勝故라 如說離欲을 名爲最勝이니라 此亦由翻下는 是疏釋意니 彌顯戒勝이라 故로 智度論第十五에 云,[7] 大惡病中에 戒爲良藥이며 大怖畏中에 戒爲守護며 死愚暗中에 戒爲明燈이며 於惡道中에 戒爲猛將이며 死海水中에 戒爲大船이라하나니 故云最勝이라 餘如戒經하니라

---

[7] 인용문은 『大智度論』제13권 釋初品中尸羅波羅蜜義 제21의 내용이다. 論云, "復次持戒之人. 見破戒人刑獄考掠種種苦惱. 自知永離此事以爲欣慶. 若持戒之人. 見善人得譽名聞快樂. 心自念言. 如彼得譽. 我亦有分. 持戒之人壽終之時刀風解身筋脈斷絶. 自知持戒淸淨心不怖畏. 如偈說. 《大惡病中 戒爲良藥 大恐怖中 戒爲守護 / 死闇冥中 戒爲明燈 於惡道中 戒爲橋樑 / 死海水中 戒爲大船.》"(대정장 제25권 p. 153c-)

● 4. 言最勝 아래는 진여를 증득함이니 1) 계율이 가장 뛰어난 것이라서 계행을 구비함으로 인해 가장 뛰어난 진여를 증득하게 된다. 말하자면 이것은 진여의 이치가 가장 뛰어난 까닭이다. 예컨대 욕구를 여의는 것을 최승(最勝)이라 이름하는 것과 같다. 2) 此亦由翻 아래는 소가가 의미로 해석함이니 계행이 더욱 뛰어남을 밝힌 것이다. 그래서 『대지도론(大智度論)』제15권에 이르되, "몹시 고달픈 병에는 계율이 좋은 약이요, 몹시 두려울 때에는 계율이 든든한 지킴이요, 죽음의 어두움에는 계율이 밝은 등불이요, 험난한 길목에는 계율이 용맹한 장수와 같고, 죽음의 바다에는 계율이 큰 배와 같도다"라고 하였다. 그래서 '가장 뛰어나다'고 말한다. 나머지는 계경과 같다.

5. 행법을 성취하다[成行] (是以 3下7)
6. 과덕을 증득하다[得果] (得於)

[疏] 是以로 成於戒行하야 得於最勝無等菩提之果라 並寄於戒하야 顯地相別이 雖經論文異나 大旨不殊니라
■ 이런 까닭에 계행을 성취하여, 6. 가장 뛰어나고 짝할 것 없는 보리의 과덕을 증득하게 된다. 아울러 계행에 의탁하여 십지의 양상이 다른 것을 밝힌 것이 본경과 논경의 문장이 다르긴 하지만 큰 의미로는 다르지 않다.

[鈔] 是以成下는 第五, 成行이니 諸論皆同이니라 得無等菩提[8]下는 六, 得果라 戒於世間에 得人天身일새 故於出世에 得菩提果라 並寄已下

---

[8] 得은 南續金本無, 案探玄記引梁論云 得於一切衆生最勝無等菩提果 續金本誤將疏文得於最勝四字會入上節.

는 結示니라

- 5. 是以成 아래는 행법을 성취함이니 모든 논서가 모두 동일하다.
  6. 得於無等 아래는 과덕을 증득함이다. 계행은 세간적으로는 인천의 몸을 얻고, 출세간으로는 보리의 결과를 얻게 한다. 並寄 아래는 결론지어 보임이다.

7. 경문 해석[釋文] 2.

1) 과목 나누기[分科] (次正 4上4)

[疏] 次, 正釋文이라 文分三分이니 初는 讚請分이오 二는 正說分이오 三은 重頌分이라 今初에 五頌을 分二니 初三은 慶聞初地오 後二는 請說二地라

- 7. 경문 해석이다. 경문을 세 부분으로 나누었으니 (1) 찬탄하며 청법하는 부분이요, (2) 바로 설법하는 부분이요, (3) 거듭 노래하는 부분이다. 지금 (1)에서 다섯 게송을 둘로 나누었으니 가. 세 게송은 초지 법문을 잘 들었다고 찬탄함이요, 나. 뒤의 두 게송은 제2지 법문을 청법함이다.

2) 과목에 따라 해석하다[隨釋] 3.
(1) 찬탄하며 청법하는 부분[讚請分] 2.

가. 초지 법문을 잘 들었다고 찬탄하다[慶聞初地] 2.
가) 삼업의 즐거움을 말하다[敍三業慶喜] (今初 4上6)

諸菩薩聞此　　　　　最勝微妙地하고
其心盡淸淨하여　　　一切皆歡喜라
보살들이 묘한 초지　훌륭한 법문 듣고
마음들이 깨끗해져　한꺼번에 환희하며

皆從於座起하사　　　踊住虛空中하여
普散上妙華하고　　　同時共稱讚하시되
자리에서 일어나서　허공중에 뛰어올라
훌륭한 꽃 널리 흩고　함께 칭찬하는 말이

[疏] 今初에 前二는 經家가 敍其三業慶喜오
- 지금 가.에서 가) 앞의 두 게송은 경전 편집자가 삼업의 즐거움을 말함이요,

나) 말로 찬사를 보내다[發言申其讚] (後一 4上8)

善哉金剛藏　　　　　大智無畏者여
善說於此地　　　　　菩薩所行法일새
장하여라, 금강장이　큰 지혜로 공포 없이
초지보살 행하는 일　분명하게 말하였네.

[疏] 後一은 發言申讚이라 然此慶聞이 亦屬前地니 以領前請後故어늘 皆判屬後라
- 나) 뒤의 한 게송은 말로 찬사를 보냄이다. 그런데 여기서 잘 들었다

고 찬탄함이 또한 앞의 초지에 섭속된다고 볼 수 있나니, 앞을 잘 받고 뒤의 법문을 청하는 것인데 모두 뒤에 섭속된 것으로 판단하였다.

나. 제2지 법문을 청하다[請說二地] (後二 4下2)

解脫月菩薩이　　　　　知衆心淸淨하여
樂聞第二地의　　　　　所有諸行相하고
이때 해탈월보살이　　　대중 마음 청정하여
제2지에 행할 일을　　　듣고 싶음 벌써 알고

卽請金剛藏하되　　　　大慧願演說하소서
佛子皆樂聞　　　　　　所住第二地하나이다
금강장께 청하기를　　　불자들이 2지 법문
듣자오려 바라오니　　　연설하여 주옵소서.

[疏] 後二中에 亦初는 敍오 後는 請이라
■ 나. 두 게송 중에도 가) 대중의 마음을 말해 줌이요, 나) 청법함이다.

(2) 바로 설법하는 부분[正說分] 2.

가. 과목 나누기[分科] (第二 4下5)

爾時에 金剛藏菩薩이 告解脫月菩薩言하시되 佛子여 菩薩摩訶薩이 已修初地하고 欲入第二地인댄 當起十種深

心이니

그때 금강장보살이 해탈월보살에게 말하였다. "불자여, 보살마하살이 초지를 이미 닦고서 제2지에 들어가려거든 열 가지 깊은 마음을 일으켜야 하나니,

[疏] 第二, 正說分이라 中에 先, 明地相이오 後, 彰地果라 前中에 分二니 一, 發起淨이니 即是入地心이오 二, 佛子菩薩住離垢下는 自體淨이니 即住地心이라 三聚無誤하야 地中正行을 名自體淨이오 直心趣[9] 彼를 名發起淨이라

- (2) 바로 설법하는 부분이다. 그중에 가) 제2지의 행상을 밝힘이요, 나) 제2지의 과덕을 밝힘이다. 가) 중에 둘로 나누면 (가) 시작이 청정함이니 곧 지에 들어가는 마음이요, (나) 佛子菩薩住離垢 아래는 자체가 청정함이니 곧 지(地)에 머무는 마음이다. 삼취정계(三聚淨戒)에 어긋남 없이 지(地) 중에 바로 행하는 것을 '자체가 청정하다'고 말하고, 정직한 마음으로 저기로 향하는 것을 '시작이 청정하다'고 칭한다.

[鈔] 三聚無誤下는 疏釋論科라
- 三聚無誤 아래는 소가가 논경의 과목을 해석한 내용이다.

나. 과목에 따라 해석하다[隨釋] 2.
가) 제2지의 행상을 밝히다[明地相] 2.

---

9) 趣는 甲網續金本作起, 準探玄記 應從原南本作趣.

(가) 시작이 청정하다[發起淨卽入地心] 3.
ㄱ. 과목 나누기[分科] (今初 4下9)

[疏] 今初發起中에 三이니 初, 結前標後오 次, 何等下는 徵列十名이오 後, 菩薩以此下는 結行入位라
- 지금은 (가) 시작이 청정함 중에 셋이니 ㄱ) 앞을 결론하고 뒤를 표방함이요, ㄴ) 何等 아래는 물어서 열 가지 명칭을 나열함이요, ㄷ) 菩薩以此 아래는 행법을 결론하여 지에 들어감이다.

ㄴ. 과목에 따라 해석하다[隨釋] 3.
ㄱ) 앞을 결론하고 뒤를 표방하다[結前標後] 3.
(ㄱ) 깊은 마음을 대략 해석하다[略釋深心] (今初 4下9)
(ㄴ) 두 경전을 회통하다[會通二經] (論經)

[疏] 今初에 標云深心者는 深契理事故라 論經에 云直心이라하고 而下列中總句에도 同名直心이라하니 明知深과 直이 義一名異로다
- 지금은 ㄱ) 앞을 결론하고 뒤를 표방함에서 (ㄱ) 깊은 마음이라 표방한 것은 이치와 현상에 깊이 계합한 까닭이다. (ㄴ) 논경에서 '정직한 마음'이라 하였고, 아래 명칭을 나열한 중에도 총상 구절로 똑같이 정직한 마음이라 하였으니, 깊은 것과 정직한 것이 이치는 같은데 이름이 다른 것임을 분명히 알겠다.

[鈔] 而下列者는 謂今經에 標云深心이라하고 下列中總句에 卽名直心이어니와 論經에는 標云直心이라하고 總句에도 亦云直心이라하니 則知義一

이로다 而疏釋深心하야 云深契事理者는 若以深心으로 同論直心인대 直心은 卽是正念眞如니 故로 深契理라 若順起信深心인대 樂修一切善行[10]이 卽是契事니 顯義包含하야 雙存事理니라

● 而下列이란 말하자면 본경에서 '깊은 마음'이라고 표방하였고, 아래 명칭을 나열한 중에 총상 구절에서는 '정직한 마음'이라 하였는데, 논경에서는 '정직한 마음'이라고 표방하였고, 총상 구절에서도 '정직한 마음'이라 하였으니 곧 이치가 하나인 줄 알겠다. 하지만 소가가 깊은 마음을 해석하여 '깊이 이치와 현상에 계합한다'고 말한 것은 만일 깊은 마음으로 논경의 '정직한 마음'과 같다고 한다면, 정직한 마음이 바로 진여법을 바로 생각하는 것이므로 깊이 이치에 계합하게 된다. 만일『기신론(起信論)』의 깊은 마음을 의지한다면 온갖 선행을 즐겨 닦는 것이 곧 현상에 계합하는 것이니 이치를 포함하여 현상과 이치를 함께 두었음을 밝힌 내용이다.

(ㄷ) 논경을 거론하여 해석하다[擧論文釋] 2.
a. 논경을 거론하다[擧論] (論云 5上8)
b. 소가의 해석[疏釋] (謂發)

[疏] 論에 云, 十種直心者는 依淸淨戒直心하야 性戒成就하고 隨所應作하야 自然行故라하니 謂發起淨中에 順理事持가 是淨戒오 直心은 則令自體淨中에 性戒成就라 然이나 性戒有二하니 一, 久積成性이오 二, 眞如性中에 無破戒垢니 今稱如持하야 使得性成일새 故云成就니라

---

[10] 관련된『起信論』의 문장을 찾아보니 分別發趣道相에 나오는 내용이다. "復次信成就發心者. 發何等心. 略說有三種. 云何爲三. 一者直心. 正念眞如法故. 二者深心. 樂集一切諸善行故. 三者大悲心. 欲拔一切衆生苦故."(대정장 권32 p.580 c6-)

■ (ㄷ) 논경에서는, "열 가지 정직한 마음이란 청정한 계행에 의지하여 정직한 마음으로 본성적인 계행[性戒][11]을 성취하여 해야 할 일을 자연스럽게 행하는 까닭이다"라고 하였다. 말하자면 시작이 청정함 중에 이치와 현상을 따라 지키는 것을 '깨끗한 계행[淨戒]'이라 하고, 정직한 마음은 자체가 청정함으로 하여금 '본성적인 계행'을 성취하게 한다. 그러나 본성적인 계행에 둘이 있으니 (1) 오랫동안 쌓아서 이룬 성품이요, (2) 진여 본성 중에는 파계의 더러움이 없나니, 지금은 진여에 걸맞게 지켜서 하여금 성품인 듯이 이루었으므로 '성취한다'고 말하였다.

[鈔] 論云十種直心者는 論釋總句니라 言性戒成就者는 總該三聚하야 別對律儀라 隨所應作下는 通於二聚오 自然而行은 兼顯直義니라 謂發起下는 疏釋上論이라 於中有三하니 初, 正釋이오 二, 然性戒有二下는 釋成上義니 第二眞如性戒로 成前發起淨中의 順理持戒오 第一久積成性으로 成前則令自體淨中의 性戒成就라 三, 今稱如下는 雙結上二義니라

● 論云十種直心이란 (ㄷ) 논경에서 총상 구절을 해석한 내용이다. (a) '본성의 계행을 성취한다'라고 말한 것은 총합적으로 삼취계(三聚戒)를 포괄해서 개별적으로 계율과 위의에 상대한다는 뜻이다. 隨所應作 아래는 이취계[攝律儀戒와 攝衆生戒]에 통하는 내용이요, 자연스럽게 행하는 것은 정직하다는 뜻을 겸하여 밝힌 말이다. (b) 謂發起 아래는 소가가 위의 논경을 해석한 내용이다. 그중에 셋이 있으니 ㊀ 바로 해석함이요, ㊁ 然性戒有二 아래는 위의 이치를 해석함이니 (2)

---

[11] 性戒 : 主戒・實戒・性重戒라고도 한다. 殺・盜・婬・妄과 같은 그 행위 자체가 본질적으로 죄악성을 가지고 있는 戒로 遮戒에 속한다.(불교학대사전 p.842-)

진여의 본성적인 계행으로 앞의 시작이 청정함 가운데 이치를 따라 계율을 지킴이요, (1) 오래 쌓아 이룬 성품으로 앞을 성취하면 자체가 청정함 가운데 본성적인 계행을 성취하게 한다. ㊂ 今稱如 아래는 뒤의 두 가지 이치를 동시에 결론함이다.

ㄴ) 물어서 열 가지 명칭을 나열하다[徵列十名] 2.
(ㄱ) 총상 해석[總] (二徵 6上1)

何等爲十고 所謂正直心과 柔軟心과 堪能心과 調伏心과 寂靜心과 純善心과 不雜心과 無顧戀心과 廣心과 大心이니라

무엇을 열 가지라 하는가? 이른바 정직한 마음·부드러운 마음·참을성 있는 마음·조복한 마음·고요한 마음·순일하게 선한 마음·잡란하지 않은 마음·그리움이 없는 마음·넓은 마음·큰 마음이니라.

[疏] 二, 徵列中에 列有十句하니 初는 總이오 餘는 別이라 總云直心者는 瑜伽에 云,[12] 於一切師長과 尊重福田에 不行虛誑意樂이라하나니 此約隨相別釋이어니와 今論主는 爲順一乘緣起義故로 分爲總別이라 別

[12] 인용문은 『瑜伽師地論』제48권 菩薩地의 持隨法瑜伽處의 住品 제4의 내용이다. (대정장 권30 p. 556 b28-) 묻는다. 增上戒住의 보살이 구르는 때에는 행법이 어떠하며 상태가 어떠하며 모양이 어떠한 줄 알아야 합니까? 대답한다. 그 보살들은 '지극히 환희하는 住'에서 열 가지 마음의 의요로 인해 이미 의요가 청정함을 얻었다. 무엇이 열 가지인가? 첫째, 모든 스승과 어른, 존중하는 복밭에게 거짓을 행하지 않는 의요요, 둘째, 행법이 비슷한 보살에 대하여 인욕하고 부드럽고 온화하여 함께 살기 쉬운 의요요, 셋째, 온갖 번뇌와 수번뇌의 여러 마군의 일들을 이겨내고 조복하여 마음을 자재하게 굴리는 의요요, 넷째, 온갖 행위에 대하여 깊이 허물됨을 발견하는 의요요, 다섯째, 큰 열반에 대하여 깊이 훌륭한 이익임을 발견하는 의요요, 여섯째, 미묘하고 좋은 보리의 부분법에 대하여 언제나 부지런히 닦고 익히려는 의요요, 일곱째, 곧 그 수행에 대하여 따르려고 하는 연고로 좋은 곳을 멀리 여의는 의요요, 여덟째, 모든 세간의 물듦이 있는 높은 지위와 이양과 공경함에 대하여 연모하지 않는 의

皆成總이니 則令總中에 具於別義일새 故不別釋總句니라 別中에 初
四는 律儀오 次三은 攝善이오 後二는 饒益이라

- ㄴ) 물어서 열 가지 명칭을 나열함 중에 열 구절이 있으니 (ㄱ) 첫 구
  절은 총상이요, (ㄴ) 나머지는 별상이다. (ㄱ) 총상에서 '정직한 마
  음'이라 말한 것은 『유가사지론』에서는, "모든 스승과 어른, 존중하
  는 복밭들에게 거짓을 행하지 않는 의요"라 하였다. 이것은 수반되
  는 모양에 의지해 개별적으로 해석한 내용이지만, 지금 논주는 일승
  의 연기법의 이치를 따르기 위한 연고로 총상과 별상으로 나눈 내용
  이다. (ㄴ) 별상은 모두 총상이 되나니 총상 속에 별상의 의미가 들
  어 있는 까닭에 총상 구절을 따로 해석하지 않은 내용이다. (ㄴ) 별
  상 중에 처음의 네 구절[柔軟, 堪能, 調伏, 寂靜心]은 섭율의계요, 다음의
  세 구절[純善, 不雜, 無顧戀心]은 섭선법계요, 뒤의 두 구절[廣心, 大心]은
  섭중생계로 볼 수 있다.

(ㄴ) 별상 해석[別] 9.
a. 부드러우면서 정직한 마음[柔軟直心] (一者 6上6)

[疏] 一者는 柔軟直心이니 共喜樂意持戒故라 故로 瑜伽에 云, 於同法菩
薩에 忍辱柔和하야 易可共住라하니라

- a. 부드러우면서 정직한 마음이니 즐거움을 함께하면서 계행을 지키
  는 까닭이다. 그래서 『유가사지론』에서는 "행법이 같은 보살은 서로

요요, 아홉째, 하승(下乘)을 멀리 여의고 대승에 나아가 증득하려는 의요요, 열째, 모든 중생들의 온갖 옳고 이
익되는 일을 지으려는 의요이니, 이와 같은 열 가지 뒤바뀜 없는 의요는 마음에 의지하여 구르는 연고로 의요가
청정하다고 칭한다. 곧 이런 열 가지 의요로 인해 상품을 성취하는 까닭에 지극히 원만하여지므로 이 모든 보살
들은 제2의 증상계주에 들어가 증득한다.]

인욕하고 부드럽고 온화하여 함께 살기 쉽다"고 하였다.

[鈔] 別中初四下는 釋別句中에 二니 先, 科오 後, 釋이라 釋中에 柔軟直心者는 引瑜伽意니 於他에 柔軟이라 直就論意인대 是自柔軟이라 柔軟이 卽喜樂이니 則持戒之人은 心無惱悔일새 故生喜樂이니라
- (ㄴ) 別中初四 아래는 별상 해석이다. 그중에 둘이니 앞은 과목 나누기요, 뒤는 과목에 따라 해석함이다. 과목에 따라 해석함에서 'a. 부드러우면서 정직한 마음'이라 말한 것은 『유가론』의 주장을 인용한 내용이니, 다른 이에 대하여 부드럽다는 뜻이다. 바로 논경의 주장에 입각한다면 자신에게 부드러운 것을 뜻한다. 부드러움은 곧 기쁘고 즐거운 것이니, 계행을 잘 지키는 사람은 마음에 고뇌와 후회가 없으므로 기쁘고 즐거움을 낸다는 뜻이다.

b. 참을성 있는 마음[堪能心] (二堪 6上10)

[疏] 二, 堪能者는 有自在力하야 性善持戒일새 煩惱魔事가 不能動轉이니 難持를 能持故라 所以鵝珠와 草繫가 盡命無違라하니라
- b. 참을성이란 자재력이 있어서 본성적으로 계율을 잘 지키므로 번뇌나 마군의 일이 능히 동요하거나 바꾸지 못하는 것이니, 지키기 어려운 것을 잘 지키는 까닭이다. 그래서 "거위의 구슬[鵝珠]과 풀에 얽힌 [草繫] 비구가 목숨이 다하도록 계율을 어기지 않는다"고 말하였다.

[鈔] 二堪能等者는 依此性善持戒가 是淨業也라 煩惱已下는 離業因이니 旣因離果離일새 故難持能持니라 所以鵝珠下는 成上能持難持니 鵝

株는 卽阿閦佛經과 大莊嚴經論第十에 廣有其緣이라 今當略示호리니 謂有一比丘가 至金師家러니 其金師가 正爲王家穿珠라 由比丘가 着赤色衣하야 映珠似肉이어늘 有鵝呑之라 金師失珠라하야 傍更無人일새 決謂比丘가 盜其寶珠라하야 詢問호대 言無어늘 遂加拷楚라 比丘가 了知珠爲鵝呑이나 爲惜鵝命하야 甘苦而黙하니라 毆擊血流어늘 鵝來唼血하니 杖誤殺鵝라 比丘見已에 便言珠在라한대 金師가 問言호대 何不早陳하고 受斯楚毒고 比丘答言호대 珠爲鵝呑이나 我爲持戒하야 惜鵝命故로 黙受斯苦라 鵝若不死면 設斷我命이라도 我亦不言하리라 金師白王하야 具陳上事한대 王加敬重하니라[13]

- b. 堪能 등이란 이 본성적으로 계율을 잘 지키는 것이 깨끗한 업임을 의지한 내용이다. 煩惱 아래는 업의 원인을 여의는 내용이다. 이미 원인을 여의고 결과를 떠났으므로 지키기 어려운 것을 능히 지키는 것이다. 所以鵝珠 아래는 위의 지키기 어려운 것을 잘 지킴으로 결론한 내용이다. 아주(鵝珠)에 대한 것은 『아촉불국경(阿閦佛國經)』과 『대장엄론경(大莊嚴經論)』 제10권에 그 인연이 자세하게 쓰여 있다. 지금 간략히 보일 것이니, 말하자면 "어떤 한 비구가 금 세공사[金師; 원문에는 穿珠師]의 집에 갔더니 그 금사(金師)가 왕의 명으로 구슬을 뚫고 있었다. 비구가 붉은 가사를 입고 있었으므로 구슬에 반사되어 마치 고기처럼 보였는데 그 집의 거위가 구슬을 삼켜 버렸다. 금사(金師)가 구슬을 잃어버리게 되었는데 주위에 아무도 없었으므로 비구가 그 보배 구슬을 훔쳤다고 결정하고는 물었다. 비구가 아니라고 말하니 드디어 고문을 가하였다. 비구가 구슬을 거위가 삼킨 것을 알고 있었지만 사실대로 말하면 거위가 목숨을 잃을까 봐 고통을 받으면서도 침

---

13) 『대장엄론경(大莊嚴經論)』 제11권의 내용이다. 經云, "復次護持禁戒寧捨身命終不毁犯. 我昔曾聞. 有一比丘次第乞食─."(대정장 권4 p.319-)

묵을 지켰다. 구타를 당하여 피가 흘러내리는데 거위가 와서 피를 핥으니 금사(金師)가 몽둥이로 때려 거위가 죽었다. 그것을 본 비구가 문득 울면서 '거위에게 구슬이 있다'고 말하였다. 금사(金師)가 묻되, '어째서 일찍 말하지 않고 이렇게 고통을 받았는가?' 비구가 대답하되, '구슬을 거위가 삼킨 것은 사실이지만 나는 계율을 지켜 거위의 목숨을 가엾이 여긴 연고로 이런 고통을 감수하였다. 거위가 만일 죽지 않았다면 설령 나의 목숨을 끊더라도 나는 역시 말하지 않았으리라.' 금사(金師)가 이 사실을 왕에게 사뢰어 위의 일을 모두 진술하였더니 왕이 공경하기를 더욱 소중히 하였다."

言草繫者는 亦此論第三이니 有諸比丘가 行於曠野라가 爲賊剝掠하야 衣服罄盡이라 郡賊14)共議호대 恐報王知하야 咸欲殺之라한대 中有一賊이 語同伴言호대 不須殺之니 比丘之法은 不傷草木이라 可以草繫하면 必不馳告하리라 群賊從之하니라 旣無衣服하고 風吹日炙에 蚊蛭虻蠅之所唼食이며 夜聞惡獸惡鳥之聲이라 長老比丘가 勸諸少年하야 而作是言호대 人命無常이라 要必當死니 今莫毀戒하라 說偈勸之하니 中有偈云호대 伊羅鉢龍王이 以其毀禁戒하야 傷盜於樹葉일새 命終에 墮龍中이라 諸佛이 悉不記彼得出龍時하니 能堅持禁戒가 斯事爲甚難이니라 時諸比丘가 旣聞偈已하고 自相勸誡호대 引昔作惡하야 爲他殺害하야 喪身無數러니 今爲護聖戒하야 分捨微軀하노라 至於明旦하야 國王出獵이라가 初疑禽獸러니 復謂尼乾이라하고 及至詢問하야는 具說護戒한대 王心이 歡喜하야 解縛稱讚하니라15) 海板比丘

---

14) 賊은 甲續金本作盜.
15) 『大莊嚴經論』 제3권에 云, "(一一)我昔曾聞. 有諸比丘曠野中行. 爲賊剽掠剝脫衣裳. 時此群賊懼諸比丘往告聚落盡欲殺害.—"(대정장 권4 p. 268 c~)

도 同此卷說[16]이라 此上二句는 卽是行體오 後二句[17]는 行修오

● '풀에 얽힌'이라 말한 것은 또한 『대장엄경론』 제3권의 내용이니 "어떤 비구들이 넓은 들판을 지나다가 도적떼에게 노략질을 당하여 의복을 모두 빼앗겼다. 여러 도적들이 의논하기를, '왕께 알리는 것이 두려우니 모두 살해하자'고 하였는데, 그중에 한 도적이 무리들에게 말했다. '구태여 죽일 필요 없다. 비구의 법에는 초목을 상해하지 않는 것이니, 풀로써 얽어 매어 두면 반드시 달려가 보고하지 못하리라.' 도적들이 그 말을 따랐다. (비구들에게) 이미 옷이 없고 바람은 불고 햇볕은 내리쬐고 모기·파리·벼룩 등 온갖 벌레들에게 뜯어 먹히기도 하고, 밤이면 악한 짐승이나 날짐승 소리가 들려 견딜 수 없었다. 그중에 늙은 비구가 젊은 비구들에게 권유하되, '사람의 목숨은 무상한 것이라서 결국은 모두 죽게 될 것이니 지금 금계를 헐지 말자' 하며 또 게송으로도 권유하였다. 그중에 게송에 이런 말이 있다. '이라발(伊羅鉢) 용왕이 금계를 훼범하여 나뭇잎을 함부로 상해하여 훔친 까닭에 목숨이 다하고는 용 세상에 떨어졌는데 / 부처님께서 저에게 용에서 나올 때를 수기하지 않으셨네. 그처럼 금계를 굳게 지키는 이 일이 너무 어렵다네.' 그때에 비구들이 게송을 듣고 나서 서로서로 권유하고 경계하되, '예전에 악을 지은 업에 이끌려 남에게 살해당하여 잃은 목숨이 헤아릴 수 없더니, 지금은 성인의 금계를 호지하기 위하여 보잘것없는 신체를 버리는구나'라고 하였다. 다음 날 아침이 되

---

16) 『大莊嚴經論』 제3권에 云, "(一二)復認次若人內心賢善則多安隱利益一切. 是故智者應修其心恒令賢善. 我昔曾聞. 有諸比丘. 與諸估客入海採寶. 旣至海中船舫破壞. 爾時有一年少比丘捉一枚板. 上座比丘. 不得板故將沒水中. 于時上座恐怖惶悸. 懼爲水漂. 語年少言. 汝寧不憶佛所制戒. 常敬上座. 汝所得板應以與我. 爾時年少卽便思惟. 如來世尊實有斯語. 諸有利樂應先上座. 復作是念. 我若以板用與上座. 必沒水中洄澓波浪. 大海之難極爲深廣. 我於今者命將不全. 又我年少初始出家未得道果. 以此爲憂. 我今捨身用濟上座正是其時. ― "(대정장 권4 p. 269 c‐)

17) 句下에 續金本有卽字.

어 국왕이 사냥하러 나왔다가 처음에는 짐승이나 새인 줄 의심하더니 다시 니건(尼乾)의 외도인가 하고는, 드디어 물어보라 하여 금계를 호지하기 위함이라고 모두 말씀드리니, 왕이 마음으로 기뻐하여 풀어 주고 찬탄하였다."

해판(海板) 비구에 대해서도 이 책에 설해져 있는 내용과 마찬가지이다. 이 위의 두 구절[柔軟心, 堪能心]은 곧 행법의 체성이요, 뒤의 두 구절[調伏心, 寂靜心]은 행법을 닦음에 대한 내용이다.

c. 감관을 수호하는 마음[守護根門] (三守 7下7)
d. 고요한 마음[寂靜心] (四寂)
e. 순수하고 착한 마음[純善心] (五純)

[疏] 三, 守護根門이라 不誤[18]犯戒가 如良慧馬가 性自調伏이니 以於諸行에 深見過故니라 四, 寂靜者는 論에 云, 調伏柔軟하야 不生高心故라하니 則似不恃[19]前三所持가 是事寂靜이오 瑜伽에 云,[20] 於大涅槃에 深見勝利者는 斯卽稱理寂靜이니라 五, 純善者는 謂純修妙善菩提分法하야 能忍諸惱가 如眞金故니라

■ c. 감관을 수호하는 마음이다. 잘못 금계를 범하지 않는 것이 마치 잘 길들여진 말[良慧馬]이 본성이 스스로 조복된 것과 같나니 모든 행법에 대해 허물됨을 깊이 발견한 까닭이다. d. 고요함이란 논경에 이르되, "마음이 조복되고 부드러워서 자만하는 생각이 일어나지 않는 것을 말한다"라고 하였다. 앞의 세 구절[柔軟, 堪能, 調伏心]이 의지하는

---

18) 誤는 續金本毀.
19) 恃는 金本作持誤, 案探玄記云 不恃己戒 自高輕彼.
20) 인용문은 앞에 인용한 적이 있다.(대정장 권30 p.556 c-)

대상을 믿지 않는 것이 현상적인 고요함과 비슷하며, 『유가사지론』
에 이르되, "큰 열반에 대하여 훌륭한 이익이 있음을 깊이 발견하는
의요"라 한 것은 곧 이치에 걸맞은 고요함을 뜻한다. e. 순수하고 착
함이란 말하자면 미묘하고 훌륭한 보리의 부분법을 순수하게 닦아
서 모든 고뇌를 능히 참아 내는 것이 진금(眞金)과 같기 때문이다.

[鈔] 三, 守護根門이니 卽修方便이오 四, 寂靜者는 行成離過니 順於涅槃
이니라 守護根門은 前已廣引이라 行成離過는 不見能持所持戒等하고
了戒如空하야 順涅槃矣니라 五, 純善下는 次三은 攝善中에 初一은
自分攝菩提分善이오 二者는 上攝佛善이라 言如眞金者는 雖被鍛鍊
이나 精純無減故라 後句는 離過라 又初는 通攝菩提分善이오 次句는
別語戒善이오 後句는 亦通離過라

- c. 감관을 수호하는 마음이니 곧 닦아 가는 방편을 뜻한다. d. 고요
함이란 행법을 성취하여 허물을 여읜다는 뜻이니 열반에 수순한다는
말이다. '행법을 성취하여 허물을 여읜다'는 것은 금계를 지키는 주체
와 대상 등을 발견하지 못하고, 금계가 〈공〉과 같아서 열반에 수
순하는 줄 아는 것을 뜻한다. e. 純善 아래는 다음의 세 구절[純善心,
不雜心, 無顧戀心]은 선법을 포섭하는 계 중에서 1) 하나는 자분(自分)
이 보리의 부분법에 섭수되는 선법이요, 2) 위로 부처님께 섭수되는
선법이다. '진금과 같다'고 말한 것은 비록 단련을 입긴 하지만 정미
롭고 순수해서 줄어듦이 없는 까닭이다. 3) 뒤의 한 구절[無顧戀]은 허
물을 여읨이다. 또 첫째는 통틀어 보리의 부분법에 섭수되는 선법이
요, 둘째 구절은 따로 지계를 말하는 선법이요, 뒤 구절은 허물 여읨
에 통한다.

f. 잡란하지 않은 마음[不雜心] (六不 8上9)
g. 그리워하지 않는 마음[無顧戀心] (七諸)
h. 큰 마음[大心] (八大)
i. 넓은 마음[廣心] (九大)

[疏] 六, 不雜者는 論에 云, 所得功德에 不生厭足하고 依淸淨戒하야 更求勝戒하야 樂寂靜故라하니 謂雖得前句의 妙善이나 而不厭하면 則不雜懈怠오 樂於寂靜하면 則不雜事亂이라 身心俱寂이 卽是勝戒니라 七, 諸有勢力을 棄而不顧하야 不似難陀가 爲欲持戒니라 八, 大悲로 爲物하야 不斷하고 有願爲廣이니라 九, 大智로 隨有而無染故로 能作有情의 一切義利니라

■ f. '잡란하지 않음'이란 논경에서는, "얻은 공덕에 만족하지 않고 청정한 금계에 의지하여 다시 뛰어난 계를 구하여 고요함을 좋아하는 까닭이다"라고 하였다. 말하자면 비록 앞 구절에서 미묘하고 훌륭함을 얻었지만 만족하지 않으면 해태하는 마음에 섞이지 않을 것이요, 고요함을 좋아하면 현상적인 산란함에 섞이지 않게 된다. 몸과 마음이 모두 고요한 것이 바로 뛰어난 계행이라는 뜻이다. g. 가지고 있는 모든 세력을 버리고 돌아보지 않아서 마치 난타(難陀)가 금계를 지키려고 하는 것과 다르다. h. 대비심을 중생을 위해 끊지 않으며, 바람이 있는 것은 넓은 마음이 된다. i. 큰 지혜로 〈유〉를 따라 물듦이 없는 까닭에 능히 중생들의 모든 이치와 이익을 지을 수 있게 된다.

[鈔] 七, 諸有勢力棄而不顧는 正是論意라 不似難陀下는 略擧戒過니

於21)善에 例知니라 諸有勢力은 亦因施等之所致故니라 八九二句는 明饒益中에 前句는 彰悲니 正明饒益이오 後句는 智導니 方無22)愛見 이니라

- g. '가지고 있는 모든 세력을 버리고 돌아보지 않는다'는 것은 논경의 주장이다. 不似難陀 아래는 금계의 허물을 간략히 거론한 내용이니 선법에 대해서도 유례하여 알아야 한다. '가지고 있는 모든 세력'은 또한 보시 등으로 인해 이루어지는 것[所致]이기 때문이다. h.와 i.의 두 구절은 (중생에게) 이익을 주는 선법[攝善法戒]이다. 그중에 앞 구절은 대비에 대해 밝힌 부분이니 바로 이익을 설명한 내용이요, 뒤 구절은 지혜로 인도하여야 비로소 애견(愛見)이 없게 됨을 뜻한다.

ㄷ) 행법을 결론하여 지위에 들어가다[結行入位] (第三 9上1)

菩薩이 以此十心으로 得入第二離垢地니라
보살이 이 열 가지 마음으로 제2 이구지에 들어가느니라."

[疏] 第三, 結行入位니 由上十心하야 成於上品하야 極圓滿故로 入斯戒住니라

- ㄷ) 행법을 결론하여 지위에 들어감이니 위의 열 가지 마음으로 인해 상품을 성취하여 지극히 원만해졌으므로 이런 증상계주(增上戒住)23)

---

21) 於는 甲南續金本作餘.
22) 無는 甲續金本作爲誤.
23) 增上戒住는 十三住의 하나이다. 十三住는 13住位라는 의미로 13行이라고도 한다. 보살이 인행에서 과덕에 이르는 수행지위이니 13계위로 분류한 것. 『菩薩地持經』제9권에 실려 있는 내용으로 보살계위는 12주가 있고, 제13 如來住는 모든 보살주를 초월한 지위로 등각의 큰 보리가 현전하는 住이다. 1. 種性住; 습종성과 성종성의 보살을 가리킨다. 그 성품이 현명하고 착해서 능히 공덕의 선법을 행하여 부처종자를 견고하게 무너지지 않게 유지할 수 있는 지위. 2. 解行住; 또는 勝解行住라고도 한다. 해행지의 보살이 아직 다섯 가지 두려움 등에

에 들게 된다.

(나) 자체가 청정하다[自體淨] 4.

ㄱ. 총합하여 과목 나누다[總科] (第二 8上3)

[疏] 第二, 自體淨中에 明三聚淨戒를 卽分爲三이니 初, 律儀淨이니 論에 云, 離淨이니 謂[24]離殺等故라하니 此約隨戒라 亦名正受淨이라하니 此約初受라 二, 攝善法戒오 三, 攝衆生戒하니라

- (나) 자체가 청정함 중에 삼취정계를 셋으로 나누어 설명하였으니 a. 율의에 포섭되는 청정함이다. 논경에 이르되, "여의는 계의 청정함[離戒淨]이란 (열 가지 착한 업도를 말하나니) 살생 등을 여의기 때문이다"라고 하였으니, 이는 계행에 따름을 의지한 분석이다. 또 바로 받음이 청정함[正受淨]이라 하나니, 이는 처음 받음에 의지한 분석이다. b. 선법에

서 벗어나지 않아서 출세도에서 바른 관법을 수행하여 불퇴전으로 향하는 지위. 3. 歡喜住; 십지 중의 초지로 보살이 생각 생각에 세간을 벗어나 참된 중도의 보리심을 내어서 굳건하게 머물러 물러나지 않고 얻은 것을 스스로 좋아하는 지위. 4. 增上戒住; 십지 중의 제2 이구지이니 보살이 청정한 금계를 구비하여 작은 과실도 범하지 않는 지위. 5. 增上意住; 십지 중의 제3 명지(발광지로 보살이 열 가지 사유를 성취하여 선정의 마음이 뛰어난 지위. 6. 보리분법과 상응하는 增上慧住; 십지 중의 제4 염혜지로 보살이 열 가지 법의 광명을 성취하여 37가지 보리의 부분법을 관찰하는 지위. 7. 사제와 상응하는 增上慧住; 십지 중의 제5 難勝地로 보살이 열 가지 평등하고 깨끗한 마음을 성취하여 四제법을 여실하게 관찰하는 지위. 8. 연기생멸과 상응하는 增上慧住; 십지 중의 제6 現前地로 보살이 열 가지 평등한 법을 성취하여 연기법을 여실하게 깨달아 아는 지위. 9. 행과 개발이 있는 無相住; 십지 중의 제7 遠行地로 보살이 열 가지 방편지혜를 성취하여 순서대로 세간과 함께하고 함께하지 않는 勝進道를 생겨나게 하며 고요함과 작용을 함께 행하여 유와 무의 간격이 있는 모양을 떠난 지위. 10. 행과 개발이 없는 無相住; 십지의 제8 不動地로 보살이 열 가지의 일체법에 들어가는 첫째가는 지혜와 보행이 순숙함에 들어감을 성취해서 공용 없는 행을 모두 서로 일으켜 간격과 공용의 모양을 멀리 떠난 지위. 11. 無礙住; 십지 중의 제9 善慧地로 보살이 즐거이 위로 승진하는 지혜에서 깊이 해탈하고 능히 40가지 걸림 없는 변재로 법문을 설하여 중생을 이롭게 하는 지위. 12. 最上住; 십지 중의 제10 法雲地로 보살이 아뇩보리를 얻고 큰 법문을 관정하여 일생토록 이어고 모든 불사를 짓는 지위. 13. 如來住; 부처님 과덕의 究竟地로 과덕이 원만하고 벗어남이 청정하고 불사를 보시하고 지어서 중생을 이익되게 하는 마지막 지위이다. (불광대사전 p. 363-) *참고로 『유가사지론』 제47권에도 비슷한 내용이 보인다. (대정장 권30 p. 552 c-)

24) 謂下에 南續金本有淨字誤.

포섭되는 계의 청정함이요, c. 중생을 섭수하는 계의 청정함이다.

[鈔] 第二, 自體淨이라 疏文有四하니 一, 總科요 二, 攝位요 三, 料揀이오 四, 釋文이라 今初에 律者는 法也오 儀는 謂軌儀[25]니 離諸過惡하고 不違法制니 故로 論에 名離淨이라 論有二名하니 初云, 一者는 離戒오 即後釋初門竟云, 亦名正受淨이라하니 受即受戒法門이오 離即隨戒行相이니 不殺等十이라 順益을 名善이오 要期在己를 名之爲攝이라 離諸過惡를 名攝善戒오 兼濟有情을 名饒益衆生이라 益而離過를 名饒益戒니라

● (나) 자체가 청정함이다. 소의 문장에 넷이 있으니 ㄱ. 총합하여 과목 나눔이요, ㄴ. 지위로 포섭함이요, ㄷ. 구분함이요, ㄹ. 경문 해석이다. 지금 ㄱ.에 계율이란 법이요, 위의는 궤범과 위의를 말하나니, 모든 허물과 미워함을 여의고 법의 제한을 어기지 않는 것이다. 그래서 논경에 '여의는 계의 청정함'이라 칭하였다. 논경에는 두 가지 명칭이 있으니 첫 부분에 '첫째는 여의는 계의 청정함이다'라고 말하였고, 곧 뒤에서 첫 부분을 해석하고 나서 말하되, '또 바로 받은 계의 청정함이다'라고 칭하였다. 받음이란 수계할 때의 법문이요, 여읨이란 계법에 따른 행상을 뜻하나니, 살생하지 않는 등 열 가지를 말한다. 이익에 따름을 '선법'이라 이름하고, 자기 마음속에 다짐하려는 것을 '섭수한다'고 칭한다. 모든 허물과 악행을 여의는 것을 섭선법계라 이름하고, 중생 구제를 겸하는 것을 중생을 이익하는 계라고 칭한다. 이익되면서 허물을 여의는 것을 '(중생을) 이익되게 하는 계'라 이름한다.

---

25) 軌儀는 甲南續金本作儀範.

ㄴ. 지위로 포섭하다[攝位] (此三 9上5)

[疏] 此三聚戒가 攝前三位하니 初는 攝治地住오 次는 攝饒益行이니 思彼衆生이 墮惡等故오 後는 攝不壞廻向이니 謂有智願等하야 於法寶等에 皆不壞故니라
- 이 삼취정계가 앞의 세 가지 지위를 포괄하나니 첫째, 치지주(治地住)를 포섭하고 둘째, 요익행(饒益行)을 포섭하나니 저 중생이 악업 등에 떨어짐을 생각하는 까닭이요, 셋째, 무너지지 않는 회향[不壞廻向]을 포섭한다. 말하자면 지혜와 서원 등이 있어서 법의 보배 등에 모두 무너지지 않기 때문이다.

[鈔] 此三聚戒下는 第二, 攝位니 可知로다
- ㄴ. 此三聚戒 아래는 지위로 포섭함이니 알 수 있으리라.

ㄷ. 구분하다[料揀] 2.
ㄱ) 통틀어 삼취계로 구분하다[通揀三聚] (律儀 9上8)

[疏] 律儀는 通於止作하고 攝善은 唯約善行라 前二는 通於自利오 後一은 唯約益物이니라
- 섭율의계는 그침과 지음에 통하고, 섭선법계는 오로지 착한 행실에만 의지한 분석이다. 앞의 둘은 자리행에 통하고, 뒤의 하나[攝衆生戒]는 오로지 중생을 이익되게 함에만 의지한 분석이다.

[鈔] 律儀通於止作下는 第三, 料揀이라 於中有二하니 先은 通揀三聚니

前二는 自利오 後一은 利他라 前中에 律儀는 卽是惡止오 攝善은 卽是善行이니라
- ㄷ. 律儀通於 아래는 구분함이다. 그중에 둘이 있으니 ㄱ) 통틀어 삼취정계로 구분함이니 앞의 둘은 자리행이요, 뒤의 하나는 이타행이다. 앞에서 섭율의계는 곧 악행을 그침이요, 섭선법계는 착한 행을 실천함이다.

ㄴ) 오로지 처음의 둘만 구분하다[唯揀初二] 2.
(ㄱ) 바로 구분하다[正揀] (又初 9下7)
(ㄴ) 비방을 해명하다[解妨] 2.
a. 총합하여 힐난하다[總難] (若爾)

[疏] 又初律儀中에 雖有善行이나 而施忍等을 不行非過라 故攝善中에 無所不行이니라 若爾인대 今經의 前二가 同離殺等이니 二相을 寧分고
- ㄴ) 또 앞의 a. 섭율의계 중에도 비록 착한 행실이 있지만 보시나 인욕 등을 하지 않더라도 잘못은 아니다. 그래서 b. 섭선법계 중에는 행하지 않는 것이 없다. (ㄴ) 만일 그렇다면 지금 본경의 앞의 둘이 함께 살생 등을 여읜다고 하였으니, a. 두 가지 모양을 어떻게 나누어야 하는가?

b. 총합하여 대답하다[總答] 2.
a) 예전의 해석을 총합하여 말하다[總敍昔解] (古釋 9下9)

[疏] 古釋에 有二義하니 一은 同體義分이니 約離過義邊하야 說爲律儀오

順理能益하야 判爲攝善이라 二者는 隱顯相成이니 律儀中에 有止作하니 因離果離은 是其止行이오 對治離者는 是其作行이니 擧作助止를 說爲律儀라 攝善戒中에도 亦有止作하니 以止助作을 說爲攝善이니라

■ b.에서 a) 예전의 해석에 두 가지 이치가 있으니 ① 체성이 같다는 이치로 구분함이니 허물 여의는 쪽에 의지하여 섭율의계를 설하였고, 이치에 따라 이익되는 쪽에 의지하여 섭선법계로 판단하였다. ② 숨고 나타남을 서로 성취함이니 섭율의계 중에 그침과 지음이 있으니 인행으로 여읨과 과행으로 여읨은 그치는 행법이요, '다스려 여읨'이란 지어가는 행법이니 지음을 거론하여 그침을 돕는 것을 섭율의계라 말한다. 섭선법계 중에도 역시 그침과 지음이 있으니 그침으로 지음을 돕는 것을 섭선법계라 말한다.

[鈔] 後又初律儀下는 唯揀初二니 初二가 濫故라 於中有二하니 初는 正揀이오 後는 展轉解妨이라 今初에 已是通難이니 謂有問言호대 律儀之中에 旣有止作하니 止卽惡止오 作卽善行이라 作同攝善이어늘 何言律儀가 但明惡止오할새 故有此答하니 皆百論意니 謂論初에 外道問云,[26] 佛說何法고 答云, 惡止善行法이니라 釋曰, 殺等諸惡를 止息不作이 名爲惡止오 三業正行을 信受修習이 名爲善行이라 外道가 便爲立後重過云호대 外曰, 已說惡止인대 不應復說善行이로다 內曰, 布施等이 是善行故니 謂布施는 是善이오 非惡止故라 …〈中略〉…

---

26) 인용문은 『百論』 상권 捨罪福品 제1의 내용이다. 論云, "外曰. 佛說何等善法相. 內曰. 惡止善行法 (修妒路) 佛略說善法二種. 止相行相. 息一切惡. 是名止相. 修一切善. 是名行相. 何等爲惡. 身邪行. 口邪行. 意邪行. 身殺盜婬. 口妄言兩舌惡口綺語. 意貪瞋惱邪見."(대정장 권30 p. 168 b16-) "外曰. 布施是止慳法. 是故布施應是止惡. 內曰. 不然. 若不布施便是惡者. 諸不布施悉應有罪. 復次諸漏盡人慳貪已盡. 布施時止何惡. 或有人雖行布施. 慳心不止. 縱復能止. 然以善行爲本. 是故布施是善行. 外曰. 已說善行. 不應說惡止. 何以故. 惡止卽是善行故. 內曰. 止相息想. 行相作. 性相違故. 是故說善行. 不攝惡止."(대정장 권30 p. 169 b6-)

● ㄴ) 又初律儀 아래는 오로지 처음의 둘만 구분함이니 처음의 둘에 잘못이 있는 까닭이다. 그중에 둘이 있으니 (ㄱ) 바로 구분함이요, (ㄴ) 점차 비방을 해명함이다. 지금은 a)에서 이미 통틀어 힐난하였다. 이를테면 어떤 이가 묻되, "율의계 중에 이미 그침과 지음이 있으니 그침은 악행을 그치는 것이요, 지음은 선행을 행함이다. 짓는 것은 섭선법계와 같은데 어째서 섭율의계가 단지 악행을 그치는 것만 밝힌다고 말하는가?" 그래서 이렇게 대답하였으니 모두 『백론(百論)』의 주장이다. 말하자면 『백론』의 첫 부분에 외도가 묻되, "부처님은 어떤 법을 말씀하셨는가?" 대답하되, "악은 그치고 착한 일을 행하는 것이 법이다." 해석하자면 살생 등의 모든 악을 그치고 짓지 않는 것이 악을 그친다[惡止]고 말하고, 세 가지 업의 바른 행실을 믿고 받아 익히는 것이 착한 행을 행한다고 말한다. 외도가 문득 뒤의 무거운 과실을 세워 말하되, "이미 악을 그치라고 말했다면 응당 다시 착한 일을 행하라고 하지 말아야 하리라." 불자가 말하되, "보시 등이 착한 행인 까닭이니 말하자면 보시는 착한 일이지만 악을 그치는 것이 아닌 까닭이다"라고 하였다. …〈중간 생략〉…

若爾下는 展轉通難하야 釋成前義니 先은 難이오 後는 答이라 初難은 亦是百論中意니 …〈中略〉…
古釋有二下는 答이니 先은 敍昔解라 其第二解는 亦是百論中意니 前所引布施가 是止慳法이라 答中에 後決云호대 復次諸漏盡人이 慳貪을 已盡하니 布施之時에 復止何惡고 或有人이 雖行布施나 慳心을 不止하면 縱復能止나 然以善行으로 爲本이니 是故로 布施는 是善行이니라 釋曰, 此論은 意明布施가 雖有止惡이나 以善行으로 爲宗이오 律

儀에 雖有作持나 以止惡으로 爲宗이라 斯就正助하야 分成二聚니라

- (ㄴ) 若爾 아래는 점차 비방을 해명하여 앞의 이치를 해석함이니 a. 힐난함이요, b. 해명함이다. a. 힐난함은 역시 『백론』의 주장이다. … 〈중간 생략〉…

b. 古釋有二 아래는 총합하여 대답함이니 a) 예전의 해석을 진술함이다. 그 둘째 해석도 역시 『백론』의 주장이니 앞에서 인용한 보시함이 인색함을 그치는 법인 것이다. b. 대답함 중에 뒤에 결론하되, "다시 모든 번뇌가 다한 사람은 인색과 탐냄을 이미 다하였는데 보시할 때에 다시 무슨 악을 그친다는 말인가? 혹 어떤 사람이 비록 보시를 실천하더라도 인색한 마음을 그치지 못한다면 설사 다시 그치려 하겠지만 착한 행위로 근본을 삼을 것이니, 이런 연고로 보시는 착한 행위인 것이다. 해석하자면 이 논경에서는 보시에 비록 악을 그치는 부분이 있지만 착한 행위로 으뜸을 삼는 것이요, 섭율의계에서 비록 지음과 지킴이 있더라도 악을 그치는 것으로 으뜸을 삼는 것이라고 주장하려 한 것이다. 여기서는 바로 도움에 입각하여 (三聚戒 중에서) 이취계(二聚戒)로 나누어 성립한 내용이다.

b) 지금의 해석을 밝히다[申今所釋] (今更 11上10)

[疏] 今更一釋호리니 此中에는 唯約自修正行이오 下攝善中에는 亦令他修니 則攝二利之善과 及悲智之善이니라 又此唯己分之善이니라 下攝善中에 上修佛善이어니 豈得同耶아

- b) 지금 다시 한 가지 해석이 있으니 여기서는 오로지 자신이 바른 행법을 닦음에만 의지해 해석하였고, 아래의 섭선법계에서는 또한 다른

이도 수행하도록 하였으니, 자신과 남에게 이로운 착한 일과 자비와 지혜의 선행을 포괄한 내용이다. 또 여기서는 오로지 자신의 부분적인 선행일 뿐이지만 아래 섭선법계에서는 위로 부처님의 선행을 닦는데 어찌 같을 수 있겠는가?

[鈔] 今更已下는 申今所釋이오 非彈古義니 但助成別相耳라 大同後義니 在文易了니라
- b) 今更 아래는 지금의 해석을 밝히는 것이지 예전의 해석을 비판하는 뜻은 아니며, 단지 별다른 행상을 도울 뿐이다. 뒤의 뜻은 대략 같나니 문장에 있으므로 쉽게 알게 되리라.

ㄹ. 경문 해석[釋文] 3.
ㄱ) 율의에 포섭되는 계[攝律儀戒] 3.
(ㄱ) 의지하는 대상을 표방하다[標所依] (今初 11下6)

佛子여 菩薩이 住離垢地에
"불자여, 보살이 이구지에 머물면,

[疏] 今初, 律儀를 分三이니 初, 標所依니 謂離垢地에 戒增上故니라 二, 性自已下는 正顯戒相이오 三, 佛子至如是下는 結成增上이라
■ 지금은 ㄱ) 율의에 포섭되는 계를 셋으로 나누었으니 (ㄱ) 의지할 대상을 표방함이다. 말하자면 이구지(離垢地)에서는 계행이 뛰어난 까닭이다. (ㄴ) 性自 아래는 바로 계법의 모양을 밝힘이요, (ㄷ) 佛子에서 如是까지 아래는 위로 더함으로 결론함이다.

[鈔] 今初律儀下는 第四, 釋文이라

● ㄹ. 今初律儀 아래는 경문 해석이다.

❖ 제6회 십지품 제2 離垢地 (科圖 26-35; 岡字卷)

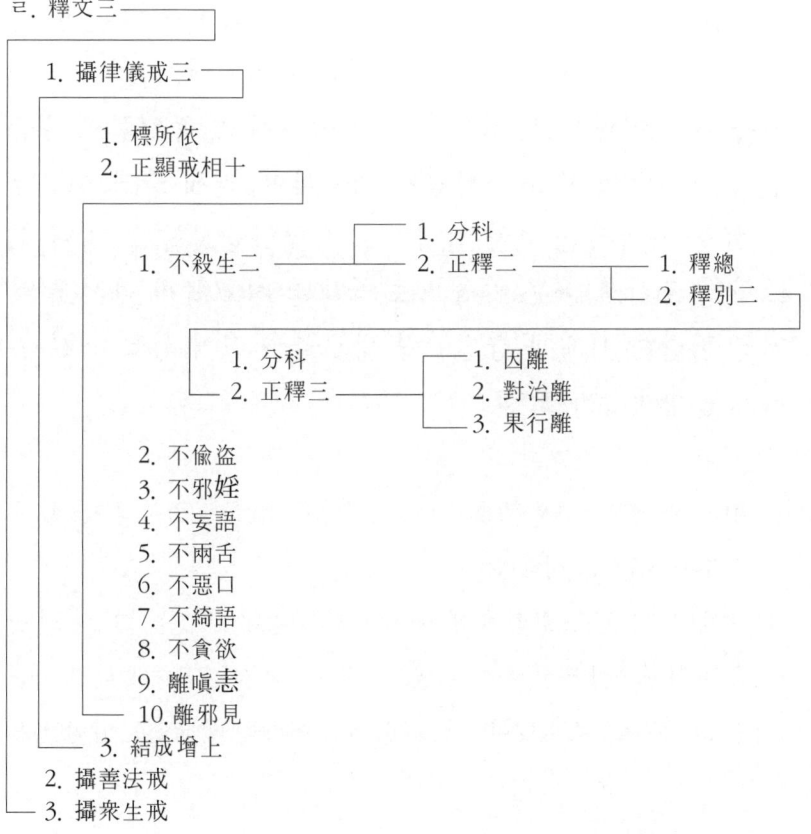

(ㄴ) 계법의 모양을 바로 밝히다[正釋戒相] 10.

a. 살생하지 않는 계[不殺生] 2.

a) 과목 나누기[分科] (二中 12上3)

性自遠離一切殺生하여 不畜刀杖하며 不懷怨恨하며 有慚有愧하며 仁恕具足하여 於一切衆生有命之者에 常生利益慈念之心하나니 是菩薩이 尚不惡心으로 惱諸衆生이어든 何況於他에 起衆生想하여 故以重意로 而行殺害아
(1) 성품이 저절로 일체 살생을 멀리 여의어서, 칼이나 작대기를 두지 아니하고, 원한을 품지 아니하고, 부끄럽고 수줍음이 있어 인자하고 용서함이 구족하며, 일체 중생으로 생명 있는 자에게는 항상 이익하고 사랑하는 마음을 내나니, 보살이 오히려 나쁜 마음으로 중생을 시끄럽게 하지도 않거늘 하물며 저에게 중생이란 생각을 내면서 집짓 거친 마음으로 살해할까 보냐.

[疏] 二中에 有十善業道를 卽爲十段하니 今初는 離殺라 分二니 初, 總明이오 後, 不畜下는 別顯이라
■ (ㄴ) 계법의 모양을 밝힘 중에 열 가지 착한 업도(業道)를 그대로 열 문단으로 삼았으니 지금은 a. 살생하지 않는 계이다. 그중에 둘로 나눈다면 (a) 총상으로 설명함이요, (b) 不畜 아래는 별상으로 밝힘이다.

b) 바로 해석하다[正釋] 2.
(a) 총상으로 설명하다[釋總] (今初 12上4)

[疏] 今初, 性自遠離는 文屬殺生이나 義該下九니 謂自性成就十善業道

니 卽自性戒라 然離有三種이니 一, 要期離니 謂諸凡夫오 二, 方便離니 所謂二乘이오 三, 自體離니 謂諸菩薩이 契窮實性하야 自體無染이라 然諸菩薩이 同修自體나 而復有四하니 一, 離現行이니 所謂地前이오 二, 除種子니 卽是初地오 三, 除誤犯이오 四, 顯性淨이라 此二는 當於此地라 然이나 性淨을 難彰이어니 寄除殺等하야 以顯彼淨이라 此通餘敎어니와 若依此經인대 地體懸絶하야 寄顯地勝이어늘 豈可地前에 位位皆深하고 今居地上하야 方行十善이니라

■ 지금은 (a) '성품이 저절로 (모든 살생을) 멀리 여읜다'는 말은 경문은 살생에 속하지만 의미로는 아래 아홉 가지를 포괄한다. 말하자면 자성으로 열 가지 착한 업도를 성취하였으니 곧 자성의 계를 뜻한다. 그러나 여읨에 세 가지가 있으니 (1) 여의려고 기대함이니 모든 범부를 말한다. (2) 방편으로 여읨이니 이승을 말하고, (3) 자체적인 여읨이니, 말하자면 모든 보살이 참다운 성품에 끝까지 계합하여 자체는 물듦이 없다는 것을 뜻한다. 하지만 보살이 똑같이 자체적인 여읨을 닦지만 여기에 다시 네 가지가 있다. 첫째, 현행을 여읨이니 십지 이전을 말하고, 둘째, 종자를 없앰이니 곧 초지를 말하고, 셋째, 잘못 범함을 없앰이요, 넷째, 본성이 청정함을 드러냄이다. 이 셋째와 넷째의 두 가지는 바로 이구지에 해당한다. 그러나 본성이 청정한 것은 드러내기 어렵지만 살생 등을 제거함에 의탁하여 저 청정을 밝힌 것이다. 이것은 나머지 교법과 통하지만 만일 본경에 의지한다면 땅의 체성은 너무 절묘해서 십지에 의탁하여 저 청정을 밝힌다고 한다면 어찌 십지 이전에 지위마다 모두 깊다고 해 놓고 지금 십지에 머물러 비로소 십선업(十善業)을 행한다고 하는가?

[鈔] 今居地上方行十善者는 然十善은 通佛이니 此亦不徵이어니와 差別說之하면 人天因耳라 故今深玄하니 不合行此라 又此善中에 先離殺者는 然小乘四重에 婬戒가 最初라 初有三義하니 一者는 此戒를 人之喜犯이오 二者는 劫初起過가 此最爲先이오 餘之三戒가 亦皆次第오 三者는 婬愛惑業이 招潤生死하니 二乘厭離일새 故制在先이어니와 今十善과 十惡과 菩薩十重에 皆殺在初者는 殺罪過重일새 善惡에 皆初오 菩薩大慈가 居十重首라

又智度論十五中에 說[27]호대 殺有十惡하니 一, 心常懷毒하니 世世不絶이오 二, 衆生이 憎惡하야 眼不喜見이오 三, 常懷惡念하야 思惟惡事오 四, 衆生見者가 如見蛇虎오 五, 睡時에 心怖하고 覺亦不安이오 六, 常爲惡夢이오 七, 命終之時에 狂怖惡死오 八, 種短命惡業因緣이오 九, 身壞命終하야 墮泥犁中이오 十, 若得爲人이라도 常短壽命이라하니라 釋曰, 今但離殺에 十惡頓亡이라 故로 大論에 云, 遠離一切殺生者는 示現遠離利益勝故라하니라

● '지금 십지에 머물러 비로소 십선업을 행한다'는 것은 그런데 십선업(十善業)은 부처님께도 통하나니 여기서 묻지는 않았지만 구분하여 말한다면, (십선업은) 인간과 천상에 나는 원인일 뿐이다. 그러므로 지금은 깊고 현묘하여 이것을 행하는 것과 합하지는 않는다. 또 이 착한 업도 중에 먼저 살생을 여의는 것이지만 소승에서는 네 가지 무거운 범계 중에 음계(婬戒)를 가장 먼저로 꼽는다. 첫째로 꼽는 데 세 가지 뜻이 있으니 (1) 이 금계를 사람이 즐겨 범하고, (2) 겁초(劫初)에 허물을 일으키는 이것이 가장 먼저가 되고 나머지 세 가지 중한 계는

---

27) 인용문은 『大智度論』제13권 釋初品中戒相義 제22의 내용이다. 論云, "復次三世十方中尊佛爲第一. 如佛語難提迦優婆塞. 殺生有十罪. 何等爲十. 一者心常懷毒世世不絶. ―"(대정장 권25 p. 155 -)

모두 순서대로 일어난다. (3) 음욕과 미혹한 업이 생사를 부르고 젖어들게 하나니 이승들은 여의기를 싫어하므로 가장 먼저 제한하였지만, 지금의 십선업과 십악(十惡)과 보살의 십중대계(十重大戒)에 모두 살생을 처음에 둔 것은 살생하는 죄가 너무 무거우므로 선업과 악업에서 모두 첫째가 되었고, 보살의 큰 자비 때문에 십중대계를 우두머리로 삼는다.

또『대지도론』제15권에 말하되, "살생하면 열 가지 악이 있으니 1) 마음에 항상 악독한 마음을 품고 있으니 세상마다 끊이지 않는 것이요, 2) 중생들이 미워해서 기쁜 눈으로 보지 않는 것이요, 3) 항상 나쁜 생각을 품고서 나쁜 일을 생각하는 것이요, 4) 중생들이 겁을 내어 모두 독사나 범을 보듯이 피함이요, 5) 잠잘 때에 마음이 두렵고 깨어서도 편안하지 않음이요, 6) 항상 나쁜 꿈을 꾸게 됨이요, 7) 임종할 때에 미쳐서 나쁘게 죽고, 8) 단명(短命)의 업과 씨앗을 심고, 9) 목숨이 다한 뒤에는 지옥에 떨어짐이요, 10) 다시 사람으로 태어나도 항상 단명(短命)하리라"고 하였다. 해석하자면 지금은 단지 살생만 여의면 십악이 단박에 사라지게 된다. 그래서 논경에서는, "모든 살생을 여의면 멀리 여읨이 뛰어남과 이익이 뛰어남을 나타내 보이게 된다"고 하였다.

(b) 별상으로 설명하다[釋別] 2.
㈠ 과목 나누기[分科] (二別 13上6)

[疏] 二, 別顯中에 有三種離하니 一, 因離니 謂離殺因緣이오 二, 於一切下는 對治離니 謂離殺法이오 三, 是菩薩下는 果行離니 卽離殺業이라

- (b) 별상으로 밝힘 중에 세 가지 여읨이 있으니 ① 인행으로 여읨이니 살생 인연을 여의는 것을 말하고, ② 於一切 아래는 다스려서 여읨이니 살생하는 방법을 여의는 것을 말하고, ③ 是菩薩 아래는 과행으로 여읨이니 살생의 업을 여읨을 말한다.

㈢ 바로 해석하다[正釋] 3.
① 인행으로 여의다[因離] 2.
㉮ 받아 쌓아 두는 원인을 여의다[離受畜因] (今初 13上8)
㉯ 탐심을 일으키는 원인을 여의다[離起貪因] (二不)

[疏] 今初, 因離에 復有二種하야 一, 離受畜因이니 謂不畜刀杖이라 此雖是緣이나 從通名因이라 略擧此二나 餘呪藥等도 皆是此因이라 二, 不懷[28]下는 明離起因이니 此正是因이니 因卽三毒이라 不懷怨恨은 明離瞋因이니 殺父害母에도 亦不加報라 次, 有慚下는 明離貪因이니 貪有二種하니 一은 爲貪財利故로 造諸惡業하야 乃至沒命이라도 心無恥悔니 今有慚愧일새 故能離之라 二는 爲貪衆生하야 捕養籠繋하야 令生苦惱어니와 今有愍傷之仁하야 恕己爲喩하야 便能離之니라 然起殺之癡는 必是邪見이니 邪見은 難遣이라 非對治면 不離일새 是故로 論主가 就對治中하야 明離於癡라 此略不說이니라

- 지금 ① 인행으로 여읨에 다시 두 가지가 있어서 ㉮ 받아 쌓아 두는 원인을 여읨이니, 칼이나 몽둥이를 쌓아 두지 않는 것을 말한다. 이것이 비록 간접 원인이긴 하지만 일반적으로 원인이라 부른다. 대략 이런 두 가지만 들었지만 주술이나 약 등도 모두 이런 원인에 속한

---

28) 懷는 金本作壞誤.

다. ㉮ 不壞 아래는 탐심을 일으키는 원인을 여읨이니 이것이 진정한 원인이다. 원인은 곧 삼독심(三毒心)을 가리킨다. (1) 원한을 품지 않는 것은 성냄의 원인을 여읨이니 부모를 살해하더라도 원수 갚지 않는 것이다. (2) 有慚 아래는 탐냄의 원인을 여읨이니 탐심에 두 가지가 있다. 첫째, 재물과 이익을 탐하기 위해 여러 악업을 지어 나아가 목숨을 죽이게 되더라도 부끄러워하거나 후회하지 않나니, 지금은 부끄러워하는 연고로 능히 여읠 수 있다. 둘째, 짐승을 탐하기 위해 잡거나 기르고 우리에 가두어 고뇌를 받게 하지만 지금 불쌍히 여기는 인자함이 있어서 나를 생각함으로 비유하여 금방 여읠 수 있다. 하지만 살생을 일으키는 어리석음은 반드시 삿된 소견 때문이니, 삿된 소견은 버리기 어려워서 다스림이 아니면 여읠 수 없다. 이런 까닭에 논주가 다스려 여읨에 입각하여 어리석음을 여읨에 대해 밝혔으며, 여기서는 생략하고 설명하지 않았다.

[鈔] 二明離起因[29]者는 其受畜因이 畜則行殺이라 爲受畜因이 有未必殺이니 此則猶疎일새 故名爲緣이라 其貪等惑은 起殺이 則親일새 故名爲因이니라 二, 爲貪衆生者는 前則貪財요 此則貪味라 言今有愍傷之仁者는 俗典에 云, 愍傷不殺曰仁이라하니 釋經仁字라 恕己爲喩는 此釋恕字니 卽涅槃經第十에 云,[30] 一切가 畏刀杖하야 無不愛壽命하나니 恕己로 可爲喩하야 勿殺勿行杖이라하니라

- ㉮ 明離起因이란 받아 쌓아 두는 원인은 쌓으면 살생을 행하게 된다. (1) 받아 쌓아 두는 원인이 반드시 살생한 것은 아니니 이것은 아직 성근 까닭에 간접 원인이라 하였고, 그 탐냄 등의 미혹은 살생을

---

29) 二明은 金本無, 原本作二, 南本作明; 玆從甲續本.
30) 인용문은 『열반경』제10권 一切大衆所問品의 내용이다. (대정장 권12 p.668 a25-)

일으킴이 가까운 까닭에 원인이라 했다. (2) '짐승을 탐하기 위한다'는 것은 앞은 재물을 탐내는 것이요, 뒤는 맛을 탐내는 것이다. 지금 '불쌍히 여기는 인자함'이라 말한 것은 세속 사전에, "불쌍히 여겨 살생하지 않는 것을 '인자함'이라고 말한다"고 하였으니, 경문의 인자(仁字)를 해석한 말이다. '내 마음을 생각하면 남의 마음 안다'는 것은 경문의 서자(恕字)를 해석한 말이다. 『열반경』제10권에는, "중생마다 칼과 몽둥이 너도나도 무서워라. 제 목숨을 사랑하지 않는 이가 없으련만 내 마음을 생각하면 남의 마음 알 것이니 살생도 하지 말고 때리지도 말지어다"라고 하였다.

② 다스려 여의다[對治離] 2.
㉠ 바로 해석하다[正釋] (二對 14上3)
㉡ 잘못을 구분하다[揀濫] (此中)

[疏] 二, 對治離中에 亦有二種이니 一, 生利益心이니 是與衆生의 世出世間二種樂因이오 二, 生慈念心이니 謂令衆生으로 得人天涅槃之果라 旣於如是因果에 不顚倒求하니 則離愚癡心으로 起於殺因하야 殺生祭祠等이라 此中에 慈益은 約能對治하야 卽名爲離니 不同前後의 殺因殺果가 而爲所離니라 若爾인대 前有仁恕故로 離起貪因이니 仁恕之心이 豈非能治아 前約本有仁等하야 不起貪等이니 非是發起仁恕之心이오 今約於物에 發生慈益之心하야 以爲能治일새 故不同也니라

■ ② 다스려 여읨 중에 또한 두 가지가 있다. (1) 이익을 내는 마음이니 말하자면 세간과 출세간의 두 가지 즐거움의 원인이요, (2) 자비로운 생각을 내는 마음이니 말하자면 중생들이 인간과 천상의 열반

의 결과를 얻게 하는 것이다. 이미 이런 원인과 결과에 뒤바뀌지 않는 구함이니, 어리석은 마음으로 살생의 원인을 일으켜 짐승을 죽여 제사 지내는 등을 여읜다는 뜻이다. 이 중에 '자비와 이익은 다스리는 주체에 의지하여 여읜다'고 하였으니, 앞뒤의 살생의 원인과 결과를 여읠 대상으로 삼은 것과는 다르다. 만일 그렇다면 앞은 인자한 생각이 있는 까닭에 탐냄을 일으키는 원인을 여의었으니, 인자하게 생각하는 마음이 어찌 다스리는 주체가 아니겠는가? 앞은 인자함 등이 본래 있으므로 탐냄을 일으키지 않음에 의지한 분석이니 인자한 생각을 일으키는 마음이 아니요, 지금은 중생에게 인자함과 이익되는 마음을 일으켜 다스림의 주체를 삼는 것에 의지한 까닭에 다른 것이다.

[鈔] 二對治中에 疏文有二하니 先, 正釋이오 後, 揀濫이라 今初에 言殺生祭祀者는 亦百論文이니 彼論에 因說捨罪福義호대 以福으로 捨罪며 以無相智로 捨福하야 外便救云[31]호대 外曰, 常福이 無捨因緣일새 故不應捨라하니라 釋曰, 由前에 菩薩이 說捨福因由호대 福滅時苦니 是故로 應捨라하니 外便云호대 我有常福하니 則無滅因이라 故不應捨니라 何謂常福고 彼云호대 如經에 說能作馬祀하면 是人은 度衰老死하야 福報常이며 生處常이라하니 是福은 不應捨라하니라 釋曰, 今但要彼

---

31) 인용문은 『百論』 상권 捨罪福品의 내용이다. (대정장 권30 p. 170 b7-)
[외도, '항상한 복은 버릴 인연이 없으므로 버리지 않아야 한다.'(수트라 32) 불자. 그대는 복을 버릴 인연을 말하면서 멸할 때엔 괴롭다 하겠지만 지금 항상하는 복이 과보에는 멸하는 고통이 없으므로 버릴 수 없다. 경에 말씀하시기를, '마사를 지내면 그 사람은 쇠퇴함·늙음·죽음을 멸한다 하였으니, 복의 과보는 항상하고 태어나는 곳도 항상하다. 그러므로 복은 버릴 수 없다.' 불자. 복은 버려야 하나니, 두 형상이 있기 때문이다.(수트라 33) 복은 두 형상이 있으니 즐거움을 주는 것과 괴로움을 주는 것이다. 독약이 섞인 밥을 먹으면 맛이 있으나 소화될 때에는 괴로운 것과 같이, 복도 그렇다. 또다시 복의 갚음이 있는 것은 즐거움의 원인이나 많이 받으면 괴로움의 원인이다. 비유하건대 불을 가까이하여 추위를 막으면 즐거우나 점점 가까이하여 몸을 태우면 괴로운 것 같다. 그러므로 복에는 두 형상이 있으니, 두 형상이 있으므로 덧없다. 그러므로 버려야 한다. 또 그대가 말하기를 '마사를 지낸 복의 과보가 항상하다는 것은 말뿐이니, 인연이 없기 때문이다.'(수트라 34)]

愚癡일새 故擧其過하야 揀言不同이라 彼論에 廣破하야 言其無有常
福하니 故是愚癡邪見[32]이니라
此中慈益下는 二, 揀濫이라 於中又二니 先은 正揀이니 顯因果離는
是依主釋이오 今是持業이라 後, 若爾下는 通妨이니 先, 擧妨이오 從
前約本有下는 釋이니라

- ② 다스려 여읨 중에 소의 문장에 둘이 있으니 ㉮ 바로 해석함이요,
㉯ 잘못을 구분함이다. 지금 ㉮에 '짐승을 죽여 제사 지낸다'는 것은
또한 『백론(百論)』의 문장이다. 저 논서에 "외도가 '항상한 복은 버릴
인연이 없으므로 버리지 않아야 한다'(수트라 32)라고 말하였다. 해석
하자면 '앞에서 보살이 복을 버릴 인연을 말하면서 복이 멸할 때엔 괴
롭다 하겠지만 이런 까닭에 버려야 한다'고 말하였다. 외도가 문득
이르되, '나에게 항상한 복이 있는데 없어질 인연이 없으므로 버리지
않는다. 어떤 것을 항상한 복이라 하는가?' 저가 말하되 '외도의 경전
에 말하되 "마사(馬祀)를 지내면 그 사람은 쇠퇴함·늙음·죽음을 멸
한다"고 하였으니, 복의 과보는 항상하고 태어나는 곳도 항상하다.
그러므로 복은 버릴 수 없다'고 하였다." 해석하자면 지금은 단지 저
어리석음 때문에 그 잘못을 거론하여 같지 않다고 구분 지어 말한 것
이다. 저 『백론』에 자세하게 타파하여 항상한 복이 없음을 말하였으
니 그래서 어리석은 삿된 소견이라 말한다.
㉯ 此中慈益 아래는 잘못을 구분함이다. 그중에 또 둘이니 ㉠ 바로
구분함이니, 인행으로 여읨과 과행으로 여읨을 밝힌 것은 의주석(依
主釋)이요, 지금의 다스려 여읨은 지업석(持業釋)이다. ㉡ 若爾 아래는
비방을 해명함이니 ⓐ 비방을 거론함이요, ⓑ 前約本有 아래는 해명

---

32) 見下에 甲南續金本有耳字.

함이다.

③ 과행으로 여의다[果行離] 2.
㉮ 경문을 간략히 해석하다[略釋經文] (三果 14下10)

[疏] 三, 果行離者는 攬因成殺을 名業爲果라 今不正殺일새 故名果離라 於中에 亦二니 一은 微細니 謂心念害오 二는 麤重이니 謂身行害라 今經은 以細로 況麤니라

■ ③ 과행으로 여읨이란 '인행으로 살생을 저지름을 잡아 업이 결과가 된다'고 말한다. 지금은 바로 살생을 저지른 것은 아니므로 과행으로 여읨이라 칭하였다. 그중에 또 둘이니 첫째, 미세함이니 마음으로 살해할 생각을 가진 것을 말하고, 둘째, 거칠고 무거움이니 몸으로 살생을 저지름을 말한다. 지금 논경은 미세함으로 거칠고 무거움과 비교하였다.

㉯ 인연을 구비하여 살생을 저지르다[具緣成殺] 3.
㉠ 논경에 의지하여 해석하다[依本論正釋] (麤中 15上2)
㉡ 다른 논서를 인용하여 회통하다[引他論會通] (然雜)
㉢ 자세한 것은 다음으로 미루다[指廣在餘] (又境)

[疏] 麤中成殺이 有五因緣이니 一은 身이니 謂於他故로 他是所殺之體라 故名爲身이니 此揀自身이라 二는 事니 謂衆生故라 此揀非情이니라 三은 想이니 謂起衆生想이니 揀作瓦[33)]木等想이라 四는 行이니 謂故以重

---

33) 瓦는 遺忘記作杌.

意니 重意가 是思니 故名爲行이라 此揀錯誤니라 五는 體니 謂身行加害하야 斷命落究竟이라 正是殺業이니 故名爲體라 則揀前四가 以爲方便이니라 然이나 雜集과 瑜伽에 緣皆有五하니 而合初二하야 爲事하고 復加煩惱어니와 今以煩惱는 是前起因일새 故不重明이니라 又境想輕重等은 非此全要일새 故略不明이니라

■ 거친 중에 살생을 저지르기까지 다섯 가지 인연이 있다. (1) 신체[身]이니 말하자면 저를 대하는 까닭에 저는 살생의 대상이 되는 몸이다. 그래서 신체라 칭하였으니 여기서는 자신과 구분한다. (2) 일[事]이니 중생이기 때문이다. 여기서는 중생이 아닌 것과 구분한다. (3) 생각[想]이니 말하자면 중생이라는 생각을 일으킴이니, 나무나 기와 등이라는 생각과 구분한다. (4) 행위[行]이니 일부러 생각보다 무거운 것을 말하였으니, 생각보다 무거운 것이 사유함이다. 그래서 행위라 칭하였으니, 여기서는 잘못된 행위와 구분한다. (5) 체험[體]이니 말하자면 신체로 행동하여 피해를 입혀서 목숨을 끊어 마지막에 떨어지게 함이다. 바로 살생의 업을 가리키나니 그래서 체험이라 하였다. 이는 앞의 네 가지가 방편인 것과 구분한 부분이다. 하지만 『잡집론(雜集論)』과 『유가론』에는 인연이 모두 다섯 가지이니 (1) 신체[身]와 (2) 일[事]을 합하여 사(事)라 하고 다시 '번뇌'를 더했는데, 여기서 번뇌는 앞에서 원인을 일으켰으므로 거듭 설명하지 않는다. 또 경계와 생각이 가볍고 무거움 등은 여기서 전체적으로 중요한 것이 아니므로 생략하고 설명하지 않았다.

[鈔] 三果行中에 二니 先, 略釋文이오 後, 麤中成殺下는 明具緣成殺이라 於中에 三이니 初, 依本論正釋이오 二, 然雜集下는 引他論會通이오

三, 又境相下는 指廣在餘라 今初에 四行等者는 思는 卽意業이니 是
行體故라 言揀錯誤者는 兩境이 歷然을 謂之錯이오 一境이 易奪을 謂
之誤니 謂如二人이 並立이어든 本欲殺東人이라가 刃及西人을 卽名
爲錯이오 本欲殺張人이어늘 王人이 來替커나 或居暗處커나 或不審實
하야 作張人殺을 名之爲誤니라 本斫非情과 及欲殺畜이라가 錯誤害
人은 亦不成業이니라
五體謂身行加害者는 然諸衆生이 攬五陰成하야 假名衆生이니 念念
이 生滅하야 前滅後續하야 非斷非常을 假立命根이오 令其色心으로
而得相續하야 亦刹那滅이며 前念旣滅에 後念當生을 斷令不續하면
名爲殺生이며 亦名斷命이니라 對前未斷하야 名落究竟이니라 故로 次
疏에 云, 卽揀前四하야 以爲方便이라하나라 餘二段은 可知로다

● ③ 과행으로 여읨 중에 둘이니 ㉮ 경문을 간략히 해석함이요, ㉯ 麤
中成殺 아래는 인연을 구비하여 살생을 저지름이다. 그중에 셋이니
㉠ 논경에 의지해 바로 해석함이요, ㉡ 然雜集 아래는 다른 논서를
인용하여 회통함이요, ㉢ 又境相 아래는 자세한 것은 다른 경론에
있음이다. 지금은 ㉠의 (4) 행위[行] 등에서 사유함은 의업이니 행위의
체성인 까닭이다. '잘못을 구분한다'는 말은 두 가지 경계가 뚜렷한
것을 착(錯)이라 하고, 한 경계가 바뀌거나 뺏긴 것을 오(誤)라 한다.
말하자면 두 사람이 함께 서 있는 것과 같은데, 본래는 동쪽 사람을
죽이려 하다가 칼날이 서쪽 사람에 미친 것을 이름하여 착(錯)이라 하
고, 본래는 장씨를 죽이려 하였는데 왕이 와서 바꾸었거나 혹은 어두
운 곳에 숨었거나 혹은 자세하게 살피지 않고 장씨인 줄 알고 죽인
것을 이름하여 오(誤)라 한다. 본래는 중생 아닌 것을 살해하거나 짐
승을 죽이려 했다가 잘못하여 사람을 살해한 것도 업이 되지 않는다.

'(5) 체험[體]이니 말하자면 신체로 행동하여 피해를 입혀서'는 그런데 모든 중생이 오온으로 이룬 것을 잡아 잠시 중생이라 이름하였으니, 생각 생각에 생겼다 없어져서 앞에서 없어졌다가 뒤에 상속하여 단절된 것도 아니요, 상속된 것도 아닌 것을 목숨의 근본[命根]이라 잠시 세운 것이요, 그 물질과 마음으로 하여금 상속을 얻어 찰나에 없어지기도 하고, 앞생각이 이미 없어질 적에 뒷생각이 생겨남을 끊어서 상속하지 못하게 하면 '살생'이라 하고 또 '목숨을 끊는다'고 하기도 한다. 앞의 끊지 않음을 상대하여 마지막에 떨어짐이라 이름한다. 그래서 다음의 소에서 "앞의 네 가지가 방편인 것과 구분한다"고 말하였다. 나머지 두 문단[ⓛ 引他論會通 ⓒ 指廣在餘]은 알 수 있으리라.

b. 훔치지 않는 계[不偸盜] 2.

a) 과목 나누기[分科] (第二 16上2)
b) 바로 해석하다[正釋] 2.
(a) 총상에 대한 해석[釋總] (亦初)

性不偸盜하여 菩薩이 於自資財에 常知止足하며 於他에 慈恕하여 不欲侵損하며 若物이 屬他인댄 起他物想하여 終不於此에 而生盜心하며 乃至草葉이라도 不與不取어든 何況其餘資生之具아

(2) 성품이 훔치지 않나니, 보살이 자기의 재산에는 만족함을 알고 다른 이에게는 인자하고 사랑하여 침노하지 않으며, 다른 이에게 소속한 물건에는 남의 것이라는 생각을 내

어 훔치려는 마음이 없고, 풀잎 하나라도 주지 않는 것은 가지지 않거든, 하물며 생활에 필요한 물건이리오.

[疏] 第二, 離盜라 亦初句는 總이라 非理損財커나 不與而取를 故名爲盜니라
- b. 훔치는 업을 여의는 게이다. 또한 첫 구절은 (a) 총상이다. 이치가 아니게 재물을 손해나게 하거나 주지 않는 것을 가지는 것을 '훔친다'고 이름한다.

(b) 별상으로 해석하다[釋別] 3.
㉠ 인행으로 여의다[因離] (別中 16上4)

[疏] 別中에 亦三이니 一, 因離오 二, 於他下는 對治離오 三, 若物下는 果行離라 因中에 止는 謂少欲이오 足은 謂知足이니 自之所有에 尙生止足일새 故無盜因이라 然止足이 有二義하니 一은 內心止足이니 離起因이라 若廉貞之士인대 渴死라도 不飮盜泉이니라 二는 此地에 具無盡財故로 離受畜因이라 然殺中의 殺具는 畜則爲因이오 姪과 盜과 妻와 財는 以不足爲因이니라
- (b) 별상으로 해석함 중에 또한 셋이니 ㉠ 인행으로 여읨이요, ㉡ 於他 아래는 다스려 여읨이요, ㉢ 若物 아래는 과행으로 여읨이다. ㉠ 인행으로 여읨 중에 지(止)는 욕망을 적게 가짐을 말하고, 족(足)은 만족할 줄 아는 것을 말하나니, 자신이 가진 것에도 오히려 그치고 만족한 생각을 내는 까닭에 훔칠 원인이 없게 된다. 하지만 '그치고 만족함[止足]'에 두 가지 뜻이 있으니 (1) 마음속으로 그치고 만족함이

니 일으킬 원인을 여읨을 뜻한다. 마치 청렴하고 지조 있는 선비라면 목말라 죽을지라도 도둑 샘물[盜泉]의 물을 마시지 않음과 같다. (2) 이 지(地)에 끝없는 재물을 구비한 연고로 받아 쌓은 원인을 여의는 것이다. 그러나 살생 업 중의 살생하는 도구는 쌓으면 원인이 될 것이요, 남의 처(妻)를 간음하거나 남의 재물을 훔치는 행위는 원인으로 충분치 않다.

[鈔] 一內心止足者는 心足이 即是不貪일새 故引廉貞之士라 書에 云, 廉士는 非不愛財언마는 致之以義라하니 意云, 此無非理之貪也라 文選에 云,³⁴⁾ 渴不飮盜泉水오 熱不息惡木陰하나니 惡木이 豈無陰이언마는 志士는 多苦心이라하니라 二, 此地具無盡財者는 從初地來로 檀度滿故로 即具無盡財니 故此地에 亦具니라 從然殺中下는 對前料揀이니라

- '(1) 마음속으로 그치고 만족함'이란 마음에 만족함이 곧 탐내지 않으므로 청렴하고 지조 있는 선비를 인용한 내용이다. 『서경(書經)』에 이르되, "청렴한 선비는 재물을 사랑하지 않는 것은 아니지만 순리대로 다스린다"고 하였다. 의미로 말하면 이것은 이치적인 탐냄이 아닌 것이 없다는 뜻이다. 『문선(文選)』에 이르되, "목이 말라도 도둑 샘의 물은 마시지 않으며, 더워도 나쁜 나무의 그늘에서는 쉬어 가지 않는다. 나쁜 나무에 어찌 그늘이 없으리오마는 지조 있는 선비는 근심함이 많다"고 하였다. '(2) 이 지(地)에 끝없는 재물을 구비한다'란 초지에서부터 보시바라밀을 만족하였으므로 끝없는 재물을 구비하게 되

---

34) 인용문은 『文選』 제14권의 陸士衡의 猛虎行의 詩이다. 文選에 云, "渴不飮盜泉水 熱不息惡木陰 惡木豈無枝 志士多苦心 / 整駕肅時命 杖策將遠尋 饑食猛虎窟 寒栖野雀林 / 日歸功未建 時往歲載陰 崇雲臨岸駭 鳴條隨風吟."

나니, 그래서 이 지(地)에도 구비한다는 뜻이다. 然殺中부터 아래는 앞과 상대하여 구분함이다.

㈡ 다스려 여의다[對治離] (二對 16下5)

[疏] 二, 對治離中에 由發起慈心하야 恕己爲喩라 則於自資財에 尙捨而 安彼어든 豈侵損他아 然他有二하니 一은 他人이오 二는 他世니 不盜 則不損當來資生이니라

- ㈡ 다스려 여읨 중에 인자한 마음을 일으킴으로 인하여 나를 생각함으로 비유하였다. 그러면 자신의 도구와 재물에 대해 오히려 버려서 저를 편안하게 하는데 어찌 남에게 침입하여 손해나게 하겠는가? 그런데 남에 두 가지 이치가 있으니 첫째는 다른 사람이요, 둘째는 다른 세상이다. 훔치지 않는다면 미래의 생활[當來資生]에 손해되지 않는다.

[鈔] 二對治離等者는 慈卽與樂이니 故로 論에 云, 對治者는 謂布施라하니라 故疏云則於自資財尙捨而安彼라하니라 恕己爲喩者[35]는 我被他 盜에 憂慮百端이니 則喩於他가 同我憂苦라 言他有二義者는 義必 有二니 而論經에 但云不壞他財라하야늘 論에 云, 以不貪故로 不壞 當來資財라하니 以他人 易일새 故論不釋이니라

- ㈡ 다스려 여읨 등에서 인자함은 즐거움을 주는 것이다. 그러므로 논경에서 "다스림이란 보시함을 말한다"라고 하였다. 그래서 또 소에서도 "그러면 자신의 도구와 재물에 대해 오히려 버려서 저를 편안하게 한다"고 말하였다. '자기를 생각함으로 비유한다'는 것은 내가 남

---

35) 上七字는 甲南續金本無, 案下正釋恕己爲喩 至捨財安彼 乃釋上慈卽與樂之文.

에게 도둑질을 당하더라도 근심은 백 갈래이니, 저들이 나의 근심과 고통과 같음을 비유한 내용이다. '남에 두 가지 이치가 있다'고 말한 것은 이치가 반드시 둘이 있어야 한다. 하지만 논경에는 단지 "다른 이의 재물을 파괴하지 않는다"고만 하였는데, 논경의 해석에는, "탐내지 않기 때문에 남의 부유함을 파괴하여 미래의 나의 재물로 삼지 않는다"고 하였다. 다른 사람에 관한 것은 쉬우므로 논경에서 해석하지 않았다.

㊂ 과행으로 여의다[果行離] 3.
① 거침과 미세함으로 구분하다[分麤細] (三果 17上2)

[疏] 三, 果行離中에 亦有麤細이니 不取草葉은 爲細오 餘資生은 爲麤니라
■ ㊂ 과행으로 여읨 중에도 거침과 미세함이 있으니 풀잎도 취하지 않는 것은 미세함이요, 나머지 생활 도구는 거침이 된다.

② 인연을 구비하여 훔치는 업을 저지르다[具緣成犯] (而文 17上3)

[疏] 而文通爲五緣하니 一者는 身이니 謂若物이 屬他하면 此揀於自니 是他物體일새 故名爲身이라 二는 事니 經闕此句나 論經에 云, 他所用事라하니라 三은 想이니 謂起他物想이니라 四는 行이니 謂翻終不盜心이니라 五는 體니 謂擧離本處니라 乃至下는 是以細況麤니라
■ 하지만 경문에는 통틀어 다섯 가지 인연이 되나니 (1) 신체[身]이니 말하자면 그 물건이 다른 이에게 속해 있으면 여기서는 내 물건인 것은 배제하고 남의 물건인 까닭에 신체라 칭한 것이다. (2) 일[事]이니 본

경에는 이 구절이 빠져 있지만 논경에는 '다른 사람이 쓰고 있는 것'이라 하였다. (3) 생각[想]이니 말하자면 다른 사람의 물건이라는 생각을 일으키는 것이다. (4) 행위[行]이니 끝까지 훔칠 마음을 내지 않던 것을 바꿈을 말한다. (5) 체험[體]이니 본래의 장소를 들어 옮기는 것을 말한다. 乃至 아래는 미세함으로 거침을 비교한 내용이다.

[鈔] 三果行離에 疏文有三하니 初, 分麤細오 次, 而文通爲下는 具緣成犯이오 後, 對顯差別이라 二中에 餘處에는 亦唯四緣이어늘 今開是他 總一緣하야 成初二緣이라 身揀自身이니 取自身物이 不是盜故오 事는 揀無情이니 要是他用에 雖非我物이나 他不攝受에 亦非盜故니 如無主物想者는 知是他物이오 行者는 卽謂思心이라
言翻終不盜心者는 應言盜心取也니 若無盜心하면 雖知他物하고 或暫用取하며 或同意取하며 或擬令他知라도 皆非盜也니라 五, 體謂擧離本處者는 此是盜業究竟이니 則顯前四方便이 亦是成業時分이라 殺要斷命不續이오 婬은 與境合이오 盜要擧離니 如於牀上에 手執其物하면 雖與境合이나 未名爲盜오 要須擧離니 纔離於牀하면 縱更不取라도 亦已成盜니라

● ㈢ 과행으로 여윔에 소의 문장이 셋이니 ① 거침과 미세함으로 구분함이요, ② 而文通爲 아래는 인연을 구비하여 훔치는 업을 저지름이요, ③ 殺婬於他 아래는 상대하여 차이점을 밝힘이다. ② 중에 다른 곳에는 또한 오직 네 가지 인연만 구비하였는데 지금은 다른 곳의 총상인 한 가지 인연을 전개하여 (1)과 (2)를 이루었다. (1) 신체는 자신과 구분하였으니 자신의 물건을 취하는 것은 훔친 것이 아닌 까닭이요, (2) 일은 무정(無情) 중생과 구분하였으니 중요한 것은 다른 사

람이 쓰는 것에 비록 나의 물건은 아니더라도 다른 사람이 차지하지 않으면 또한 훔친 것이 아닌 까닭이다. 마치 주인 없는 물건이나 생각은 다른 사람의 물건인 줄 아는 것과 같다. (4) 행위는 곧 사유하는 마음을 말한다.

'끝까지 훔칠 마음을 내지 않던 것을 바꾼다'는 말은 훔칠 마음으로 취한다고 해야 할 것이니, 만일 훔칠 마음이 없었다면 비록 다른 사람의 물건인 줄 알고 혹은 잠시 취하여 쓰기도 하며, 혹은 같은 생각으로 취하기도 하며, 혹은 남들이 알게 하려고 했더라도 모두 훔친 것은 아니다. (5) 체험은 '본래의 장소를 들어 옮긴다'는 말은 이것은 훔치는 업도의 마지막이니, 앞의 네 가지 방편이 또한 업도를 이루는 시간임을 밝힌 내용이다. 살생은 목숨을 끊어 이어지지 않기를 바라는 것이요, 음행은 경계와 합하는 것이요, 훔치는 업은 들어 옮기기 바라는 것이니 마치 평상 위에 손으로 그 물건을 잡으면 비록 경계와 합하긴 하지만 훔친다고 하지 않는 것과 같으며, 중요한 것은 들어 옮기는 것이니 조금이라도 평상에서 옮기면 설사 다시 취하지 않았더라도 또한 훔치는 업이 이미 이루어진 것이다.

③ 상대하여 차이점을 밝히다[對顯差別] (殺婬 17下7)

[疏] 殺과 婬은 於他正報에 成業일새 故以身心으로 而分麤細오 盜戒는 雖通依正이나 但約損財일새 故唯就外物하야 以論麤細니라 又殺有多類나 唯人이 成重일새 故就麤中에 方說具緣이오 盜易成犯일새 故總明具緣이라 若麤若細가 皆成盜體니라

■ 살생과 음행은 다른 사람의 정보(正報)에서 업을 이룬 것이므로 몸과

마음으로 거침과 미세함으로 구분하고, 훔치는 계법은 비록 의보와 정보에 통하더라도 단지 재물이 손해남에만 의지한 까닭에 오로지 외부의 물건에만 입각해서 거침과 미세함을 말한다. 또 살생에도 여러 종류가 있지만 오로지 사람이 중요하므로 거침에 입각하여 비로소 구비한 인연을 말한 것이요, 훔치는 업은 저지르기 쉬운 까닭에 총합적으로 인연 구비함을 밝혔다. 거침과 미세함이 모두 훔치는 업의 체성을 이룬 것이다.

[鈔] 殺婬於他下는 三,[36] 對顯差別이니 一, 對殺婬하야 以辨麤細오 二, 又殺有多下는 唯對於殺하야 顯具緣處別이니 則顯盜中에 通於麤細로 以辨具緣이니라

- ③ 殺婬於他 아래는 상대하여 차이점을 밝힘이니 1) 살생과 음행에 상대하여 거침과 미세함을 밝힘이요, 2) 又殺有多 아래는 오로지 살생에만 상대하여 구비한 인연이 다른 것을 밝힘이니, 훔치는 업에 거침과 미세함에 통하는 것으로 구비한 인연을 밝힘이다.

c. 삿된 음행을 하지 않는 계[不邪婬] 2.

a) 총상으로 해석하다[釋總] (第三 18上7)
b) 별상으로 해석하다[釋別] 3.
(a) 인행으로 여의다[因離] (別中)

性不邪婬하여 菩薩이 於自妻에 知足하여 不求他妻하며

---

36) 三은 金本作二.

於他妻妾과 他所護女와 親族媒定과 及爲法所護에 尙
不生於貪染之心이어든 何況從事하며 況於非道아
(3) 성품이 사음하지 않나니, 보살이 자기의 아내에 만족함
을 알고 다른 아내를 구하지 않으며, 다른 이의 아내나 첩이
나 다른 이가 수호하는 여자나 친족이 보호하거나 약혼하
였거나 법으로 보호하는 여인에게 탐하는 마음도 내지 않
거든 하물며 종사하며, 또 제 곳이 아닌 것이리오.

[疏] 第三, 離邪婬이라 乖禮曰邪오 染愛³⁷⁾曰婬이니라 別中에 亦三이니 一,
因離니 謂自妻知足이라 此亦二意니 一은 內心에 知足하야 離於起因
이오 二는 自足妻色하야 離受畜因이라 故로 晉譯³⁸⁾과 論經에 皆云自
足妻色이라하니 足妻는 乃由寄報輪王하야 相同世間일새 故得示有라
知足은 約心이니 亦不妨梵行이니라

- c. 삿된 음행을 여읨이다. 예법에 어긋나는 것을 '삿되다'고 말하고,
애욕에 물든 것을 '음행'이라 말한다. b) 별상에도 역시 셋이니 (a) 인
행으로 여읨이니 자신의 부인에게 만족함을 아는 것을 말한다. 여기
에도 두 가지 의미가 있으니 (1) 마음속으로 만족함을 알아서 일어
날 원인을 여의는 것이요, (2) 자기 부인의 용모에 만족하여 받아 쌓
는 원인을 여읨을 뜻한다. 그래서 60권 화엄경[晉經]과 논경에서 모두
"자기 부인의 용모에 만족한다"고 하였으니, 부인에 만족함은 바야
흐로 전륜왕의 보답에 의지함으로 인하여 형상이 세간과 같은 까닭
에 있음을 보인 것[示有]이다. 만족할 줄 아는 것은 마음에 의지한 분

---

37) 染愛는 南續金本作深愛.
38) 인용문은 『60권華嚴經』제24권 十地品 제22에 보인다. 經云, "離於邪婬. 自足妻色. 於他女人. 不生一念."(대
정장 권9 p.548c26-)

석이니 역시 범행에도 방해롭지 않다.

[鈔] 一, 內心知足者는 起因卽貪이니 貪心難滿일새 故行邪婬이라 二, 自足妻色者는 不足於妻에 方有邪故니 自足故로 無라 則足字를 兩用이니 一은 唯取知足屬心이오 二는 連上自妻足故로 離受畜因이라
故晉譯論經下는 通會二39)經이라 自足乃由等者는 成彼二經이니 明登地已上에 無非梵行이로대 但由寄報示有而已라 無有從事하니 則顯自妻知足之言은 似不愜當이라 但揀婬泆過度니 故云知足이니 不妨從事니라 從知足約心者는 顯今經意니 以有知足之言은 則有離起因義하니 無貪心故라 但云自足은 唯離受畜因耳니라
亦不妨梵行者는 但明心中知足이오 非於事上知足이니 正同淨名40)에 示有妻子나 常修梵行이라 則知足之言이 妙矣니 翻顯自足之言은 未有梵行之相이로다

● '(1) 마음속으로 만족함을 알아서'는 일어날 원인은 탐욕이니, 탐욕의 마음은 채우기 어려우므로 삿된 음행을 행하게 된다. '(2) 자기 부인의 용모에 만족함'이란 부인에게 만족하지 못할 적에 비로소 삿됨이 있게 되나니, 스스로 만족하는 까닭에 삿된 음행이 없게 된다. 족(足)이란 글자는 두 가지로 쓰이나니 1) 오로지 만족할 줄 아는 것만을 취하여 마음에 포함하고 2) 위의 자신의 부인에 만족함과 연결되는 까닭에 받아 쌓는 원인을 여의는 것이다.

故晉譯論經 아래는 두 경전과 회통함이다. 자족(自足)과 내유(乃由) 등은 저 두 경을 연결한 것이니, 십지에 오른 이상은 범행 아님이 없지

---

39) 二는 南續金本作三.
40) 인용문은 『維摩經』方便品 제2의 내용이다. 經云, "雖爲白衣奉持沙門淸淨律行. 雖處居家不著三界. 示有妻子常修梵行. 現有眷屬常樂遠離. 雖服寶飾而以相好嚴身. 雖復飮食而以禪悅爲味."(대정장 권14 p.539 a~)

만 단지 보답에 의탁함을 말미암아 있음을 보여 준 것일 뿐이다. '따르는 일이 없으니 자신의 부인에 만족할 줄 안다'는 말은 비슷하지만 합당하지 않음을 밝힌 부분이다. 단지 음란(淫亂)이 지나침만 구분하였으므로 '만족할 줄 안다'고 하였으니 따르는 일에 방해롭지 않다. '만족할 줄 아는 것은 마음에 의지한 분석'이란 본경의 의미를 밝힌 부분이니, 지족(知足)이란 말이 있는 것은 일어날 원인을 여의는 이치가 있으니 곧 '탐욕의 마음이 없다'는 뜻이다. '단지 스스로만 만족한다'고 말한 것은 오로지 받아 쌓는 원인만을 여읠 뿐이다.

'역시 범행에도 방해롭지 않음'이란 단지 마음속의 만족할 줄 아는 것만 밝힌 것이요, 현상적인 만족함을 아는 것이 아니니, 바로 『유마경』의 "처자가 있음을 보여 주지만 항상 범행을 닦는다"고 함과 같다. 지족(知足)이라는 말은 미묘한 표현이니 자족(自足)이란 범행의 모양이 있지 않음을 거꾸로 밝힌 말이다.

(b) 다스려 여의다[對治離] (二對 19上3)

[疏] 二, 對治離니 謂不求他妻니 現在梵行이 淨故로 不求未來妻色이라 他人之妻는 蓋不在言이니라

- (b) 다스려 여윔이니 말하자면 다른 사람의 부인을 탐내지 않는 것이니, 현재의 범행이 청정한 연고로 미래의 부인의 용모를 구하지 않게 된다. 다른 사람의 부인에 대해서는 대개 말에 있지 않다.

[鈔] 現在梵行淨故者는 經說求天五欲하야 修梵行者니 名汚梵行故라하니라

● '현재의 범행이 청정한 연고'란 경문에 '천상의 다섯 가지 욕망'을 말하여 '범행을 닦는 것'이라 하나니 오염된 범행이라 이름한 까닭이다.

(c) 과행으로 여의다[果行離] 2.
㊀ 삿된 경계를 총합하여 거론하다[總擧邪境] (三於 19上6)

[疏] 三, 於他妻下는 明果行離라 亦有麤細하니 細約起心이오 麤約從事라 而文分二니 初, 擧邪境이오 後, 尙不下는 以細況麤라 初中에 邪境有三하니 一, 不正이오 二, 非時오 三, 非處니라 非處一種은 在後況中이라 初不正中에 他守護女가 此爲總句라 護有二種하니 一은 不共護니 謂他妻妾을 唯夫護故오 二者는 共護니 謂親族媒定이라 親은 謂父母오 族은 卽⁴¹⁾宗族이니 謂二親이 亡歿에 六親所護요 夫亡에 子等所護라 媒定은 謂已受禮聘이니라 二, 非時者는 卽爲法所護라 然法有二하니 一은 王法이오 二는 佛法이라 佛法은 謂修梵行時니 此復有二하니 一은 分이니 謂八戒오 二는 全이니 謂具足等이라 然此非時를 準智論十五⁴²⁾와 及諸論中하면 廣有其相이어니와 今之所列은 意在不起染心이니 故於自妻에 不委其事니라 二, 以細況麤中에 有二重況하니 一은 以染心으로 況於正道從事요

■ (c) 於他妻 아래는 과행으로 여읨을 밝힘이다. 또한 거침과 미세함이 있으니 미세함은 일으킨 마음에 의지한 분석이요, 거침은 따르는 일에 의지한 분석이다. 하지만 경문을 둘로 나누었으니 ㊀ 삿된 경계를 거론함이요, ㊁ 尙不 아래는 미세함으로 거침을 비교함이다. ㊀ 중에 삿된 경계에 셋이 있으니 (1) 바르지 않음이요, (2) 때가 아님이

---
41) 卽은 續金本作謂.
42) 案今本하면 卷十三.

요, (3) 장소가 아님이다. (3) 장소 아님의 한 종류는 ㊁ 미세함으로 거침을 비교함에 있다. (1) 바르지 않음 중에는 다른 이가 수호하는 여자가 여기서는 총상 구절이 된다. 보호함에 두 종류가 있으니 첫째, 함께하지 않는 보호이다. 말하자면 다른 사람의 부인이나 첩을 오직 지아비만이 보호하는 까닭이요, 둘째, 함께 보호함이니, 친족이나 약혼으로 정해진 경우를 말한다. 친(親)은 부모를 말하고, 족(族)은 종족을 말한다. 이를테면 부모 두 분이 돌아가시면 육친(六親)이 보호할 것이요, 지아비가 죽으면 자식 등이 보호함을 뜻한다. '약혼으로 정해짐'은 이미 예물을 주고받은 상태를 말한다. (2) '때가 아님'이란 법으로 보호받는 경우이다. 하지만 법으로 보호받음에 두 가지가 있으니 ① 실정법[王法]이요, ② 출세간법[佛法]이다. 출세간법은 범행을 닦는 시기를 말하나니 여기에 다시 두 가지가 있으니 첫째, 부분적인 법이니 '여덟 가지 계[尼八敬戒]'를 말하고, 둘째, 전체적인 계법이니 구족계(具足戒) 등을 뜻한다. 하지만 이런 때가 아님을 『대지도론』 제15권과 여러 논서에 준해 보면 그 모양을 자세히 기술하고 있지만 지금 열거한 것은 오염된 마음을 일으키지 않는 데 의미가 있으므로 자신의 부인에 대해서는 자세하게 말하지 않았다. ㊁ 미세함으로 거침과 비교함 중에 두 겹의 비교함이 있다. 첫째, 오염된 마음으로 바른 도에 종사함과 비교한 내용이요,

㊁ 미세함으로 거침과 비교하다[以細況麤] (二以 19下6)

[疏] 二, 以染心과 及正道로 以況非道니 非道는 卽前非處라 亦應以人으로 況於餘類니 以後後가 麤鄙於前前故니라 以其婬境이 無想疑故로

論主가 於此에 不約具緣이라 經文에 不言作他女想은 約邪婬說에 亦
有想疑니 爲顯此中에 自妻正境은 亦定無犯일새 故不說也니라

■ 둘째, 오염된 마음과 바른 도로 도 아님과 비교한 부분이니, '도가 아
님'이란 앞의 장소 아님을 뜻한다. 또한 응당히 사람으로 다른 부류
와 비교함이라 해야 할 것이니, 뒤로 갈수록 앞보다 거칠고 더러운 까
닭이다. 그 음란한 경계가 생각하거나 의심할 것이 없는 연고로 논주
가 여기서 구체적인 인연에 의지하지 않았다. 경문에 '다른 여자 생각
을 한다'고 말하지 않은 것은 삿된 음행에 의지하여 설명하면 또한
생각과 의심이 있게 되나니, 이 가운데 자기 부인의 바른 경계를 또한
정하여 범계(犯戒)함이 없으므로 말하지 않은 것이다.

[鈔] 他守護女者는 上取於他妻妾이오 下取親族媒定이오 當中一句는 爲
不正中總이라 共護者는 多人護故라 然女有三從하니 一은 在家由父
오 二는 出嫁由夫오 三은 夫亡[43]由子라 縱三盡無라도 猶爲宗族所
護라 言子等者는 等取孫姪等이라 媒定之言은 通於在室과 及以曾
嫁라 上言六親者는 卽父母와 夫妻와 兄弟之親이니라

二全謂具足等者는 等取半戒와 十戒와 及於五戒니 以終身故로 得
名爲全이니라 以其婬境下는 顯無具緣所以라 言無想疑者는 謂無人
非人想과 道非道想과 及與生疑라도 但與境合하면 皆名犯也니라

約邪婬說者는 難言이니 四重之婬는 境合에 便犯일새 故無想疑어니와
邪婬之戒는 豈無想疑아 謂自妻他妻想과 他妻自妻想과 及二生疑
니 豈無不犯이리오 故今通云호대 據此卽有니 今顯菩薩이 於其自妻
에 決修梵行일새 故不於邪婬에 而說具緣이니라

---

43) 亡은 南續金本作没.

● '다른 이가 수호하는 여자'란 위에서는 다른 사람의 부인이나 첩을 취한 것이요, 아래에서는 친족이나 약혼한 상대를 취한 것이요, 해당한 중의 한 구절은 (1) 바르지 않음 중의 총상이 된다. '함께 보호한다'는 것은 여러 사람이 보호하는 까닭이다. 그런데 여자에게는 세 가지 따름[三從]이 있으니 1) 집에 있을 적에는 아버지를 의지함이요, 2) 시집가서는 지아비를 의지함이요, 3) 지아비가 죽고 나면 자식을 의지함을 말한다. 설사 세 가지 따름이 모두 없더라도 아직 종족의 보호함이 남아 있다. '자식 등'이라 말한 것은 손자나 조카 등을 함께 취한 표현이다. '약혼으로 정해졌다'는 말은 약혼한 규수[在室]와 재가(再嫁)를 한 경우와 통한다. 위에서 육친(六親)이라 말한 것은 부모와 부부와 형제를 가리킨다.[44]

'둘째, 선체석인 계법이니 +속계 등'이란 반계(半戒)와 십계(十戒)와 오계(五戒)를 함께 취하였으니 임종할 때까지인 연고로 '전체'라고 이름하였다. 以其婬境 아래는 구체적인 인연에 의지하지 않은 이유를 밝힌 내용이다. '생각과 의심'이라 말한 것은 말하자면 사람이 없거나 사람이 아니라 생각하거나, 도와 도가 아니라고 생각하거나, 함께 산다고 의심하더라도 단지 경계와 합하기만 하면 모두 '범한다'고 말한다.

'삿된 음행에 의지하여 설명함'이란 힐난한 말이니 네 가지 바라이계의 음행은 경계와 합하면 바로 범하게 되므로 생각과 의심의 여지가 없지만, 삿된 음행의 계는 어찌 생각과 의심이 없겠는가? 말하자면 자신의 부인을 남의 부인이라 생각함과 남의 부인을 자신의 부인이라 생각함과 두 경우에서 생겨나는 의심이니 어찌 범하지 않음이 없

---

[44] 일반적으로 六親이란 父母 兄弟 妻子를 가리키지만, 여기서는 처자를 夫婦로 대신하고 있다.

겠는가? 그래서 지금 회통하되, "여기에 의거하면 곧 있게 되나니 지금은 보살이 그 자신의 부인에게마저 결정코 범행을 닦는 것을 밝힌 것인 만큼 삿된 음행에 대해 구체적인 인연을 말하지 않았다.

d. 거짓말하지 않는 계[不妄語] 2.

a) 총상으로 해석하다[釋總] (第四 20下7)

性不妄語하여 菩薩이 常作實語眞語時語하며 乃至夢中에도 亦不忍作覆藏之語하여 無心欲作이어든 何況故犯가
(4) 성품이 거짓말을 하지 않나니, 보살이 항상 진실한 말과 참된 말과 시기에 맞는 말을 하고, 꿈에서라도 덮어 두는 말을 차마 하지 못하며, 하려는 마음도 없거든 하물며 짐짓 범하리오.

[疏] 第四, 離妄語니 違想45)背心을 名之爲妄이니라
■ d. 거짓말하지 않는 계이다. 가. 생각에 위배되고 마음에 등지는 것을 거짓말이라 말한다.

[鈔] 違想背心者는 設違於境이라도 若順於心하면 不名妄故니라
● '생각에 위배되고 마음에 등지는 것'이란 설사 경계에 위배되더라도 만일 마음에 따르는 것은 거짓말이라 하지 않는 까닭이다.

---

45) 想은 遺忘記云, 想字恐相字 以想則濫於心故 相者境也.(『三家本私記』遺忘記 p.145-)

b) 별상으로 해석하다[釋別] 2.
(a) 다스려 여의다[對治離] 2.

㈠ 앞과 상대하여 원인을 밝히다[對前明因] 2.
① 있고 없음에 대해 바로 밝히다[正辨有無] (別中 20下9)
② 통틀어 삼업을 구분하다[通揀三業] (身三)

[疏] 別中에 分二니 初, 對治離오 後, 乃至下는 果行離라 今初에 對治가 卽是因離니 不別明因이라 何者오 有二義故니 一은 無外事故니 謂無刀杖妻財之外事일새 故로 無受畜因이오 二는 無異因故니 謂但用誑他思心에 卽妄語因이오 無別貪等이 以爲異因이라 異因이 卽起因故니라 離彼誑心에 卽成⁴⁶⁾實語니 實語가 卽是誑心對治라 故로 對治離가 卽是因離니 不同身三故요 身三에 各具三離오 口四는 唯二오 意三은 唯一이니라

■ b) 별상 중에 둘로 나누었으니 (a) 다스려 여읨이요, (b) 乃至 아래는 과행으로 여읨이다. 지금은 (a) 에서 다스림이 곧 인행으로 여읨이므로 구분해서 원인을 밝히지 않았다. 무슨 까닭인가? 두 가지 의미가 있기 때문이니 (1) 외부적인 일이 없기 때문이다. 말하자면 칼과 몽둥이나 부인과 재물 등의 외부적인 일이 없으므로 받아 쌓는 원인이 없게 됨이요, (2) 별다른 원인이 없기 때문이다. 말하자면 단지 남을 속이려고 사유하는 마음만 쓰게 되면 거짓말의 원인이 될 것이요, 탐욕 등이 별다른 원인이 됨과 다름이 없다. 왜냐하면 별다른 원인이 곧 일으킬 원인이기 때문이다. 저 속이려는 마음을 여의게 되면 곧 진

---

46) 成은 續金本作誠; 擧論及探玄記 應從原南本作成.

실한 말이 되나니, 진실한 말이 그대로 속이려는 마음을 다스리는 것
이다. 그래서 다스려 여읨이 그대로 인행으로 여읨이 되나니, 몸으로
짓는 세 가지[不殺生, 不偸盜, 不邪婬]와 같지 않은 까닭이다. 몸으로 짓
는 세 가지 업은 각기 세 가지 여읨을 갖추었고, 입으로 짓는 네 가지
는 두 가지 여읨만 있고, 뜻으로 짓는 세 가지는 오직 한 가지 여읨만
있다.

㈡ 바로 경문을 해석하다[正釋經文] (文中 21上5)

[疏] 文中에 言實語者는 隨心想故니 謂縱實不見이라도 而心謂見하야 而
言見者도 亦名實語니라 眞語者는 審善思量하야 如事眞故니 謂由心
思하야 與事로 相似하야 稱此而言이라 若唯稱事而不稱心하면 亦名
妄語니 故加善思量이니라 言時語者는 論에 云, 知時語니 不起自身과
他身의 衰惱事故라하나니 謂心事雖實이나 而廻改見時에 或令自他로
而有衰惱라 今菩薩이 朝見言朝하고 暮見言暮일새 故曰知時라 晉經
에 名隨라하나니 亦順時義니라

㈡ 경문 중에 '진실한 말'이라 한 것은 마음을 따라 생각하는 까닭이
다. 말하자면 비록 실제로 보지는 않았더라도 마음으로 본 것을 보
았다고 말하는 것도 역시 진실한 말이라 칭한다. 참된 말이란 살피고
잘 생각하여 사실대로 말하는 까닭이다. 말하자면 마음으로 생각함
으로 인해 사실과 같이 여기에 걸맞게 말함을 뜻한다. 만일 오로지
일에만 맞고 마음에 맞지 않는다면 역시 거짓말이라 할 것이므로 '잘
생각한다'는 말을 덧붙였다. '시기에 맞는 말'이란 논경에서, "시기를
알고 말하는 것이니 자신과 남을 괴롭히는 일을 일으키지 않는 까닭

이다"라고 하였다. 말하자면 마음과 일이 비록 사실이긴 하지만 보 있을 때를 회상하고 고쳐서 혹 자기와 남이 괴롭힘을 입게 된다. 지금은 보살이 아침에 본 것을 아침이라 하고 저녁에 본 것을 저녁이라 하였으므로 '시기를 안다'고 말하였다. 진경(晉經)에서는 따른다[隨] 고 하였으니 역시 '시기에 따른다'는 뜻이다.

[鈔] 無別貪等以爲異因者는 貪瞋을 對殺等에 卽爲異因이라 今誑他思心이 卽是貪等이니 故無離思之에 別有異因故니라 身三各具下는 通揀三業이니 此皆論意라 然其貪等이 通與七支로 而爲其因이오 身三之因도 亦用思心이라 然起有難易일새 故論爲此釋하니 是知起因이 自有二種하니 謂近與遠이라 身業은 難起일새 故明貪等이 以爲遠因이니 隱其思心之近因也라 口業은 易發일새 但彰思心以爲近因하고 隱彼貪等之遠因일새 故不明因離라 且如有人이 先貪財色하야 後用思心而起妄語하면 斯則貪等이 而爲起因이라 則妄語가 多因於貪이니라 惡口와 離間은 多因瞋癡니라 又如妻財가 以不足故로 而行婬盜하면 是知亦有不足財故로 而行妄語라 故로 外典에 云, 貧不與無信期나 而無信自至라하니 斯則亦有受畜之因이라 是知論主가 順經文略하며 且從難易와 及多分하야 設身具三離며 口四는 唯二니라

謂心事雖實下는 疏釋上論이니 以其時語가 恐濫하야 言不應時機에 亦名綺語일새 故顯其相이라 彼綺語中에 雖是善言이나 不應時機하면 亦名綺語라 今明廻互見時에 令他損惱일새 故不同也니라

● '탐욕 등이 별다른 원인이 됨과 다름이 없다'는 것은 탐냄과 성냄을 살생 등에 상대하면 곧 별다른 원인이 된다. 지금의 남을 속이려고 사유하는 마음이 곧 탐욕 등이니, 그러므로 여윔 없이 사유하면 별

다른 원인이 있다고 분별하기 때문이다. ② 身三各具 아래는 통틀어 삼업을 구분함이니 이것은 모두 논경의 주장이다. 하지만 그 탐욕 등이 칠지(七支)와 통하는 것으로 그 원인을 삼았고, 몸으로 짓는 세 가지 원인도 역시 사유하는 마음을 쓴다. 그런데 일으킴에 어려움과 쉬움이 있으므로 논경에서 이처럼 해석한 것이다. 이로써 일으킨 원인이 자연히 두 종류가 되어 가까운 원인과 먼 원인이 됨을 알 수 있다. 신업은 일으키기 어려우므로 탐욕 등이 먼 원인이 됨을 밝혔으니, 그 사유하는 마음이 가까운 원인임을 숨긴 것이다. 구업은 발생하기 쉬우므로 단지 사유하는 마음이 가까운 원인이 되는 것만 밝히고, 저 탐욕 따위의 먼 원인을 숨겼으므로 인행으로 여읨에 대해 설명하지 않았다. 우선 어떤 사람이 먼저 재물과 여색을 탐내어 뒤에 사유하는 마음을 써서 거짓말을 하게 되면 이는 탐욕 등이 일으키는 원인이 됨과 같다. 다시 말하면 거짓말이 대부분 탐욕에서 기인한다는 뜻이다. 나쁜 말과 이간질하는 말은 대부분 성냄과 어리석음에서 기인한다. 또 부인과 재산이 만족하지 않은 연고로 음행과 훔치는 업을 짓는다면 이로써 역시 재물이 부족한 까닭에 거짓말을 행하는 줄 아는 것과 같다. 그래서 외도의 경전에 이르되, "탐욕은 믿음 없음과 함께 기약하지는 않지만 믿음 없음에 자연히 이르게 된다"고 하였으니, 여기에도 또한 받아 쌓는 원인이 있다. 이로써 논주가 경문을 따라 생략하며 또 어렵고 쉬움과 많은 부분을 따라 신업은 세 가지 여읨을 갖추며, 구업의 네 가지는 오직 두 가지 여읨뿐임을 알 수 있다.

㈡ 謂心事雖實 아래는 소가가 위의 논경을 해석함이니, "그 시기에 맞는 말이 잘못될까 두려워해서 시기에 맞지 않으면 또한 '번드르르한 말[綺語]'이라 한다"고 하였으므로 그 모양을 밝힌 것이다. 저 번

드르르한 말 중에 비록 말은 잘 하였지만 시기에 맞지 않으면 또한 빈드르르한 말이라 칭한다. 지금은 보았을 적에 다른 이로 하여금 괴롭게 함과 엇바꾸므로 같지 않음을 밝혔다.

(b) 과행으로 여의다[果行離] (二果 22上9)

[疏] 二, 果行離中에 亦以細況麤니 夢中은 是細오 故犯은 是麤라 此言覆藏之語者는 論經에 云, 不起覆見忍見이라하니라 婆沙에 云, 覆相妄語를 名爲覆見이오 覆心妄語를 名爲忍見이라하니 謂實見事를 心謂見言不見하면 此爲覆己所見事相이니 此翻眞語오 若實不見을 心生見想호대 詃言不見하면 於事에 雖實이나 於見에 有爲니 名爲忍見이니 忍却己所見故라 此翻實語니라 夢中과 眼見은 但是智見이니라

■ (b) 과행으로 여읨이다. 그중에 또한 미세함으로 거침을 비교하였으니, 꿈속은 미세함이요 일부러 범함은 거침이다. 여기 본경에서 '덮어 두는 말'이라 한 것은 논경에서는 "본 것을 덮어 두거나[覆見] 본 것을 참음[忍見]을 일으키지 않는다"고 하였다. 『대비바사론』에 이르되, "모양을 덮어 두고 거짓말하는 것을 '본 것을 덮어 둔다'고 하고, 마음에 감추고 거짓말하는 것을 '본 것을 참는다'고 한다"고 하였다. 말하자면 진실로 본 일을 마음으로는 '본 것을 보지 않았다'고 말하면 이것은 자기가 보았던 일의 모양을 숨기는 것이니 이는 참된 말의 반대이다. 만일 진실로 보지 않은 것을 마음으로 보았다는 생각을 내되, 속이려고 보지 않았다고 말하면 일에는 비록 진실하지만 소견에 함이 있어서 '본 것을 참는다'고 지칭하고 자기가 본 것을 참아내므로 이것은 진실한 말의 반대이다. 꿈속과 눈으로 본 것은 단지 지

혜로 본 것일 뿐이다.

[鈔] 亦以細況麤者는 細屬於心이니 聲聞은 不制어니와 今菩薩은 無心하며 夢亦不妄이니라 此言覆藏之語者는 細尋하면 可知니라
● '또한 미세함으로 거침을 비교한다'는 것은 미세함은 마음에 속하나니 성문은 제어하지 못하지만 지금의 제2지 보살은 마음이 없으며 꿈속에도 거짓말하지 않는다. 여기서 '덮어 두고 감추는 말'이라 한 것은 자세히 찾아보면 알 수 있으리라.

e. 이간하는 말 하지 않는 계[不兩舌] 2.

a) 총상으로 해석하다[釋總] (第五 23上2)

性不兩舌하여 菩薩이 於諸衆生에 無離間心하며 無惱害心하며 不將此語하여 爲破彼故로 而向彼說하며 不將彼語하여 爲破此故로 而向此說하며 未破者는 不令破하며 已破者는 不增長하며 不喜離間하며 不樂離間하며 不作離間語하며 不說離間語의 若實若不實이니라
(5) 성품이 이간하는 말을 하지 않나니, 보살이 이간하는 마음도 없고 해치려는 마음도 없으며, 이 말로써 저를 파괴하기 위하여 저에게 말하지 아니하고, 저 말로써 이를 파괴하기 위하여 이에게 말하지 않으며, 아직 파괴하지 않은 것을 파괴하게 하지 않고, 이미 파괴한 것을 더 증장하지 않으며, 이간하는 것을 기뻐하지도 않고, 이간하기를 좋아하지도 않

으며, 이간할 말을 짓지도 않고, 이간하는 말은 실제거나 실제가 아니거나 말하지도 아니하느니라.

[疏] 第五, 言不乖離를 名離兩舌이라 兩舌事成에 能令離間이니라
- e. 말함이 어긋나지 않는 것을 이간질을 여읨이라 한다. a) 이간하는 일이 이루어지면 능히 이간질을 함이 된다.

b) 별상으로 해석하다[釋別] 2.
(a) 다스려 여의다[對治離] (別中 23上3)

[疏] 別中에 亦二니 初, 對治離오 後, 未破下는 果行離라 對治離者는 卽不破壞行이니 此唯約心이오 果行離者는 通心及事니 卽是差別이라 今初에 心者는 謂傳說者가 必於心中에 憶持惡言하야 欲將破壞하야 方成離間이니 故로 文에 云, 無離間心이라 論經에 云, 無破壞心하며 及爲破彼故等이라하야늘 而論에 云二種朋[47] 心受憶持者는 謂詐現親朋이 如野干이 詐親師子等이라 又狎密成疎曰離間이오 親舊成寃曰惱害니라
- b) 별상 중에 또 둘이니 (a) 다스려 여읨이요, (b) 未破 아래는 과행으로 여읨이다. 다스려 여읨이란 파괴되지 않는 행법이니 이것은 오직 마음에 의지한 분석이요, 과행으로 여읨이란 마음과 일에 통하는 분석이니 그대로 차별이 된다. 지금 (a)에서 마음이란 말하자면 말을 전하는 사람이 반드시 마음속에 나쁜 말을 기억해서 파괴하려는 마음을 가져야 비로소 이간질이 성사된다. 그래서 경문에서 "이간질하

---

47) 朋은 原金本作明誤, 論南續本作朋; 探玄記釋云 此二種朋者 謂於兩頭各詐現爲朋.

려는 마음이 없다"고 하였다. 논경에는 "파괴하려는 마음이 없고 저들을 파괴하기 위한 등"이라 하였는데, 논경에서, '두 종류의 벗의 마음을 받아 기억한다'고 해석한 것은 말하자면 친한 벗으로 속여 나타남이 마치 여우가 사자와 친함으로 나타남 등과 같다. 또 친한 사이에 끼어들어 성글게 만드는 것을 '이간하는 말'이라 하며, 친구 사이를 원수가 되게 함을 '해치는 말'이라 칭한다.

[鈔] 卽不破壞行者는 謂若有離間之心하야 發言則成離間이라 今無此心일새 故無離間過[48])니 無離間心이 卽是離間對治라 而論에 標云호대 一은 對治離오 二는 果行離라하야 竟하고 便云, 對治離者는 謂不破壞行이니 一者는 心이오 二者는 差別이라하나니 乍觀此文하면 則似論主가 就對治離中하야 分心及差別이라 然이나 論意가 以對治離는 難解일새 故別釋云호대 謂不破壞行이니 一者는 心이오 二者는 差別이라하야 自是雙釋對治와 及果行章이라 故로 下釋文에 牒心[49])釋對治하야 明不破壞行하고 牒差別하야 釋[50])果하나니 故疏以心으로 屬於對治하고 以其差別로 屬果行也니라 如野干等者는 卽四分律[51])에 有善搏虎가 與善牙師子로 爲友하야 爲野干所破라하나니 廣如彼說하니라

---

48) 過는 南續金本作之過.
49) 心은 甲南續金本作內心.
50) 釋은 甲南續金本作方釋.
51) 律云, "爾時世尊以無數方便呵責六群比丘已告諸比丘. 汝等當聽. 古昔有兩善牙師子. 二名善博虎.…"(대정장 권22 p.636a28-).
* 인용문은 『四分律』제11권 90單提法의 내용이다. "부처님께서 많은 방편으로 육군비구(六郡比丘)들을 나무라신 뒤 다시 여러 비구들에게 말씀하셨다. "너희들은 잘 들으라. 옛날에 두 나쁜 짐승이 친구가 되었는데 하나는 선아(善牙)라는 사자요, 하나는 선박(善搏)이라는 호랑이인데 밤낮으로 사슴들을 잡아먹었느니라. 그때 여우[野干] 한 마리가 있었는데, 그는 항상 그 두 짐승을 따라다니면서 그들이 남긴 음식을 먹고 살았다. 야간이 가만히 생각하기를, '나는 더 이상 따라다니기가 어렵게 되었는데, 어떤 방법으로 두 짐승에게 싸움을 붙여야 다시 만나지 못하게 할 수 있을까?' 하였다. 그때에 야간이 선아 사자에게 가서 말하되 "선박 호랑이가 말하기를, '나는 태어난 곳도 훌륭하고 종족도 훌륭하고 모습도 그대보다 훌륭하고 힘과 세력도 그대보다 훌륭하다. 그래서 나는 날마다 좋은 음식을 얻는데 선아 사자는 내 뒤를 따라다니면서 남은 고기를 먹고 살아간다'고 하

● '파괴되지 않는 행법'이란 말하자면 만일 이간하려는 마음을 가지고 말을 하였다면 이간질이 성사될 것이다. 지금은 이런 마음이 없으므로 이간하는 허물이 없나니 이간하려는 마음이 없는 것이 그대로 이간질을 다스리는 것이다. 하지만 논경에서, "첫째는 다스려 여읨이요, 둘째는 과행으로 여읨이다"라고 표방하기를 마치고 바로 말하였다. "다스려 여읨이란 파괴하지 않는 행법을 말하나니 첫째는 마음이요, 둘째는 차별이다." 이 문장을 조금만 관찰하면 논주가 다스려 여읨에 입각하여 마음과 차별로 나눈 것 같다. 하지만 논경의 주장은 다스려 여읨은 알기 어려우므로 따로이, "말하자면 파괴하지 않는 행이니 첫째는 마음이요, 둘째는 차별이다"라고 말하여, 이로부터 다스려 여읨과 과행으로 여읨을 함께 해석한 것이다. 그래서 아래 경문 해석에서 마음을 따와서 다스려 여읨으로 해석하여 파괴하지 않는 행

였소." 하고는 게송으로 말하였다.《선박이 이렇게 말했답니다. 내 모양과 그리고 태어난 곳과 강건한 세력은 모두 훌륭하지만 선아는 그렇지 못하다.》선아 사자가 야간에게 묻되 '너는 어떻게 그런 줄 아느냐?' 하니, 야간이 대답하되 '그대들 두 짐승이 한곳에 모여 만나 보면 알게 될 것입니다'고 하였다. 이렇게 야간이 선아 사자에게 가만히 말한 뒤에 다시 선박 호랑이에게 가서 이렇게 말하였다. "그대는 아십니까? 선아 사자가 말하기를 '나는 태어난 종족과 태어난 곳이 그대보다 훌륭하고 힘과 세력도 그대보다 훌륭하다. 그래서 나는 항상 좋은 음식을 먹는데 선박 호랑이는 내가 남긴 고기를 먹고 살아간다 하였소" 하고는 곧 게송으로 말하였다.《선아는 이렇게 말했답니다 / 내 모양과 그리고 태어난 곳과 / 강건한 세력은 모두 훌륭하지만 / 선박은 그렇지 못하다.》선박이 묻되 '그런 줄 너는 어떻게 알았느냐?'고 하니, 야간이 '그대들 두 짐승이 한곳에 모여 만나 보면 알게 될 것이오'라고 하였다. 그 뒤 두 짐승이 한곳에 모이게 되었는데 성난 눈으로 서로를 마주 보았느니라. 선아 사자가 생각하기를, '내가 물어보지 않을 수 없으니, 먼저 선수를 써서 호랑이를 공격하리라' 하고는 선박 호랑이를 향해 게송으로 말했다.《내 모양과 그리고 태어난 곳과 / 강건한 세력은 모두 훌륭하지만 / 선아는 그렇지 못하다라고 / 선박은 이러한 말 하였는가?》선박이 생각하되 '이는 야간이 우리들을 싸우게 하려는 것이리라' 하고는 게송으로 선아 사자에게 대답하였다.《내 모양과 그리고 태어난 곳과 / 강건한 세력은 모두 훌륭하지만 / 선아는 그렇지 못하다라고 / 선박은 이런 말 하지 않았소? 이익 없는 소리를 받아들이고 / 이간하는 말들을 믿는다면 / 친분은 저절로 무너뜨려져 / 마침내 원수가 되고 만다오./ 만일에 진실한 사실을 알면 / 성내는 마음 사라지리니 / 지금이라도 지성껏 말을 하여서 / 자신의 이익을 얻게 합시다. 지금부터 시작하여 나쁜 친구들 / 항복받고 제거해 없애 버리되 / 우리들을 싸우게 하려던 이놈 / 야간이를 죽여 없애 버리자.》그들은 야간(野干)이를 죽이고 두 짐승은 다시 화합하였느니라." 이 이야기를 마치고 부처님께서는 비구들에게 말씀하셨다. "이런 짐승들도 자기가 피해를 입고 한곳에서 만날 때에는 서로 보기를 달갑지 않게 여겼는데, 하물며 사람이 남에게 피해를 받으면 번거롭지 않겠느냐? 어찌하여 육군비구들은 전에 없던 싸움을 여기저기서 하게 하고, 생긴 싸움은 없어지지 않게 하였느냐?"—| (四分律3; 石葉哲 牛역 土房刊 1994 서울)

임을 밝히고, 차별을 따와서 과행으로 여읨으로 해석하였다. 그래서 소가가 마음으로 다스려 여읨에 섭속하였고, 그 차별로 과행으로 여읨에 섭속하였다.

'마치 여우가' 등이란 『사분율(四分律)』에 선박(善膊) 호랑이가 선아(善牙) 사자와 벗이 되어 여우에게 친구 사이를 이간질당하는 내용이 있으니 자세한 것은 저 『사분율장』에 설명한 내용과 같다.

(b) 과행으로 여의다[果行離] (二果 23下10)

[疏] 二, 果行離라 差別有三하니 謂身心業이라 各有二義하니 身壞二義者는 謂已破와 未破니 是離間體일새 故名爲身이니라 二, 不喜下는 明心壞二義니 一, 隨喜他오 二, 自心樂이라 三, 不作下는 業壞二義니 謂若細와 若麤니 細則實有惡言이오 麤則不實虛構하야 正傳離間之言일새 故名爲業이라 今菩薩은 並離일새 故皆云不이니라

■ (b) 과행으로 여읨이다. 차별에 셋이 있으니 신업과 의업을 말한다. 각기 두 가지 뜻이 있으니 (1) 몸으로 파괴하는 두 가지 뜻이란 이미 파괴함과 파괴하지 못함을 말하나니, 이간질의 체성이므로 몸이라 말하였다. (2) 不喜 아래는 마음으로 파괴하는 두 가지 뜻을 밝혔으니 ① 남을 따라 기뻐함이요, ② 자기 마음으로 기뻐함이다. (3) 不作 아래는 업으로 파괴하는 두 가지 뜻이니 ① 미세함과 ② 거침을 말한다. ① 미세함은 실제로 나쁜 말을 한 것이요, ② 거침은 진실되지 않은 것을 거짓말로 만들어서 바로 이간하는 말을 전하므로 업이라 지칭한다. 지금의 보살은 함께 여의므로 모두 '아니다'라고 하였다.

[鈔] 是離間體者는 身若是體라면 與業으로 何異오 身約正破이오 業約所傳이니 言業之麤細耳니라
- '이간질의 체성'이란 몸이 만일 체성이라면 업과 무엇이 다른가? '몸'은 바로 파괴함에 의지한 분석이요, '업'은 전할 대상에 의지한 분석이니 업의 거침과 미세함을 말했을 뿐이다.

f. 나쁜 말을 하지 않는 계[不惡口] 2.

a) 총상으로 해석하다[釋總] (第六 24下4)

性不惡口하여 所謂毒害語와 麤獷語와 苦他語와 令他瞋恨語와 現前語와 不現前語와 鄙惡語와 庸賤語와 不可樂聞語와 聞者不悅語와 瞋忿語와 如火燒心語와 寃結語와 熱惱語와 不可愛語와 不可樂語와 能壞自身他身語인如是等語를 皆悉捨離하고 常作潤澤語와 柔軟語와 悅意語와 可樂聞語와 聞者喜悅語와 善入人心語와 風雅典則語와 多人愛樂語와 多人悅樂語와 身心踊悅語니라
(6) 성품이 나쁜 말을 하지 않나니, 이른바 해롭게 하는 말, 거친 말, 남을 괴롭히는 말, 남을 성내게 하는 말, 앞에 대한 말, 앞에 대하지 않은 말, 불공한 말, 버릇 없는 말, 듣기 싫은 말, 듣는 이에게 기쁘지 않은 말, 분노한 말, 속을 태우는 말, 원결 맺는 말, 시끄러운 말, 좋지 않은 말, 달갑지 않은 말, 나와 남을 해롭게 하는 말, 이런 말은 모두 버리고, 윤택한 말, 부드러운 말, 뜻에 맞는 말, 듣기 좋은 말, 듣는 이 기

뻐하는 말, 남의 마음에 잘 들어가는 말, 운치 있고 규모 있는 말, 여러 사람이 좋아하는 말, 여러 사람이 기뻐하는 말, 몸과 마음에 희열한 말을 항상 하느니라.

[疏] 第六, 言不麤鄙를 名離惡口니라
- f. 말이 거칠고 더러움을 여읜 것을 나쁜 말을 여읨이라 말한다.

b) 별상으로 해석하다[釋別] 2.
(a) 과행으로 여의다[果行離] 2.

㊀ 여읠 대상을 나열하다[列所離] 2.
① 네 가지 말은 나쁜 말의 체성을 총합하여 밝히다
  [初四語總顯惡言之體] (別中 24下4)

[疏] 別中에 分二니 初, 果行離오 後, 常作下는 對治離라 前後諸業을 治望果行에 非全次第일새 故先顯治하고 後能離果라 今此歷別相對에 先, 擧果行하야 一時彰離하고 後說能治하야 次第翻前이라 文義便故로 先明果行이라 今果行中에 先, 列所離오 後, 明能離라 今初에 有十七語하니 句各一義라 而其論意가 展轉相釋이라 於中有二하니 前四는 一重이니 總顯惡言體用이오 後十三語는 重顯前四라 今初四語를 次第相釋이니 初一은 總明語體오 次는 云何毒害오 以麤惡獷戾故라 云何麤獷고 苦他故라 如何苦他오 令他瞋恨故라 此之四語가 義一名異니라
- b) 별상 중에 둘로 나누었으니 (a) 과행으로 여읨이요, (b) 常作 아래는 다스려 여윔이다. 앞뒤의 여러 업을 다스려 과행에 비교하면 순

서가 완전하지 않으므로 먼저 다스려 여읨을 밝히고, 나중에 능히 과행으로 여읨을 밝혀야 하리라. 지금은 여기서 별상을 서쳐 상대하면 과행으로 여읨을 거론하여 한꺼번에 여읨을 밝히고, 뒤에 다스림의 주체를 말하여 순서를 앞과 바꾸었다. 문장과 의미가 편한 까닭에 먼저 과행으로 여읨을 밝혔다.

지금 (a) 과행으로 여읨 중에 ㊀ 여읠 대상을 나열함이요, ㊁ 여의는 주체를 밝힘이다. 지금은 ㊀에서 17가지 말이 있으니 구절마다 각기 한 가지 뜻이다. 하지만 그 논경의 주장은 점차로 서로 해석한 것이다. 그중에 둘이 있으니 ① 앞의 네 가지 말[毒害語, 麤獷語, 苦他語, 令他瞋恨語]이 한 겹이니 나쁜 말의 체성과 작용을 총합적으로 밝힘이요, ② 뒤의 13가지 말[現前語, 不現前語, … 能壞自身他身語]은 앞의 네 가지 말을 나시 밝힘이다. 지금은 ⑴ 네 가지 말을 순서대로 서로 설명함이니 첫째, 말의 체성을 총합적으로 설명함이요, 둘째, 어떤 것이 해로운 말인가? (1) 거칠고 나쁜 말과 (2) 사납고 어그러지는 말이다. 어떤 것이 거칠고 사나운 말인가? (3) 남을 괴롭히는 말이다. 어떻게 남을 괴롭히는가? (4) 남으로 하여금 성나고 원한 맺게 하는 말이다. 이런 네 가지 말이 뜻은 같지만 명칭은 다르다.

[鈔] 此之四語者는 義卽體義니 體一名異耳니라
- 이런 네 가지 말에서 뜻은 곧 체성이란 뜻이니, 체성은 같지만 명칭은 다른 것일 뿐이다.

② 뒤의 13가지 말로 앞의 네 가지 말을 거듭 설명하다
　　[後十三語重顯前四] 2.

㉮ 처음의 네 가지 말은 앞의 네 가지 말을 총합하여 해석한 것
[初四語總釋前四] (後重 25上5)

[疏] 後, 重顯中에 初有四語는 總釋前四라 於中에 初二는 明其語時니 謂
前四에 有對面과 不對面故라 後二는 明前語體가 不出二類니 一, 鄙
惡이니 謂不遜故오 二, 庸賤이니 常無敎訓故라
- ② 앞의 네 가지 말을 거듭 밝힘에서 ㉮ 처음의 네 가지 말은 앞의 네 가지 말을 총합하여 설명한 내용이다. 그중에 처음의 두 말[(5) 現前語 (6) 不現前語]은 그 말하는 시기를 설명함이다. 말하자면 처음의 네 가지 말에서 얼굴을 대하는 경우와 얼굴을 대하지 않는 경우가 있기 때문이다. 뒤의 둘[(7) 鄙惡語 (8) 庸賤語]은 앞의 말의 체성을 설명한 것이니 두 부류에서 벗어나지 않는다. (7) 더럽고 악한 말이니 공순하지 않음을 가리킨다. (8) 천박한 말이니 항상 교훈 삼을 것이 없기 때문이다.

[鈔] 後二, 明前語體者는 論經에 無庸賤語하고 有不斷語하니 而論에 總
釋四語之後에 有對語와 不對語와 鄙惡과 常行이라하니라 釋曰, 卽以
常行으로 釋於不斷이니라 又52)重釋云호대 於中現前語者는 麤而不
斷이오 不現前語者는 微而不53)斷이라하니라 意云對面이 爲麤요 不對
가 爲微오 不斷은 通二라 今以經無不斷하고 別有庸賤일새 故更不擧
論中再釋이니라
- '뒤의 둘은 앞의 말의 체성을 설명한 것'이란 논경에는 용천어(庸賤語)라 하지 않고 부단어(不斷語)라 하였다. 그러나 논경에서 총합적으로 네 가지 말을 해석한 뒤에 대하는 말과 대하지 않는 말과 불공한 말

---
52) 又는 甲南續金本作文.
53) 不은 論經作有.(대정장 권26 p. 147 b1-)

과 평상시 하는 말이 있다. 해석하자면 곧 평상시 하는 말로 부단어(不斷語)를 실명하였다. 또 거듭 해석하되, "그중에 앞에 대한 말이란 거칠면서 중단하지 않음을 말하고, 대하지 않는 말이란 미세하면서 중단함이 있다"고 하였다. 의미로는 "얼굴을 대하는 것은 거친 말이요, 얼굴을 대하지 않는 것은 미세한 말이요, 중단하지 않는 것은 둘에 통한다." 지금 경문에 부단어(不斷語)는 없고 따로 용천어(庸賤語)가 있으므로 다시 논경의 거듭 해석함은 거론하지 않았다.

⑭ 뒤의 아홉 가지 말은 남을 괴롭혀서 성내게 함으로 손해나는 모양을 개별로 설명함이다[後九語別釋苦他令瞋爲損之相] 2.
㉠ 앞의 두 가지 말은 앞의 거칠고 더러운 말로 자연히 계를 위배하게 되다 [初二語前麤鄙之言自違於戒] (後九 25下4)
㉡ 뒤의 일곱 가지 말은 자신이 성난 마음으로 말하여 남이 계를 위배하게 하다[後七語自忿心中發言令他違戒] (餘七)

[疏] 後九, 別釋上의 苦他令瞋하야 爲損之相이라 於中復二니 初二는 明 說前麤鄙之言이 自違於戒라 何以違戒오 以能苦他하야 令他瞋故라 云何苦他오 不喜聞故라 云何令瞋고 聞不悅故라 餘七語는 明自瞋 忿心中發言하야 令他違戒하야 起瞋生苦라 初瞋忿語는 是自瞋語體 오 下는 能令他瞋이라 他瞋에 有二無饒益事하니 一, 初五語는 翻喜 生瞋이니 謂聞而54)不愛가 如火燒心이오 憶時에 不樂일새 故生怨結 熱惱니 熱惱者는 令心胸閉塞이라 二, 末後句는 違樂致苦니 謂己有 同意樂事를 自身이 失壞하고 令他失壞니 失壞相知之樂故라

---

54) 而는 南續金本作時.

■ ⑭ 뒤의 아홉 가지 말은 위의 남을 괴롭혀서 성내게 함으로 손해나는 모양을 개별적으로 설명함이다. 그중에 다시 둘이니 ㉠ 앞의 두 가지 말은 앞의 거칠고 더러운 말로 자연히 계를 위배함에 대해 설명한 내용이다. 어떻게 계를 위배하는가? 남을 괴롭혀서 성나게 하는 말이다. 무엇으로 남을 괴롭히는가? 기쁜 마음으로 듣지 못하는 말이다. 무엇으로 성나게 하는가? 듣고는 기뻐하지 않는 말이다. ㉡ 나머지 일곱 가지 말은 자신이 성난 마음으로 말하여 남에게 계를 위배하게 하여 괴로움을 생기게 한다. 처음의 분노한 말은 자신이 성내는 말의 체성이요, 아래는 남을 성나게 하는 말이다. 남을 성나게 하면 두 가지 이익 없는 현상이 생기게 된다. 첫째, 앞의 다섯 가지 말[(11) 如火燒心語 (12) 冤結語 (13) 熱惱語 (14) 冤結語 (15) 不可愛語]은 기쁨을 바꾸어 성나게 한다. 말하자면 듣고 좋아하지 않는 것이 불로 마음을 태우는 것과 같고, 기억하면 즐겁지 않으므로 원수 맺고 시끄러운 말을 하게 된다. (13) 시끄러운 말이란 심장과 가슴이 막히게 됨을 가리킨다. 둘째, 마지막 구절[(16) 不可樂語 (17) 能壞自身他身語]은 즐거움과 위배되어 괴로움에 이른 것이다. 말하자면 자신에게 있는 생각과 즐거움을 함께 하는 일을 자신이 무너뜨리고 남으로 하여금 무너뜨리게 하나니, 서로 아는 즐거움을 잃어버리게 하기 때문이다.

㊂ 여의는 주체를 밝히다[明能離] (後如 26上2)

[疏] 後, 如是下는 明能離를 可知로다
■ ㊂ 如是 아래는 여의는 주체를 밝힘이니 알 수 있으리라.

[鈔] 自違於戒者는 旣能苦他하고 又令瞋恚하야 惱彼深故로 違惡口戒하며 亦違自讚毁他之戒니라 令他違戒者는 令犯瞋戒하야 以憶持不樂하야 遂生怨結하며 前人이 求悔하야 善言懺謝하야도 猶瞋不解하면 便犯重戒니라

- '자신이 계를 위배한다'는 것은 이미 남을 괴롭게 하고 또 성나게 하여 저를 괴롭힘이 깊은 연고로 나쁜 말의 계를 위배하며, 또한 자기를 칭찬하고 남을 헐뜯는 계를 위배함이 된다. '남이 계를 어기게 한다'는 것은 성내는 계를 범하게 하여 즐겁지 않음을 기억해서 마침내 원수 맺으며, 앞사람이 참회를 구하려고 참회하고 사죄하더라도 성냄이 아직 풀리지 않는다면 문득 무거운 계[55]를 범하게 된다.

(b) 다스려 여의다[對治離] (第二 26上7)

[疏] 第二, 對治中에 有十種語하야 翻前諸語호대 而小不次하니 謂潤澤은 翻苦他와 令瞋二語오 柔軟은 翻毒害와 麤獷이오 其現前과 不現前은 無別體일새 故不翻이라 悅意語는 翻上瞋忿이니 謂和悅意中에 而發言故라 樂聞과 喜悅은 翻不樂과 不悅이라 上說은 麤鄙일새 故不悅樂이어니와 今說順人天일새 故生悅樂이라 又悅意下三語는 展轉相釋이니 善入人心은 翻如火燒心과 熱惱와 怨結이라 上以忿心으로 發言일새 故如火燒等이어니와 今以言順涅槃일새 故令善入人心이니라 風雅典則은 却翻上鄙惡庸賤이니 前則街巷陋音이오 今則言含經史故라

---

55) 懺悔不受戒를 말함이니, 곧 '참회를 받아들이지 않는 계'를 가리킨다. 十重大戒는 十重波羅提木叉, 十波羅夷, 十不可悔戒, 十重戒라고도 부른다. ① 殺生戒 ② 偸盜戒 ③ 婬戒 ④ 妄語戒 ⑤ 酤酒戒 ⑥ 說四衆過戒 ⑦ 自讚毁他戒 ⑧ 慳惜加毁戒(慳惜財法戒) ⑨ 瞋心不受戒 ⑩ 謗三寶戒 등을 가리킨다. (梵網經 下권, 보살영락본업경)* 또 眞言宗에서는 ① 不退菩提心 ② 不捨三寶 ③ 不謗三寶 ④ 不生疑惑 ⑤ 不令退菩提心 ⑥ 不令發二乘心 ⑦ 不輒說深妙大乘 ⑧ 不發邪見 ⑨ 不說我具無上道戒 ⑩ 捨一切無利益事 등의 열 가지를 말하기도 한다. (불교학대사전 p.981-)

愛樂과 悅樂은 翻不可愛樂이니 生三昧故라 身心踊悅은 翻壞自身他身이니 生親善故니라

■ (b) 다스려 여읨 중에 열 가지 말이 있어서 앞의 여러 가지 말을 바꾸면서 조금은 순서가 달라졌다. 말하자면 윤택한 말은 남을 괴롭히는 말과 성나게 하는 말인 두 가지를 바꾼 것이요, 부드러운 말은 해롭게 하는 말과 거친 말을 바꾼 것이요, 앞에 대하는 말과 앞에 대하지 않은 말은 개별적인 체성이 없으므로 바꾸지 않았다. '뜻에 맞는 말'은 위의 분노한 말을 바꾼 것이니, 온화하고 뜻에 맞는 중에 말을 한다는 뜻이다. 듣기 좋은 말과 듣고 기뻐하는 말은 듣기 싫은 말과 기쁘지 않은 말을 바꾼 것이다. 위에 말한 것이 거칠고 불공한 연고로 기쁘거나 즐겁지 않겠지만 지금 말하는 것이 인간과 천상에 맞는 까닭에 기쁨과 즐거움이 생기는 것이다. 또 悅意 아래 세 가지 말[可樂聞語, 聞者喜悅語, 善入人心語]은 점차적으로 서로 해석한 부분이다. '남의 마음에 잘 들어가는 말'은 속을 태우는 말과 시끄러운 말과 원수 맺는 말을 바꾼 내용이다. 위의 분노한 마음으로 말을 하는 까닭에 속을 태우는 말 등이겠지만 지금은 말이 열반에 따르는 연고로 남의 마음에 잘 들어가게 하는 것이다. '운치 있고 규모 있는 말'은 도리어 위의 불공한 말과 버릇없는 말을 바꾼 것이니, 앞에서는 길거리의 시끄러운 소리를 말하고 지금은 말에 경륜과 역사가 포함된 까닭이다. (여러 사람이) 좋아하는 말과 기뻐하는 말은 좋지 않고 달갑지 않은 말을 바꾼 것이니 삼매가 생겨나는 까닭이다. '몸과 마음이 뛸 듯이 기쁜 말'은 나와 남을 해롭게 하는 말을 바꾼 것이니 친근함과 착함이 생겨나기 때문이다.

[鈔] 謂潤澤者는 語必益他일새 名爲潤澤이니 故翻苦他와 令瞋二語니라 謂柔軟者는 柔는 謂柔和오 軟은 謂善軟이니 言爲戒攝일새 故爲柔軟이니 柔和는 卽無毒害오 善軟이 卽無麤獷이라 獷은 謂獷戾니 易傷折故오 害는 謂損害니 如劒戟故라 今柔軟故로 無損無害니라 論釋不獷云호대 受行不斷이라하야늘 遠公이 云, 常說이오 非暫일새 故云不獷이라하니라 故上釋獷云호대 易傷折이라하니라
是故로 菩薩은 言必順道하야 盡未來際하면 常行善言이라하니 斯亦天下之至柔가 馳騁天下之至堅也니라 …〈下略〉…

● '윤택한 말'이란 '반드시 남을 이롭게 하므로 윤택하다'는 말이니, 남을 괴롭히는 말과 성나게 하는 말인 두 가지를 바꾼 것이다. 부드러운 말에서 유(柔)는 부드럽고 온화하다는 뜻이요, 연(軟)은 좋고 연하다는 뜻이다. 말함에 계법이 포함되어 있으므로 '부드럽다'고 하였으니 부드럽고 온화한 것은 곧 해롭지 않다는 뜻이요, 좋고 연함은 곧 거칠지 않다는 뜻이다. 광(獷)은 사납고 어긋난다는 뜻이니 상하거나 꺾이기 쉬운 까닭이다. 해(害)는 손해나고 해롭다는 뜻이니 칼이나 창과 같은 까닭이다. 지금은 부드럽고 연한 연고로 손해나거나 해로움이 없다. 논경에서 '사납지 않음'에 대해 해석하되, "계법에 정해진 대로 받아들여 끊임없이 행한다"고 하였는데, 혜원법사가 이르되, "항상 말하여 잠시도 그치지 않으므로 사납지 않다"고 하였다.
'이런 연고로 보살은 말할 적에는 항상 도리에 따르고 미래가 다하도록 늘 좋은 말을 해야 한다'고 하였으니, 이것도 역시 세상에서 가장 부드러운 것이 가장 강한 것을 물리친다는 이치이다. …〈아래 생략〉…

g. 번드르르한 말 하지 않는 계[不綺語] 2.

a) 총합하여 표방하다[總標] (第七 28上5)

性不綺語하여 菩薩이 常樂思審語와 時語와 實語와 義語와 法語와 順道理語와 巧調伏語와 隨時籌量決定語니 是菩薩이 乃至戲笑에도 尙恒思審이어든 何況故出散亂之言가

(7) 성품이 번드르르한 말을 하지 않나니, 보살은 언제나 잘 생각하고 하는 말, 시기에 맞는 말, 진실한 말, 이치에 맞는 말, 법다운 말, 도리에 맞는 말, 교묘하게 조복하는 말, 때에 맞추어 요량하여 결정한 말을 좋아하느니라. 이 보살이 웃음거리도 항상 생각하고 말하거든, 어찌 집짓 산란한 말을 하리오.

[疏] 第七, 言辭不正일새 故云綺語니 其猶綺文이니 總離를 可知로다 別中에 亦二니 先은 對治오 後는 果行이 前中에 八語에

■ g. 말과 표현이 바르지 않으므로 번드르르한 말이라 하였으니 번드르르한 문장과 같다. a) 총합적인 여읨은 알 수 있으리라. b) 별상 중에도 또 둘이니 ① 다스려 여읨이요, ② 과행으로 여읨이다. ① 중에 여덟 가지 말이 있다.

b) 개별로 밝히다[別明] 2.
(a) 다스려 여의다[對治離] 2.
㊀ 첫 구절은 총상 해석[初一句總] (初一 28上6)
㊁ 일곱 구절은 별상 해석[後七句別] (下七)

[疏] 初一이 爲總이니 故로 下結에 云, 戱笑尙恒思審이니라 是以로 菩薩이 常樂三思而後言이니 則無散亂矣니라

下七語는 別이라 時之一字는 亦總亦別이라 總者에 上言思審者는 謂思合其時하야 語黙이 得中也니라 云何爲時오 謂彼此無損하고 自他成益時故라 論에 云, 善知言說時는 依彼此語故라하니라 時語有幾오 略說有三하니 一은 敎化時語니 謂見非善衆生에 勸發生信하야 令捨惡就善이니 卽時字別義라 次三은 敎授時語니 令其憶念이라 實語者는 不顚倒故니 謂學承有本하야 轉相敎誨라 後二는 釋上이니 云何不倒니 以言含於義故며 稱行法故라 後三은 敎誡時語니 令其修行이라 地持[56]의 敎誡差別에 有五하니 一은 制오 二는 聽이오 三은 擧오 四는 折伏이오 五는 令喜라 今三句로 攝之하니 一, 謂有罪者는 制하고 無罪者는 聽이니 爲順道理오 二, 於制聽有缺에 如法擧之하고 數數毁犯에 折伏與念이니 云巧調伏이오 三, 有實德者를 稱揚令喜니 故云決定이라 又此一句가 總結上四니 謂若制若聽과 若擧若折에 皆須適時니라

■ ㊀ 첫 구절은 총상이니 그러므로 아래 결론에서 '웃음거리도 항상 생각하고 살핀다'고 하였다. 그러므로 보살이 항상 세 번 생각한 뒤에 말하기를 좋아하나니 산란함이 없다는 뜻이다.

㊁ 아래 일곱 가지 말은 별상이다. 그중에 시(時)라는 글자는 총상이

---

56) 인용문은 『菩薩地持經』 제3권 方便處力種性品 제8에 나오는 내용이다. 經云, "云何敎誡, 略說五種, 有罪行者制, 無罪行者聽, 若制若聽法, 有缺減者, 如法擧之, 數數違犯者, 折伏與念, 不濁不變淳淨正向, 若制若聽法, 眞實功德, 愛念稱歎, 令其歡喜, 是名略說菩薩五事敎誡, 所謂若制若聽, 若擧若折伏若歡喜."(대정장 권30 p.905 c~) [어떤 것이 가르쳐 훈계하는 말인가? 대략 다섯 가지가 있으니 (1) 죄를 행한 자는 묶어 두고 (2) 죄를 행하지 않은 자는 허락한다. (3) 묶어 두는 이와 허락함에 모자라거나 줄어듦이 있는 자는 법다이 거론하고 (4) 자주 위배하고 범하는 자는 꺾어서 명심하게 하며 혼탁하지 않고 변하지 않으며 순수하게 바로 향하며 (5) 묶어 두거나 허락하는 법은 진실된 공덕이라서 사랑하는 마음으로 칭찬하고 그로 하여금 기쁘게 함이니 이를 이름해 보살의 다섯 가지 가르쳐 훈계하는 말이라 한다. 말하자면 묶어 두거나 허락하거나 거론하거나 꺾어 명심하게 하거나 기쁘게 함을 말한다.] 綺 비단 기. 번드르르할 기. 翻 뒤집을 번. 獷 사나울 광. 籌 산 가지 주.

면서 별상이기도 하다. '총상으로는 위에서 살피고 생각한다'는 말은 이를테면 생각이 그 시기와 합하면 말하고 묵연함이 적절하게 된다는 뜻이다. 어떤 것을 시기라 하는가? 말하자면 이쪽과 저쪽에 손해남이 없고 나와 남에 이익을 성취하는 시기인 까닭이다. 논경에 이르되, "말할 시기를 잘 아는 것은 이쪽과 저쪽에 의지해 말하는 까닭이다." 시기를 아는 말은 몇 가지인가? 대략 세 가지로 말하는데 (1) 교화할 시기에 하는 말이다. 말하자면 착하지 않은 중생을 볼 적에 믿음을 낼 것을 권하여 악함을 버리고 착함에 나아가게 하는 것이니 시자(時字)의 특별한 의미이다. (2) 세 구절[實語, 義語, 法語]은 가르쳐 줄 시기에 하는 말이니 그들에게 기억하게 한다. 진실한 말이란 뒤바뀌지 않는 까닭이니, 배우고 본받음이 근본이 있어서 점차 서로 가르쳐 줌을 뜻한다. 뒤의 둘은 위를 해석한 말이니 어떤 것이 뒤바뀜이 아닌가? 말에 의미를 포함하는 까닭이며 행과 법에 걸맞은 까닭이다. (3) 세 구절[順道理語, 巧調伏語, 隨時籌量決定語]은 가르쳐 훈계할 때에 하는 말이니 그들로 하여금 수행하게 하는 까닭이다.『보살지지경(菩薩地持經)』에서는 '가르쳐 훈계하는 말'을 다섯 가지로 구분하였으니 "어떤 것이 가르쳐 훈계하는 말인가? 대략 다섯 가지가 있으니 ① 묶어 두고[制] ② 허락하고[聽] ③ 법다이 거론하고[擧] ④ 꺾어서 명심하게 하며[折伏] ⑤ 기쁘게 하는[슈喜] 등이다." 지금 본경에서는 세 구절로 포섭하였으니 첫째, 이를테면 죄 있는 자는 묶어 두고 죄 없는 자는 허락함이니 '도리에 맞는 말'이 된다. 둘째, 묶어 두고 허락하기에 조금 모자람이 있으면 법다이 거론하고, 자주 헐고 범하면 꺾어서 명심하게 하므로 '잘 조복한다'라고 칭한다. 셋째, 진실한 덕이 있는 이를 칭찬하고 드날려 기쁘게 하므로 '결정한다'고 한다. 또 이 한 구절이 위의 넷을 총합하여 결론하나니, 이를테면 묶어 두고 허락하며 거론하고 꺾어 두면 모두 때에 맞출 수 있다는 뜻이다.

[鈔] 三思而後言者는 出論語[57]라 略說有三者는 一은 敎化生信이오 二는 敎授生解오 三은 敎誡成行이라 卽時字別義者는 時卽敎化體也라 以言含於義者는 卽經義語니 義卽義理며 亦云義利니라 有[58]罪者制는 如殺盜等이오 無罪者聽은 如畜長等이오 擧者는 律에 云不見不懺하고 惡邪不捨를 擧棄衆外者는 爲除惡人이라하니 今此擧者는 爲除其罪라 此是彰擧오 非擯擧也라 言如法擧者는 具擧德故니 謂一은 慈心이니 不以瞋恚오 二는 利益이니 不以損減이오 三은 柔軟[59]이니 不以麤獷이오 四는 眞實이니 不以虛妄이오 五는 知時니 不以非時라 具此五德하면 名爲如法이니라 此云巧調伏은 論云毘尼라하고 釋以滅諍이라하니 毘尼는 云滅이며 亦調伏義니라

又此一句下는 上釋[60]決定이오 下釋隨時籌量이니 一則籌量有罪無罪라 故로 律에 云, 知有罪無罪를 是名律師라하니라 二則通皆籌量이니 制聽擧折等이라 故疏總擧니 皆須籌量得所라하니라

● '세 번 생각한 뒤에 말한다'는 것은 『논어(論語)』에 나오는 말이다. 대략 말해 셋이라 한 것은 1) 교화하여 믿음을 내게 함이요, 2) 가르쳐 알게 함이요, 3) 가르치고 훈계하여 행법을 성취함이다. '시자(時字)의 특별한 의미'에서 시기는 곧 교화하는 체성이다. '어떤 것이 뒤바뀜이 아닌가?'란 곧 본경의 '이치에 맞는 말[義語]'이니 의(義)는 이치를 가

---

57) 上鈔는 金本無. 인용문은 『論語』公冶長篇 제5에 나오는 말이다. "季文子가 三思而後行이러니 子聞之하시고 曰再思可矣니라." * 季文子: 魯나라 大夫이니 이름은 行父로 매사를 반드시 세 번 생각한 뒤에야 행하였다.
58) 有上에 甲南續金本有一謂.
59) 軟은 南續金本作和.
60) 釋은 甲南續金本作釋文.

리키고 또 의리라고도 한다. '죄 있는 자는 묶어 둠'은 살생과 훔치는 등과 같고, '죄 없는 자는 허락함'은 축생을 기르는 등과 같고, '법다이 거론한다'는 것은 율장에 이르되, "죄를 보지 못하고 참회하지도 않고 사악함을 버리지도 않는 것을 거론하여 대중 밖으로 쫓아내는 것을 악한 사람을 제거한다"고 하였으니, 지금 여기서 '거론한다'는 것은 그 죄를 없애기 위함이다. 이것은 드러내려고 거론하는 것이지 쫓아내려고 거론하는 것은 아니다. '법다이 거론한다'고 말한 것은 공덕을 구비하여 거론함이니 이를테면 1) 인자한 마음이니 '성내지 않는다'는 뜻이요, 2) 이익이니 '손해나거나 감소하지 않는다'는 뜻이요, 3) 유연함이니 '거칠지 않다'는 뜻이요, 4) 진실함이니 '허망하지 않다'는 뜻이요, 5) 시기를 아는 것이니 '시기가 아닌 적이 없다'는 뜻이다. 이런 다섯 가지 공덕을 구비하면 '법답다'고 이름한다. 여기서 '교묘하게 조복한다'고 말한 것은 논경에서는 '계율에 맞는 말[毘尼語]'이라 하였고, 분쟁을 없앤다는 뜻으로 해석하였으니, 비니는 '없앤다' 또는 '조복한다'는 뜻이다.

又此一句 아래는 여기까지 결정에 대한 설명이요, 아래부터는 시기에 맞추어 판단함에 대한 설명이다. 첫째, 죄가 있는지 없는지를 판단함이다. 그래서 율장에는 "죄가 있는지 없는지 아는 사람을 율사(律師)라 한다"라고 하였다. 둘째, 통틀어 모두 판단함이니 묶어 두고 허락하고 거론하고 꺾어 버리는 등이다. 그래서 소가가 총합하여 거론한 것이니 '모두 판단해서 적절함을 얻으려 한다'고 말하였다.

(b) 과행으로 여의다[果行離] (二是 29下4)

[疏] 二, 是菩薩下는 果行離中에 亦以輕況重이니라
- (b) 是菩薩 아래는 과행으로 여읨이다. 그중에도 역시 가벼운 것으로 무거운 것을 비교하였다.

h. 탐내지 않는 계[不貪欲] 3.

a) 총합하여 표방하다[總標] (第八 29下7)

性不貪欲하여 菩薩이 於他財物과 他所資用에 不生貪心하며 不願不求니라
(8) 성품이 탐내지 않나니, 보살이 남의 재물이나 다른 이의 물건을 탐하지 않고 원하지 않고 구하지도 않느니라.

[疏] 第八, 離貪이라 此下意三에 但有對治[61]하니 以貪等은 是業有之本이오 更無所依일새 故非果行이라 以非果故로 不可對之하야 更立異因일새 故但有其一이라 今初, 離貪은 謂離求欲心이니라
- h. 탐욕을 여읨이다. a) 여기부터 의업의 세 가지[貪欲, 瞋恚, 愚癡]에는 단지 다스려 여읨만 있나니 탐욕 등은 업(業)과 존재[有]의 근본이요, 다시 더 의지할 것이 없으므로 과행으로 여읨은 아니다. 과행이 아닌 까닭에 상대할 수 없어서 다시 다른 원인을 세운 것이므로 단지 그 한 가지만 있게 되었다. 지금은 첫째로 '탐욕을 여읜다'는 것은 '구하고 욕심내는 마음을 여읜다'는 말이다.

---

61) 治下에 南續金本有者字.

[鈔] 以貪是業等者는 有卽是業이며 亦是三有라 故로 十二緣中에 過去를 名業이오 現在를 名有라 而貪若未決하면 但名煩惱오 決卽名業이니 故爲業本耳니라 不似殺等이 依貪等心하야늘 方顯身口가 行殺等事니 故云更無所依니라 所依가 旣非攬因所成일새 不同殺等하야 故無果行이라 旣無因果어니 安有二離리오

● 以貪是業 등에서 유(有)는 곧 업을 가리키며 또한 삼유(三有)를 말한다. 그래서 12가지 인연 중에 과거를 업(業)이라 하고 현재를 유(有)라 부른다. 하지만 탐욕이 결정되지 않았다면 다만 번뇌(煩惱)라고만 할 뿐이요, 결정되면 업(業)이라 부르게 되므로 '업의 근본'이라 하였다. 살생 등이 탐욕 등의 마음에 의지함과는 같지 않지만 비로소 몸과 입이 살생 등의 현상적인 일을 저지름에 대해 밝혔으므로 '다시 의지할 곳이 없다'고 말하였다. 의지할 대상이 이미 원인을 잡아 이루어진 것이 아니므로 살생 등과는 다르다. 그러므로 과행으로 여길 것이 없는 것이다. 이미 원인과 결과가 없는데 어찌 두 가지 여읨이 있겠는가?

b) 개별로 해석하다[別釋] 3.
(a) 현상[事] (別中 30上5)
(b) 체성[體] (二他)
(c) 차별[差別] (三不)

[疏] 別中에 有三하니 一은 事오 二는 體오 三은 差別이라 於他財物은 是事니 他所攝故라 此揀於己니라 他攝有二하니 一은 已現攝用이오 二는 己雖不在나 作攝護想이니라 二, 他所資用이 是體니 謂所貪物體라 然用含二義하니 一은 所用事니 謂金等이오 二는 資用事니 謂飮食等

이오 三, 不生貪下는 明差別이니 正顯能治라 一은 始欲을 名求니 即他物想이오 二는 希得屬己가 爲願이니 即是樂欲이오 三은 終起奪想이 爲貪이니 此即方便과 及究竟이라 幷前他物하면 即是五緣이니

■ b) 별상 중에 셋이 있으니 (a) 현상이요, (b) 체성이요, (c) 차별이다. (a) 다른 사람의 재물은 현상이니, 다른 사람에 섭속된 것이므로 여기서 자기와 구분한다. 다른 사람에게 섭속된 것에 둘이 있으니 (1) 이미 현재에 섭속되어 작용함이요, (2) 자기에게는 비록 없지만 섭수하여 보호한다는 생각을 짓는 것을 말한다. (b) 다른 사람이 도구로 사용하는 것은 체성이다. 탐욕의 대상인 사물의 체성을 말한다. 그러나 작용으로는 두 가지 뜻을 포함하나니 (1) 쓰이는 현상이니 '금(金)' 등을 말하고, (2) 생필품으로 쓰이는 현상이니 '음식' 등을 가리킨다. (c) 不生貪 아래는 차별을 밝힘이니, 바로 다스릴 주체를 밝힌 부분이다. (1) 탐내기 시작하는 것을 '구한다'고 하나니 곧 저 사물이나 생각을 말한다. (2) 자기 소유로 얻으려고 바라는 것을 '원한다'고 하나니 곧 좋아하고 욕심내는 것이다. (3) 마침내 뺏으려는 생각을 일으키는 것을 '탐낸다'고 하나니 이것이 곧 방편과 끝이다. 앞의 남의 물건과 함께 생각하면 다섯 가지 인연이 된다.

[鈔] 二, 他所資用者는 事但明他니 揀於自己라 體即金等이니 是所貪物體오 揀非他用이라 有雖非我면 貪不成業이니 如山川等이니라 一, 所用事者는 然所貪物이 通於財色이나 論略擧財라 亦可於色에 決貪은 是邪婬境일새 故此不論이니라 三, 終起奪想者는 論經에 有二貪心이라하니 經에 云, 不生貪心하고 不求不願하면 不生貪心이라하니 多是譯人이 見其言重하야 略去一貪이라 復比論經에 倒爲其次니라 疏依

論次하야 亦倒釋經이니 前輕後重이라 是則貪心이 含於總別하니 總
則三句가 皆不貪性이라

- (b) '다른 사람이 도구로 사용하는 것'은 현상이니 단지 다른 사람인 것만을 밝혔으니 자기와 구분한 내용이다. 체성은 곧 금 등이니 탐욕의 대상인 물건의 체성이요, 다른 사람이 사용하는 것이 아님을 밝힌 내용이다. 〈유〉는 비록 내가 아니면 탐욕은 업을 이루지 못하나니 산과 강 등과 같다. '(1) 쓰이는 현상'이란 그렇게 탐낼 물건이 재물과 여색(女色)에 통하지만 논경에는 생략하여 재물만 거론하였다. 또 여색에 대해 결정적으로 탐낼 수 있는 것은 사음(邪婬)의 경계에 해당하므로 여기서 거론하지 않았다. '(3) 마침내 뺏으려는 생각을 일으키는 것'이란 논경에서 "두 가지 탐내는 마음이 있다"고 하였고, 본경에서는, "탐내는 마음 내지 않고 물건을 탐내지도 원하지도 않으면 탐욕의 마음이 일어나지 않는다"고 하였다. 대부분 번역하는 사람이 그 말씀이 소중한 것을 감안하여 한 가지 탐욕을 생략하였다. 다시 논경과 비교하여 거꾸로 한 것을 순서로 삼은 것이다. 소가는 논경의 순서에 의지하여 또한 본경을 뒤바꾸어 해석하였으니, 앞은 가볍고 뒤는 무겁다. 이렇게 본다면 탐욕의 마음이 총상과 별상을 포함하고 있으니, 총상으로는 세 구절이 모두 탐내지 않는 본성이 될 것이다.

c) 업은 미혹과 다르다고 구분하다[揀業異惑] (故意 30下10)

[疏] 故意三中에 要具五緣이라 若闕究竟하면 但名煩惱라 今皆性離일새
故以不로 不之니라

- 그러므로 의업(意業)의 셋에는 다섯 가지 인연[(1) 身 (2) 事 (3) 體 (4) 想

(5) 行을 구비하기를 바라는 것이다. 만일 끝을 빠뜨린다면 단지 '번뇌'라고만 해야 하리라. 지금은 모두 성품이 여읜 것이므로 아니라고 부정하였다.

[鈔] 故意三中下는 揀業異惑이니 卽瑜伽意라 本論에 亦云호대 前二가 爲細오 後一이 爲麤라하나니 麤卽成業이니 顯今菩薩이 細亦不起일새 故並不之니라

● c) 故意三中 아래는 업은 미혹과 다름을 구분함이니 바로 『유가사지론』의 주장이다. 논경에 또 이르되, "앞의 둘[(3) 求 (4) 願]은 미세함이요, 뒤의 하나[(5) 貪]는 거침이다"라고 하였는데, 거친 것은 업을 이루나니 지금의 보살은 미세하면서 일으키지도 않으므로 함께 부정하였다.

i. 성냄을 여의는 계[離瞋恚] 2.

a) 총상으로 해석하다[釋總] (第九 31上7)

性離瞋恚하여 菩薩이 於一切衆生에 恒起慈心과 利益心과 哀愍心과 歡喜心과 和潤心과 攝受心하여 永捨瞋恨怨害熱惱하고 常思順行仁慈祐益이니라
(9) 성품이 성내지 아니하나니, 보살이 일체 중생에게 항상 자비한 마음 · 이익하는 마음 · 가엾이 여기는 마음 · 환희한 마음 · 화평한 마음 · 포섭하는 마음을 내어 미워하고 원망하고 해치고 시끄럽게 하는 마음을 아주 버리고, 항상 인

자하고 도와주고 이익하려는 일을 생각하여 행하느니라.

[疏] 第九, 離於忿怒含毒일새 故名離瞋이니라 別中에 有三하니 一, 別顯能治오 二, 永捨下는 總顯所治오 三, 常思下는 類通治益이라
- i. 분노하여 독을 품은 것을 여의기 때문에 '성냄을 여읜다'고 말한다. b) 별상 중에 셋이 있으니 (a) 다스림의 주체를 개별적으로 밝힘이요, (b) 永捨 아래는 다스릴 대상을 총합적으로 밝힘이요, (c) 常思 아래는 유례하여 다스림의 이익과 회통함이다.

b) 별상으로 해석하다[釋別] 3.
(a) 다스리는 주체를 개별로 밝히다[別顯能治] (今初 31上9)

[疏] 今初에 爲六種衆生하야 起六種治라 論攝爲五하니 一, 於怨에 生慈하야 治於怨者가 欲加苦故오 二, 於惡行者에 生利益心하야 治當危苦故오 三, 於貧及苦에 生哀愍과 歡喜二心이라 以此二心이 有通有別하니 通則可知니 故論合此니라 別則貧窮者를 愍之하고 憂苦者를 令其喜樂이니라 四, 於樂衆生에 生和潤心이니 論名利潤이라 治彼染着하야 無利潤故니라 五, 於發菩提心人에 起攝受心이니 攝令成故니라
- 지금은 (a)에서 여섯 부류의 중생을 위하여 여섯 가지 다스림을 일으킨 것이다. 논경에서는 다섯 가지로 포괄하였으니 (1) 원수에게 자비심을 일으켜 원수 맺은 이가 괴로움을 주려 하는 마음을 다스리는 것이요, (2) 악행을 하는 이에게 이익되는 마음을 일으켜 닥쳐올 위험과 고통을 다스리는 것이요, (3) 빈궁하고 고통받는 중생에게 가엾이 여기는 마음과 환희한 마음을 일으킴을 말한다. 이런 두 가지 마음

에 통상도 있고 별상도 있다. 통상은 알 수 있으므로 논경에서 이를 합하였다. 별상에서 빈궁한 이를 가엾이 여기고 근심하고 고통받는 이를 기쁘고 즐겁게 함을 뜻한다. (4) 즐거워하는 중생에게 온화하고 윤택한 마음을 일으키나니, 논경에서는 '이롭고 윤택하다'고 칭하였다. 저 염착하여 이롭고 윤택하지 않은 마음을 다스리는 것이다. (5) 보리심을 낸 사람에게 섭수하는 마음을 일으키나니 포섭하여 이루게 하는 까닭이다.

[鈔] 治彼染着者는 以善法益으로 令離彼放逸을 則名利潤이라 五, 於發菩提心等者는 論에 云, 於發菩提心衆生에 恐於無量利益行中에 勤勞疲懈라하니 今攝令起造하야 治彼疲懈하야 令不退轉이니라

● '저 염착하여 이롭고 윤택하지 않은 마음을 다스린다'는 것은 선법의 이익으로 방일을 여의게 하는 것을 '이롭고 윤택하다'고 말한다. (5) '보리심을 낸 사람에게' 등이란 논경에서 "보리심을 발한 중생에게 한량없는 이익행을 하되 중도에 수고롭다 하여 지치거나 게을러지는 것을 두려워한다"고 하였다. 지금은 섭수하여 이익심을 일으키고 나아가게 하여 저 지치고 게으름을 다스려서 물러나지 않게 한다는 뜻이다.

(b) 다스릴 대상을 총합하여 밝히다[總顯所治] (二總 31下9)

[疏] 二, 總離障中[62]에 亦有六障하야 通障前六이오 非一一別對일새 故云 總也라 於此六中에 攝爲三對니 初二는 以己로 對他하야 用辨怨親이

---

[62] 案此卽總顯所治; 探玄記云 論經有三 初攝治 二離障 三起行 今疏用論釋 故標離障.

니 生怨故로 瞋이오 敗親故로 恨이라 怨則未生已生을 令其生長이오 親則未生已生을 令不生長이오 次二는 唯約於己善不善法하야 以明生長이라 障善을 名怨이오 增惡을 名害니 皆有已生과 未生이라 後二는 唯就於他愛不愛事하야 明其生長이라 忌勝을 名熱이니 謂見他愛事라 苦他를 名惱니 謂見他不愛事라 皆有已生未生等하니라 瑜伽에 云,[63] 瞋恚의 方便究竟者는 謂於損害事에 期心決定하야 正能成業이라하니라 今並不行일새 故上云永離니라

- (b) 총합하여 장애를 여읨 중에도 여섯 가지 장애가 있어서 앞의 여섯 가지[慈心, 利益心, 哀愍心, 歡喜心, 和潤心, 攝受心]를 통틀어 장애하며, 하나하나 따로 상대하지 않으므로 '총합하여'라고 하였다. 이런 여섯 가지 중에 포괄하여 세 가지 대구(對句)를 삼았으니 (1) 처음의 두 가지[慈心, 利益心]는 자신으로 남을 상대하여 원수와 친함으로 구분하나니 원한이 생기는 까닭에 성내게 되는 것이요, 친함을 무너뜨린 까닭에 한을 맺게 되는 것이다. 원한이 생기게 되면 생기지 않았거나 이미 생긴 것을 생장하게 하고, 친하게 되면 생기지 않았거나 이미 생긴 것을 생장하지 못하게 한다. (2) 다음의 둘[哀愍心, 歡喜心]은 오로지 자신의 착한 법과 착하지 않은 법에만 의지하여 생장함을 밝혔다. 착한 법을 장애하면 '원한'이라 하고, 악한 법을 늘어나게 하면 '해침'이라 하나니, 모두 이미 생긴 것과 생기지 않은 것이 있게 된다. (3) 뒤의 둘[和潤心, 攝受心]은 오로지 남이 사랑하거나 사랑하지 않는 일에만 입각하여 그 생장함을 밝혔다. 자기보다 뛰어남을 싫어하는 것

---

63) 인용문은 『瑜伽師地論』제59권의 내용이다. 論云, "瞋恚業道事之與想. 如麁惡語說. 欲樂者. 謂損害等欲. 煩惱者. 謂三毒或具不具. 方便究竟者. 謂損害等期心決定."(대정장 권30 p.630 c) [성냄의 업의 길에서 일과 생각에 관하여는 추악한 말에서 설명한 것과 같으며, 욕락이라 함은 손해 따위를 끼치려 하는 것이며, 번뇌라 함은 세 가지 독이 혹은 다 갖추어졌거나 다 갖추어지지 않은 것이며, 방편으로 마침이라 함은 손해 따위가 마음에서 바란대로 결정됨을 말한다.]

을 '열 낸다'고 하였으니, 남이 사랑하는 일을 발견한다는 뜻이다. 남을 고통스럽게 하는 것을 '괴롭힌다'고 하였으니, 남이 사랑하지 않는 일을 발견한다는 뜻이니 모두 이미 생겼거나 아직 생기지 않은 것이 있다. 『유가사지론』에서는, "성냄의 업도(業道)에서 방편으로 마침이라 한 것은 손해 따위가 마음으로 바라는 대로 결정하여 바로 능히 업을 이룬다"고 말하였다. 지금은 함께 행하지 못하므로 위에서 '영원히 여읜다'고 말하였다.

[鈔] 非一一別者는 論에 云, 此慈心等이 有六種障하니 此非分別이며 亦非一障64)對라하니라 釋曰, 言非分別者는 亦非二障과 三障이 對前一治며 亦非一障이 對前多治等일새 故云非分別이라 今疏에 但云是總非別이 已含上二義니라

增惡名害者는 易故不顯이어니와 若依論中하야 具委說者인대 自身善法이 未生을 令不生하고 已生을 令滅하야 卽障善法을 名怨이라 自不善法이 未生者를 能生하고 已生者를 令增長하야 卽增惡을 名害라 後二도 於他에 亦然이라 於他身中에 不愛事가 未生을 令生하고 已生者를 令增長하야 卽苦他를 名惱오 他身愛事가 未生者를 令不生하고 已生者를 令不隨順이 卽是忌勝이니 名熱이니라

● '하나하나 따로 상대하지 않는다'는 것은 논경에 이르되, "이러한 자비한 마음에 여섯 가지 장애가 있으니 이것은 따로 분별할 것도 아니요, 또한 낱낱이 다스릴 것도 아니다"라고 하였다. 해석한다면 '분별할 것이 아니다'라고 말한 것은 또한 두 가지 장애와 세 가지 장애가 앞의 한 가지 다스림만 상대하지 않으며, 또한 한 가지 장애가 앞의

---

64) 一障은 論經作一一.

여러 가지 다스림 따위와 상대하지도 않기 때문에 '분별할 것도 아니다'라고 말하였다. 지금은 소에서 단지 '총상이지 별상은 아니다'라고만 말한 것이 이미 위의 두 가지 뜻을 포함하고 있다.

'악한 법을 늘어나게 하면 해침이라 한다'고 말한 것은 쉽기 때문에 밝히지 않은 것이지만, 만일 논경의 자세하게 갖추어 밝힌 것에 의지한다면 자신의 착한 법에서 생기지 않은 것을 생겨나지 않게 하고, 이미 생겨난 것은 없애 버려서 착한 법을 장애하는 것을 '원한'이라 이름한다. 또 자신의 착하지 않은 법은 생기지 않은 것을 생기게 하고, 이미 생겨난 것을 늘리고 키워서 악한 법을 더하는 것을 '해롭다'고 말한다. 뒤의 두 가지도 남에게 대한 것으로는 마찬가지이다. 남의 몸에 좋아하지 않는 일을 생기지 않은 것은 생겨나게 하고, 이미 생겨난 것은 늘리고 키워서 남을 고통스럽게 하는 것을 '괴롭힌다'고 말하고, 남의 몸에 좋아하는 일을 생기지 않은 것을 생겨나지 않게 하고, 이미 생겨난 것을 따르지 못하게 하는 것이 바로 뛰어난 것을 싫어하는 것이니 '열난다'고 지칭한다.

(c) 다스리는 이익과 유례하여 해명하다[類通治益] (三類 32下8)

[疏] 三, 類通治益者는 謂前所不說者를 亦常思慈祐니라
- (c) 다스리는 이익과 유례하여 해명함이란 이를테면 앞에서 말하지 않은 것을 또한 자비한 마음으로 도울 것을 항상 생각하는 것이다.

[鈔] 謂前所不說者는 上來에 略論[65]六類之人하야 起慈等六心이어니와

---

65) 論은 甲南續金本作說.

實則無生不化며 無益不起니라
- '앞에서 말하지 않은 것'이란 여기까지 논경의 사람은 생략하고 자비심 등의 여섯 가지 마음을 일으켰지만 실제로는 교화하지 못할 중생이 없으며 이익을 일으키지 않는 것이 없다.

j. 삿된 소견을 여의는 계[離邪見] 2.

a) 총상으로 해석하다[釋總] (第十 33上3)

又離邪見이니 菩薩이 住於正道하며 不行占卜하며 不取惡戒하며 心見正直하며 無誑無諂하며 於佛法僧에 起決定信이니라
(10) 또 삿된 소견이 없나니, 보살이 바른 도리에 머물러서 점치지 않고, 나쁜 계율을 가지지 않고, 마음과 소견이 정직하고 속이고 아첨하지 않으며, 불보·법보·승보에 결정한 신심을 내느니라.

[疏] 第十, 離於乖理推求라 不言性離者는 蓋文略耳니라
- j. 이치에 어긋나게 추구함을 여읨이다. a) '성품을 여읜다'고 말하지 않은 것은 대개 경문이 생략되었을 뿐이다.

b) 별상으로 해석하다[釋別] 2.
(a) 개별로 설명하다[別釋] (別中 33上3)

[疏] 別中에 治七種邪見이니 一, 住正道者는 治異乘見이니 小乘을 對大에 非正道故라 二, 不行占卜은 治虛妄分別見이니 卽是邪見이라 夫吉凶悔吝이 由愛惡生일새 故云虛妄이라 三, 不取惡戒하야 治於戒取라 四, 心見이 正直으로 治於見取라 五, 無誑者는 治覆藏見이라 六, 無諂으로 治詐現不實見이라 七, 於佛下에 治非淸淨見이라

■ b) 별상 중에 일곱 가지 삿된 소견을 다스리나니 (1) '바른 도에 머문다'는 것은 다른 교법의 소견을 다스림이니 소승을 대승에 상대하면 바른 도가 아닌 까닭이다. (2) 점치지 않는 것은 허망하게 분별하는 소견을 다스림이니 그대로 삿된 소견이다. 무릇 좋고 나쁜 것, 후회와 부끄러움이 사랑과 증오로 인해 생기므로 '허망하다'고 하였다. (3) 악한 계를 취하지 않아 계금취견(戒禁取見)[66]을 다스린다. (4) 마음과 견해가 정직함으로 견취견(見取見)을 다스린다. (5) '속임이 없다'는 것은 덮고 숨기는 견해[覆藏見]를 다스린다. (6) 아첨하지 않음으로 잘못 나타나는 진실되지 않은 견해를 다스린다. (7) 於佛 아래는 청정하지 않은 견해를 다스린다.

[鈔] 不行占卜 等者는 邪見有二하니 此是淺近邪見이오 非撥無因果가 深厚邪見이라 夫吉凶悔吝者는 卽周易意니 初會에 已引[67]하니라 悔吝

---

66) 薩迦耶見; 五見의 하나. 五見은 ① 살가야견[身見]; 범어 satkāya의 음역. 나[我]와 내 것[我所]이 있다고 집착하는 견해 ② 邊執見(邊見); 범어 anta-grāha-dṛṣṭi의 번역. 편벽된 극단을 집착하는 견해이니 대표적으로 斷見과 常見이 있다. ③ 邪見; 범어 mithyā의 번역. 因果의 도리를 부정하는 견해. ④ 見取見; 범어 dṛṣṭi-parāmarśa의 번역. 잘못된 견해에 집착하여 진실한 견해라고 주장하는 것 ⑤ 戒禁取見; 범어 śīla-parāmarśa의 번역. 戒盜見이라고도 한다. 바르지 않은 계율이나, 禁制 등을 열반에 인도하는 바른 계행이라고 고집하는 것. (불교학대사전 p.1090-)
67) 인용문과 비슷한 내용이 세주묘엄품 제1의 七. 稱揚讚德 八部衆條에 보인다. "易에 云, 遠近이 相取而悔吝生하며 情僞가 相感而利害生이라하니 卽今疏云, 憂喜存乎利害하고 利害存乎情僞니 是則情僞爲利害因이라 故로 注에 云, 情以物爲得利하고 僞以物爲致害라하니 則有憂喜일새 故로 利害是憂喜之因이라 故로 上易에 云, 遠近이 相取而悔吝生이라하니 意云, 相取相資也라 順之則喜하고 逆之則惡 順則利也며 逆則害也니라." (화엄경소초 권7 艮字卷上-)

者는 言乎小疵也니 惡凶愛吉에 而吉凶이 尤多니라

- '(2) 점치시 않는 것' 등이란 사견(邪見)에 두 가지가 있으니 여기서는 천박하고 가까운 사견을 말하는 것이지 인과를 부정하는 깊고 두꺼운 사견을 말하는 것은 아니다. '무릇 좋고 나쁜 것, 후회와 부끄러움'이란『주역(周易)』의 주장이니 제1 적멸도량법회에서 인용한 적이 있다. '후회와 부끄러움'이란 작은 허물을 말하나니 증오와 나쁜 것, 사랑과 좋은 것 가운데 좋고 나쁜 것이 더욱 많다는 뜻이다.

(b) 구분하다[料揀] 2.
㈠ 행법에 의지한 구분[約行] (此所 33下3)

[疏] 此所治七見을 釋有二門하니 一, 約行이오 二, 約人이라 約行中에 初一은 願邪니 願小乘故오 次三은 解邪니 顚倒見故라 然邪見과 惡戒는 唯是外邪오 見取一種은 通於內邪니 謂學大乘者가 執語成見故라 次二는 行邪니 藏非詐善故라 後一은 信邪니 信世間故라 又於三寶에 決不信故라 故로 瑜伽에 邪見方便究竟者는 誹謗決定故라하니라

- 이런 다스릴 대상인 일곱 가지 견해를 두 부문으로 해석하면 ㈠ 행법에 의지한 구분이요, ㈡ 사람에 의지한 구분이다. ㈠ 행법에 의지한 구분 중에 (1) 처음 하나[住於正道]는 삿된 것을 원함이니 소승법을 원하는 까닭이요, (2) 다음의 셋[不行占卜, 不取惡戒, 心見正直]은 삿된 것을 이해함이니 견해가 뒤바뀐 까닭이다. 하지만 사견과 악한 계는 오로지 외부적인 삿됨일 뿐이요, 견취견(見取見) 한 가지는 내부적인 사견[附佛法外道]과 통한다. 말하자면 대승법을 배우는 사람이 말에 집착하여 견해를 이루는 까닭이다. (3) 다음의 둘[無誑, 無諂]은 사견을

행함이니, 잘못을 숨기고 착함을 속이는 까닭이다. (4) 뒤의 하나[起決定信]는 사견을 믿는 것이니 세간법을 믿는 까닭이다. 그래서 『유가사지론』에서 '삿된 소견의 업도(業道)에서 방편의 궁극이다'라고 말한 것은 비방함이 결정되는 까닭이다.

[鈔] 此所治七見下는 上來에 別釋이오 此下는 料揀이라 然邪見者는 邪見은 唯外니라 戒取가 有二하니 一者는 惡戒니 獨頭而起니 此正是邪일새 故偏擧之니라 二는 附正戒起니 今所不取라 見取에 亦二니 一은 執異見이니 亦獨頭起오 二는 附內法起라 而戒取는 多獨頭起일새 故偏語惡戒하야 爲邪⁶⁸⁾오 見取는 少獨頭起일새 故多分附內니 以難見故로 疏家가 偏明이라 不獨起故로 故疏云通內니 則知有外니라 後一, 明信邪者는 以信世間으로 爲究竟故니 故爲邪耳니라

● 此所治七見 아래는 위까지가 (a) 개별로 설명함이요, 여기부터는 (b) 구분 지음이다. 然邪見에서 삿된 소견은 외도뿐이다. 계금취견(戒禁取見)에 둘이 있으니 1) 악한 계이니 연고 없이 저 혼자 일어나나니, 이것이 바로 삿된 소견이므로 치우쳐 거론하였다. 2) 바른 계에 붙어서 일어나나니 지금은 취하지 않았다. 견취견(見取見)에도 둘이니 1) 다른 것에 집착한 견해이니 역시 저 혼자 일어나는 것이며, 2) 불법 내부에 붙어서 일어난다. 하지만 계금취견(戒禁取見)은 저 혼자 일어남이 많으므로 악한 계만 치우쳐 삿된 소견이라 말하였으며, 견취견(見取見)도 저 혼자 일어남이 적으므로 대부분 불법 내부에 붙어서 일어나는데 발견하기 어렵기 때문에 소가가 치우쳐 설명한 것이다. 저 혼자 일어나지 않기 때문에 소가가 '불법 내부와 통한다'고 하였

---

68) 邪는 甲南續金本作取.

으니 외도에도 있음을 알겠다. (4) '뒤의 하나는 사견을 믿는 것'이란 세간법을 믿는 것으로 궁극을 삼은 까닭이니 그래서 삿된 소견이라 하였을 뿐이다.

㈡ 사람에 의지한 구분[約人] (二約 34上5)

[疏] 二, 約人者는 初四는 是邪梵行求衆生이라 於中에 初一은 同法小乘이오 後三은 外道라 次二는 是欲求오 後一은 有求라 今性不求일새 名離邪見이니라

■ ㈡ 사람에 의지한 구분에서 ① 처음의 넷[住於正道, 不行占卜, 不取惡戒, 心見正直]은 삿된 범행을 구하는 중생이다. 그중에 처음 하나는 동법소승(同法小乘)이요, 뒤의 셋은 외도를 가리킨다. ② 다음의 둘[無誑, 無諂]은 욕심으로 구하려는 중생이요, ③ 뒤의 하나[起決定信]는 구함이 있는 중생이다. 지금은 체성으로 구하는 것이 아니므로 '삿된 소견을 여읜다'고 말하였다.

[鈔] 次二, 是欲求者는 即前藏非詐善하야 求五欲故니라
● ② '다음의 둘은 욕심으로 구하려는 중생'이란 곧 앞의 잘못을 감추고 착함을 속여 다섯 가지 욕심을 구하는 까닭이다.

(ㄷ) 더없는 계법으로 결론하다[結成增上] (第三 34上10)

佛子여 菩薩摩訶薩이 如是護持十善業道하야 常無間斷이니라

불자여, 보살이 이와 같이 열 가지 선한 법을 행하여 항상 끊임이 없느니라."

[疏] 第三, 佛子下는 結成增上者는 此有三義하니 一, 徧護十善이 卽不闕義이오 二, 常無間은 卽淸淨義니 誤犯之垢가 不起間故라 三, 常無斷이 卽常護義니 具斯三義에 得增上戒名이니라

- (ㄷ) 佛子 아래는 더없는 계법으로 결론함이다. 여기에 세 가지 뜻이 있으니 (1) 두루 십선법을 보호함이 곧 '빠뜨리지 않는다'는 뜻이요, (2) 항상하여 끊임없는 것은 곧 '청정하다'는 뜻이니 잘못 범하는 때가 간격을 두고 일어나지 않는다. (3) 항상하여 끊임이 없는 것은 곧 '항상 보호한다'는 뜻이니 이런 세 가지 뜻을 구비하면 더없는 계법이란 명칭을 얻게 된다.

ㄴ) 선법을 포섭하는 계[攝善法戒] 2.

(ㄱ) 과목 나누기[分科] (第二 34下4)

[疏] 第二, 復作是念下는 攝善法戒니 謂非唯律儀를 不闕不斷이라 常攝善法도 亦無斷闕이라 文中에 分三이니 初, 略觀不善하야 起攝善行이오 次, 佛子下는 廣觀障治하야 起攝善行이오 三, 如是方便下는 總結勸修라 今初를 分二니 先, 明觀智오 後, 是故下는 明起願行이니라

- ㄴ) 復作是念 아래는 선법을 포섭하는 계이다. 말하자면 오로지 계율과 위의만을 빠뜨리지 않고 단절하지 않는 것이 아니다. 항상 선법을 포섭하는 계도 역시 단절하거나 빠뜨리지 않는다. 경문에 셋으로

나누었으니 a. 착하지 않은 법을 간략히 관찰하여 선법을 포섭하는 행법을 일으킴이요, b. 佛子 아래는 자세하게 장애를 다스림에 대해 관찰하여 선법을 포섭하는 행법을 일으킴이요, c. 如是方便 아래는 총합하여 수행하기를 권함으로 결론함이다. 지금은 a.를 둘로 나누었으니 a) 관찰하는 지혜를 설명함이요, b) 是故 아래는 원력의 행법을 일으킴에 대해 설명함이다.

❖ 제6회 십지품 제2 離垢地 (科圖 26-35; 岡字卷)

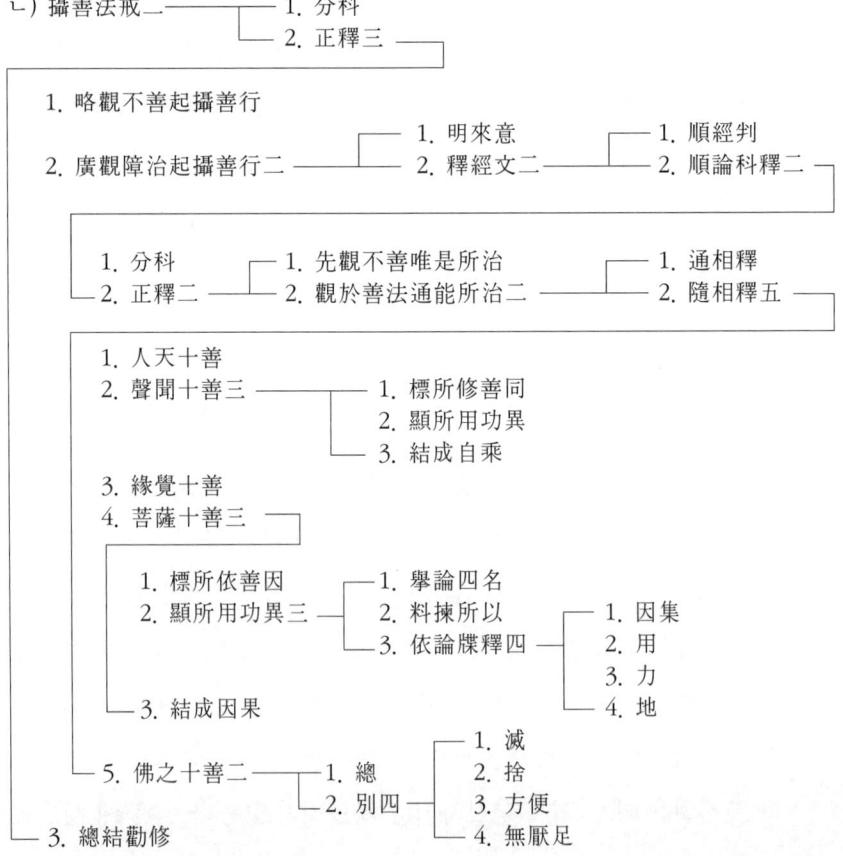

(ㄴ) 바로 해석하다[正釋] 3.
a. 착하지 않은 법을 간략히 관찰하여 선법을 포섭하는 행법을 일으키다
   [略觀不善起攝善行] 2.
a) 관찰하는 지혜를 바로 밝히다[正辨觀智] (今初 34下8)

復作是念하되 一切衆生의 墮惡趣者가 莫不皆以十不善業이라
"또 생각하기를 '일체 중생이 나쁜 갈래에 떨어짐은 모두 열 가지 나쁜 업을 행하는 까닭이니,

[疏] 今初에 墮惡道者가 有三種義하니 一者는 乘惡行往故니 此卽集因이라 經에 云皆以十不善業이니라 二者는 依止自身하야 能生苦惱니 此卽能墮一切衆生이니라 三은 常墮種種苦相處니 斯卽所墮惡趣라 上二는 皆苦果니라 業者는 因義오 道者는 通到義라 旣要用不善하야사 方墮惡道니 則非無因이오 所用이 唯是不善일새 故非邪因이라

■ 지금은 a.에서 '나쁜 갈래에 떨어졌다'는 것은 세 가지 의미가 있다. (1) 악행을 의지하여 가는 까닭이니 이것이 곧 원인을 모은 것이다. 그래서 경문에, "모두 열 가지 나쁜 업을 행하는 까닭이다"라고 하였다. (2) 자신을 의지하여 능히 괴로움을 일으키나니 이것은 곧 능히 일체 중생을 떨어지게 한다. (3) 항상 갖가지 괴로운 모양으로 이루어진 곳에 떨어지나니 이것이 떨어질 대상인 나쁜 갈래이다. 위의 둘[(2) (3)]은 모두 고통스러운 결과이다. 업이란 원인의 뜻이요, 길이란 통하여 도달한다는 뜻이다. 이미 착하지 않은 법을 써야만 비로소 악한 갈래에 떨어지게 되나니 원인이 없는 것이 아니다. 쓰일 대상이

오로지 착하지 않은 법뿐이므로 사견의 원인은 아니다.

[鈔] 今初에 墮惡道等者는 此卽明觀이라 此有三意하니 一은 何故知[69]오 知諸衆生이 不斷十惡하야 墮惡道故라 二는 何因知오 由前律儀하야 自斷惡故라 三은 何故知오 菩薩大悲가 本爲物故니라 有三種者를 疏依論하야 分三이니 一者는 乘惡行往故此卽集因者는 論經에 云, 菩薩이 作如是思惟호대 一切衆生이 墮惡道者가 皆以不離十不善道 集因緣故라하나 今經에 闕集因緣之言이나 卽皆以字로 攝故로 論釋에 云호대 集因者는 受行故라하니 謂十不善이 是所行法이니 若有 受行하면 卽墮惡道니라

則非無因等者는 論에 云, 菩薩이 如是遠離無因과 倒因하야 善解衆生이 自行惡行하야 住非法處故라하니라 非法處者는 卽是苦果니라

● 지금 a.에 '나쁜 갈래에 떨어졌다' 등이란 이것은 관찰에 대해 밝힌 내용이다. 여기에 세 가지 의미가 있으니 1) 알아야 할 것이 무엇인가? 모든 중생이 열 가지 악법을 끊지 못하여 악도에 떨어지는 것을 아는 까닭이다. 2) 무슨 원인으로 아는가? 앞의 계율과 위의로 인하여 자연히 악법을 단절한 까닭이다. 3) 무엇 때문에 아는가? 보살의 대비심은 중생을 위함이 근본인 까닭이다. 세 가지 의미가 있다는 것을 소가가 논경을 의지하여 셋으로 나누었다. '(1) 악행을 의지하여 가는 까닭이니 이것이 곧 원인을 모은 것'이란 논경에서는, "보살이 이런 생각을 하였다. 일체 중생이 악도에 떨어지는 것은 모두 열 가지 착하지 않은 업의 갈래를 모은 인연을 여의지 않기 때문이다"라고 하였다. 지금 본경에는 '원인과 간접 원인을 모은다'는 말이 빠져 있지만

---

69) 何故知는 探玄記及遺忘記云何所知.(탐현기 제11권,『六十華嚴經探玄記合編』제2책 p.40- ; 종립승가대학원刊 2000 永川)

곧 개이(皆以) 글자로 포섭한 연고로 논경에서, "원인을 모은다는 것은 받아 행하는 까닭이다"라고 해석하였다. 말하자면 열 가지 착하지 않은 법이 행해야 할 법이니 만일 받아 행함이 있으면 곧 악도에 떨어지게 된다.

'원인이 없는 것이 아니다' 등이란 논경에서는, "보살이 이와 같이 인연 없음과 뒤바뀐 인연을 완전히 여의어서 중생이 스스로 악행을 행하여 법이 아닌 곳에 머무는 줄 잘 알기 때문이다"라고 하였다. 법이 아닌 곳이란 바로 괴로운 결과를 말한다.

b) 원력의 행법 일으킴에 대해 밝히다[明起願行] (後起 35下6)

> 是故로 我當自修正行하고 亦勸於他하여 令修正行이니 何以故오 若自不能修行正行하고 令他修者가 無有是處 니라
> 나는 마땅히 스스로 바른 행을 닦고, 다른 이에게도 바른 행을 닦으라 권할 것이다. 왜냐하면 스스로 바른 행을 행하지 못하면서 다른 이로 하여금 바른 행을 닦게 함은 옳지 않기 때문이다' 하느니라.

[疏] 後, 起願行者는 由念衆生惡因果故로 便起大悲하야 要心二利라 於中에 先, 正修二利오 後, 何以下는 徵以反釋이라
■ b) 원력의 행법 일으킴에 대해 밝힘이란 중생이 악한 원인과 결과를 생각함으로 인해 문득 대비심을 일으켜 마음으로 두 가지 이익을 구하게 된다. 그중에 (a) 바로 2리행(二利行)을 닦음이요, (b) 何以 아

래는 물어서 반대로 해석함이다.

[鈔] 後起願行下는 文有二意하니 一은 明起願之由니 由念衆生惡因果故오 二는 便起願이라 故로 論에 通云호대 菩薩이 如是深寂思惟已하고 欲救衆生하야 知自堪能이라하니라

- b) 起願行 아래는 경문에 두 가지 의미가 있으니 1) 원력을 일으킨 이유를 밝힘이니 중생의 악한 원인과 결과를 생각하기 때문이요, 2) 바로 원력을 일으킴이다. 그러므로 논경에 회통하되, "보살이 이와 같이 깊고 고요하게 사유하고 나서 중생을 구제하려고 스스로 감당할 능력을 알려고 한다"고 말하였다.

b. 자세하게 장애를 다스림에 대해 관찰하여 선법을 포섭하는 행법을 일으키다[廣觀障治起攝善行] 2.
a) 오게 된 뜻을 밝히다[明來意] (第二 36上3)

佛子여 此菩薩摩訶薩이 復作是念하되 十不善業道는 是地獄畜生餓鬼의 受生因이며
불자여, 이 보살마하살이 또 생각하기를 '열 가지 나쁜 업은 지옥이나 아귀나 축생에 태어나는 인이며,

[疏] 第二, 廣觀障治하야 明攝善法이라 中에 謂觀五重善法하야 於上上淸淨佛善에 起增上心하야 求學修行攝善法戒의 淸淨行故라
- b. 자세하게 장애를 다스림에 대해 관찰하여 선법을 포섭하는 행법을 일으킴이다. 그중에 말하자면 오겹[五重]의 선법을 관찰하여 상상

의 청정한 부처님 경지의 선법에 뛰어난 마음을 일으켜 선법을 포섭하는 계의 청정한 행법을 수행하기를 구하고 배우는 까닭이다.

b) 경문 해석[釋經文] 2.
(a) 본경에 따라 과목 나누다[順經判] (若直 36上5)

[疏] 若直就經文인댄 亦分二別이니 先, 明觀智요 後, 是故下는 要心攝善이라
- 만일 바로 (a) 본경에 곧바로 입각한다면 또한 두 가지로 나누리니 (1) 관법의 지혜를 밝힘이요, (2) 是故 아래는 마음에 선법을 포섭하는 계를 구하려 함이다.

(b) 논경에 따라 과목 나누다[順論科釋] 2.
㊀ 과목 나누기[分科] (今論 36上6)
㊁ 바로 해석하다[正釋] 2.
① 착하지 않은 법은 오직 다스릴 대상뿐임을 관찰하다
   [先觀不善唯是所治] (今初)

[疏] 今論에는 將後段하야 攝屬佛善故라 且分爲二니 先, 觀不善이 唯是所治요 後, 十善業下는 觀於善法하야 通能所治니라 今初에 具有苦集이나 此中에 爲明攝善일새 故略示其惡이라 旣果擧三塗하니 則顯因亦三品이니 如後攝衆生戒에 經文自具니라
- 지금 (b) 논경에서 뒤 문단을 가지고 부처님의 열 가지 선법에 섭속시킨 까닭이다. 우선 둘로 나누었으니 ① 착하지 않은 법은 오직 다스

릴 대상뿐임을 관찰함이요, ② 十善業 아래는 선법은 다스리는 주체와 대상에 통하는 것으로 관찰함이다. 지금은 ①에 괴로움의 모임이 구비되어 있지만 이 속에 선법을 포섭한 계를 밝히기 위한 연고로 그 악법을 간략히 보였다. 이미 결과적으로 세 가지 갈래를 거론하였고 원인에도 삼품(三品)으로 밝혔으니, 뒤의 ㄷ) 중생을 포섭하는 계에 경문이 자연히 구비되어 있다.

[鈔] 第二廣觀障治는 疏中에 有二하니 先, 總明來意라 於中有二하니 先은 明觀이니 故로 論에 云, 復觀察障과 對治不善業道와 及果와 善業道와 及果와 及上上淸淨이라하니라 後, 起增上心下는 卽[70]標擧行心이니 全是論文이니라

若直就下는 釋文이니 先順經하야 則先明觀이니 要心攝善이 是行이라 今論에 旣通屬佛善하니 卽佛善이 通於觀行이라 則前四善에 但明於觀이라 以前三善을 菩薩이 不行은 其菩薩善을 先已行故니라

且分爲二先觀不善等者는 此中에 總有四門하니 一은 障治分別이니 不善은 爲所治故라 二는 凡聖分別이니 天人은 爲凡이오 三乘은 爲聖이라 三은 大小分別이니 二乘이 爲小故라 四는 因果分別이니 菩薩은 爲因이오 佛은 爲果故라 四重之中에 料揀五重十善인대 不善은 唯屬所治니 是故로 別爲一段이니라

- b. 자세하게 장애를 다스림은 소에서 둘로 나누었으니 a) 오게 된 뜻을 총합적으로 밝힘이다. 그중에 둘이 있으니 (a) 관법의 지혜에 대한 설명이다. 그래서 논경에서는, "다시 장애와 착하지 않은 업도와 결과, 착한 업도와 결과, 상상의 청정함에 대해 관찰한다"고 말하였

---

70) 卽은 南續金本作二.

다. (b) 起增上心 아래는 행하는 마음을 표방하여 거론함이니 모두 논경의 문장이다. b) 若直就 아래는 경문 해석이니 (a) 본경에 따라 먼저 관법의 지혜를 설명함이니, 마음으로 선법을 포섭하려 함이 행법이라는 뜻이다. 지금은 논경에 이미 부처님 경지의 십선법에 통하나니 곧 부처님의 십선법이 관찰과 행법에 통한다는 뜻이다. 앞의 네 가지 선법[㉠ 人天十善 ㉡ 聲聞十善 ㉢ 緣覺十善 ㉣ 菩薩十善]에는 단지 관법의 지혜만 밝혔다. 앞의 세 가지 선법을 보살이 행하지 않은 것은 그 보살은 선법을 먼저 행하였기 때문이다.

且分爲二 등이란 이 가운데 총합하면 네 가지 문이 있으니 ㉠ 장애와 다스림으로 분별함이니 '불선법(不善法)'은 다스릴 대상이 되는 까닭이다. ㉡ 범부와 성인으로 분별함이니 천상과 인간은 범부로 삼고, 삼승은 성인으로 삼는다. ㉢ 크고 작음으로 분별함이니 이승은 작은 것이다. ㉣ 원인과 결과로 분별함이니 보살은 원인으로 삼고, 부처님은 결과로 삼는 까닭이다. 네 겹 중에 다섯 가지 십선법으로 구분한다면 불선법(不善法)은 오직 다스릴 대상에만 속하나니 이런 까닭에 따로 한 문단을 나누었다.

② 선법에는 다스리는 주체와 대상에 통하는 것으로 관찰하다
[觀於善法通能所治] 2.
㉮ 전체적인 모양으로 해석하다[通相釋] (後攝 37上2)

十善業道는 是人天과 乃至有頂處의 受生因이니라
(1) 열 가지 선한 업은 인간에나 천상에나 내지 색계나 무색계에 태어나는 인이니라.

[疏] 後, 攝觀十善에 具諸法門이라 然通相而辨인대 善皆能治니 以順理와 益物하야 正反惡故라

■ ② 십선법에 여러 법문이 구비됨을 포섭하여 관찰함이다. 그런데 ㉠ 전체적인 모양으로 구분하면 선법은 모두 다스리는 주체이니 이치를 따름과 중생에 이익됨으로 정면으로 악법과 상반되는 까닭이다.

[鈔] 以順理益物者는 明善是能治라 故로 瓔珞에 云, 順理生心을 名善이오 乖背를 爲惡이라하니라 又益物이 爲善이오 損物이 爲惡이니 故云正反惡故니라

● '이치를 따름과 중생에 이익됨'이란 선법은 다스리는 주체임을 밝힌 내용이다. 그래서 『보살영락경(菩薩瓔珞經)』에서는, "이치를 따라 마음 내는 것을 선법이라 하고, 이치에 어긋나고 위배되는 것을 악법이라 한다"라고 하였다. 또 중생에 이익되는 것은 선법이요, 중생에 손해되는 것은 악법이니 그래서 정면으로 악법과 상반된다고 하였다.

㉯ 모양에 따른 해석[隨相釋] 5.
㉠ 인천의 십선법[人天十善] (若隨 37上6)

[疏] 若隨相分인대 人天之善도 猶爲所治니 是苦集故라 文分五重이니 今初에 人天十善은 以人天이 是世間之善일새 故不分之어니와 實則亦具三品이니 謂人善이 爲下오 欲天이 爲中이오 色無色界가 爲上이라 言三品者는 或由三時之心하며 或約境有勝劣하며 或心有輕重하며 或自作教他等이라 細論其義하면 多品不同이어니와 略言三五耳라 爲不善者는 反此可知니 瑜伽六十에 廣顯差別하니라

■ ㈕ 만일 모양에 따라 구분한다면 ㉠ 인천의 십선법도 아직 다스릴 대상일 것이니 괴로움의 모임인 까닭이다. 경문을 오 겹[五重]으로 나누었으니 지금 ㉠ 인천의 십선법은 인간과 천상이 세간적인 선법이므로 구분하지 않았지만 실제로는 역시 삼품을 구비하고 있다. 말하자면 인간의 선법이 하품이요, 욕계의 천상이 중품이요, 색계와 무색계의 천상이 상품이 된다. 삼품이라 말한 것은 혹은 세 시절의 마음으로 인한 구분이며, 혹은 경계에 의지해 뛰어나고 열등함이 있으며, 혹은 마음에 가볍고 무거움이 있으며, 혹은 스스로 짓거나 남을 시키는 등이다. 미세하게 그 뜻을 거론하면 여러 품이 같지 않겠지만 대략 삼 겹이나 오 겹[五重]으로 말하였을 뿐이다. 불선법(不善法)으로 삼은 것은 이것과 반대이니 알 수 있을 것이며,『유가사지론』제60권에 자세하게 구분 지어 밝힌 부분이 있다.

[鈔] 或由三時等者는 略擧四重하니 一은 約時니 如欲行善時와 正行善時와 行善已時인 三時俱重이 爲[71]上善이오 隨一二輕이 爲中이오 三時俱輕이 爲下라 二는 約境者인대 如一不殺에 不殺蚊蟎가 爲上이오 不殺畜生이 爲中이오 不殺人이 爲下善이라 殺卽反此니라 三은 約心輕重者인대 隨於一境하야 如殺一畜에 猛利重心과 處中心과 不獲已而殺心이 爲上中下三品之惡이라 三種不殺은 卽三品之善이니라 四는 約自作敎他者인대 具自他가 爲上이오 唯自非他가 爲中이오 自雖不作이나 而敎他作이 爲下니라
細論其義者는 將上四事하야 交絡相望하면 則成多品이니 如約殺境에 境은 一重이오 更以重心하면 則爲二重이오 復三時重하면 卽爲三

---

71) 爲는 南續金本作名爲.

重이오 更敎人殺이 爲其四重이라 餘可例思니라 言爲不善者는 此有
二意하니 一者는 通相이니 前但約不殺이어니와 今約殺等이라 二者는
如一殺境에 前來는 不殺蚊蚋가 爲上善等이어니와 今殺蚊蚋가 爲下
惡이오 殺畜이 爲中惡이오 殺人이 爲上惡等이니라 引瑜伽六十하야 釋
爲不善은 至下當明하리라

● 或由三時 등이란 대략 네 겹으로 거론하였으니 1) 시간에 의지한 구분이니 마치 선법을 행하려 할 때와 바로 선법을 행하는 때와 선법을 행하고 난 때인 세 시절에 모두 무거운 것이 상품의 선법이 되고, 하나나 둘이 가벼움을 따르면 중품의 선법이요, 세 시절이 모두 가벼움이 하품의 선법이 된다. 2) 경계에 의지한다면 마치 한 가지 불살생(不殺生)에서 모기나 파리를 죽이지 않는 것이 상품이요, 짐승을 죽이지 않는 것이 중품이요, 사람을 죽이지 않는 것이 하품이 된다. 살생하게 되면 이와 반대이다. 3) 마음의 가볍고 무거움에 의지한다면 한 경계에 따라 만일 한 짐승을 죽일 적에 사납고 무거운 마음과 중간에 처한 마음과 어쩔 수 없이 죽이는 마음이 상품과 중품과 하품의 악법이 된다. 세 가지의 불살생은 삼품의 선법이 된다. 4) 자신이 짓거나 남을 시킴에 의지한다면 자기와 남을 구비한 것이 상품이 되고, 오직 자신만이요 남이 아닌 것이 중품이 되고, 자신은 비록 짓지 않지만 남을 시켜 짓게 함이 하품이 된다.

'미세하게 그 뜻을 거론하면'이란 위의 네 가지 현상을 가져서 교차하여 엮어 서로 비교하면 여러 가지 품을 이루게 된다. 만일 살생의 경계에 의지할 적에 경계가 한 겹이요, 무거운 마음으로 고치면 두 겹이 되고, 다시 세 시절이 무겁다면 세 겹이 되며, 다시 사람을 시켜 죽이면 그 네 겹이 된다. 나머지는 유례하여 생각할 수 있으리라. '불선법

으로 삼는다[爲不善]'고 말한 것은 여기에 두 가지 의미가 있으니 ① 전체적인 모양이니 앞은 단지 불살생에만 의지하였지만 지금은 살생에 의지한 등이다. ② 한 가지 살생의 경계에서 앞까지는 모기나 파리를 죽이지 않는 것을 상품의 선법 등으로 삼았지만, 지금의 모기나 파리를 죽이는 것은 하품의 악법으로 삼고, 짐승을 죽이는 것은 중품의 악법으로 삼고, 사람을 죽이는 것은 상품의 악법 등으로 삼는다. 『유가사지론』제60권을 인용하여 위불선(爲不善)을 해석한 것은 아래에 가서 밝히리라.

ⓒ 성문의 십선법[聲聞十善] 3.
ⓐ 닦을 대상인 선법이 동일함을 표방하다[標所修善同] (第二 38上9)

又此上品十善業道는 以智慧修習하되 心狹劣故며 怖三界故며 闕大悲故며 從他聞聲而解了故로 成聲聞乘이니라
(2) 또 이 상품 십선업을 지혜로써 닦지마는 마음이 용렬한 연고며, 삼계를 두려워하는 연고며, 대비심이 없는 연고며, 다른 이의 말을 듣고 이해하는 연고로 성문승이 되리라.

[疏] 第二, 又此下는 辨聲聞善이라 下의 三乘中에 各有三段하니 初, 標所修善同이오 次, 顯所用攻異오 後, 結成自乘이라
■ ⓒ 又此 아래는 성문의 십선법으로 구분함이다. 아래의 삼승법 중에 각기 세 문단이 있으니 ⓐ 닦을 대상인 선법이 동일함을 표방함이요, ⓑ 공력을 씀이 다름을 밝힘이요, ⓒ 자신의 교법으로 결론함이다.

[鈔] 初標所修者는 下四의 十善에 唯佛一善은 獨云上上이라하고 前三에 但云又此上品十善이라하나니 故云三乘이니라 善同者는 若準論經인대 菩薩을 亦云上上이라 然云上者는 卽前人天善中의 三品之上이니 故로 五淨居는 是色界善으로 爲上일새 而聖이 依此修하나니 故就上善하야 論其差別이니라

次顯所用者는 此語는 卽借莊子第一逍遙篇言也[72]라 惠子가 謂莊子曰, 魏王이 貽我大瓠之種이어늘 我樹之成하니 而實이 五石이라 以盛水漿에 其堅을 不能自擧也오 剖之以爲瓢에 則瓠落無所容이라 非不呺然大也로대 吾爲其無用而掊之라 莊子가 曰, 夫子가 固拙於用大矣로다 宋人이 有善爲不龜手之藥者하야 世世에 以洴澼絖으로 爲事러니(其藥令人手不拘折故 常漂絮於水中也) 客이 聞之하고 請買其方百金한대 聚族而謀曰, 我가 世世에 洴澼絖하야 不過數金이어니 今一朝에 而鬻技百金이라하고 請與之호리라 客이 得之하야 以說吳王이라하니 越有難이어늘 吳王이 使之將하야 冬與越人으로 水戰할새 大敗越人하고 裂地而封之하니 能不龜手는 一也로대 或以封하며 或不免於洴澼絖하니 則所用之異也일새니라 今子가 有五石之瓠하니 何不慮以爲大樽하야 而浮乎江湖하고 而憂其瓠落無所容고 則夫子가 猶有蓬之心也夫인저(蓬非直達者也 此章言物 各有宜苟得其宜 安往而不逍遙哉) 今借此言하니 一種十善은 猶不龜手之藥也라 凡夫는 用之에 處乎生死오 二乘은 用之에 纔能自免이니 則猶漂絮也오 菩薩은 用之에 兼濟無外하니 則裂地而封矣니라

● ⓐ 標所修란 아래 네 가지 십선법 중에 오로지 부처님의 십선법 하나만이 유독 상상품이라 한 것을 말한다. 앞의 세 가지 십선법에는 단

---

72) 『莊子』 內篇 逍遙遊의 내용이다. (신원문화사 刊 宋志英譯 『莊子』 p.36~)

지 '또 이 상품의 십선업도'라고만 하였으므로 삼승이라 하였다. '선법이 같다'는 것을 만일 논경에 준해 보면 보살도 상상품이라 한 것을 말한다. 그런데 상품이라 말한 것은 곧 앞의 ㉠ 인천(人天)의 십선법 중 삼품 중의 상품이라는 뜻이다. 그러므로 오정거천(五淨居天)은 색계의 선법으로 상품을 삼았으므로 성인이 이것에 의지하여 수행하나니 그래서 상품의 선법에 입각하여 그 차별을 말하였다.

㉡ 顯所用이란 이 말은 『장자(莊子)』 제1 소요유(逍遙遊) 편의 말씀을 빌려온 내용이다. "혜자(惠子)[73]가 장자에게 말하였다. '위왕(魏王)이 내게 큰 표주박 씨를 주었네. 그것을 심어 열매를 맺게 되었는데 닷 섬들이나 되었네. 물을 담았더니 너무 무거워 혼자 들 수가 없고, 쪼개어 바가지를 만들었더니 편편하고 얕아서 들어갈 곳이 없잖겠나. 크기는 하나 소용이 없어 부숴 버렸네.' 장자가 말했다. '자네는 원래 큰 것을 쓰는 데 서투르네. 송나라 사람 중에 손이 트지 않는 약을 잘 만드는 자가 있었는데, 대대로 실[絖][74]을 빨아 바래는 일을 해 왔네. 한 나그네가 이를 듣고 그 비방을 백 금에 사겠다고 청했네. 가족을 모아 의논하여 말하되, 「우리가 대대로 실을 빨아 바래는 일을 해 왔으나 몇 금에 지나지 않았다. 이제 하루아침에 재주를 백 금에 팔라고 하니 팔아 버리자.」 나그네는 이를 얻어 오왕(吳王)을 설득했네. 월(越)나라와 싸우게 되자 오왕은 그를 장군으로 임명했네. 겨울철이었는데, 월나라 군사와 수전(水戰)을 벌여 크게 이겼으므로 땅을 분할받고 제후로 봉해졌네. 손을 트지 않게 하는 것은 매한가지였으나 한 사람은 봉지(封地)를 얻고, 한 사람은 실을 빨아 바래는 일을

---

73) 惠子: 성은 惠 이름은 施. 장자와 같은 시대의 사상가로서, 梁나라 재상을 지냈다. 사상적으로는 '名家'에 속하며, 장자의 의논 상대인 동시에 가장 친한 친구이기도 했다. 아래의 魏王은 梁나라 惠王을 가리킨다.
74) 실: 원문은 絖이다. 헌 솜이나 삼[麻], 혹은 고치[繭]라고도 해석한다. (신원문화사 刊 宋志英譯 『莊子』 p.37- .)

면치 못했네. 쓰는 바가 달랐던 것이지. 자네는 닷 섬들이 표주박으로 어째서 큰 통을 만들어 강호에 띄울 것을 생각지 못하고 너무 커서 쓸 곳이 없다고 걱정한단 말인가! 이는 곧 자네에게 속된 마음이 있는 것일세.'" 지금은 이 말씀을 빌려 왔으니 한 종류의 십선법은 '손이 트지 않는 약'과 같으니 범부는 쓰지만 생사에 처해 있으며, 이승은 쓰지만 겨우 자신만 면하게 했으니 솜을 뜨게 함과 같고, 보살은 쓰면서 겸하여 제도함이 너무 컸으니[無外] 그래서 땅을 분할받고 제후로 봉해졌다는 뜻이다.

ⓑ 공력을 씀이 다름을 밝히다[顯所用功異] 2.
㉠ 앞과 상대하여 뛰어남을 밝히다[對前彰勝] (今聲 39下1)

[疏] 今聲聞中에 以智慧下는 明所用異라 於中에 初句는 對前彰勝이니 以實相智修가 不同人天의 無智善故라 通觀上來善惡因果하면 皆是苦集所觀境故라

■ 지금은 성문의 십선법 중에 ⓑ 以智慧 아래는 공력을 씀이 다름을 밝힘이다. 그중에 첫 구절은 ㉠ 앞과 상대하여 뛰어남을 밝힘이니 실상의 지혜로 수행함이 인천의 십선법에서 지혜 없는 선법과 다른 까닭이다. 통틀어 여기까지의 선법과 악법의 원인과 결과를 관찰하면 모두 괴로움과 괴로움의 원인으로 관찰할 경계인 까닭이다.

[鈔] 於中에 初句者는 三乘이 皆有勝劣分別이라 然前劣은 亦名所觀境界오 後勝은 卽是能觀之行이라 言以實相智修者는 以經에 云, 以智慧修習이라하며 論經에 云, 與智慧觀으로 和合修行이라하나니 論에 云智

慧觀者는 觀[75]實相觀故라하니라 釋曰, 謂實相者는 卽四諦理로 雙
照事理의 實也라 四諦之義는 下當結示리니 卽以智慧心中에 修十善
故니라
- '그중에 첫 구절'이란 삼승이 모두 뛰어남과 열등함의 차별이 있는
까닭이다. 하지만 앞의 열등함은 또한 관찰할 대상인 경계라 이름
하고 뒤가 뛰어남은 곧 관찰하는 주체인 지혜의 행법이라 한다. '실
상의 지혜로 수행한다'는 말은 본경에서는 "지혜로 닦는다"고 하였
고, 논경에는, "상품의 십선법과 지혜의 관법을 함께 수행한다"고 하
였다. 다시 논경에서 해석하되 "지혜로 관찰한다고 한 것은 실상으
로 관찰하는 것이다." 해석한다면 이를테면 실상이란 곧 사성제의
이치로 현상과 이치의 실법을 함께 비추는 것을 뜻한다. 사성제의 이
치는 아래에 가서 결론해 보일 것이니 지혜로운 마음으로 십선법을
닦기 때문이다.

㉣ 뒤와 상대하여 열등함을 밝히다[對後顯劣] 2.
㉮ 보살보다 열등하다[劣於菩薩] (次心 39下9)
㉯ 겸하여 연각보다 열등하다[兼劣緣覺] (上三)

[疏] 次, 心狹劣下는 對後顯劣이니 有五種相하니 一은 因集이니 由集小
因일새 故心狹劣이라 狹은 謂修行少善이오 劣은 謂但能自利라 二는
畏苦니 卽怖三界故니라 三은 捨心이니 卽闕大悲로 捨衆生故니 上三
은 唯劣菩薩이오 下二는 兼劣緣覺이라 四는 依止니 卽經從他라 謂必
藉師教故니라 五는 觀이니 卽聞聲解了라 謂聞人無我法聲하야 心通

---

75) 十地經論에는 앞의 觀은 없다.

達故니라

■ ㊦ 心狹劣 아래는 뒤와 상대하여 열등함을 밝힘이니 다섯 가지 모양이 있다. (1) 원인의 모임[因集]이니 작은 원인을 모음으로 인하여 마음이 좁고 열등하다. '좁다'는 것은 적은 선법을 닦았다는 것을 말하고, '열등하다'는 것은 단지 자리행(自利行)만 한다는 것을 뜻한다. (2) 괴로움을 두려워함[畏苦]이니 곧 삼계를 두려워하는 것이다. (3) 버리는 마음[捨心]이니 대비심이 없어서 중생을 외면하기 때문이다. 위의 셋[因集, 畏苦, 捨心]은 단지 보살보다 열등한 것뿐이요, 아래의 둘[(4) (5)]은 겸하여 연각보다 열등함이다. (4) 의지함[依止]이니 경문의 '다른 이로부터'를 가리킨다. 말하자면 반드시 스승의 가르침을 의지하는 까닭이다. (5) 관찰[觀]이니 말을 듣고 이해한다는 뜻이다. 말하자면 인무아(人無我)의 법이라는 소리를 듣고 마음으로 통달하는 까닭이다.

[鈔] 一因集者는 昔集小因하야 今成小行하야 依之集道일새 故名爲集이니라 二, 畏苦者는 厭當苦故라 三, 捨心者는 卽唯求自度니라 下二兼劣緣覺者는 四는 不及自悟오 五는 不及觀緣이라 彼經에 云聞聲이라하고 論에 云觀者는 念音聲故라 何者가 音聲고 我人衆生等이 但有名故라하나라 釋曰, 此中論意에 言聲聞者는 謂衆生我人이 但有名故로 名爲念聲이라하니 義說聞聲이오 非要耳聞이니 應具二義라 故로 瑜伽[76]八十二에 云, 從他聽聞正法音聲이라하며 又令他聞正法涅槃일새 故曰聲聞이라하나니 卽聲聞聲聞이니라 又瑜伽八十四에 說四種聲聞하나니 今是趣寂[77]이라 四聲聞義는 玄中에 已明하니라

---

76) 伽下에 南續金本有論字, 下同.

- (1) '원인의 모임[因集]'이란 예전에 작은 원인을 모아서 지금은 작은 행법을 이루어 의지하여 도를 모으는 까닭에 '모은다'고 한다. (2) '괴로움을 두려워함'이란 닥쳐올 괴로움을 싫어하는 까닭이다. (3) '버리는 마음'이란 오직 자신의 득도(得度)만을 구함을 뜻한다. '아래의 둘은 겸하여 연각보다 열등함'이란 (4)는 혼자 깨달음에 미치지 못함이요, (5)는 인연을 관찰함에 미치지 못함이다. 저 경문에서는 '소리를 듣는다'고 하였고, 논경에는 "관찰이란 음성을 생각하는 까닭이다. 어떤 것이 음성인가? <나>와 사람과 중생 등이 단지 이름뿐인 까닭이다"라고 하였다. 해석하자면 이 가운데 논경의 의미로 "성문이라 말한 것은 이를테면 중생과 나와 남이 단지 이름만 있는 까닭에 소리를 생각한다고 칭한다"고 하였으니, 뜻으로는 소리를 듣는 것이지 귀로 듣는 것이 아니니 응당히 두 가지 의미를 구비하고 있다. 그러므로 『유가사지론』 제82권에 이르되,[78] "다른 이로부터 바른 불법의 소리를 듣는다. 또 다른 이들이 바른 열반의 법을 듣게 하는 연고로 성문이라 한다"고 하였으니 곧 성문성문(聲聞聲聞)을 말한다. 또 『유가사지론』 제84권에서 네 종류의 성문을 말하였으니 지금은 취적성문(趣寂聲聞)에 해당한다. 네 가지 성문에 대한 뜻은 현담(玄談)에서 이미 밝힌 내용이다.

ⓒ 자신의 교법으로 결론하다[結成自乘] 2.
ⓟ 자신의 교법으로 바로 결론하다[正結自乘] (三成 40下5)

---

77) 인용문은 『瑜伽師地論』 제84권 攝決擇分中菩薩地之九의 내용이다. (대정장 권30 p.744 b15-) *일반적으로는 『法華論』 下권(세친보살 著)에 의지해 ① 決定聲聞(一向趣寂聲聞, 또는 種姓聲聞) ② 增上慢聲聞 ③ 退菩提心聲聞(退大聲聞, 廻向菩提聲聞) ④ 應化聲聞(變化聲聞)으로 분류한다.
78) 인용문은 『瑜伽師地論』 제82권 攝釋分之下의 내용이다. (대정장 권30 p.759 b14-)

[疏] 三, 成聲聞乘은 結成自乘이라
- ⓒ '성문승이 된다' 함은 자신의 교법으로 결론함이다.

[鈔] 三結成自乘者는 論에 云,[79] 如是彼音聲解入故로 衆生無我오 非法無我라하니 意云, 唯生無故로 但成聲聞乘이니라
- ⓒ 자신의 교법으로 결론함에서 ㉠ (자신의 교법으로 바로 결론함이니) 논경에 이르되, "이처럼 저들이 음성을 따라 이해하는 까닭에 '중생이 <내>가 없음[衆生無我, 곧 人無我]'에 들어간 것이지 '법에 <내>가 없음[法無我]'에 들어간 것은 아니다"라고 하였다. 의미로 말하면, 오로지 중생이 없을 뿐이므로 단지 성문의 교법만 이루게 된다.

㉡ 사성제를 성문의 교법으로 결론하다[結四諦爲乘] (然能 40下8)

[疏] 然能治十善과 及與智慧는 卽是道諦오 惡因果滅과 善因果中에 使滅은 名爲滅諦오 成聲聞乘은 義含道滅이니라
- 하지만 다스리는 주체인 십선법과 지혜는 곧 도성제이고, 악법의 인과를 멸함과 선법의 인과 중에 속박이 소멸함[使滅]은 멸성제라 이름하고, 성문의 교법으로 결론함에 도성제와 멸성제의 뜻이 포함되어 있다.

[鈔] 然能治下는 結成四諦가 爲聲聞乘이니 惡因惡果인 二體俱亡이라도 善體는 不亡일새 故로 上은 爲道오 迷勝義愚等이 起於十善이면 此便順滅이나 滅此가 異於人天이라 言成聲聞乘者는 道는 卽因乘이오 滅

---

79) 『十地經論』에서는 "如是彼者從音聲解故로 入衆生無我요 非法無我라"(대정장 권26 p.148 c9-)

은 卽果乘이니라

* ㈒ 然能治 아래는 사성제를 성문의 교법으로 결론함이다. 악한 원인과 악한 결과인 둘의 체성이 모두 없어지더라도 선법의 체성은 없어지지 않으므로 위는 도성제가 되고, 승의에 미혹한 어리석음 등이 십선법을 일으키면 여기서 문득 따라 없어지지만 이것을 소멸함이 인천의 십선법의 경우와는 다르다. '성문의 교법으로 결론한다'고 말한 것은 도성제는 원인의 교법이요, 멸성제는 결과의 교법이라는 뜻이다.

㉢ 연각의 십선법[緣覺十善] 2.
ⓐ 총합하여 밝히다[總明] (第三 41上6)

又此上品十善業道는 修治淸淨하되 不從他敎하고 自覺悟故며 大悲方便이 不具足故며 悟解甚深因緣法故로 成獨覺乘이니라
(3) 또 상품 십선업을 청정하게 닦지마는 남의 가르침을 받지 않고 스스로 깨달은 연고며, 대비 방편을 갖추지 못한 연고며, 깊은 인연법을 깨달은 연고로 독각승이 되리라.

[疏] 第三, 緣覺善所用異中에 初句, 總明이니 以能修習일새 名修淸淨이오 未能圓修일새 不名具足이라

■ ㉢ 연각의 십선법에 공력을 씀이 다른 것 가운데 ⓐ 첫 구절[修治淸淨]은 총합적으로 밝힘이니 능히 닦아 익히므로 '닦음이 청정하다'고 말하였고, 능히 원만하게 닦지 않은 까닭에 '구족하다'고 하지 않았다.

[鈔] 第三, 緣覺善者는 然緣覺과 聲聞이 各有二類하니 總相而說인대 聲聞은 觀諦하고 緣覺은 觀緣하며 聲聞은 依聲하고 緣覺은 依現事라 而各成二者는 一은 聲聞聲聞이니 謂本求聲聞하고 亦觀四諦하야 於最後身에 値佛成果오 二는 緣覺聲聞이니 謂昔求緣覺하야 觀十二緣이라가 於最後身에 値佛爲說十二因緣敎하야 依聲悟故로 名緣覺聲聞이니라 言緣覺二者는 一은 緣覺緣覺이니 謂本求緣覺이라가 於最後身에 不値佛世하고 自藉現事因緣得道오 二는 聲聞緣覺이니 謂先求聲聞하야 悟得初果하고 未現涅槃하야 人天七返이라가 七返滿已에 値無佛世하야 藉現事緣而得道果라 今此는 就其緣覺緣覺하야 以明善法이니 此人勝故니라

- ㉢ 연각의 십선법에서 연각과 성문이 각기 두 종류가 있다. 총합적으로 설명한다면 성문은 사성제를 관찰하고 연각은 12연기를 관찰하며, 성문은 음성에 의지하고 연각은 나타난 현상에 의지한다. 하지만 '각기 두 종류를 이룬다'는 말은 (1) 성문인 성문이다. 말하자면 본래 성문법을 구하고 또한 사성제를 관찰하여 최후의 몸으로 부처님을 뵙고 과덕을 성취하려 함이요, (2) 연각인 성문이다. 말하자면 예전에는 연각법을 구하여 12연기를 관찰하다가 최후의 몸에 부처님이 12연기의 교법을 설해 주심을 만나 음성에 의지하여 깨달은 연고로 연각인 성문이라 한다. 연각에 둘이라 한 뜻은 (3) 연각인 연각이다. 말하자면 본래 연각법을 구하다가 최후의 몸에 부처님 세상을 만나지 못하고 스스로 나타난 현상이 인연이 되어 도를 얻음이요, (4) 성문인 연각이다. 말하자면 전에는 성문법을 구하여 수다원과(須陀洹果)를 깨닫고 열반을 나투지는 못하고 인간과 천상에서 '일곱 번 반복생사[七返生死]'를 겪은 뒤 부처님 안 계신 세상을 만나 나타난

현상이 인연이 되어 아라한도의 결과를 얻게 된다. 지금 여기서는 그 중 (3) 연각인 연각에 입각하여 십선법을 밝힌 내용이니 이런 사람이 보다 뛰어난 까닭이다.

ⓑ 개별로 밝히다[別顯] 3.
ⓕ 스스로 깨달음이 성문과 다르다[自覺異聲聞] (次不 41下8)
ⓕ 설법을 잘 하지 못하다[不能說法] (二大)

[疏] 次, 不從下는 別顯이라 有三種相하니 一은 自覺이니 謂異聲聞하야 不從他聞하야 顯依止勝이오 二, 大悲下는 不能說法이니 大悲不具일새 無心起說이오 方便不具는 力不堪說이라 若有利物인대 多但現通하나니 此劣菩薩이라

■ ⓑ 不從 아래는 개별로 밝힘이다. 세 가지 모습이 있으니 ⓕ 스스로 깨닫는 것이다. 말하자면 성문과 달라서 다른 이로부터 듣지 않고 의지함이 뛰어남을 밝힌 내용이다. ⓕ 大悲 아래는 설법을 잘하지 못함이다. 대비심을 갖추지 않았으므로 설법하려는 마음을 내지 않고, 방편을 갖추지 않았으므로 힘써 설법을 감당치 못한다. 만일 중생을 이롭게 하려면 대부분 단지 신통만 나투려 할 것이니 이것은 보살보다 열등하다.

[鈔] 方便不具者는 緣覺出世에 無九部經故로 此無所依일새 故不能說이언정 非是智慧가 劣於聲聞이라 餘可準知니라

● '방편을 갖추지 않았다'는 것은 연각이 세상에 나투면 9부(九部)의 경이 없는 까닭에 이것은 의지할 바가 아니므로 설법을 잘하지 못하는

것이지 지혜가 성문보다 열등하다는 뜻은 아니다. 나머지는 여기에 준해 보면 알 수 있으리라.

㉠ 적은 경계만 관찰하다[觀少分境] (三悟 42上4)

[疏] 三, 悟解已下는 卽觀少境界라 少有二義하니 一은 對前顯勝이니 以是利根일새 但觀苦集하야 便悟甚深之觀이 勝於聲聞이라 二는 對後彰劣이니 但觀人無我法이 不同菩薩의 求佛大智等故라 上之二乘은 廣如瑜伽本地中說하니라

■ ㉠ 悟解 아래는 적은 경계만 관찰함이다. 적음에 두 가지 의미가 있다. ㉮ 앞과 상대하여 뛰어남을 밝힘이니 그들이 근기가 날카롭기 때문에 단지 고성제와 집성제만 관찰하고도 단박에 매우 깊은 관법이 성문보다 뛰어남을 깨닫기 때문이다. ㉯ 뒤와 상대하여 열등함을 밝힘이니 단지 '중생이 <내>가 없는 법'만 관찰하는 것이 보살이 부처님의 광대한 지혜를 구하는 등과 같지 않은 까닭이다. 위의 두 가지 교법에 대해 자세한 것은 『유가사지론』의 본지분(本地分)에서 설명한 내용과 같다.

[鈔] 廣如瑜伽者는 有十七地하니 聲聞地는 當第十三이니 從二十一論으로 至三十四라 卽此卷中에 明緣覺地第十四終이라 此卷[80])에 建立緣

---

80) 인용문은 『瑜伽師地論』 제34권의 本地分中獨覺地 제14에 나오는 내용이다. 論云, "如是已說聲聞地. 云何獨覺地. 當知此地有五種相. 一者種姓. 二者道. 三者習. 四者住. 五者行. 云何獨覺種姓. 謂由三相應正了知. 一者本性獨覺先未證得彼菩提時有薄塵種姓. 由此因緣於憒閙處心不愛樂. 於寂靜處深心愛樂. 二者本性獨覺先未證得彼菩提時有薄悲種*姓. 由是因緣於說正法利有情事心不愛樂. 於少思務寂靜住中深心愛樂. 三者本性獨覺先未證得彼菩提時有中根種姓. 是慢行類. 由是因緣深心希願無師無敵而證菩提. ——"(대정장 권30 p. 477 c3-)

覺이 有五種相하니 一, 種性이오 二, 道오 三, 習이오 四, 住오 五, 行이라 言種性者는 謂由三相하야 應正了知니 一, 本性獨覺이 先未證得彼菩提時에 有薄塵性이라 由此不樂憒鬧하고 深樂寂靜이오 二, 有薄悲性이니 於利生事에 不樂이오 三, 有中根性이니 是慢行이니 希願無師無敵而證이니라 二, 道에 亦有三하니 一, 百劫에 親承佛하야 修蘊善巧等이오 二, 值佛世하야 近善士聞法이나 未得煖等이오 三, 已得沙門果나 未究竟이니라 三, 習者는 依其三種하야 習菩提分이니라 四, 住者는 初는 名麟角이니 樂寂靜處오 後의 二는 名部行이니 亦樂部衆等이니라 五는 行이니 謂依村落等하야 守根正念하고 神通化[81]物이언정 不言說法이니라 又云호대 一切本來가 一向趣寂이라하니라 釋曰, 今經論中에 通三[82]種性하니 總句修習은 顯已有習이며 亦有道니라 初自覺者는 卽是麟角이오 二는 不能說은 卽是彼行이라 亦是前은 明薄悲種性이니라 三은 觀少境界에 有二意하니 前意는 由有道故오 後意는 通相而明이라 餘多大同이니라

● '자세한 것은 『유가사지론』'이란 17가지 지위가 있으니 성문의 지위는 13번째에 해당한다. 『유가사지론』제21권부터 제34권까지이다. 그래서 제34권에 연각의 지위 제14를 모두 설명해 마친다. 이 제34권에 의하면 "연각에 다섯 종류의 모양을 건립하였으니 ① 연각의 종성이요, ② 연각의 도요, ③ 연각의 익힘이요, ④ 연각에 안주함이요, ⑤ 연각의 실천이다. ① 종성(種姓)이라 말한 것은 이를테면 세 가지 모양으로 인해 응당히 바로 깨달아 아는 것이니 첫째, 본성의 독각이 앞에서 아직 보리를 증득하지 못했을 때에 '경계에 담박한 성품[薄塵性]'이다. 이로 인해 시끄럽고 싸우는 것을 좋아하지 않고 고요함을

---

81) 化는 甲續金本作他誤.
82) 三은 雜花記云 五之誤也.

너무 좋아함이요, 둘째, '대비에 담박한 성품[薄悲性]'이다. 중생을 이익되게 하는 일을 좋아하지 않는 것이요, 셋째, 중간 근기의 성품[中根性]이니 거만행 행을 가리킨다. 스승도 없고 원수도 없이 증득하기를 바라는 것이다. ② 도에도 역시 세 가지 모양이 있으니 첫째, 백 겁 동안 가까이서 부처님을 받들어 오온이 뛰어남 등을 닦는 것이요, 둘째, 부처님 세상을 만나 착한 사람과 가까이하여 법문을 듣지만 난위(煖位) 등의 지위를 얻지는 못함이요, 셋째, 이미 사문의 결과를 얻었지만 궁극까지 성취한 것은 아니다. ③ 익힘이란 그 도의 세 종류를 의지하여 보리의 부분법을 익히는 것이다. ④ 안주함이란 처음[薄塵性]은 기린의 뿔이라 이름하나니 고요한 곳을 좋아함이요, 뒤의 둘[薄悲性, 中根性]은 거느려 행함이라 하나니 역시 대중 거느리기를 좋아하는 등이다. ⑤ 실천함이다. 말하자면 촌락 등에 의지해서 감관을 지켜서 생각을 바로잡고 신통력으로 중생을 교화할 뿐 말로 법문을 설하지는 않는다. 또 이르되, 온갖 것이 본래가 한결같이 고요함으로 향한다"라고 하였다. 해석하자면 지금 본경과 논경 중에 다섯 가지 종성과 통하나니, 총상의 닦아 익힌다는 구절은 이미 ③ 익힌 것이 있음을 밝힌 것이며 또한 ② 도가 있는 것이다. Ⓐ 자각(自覺)이란 바로 기린의 뿔과 같으며 Ⓑ 설법을 잘하지 못함은 바로 저 ⑤ 실천을 말한다. 또한 앞의 '대비에 담박한 성품[薄悲性]'임을 밝힌 내용이다. Ⓒ 적은 경계만 관찰함에 두 가지 의미가 있으니 앞의 의미는 도가 있음을 말미암은 까닭이요, 뒤의 의미는 일반적인 모양으로 설명한 것이다. 나머지는 대부분 거의 같은 내용이다.

㉣ 보살의 십선법[菩薩十善] 3.

ⓐ 의지할 대상인 선법의 원인을 표방하다[標所依善因] (第四 43上8)

又此上品十善業道는 修治清淨하되 心廣無量故며 具足悲愍故며 方便所攝故며 發生大願故며 不捨衆生故며 希求諸佛大智故며 淨治菩薩諸地故며 淨修一切諸度故로 成菩薩廣大行이니라

(4) 또 상품 십선업을 청정하게 닦으면서 마음이 한량없이 광대하고 자비를 구족하고 방편에 포섭되고 큰 서원을 내고 중생을 버리지 아니하고 부처님의 지혜를 구하고 보살의 여러 지를 깨끗이 다스리고 모든 바라밀다를 닦으므로 보살의 광대한 행을 이루리라.

[疏] 第四, 菩薩十善이라
■ ㉔ 보살의 십선법이다.

ⓑ 써야 할 공력이 다름을 밝히다[顯所用功異] 3.
㉠ 논경의 네 가지 명칭을 거론하다[擧論四名] (所用 43上8)
㉡ 구분하는 이유[料揀所以] (四中)

[疏] 所用異中에 有四種相하니 一, 因集이오 二, 用이오 三, 彼力이오 四, 地라 四中에 初一은 行因이며 次二는 行相이오 後一은 行位라
■ ⓑ 써야 할 공력이 다름 중에 ㉠ 네 가지 모양이 있으니 (1) 원인의 모임이요, (2) 작용이요, (3) 공력이요, (4) 지위이다. ㉡ 네 가지 중에 처음 하나는 행법의 원인이며, 다음의 둘[(2)用 (3)彼力]은 행법의 모양

이요, 뒤의 하나는 행법의 지위이다.

㉠ 논경에 의지하여 따와서 해석하다[依論牒釋] 4.
　㉮ 원인의 모임[因集] (言因 43上10)
　㉯ 작용[用] (二具)

[疏] 言因集者는 宿習善根하야 依之起行이라 此又三義니 一은 依一切善根起行故니 卽修治淸淨具足이라 具足이 卽一切善義라 今經에 闕此二字하니 則不能異上辟支니 此明自利라 二, 心廣者는 卽利他心이오 三, 無量者는 卽大乘心이니 是二利行體니라 二, 具足悲愍이니 是菩薩用이라

■ ㉮ '원인의 모임'이라 말한 것은 숙세에 선근을 익혀서 그것을 의지하여 행법을 일으킴을 뜻한다. 여기에 또 세 가지 뜻이니 (1) 모든 선근을 의지하여 행법을 일으키는 까닭이니 곧 닦고 다스림이 청정하고 구족함을 뜻한다. '구족'은 모든 선법에 해당되는 의미이다. 본경에는 구족(具足) 두 글자가 빠졌으니, 그래서 위의 벽지불과 다른 점을 구분하지 못하게 된다. 여기서는 자리행(自利行)을 밝혔다. (2) '마음이 광대하다'는 것은 이타행(利他行)의 마음이요, (3) '한량없다'는 것은 대승의 마음이니 바로 2리행의 체성을 말한다. ㉯ 대비심과 연민심을 구족하였으니 보살의 작용이다.

[鈔] 第四, 菩薩十善이라 疏文有三하니 初, 擧論四名이오 次, 四中下는 料揀이오 後, 言因集下는 依論牒釋이라 二, 具足悲愍是菩薩用者는 論에 云, 見諸衆生이 習行苦因과 及受苦時하고 起悲愍心이라하니 意

云호대 見行苦因하야 愍其當苦하고 見已受苦果하야 悲欲拔[83]之니라
- ㉣ 보살의 십선법이다. 소의 문장에 셋이 있으니 ㉠ 논경의 네 가지 명칭을 거론함이요, ㉡ 四中 아래는 구분함이요, ㉢ 言因集 아래는 논경에 의지하여 따와서 해석함이다.
㉤ '대비심과 연민심을 구족하였으니 보살의 작용이다'라는 것은 논경에서는, "모든 중생들의 고통의 원인을 익혀 행하고 고통받는 모습을 볼 때에 자비심을 일으켜 (저 중생에 의지하여 이익을 짓는다)"라고 하였다. 의미로 말하면 고통의 원인을 행함을 보고 그 닥쳐올 고통을 불쌍히 여기며, 이미 고통의 결과를 받음을 보고 자비심으로 고통을 뽑아내 주려 하는 것이다.

㉮ 공력[力] (三方 43下8)
㉯ 지위[地] (四發)

[疏] 三, 方便所攝은 即以四攝으로 攝生이니 是彼悲力이라 四, 發生下는 皆顯地義라 地雖有十이나 就三祇滿處하야 略擧三地하야 以攝餘七이니 一은 發生大願이니 即淨深心이니 初地오 二는 不捨衆生이니 即不退轉地니 雖得寂滅이나 不捨衆生이니 即八地라 三은 希求佛智等이니 即受大位地이니 是第十地라 此有三句하니 一, 觀求行證이니 智度가 滿故오 二, 盡淨諸地障故오 三, 盡淨諸度蔽故니라
- ㉮ 방편에 포섭되는 것은 곧 사섭법으로 중생을 거두어 주나니 곧 대비의 힘을 말한다. ㉯ 發生 아래는 모두 지위의 의미를 밝힘이다. 지위가 비록 열 가지이지만 삼 아승지 겁이 원만한 곳에 입각하여 대략

---
83) 拔은 甲南續金本作攝.

세 가지 지위로 거론하여 나머지 일곱 가지 지위를 포섭한다. (1) 큰 서원을 발생함이니 곧 맑고 깊은 마음의 지(地)이니 초지를 가리킨다. (2) 중생을 버리지 않음이니 곧 물러나지 않는 지위이다. 비록 적멸을 얻었지만 중생을 버리지 않는 지위이니 곧 제8지를 가리킨다. (3) 부처님의 지혜 따위를 바라고 구함이니 곧 '큰 지위를 받는 지위[受大位地]'로 제10지를 가리킨다. 여기에 세 구절이 있으니 Ⓐ 행법을 관찰하고 증득을 구함이니, 지혜바라밀이 원만한 까닭이요, Ⓑ 여러 지(地)의 장애를 모두 정화한 까닭이요, Ⓒ 여러 바라밀의 막힘을 모두 제거한 까닭이다.

[鈔] 一, 觀求行者는 論에 云, 三者는 受大位地니 是故로 求證佛廣大智라하니라 二, 盡淨諸障은 斷二十二愚에 已斷二十이라 唯如來地에 亦有二愚하니 一은 於一切所知境界에 極微細着愚오 二는 極微細礙愚니 佛善方斷이라 論에 云, 此中에 但說菩薩地에 廣成便足이어늘 何故로 復說地淨과 波羅蜜淨고 釋曰, 此意에 云, 第十地淨이니 但用初句하야 卽顯智地已滿이어늘 何用後二오 論答意에 云, 以下二句로 顯成初句深廣之行이니 謂一은 從初地來로 展轉淨障하야 至此究竟이라 故로 論에 云, 有上上淸淨故라하니라 二者는 一地에 一度가 淨故니 論에 云, 第一法淸淨故라 第一法者는 卽波羅密義라하니라

● Ⓐ '행법을 관찰하고 증득을 구한다'는 것은 논경에 이르되, "(3) 큰 지위를 받는 지(地)이니 이로 인해 부처님의 광대한 지혜를 증득하기를 구하는 것이다"라고 하였다. Ⓑ '여러 지(地)의 장애를 모두 깨끗이 한다'는 것은 22가지 어리석음을 단절하는 관점에서 이미 20가지 어리석음을 단절한 상태이다. 오로지 여래의 지위에도 또한 두 가지

어리석음이 있으니 1) 모든 알고 있는 경계에 지극히 미세하게 집착하는 어리석음이요, 2) 지극히 미세하게 장애하는 어리석음이니 부처님의 선법에 가서야 비로소 단절할 수 있다. 논경에서는, "이 가운데 단지 보살지에서 광대하게 성취함이 문득 만족하였다"고만 말하였는데 무슨 연고로 다시 보살지가 청정함과 바라밀이 청정함에 대해 말하였는가? 해석하자면 여기서 의미로 말하면 제10지에서 청정하다는 뜻이다. 단지 첫 구절만 써서 곧 십지의 지혜가 이미 만족함을 밝혔는데 어째서 뒤의 두 구절을 사용했는가? 논경에서 답한 의미를 말하면, "아래 두 구절로 첫 구절의 깊고 광대한 행법을 성취함을 밝혔다. 말하자면 하나는 초지로부터 차츰차츰 장애를 깨끗이 하여 여기에 이르면 궁극까지 성취한다"는 뜻이다. 그래서 논경에서 "상상의 청정이 있는 까닭이다"라고 하였다. 둘은 한 지(地)에 한 바라밀이 깨끗해지는 까닭이다. 그래서 논경에서 "제일가는 법이 청정한 까닭이다. 제일가는 법이란 곧 바라밀법이란 뜻이다"라고도 하였다.

ⓒ 원인과 결과로 결론하다[結成因果] (三成 44下4)

[疏] 三, 成菩薩廣大行은 結成自乘이니라
■ ⓒ 보살의 광대한 행법으로 결론함은 자신의 교법으로 결론함이다.

㉤ 부처님의 십선법[佛之十善] 2.
ⓐ 총합하여 표방하다[總] (第五 44下8)

又此上上十善業道는 一切種이 清淨故며 乃至證十力四

無畏故로 一切佛法을 皆得成就하나니 是故로 我今等行
十善하여 應令一切로 具足淸淨이니

(5) 또 상상품 십선업으로는 온갖 것이 청정한 연고며, 내지 열 가지 힘과 네 가지 두려움 없음을 증득하는 연고며, 일체 부처님을 모두 성취하리니, 그러므로 내가 이제 열 가지 선을 평등하게 행하며 온갖 것을 구족히 청정하게 하리니,

[疏] 第五, 佛善이라 上上은 是總이며 一切下는 別이라 有四種義하야 顯上上事하니 前三은 屬佛이오 後一은 菩薩思齊라

- ㈤ 부처님의 십선법이다. 상상(上上)이란 ⓐ 총상이며 ⓑ 一切 아래는 별상이다. 네 가지 뜻으로 상상의 일을 밝혔으니, ⓑ에서 앞의 세 구절[一切種淸淨, 證十力四無畏, 一切佛法—]은 부처님에게 속하는 것이요, 뒤의 한 구절[我今等行十善—]은 보살의 생각과 같다.

[鈔] 前三屬佛者는 是顯佛德하야 唯明觀門이라 後一, 思齊에 乃有二意하니 一, 約所求德이오 二地에 思齊가 卽是行門이라 二, 顯佛法殊勝이니 亦是觀門이라 四中에 一은 對凡彰淨이오 二는 對小彰捨이오 三은 通觀諸菩薩明方便이오 四는 以自對佛明求니라

- '앞의 세 구절은 부처님에게 속한다'는 것은 부처님의 과덕을 드러내어 오로지 관법의 문만 밝힌 것이다. 뒤의 한 구절은 생각이 같음에 두 가지 의미가 있다. 1) 구할 대상인 부처님의 과덕에 의지한 분석이니 제2지에서 생각이 같음이 그대로 행법의 문이다. 2) 불법이 뛰어남을 드러냄이니 역시 관법의 문이다. 네 구절 중에 ㉠ 첫 구절은 범부와 상대하여 청정함을 드러냄이요, ㉡ 둘째 구절은 소승과 상대하여

버림을 밝힘이요, ㉢ 셋째 구절은 모든 보살을 통틀어 관찰하여 방편을 밝힘이요, ㉣ 넷째 구절은 자신을 부처님과 상대하여 구함을 밝힌 내용이다.

ⓑ 개별로 밝히다[別] 4.
㊀ 불선업(不善業)이 없어지다[滅] (一者 45上4)

[疏] 一者는 滅이니 謂不善業道가 共習氣滅故로 種智淸淨이오
- ㊀ 불선업(不善業)이 없어짐이다. 말하자면 불선업의 도가 습기와 함께 없어지는 까닭에 온갖 종지가 깨끗해진다.

[鈔] 一者滅者는 謂不善業道니 此是止惡이라 止惡對習일새 故有共言이니라
- ㊀ 멸(滅)이란 불선업의 도를 말하나니 이것은 악업을 그치는 관점이다. 악을 그치고 습기를 상대하므로 '함께'라는 말을 쓴 것이다.

㊁ 이승을 버리다[捨] (二者 45上7)

[疏] 二者는 捨니 謂乃至證十力과 無畏와 不共之法이니 捨二乘故라
- ㊁ 이승을 버림이다. 말하자면 나아가 부처님의 십력(十力)과 네 가지 두려움 없음과 18가지 함께하지 않는 법[不共法]을 증득하게 되나니 이승을 버린 까닭에 가능하다.

[鈔] 二者捨者는 謂十力等을 自在成就니 十力으로 降魔하야 所作이 增上

은 二乘所無일새 故名爲捨니라
- ㉒ 버림[捨]은 십력(十力) 따위를 자재롭게 성취함을 말한다. 십력으로 마군을 항복받아서 짓는 바가 늘어난 것은 이승에게는 없는 까닭에 '버린다'고 하였다.

㉛ 뛰어난 방편[方便] (三者 45上10)

[疏] 三者는 方便이니 謂於菩薩乘에 一切佛法을 皆善巧成就故라
- ㉛ 뛰어난 방편이다. 말하자면 보살승에서 온갖 불법을 모두 훌륭하게 성취한 까닭이다.

[鈔] 三方便者는 通擧菩薩善巧修習하야 令佛十善으로 得圓滿故니라
- ㉛ 뛰어난 방편이란 보살이 훌륭하게 닦고 익힘을 거론하여 부처님의 십선법이 원만해짐을 얻기 때문이다.

㉜ 불도를 구함에 만족함이 없다[求無厭足] (四菩 45下3)

[疏] 四는 菩薩이 求無厭足이니 故로 云是故我今에 等行十善이라하니라 上에 雖列五重十善이나 凡小는 但將化物이언정 非己所行이라 菩薩十善은 先已安住일새 故唯要心等行佛善이니 佛善을 望己에 是餘殘未修니 一切智中에 自在純熟이라야 方爲具足이며 亦滅習氣일새 故云淸淨이니라
- ㉜ 보살이 불도를 구함에 만족함이 없음이다. 그래서 "이런 까닭에 내가 이제 십선법을 평등하게 행한다"고 말하였다. 위에서 비록 오 겹

의 십선법을 나열하였지만 범부나 소승은 단지 가져서 중생을 교화하려고만 하였지 자신의 행할 바로 삼지는 않는다. ㉣ 보살의 십선법은 먼저 자신이 안주하므로 오로지 마음으로만 ㉤ 부처님의 십선법과 평등하게 행하는 것이니, 부처님의 십선법과 비교하면 다 닦지 못한 것이 남아 있다. 온갖 지혜에서 자재하고 완전히 익숙해야만 비로소 구족하게 되며 또한 습기까지 없어지는 까닭에 '깨끗하다'고 말한다.

[鈔] 四菩薩求無厭足은 疏文에 有四[84]하니 一, 擧經明求오 二, 上雖下는 揀所行善이오 三, 佛善望己下는 擧論意帖이니 論에 云, 餘殘無厭足故라하니라 四, 一切智下는 釋經의 應令具足淸淨之言이니라

- ④ '보살이 불도를 구함에 만족함이 없다'는 것은 소의 문장에 넷이 있으니 ㉮ 경문을 거론하여 구함에 대해 밝힘이요, ㉯ 上雖 아래는 행할 대상인 선법을 구분함이요, ㉰ 佛善望己 아래는 논경의 의미를 거론하여 첨부함이니, 논경에서 "남은 것에 만족함이 없는 까닭이다"라고 말하였다. ㉱ 一切智 아래는 경문의 "응당히 온갖 것을 구족히 청정하게 한다"는 말을 해석한 내용이다.

c. 수행하기를 권함으로 결론하다[總結勸修] (結勸 46上2)

如是方便을 菩薩이 當學이니라
이런 방편을 보살이 마땅히 배울 것이로다' 하느니라."

---

84) 四下에 甲南續金本有意字.

[疏] 結勸을 可知로다

- c. 수행하기를 권하는 것으로 결론함은 알 수 있으리라.

ㄷ) 중생을 섭수하는 계[攝衆生戒] 2.

❖ 제6회 십지품 제2 離垢地 (科圖 26-36; 岡字卷)

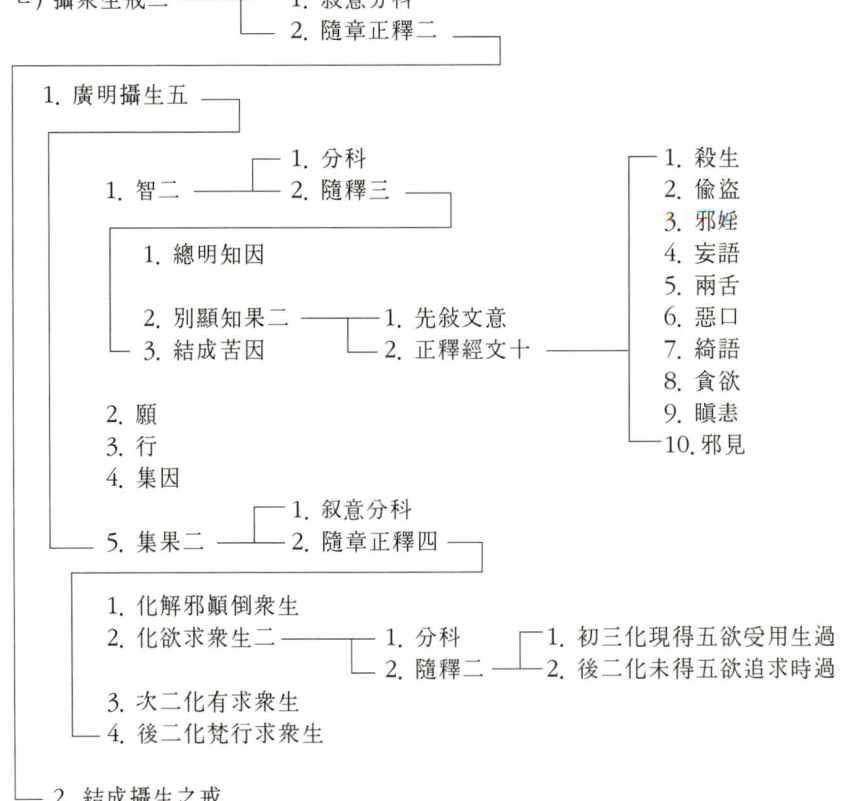

(ㄱ) 의미를 밝혀 과목 나누다[敍意分科] (第三 46上5)

佛子여 此菩薩摩訶薩이 又作是念하되 十不善業道가 上者는 地獄因이요 中者는 畜生因이요 下者는 餓鬼因이니 "불자여, 이 보살마하살이 또 생각하기를 '열 가지 나쁜 업은 상품은 지옥의 인이 되고, 중품은 축생의 인이 되고, 하품은 아귀의 인이 되는데,

[疏] 第三, 佛子十不善業道下는 利益衆生戒라 文分爲二니 初, 廣明攝生이오 後, 佛子菩薩如是護持於戒下는 結成益生之戒라 前中에 顯此戒增上이 有五種義하니 一者는 智오 二者는 願이오 三은 行이오 四는 集이오 五는 集果라

■ ㄷ) 佛子十不善業道 아래는 중생을 이익되게 하는 계이다. 경문을 둘로 나누었으니 a. 중생을 섭수함에 대해 자세히 밝힘이요, b. 佛子菩薩如是護持於戒 아래는 중생을 이익되게 하는 계를 결론함이다. a. 중에 이 계의 뛰어남에 다섯 가지 뜻이 있음을 밝혔으니 a) 지혜요, b) 서원이요, c) 행법이요, d) 모음이요, e) 모음의 결과이다.

[鈔] 前中顯此者는 卽論初에 生起云호대 已上에 依大悲利益衆生戒增上이라하니 上但自善이어니와 今[85)]悲兼濟일새 故云增上이니라

● a. 중에 顯此戒란 곧 논경의 첫 부분에 시작하면서, "이상에서 큰 자비로 중생을 이익되게 하는 계의 뛰어남에 의지한다"고 하였으니, 위는 단지 자신의 선법뿐이지만 지금은 대비(大悲)를 함께하여 건져 내

---

85) 今은 甲南續金本作令.

는 연고로 '뛰어나다'고 하였다.

(ㄴ) 문장을 따라 바로 해석하다[隨章正釋] 2.
a. 중생을 섭수함에 대해 자세히 밝히다[廣明攝生] 5.

a) 지혜[智] 2.
(a) 과목 나누기[分科] (今初 46下1)

[疏] 今初에 謂善知衆生의 苦因果故라 文分爲三이니 初, 總明知因이오 二, 於中下는 別顯知果요 三, 佛子下는 結成苦因이니라

■ 지금은 a) 지혜이다. 말하자면 중생의 고통의 원인과 결과를 잘 아는 까닭이다. 문장을 셋으로 나누었으니 ㊀ 원인을 앎에 대해 총합하여 설명함이요, ㊁ 於中 아래는 아는 결과를 개별로 밝힘이요, ㊂ 佛子 아래는 고통의 원인을 결론함이다.

(b) 과목에 따라 해석하다[隨釋] 3.
㊀ 원인을 앎에 대해 총합하여 밝히다[總明知因] 2.
① 논경에 의지한 설명[依論釋] (今初 46下3)
② 다른 경전과 논서에 의지한 설명[依經論釋] (然依)

[疏] 今初, 總中에 果有三途不同하고 因有三時階降하니 論名時差別이라 하니라 三時가 復二하니 一者는 約心이니 謂如殺生에 欲殺과 正殺과 殺已인 三時俱重하면 名爲上者오 隨一時輕하면 爲中者오 三時俱輕이 爲下者라 二는 約時니 謂少時와 多時와 盡壽作等이라 餘有三品은 如

上十善中說이니라 復應於一一塗中에 各有三品等이라 然依正法念
經인대 三塗에 各有邊正하니 正者는 爲重이오 邊者는 爲輕이니 正鬼로
望邊畜하면 則餓鬼罪重이라 故로 雜集等에 鬼次於獄이니라 若正畜으
로 望邊鬼하면 則畜生罪重이니 故로 今云下者는 餓鬼因이라하니라

■ 지금은 ㊀ 아는 원인에 대해 총합하여 밝힘에서 결과에 세 갈래의 다
름이 있고, 원인에도 세 시기의 차별이 있다. ① 논경에서는 '시기의
차별[時差別]'이라 이름하였다. 세 시기에 다시 둘이니 ㉮ 마음에 의지
한 구분이다. 말하자면 마치 살생을 할 적에 (1) 살생하려 마음먹은
때와 (2) 바로 살생을 저지른 때와 (3) 살생한 뒤인 세 시기가 있는데
모두 겹치면 상품이요, 한 시기가 가벼우면 중품이요, 세 시기가 모
두 가벼우면 하품이 됨과 같다. ㉯ 시간에 의지한 구분이다. 말하자
면 짧은 시간과 긴 시간과 수명이 다하도록 짓는 등이 있다. 나머지
세 품에 대해서는 위의 십선법 중에 설명한 내용과 같다. 다시 응당히
하나하나의 갈래 중에 각기 세 품 따위가 있는 것이다. ② 그런데 『정
법념처경(正法念處經)』에 의지하면 세 갈래에 각기 주변과 중앙[正]이
있으니, 중앙은 무겁다는 뜻이요, 주변은 가볍다는 뜻이다. 중앙의
아귀(餓鬼)로 주변의 축생(畜生)과 비교하면 아귀의 죄가 무겁게 된다.
그래서 『잡집론(雜集論)』 등에 아귀도를 축생도 다음에 두었다. 만일
중앙의 축생으로 주변의 아귀를 비교하면 축생의 죄가 무거울 것이
다. 그래서 지금 하품이라 말한 것은 아귀도의 원인이 된다.

[鈔] 論名時差別者는 論就智中하야 云, 有三種相하니 一者는 時差別이오
二者는 報差別이오 三者는 習氣差別[86]이라하니 今以後二는 在知果

---

86) 習氣差別은 論經作習氣果差別.

中이오 知因은 是時差別이라

盡壽作等者는 盡壽爲上品이오 多時가 爲中이오 少時가 爲下니라 而言等者는 此是瑜伽第五十三에 明於百行하고 亦名百非하니 十善用之에 名爲百行이오 十惡用之에 卽是百非라 等者는 等取少分殺과 多分殺과 全分殺과 自作과 敎人과 以無量門으로 稱揚讚述과 見殺生等하고 深生慶悅하며 生大歡喜라 歷於十惡에 卽爲百非니라

● 논경에서 시차별(時差別)이라 한 것은 논경은 지혜에 입각하여 말하되, "세 가지 모양이 있으니 1) 시기의 차별이요, 2) 과보의 차별이요, 3) 습기의 결과로 차별함이다"라고 하였다. 지금은 뒤의 둘은 결과를 아는 데 속하며, 원인을 아는 것은 시기의 차별에 속한다.
'수명이 다하도록 짓는' 등이란 '수명이 다하도록'이 상품이요, '많은 시간'이 중품이요, '짧은 시간'이 하품이 된다. '하지만 등'이라 말한 것은 이것은 『유가사지론』 제53권에 백 가지 행법을 밝히고 백 가지 잘못도 말하였으니, 십선법(十善法)을 쓰면 백 가지 행법이 되고, 십악법(十惡法)을 쓰면 그대로 백 가지 잘못이 된다. '등'이란 부분적인 살생, 여러 부분의 살생, 전체적인 살생과 자신이 지은 것, 남에게 시켜 짓는 것과 한량없는 방법으로 칭찬하거나 찬탄하거나 살생을 보는 따위를 함께 취하고 깊이 기쁨을 느낀다거나 크게 환희함을 내는 따위이다. 십악법을 거치면 곧 백 가지 잘못이 된다.

餘有三品等者는 上十善中에 釋三品竟하고 反例云호대 爲不善者도 反此可知라하니라 瑜伽六十에 廣顯差別[87]이라 今指三品者는 彼略

---

87) 여기에 인용된 내용은 『瑜伽師地論』 제60권에 보인다. 論의 攝決擇分中有尋有伺等三地之三에 云, "復次由五因緣殺生成重. 何等爲五. 一由意樂. 二由方便. 三由無治. 四由邪執. 五由其事. —"(대정장 권30 p.632 b-)

有四하니 一, 約三時니 今已明竟이오 二, 約境有勝劣이오 三, 約心有輕重이오 四, 約自作敎他라 前十善中에는 勝境不殺은 善則爲下오 不傷蚊蚋는 是上品善이어니와 今卽反此니 如前已明이니라

三, 約心有輕重者는 初義는 約三時輕重이오 今約一時하야 卽有輕重이니 故로 經에 說言하사대 重心으로 殺蟻[88]하면 過於輕心으로 殺人等이라하니라 輕心과 中容과 重心이 以爲三品이니라 此心輕重도 亦約能起煩惱하야 有上中下故라 瑜伽第八에 云, 軟는 謂不善者가 爲軟品貪瞋癡의 所起等三品이라하니라 自作敎他의 輕重도 如前善中故라

● '나머지 세 품에 대해서는[餘有三品]' 등이란 위의 십선법에서 세 품에 대해 해석하고 나서 반대로 예를 들기를, '선법이 아닌 것은 이것과 반대'이니 알 수 있으리라. 『유가사지론』제60권에 자세하게 구분지어 밝혀 놓았다. 지금 세 품으로 지적한 것은 저 『유가론』에는 대략 네 가지 분석이 있으니, ① 세 시기에 의지한 분석이니 지금 이미 설명하였고, ② 경계에 의지하여 뛰어나고 열등함이 있으며, ③ 마음에 의지하여 가볍고 무거움이 있으며, ④ 스스로 짓는 것과 남을 시켜 짓는 것에 의지한 분석이다. 앞의 십선법 중에는 뛰어난 경계를 죽이지 않는 것은 좋은 것으로는 하품이 되고, 파리나 모기를 상하게 하지 지 않는 것은 상품의 선법이 되겠지만, 지금은 이것과 반대이니 앞에서 이미 설명한 내용과 같다.

③ '마음에 의지하여 가볍고 무거움이 있다'는 것은 처음의 의미는 세 시기에 의지하여 가볍고 무거움을 구분하였고, 지금은 한 시기에 의지하여 가볍고 무거움이 있는 것이므로 경에서는, "대단한 마음으로 개미를 죽이면 가벼운 마음으로 사람을 죽이는 것보다 죄가 지나치

---

[88] 蟻는 甲續本作螘.

다"는 따위로 말하였다. 가벼운 마음과 중간의 용납함과 무거운 마음이 세 품이 된다. 이런 마음의 가볍고 무거움도 역시 일으키는 주체인 번뇌에 의지하여 상·중·하품이 있기 때문이다.『유가사지론』제8권에 이르되, "부드러움이란 말하자면 착하지 않음이 부드러운 품의 탐냄과 성냄과 어리석음으로 일으킬 대상인 세 품이 된다"고 하였다. 스스로 짓거나 남을 시키는 가벼움과 무거움도 역시 앞의 십선 중의 내용과 같은 까닭이다.

瑜伽六十廣說者는 正說於惡이니 論에 云, 殺生所引惡業이 有其四句하니 一, 有作而非增長이니 謂爲愚童과 及不思와 已悔等이오 二, 不作而增長이니 謂思欲殺等事오 三, 俱오 四, 俱非니 可知로다 餘業도 亦爾라 意三業中에 無第二句니 於初句中에 無不思而作他逼令作이라하니라 釋曰, 卽上四句에 第一이 爲中品이오 第二가 爲下品이오 俱는 爲上品이오 俱非는 或誤殺等이니 並非三品이라 上皆瑜伽意어니와 若準如來秘密藏經인대 大迦葉이 問佛호대 十惡에 何者最重이닛고 佛答言하사대 殺及邪見[89]이니라 釋曰, 此卽十惡을 互望이니라 次, 又云하사대 十惡等과 乃至小罪라도 堅執하면 名犯이며 若不堅執하면 乃至無間이라도 不名爲犯이라하니라 釋曰, 此卽約心이니 意明邪見執着이 爲重이니라 言不犯者는 意是輕微라 故로 下文中에 初에 云, 盜塔寺[90]物은 不名爲犯이라하고 後言此人은 因此하야 墜墮하고 因此하야

---

89) 인용문은『大方廣如來秘密藏經』下권의 내용이다. 經云, "迦葉. 是十惡道若不堅著. 我不說彼名之有過. 迦葉. 是十惡道若不堅著. 名爲不犯. 如是迦葉. 一切煩惱若不堅著. 我說無犯. 迦葉. 諸不著者. 名曰離見. 迦葉白言. 世尊. 十惡業道何者最重. 佛言. 迦葉. 是十惡業道. 殺及邪見. 名爲最重. 迦葉. 隨在在處諸惡不善. 若不堅住. 若不堅執. 若不堅著. 一切我說名爲不犯. 迦葉. 若少不善. 若其堅住堅執堅著. 一切我說名之爲犯. 迦葉. 五無間罪. 若不堅住堅執堅著生於見者. 我不說彼名曰爲犯. 況復餘小不善業道."(대정장 권 17 p.844 b17-)

90) 寺는 南續金本作等.

解脫하나니 如因이 自天墜地라가 亦因地起라하며 次經에 又云하사대 父得緣覺道어늘 子斷父命하면 名殺中重이오 奪三寶物이 名盜中重이오 母若出家하야 得阿羅漢이어늘 共爲不淨하면 是婬中重이오 若以不實語로 謗佛하면 是妄語中重이오 若兩舌語로 壞賢聖僧하면 是兩舌中重이오 若罵聖人하면 是惡口中重이오 言說로 壞亂求法之人하면 是綺語中重이오 若五逆初業인대 是瞋恚中重이오 欲劫奪持戒人物하면 是貪中重이며 邪見中重을 謂之邊見이라하고 結云호대 此爲十惡中重[91]이라하니라 釋曰, 此卽約境勝劣하야 但擧其重이니 中下는 可知니라

- 『유가사지론』제60권에 자세히 설명한 부분에는 나쁜 업을 말하였다. 논경에서는, "살생으로 이끌어진 악업에 네 구절이 있으니 1) 지음이 있지만 늘어나지 않는 것이다. 말하자면 어리석은 아이와 생각하지 못함과 이미 지나간 후회 등이요, 2) 짓지 않아도 늘어나는 것이다. 이를테면 생각으로 살생 등의 일을 하려 함이요, 3) 생각과 행동을 함께 함이요, 4) 모두 함께 하지 않음이니 알 수 있으리라. 나머지 업도 역시 마찬가지이다. 생각으로 짓는 세 가지 업에는 2)가 없나니, 첫 구절 속에 생각하지 않고도 남이 지었거나 하여금 짓도록 핍박함이 없다"고 말하였다. 해석하자면 곧 위의 네 구절에서 1)이 중품이요, 2)가 하품이요, 3) 함께 함은 상품이 된다. 4) '함께 하지 않음'은 혹 잘못하여 살생하는 따위이니 아울러 세 품에 해당되지 않는다. 위는 모두 『유가사지론』의 주장이지만 만일 『여래비밀장경(如來秘密藏經)』에 준하면, "대가섭이 부처님께 여쭈었다. '열 가지 악업 중에 어느 것이 가장 무겁습니까?' 부처님께서 답하시기를, '살생과

---

91) (위의 책 p.844 c9-)

삿된 소견이다.'" 해석한다면 이는 곧 열 가지 악업을 서로 비교한 내용이다. 다음에 또 말하였다. "열 가지 악업 따위와 작은 죄에 이르기까지 굳게 집착하면 범하는 것이요, 만일 굳게 집착하지 않으면 무간죄(無間罪)에까지 이르더라도 범한다고 말하지 않는다." 해석한다면 이는 곧 마음에 의지한 분석이니 '범한다고 말하지 않는다'는 것은 가볍거나 작다는 뜻이다. 그래서 아래 문장의 첫 부분에서는, "절의 물건을 훔치는 것은 범한다고 하지 않는다"고 하였고, 뒤에 "이런 사람은 이것으로 인해 타락하기도 하고 이것으로 인해 해탈하기도 하나니, 마치 원인이 하늘에서 땅으로 떨어지지만 또한 땅으로 인해 일어남과 같다"고 말하였다. 또 경에 이르되, "아버지는 연각의 도를 얻었는데 아들이 아버지의 목숨을 해치면 살생 가운데 무거운 죄가 되고, 삼보의 물건을 빼앗는 것은 도둑질 가운데 무거운 죄가 되고, 어머니가 출가하여 아라한과를 얻었는데 함께 부정한 행위를 한다면 음욕 중의 무거운 죄가 되고, 만일 진실하지 않은 말로 부처님을 비방하면 거짓말 중의 무거운 죄가 되고, 이간질하는 말로 큰스님을 헐게 되면 이간질 중의 무거운 죄가 되고, 만일 성인을 욕하면 욕설 중의 무거운 죄가 되고, 말이나 글로 도 닦는 사람을 비방하면 번드르르한 말 중의 무거운 죄가 되고, 만일 오역죄(五逆罪)의 첫째 업[出佛身血]을 지으면 성냄 중의 무거운 죄가 되고, 계율 지키는 사람을 겁탈하면 탐냄 중의 무거운 죄가 되고, 삿된 소견 중의 무거운 죄를 변두리 견해[邊見]라고 한다"라고 하였다. 그래서 '이것이 십악업 중의 무거운 죄가 된다'고 결론하였다. 해석하자면 이것은 곧 경계의 뛰어나고 열등함에 의지하여 단지 무거움만 거론한 것이니 중품과 하품은 알 수 있으리라.

又 云하사대 迦葉아 若有衆生이 具斯十惡이라도 解知如來가 說因緣法이 無我며 無人이며 無法하야 本性常淨하면 不說此人은 趣向惡道니 何以故오 無積集故니라 釋曰, 此卽淨名의 理觀懺意니 亦是上來의 無執著心을 不名爲犯이며 亦同如來가 爲闍王하야 說無能殺等이니 非今正要나 義便故로 來하야 令人解滅이니라 依正法念經三途之中에 各有邊正者는 可知로다

● 또 이르되, "가섭아, 만일 어떤 중생이 이런 열 가지 악업을 구비했더라도 여래께서 '인연법이 <나>가 없으며 <남>도 없고 법도 없어서 본성이 항상 청정하다'고 말씀하신 것을 알고 있다면, 이런 사람은 악도를 향해 간다고 말하지 않는다. 왜냐하면 쌓고 모음이 없는 까닭이다." 해석하자면 이는 곧 『유마경』의 이치적인 관법으로 참회하는 의미이니, 역시 여기까지의 집착 없는 마음을 범한다고 말하지는 않는다. 또한 여래께서 아사세왕을 위하여 능히 살생할 수 없는 등을 말하였으니, 지금은 진정코 중요하지는 않지만 의미의 편의를 위해 가져와서 사람들로 하여금 소멸함을 알게 하는 것이다. 『정법념처경』의 세 갈래에 의지하여 각기 주변과 중앙이 있다고 구분한 것은 알 수 있으리라.

㈢ 결과를 아는 것에 대해 개별로 밝히다[別顯知果] 2.
① 먼저 경문의 의미를 밝히다[先敍文意] (二別 49上3)

[疏] 二, 別顯知果라 中에 十不善中에 各有二果差別하니 一, 報果差別이니 所謂三塗異熟이오 二, 習氣果差別이니 卽人中殘報라 是正報之餘니 經中에 若生人中하면 得二種이 是라 然이나 雜集과 瑜伽等論에

開習氣果하야 以之爲二하니 一은 約內報하야 名等流果니 卽如經辨이오 二는 約外報하야 感增上果니 今經에 闕此라 下에 依彼顯호리라 異熟報果가 十惡攸同이나 今但解釋等流增上이라 然二等流가 多是前重後輕이니 輕은 卽方便等流오 重은 卽正惡等流니라

■ ㈢ 결과를 아는 것에 대해 개별로 밝힘이다. 그중에 열 가지 불선법 중에 각기 두 가지 결과의 차별이 있으니 ① 과보의 차별이니 세 갈래로 다르게 성숙됨을 말한다. ② 습기의 결과로 차별함이니 곧 사람 중의 나머지 과보이다. 이것은 정보(正報)의 나머지이니 경문에서, "만일 사람으로 태어나면 두 종류를 얻는다"고 말한 것이 이것이다. 하지만『잡집론』과『유가사지론』등의 논서에서 습기의 결과[92]를 전개하여 둘로 삼은 것이다. (1) 내부적인 과보에 의지하여 등류과(等流果)라 지칭하나니 곧 경문에 밝힌 내용과 같다. (2) 외부적인 과보에 의지하여 증상과(增上果)를 감득하나니 지금 본경에는 이것을 빠뜨렸다. 아래에서 저것에 의지하여 밝히리라. 이숙과(異熟果)가 십악업과 같은 분량이지만 지금은 단지 등류과와 증상과만 해석하였다. 하지만 두 가지 등류과가 있으니 대부분 앞은 무겁고 뒤는 가볍다. 가벼운 것은 방편(方便) 등류과라 하고 무거운 것은 정악(正惡) 등류과라

---

92) 五果: 원인을 따라서 일어나는 결과를 말한다. 有部宗이나 唯識宗에서 다섯 가지로 분류한다. (1) 等類果: 善因으로부터 생기는 善果, 惡因으로부터 생기는 惡果처럼 因과 동질의 果를 일컬으며, 六因 중의 同類因과 遍行因에서 생기는 果를 가리키고 習果라고도 한다. (2) 異熟果: 善, 不善의 業因 즉 異熟因으로부터 생기는 無記(非善非不善)의 果를 말한다. 因과 성질이 다른 성숙한 異란 뜻. 또 報果라고도 한다. 天台宗에서는 習果와 報果를 합해 二果라고도 한다. (3) 士用果: 俱有因·相應因의 果이며, 因이 강한 세력을 남자[士夫]의 동작[用]에 비유해서 士用이라 한 것이다. 곧 동시의 인과를 말한다. (4) 增上果: 자기 자신[主體]을 제외한 모든 有爲法을 能作因이라 하고, 이 能作因에 의해 생긴 果를 말한다. 果에 대해 힘을 강하게 주는 因에 의해서 생긴 果란 뜻. 이상의 四果는 有爲法이므로 有爲果라 한다. 이에 대해 (5) 離繫果는 無爲果가 된다. 離繫란 번뇌의 속박을 여읜 것을 뜻하므로 離繫果는 擇滅, 곧 열반의 깨달음을 가리킨다. 택멸은 무위법이어서 因 등을 갖지 않으므로 不生不滅이며, 따라서 離繫果는 道因에 의해 생기는 果는 아니지만 道는 택멸을 얻기 위한 得(離繫得)을 내는 因이 되고, 동시에 택멸은 道에 의해서 증득되므로 擇滅을 離繫果라고 하여, 이것을 또 果라고도 한다. 이 果는 수행의 果이므로 보리에 의해 열반을 증득하게 되는 果이다. (불교학대사전 p.96-)

한다.

[鈔] 卽人中殘報者는 天中에 亦有殘報나 人中에 重故며 多故로 所以偏說이니라 ⁹³⁾雜集瑜伽等者는 卽雜集第七이라 故로 論에 云,⁹⁴⁾ 又十不善業道의 異熟果者는 於三惡道中에 隨下中上하야 受旁生餓鬼奈落迦의 異熟이오 等流果者는 各隨其相하야 感得自身의 衆具衰損이니 所謂壽命短促과 常貧窮等이니 如其所應이니라 增上果者는 各隨其相하야 感得所有外事衰損이니 所謂外具가 乏少光澤이라 是殺生增上果라하고 下引經列⁹⁵⁾釋호대 而等流에는 但擧其一하니 多同此經의 正惡等流오 其增上果에도 亦唯擧一호대 唯邪婬果에는 但言塵垈하고 妄語則云多諸臭穢라 餘並大同하니라 然⁹⁶⁾十善이 亦有三果하니 等流에는 但云謂卽於彼處에 各隨其相하야 感得自身衆具興盛이라하고 增上果者는 謂卽於彼에 各隨其相하야 感得外事興盛이라하고 更不別說이나 亦應例⁹⁷⁾惡하야 得長壽와 無病等이라 以經及論이 不別顯故로 疏亦不明差別餘報니라 瑜伽第九에도 大同此說하니라 若準俱舍論云⁹⁸⁾인대 何緣으로 此十이 各招三果오 答이라 此令他受苦하야 斷命壞滅故라 且初殺生에 令他受苦일새 受異熟果오 斷他命故로 受等流果오 令他失減일새 受增上果라 餘惡도 例知라하니라 顯宗四十四中에도 義亦同此하니 而以受苦로 爲其加行하야 墮於地獄하고 根

---

93) 雜上에 甲南續金本有然字.
94) 인용문은『阿毘達磨雜集論』제7권 決擇分中諦品 제1의 내용이다. (대정장 권31 p. 728 a17-)
95) 遺忘記云 列作例.
96) 然下에 南續金本有其字.
97) 例는 甲南續金本作離.
98) 인용문은『俱舍論』제17권의 내용이다. 頌疏의 관련 부분은. "從此第六. 明業道三果. 論云. 不善善業道. 所得果云何. 頌曰《皆能招異熟 等流增上果 此令他受苦 斷命壞威故》釋曰. 初兩句總明三界. 下兩句別釋所以也. 十惡業道皆招異熟等流增上三果者." (대정장 권41 p. 913 -)

本斷命이 感於等流라하니라 又一師가 云, 先受異熟하고 後受近增上
과 及遠增上이라하니 與今으로 大同이라 則加行과 根本에 俱招三果니
라 多是前重後輕者는 以瞋恚等流가 前輕後重일새 故云多也니라

● '곧 사람 중의 나머지 과보'란 하늘에도 역시 남은 과보가 있지만 사람 중에 더 무거운 까닭이며 많기 때문에 치우쳐 설하였다. 『잡집론』과 『유가론』 등이란 곧 『잡집론』 제7권을 가리킨다. 그러므로 논에 이르되, "또 열 가지 불선업의 도에서 이숙과(異熟果)라 하는 것은 세 가지 악도 중에 하품 중품 상품을 따라 축생이나 아귀도, 지옥의 이숙과를 받으며, 등류과(等流果)란 각기 그 모양을 따라 자신의 여러 도구가 쇠퇴하고 손실됨을 감득하게 된다. 이른바 수명이 짧음과 항상 빈궁한 따위가 그 응하는 바와 같음을 말한다. 증상과(增上果)는 각기 그 모양을 따라 가지고 있는 바깥 현상의 쇠퇴하고 손실됨을 감득하게 된다. 이른바 외부적인 도구가 광택이 줄어드는 것을 말한다. 이것을 살생업의 증상과라 한다." 아래에 경문을 인용하여 유례하여 해석하였는데, 등류과에는 단지 하나만을 거론하였으니 대부분 본경의 정악등류과(正惡等流果)와 같다. 그 증상과에도 역시 하나만 거론하였는데, 오로지 사음업의 결과에는 단지 때 묻은 것만 말하였고, 거짓말의 업에는 더럽고 냄새남이 많음을 말하였다. 나머지는 마찬가지로 거의 같다. 그러나 십선법에도 세 가지 결과가 있으니 등류과(等流果)에는 단지 "말하자면 저곳에서 각기 그 모양을 따라 자신의 여러 도구가 흥성함을 감득한다"고만 말하였고, 증상과(增上果)에는 "말하자면 저곳에서 각기 그 모양을 따라 외부적인 현상이 흥성함을 감득한다"고 하였으며, 다시 다른 설명은 없지만 역시 악업에 유례하여 긴 수명과 병들지 않음 따위를 얻게 된다. 경문과 논서에

따로 밝히지 않은 까닭에 소가도 또한 나머지 과보에 대한 차이점을 설명하지 않았다. 『유가사지론』 제9권에도 이런 설명과 거의 같다. 만일 『구사론(俱舍論)』에 준하여 말한다면, "어떤 인연으로 이 열 가지 악업이 각기 세 가지 결과를 초래하게 되는가? 대답한다. 이것은 다른 이가 고통을 받고 목숨을 잃고 없어지게 하는 까닭이다. 우선 처음의 살생업에서 다른 이를 고통받게 하므로 이숙의 결과를 받으며, 다른 이의 목숨을 잃게 하는 까닭에 등류과를 받으며, 다른 이를 손실 입게 하므로 증상과를 받는 것이다." 나머지 악업도 유례하면 알 수 있으리라. 『현종론(顯宗論)』 제44권에도 역시 같은 의미로 말하였다. "하지만 고통받는 것으로 가행과(加行果)를 삼아 지옥에 떨어지고 근본적인 수명이 단축됨이 등류과를 감득하는 것이 된다." 또 어떤 스님은, "먼저 이숙과를 받고 나중에 가까운 증상과와 먼 증상과를 받는다"라고 하였으니 지금의 본경과 거의 같다. 곧 가행과 근본에 모두 세 가지 결과를 초래한다는 뜻이다. '대부분 앞은 무겁고 뒤는 가볍다'는 것은 성내는 업의 등류과가 앞은 가볍고 뒤는 무거우므로 대부분이라 하였다.

② 바로 경문을 해석하다[正釋經文] 10.
㉮ 살생하는 죄[殺生] (十惡 50下3)

於中에 殺生之罪는 能令衆生으로 墮於地獄畜生餓鬼하며 若生人中이라도 得二種果報하나니 一者는 短命이요 二者는 多病이니라

(1) 그중에서 살생한 죄로는 중생들이 지옥·축생·아

귀에 떨어질 것이며, 인간에 태어나더라도 두 가지 과보를 받으리니, 하나는 단명하고, 둘은 병이 많으리라.

[疏] 十惡을 卽分爲十이라 初는 殺生中에 殺令夭折하야 不終天年일새 故得短命이니 卽正惡等流라 二는 未死受苦일새 故獲多病이니 卽方便等流라 怖無精光하야 感外增上의 資具等物이 乏少光澤이니라

■ 십악업을 열 가지로 나누었다. ㉮ 살생하는 죄 중에 ㉠ 살생으로 일찍 죽게 하여 타고난 수명을 마치지 못하므로 수명이 짧게 되나니 곧 정악(正惡) 등류과를 뜻한다. ㉡ 죽기 전에 고통을 받으므로 병이 많음을 얻게 되나니 곧 방편(方便) 등류과를 말한다. 정미롭지 않은 광명을 두려워해서 외부적인 증상과인 생활 도구[資具] 따위의 물건이 광택이 줄어든다는 뜻이다.

㉯ 훔치는 죄[偸盜] (二盜 50下9)

偸盜之罪도 亦令衆生으로 墮三惡道하며 若生人中이라도 得二種果報하나니 一者는 貧窮이요 二者는 共財不得自在니라

(2) 훔친 죄로는 중생들이 세 나쁜 갈래에 떨어질 것이며, 인간에 태어나더라도 두 가지 과보를 받으리니, 하나는 빈궁하고, 둘은 재물을 함께 가지게 되어 마음대로 하지 못하리라.

[疏] 二, 盜損彼財일새 故獲貧窮이요 令其로 不得稱意受用일새 故로 共財

不得自在오 感外田苗가 霜雹損耗니라
- ㉕ 훔쳐서 남의 재물을 손해나게 하므로 빈궁한 과보를 받으며, 그로 하여금 마음에 걸맞게 수용하지 못하게 하므로 재물에 자재함을 얻지 못하며, 외부적으로 밭과 새싹이 서리나 우박으로 인해 수확이 줄어듦을 감득하게 된다.

㉓ 삿된 음행의 죄[邪婬] (三婬 51上3)

邪婬之罪도 亦令衆生으로 墮三惡道하며 若生人中이라도 得二種果報하나니 一者는 妻不貞良이요 二者는 不得隨意眷屬이니라
(3) 사음한 죄로는 중생들이 세 나쁜 갈래에 떨어질 것이며, 인간에 태어나더라도 두 가지 과보를 받으리니, 하나는 아내의 행실이 부정하고, 둘은 마음에 드는 권속을 얻지 못하리라.

[疏] 三, 婬中에 令其妻不貞故며 方便訁宏誘故로 婬之穢汚가 感外臭惡塵坌이니라
- ㉕ 음행의 죄 중에 그 처로 하여금 행실이 단정하지 못하게 하는 까닭이며, 방편으로 꾀어 내는 연고로 음행의 더러움이 외부적으로 나쁜 냄새에 더럽혀짐을 감득하게 된다.

㉔ 거짓말하는 죄[妄語] (四妄 51上7)

妄語之罪도 亦令衆生으로 墮三惡道하며 若生人中이라
도 得二種果報하나니 一者는 多被誹謗이요 二者는 爲他
所誑이니라
(4) 거짓말한 죄로는 중생들이 세 나쁜 갈래에 떨어질 것이
며, 인간에 태어나더라도 두 가지 과보를 받으리니, 하나는
비방을 많이 받고, 둘은 남에게 속게 되리라.

[疏] 四, 妄語는 等流라 又誹謗은 約違境이요 被誑은 約違心이니 言無實
故로 外感農作事業이 多不諧偶니라
■ ㉣ 거짓말하는 죄는 등류과(等流果)이다. 또 비방함은 경계에 어긋남
을 의지한 경우이고, 속임을 당하는 것은 마음에 어긋남을 의지한 경
우이다. 말이 진실되지 않는 까닭에 외부적으로 농사짓는 일이 대부
분 조화롭지 않음을 감득하게 된다.

㉤ 이간질하는 죄[兩舌] (五兩 51下1)

兩舌之罪도 亦令衆生으로 墮三惡道하며 若生人中이라
도 得二種果報하나니 一者는 眷屬乖離요 二者는 親族弊
惡이니라
(5) 또 이간하는 죄로는 중생들이 세 나쁜 갈래에 떨어질 것
이며, 인간에 태어나더라도 두 가지 과보를 받으리니, 하나
는 권속이 뿔뿔이 흩어지고, 둘은 친족들이 험악하리라.

[疏] 五, 兩舌中에 令他離間故며 親友가 成怨故며 由出不平之言하야 外

多險阻니라
- ㈄ 이간질하는 죄 중에 남을 이간질시키는 까닭이며, 친구가 원수가 되는 까닭이며, 편하지 않은 말을 함으로 인해 외부적으로 험한 소리를 많이 듣게 된다.

㈑ 나쁘게 말하는 죄[惡口] (六惡 51下5)

惡口之罪도 亦令衆生으로 墮三惡道하며 若生人中이라도 得二種果報하나니 一者는 常聞惡聲이요 二者는 言多諍訟이니라
(6) 나쁜 말을 한 죄로는 중생들이 세 나쁜 갈래에 떨어질 것이며, 인간에 태어나더라도 두 가지 과보를 받으리니, 하나는 항상 나쁜 소리를 듣고, 둘은 다투는 일이 많으리라.

[疏] 六, 惡口中에 語體惡故며 語用惡故라 言恒有諍하야 違惱他人일새 外感荊棘砂鹵等事니라
- ㈄ 나쁘게 말하는 죄 중에 말의 체성이 나쁜 까닭이며 말의 작용이 나쁜 까닭이다. 말하자면 항상 다툼이 일게 되어 다른 사람을 괴롭히므로 외부적으로 가시덤불이나 소금밭 따위의 현상을 감득하게 된다.

㈐ 번드르르한 말 하는 죄[綺語] (七綺 51下9)

綺語之罪도 亦令衆生으로 墮三惡道하며 若生人中이라

도 得二種果報하나니 一者는 言無人受요 二者는 語不明
了니라

(7) 번드르르한 말을 한 죄로는 중생들이 세 나쁜 갈래에 떨어질 것이며, 인간에 태어나더라도 두 가지 과보를 받으리니, 하나는 사람들이 내 말을 곧이듣지 않고, 둘은 말소리가 분명치 못하리라.

[疏] 七, 綺語에 言無人受는 機不領故요 語不明了는 自綺錯故라 以言綺故로 外感果物이 不應其時니라

■ ㉔ 번드르르하게 말하는 죄 중에 말을 해도 누구도 받아들이지 않는 것은 시기를 알지 못한 까닭이며, 말이 분명하지 않은 것은 스스로 번드르르하게 그르치는 까닭이며, 말이 번드르르한 연고로 외부적으로 결과가 그 시기에 맞지 않음을 감득하게 된다.

㉒ 탐욕의 죄[貪欲] (八貪 52上3)

貪欲之罪도 亦令衆生으로 墮三惡道하며 若生人中이라도 得二種果報하나니 一者는 心不知足이요 二者는 多欲無厭이니라

(8) 탐욕한 죄로는 중생들이 세 나쁜 갈래에 떨어질 것이며, 인간에 태어나더라도 두 가지 과보를 받으리니, 하나는 만족한 줄을 모르고, 둘은 욕심이 끝이 없으리라.

[疏] 八, 貪欲中에 已得不足故며 未得欲求故라 貪則念念欲多일새 感外

增上에 日日減少니라

- ㉥ 탐욕의 죄 중에 이미 소득이 만족하지 못한 까닭이며, 욕구를 충족하지 못한 까닭이다. 탐욕이란 생각할수록 욕구가 많아지므로 외부적으로 늘어날 적에 나날이 감소함을 감득하게 된다.

㉳ 성냄의 죄[瞋恚] (九瞋 52上8)

瞋恚之罪도 亦令衆生으로 墮三惡道하며 若生人中이라도 得二種果報하나니 一者는 常被他人의 求其長短이요 二者는 恒被於他之所惱害니라
(9) 성낸 죄로는 중생들이 세 나쁜 갈래에 떨어질 것이며, 인간에 태어나더라도 두 가지 과보를 받으리니, 하나는 항상 남들에게 시비를 받게 되고, 둘은 남의 해침을 받으리라.

[疏] 九, 瞋恚中에 二種等流가 似前輕後重하야 見其不可意故로 求彼長短이요 二, 惱害彼故로 瞋不順物之情일새 外感增上이 其味辛苦며 又多惡獸毒蟲이니라
- ㉳ 성냄의 죄 중에 두 종류의 등류과가 앞은 가볍고 뒤는 무거운 것과 같이 그 생각할 수 없는 일인 연고로 (1) 저들의 시비[長短]를 받는 것이요, (2) 저들을 괴롭힌 연고로 성내어 중생의 생각을 따르지 않으므로 외부적으로 뛰어난 것이 그 맛은 쓰며, 또는 나쁜 짐승이나 독한 벌레가 많음을 감득하게 된다.

㉴ 삿된 소견의 죄[邪見] (十邪 52下3)

邪見之罪도 亦令衆生으로 墮三惡道하며 若生人中이라
도 得二種果報하나니 一者는 生邪見家요 二者는 其心諂
曲이니라
(10) 또 삿된 소견을 가진 죄로는 중생들이 세 나쁜 갈래에
떨어질 것이며, 인간에 태어나더라도 두 가지 과보를 받으
리니, 하나는 삿된 소견을 가진 집에 나게 되고, 둘은 마음
이 아첨하고 굽으리라' 하느니라.

[疏] 十, 邪見으로 還生邪見之家가 若水之流濕이요 心見不正일새 故多
諂曲이라 總由不正故로 外感上妙華果가 悉皆隱沒이요 似淨不淨하
며 似安不安이니 是以로 觀果知因하야 應當除斷이니라

- ㉧ 삿된 소견의 죄로 삿된 소견의 가문에 환생함이 마치 물이 습한 곳으로 흐르는 것과 같으며, 마음으로 바르지 않은 것을 보는 연고로 아첨과 질곡이 많게 된다. 총합적으로 바르지 않은 까닭에 외부적으로 훌륭하고 아름다운 꽃과 열매가 모두 숨고 없어짐을 감득하며, 청정한 것도 같고 아닌 것도 같으며, 편안한 것도 같고 아닌 것도 같다. 이런 연고로 결과를 관찰하면 원인을 알아서 응당히 제거하고 단절하게 된다.

[鈔] 若水之流濕者는 周易乾卦에 云, 水流濕하며 火就燥하며 雲從龍하며
風從虎라 則各從其類也라하니라

- '물이 습한 곳으로 흐르는 것과 같다'는 것은 『주역(周易)』건괘(乾卦)에 이르되, "물은 습한 곳으로 흐르며 불은 건조한 쪽으로 향하며 구름은 용에서부터 생기며 바람은 호랑이를 따르는 것이니, 각기 그 부

류를 따른다는 뜻이다"라고 하였다.

㊂ 괴로움의 원인으로 결론하다[結成苦因] (三結 52下9)

佛子여 十不善業道가 能生此等無量無邊衆大苦聚하나 니라
불자여, 열 가지 나쁜 업은 이렇게 한량없고 그지없는 큰 고통 무더기를 내는 것이니라."

[疏] 三, 結成苦因이라 無邊苦聚가 由此生故니라
- ㊂ 괴로움의 원인을 결론함이다. 끝없는 괴로움의 무더기가 이로 인해 생기는 까닭이다.

b) 서원[願] (第二 53上2)

是故로 菩薩이 作如是念하되 我當遠離十不善道하고 以十善道로 爲法園苑하여 愛樂安住하여
"그러므로 보살은 이렇게 생각하느니라. '나는 열 가지 나쁜 길을 멀리 여의고, 열 가지 선한 길로 법의 동산을 삼아 편안히 있으면서,

[疏] 第二, 是故菩薩下는 明願이니 依智起願하야 願爲衆生하야 自修善故라 但離惡因하면 惡果自亡이요 願修善因에 善果가 自至니라 問이라 惡名殺等이니 離卽不殺이요 不殺이 卽善이니 離惡과 住善인 二相

을 寧分고 答이라 此有二[99]意하니 一, 離殺이니 謂離作犯이오 住善은 謂住止持니 體則不殊나 約持犯하야 分二라 作持止犯은 反此可知니라 二, 離惡은 但是惡止오 住善은 兼於善行이라 具有止作二持하니 止는 如前釋이라 作義云何오 前三聚初에 已略指陳이어니와 今當重釋호리니 謂非唯不殺이라 護衆生命을 如護己命이 是第一善이오 守他財物을 如自己有하며 他妻에도 亦然이라 實語와 軟語와 和合과 饒益은 是語四善이니라 非直無貪이라 更能惠施오 非唯不瞋이라 慈悲和悅이오 何但無於邪見이리오 乃成就正見하야 智慧深廣이니 斯卽作也니라

■ b) 是故菩薩 아래는 서원에 대해 밝힘이니, 지혜를 의지하여 서원을 일으켜서 중생을 위하여 스스로 선법을 닦기를 원하는 까닭이다. 단지 악한 원인만 여의면 악한 결과는 저절로 없어지는 것이요, 선한 원인을 닦기를 원하면 선한 결과가 자연히 오게 된다. 묻는다. "나쁜 것은 살생 따위를 말하나니 여의면 살생 않는 것이요, 살생 않는 것이 곧 선업이다. 악을 여읨과 선에 머무는 두 가지 모습을 어찌 나눌 수 있으랴?" 답한다. "여기에 두 가지 의미가 있으니 (1) 살생을 여읨이다. 짓고 범하는 것을 여읜다는 뜻이요, 선에 머무는 것은 그치고 가짐에 머묾을 뜻한다. 체성으로는 다르지 않지만 지니고 범함에 의지하여 둘로 나누었다. 지킬 것은 짓고 범하는 것을 그치라는 뜻이니 이와 반대의 경우는 알 수 있으리라. (2) 악을 여읨은 단지 악만 그치는 것이요, 선에 머무는 것은 선을 행함을 겸한다. 그치고 짓는 두 가지 지닐 것을 구비해 있으니 그침은 앞에서 해석한 내용과 같다." "지음의 뜻은 어떤 것입니까?" "앞의 삼취정계의 첫 부분에 이미 대략 가

---

99) 二는 甲南續金本作三誤.

리켜 말하였지만 지금 거듭 해석하리라. 말하자면 오직 살생하지 않을 뿐만 아니라 중생의 목숨 보호하기를 마치 자신의 목숨 보전하듯 하는 것이 첫째가는 선행이요, 남의 재물 수호하기를 마치 자신의 소유물과 같이 하며 남의 부인에도 마찬가지이다. 진실한 말과 부드러운 말, 화합하는 말, 이익되는 말은 말의 네 가지 선법이다. 정직하여 탐냄이 없을 뿐만 아니라 다시 능히 보시를 베푸는 것이요, 오로지 성내지 않을 뿐만 아니라 자비롭고 온화하고 기뻐하며, 어찌 단지 삿된 소견만 없을 뿐이리오. 바른 소견을 성취해야만 지혜가 깊고 넓어질 것이니 이것이 곧 짓는 것이다."

[鈔] 護衆生下는 亦卽是前對治離也니라
- 護衆生 아래는 또한 그대로 앞의 다스려 여읨이다.

c) 행법[行] (第三 53下5)

自住其中하며 **亦勸他人**하여 **令住其中**이니라
나도 그 속에 머무르고 다른 이도 거기 머물도록 권하리라.'

[疏] 第三, 自住下는 明行이니 依願起行하야 如誓修故라 於中에 初, 依前願하야 以起自行이오 後, 亦勸下는 依於自行하야 正攝衆生이라
- c) 自住 아래는 행법을 밝힘이니, 서원에 의지해 행법을 일으켜 서원한 대로 닦는 것이다. 그중에 (a) 앞의 서원에 의지해 자신의 행법을 일으킴이요, (b) 亦勸 아래는 자신의 행법에 의지하여 바르게 중생을 섭수함이다.

d) 원인을 모음에 대해 [集因] 2.
(a) 모음의 뜻을 통틀어 해석하다[通釋集義] (第四 53下10)

> 佛子여 此菩薩摩訶薩이 復於一切衆生에 生利益心과
> 安樂心과 慈心과 悲心과 憐愍心과 攝受心과 守護心과
> 自己心과 師心과 大師心하니라
> "불자여, 이 보살마하살이 또 중생에 대하여 이익하게 하려는 마음, 안락하게 하려는 마음, 인자한 마음, 가엾이 여기는 마음, 딱하게 여기는 마음, 거두어 주려는 마음, 수호하려는 마음, 자기와 같다는 마음, 스승이라는 마음, 대사라는 마음을 내느니라."

[疏] 第四, 佛子下는 明集者는 依增上悲하야 念衆生故로 生十種心이라 此十은 亦可俱通一切라

■ d) 佛子 아래는 원인을 모음에 대해 밝힘이니 (a) 뛰어난 자비에 의지하여 중생을 생각하는 연고로 열 가지 마음을 일으킨다. 이 열 가지는 또한 모두 온갖 것에 통할 수 있다.

[鈔] 依增上悲者는 正釋集字니 依前攝善하야 起悲攝生을 名戒增上이니 今依上悲하야 欲拔衆生이라 悲心이 能起利衆生事일새 故名爲集이니라

● '뛰어난 자비에 의지하여'란 바로 집자(集字)를 해석한 내용이다. 앞의 섭선법계에 의지하여 대비심을 일으켜 중생 섭수함을 '계법이 뛰어남[戒增上]'이라 이름하였으니, 지금은 뛰어난 자비에 의지하여 중생의

고통을 뽑아내려 하는 것이다. 자비한 마음이 능히 중생을 이익되게 하는 일을 생기게 하므로 '모은다'고 말한다.

(b) 열 가지 마음의 뜻을 개별로 해석하다[別釋十義] 2.
㈀ 처음의 여덟 가지 마음에 대한 설명[釋初八心] (論就 54上4)

[疏] 論就別相하야 爲八種衆生하니 一은 於惡行衆生에 令住善行이니 故名利益이오 二는 爲苦衆生하야 令得安樂이오 三은 於怨憎衆生에 慈不加報오 四는 於貧苦者에 悲欲拔之오 五는 於樂衆生에 愍其放逸이오 六은 於外道에 攝令正信이오 七은 於同行者에 護令不退요 八은 於攝一切菩提願衆生에 取如自己니 以願同故라

■ (b) 논경에는 별상에 입각하여 ㈀ 여덟 종류의 중생으로 나누었으니 ① 악을 행하는 중생에게 선행에 머물게 함이니, 그래서 이익심(利益心)이라 하였다. ② 고통받는 중생을 위하여 안락함을 얻게 함이요, ③ 원망하는 중생에게 자비로 과보를 더하지 않는 것이요, ④ 빈궁으로 고통받는 중생에게 대비로 구제하려 함이요, ⑤ 즐거워하는 중생에게 방일함을 가엾이 여기는 것이요, ⑥ 외도에게는 섭수하여 바르게 믿게 함이요, ⑦ 함께 수행하는 중생에게 보호하여 물러나지 않게 함이요, ⑧ 모든 보리를 포괄하려 발원한 중생에게 자신의 일처럼 취하나니 서원이 같은 까닭이다.

[鈔] 論就別相者는 此之十心이 與離瞋中六心으로 有同有異일새 故論解釋이 亦小不同이라 前六心者는 一은 慈心이오 二는 利益心이오 三은 哀愍心이오 四는 歡喜心이오 五는 利潤心이오 六은 攝受心이라 望此

十心에 有四差別하니 一, 離合이 不同이니 前惡行衆生을 此分爲二 하니 所謂惡行과 及外道故요 前攝菩提願衆生을 此分爲二니 謂同 行衆生과 及攝菩提願衆生故라 二, 通別이 不同이니 前은 於貧乏及 苦衆生에 共起二心하니 所謂憐愍과 及與樂心이라 今此는 別與니 謂 於苦衆生에 生安樂心하고 於貧에 生悲라 三, 起心이 不同이니 前은 於貧所에 起憐愍하니 憐貧苦故오 今於非貧所에 起於悲心하니 欲拔 苦故라 又復前者는 於樂衆生에 起利潤心하니 令捨放逸하고 住善法 故요 今起憐愍心은 念其當受衆苦報故라 四, 前後가 不同이니 前第 二惡行衆生이 此에는 爲第一이오 彼第四苦惱衆生이 此에는 爲第二 100)이오 彼前第一怨讐衆生이 此에는 爲第三이오 彼前第三貧窮衆生 이 此에는 爲第四라 除此四異코는 餘皆相似니라

四, 於貧苦衆生者는 前但言苦는 卽違緣逼迫이어니와 今言貧苦者는 順緣不足이니라 言愍其放逸者는 當受苦故라 故로 經에 云, 福德力 故로 生多放逸하고 生放逸故로 卽無持戒心하니 以是因緣으로 故墮 地獄이라하니라 然十句가 爲八者는 後三이 通爲菩提에 有下中上하니 下劣於己者를 攝如己心이오 等於己者를 推如師心이요 勝於己者를 同於佛也니라

- '(b) 논경에는 별상에 입각하여'란 이런 열 가지 마음이 성냄을 여읨 중의 여섯 가지 마음과 같은 점도 있고 다른 점도 있다. 그러므로 논 경의 해석이 역시 조금은 같지 않다. 앞의 '여섯 가지 마음'이란 (1) 인 자한 마음 (2) 이익되는 마음 (3) 연민히 여기는 마음 (4) 기뻐하는 마음 (5) 이롭고 윤택한 마음 (6) 섭수하는 마음을 말한다. 여기의 열 가지 마음과 비교하면 네 가지 다른 점이 있으니 첫째, 여의고 합

---

100) 二는 原南續金本作三, 玆依疏改正.

함이 다르다. 앞은 악한 중생을 여기서 둘로 나누었으니 ① 악을 행하는 중생과 ② 외도를 말하며, 앞의 보리를 섭수하려고 발원한 중생을 여기서 둘로 나누었으니 ① 함께 수행하는 중생과 ② 보리를 섭수하려고 발원한 중생을 말한다. 둘째, 전체적이며 개별적인 면이 다르다. 앞은 빈궁하거나 고통받는 중생에게 함께 두 가지 마음을 일으키나니 ① 연민히 여기는 마음과 ② 안락한 마음이다. 지금 여기는 개별적으로 주게 된다. 말하자면 고통받는 중생에게 안락한 마음을 내고 빈궁한 중생에게 (1) 인자한 마음을 낸다. 셋째, 일으키는 마음이 같지 않다. 앞은 빈궁한 곳에 (3) 연민히 여기는 마음을 일으키나니, 빈궁한 고통을 가엾이 여기는 까닭이요, 지금은 빈궁하지 않은 곳에 (1) 인자한 마음을 일으키나니 고통을 없애 주려는 까닭이다. 또다시 앞에서는 안락한 중생에게 (5) 이롭고 윤택한 마음을 일으켰으니 하여금 방일한 마음을 버리게 하고 선법에 머물게 하는 까닭이요, 지금 (3) 연민히 여기는 마음을 일으킨 것은 그 장차 받을 여러 고통의 과보를 생각하는 까닭이다. 넷째, 앞뒤가 같지 않다. 앞은 둘째의 악을 행하는 중생이 여기서는 첫째가 되었고, 저기서는 넷째의 고뇌받는 중생이 여기서는 둘째가 되었으며, 저기서는 앞의 첫째, 원수 맺은 중생이 여기서는 셋째가 되었으며, 저기서는 앞의 셋째, 빈궁한 중생이 여기서는 넷째가 되었다. 이런 네 가지 다른 점을 제외하고 다른 것은 비슷하다.

④ 於貧苦衆生에서 앞에서 단지 '고통'이라고만 말한 것은 곧 인연을 어겨서 핍박을 당하지만 지금 '빈궁과 고통'이라 말한 것은 인연을 따라 만족하지 않음을 뜻한다. '방일함을 가엾이 여긴다'고 말한 것은 미래에 받을 고통인 까닭이다. 그래서 경문에 이르되, "복덕의 힘이므

로 여러 가지 방일한 마음을 내고, 방일한 마음을 낸 연고로 계율을 지키려는 마음이 없게 된다. 이런 인연으로 지옥에 떨어진다"고 하였다. 하지만 19구절이 여덟 가지가 된 것은 뒤의 셋이 통틀어 보리에 하품·중품·상품이 있으니, 자기보다 열등하지 않은 것을 섭수함이 자기 마음과 같아야 하고, 자신에게 평등한 것을 미루어 스승처럼 여기는 마음이요, 자기보다 수승한 이를 부처님과 같게 생각한다.

㈢ 뒤의 두 가지 마음에 대해 설명하다[釋後二心] (後之 55上8)

[疏] 後之二心도 亦約此類나 但後가 勝於前이라 九는 觀彼衆生이 乘大乘道하야 進趣之者하야 敬之如師오 十은 觀集具足功德者하야 敬如大師니라

■ ㈢ 뒤의 두 가지 마음도 또한 이런 부류에 의지하지만 단지 뒤가 앞보다 뛰어나다. (9) 아홉째[師心]는 저 중생이 대승의 도를 의지해서 정진해 나아가는 이를 관찰하여 스승처럼 공경하며, (10) 열째[大師心]는 공덕을 구족하게 모은 이를 관찰하여 부처님[大師]처럼 공경하는 것을 말한다.

e) 결과를 모음에 대해 [集果] 2.
(a) 의미를 말하여 과목 나누다[敍意分科] (第五 55下1)

[疏] 第五, 作是念言下는 集果니 依前悲心하야 起勝上欲하야 欲拔濟故라 文中에 救攝十類衆生을 皆言又作이라 文各有二하니 先, 觀所化요 後, 我當下는 興濟拔心이니 前卽所治요 後는 卽能治라 前集之中

에 欲顯差別하야 以其十心으로 對八衆生이라 今十類中에 一一生所에 容有如前十心救拔이라 十中에 初一은 解邪니 故로 論에 云依增上顚倒爲首라하니라 餘九는 行邪니 論에 開爲三하니 初五는 化欲求衆生이니 求外五欲故요 次二는 化有求衆生이니 求三有中의 正報之果故요 後二는 化梵行求衆生이니 求出道故라 通上爲四니라 然此所化는 但攝集中의 前六하고 而闕後二者는 以集者는 益物之心이 起心義寬하니 乃至緣於具德하야 生師仰故라 今此는 正論救拔일새 故로 後二는 並非所救라 縱其同行이 退轉須化라도 亦無大乘之外에 別有安處니 可云拔出가

■ e) 作是念言 아래는 결과를 모음에 대해 밝힘이니 앞의 자비심을 의지해서 뛰어난 욕구를 일으켜 뽑아내고 구제하려는 까닭이다. 경문 중에 열 부류의 중생을 구제하여 포섭하는 것에 모두 '우작(又作)'이라 하였다. 경문마다 각기 둘이 있으니 ㉮ 교화할 대상을 관찰함이요, ㉯ 我當 아래는 없애 주거나 구제할 마음을 일으킴이니 앞은 다스릴 대상이요, 뒤는 다스림의 주체이다. 앞의 ㉣ 모음 중에 차이점을 밝히기 위해 그 열 가지 마음으로 여덟 부류의 중생에 상대한 것이다. 지금은 열 부류 중에 하나하나 태어나는 곳에 앞과 같이 열 가지 마음으로 없애 주거나 구제함을 포용하고 있다. 열 가지 중에 ㉠ 처음 하나는 소견이 삿된 중생을 교화함이다. 그래서 논경에서 "더없이 뒤바뀐 소견에 의지하여 (세 종류의 중생의) 으뜸이 된다"고 하였다. 나머지 아홉 가지는 삿된 소견을 행하는 중생이다. 논경에서 전개하여 셋으로 삼았으니 ㉡ 처음의 다섯 가지는 욕구하는 중생을 교화함이니 외부적인 다섯 가지 욕망을 구하는 까닭이다. ㉢ 다음의 두 가지는 구함이 있는 중생을 교화함이니 세 가지 유위법(有爲法) 중에 바른 과

보의 결과를 구하는 까닭이요, ㉣ 뒤의 둘은 범행을 구하는 중생을 교화함이니 출리(出離)의 도를 구하는 까닭이다. 위와 통하면 네 가지가 된다. 하지만 이런 교화할 대상은 단지 앞의 ㈣ 모음 중에 앞의 여섯 가지만 포섭하고 뒤의 둘[師心, 大師心]은 빠져 있는 것은 편집자가 중생을 이롭게 하는 마음과 뜻을 일으킴을 넓게 본 까닭이니, 나아가 구비한 공덕을 인연하여 스승으로 추앙함을 내기 때문이다. 지금 여기서는 구제하고 없애 줌을 거론한 연고로 뒤의 둘은 함께 구제할 대상이 아니다. 비록 함께 수행하는 도반이 퇴전하여 교화가 필요하더라도 또한 대승법 이외에는 따로 둘 곳이 없으니 '없애 준다'고 말할 수 있겠는가?

(b) 문장을 따라 바로 해석하다[隨章正釋] 2.
㊀ 한 문단은 소견이 삿되게 뒤바뀐 중생을 교화하다
[初一化解邪顚倒衆生] 2.

① 다스릴 대상인 삿된 소견을 밝히다[所治邪見] (今第 56上5)

作是念言하되 衆生이 可愍이라 墮於邪見과 惡慧惡欲과 惡道稠林하나니
(1) "또 생각하기를 '중생이 가련하여 삿된 소견에 떨어졌으니, 나쁜 지혜와 나쁜 욕망과 나쁜 도의 숲이라.

[疏] 今第一은 化顚倒衆生中에 先, 所化中에 邪見爲總이니 謂四顚倒라 理外에 推求일새 故名邪見이라 次, 惡慧와 惡欲인 此二是別이라 常樂

二倒를 名爲惡慧니 專念[101]分別하야 方得行故라 我淨二倒를 名爲惡欲이니 不假專念하고 卽能行故니 以性成故라 由計我淨하야 便欲名等이니 如涅槃說하니라 後, 惡道稠林者는 結其邪見이 爲諸過因이라 惡道者는 非正道故니 顯前顚倒이 爲現行煩惱行處라 稠林者는 亦爲隨眠之因이니라

- 지금은 ㉠ 소견이 삿되게 뒤바뀐 중생을 교화함에서 ① 교화할 대상 가운데 ㉮ 삿된 소견이 총상이니 '네 가지 뒤바뀐 견해'를 말한다. 도리 밖에서 추구하므로 삿된 소견이라 칭한다. ㉯ 악한 지혜와 악한 욕구 둘은 별상이다. 항상함과 즐거움 두 가지에 뒤바뀐 것을 악한 지혜라 하나니, 생각을 오로지 함으로 분별하야 비로소 행법을 얻는 까닭이다. 〈나〉와 청정함의 둘에 뒤바뀐 견해를 '악한 욕구'라 하나니 생각을 오로지 함을 빌리지 않고 곧 능히 행하는 까닭이니 근본 체성으로 성취하기 때문이다. 〈나〉와 청정함을 생각함으로 인하여 문득 명칭과 같아지려 하는 것이니 『열반경』의 주장과 같다. ㉰ 악도의 조림이란 삿된 소견이 모든 잘못의 원인인 것으로 결론한 내용이다. 악도란 바른 도가 아닌 까닭이니 앞의 뒤바뀐 견해가 현행(現行) 번뇌가 움직이는 곳임을 밝혔다. 빽빽한 숲[稠林]이란 또한 수면의 원인이 된다.

[鈔] 次, 惡慧惡欲者는 論에 云, 惡意와 惡心이라하니라 梵云末那[102]는 此翻爲意요 梵云末底는 此云慧也니 聲勢가 相近일새 譯者之誤라 今經이 爲正이니라

---

[101] 念은 金本作心誤.
[102] 末那: 범어 manas의 음역으로 意라 번역하고 思量의 뜻을 갖는다. 제6 의식(mano-vijna)과 구분하기 위해 末那識이라 표기한다. (불교학대사전 p.366-)
말지(末底): 범어 mati의 음역으로 摩提라 음사하기도 하고, 慧라 번역한다. (성유식론 6) (위의 책 p.368-)

我淨等者는 然其四倒가 因計五陰하야 依法計我니 謂想行蘊이오 依身計淨이니 謂依色蘊이라 取像思慮하야 任運計我하고 薄皮所覆을 任運計淨하니 故不假專念이라 若計心爲常은 多由思度이오 計受爲樂은 要對境忘念이라 則我淨은 如俱生이오 常樂은 如分別이니 故有難易라 遠公은 以我로 爲常本하고 淨是樂原이라하야 便以本末로 釋難易라 因說有九種本末하니 一, 如起信에 眞如爲本하고 無明爲末이니 依於眞如하야 有無明故라 二, 無明爲本이오 三倒爲末이라 三, 三倒之中에 見倒爲本이오 想心爲末이라 四, 三倒爲本이오 四倒爲末이라 五, 四倒之中에 我淨爲本이오 常樂爲末이라 六, 四倒爲本이오 生惡道稠林爲末이라 七, 卽此爲本이오 起現行惑爲末이라 八, 諸惑爲本이오 諸業爲末이라 九, 諸業爲本이오 苦果爲末이라하니 今但擧第五耳라 此之九重은 於斯에 非要어니와 亦有少理일새 故復錄之니라 由計等者는 計我多欲名이오 計淨多欲色이라 如涅槃者는 發心品에 已引하니라

- ⑭ 악한 지혜와 악한 욕구란 논경에서 '악한 생각과 악한 마음'이라 하였다. 범어로 말나(末那)는 생각[意]이라 번역하고, 범어로 말저(末底)는 지혜[慧]라고 번역한다. 소리의 모양새가 서로 비슷함으로 인한 번역한 사람의 실수이니, 지금은 본경이 바르다.

'〈나〉와 청정함' 등이란 그런데 그 네 가지 뒤바뀐 견해가 오온을 계탁함으로 인해 법에 의지해 〈나〉를 계탁하나니 생각의 쌓임과 지어감의 쌓임을 말한다. 몸에 의지해 청정함으로 계탁하나니 물질의 쌓임에 의지한 견해이다. 모양을 취하여 생각하고 마음대로 〈나〉라고 계탁하고, 얇은 가죽에 덮인 것을 청정하다고 마음대로 계탁하였으므로 생각을 오로지 함을 빌리지 않는다. 만일 마음을 항상한 것

으로 계탁함은 대부분 생각으로 인해 계탁한 것이요, '받아들임'을 즐겁다고 계탁함은 경계를 상대하여 생각을 잊으려 하는 것이다. 그러므로 〈나〉와 청정함은 '선천적인 분별에 의한 아집[俱生起我執]'과 같고, 항상함과 즐거움은 '후천적인 분별에 의한 아집[分別起我執]'[103]과 같으므로 어렵고 쉬움이 있게 된다. 혜원법사는 〈나〉로 항상함의 근본을 삼고 청정함은 즐거움의 근본으로 삼아서 문득 근본은 어렵고 지말은 쉽다고 해석하였다. 이런 연고로 아홉 가지 근본과 지말을 설하였으니 "1)『기신론』에서 진여를 근본으로, 무명을 지말로 삼았으니, 진여에 의지해 무명이 있는 까닭이다. 2) 무명으로 근본을, 세 가지 뒤바뀜[想倒, 見倒, 心倒]으로 지말을 삼는다. 3) 세 가지 뒤바뀜 중에 소견이 뒤바뀜[見倒]으로 근본을, 생각이 뒤바뀜[想倒]과 마음이 뒤바뀜[心倒]으로 지말을 삼는다. 4) 세 가지 뒤바뀜으로 근본을, 네 가지 뒤바뀜[常倒, 樂倒, 我倒, 淨倒]으로 지말을 삼는다. 5) 네 가지 뒤바뀜 중에 〈나〉가 뒤바뀜[我倒]과 청정함이 뒤바뀜[淨倒]으로 근본을, 항상함이 뒤바뀜[常倒]과 즐거움이 뒤바뀜[樂倒]으로 지말을 삼는다. 6) 네 가지 뒤바뀜으로 근본을, 악도의 조림에 나는 것을 지말로 삼는다. 7) 악도의 조림에 합치함으로 근본을, 현행번뇌를 일으킴으로 지말을 삼는다. 8) 모든 번뇌로 근본을, 모든 업으로 지말을 삼는다. 9) 모든 업으로 근본을, 고통스러운 결과로 지말을 삼는다"고 하였지만, 지금은 단지 5)만 거론하였을 뿐이다. 이런 '아홉 가지 거듭'은 이 부분에서 필요한 내용은 아니지만 또한 조금의 이치가 있으므로 다시 써 본 것이다.

'〈나〉와 청정함을 생각함으로 인하여' 등은 〈나〉에게는 욕구와

---

103)『成唯識論』제1권에 云, "然諸我執에 略有二種하니 一者는 俱生이요 二者는 分別이라."

명칭이 많은 것으로 계탁하였고, 청정함에는 욕구와 불길이 많은 것으로 계탁하였다. 여열반(如涅槃)이란 초발심공덕품(初發心功德品)에 이미 인용한 적이 있다.

② 다스리는 주체인 바른 소견[能治正見] (後結 57上9)

我應令彼로 住於正見하여 行眞實道하며
내가 그로 하여금 바른 소견에 머물러서 진실한 도를 행하게 하리라' 하느니라.

[疏] 後, 結能治라 中에 住於正見은 通翻上邪요 行於實道는 翻惡道稠林이니라
■ ② 다스리는 주체로 결론함이다. 그중에 '바른 소견에 머문다'고 말한 것은 위의 삿된 소견을 통틀어 뒤바꾼 내용이요, 진실한 도를 행함은 악도의 조림을 뒤바꾼 내용이다.

[鈔] 行於實道者는 論釋正念하니 正念은 卽四念이니 治四倒故니라
● '진실한 도를 행한다'는 것은 논경에서 '바른 생각'이라 해석하였다. 바른 생각이란 곧 사념처(四念處)를 가리키나니 네 가지 뒤바꿈을 다스리기 때문이다.

㈢ 아홉 문단은 행법이 삿된 아홉 부류 중생을 교화하다
[後九化行邪九類衆生] 3.

① 욕구하는 중생을 교화하다[化欲求衆生] 2.
㉮ 과목 나누기[分科] (第二 57下4)

又作是念하되 一切衆生이 分別彼我하여 互相破壞하며 鬪諍瞋恨하여 熾然不息하나니
(2) 또 생각하기를 '일체 중생이 남이라 나라 분별하여, 서로 파괴하고 다투고 미워함이 부산히 쉬지 아니하니,

[疏] 第二, 化欲求衆生이라 中에 五段을 分二니 初三은 化現得五欲受用生過요 後二는 化未得五欲追求時過라 前中에 卽分爲三이니 一, 受不共財요 二, 受無厭足財요 三, 受貯積財라

■ ㈢ (행법이 삿된 아홉 부류 중생을 교화함)에서 ① 욕구하는 중생을 교화함이다. 그중에 다섯 문단을 둘로 나누었으니 ㉠ 처음 세 문단은 현재에 오욕(五欲)을 수용하여 태어난 허물을 교화함이요, ㉡ 뒤의 두 문단은 아직 오욕(五欲)을 추구하기 전의 허물을 교화함이다. ㉠ 중에 곧 셋으로 나누면 ⓐ 함께 쓸 수 없는 재물을 수용함이요, ⓑ 만족함이 없는 재물을 수용함이요, ⓒ 모아 둔 재물을 수용함이다.

㉯ 과목에 따라 해석하다[隨釋] 2.
㉠ 세 문단은 현재에 오욕(五欲)을 수용하여 태어난 허물을 교화하다
  [初三化現得五欲受用生過] 3.

ⓐ 함께 쓸 수 없는 재물을 수용함에 대한 교화[化受不共財] 2.
㋀ 다스릴 대상[所治] (今初 57下6)

[疏] 今初에 已得之物을 不與他共에 於費用時에 生瞋過也라 先은 明所治라 互相破壞가 以爲總句라 破壞가 有二하니 一, 鬪諍於言中이요 二, 對怨於心中이니 卽分別彼我라 瞋恨已下는 結其增長이니 由瞋恨故로 思念作報하야 身心惡行이 熾然不息이라

- 지금 ⓐ에서 이미 얻은 남과 함께 쓸 수 없는 재물을 쓰게 될 적에 성내는 허물이 생긴다. ㉠ 다스릴 대상을 밝힘이다. '서로 파괴함'으로 총상 구절을 삼는다. 파괴함에 둘이 있으니 (1) 언사로 투쟁함이요, (2) 마음속 원망에 상대함이니 저와 나를 구분한다는 뜻이다. 瞋恨 아래는 그 늘어남을 결론함이니 성냄과 원한으로 인해 생각으로 과보를 지어 몸과 마음으로 악을 행함이 치연하여 쉬지 않는다.

[鈔] 二, 對怨於心中者는 以文不次일새 故擧帖之니라

- '(2) 마음속 원망에 상대함'이란 경문이 차례가 맞지 않으므로 거론하여 써 본 것이다.

㉡ 다스리는 주체[能治] (能治 58上3)

我當令彼로 住於無上大慈之中하며
내가 마땅히 그로 하여금 위가 없이 크게 인자한 가운데 머물게 하리라' 하느니라.

[疏] 能治之中에 慈能治瞋이니 如來之慈라야 乃名無上이니라

- ㉡ 다스리는 주체 중에 자비로 성냄을 능히 다스리나니 부처님의 자비라야 '위가 없다'고 이름할 수 있다.

ⓑ 만족함이 없는 재물을 수용함에 대한 교화[化受無厭財] 2.
㉠ 다스릴 대상[所治] (二化 58上5)

又作是念하되 一切衆生이 貪取無厭이라 唯求財利하여 邪命自活하나니
(3) 또 생각하기를 '일체 중생이 탐하는 데 만족한 줄 모르고, 재물만을 구하며 잘못되게 살아가려 하니,

[疏] 二, 化受無厭財衆生이니 求時에 無厭일새 以生貪過라 初, 所治中에 有二하니 一은 貪取無厭이니 明內心難滿이오 二는 唯求財利者는 形於身口라 邪命自活은 結上三業이니라
■ ⓑ 만족함이 없는 재물을 수용한 중생을 교화함이니 구할 적에 만족함이 없으므로 탐냄의 허물이 생긴다. ㉠ 다스릴 대상 중에 둘이 있으니 (1) 탐욕을 취하여 만족함이 없음이니, 마음속에 만족하기 어려움을 밝힌 내용이요, (2) 재물만 구한다는 것은 몸과 입으로 표현된 것을 뜻한다. '잘못되게 살아가려 한다'는 것은 위의 세 가지 업을 결론함이다.

[鈔] 104)結上三業者는 邪語와 邪業이 皆屬邪命故라
● '세 가지 업을 결론함'이란 삿된 말과 삿된 업이 모두 삿된 생업[邪命]에 속하기 때문이다.

㉡ 다스리는 주체[能治] (後三 58上10)

---

104) 結上에 甲南續金本有三字.

我當令彼로 住於淸淨身語意業正命法中하니라
내가 마땅히 그로 하여금 몸과 말과 뜻으로 짓는 일이 청정
하여 옳게 살게 하리라' 하느니라.

[疏] 後, 三業正命으로 以爲能治라
■ ㈑ 삼업의 바른 생활로 다스리는 주체를 삼는다.

ⓒ 모아 둔 재물을 수용함에 대한 교화[化受貯積財] 2.
㈐ 다스릴 대상[所治] (三化 58下3)

又作是念하되 一切衆生이 常隨三毒하여 種種煩惱가 因
之熾然하되 不解志求出要方便하나니
(4) 또 생각하기를 '일체 중생이 세 가지 독한 것만 따르므로
여러 가지 번뇌가 치성하고, 벗어날 방편을 구할 줄을 모르니,

[疏] 三, 化受貯積財니 積而不散에 順生三毒하고 增煩惱過라 初는 所治
中에 染着에 生貪하고 散用에 生瞋이니 若積而能散이면 何有貪瞋과
癡迷上二리오 言種種煩惱因之熾然者는 直觀經意인대 因上三毒하
야 更生煩惱어니와 若準論意하면 因貯積財니 積財가 卽是煩惱因體
라 云何熾然고 謂寶翫受用에 數爲煩惱之所燒故라 然癡有二過하니
一, 迷前二하야 亦復不知何者가 是火며 云何爲失이라 二, 無求出意
니 故云不解出要라 謂旣迷火宅之爲樂이어니 寧有出心가
■ ⓒ 모아 둔 재물을 수용함에 대한 교화이니, 쌓아 두고 흩어 쓰지 않
으면 따라서 삼독이 생겨나고 번뇌의 허물을 더하게 된다. ㈐ 다스릴

대상 중에 잡염에 집착하면 탐욕이 생기고 흩어서 쓰면 성냄이 생겨나나니, 만일 쌓아 두면서 능히 흩어 쓴다면 어디서 탐욕과 성냄, 어리석음과 미혹한 위의 둘이 있으리오. '갖가지 번뇌가 치성하고'라 말한 것은 바로 경문의 의미를 관찰한다면 위의 삼독으로 인해 다시 번뇌가 생겨나겠지만 만일 논경의 의미에 준해 보면 쌓아 둔 재물 때문이니, 쌓아 둔 재물이 그대로 번뇌의 원인인 체성이란 뜻이다. 어떻게 치성한가? 말하자면 보배를 좋아하여 수용하면 번뇌에 타는 대상으로 헤아리는 까닭이다. 그러나 어리석음에 두 가지 허물이 있으니 (1) 앞의 둘에 미혹하여 또다시 어떤 것이 불이며 어떤 것이 허물인 줄 알지 못한다. (2) 나가기를 구할 생각이 없으니 그러므로 '벗어날 길[出要道]을 알지 못한다'고 말한다. 말하자면 이미 불난 집을 미혹하여 즐거움으로 삼았는데 어찌 벗어날 마음이 생겨나겠는가?

[鈔] 謂寶翫受用者는 寶翫은 卽貪이오 受用은 卽瞋이오 煩惱所燒는 通三毒說이라 然癡有二下는 別明癡相이니라 亦復不知下는 成上迷前貪瞋之二니 卽法華意라 彼經에 云, 父雖憐愍하야 善言誘喩나 而諸子等이 樂着嬉戲하야 不肯信受하면 不驚不畏하야 了無出心하며 亦復不知何者가 是火며 何者가 爲舍며 云何爲失하야 但東西走戲하야 視父而已라하니라 然彼經에는 火通因果[105]라 故로 彼經에 云, 爲度衆生의 生老病死와 憂悲苦惱三毒之火라하니라 今此는 正明三毒之火라 寶翫受用은 亦卽果火라 故로 彼經에 云, 亦以五欲財利故로 受種種苦라하니라 失은 謂不知失於法身이오 亦是不知苦集過失이라 此中에는 正明起惑일새 故疏不引何者爲舍라 舍는 卽五蘊이니 次文에

---

105) 果는 甲南續金本作通果.

用之니라

二, 無求出意者는 卽迷滅과 道니 卽是不知何者가 爲舍라 是故로 疏云, 迷火宅之爲樂이라하니 是는 不識滅하고 不解修道하야 以求出離니 爲無求出意니라

● '말하자면 보배를 좋아하여 수용하면'이란 보배를 좋아함은 곧 탐욕이요, 수용함은 곧 성냄이요, 번뇌에 타 버린 것은 삼독에 통한다는 설명이다. 然癡有二 아래는 어리석은 모양을 개별로 밝힘이다. 亦復不知 아래는 위의 미혹에 앞서 탐욕과 성냄의 둘로 성취하였으니 곧 『법화경』의 주장이다. 저 경문에 이르되, "아버지는 애가 타서 좋은 말로 타이르고 달랬지만, 그 어린 자식들은 장난에만 정신이 팔려서 믿지 않고 놀라지도 않고 두려워하지도 않아서, 나오려는 마음이 전연 없으며, 또 불이 어떤 것이며 집은 어떤 것이며 무엇이 어떻게 잘못되어 가는지도 모르고 다만 동서로 내달리고 놀면서 아버지를 바라보기만 할 뿐이었느니라"라 하였다. 그런데 저 경문에는 불은 원인과 결과에 통한다. 그러므로 저 경문에서, "중생들의 나고 늙고 병들고 죽으며, 근심하고 슬퍼하며 고통받고 고뇌하며 어리석고 암둔한 삼독의 불이다"라고 하였다. 지금 여기서는 삼독의 불을 바로 설명한 내용이다. 보배를 좋아하고 수용하는 것도 또한 결과적인 불을 가리킨다. 그래서 저 경문에 이르되, "또한 다섯 가지 욕망과 재물을 위하여 갖가지 고통을 받으며"라고 하였다. 허물은 말하자면 법신을 잃는 줄 알지 못함이요, 또한 고통과 고통의 모임의 과실이다. 이 중에는 바로 미혹 일으킴을 밝혔으므로 "어떤 것이 집인가?"를 인용하지 않았다. 집은 곧 오온을 뜻하나니 다음 경문에 쓸 것이다.

'(2) 나가기를 구할 생각이 없이'란 곧 고통이 없어짐과 고통을 없애

는 길에 미혹함이니 곧 어떤 것이 집인 줄 모르는 것이다. 이런 까닭에 소가가 "불난 집을 미혹하여 즐거움으로 삼는다"라고 말하였다. 이것은 멸제(滅諦)를 알지 못하고 도를 닦아서 벗어나기를 구함을 알지 못하나니, 출리(出離)를 구할 뜻이 없는 것이 된다.

㉠ 다스리는 주체[能治] (後能 59下5)

我當令彼로 除滅一切煩惱大火하여 安置淸凉涅槃之處하며
내가 마땅히 그로 하여금 모든 번뇌의 불을 멸하고 청량한 열반의 자리에 있게 하리라' 하느니라.

[疏] 後, 能治中에 涅槃淸凉煩惱火滅故라 上三은 即起煩惱衆生이니라
㉠ 다스리는 주체 중에 열반의 시원함으로 번뇌의 불을 없애기 때문이다. 위의 셋[ⓐ化受不共財 ⓑ化受無厭財 ⓒ化受貯積財]은 곧 번뇌를 일으키는 중생이다.

㉡ 두 문단은 아직 오욕(五欲)을 추구하여 얻지 못할 때의 허물에 대한 교화[後二化未得五欲追求時過] 2.
ⓐ 과목 나누기[分科] (第二 59下9)

又作是念하되 一切衆生이 爲愚癡重闇과 妄見厚膜之所覆故로 入陰翳稠林하여 失智慧光明하고 行曠野險道하여 起諸惡見하나니

(5) 또 생각하기를 '일체 중생이 어리석어 깜깜함과 허망한 소견에 덮이어, 답답하게 막힌 숲속에 들어가서 지혜의 광명을 잃고, 거치른 벌판 험한 길에서 나쁜 소견을 일으키니,

[疏] 第二, 有二願은 化未得五欲追求時過니 卽造業衆生이라 分二니 初一은 明追求現報하야 造諸惡行이요 後一은 明追求後報하야 造有漏善業이라

- ㉡ 아직 오욕(五欲)을 추구하여 얻지 못할 때의 허물에 대한 교화이니 곧 업을 짓는 중생을 뜻한다. 그것을 둘로 나누었으니 ㉮ 현재의 보답을 추구하여 악행을 짓는 중생을 교화함이요, ㉯ 다음 생의 보답을 추구하여 유루(有漏)의 선업을 짓는 중생을 교화함이다.

ⓑ 과목에 따라 해석하다[隨釋] 2.
㉮ 한 구절은 현재의 보답을 추구하여 악행을 짓는 중생을 교화하다
   [初一追求現報造諸惡行] 2.
㉠ 다스릴 대상[所治] 4.
Ⓐ 어리석은 마음의 허물[愚痴心過] (今初 60上1)

[疏] 今初에 先所治中에 有四種過하니 一, 愚癡覆心過라 於中에 愚癡는 是癡體요 重暗은 是癡相이니 亦是癡過라 餘는 皆癡過니라 一, 重暗者는 迷現在苦하야 不知是苦요 二, 妄見者는 於現下苦에 妄見樂故니 如見空華라 三, 厚膜者는 不見未來當受苦報니 如眼厚[106]膜으로 都無所見也니라

---

106) 眼厚는 續金本作厚眼.

■ 지금은 ⒣에서 ㉮ 다스릴 대상 중에 네 가지 허물이 있으니 Ⓐ 어리석음이 마음을 덮는 허물이다. 그중에 어리석음은 어리석음의 체성을 뜻하고, 깜깜함은 어리석음의 양상이며 어리석음의 허물이기도 하다. 나머지는 모두 어리석음의 허물이다. (1) 깜깜함[重暗]이란 현재의 고통에 미혹하여 고통인 줄 모르는 것이요. (2) 허망한 소견[妄見]이란 현재의 고통을 허망하게도 즐거움으로 보는 까닭이니 마치 허공 꽃을 보는 것과 같다. (3) 두꺼운 꺼풀[厚膜]이란 미래에 받을 고통스러운 보답을 보지 못함이니, 마치 눈이 두꺼운 꺼풀로 인해 아무 것도 볼 수 없음과 같다.

[鈔] 一愚癡者는 然其四過가 皆是集107)惡行過요 癡是根本이니 謂爲現小樂하야 造於罪行하야 招當大苦일새 故爲愚癡라 重暗下六字는 別明三過니 二字가 爲一이오 其之所覆障은 通上二108)義니라

● Ⓐ '어리석음'이란 그처럼 네 가지 허물이 모두 악한 행을 모은 허물이요, 어리석음은 근본이다. 말하자면 현재의 작은 즐거움을 위하여 죄를 지어 미래의 큰 고통을 초래하게 되므로 어리석은 것이다. (1) 重暗 아래 여섯 글자는 세 가지 허물에 대해 개별적으로 설명한 내용이니 두 글자가 한 가지 허물이 되며, 그 덮일 장애는 위의 두 가지 의미에 통한다.

Ⓑ 악을 더하고 선을 멀리한 허물[增惡遠善過] (二入 60上9)

[疏] 二, 入陰翳下는 增惡遠善過라 初句는 增惡이니 由迷異熟愚하야 順

---
107) 集은 甲南續金本作習.
108) 二는 遺忘記云 三也.(『三家本私記』遺忘記 p.157-)

不善行하야 增長結使일새 名入陰翳稠林이라 後는 失智慧光明者는 此明遠善也니 癡爲善行障故니라

- ⓑ 入陰翳 아래는 악을 더하고 선을 멀리하는 허물이다. ㉠ 첫 구절은 악을 더함이니 이숙(異熟)의 결과에 대한 어리석음에 미혹하여 선하지 않은 행을 따라 번뇌의 속박을 더하므로 '답답하게 막힌 조림에 들어간다'고 하였다. ㉡ 뒤 구절의 '지혜광명을 잃는다'는 것은 선을 멀리함에 대해 밝힌 내용이니 어리석음이 선을 행하는 데 장애가 되는 까닭이다.

[鈔] 二入陰翳下는 開此過名하야 以爲二義니 初, 增惡中에 陰翳는 是癡오 稠林은 喩使니 使卽隨眠이라 由愚癡心이 與使로 爲因하야 以因依果로 爲陰翳林이니 故로 疏에 云增長結使니 增長結使는 卽是增惡라 此增惡事는 卽業之過니라 此明遠善者는 論에 云, 遠離無漏智慧라 하니 無漏智慧가 卽是善也라 亦由於癡하야 爲此善障이니라

- ⓑ 入陰翳 아래는 이 허물의 명칭을 전개하여 두 가지 의미로 나누었으니 1) 악을 더함에서 답답하게 막힘은 어리석음이요, 조림(稠林)은 번뇌의 속박에 비유한 것이니 속박은 곧 수면을 말한다. 어리석은 마음이 번뇌의 속박과 원인이 됨으로 인해 원인에 의지한 결과로 답답하게 막힌 조림이 되었다. 그러므로 소가가 "번뇌의 속박을 더한다"고 말했으니 '증장결사(增長結使)'는 곧 악을 더한다는 뜻이다. 이런 악을 더하는 일이 곧 업의 허물이다.

'선을 멀리함에 대해 밝힌다'는 것은 논경에서 "무루의 지혜를 멀리한다"고 하였으니 무루의 지혜가 그대로 선이다. 또한 어리석음으로 인해 이 선법의 장애가 된다.

ⓒ 고통스러운 보답을 받는 허물[受苦報過] (三行 60下7)

[疏] 三, 行曠野險道는 明受苦報過니 生死가 長廣하야 迥無所依를 喩之
曠野요 多難障礙를 復名險道라 流轉을 稱行이니라
- ⓒ '거치른 벌판 험한 길을 다닌다'는 것은 고통스러운 보답을 받는 허물에 대한 설명이다. 나고 죽음이 길고 넓어서 멀리 의지할 것이 없다는 것을 '광야(曠野)'에 비유하였고, 많고 험난한 장애를 다시 '험한 길'이라 이름하였다. 또 흘러 다니는 것을 '행(行)'이라 지칭했다.

[鈔] 三行曠野險道者는 疏取論意하야 按經以釋이라 然此二句는 論經이
不同하니 故로 彼經에 云, 墮大黑暗處하야 隨其所見하야 到種種險
道라하야늘 論釋에 云, 受至大對過患이니 如經의 墮大黑暗處故라 是
中에 對者는 黑暗示現이니 如暗中行에 處處障礙가 如是相似法故라
受大對事成하야 至諸惡趣일새 是故로 名墮라하니 此釋上句라 多作
罪因하야 於臨終時에 見惡報相하고 心生悔見過하나니 如經의 隨其
所見하야 到種種險道故라 見險道者는 悔며 見故[109]라 見本罪相에도
不能集彼對治正見이라 隨其所見者는 於死時故라하니라 釋曰, 二經
이 文異하니 皆上句는 明果오 下句는 明因이라 而論經에는 險道가 在
因하고 今經에는 險道가 在果라 今經의 曠野는 即大黑暗處요 行은 即
墮義라 今疏의 解釋은 亦不違論하고 但略受生至大對之言하야 爲受
苦報過耳라 大는 即曠野요 對는 即障礙니 故로 疏云生死長廣이라 即
曠野를 名大오 多難障礙가 即是對字라 論語는 小僻일새 故按經釋
耳라

---

109) 見故는 甲本作過故, 續金本作見過皆誤; 論原南本作見故.

● ⓒ '거치른 벌판 험한 길을 다닌다'는 것은 소가가 논경의 의미를 취해 경문과 대조하여 설명함이다. 그런데 이 두 구절은 논경과 본경이 같지 않으므로 저 논경에서 "큰 어둠 속에 떨어져 그가 보는 대로 갖가지 험한 길에 이른다"고 하였는데, 논경에서 해석하되, "지극히 큰 상대로부터 받은 근심이니, 저 경문의 '큰 어둠 속에 떨어진다'고 함과 같다. 이 중에 상대란 암흑이 나타난 것이니 마치 어둠 속을 가면 곳곳마다 장애가 이와 비슷하게 나타나는 까닭이다. 크게 상대할 일을 받아 이루어 여러 악취에 이르게 되는 연고로 '떨어진다'고 한다"라고 하였으니, 이는 위 구절에 대한 설명이다. "많은 죄의 원인을 지어 목숨이 다했을 적에 악한 과보의 모양을 보고 마음으로 허물을 후회하게 되나니, 경문의 그가 보는 대로 갖가지 험한 길에 이르기 때문이다. '험한 길을 본다'고 말한 것은 후회하며 보는 것이며, 본래의 죄의 모양을 보고도 능히 저를 모아 바른 소견으로 다스리지 못한 까닭이다. '그가 보는 대로 따른다'는 것은 죽을 때인 까닭이다"라고 하였다. 해석하자면 두 경문이 다르니 모두 위 구절은 결과에 대한 설명이요, 아래 구절은 원인에 대한 설명이다. 하지만 논경에는 험한 길이 원인 쪽에 있고, 본경에는 험한 길이 결과 쪽에 있다. 본경의 광야(曠野)는 곧 '큰 어둠 속'이요, 행(行)은 곧 '떨어진다'는 뜻이다. 지금 소가의 해석은 논경에 위배되지 않고 단지 '생을 받아 지극히 큰 상대'라는 말만 생략하여 고통스러운 과보를 받는 허물로 삼은 것일 뿐이다. 대(大)는 광야를, 대(對)는 곧 장애를 가리키나니 그래서 소가가 '나고 죽음이 길고 넓다'고 말하였다. 광야는 '대(大)'라 하고, 험난한 장애가 많은 것 그대로 대(對)라는 글자이다. 논경이 조금 편벽되므로 논경의 해석을 참고했을 뿐이다.

Ⓓ 바르게 다스리지 못한 허물[無正對治過] (四起 61下3)

[疏] 四, 起諸惡見者는 卽無正對治過니 論에 云, 謂多作罪因하야 於臨終時에 見惡報相하고 心生悔見者는 或悔先所修하며 或起惡見일새 故名悔見이오 而不能集正對治일새 所以名過니라

■ Ⓓ '나쁜 소견을 일으킨다'는 것은 바르게 다스리지 못한 허물이다. 논경에서는, "말하자면 많은 죄의 원인을 지어 목숨이 다했을 적에 악한 과보의 모양을 보고 마음에 후회가 생김을 본다"고 말한 것은, 혹은 앞에 닦은 것을 후회하기도 하고 혹은 악한 소견을 일으키므로 '후회스럽게 본다'고 하였고, 능히 모아 바르게 다스리지 못했으므로 '허물'이라 지칭하였다.

[鈔] 經에 云起諸惡見는 卽論經의 隨其所見하야 對110)種種險道라 惡見이 是能對니 故로 論釋下句에 但云多作罪因하야 於臨終時에 見惡報相이라하니 意明下句가 是因이오 所到險道가 卽上句之果라 故로 釋上句云호대 受大對事成에 至諸惡趣일새 是故로 名墮라하나니 由此하야 今經이 善得論意하야 譯廻險道하야 在於上句어늘 刊定은 不知此意하고 便合此經二句하야 釋論隨其所見하야 到種種險道하고 復將前의 遠善과 失智慧光明하야 爲論初句受至大對하며 或言今經에 闕論上句의 墮大黑暗處라하니 俱不曉也로다

或悔先所修者는 謂解追悔로대 不能修習觀行對治일새 但生追悔하야 以擾於心이라 故로 淨名에 令慰喩有疾菩薩云호대 說悔先罪하고 而不說入於過去라하니라 二或起惡見者는 謂或平生에 曾修少善하

---

110) 對는 遺忘記云 到之誤也.

고 造罪至多하야 臨終에 惡報로 撥善無益이 名爲惡見2

● 본경에서 '나쁜 소견을 일으킨다'고 말한 것은 곧 논경의 '그가 본 것을 따라 갖가지 험한 길에 이른다' 함을 가리킨다. 악한 소견이 도달하는 주체이니, 그래서 논경에서 아래 구절을 설명하면서 "단지 많은 죄의 원인을 지어 목숨이 다했을 적에 악한 과보의 모양을 보게 된다"고 하였다. 의미로는 아래 구절이 원인이요, 도달할 험한 길이 곧 위 구절의 결과임을 밝힌 내용이다. 그래서 위 구절을, "큰 장애의 일을 받아 성취할 적에 여러 악취에 이르게 되므로 떨어진다고 한다"고 해석하였다. 이로 인해서 본경이 논경의 주장을 잘 이해해서 '험한 길'이라고 윤문하여 위 구절에 둔 것인데 『간정기(刊定記)』에서는 이런 의미를 알지 못하고 문득 이 경의 두 구절을 합해서 논경처럼 "그가 본 것을 따라 갖가지 험한 길에 도달한다"고 해석하였고, 또 '앞의 선을 멀리함과 지혜광명을 잃어버린다'는 구절을 가지고 논경의 첫 구절인 '지극히 큰 장애를 받는다'로 삼고, 혹은 본경에서는 "논경의 위 구절의 큰 어둠 속에 떨어진다고 한 부분을 빠뜨렸다"고 하였으니 모두 분명치 않은 해석이다.

'혹은 앞에 닦은 것을 후회하기도 하고'란 말하자면 후회가 따름을 알고 능히 관행을 닦아서 다스리므로 단지 후회만 따름이 생겨 마음을 어지럽게 한다. 그래서 『유마경』에 병든 보살을 문안하게 하며 말하되, "앞에 지은 죄를 후회한다고 말하였지만 과거로 들어간다고 말하지 않는다"고 하였다. '둘째, 혹은 악한 소견을 일으키므로'는 말하자면 혹은 평생토록 일찍이 선행을 닦음은 적고 지은 죄는 너무 많아서 목숨 마칠 적에 악한 과보로 선을 빼고 이익 없음을 악한 소견이라 이름한다.

㉔ 다스리는 주체[能治] (後能 62下1)

我當令彼로 得無障礙淸淨智眼하여 知一切法如實相하여 不隨他敎하며
내가 마땅히 그로 하여금 장애가 없이 청정한 지혜의 눈을 얻어 일체 법의 실상을 알고 다른 이의 가르침을 따르지 않게 하리라' 하느니라.

[疏] 後, 能治中에 先得淨慧眼이 是體라 此眼이 有二能하니 一은 見如實相이오 二는 由見實相하야 卽不隨他라 具斯二義를 名眞慧眼이니 以此二句로 總翻前過하야 見前皆實故니라
■ ㉔ 다스리는 주체 중에 먼저 청정한 지혜의 눈을 얻는 것이 근본 체성이다. 이 눈에 두 가지 능력이 있으니 (1) 사실과 같은 모양을 발견하는 능력이요, (2) 참된 모양을 발견함으로 인하여 다른 이의 가르침을 따르지 않는 능력이다. 이런 두 가지 의미를 구비한 것을 진정한 지혜의 눈이라 칭한다. 이런 두 구절로 앞의 허물을 총합적으로 바꾸어 눈앞이 모두 참된 모습으로 보기 때문이다.

[鈔] 一見如實相者는 通於事理니 事實은 明信因果오 理實은 不取諸相이라 故로 論經에 云, 得不隨他인 一切如實無障礙智故라하니라
● '(1) 사실과 같은 모양을 발견함'이란 이치와 현상에 통하는 분석이니, 현상적인 실상이란 인과를 분명하게 믿는 것이요, 이치적인 실상은 여러 모양을 취착하지 않는 까닭에 논경에 이르되, "다른 가르침을 따르지 않는 일체의 여실하고 장애 없는 지혜를 얻게 하리라"고

하였다.

㊦ 후세의 과보를 추구하려고 유루의 선업을 짓는 중생을 교화하다
[後一追求後報造有漏善業] 2.
㉮ 과목 나누기[分科] (二化 62下10)

又作是念하되 一切衆生이 在於生死險道之中하여 將墮地獄畜生餓鬼하며 入惡見網中하여 爲愚癡稠林의 所迷하며 隨逐邪道하여 行顚倒行함이 譬如盲人이 無有導師하여 非出要道를 謂爲出要라하여 入魔境界하여 惡賊所攝으로 隨順魔心하고 遠離佛意하나니

(6) 또 생각하기를 '일체 중생이 나고 죽는 험한 길에 있으면서 장차 지옥·축생·아귀에 떨어지거나 나쁜 소견에 들어가서 어리석은 숲속에서 길을 잃고 삿된 길을 따라가며 뒤바뀐 짓을 행하리니, 마치 눈먼 사람이 인도하는 사람도 없이, 빠져나갈 길이 아닌데 나갈 길인 줄만 알고 마군의 경계에 들어가 도둑에게 붙들리고 마군의 마음을 따르고 부처님의 뜻과는 멀어지니,

[疏] 二, 化追求後報하야 習善行者는 隨順險道過니 謂以迷出世勝義愚로 造福不動業하야 求未來報하니 則常在險道라 前所治中에 十句를 分三이니 初句, 自體니 謂卽生死故라 二, 將墮下는 障礙니 謂在之難出故라 三, 隨順下는 明失이니 謂住之에 失於出離善故라
■ ㊦ 후세의 과보를 추구하려고 유루(有漏)의 선업을 짓는 중생을 교화

함이란 험한 길을 따르는 허물이다. 말하자면 출세간의 뛰어난 뜻에 미혹한 어리석음으로 복에 동요하지 않는 업을 지어서 미래의 과보를 구하나니 항상 험한 길에 있다. Ⓐ 다스릴 대상 중에 열 구절을 셋으로 나누었으니 ㊀ 첫 구절은 자신의 체성이니 생사에 합치한 까닭이다. ㊁ 將墮 아래는 장애이니 장애가 있어서 벗어나기 어렵다는 뜻이다. ㊂ 隨順 아래는 과실에 대한 설명이다. 머물러 벗어날 선행을 잃었다는 뜻이다.

㊤ 과목에 따라 해석하다[隨釋] 2.
Ⓐ 다스릴 대상을 밝히다[辨所治] 3.
㊀ 자신의 체성[自體] (今初 63上3)

[疏] 今初, 自體니 謂由世間少善하야 爲根本故라 則人天報危일새 故名險道니라
- 지금 Ⓐ에서 ㊀ 자신의 체성이니 말하자면 세간의 작은 선행으로 근본을 삼은 까닭이다. 인천의 과보가 위험한 연고로 '험한 길'이라 말하였다.

[鈔] 初句自體者는 此句가 亦總亦別이니 別은 卽所隨니 生死自體요 總은 卽能在니 謂修善人也라 總은 疏已明일새 故但明自體니라
- ㊀ 자신의 체성이란 이 구절이 ㉮ 총상이면서 별상이다. ㉯ 별상은 따르는 대상이니 생사 자체를 말하고, 총상은 존재하는 주체이니 선행을 닦는 사람을 말한다. 총상은 소에서 이미 밝혔으므로 여기서는 단지 자신의 체성만 밝혔다.

三 장애[障礙] (二障 63上8)

[疏] 二, 障礙者는 皆險道中事라 文有八句호대 迷於苦集道滅이 如次各二니 一, 明有苦니 謂心雖求出이나 而行順三塗가 如臨深淵일새 故云將墮라 二, 入惡見網中은 此明迷苦니 於苦果中에 妄生樂想하야 爲惡見網縈이 如世險道에 葛藟交加라 三, 爲愚下는 迷於集因이니 謂爲愚癡所覆하야 不知煩惱하고 不覺業空이 若加深林하야 不見危險이라 四, 隨逐下는 明其造集이니 世寡正道일새 學卽隨邪하고 復起邪業하야 爲行顚倒行이 如險路가 多岐하야 動入豺狼之徑이니 雖疲行不已나 欲進反廻라 五, 譬如盲人은 顯無道體니 無正慧眼하야 但得果貪着하고 愛欲所盲이라 故로 法華에 云, 着樂癡所盲이라하니 卽斯義也라 如無目涉險에 茫無所之라 六, 無有導師者는 明闕道緣이니 導師者는 謂佛菩薩이니 旣離明導일새 有二種失하니 一은 當生惡道요 二는 今世와 後世에 雖處人天이나 放逸障見故로 佛雖出世나 有不見聞이 如盲無導師면 若不陷深坑하면 則坐而不進이라 七, 非出要道를 謂爲出要者는 正迷於滅이니 希求涅槃호대 而趣異處라 謂於梵天과 乃至自在依正[111]之所를 以爲涅槃하고 推斯邪解하야 以爲正見이 如在險道하야 以塞으로 爲通이라 八, 入魔等者는 顯有滅障이니 五種妙欲이 是魔境界요 貪着이 爲入이라 六塵이 劫善을 謂之惡賊이오 被牽이 爲攝이라

■ 三 장애란 모두 험한 길의 현상이다. 경문에 여덟 구절이 있는데 고성제·집성제·도성제·멸성제에 미혹한 것이 순서대로 각기 둘이다. (1) 고통이 있음을 밝힘이다. 말하자면 마음은 구출하려 하지만 행

---

111) 正은 金本作止誤.

위가 세 갈래를 따르는 것이 마치 깊은 못에 다다른 것과 같으므로 '장차 떨어지려 한다'고 하였다. (2) '악한 소견의 그물에 들어간다' 는 말은 고통에 미혹함을 밝힘이다. 고통스러운 결과 속에서 허망하게 즐겁다는 생각을 내어서 악한 소견의 그물에 얽히는 것이, 마치 세상의 험한 길에서 칡이나 등나무 넝쿨에 얽힘을 더하는 것과 같다. (3) 爲愚 아래는 모음의 원인에 미혹함이다. 말하자면 어리석음에 덮여서 번뇌를 알지 못하고 업이 공함을 깨닫지 못하는 것이, 마치 숲이 점점 깊어지면 위험한 줄 보지 못하는 것과 같다. (4) 隨逐 아래는 업을 지음에 대한 설명이니, 세상에 바른 도가 적으므로 학문은 삿됨을 따르고 다시 삿된 업을 일으켜 뒤바뀐 수행을 닦는 것이, 마치 험한 길에 갈림길이 많아서 움직이면 여우나 이리가 다니는 길로 들어섬과 같다. 비록 피곤한 행법을 그만두지는 않았지만 나아가려 하면서 반대로 돌아오게 된다. (5) 비유컨대 맹인은 도의 체성이 없음을 밝힌 부분이니, 올바른 지혜의 눈이 없어서 얻을 결과만 탐착하고 애욕에 눈이 먼 것이다. 그래서 『법화경』에서는, "즐거움에 집착한 어리석고 맹목함"이라 하였으니 곧 이런 의미이다. 마치 눈먼 이가 험한 길을 갈 적에 망망하여 갈 수 없음과 같다. (6) 이끄는 도사가 없음은 도의 인연이 없음을 밝힌 것이니 도사(導師)는 부처님과 보살을 말한다. 이미 밝은 인도자를 여의면 두 가지 과실이 있으니 ① 미래에 악도에 나는 것이요, ② 지금 세상과 후세에 비록 인간과 천상에 살지만 방일하여 보는 것을 장애하는 연고로 부처님이 출세하셨더라도 보고 듣지 못하는 것이 마치 맹인이 인도자가 없으면 깊은 구덩이에 빠지지 않으면 주저앉고 전진하지 못함과 같다. (7) '빠져나갈 길이 아닌데 나갈 길인 줄 안다'는 것은 바로 멸(滅)성제에 미혹한 것이니, 열반을 바라고 구하지만 다른 곳으로 향하는 것이다. 말하자면 범천(梵天)과 나아가 자재천(自在天)의 의보와 정보인 곳을 열반으로 삼고, 이것을 추구하여 삿되게 알고서 바른 소견으로 삼는 것이 마치 험한 길에 있으면서 막힌 곳을 통한 것으로 삼는 것과 같다. (8) 입마(入魔) 등이란 열반의 장애가 있음을 밝힌 부분이니, 다섯 가지 묘한 욕망이 마군 경계이며 탐착함이 들어가는 것이다. 육진 경계가 선을 두려워함을 '악한 도적'이라 하였고, 끌려가는 것을 '붙들린다'고 하였다.

[鈔] 佛雖出世者는 具七難故니 除佛前後니라 乃至等者는 以論에 云謂 梵天等과 梵世間等으로 以爲出世正見故라하니라 釋曰, 梵天은 是正 이오 梵世間은 是依니라

● '부처님이 출세하셨더라도'란 일곱 가지 어려움을 갖춘 까닭이니, 여덟 가지 어려움 중에서 부처님 나시기 전과 후[佛前佛後]만 제외한다. 乃至 등이란 논경에서 "범천의 세계를 보고 출세간의 바른 소견이라 생각한다"라고 하였다. 해석하자면 범천은 정보(正報)이고, 범천의 세계는 의보(依報)에 해당한다.

三 허물을 밝히다[辨失] (三隨 64上9)

[疏] 三, 隨順下의 二句는 明失이니 初句는 依止怨故로 失離惡法이오 後 句는 遠善友故로 失進善法이니 人法을 俱失이라

■ 三 隨順 아래 두 구절은 허물을 밝힘이니 1 첫 구절은 원망에 의지한 연고로 악법을 여의지 못하는 것이요, 2 뒤 구절은 착한 벗을 멀

리한 연고로 선법을 멀리하지 못함이니, 사람과 법을 모두 잃는 것이다.

[鈔] 初句依止者는 以論經에는 有三句하니 論에 云, 離善導師依不善地니 如經遠善巧導師故오 二者는 依止怨地니 如經入魔意稠林故요 三者는 遠離作善知識地니 如經遠離佛意故라하니라 今經에 以初似三일새 故略無初句나 疏盡論意하야 合初二句하야 釋經一句니 依止怨故는 是第二句요 失離惡法은 卽第一句니 以依止怨에 必失遠於離惡之師라 此二가 相成일새 故得合一也니라

- ① 첫 구절은 '원망에 의지함'이란 논경에는 세 구절이 있으니 논경에 말하였다. "1) 좋은 스승을 여의고 좋지 않은 곳에 의지하는 것이니, 경문에서 '인도하는 스승을 멀리 여읜다'고 한 것과 같다. 2) 원망하는 곳에 의지함이니 경문의 '마군의 뜻의 조림에 들어간다'고 한 부분이요, 3) 선지식을 이루는 곳을 멀리 여읨이니 경문의 '부처님의 생각을 멀리 여읜다'고 한 부분과 같다." 지금 본경에서는 1)이 2)와 비슷하므로 1)을 생략하고 없지만 소가가 논주의 의미를 다하여 1)과 2)를 합쳐서 본경의 한 구절로 해석하였으니, '원망에 의지한 까닭'이란 둘째 구절이요, '악법을 여의지 못함'은 첫째 구절에 해당한다. 원망에 의지하면 반드시 악을 여읜 스승을 잃거나 멀리하게 된다. 이 두 가지가 서로 성립하는 까닭에 합하여 하나가 되었다.

ⓑ 다스리는 주체[辨能治] (後能 64下9)

我當拔出如是險難하여 令住無畏一切智城하니라

내가 마땅히 험난한 곳에서 구제해서 두려움이 없는 온갖
지혜의 성중에 머물게 하리라' 하느니라.

[疏] 後, 能治中에 拔出險道는 總離前惡이요 住無畏城은 是能離之處라
若曠野에 遇城하면 衆難을 何畏아 近對[112]上文인대 若無知動念하면
則順魔心而遠佛意요 寂照雙運하면 卽出險難而入智城이니라 上來
에 化欲求는 竟하다

- ⓑ 다스리는 주체 중에 '험한 길에서 구제한다'는 것은 총합적으로 앞
의 악을 여읨이요, '두려움 없는 성에 머문다'는 것은 여의는 주체의
의지처이다. 만일 광야에서 성을 만났다면 어려움이 많다 해도 어찌
두려워하겠는가? 가깝게는 위 문장과 상대하면 만일 아는 것 없이
생각을 움직이면 마군의 마음을 따르고 부처님의 뜻과는 멀어지는
것이요, 고요함과 비춤을 함께 움직이면 험하고 어려움에서 벗어나
지혜의 성에 들어가게 된다. 여기까지 ⓛ 욕구하는 중생을 교화함은
마친다.

② 구함이 있는 중생을 교화하다[化有求衆生] 2.
㉮ 과목 나누기[分科] (第三 65上4)

[疏] 第三, 有二段은 化有求衆生이라 初一은 道差別이니 謂五趣流轉이요
後一은 界差別이니 三界繫閉라 今初에 先은 過요 後는 治라 過中에 初
句爲總이요 入欲下는 別이라

---

112) 對는 甲續金本作得.

■ ㉯ 두 문단은 구함이 있는 중생을 교화함이다. ㉠ 처음 하나는 도의 차별이다. 말하자면 다섯 갈래에 유전함이요, ㉡ 뒤의 하나는 세계의 차별이다. 삼계에 꼭 묶임이다. 지금은 ㉮에서 ㉠ 허물이요, ㉡ 다스림이다. ⓐ 허물 중에 ⓑ 첫 구절은 총상이요, ⓕ 入欲 아래는 별상이다.

❖ 제6회 십지품 제2 離垢 地 (科圖 26-37; 岡字卷)

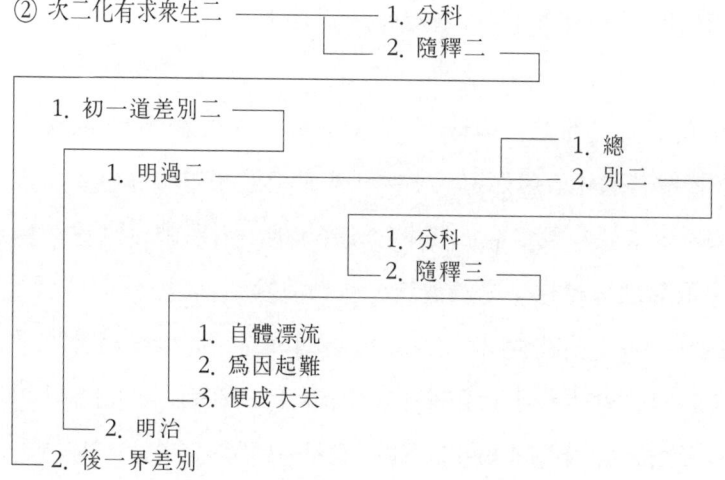

㉯ 과목에 따라 해석하다[隨釋] 2.
㉠ 하나는 도의 차별[初一道差別] 2.

ⓐ 허물에 대한 설명[明過] 2.
ⓑ 총상 해석[總] (總則 65上6)

又作是念하되 一切衆生이 爲大瀑水波浪의 所沒하여

(7) 또 생각하기를 '일체 중생이 빨리 흐르는 폭류에 휩쓸려서

[疏] 總은 卽沒在大河過니 六道漂溺이 如彼大河에 求有沒中하니 所以是 過라 然이나 總中에 含下別義하니 亦是賴耶瀑流와 七識波浪이라
- ㉠ 총상은 큰 강물에 빠지는 허물이니 여섯 갈래에 표류하거나 빠지는 것이 마치 저 큰 강물에 빠진 사람을 구하는 것과 같나니, 허물이기 때문이다. 그러나 총상 중에 아래의 별상의 의미를 포함하고 있으니, 또한 8식의 폭류와 7식의 물결을 가리킨다.

[鈔] 初一道差別者는 然道約輪轉일새 故喻河流요 界約難出이니 故比牢獄이라 皆增苦過니 下明外道와 小乘이 多乖道過라 求有沒中者는 造善等業하야 求於有果를 名爲沒中이라 然其總中者는 總以六道로 爲河니 今取賴耶恒轉也라 七識波浪은 並如前說하니라
- ㉠ '도(道)의 차별'이란 여기서 도(道)는 윤회하고 유전함에 의지한 구분이므로 강물의 흐름에 비유하였고, 계(界)는 구출하기 어려움에 의지한 구분이므로 감옥에 비유하였다. 모두 고통을 더하는 허물이니, 아래에서 외도와 소승이 대개 도와 어긋나는 허물을 밝혔다. '빠져 있는 사람을 구출함'은 선업 등을 지어서 결과가 있음을 구하는 것을 '빠져 있다'고 한다. 그런데 그 총상 중에서 여섯 갈래를 총합적으로 강물이라 하였으니, 지금은 8식이 항상 전변함을 취하였다. 7식의 물결은 모두 앞에서 설명한 내용과 같다.

㉤ 별상 해석[別] 2.
㉮ 과목 나누기[分科] (別中 65下5)

入欲流 · 有流 · 無明流 · 見流하여 生死迴澓하며 愛河漂轉하며 湍馳奔激하여 不暇觀察하며 爲欲覺恚覺害覺을 隨逐不捨하며

욕계의 폭류, 색계의 폭류, 무명의 폭류, 소견의 폭류에 들어가 생사에서 소용돌고 애욕에 헤매면서 빠르게 솟구치고 심하게 부딪치느라고 살펴볼 겨를도 없이 탐내는 생각, 성내는 생각, 해치려는 생각을 따라서 버리지 못하는데,

[疏] 別中에 彼大瀑水波浪이 有三種相하니 一, 自體漂流니 謂五趣因果요 二, 身見下는 爲因起難이니 謂處之多害요 三, 安六處下는 便成大失이니 失出離道라 今初自體에 有五種相하니 一은 深이며 二는 流요 三은 名이오 四는 漂요 五는 廣이라 但有其一이라도 已爲難度온 況具斯五하니 漂沒何疑아

■ ㉤ 별상 해석 중에 저 큰 폭류의 물결에 세 종류의 모양이 있으니 ㉮ 자체적으로 표류하는 폭류이니, 다섯 갈래에 나는 원인과 결과를 말한다. ㉯ 身見 아래는 어려움을 일으키는 원인이니, 사는 곳의 여러 가지 해로움을 말한다. ㉰ 安六處 아래는 문득 큰 손실을 이룸이니, 벗어나는 도를 잃는다는 뜻이다. 지금은 ㉮ 자체적으로 표류하는 폭류에 다섯 가지 모양이 있다. (1) 깊은 모양 (2) 유전하는 모양 (3) 명칭 (4) 표류하는 모양 (5) 넓은 모양이다. 단지 그 한 가지만 있더라도 이미 제도하기 어려울 텐데 하물며 이런 다섯 가지를 구비하였으니 다섯 갈래에 표류하거나 빠지는 것을 어찌 의심하리오.

㉮ 과목에 따라 해석하다[隨釋] 3.

Ⓐ 자체로 표류하는 폭류[自體漂流] 5.
㈠ 깊은 모양[深] (一深 65下10)

[疏] 一, 深者는 卽具足四流인 無量水故로 爲煩惱河라
- ㈠ 깊은 모양이란 네 가지 폭류[欲流, 有流, 無明流, 見流]인 한량없는 강물을 모두 갖추었으므로 '번뇌의 강'이라 하였다.

㈡ 유전하는 모양[流] (二生 66上1)

[疏] 二, 生死洄澓者는 流也니 上總四流煩惱因深일새 故此苦果가 常流無竭이라 上二가 卽漂溺處니 於此에 生死而漂溺故라
- ㈡ 생사의 소용돌이란 '유전한다'는 뜻이니, 위의 총상의 네 가지 폭류의 번뇌가 원인이 깊은 연고로 이런 고통의 결과가 항상 유전하여 고갈되지 않는다. 위의 둘이 곧 표류하거나 빠지는 곳이니 여기에서 나고 죽으면서 떠내려가게 되는 까닭이다.

[鈔] 故此苦果者는 相續義故니 如河雖深이나 若無流續하면 則易枯涸이라 於此生死者는 瑜伽八十六에 明由五種相하야 當知順流而被漂溺[113]하니 一은 若於此에 漂溺이오 二는 由此漂溺이오 三은 依此漂溺

---

113) 인용문은 『瑜伽師地論』 제86권의 契經事의 行擇攝 제1의 내용이다. 論云, "諸愚夫類, 由五種相當知順流而被漂溺, 謂若於此漂溺, 若由此漂溺, 若依此漂溺, 若如此漂溺, 若漂溺時諸所有相, 於此漂溺者, 謂於善趣惡趣而被漂溺, 如從兩岸彼此往來俱被漂溺, 由此漂溺者, 謂由愛河浸婬之性之所漂溺, 當知此愛有五種相, 一遊諸境界趣下分故, 二微細隨行難覺了故, 三於諸境界難迴轉故, 四乃至有頂一切廣大種種諸行所隨逐故, 五不寂靜相亂身心故, 依此漂溺者, 謂依色等五種諸行而被漂溺, 卽於善趣惡趣兩岸, 有五種行品類差別, 數數攀緣順流漂溺, 如此漂溺者, 云何漂溺, 謂於諸行如前所說流轉等事, 隨其次第不如實知, 或計我及我所故, 於漂溺時所有相者, 謂彼如是被漂溺時, 雖實愛身欲使長久, 由自性滅不能令住, 如爲漂溺, 與此相違當知卽是逆流行者."(대정장 권30 p.782 -)

이오 四는 如此漂溺이오 五는 漂溺時라 疏已具注於文之下하야 兼解
釋本論하고 以經으로 別加四流하야 異於愛故로 合四與五하야 以爲
一漂니라

● '그러므로 이런 고통의 결과'란 '상속한다'는 뜻인 까닭이다. 마치 강이 비록 깊지만 만일 물의 흐름이 이어지지 않는다면 쉽게 말라 버림과 같다. '여기에서 나고 죽으면서'란『유가사지론』제86권에 "어리석은 범부들은 다섯 가지 모양으로 인하여 흐름에 따라 떠내려가는 줄 알아야 한다고 밝혔다. 1) 만일 여기서 떠내려가며 2) 이것으로 인해 떠내려가며 3) 이것에 의지해서 떠내려가며 4) 이와 같이 떠내려가며 5) 떠내려갈 때에 (있게 되는 모양들이다)" 소가가 이미 경문 아래에 주를 내어 본 논경을 해석함을 겸하였고, 경문으로 따로 네 가지 흐름을 더하여 애욕의 흐름과 구분한 연고로 4)와 5)를 합하여 하나의 '떠내려감'으로 삼았다.

三 명칭[名] (三受 66上9)

[疏] 三, 愛河漂轉者는 名也니 前明四流에 雖無惑不攝이나 愛潤生死가 由此漂溺일새 偏受河名이 如愚墮河니 愛卽難出이라

■ 三 '애정의 강에 떠내려간다'는 것은 명칭이니 앞에서 '네 가지 폭류에 비록 미혹함이 없음은 포함되지 않는다'고 밝혔지만, 애정이 나고 죽음을 윤택하게 함이 이것으로 인해 떠내려가므로 치우쳐 강의 이름만 받은 것이 마치 어리석어서 강물에 떨어지는 것과 같나니, 애정은 벗어나기 어려운 까닭이다.

[鈔] 由此漂溺者는 卽瑜伽의 第二니 由愛故로 漂가 如河有大名이니 其必深廣이 如恒河等이니라

● '이것으로 인해 떠내려가며'는 『유가사지론』으로는 2)에 해당하나니, 애정으로 인하여 떠내려감이 마치 강에도 큰 명칭이 있는 것과 같나니 깊고 넓은 것은 항하(恒河) 강이 필요함과 같다.

四 떠내려가는 모양[漂] (四湍 66下3)

[疏] 四, 湍馳等者는 漂也니 此有二義하니 一, 顯河急일새 故云湍馳奔激이니 謂雖寶愛身하야 欲令長久나 而念念不住가 是漂溺時라 二, 由急故로 不能如實知其過失하며 亦復不見涅槃彼岸일새 故云不暇觀察이니 是爲如此漂溺이라

■ 四 湍馳 등은 떠내려감이니 여기에 두 가지 의미가 있다. (1) 강이 급함을 밝혔으므로 '빠르게 솟구치고 심하게 부딪친다'고 하였다. 말하자면 비록 보배처럼 몸을 사랑하여 오래 살려고 하지만 생각 생각 머물지 않는 것이 떠내려갈 때와 같다. (2) 급하기 때문에 능히 그 허물과 손실을 사실대로 알지 못하며, 또다시 열반의 저 언덕을 발견하지 못하므로 '살펴볼 겨를도 없다'고 하였으니, 이것을 '이와 같이 떠내려감'이라 한다.

[鈔] 一顯河急者는 卽瑜伽의 第五漂溺時也니 緩水는 易度라 生死가 若緩하면 聖道可生이어니와 壯色不停하야 刹那遷變이라 纔欲修道에 三昧[114]已無하니 此卽約果니라

---

114) 遺忘記云, 三昧者 無義 恐三常之誤 謂五常中前三色力命也 謂欲修道 而已無 死之謂, 五常은 色力命安及無碍辯,(『三家本私記』遺忘記 p.159-)

● (1) '강이 급함을 밝혔다'는 것은 『유가사지론』으로는 5) 떠내려갈 때에 해당하나니 느린 강물은 건너기 쉬운 것이다. 나고 죽음이 느리다면 성도(聖道)에 태어날 수 있겠지만 장하던 형색도 머물지 않아서 찰나 사이에 변해 간다. 이제 겨우 수도하려 하였지만 '세 가지 항상됨[三常]이 이미 없다'고 하였으니 이것은 결과에 의지한 분석이다.

五 광대한 모양[廣] (五爲 66下10)

[疏] 五, 爲欲覺等隨逐者는 廣也니 謂隨欲等覺하야 徧覺五塵일새 故名爲廣이니 依此漂溺이라 涅槃에 則以欲等으로 以爲毒蟲하니라

■ 五 '탐내는 생각 등에 따른다'는 것은 광대한 모양이다. 말하자면 탐내는 등의 생각을 따라서 두루 오진(五塵)[115] 경계를 지각하는 연고로 '광대하다'고 이름하였으니, 이것에 의지하여 떠내려간다는 뜻이다. 『열반경』에는 탐내는 생각 등으로 독한 벌레를 삼았다.

[鈔] 隨欲等者는 五塵之境이 皆有順違일새 故生三覺이오 亦兼八覺이니 如發心品이라 此卽約因일새 故云依此漂溺이니 若無惡覺하면 卽無漂故라 卽瑜伽論五中의 第二[116]니라 涅槃則以欲等者는 卽第二經[117]이니 純陀가 反敎文殊하야 令顯佛無爲하야 喩云호대 譬如貧女가 止他客舍하야 寄生一子러니 是客舍主가 驅逐令去어늘 携抱是兒하고 欲至他國이라가 於其中路에 遇惡風雨하야 寒苦並至하며 爲諸蚊虻, 蜂螫, 毒蟲之所唼食이라하니라 僧宗[118]이 曰, 爲其邪學之所抗折

---

[115] 여기서 五塵이란 色을 제외한 聲·香·味·觸·法을 가리킨다.
[116] 遺忘記云, 二作三(앞의 책 p.159-); 雜花記云, 二三之誤(『三家本私記』잡화기 p.133-).
[117] 인용문은 『涅槃經』제2권 純陀品의 내용이다. (대정장 권12 p.613 c~)

을 譬之風雨오 未免煩惱가 呑噬善根을 譬如毒蛇蟲이라하니라 今疏意에 云, 經以六道로 喩河流等하나니 卽是果河라 應以欲等으로 譬於毒蟲이니 例如宗釋이라 論無別釋일새 故引異釋耳니라

- 隨欲 등은 오진의 경계가 모두 수순함과 위배함이 있으므로 세 가지 생각을 낸 것이요, 또한 '여덟 가지 나쁜 생각[八覺]'[119]을 겸하였으니 발심품(發心品)의 내용과 같다. 이것은 원인에 의지한 분석이므로 '이것에 의지해 떠내려간다'고 하였으니, 만일 나쁜 생각이 없으면 떠내려 감도 없기 때문이다. 『유가사지론』의 다섯 가지 중 3)에 해당한다. 『열반경』에는 '탐내는 생각' 등이란 『열반경』 제2권를 가리킨다. 순타가 반대로 문수보살을 가르쳐 부처님의 하염없음을 밝히게 하려고 비유한 부분이다. "마치 비유컨대 어떤 구차한 여인이 집도 없고 구원할 이도 없는데 병까지 덮치고 기갈에 못 견뎌 거지로 다니다가, 어느 객점에서 아기를 해산하여 객점 주인에게 쫓겨나서, 아기를 안고 다른 데로 떠나가다가 도중에 폭풍우를 만나 옷이 젖고 떨리는 고통이 막심한 가운데 모기·등에·깔따구·벌 따위에게 뜯기게 되었다." 승종(僧宗)법사는, "그 샷된 공부로 대항하다 꺾이게 됨을 폭풍우에 비유하였고, 번뇌를 면하지 못함이 선근을 삼키는 것을 독한 벌레나 뱀에 비유하였다"고 해석하였다. 지금 소가는 의미로 말하면, 육도(六道)를 거치는 것을 강물 등에 비유하였으니 곧 과덕의 강이다.

---

118) 僧宗(438-496) : 南齊스님. 『涅槃經集解』의 공동저자. 陝西人이며 성은 嚴씨. 9세에 출가하여 경학을 대성하고 열반경을 주로 강의하여 백 편을 달성하다. 변재에 뛰어났고 성격은 자유분방하였는데, 北魏의 孝文帝가 師의 명성을 듣고 講說해 주기를 청하자 南齊에서는 국경을 넘지 못하도록 법을 고쳤다. 나중에 太昌寺에 주석하다가 建武 3년에 59세로 입적하다. (불광대사전 p.5731上-)

119) 八覺 : 일체의 번뇌를 일으키는 8종의 나쁜 생각을 말한다. (1) 欲覺 (2) 瞋覺 (3) 惱覺 (4) 親里覺; 고향 친척 등을 기억하는 마음 (5) 國土覺; 나라를 생각하는 마음 (6) 不死覺; 재산을 많이 가졌으므로 항상 죽지 아니하려는 생각 (7) 族姓覺; 문벌이 훌륭한 것을 생각하는 마음 (8) 輕侮覺; 자기의 재질을 믿고 남을 업신여기는 생각. (불교학대사전 p.1609- 홍법원 간, 1988, 서울)

탐내는 따위로 독한 벌레에 비유해야 할 것이니 승종(僧宗)법사의 해석과 같다. 논경에는 따로 해석한 것이 없으므로 다른 해석을 인용하였을 뿐이다.

Ⓑ 어려움을 일으킨 원인[爲因起難] 4.
㊀ 집착[執] (第二 67下5)

身見羅刹이 於中執取하며 將其永入愛欲稠林하며 於所貪愛에 深生染着하며 住我慢原阜하며
내 몸이라고 고집하는 나찰에게 붙들려서 애욕의 숲속으로 끌려 들어가 탐욕과 애정에 집착을 내고 〈나〉라는 교만의 언덕에 머물며,

[疏] 第二, 起難이라 有四하니 一者, 執이니 執着我我所窟宅하야 不能動發일새 故云身見羅刹과 於中執이라 言於中者는 於陰窟之中이라 執取之言은 亦含戒取라

■ Ⓑ 어려움을 일으킨 원인이다. 넷이 있으니 ㊀ 집착함이니 〈나〉와 〈내 것〉이란 소굴을 집착하여 능히 동요하지 못하게 하므로 〈내 몸〉이라고 고집하는 나찰과 그 속에 붙들림이라 말하였다. '그 속'이라 말한 것은 오음(五陰)의 소굴을 말한다. 집취(執取)라는 말은 역시 계금취견(戒禁取見)을 포함한 말이다.

[鈔] 第二起難有四者는 初一은 見이오 次二는 愛요 後一은 慢이라 由身見執者는 亦卽俱舍니 由二不超欲하고 由三復還下라하니라[120) 釋曰,

此卽五順下分結이라 由二不超欲者는 卽欲貪과 及瞋이라 由三復還下者는 卽身見과 戒禁取와 疑라 經에는 唯身見이니 故로 前行疏에 云, 執取之言은 亦含戒取라하니라 是同還欲界之惑이니 略無疑耳라 故貪瞋二는 如守獄卒이오 身見等三은 如防邏人이니라

- ⑬ '어려움을 일으킨 원인에 넷이 있다'는 말은 (1) 처음 한 구절은 소견이요, (2) 다음의 두 구절[將其永入愛欲稠林, 於所貪愛深生染着]은 애착이요, (3) 뒤의 한 구절[住我慢原阜]은 거만함이다. '신견(身見)이란 집착으로 말미암는다'는 것은 또한 『구사론』의 내용이니 "(또 다섯의 順下分은) 둘[貪, 瞋]로 말미암아 욕심세계를 뛰어나지 못하며, 셋으로 말미암아 다시 아래로 되돌아오며"라 한 것을 뜻한다. 해석하자면 이것은 '다섯의 순하분(順下分)'의 결론이다. '둘로 말미암아 욕심세계를 뛰어나지 못하며[由二不超欲]'라 한 것은 탐냄과 성냄의 두 가지 욕망이요, '셋으로 말미암아 다시 아래로 되돌아오며[由三復還下]'는 곧 신견(身見)과 계금취견(戒禁取見)과 의심을 가리킨다. 경문에는 오직 신견(身見)뿐이므로 앞의 항에서 소가가 "집취라는 말은 또한 계금취견을 포함한다"고 하였다. 이것은 욕심세계의 미혹으로 돌아옴이니 의심을 생략했을 뿐이다. 그래서 탐냄과 성냄의 둘은 옥을 지키는 병졸과 같고, 신견(身見) 등 셋은 방죽을 지키는 사람과 같다.

三 유전과 환생[轉還] (二將 68上4)

[疏] 二, 將其下는 轉還이니 謂先捨欲已에 得生上界러니 由身見執하야 還

---

120) 인용문은 『俱舍論』제21권의 分別隨眠品 제5의 내용에 대한 『俱舍論頌疏』의 해석이다. "從此第二. 明五下分結. 論云. 佛於餘處. 依差別門. 卽以結聲. 說有五種. 頌曰.《又五順下分 由二不超欲 由三復還下 攝門根故三》[또 다섯의 순하분은 둘[貪, 瞋]로 말미암아 욕심세계를 뛰어나지 못하며 셋으로 말미암아 다시 아래로 되돌아오며 부문과 근본[門根]을 포섭하기에 셋이네]."(대정장 권41 p.933 -)

生下界欲念之中이라 若準涅槃인대 愛見이 皆爲羅刹이라 論經에 云 愛見水中羅刹者는 譯者가 廻文不盡이니라

- 三 將其 아래는 유전과 환생이다. 말하자면 먼저 욕망을 버린 뒤에 상계(上界)에 나더니 신견(身見)의 집착으로 인해 하계(下界)의 욕망 속에 환생한다. 만일 『열반경』을 준해 보면 애견(愛見)이 모두 나찰이 된다. 논경에서 '애견의 물속에 사는 나찰'이라 말한 것은 번역한 이의 윤문이 부족한 까닭이다.

[鈔] 若準涅槃下는 欲會論經이라 先引涅槃이니 愛見羅刹은 皆乞浮囊[121]이라 義如前引하니라 廻文不盡은 正會論文이니 若盡인대 應云水中愛見羅刹이니라 故로 於中執取는 正於水니 卽果流라 故로 疏配蘊窟이니라

- 若準涅槃 아래는 논경과 회통함이다. 먼저 『열반경』을 인용하였으니 애견(愛見)의 나찰은 모두 뜬 주머니를 구걸한다. 의미는 앞에 인용한 내용과 같다. '윤문이 부족하다'는 것은 바로 논경의 문장과 회통함이니, 완전하게 한다면 응당히 '물속에 사는 애견나찰'이라 해야 한다. 그래서 於中執取란 '어수(於水)'라 해야 할 것이니 바로 과덕의 흐름인 것이다. 그래서 소가가 '오음의 소굴'에 배대하였다.

---

121) 인용문은 『涅槃經』 聖行品 제7에 나오는 내용이다. "護戒之心 猶如金剛 善男子 譬如有人帶持浮囊 欲渡大海 爾時 海中有一羅刹 卽從其人 乞索浮囊 — 如彼渡人 護惜浮囊 菩薩如是護戒之時."(대정장 권12 p.432 b-). 義如前引이란 세주품 6. 衆海雲集 夜叉王條에 언급한 적이 있다. 『화엄경청량소』 제1권 p.267-)
* 뜬 주머니의 비유[浮囊喩] 가운데에 나찰이 浮囊을 구걸하여 애견나찰로 합하였으니 말하자면 ① 온갖 중생이 혹 탐애 등 번뇌를 인하여 계를 깨뜨린다. 마치 어떤 사람이 인과를 밝게 믿고 바른 견해를 가졌으나 다만 번뇌에 얽혀 마침내 禁戒를 파한 것을 이름하여 愛見羅刹이라 한다. ② 견해가 바르지 않아 인과를 무시하고 여러 사견이나 斷常의 견해를 일으켜 문득 금계를 깨뜨리니, 말하자면 파하여도 죄가 없는 것을 이름하여 애견나찰이라 한다. 다만 저기서는 계를 파하게 했지만 여기서는 혜명을 헤쳤다. 그런 까닭으로 다름이 되었고 나찰의 뜻과 같다.

三 중간의 집착[中着] (三於 68下1)

[疏] 三, 於所貪下는 中着이니 謂於受用時에 求欲等樂着故라
- 三 於所貪 아래는 중간의 집착이다. 말하자면 수용할 때에 욕망 등을 구하여 즐겨 집착하기 때문이다.

[鈔] 求欲等樂着者는 此是論文이니 初求五欲하야 得已樂着이라 衆生이 處處着일새 故有等言이니라
- '구하여 즐겨 집착한다'는 것은 논경의 문장이니 처음에 다섯 가지 욕망을 구하여 얻고 나서는 집착하기를 좋아한다. 중생이 곳곳에서 집착하는 연고로 '등(等)'이란 말이 있게 되었다.

四 거만함을 더하다[增慢] (四住 68下4)

[疏] 四, 住我慢原阜者는 增慢이니 謂於受用事時中에 我慢하며 大慢하며 憍慢하며 自高輕彼故라 慢令心高일새 故喩原阜라 上不停法雨하고 下不見性水하야 廣平曰原이라 原自是高어늘 原上에 加阜하니 則慢上에 過慢이라 對涅槃岸하야는 以水로 爲患[122]이오 對佛性水하야는 則原阜爲非라
- 四 '〈나〉라는 교만의 언덕에 머물며'란 거만함을 더함이다. 말하자면 현상을 수용할 적에 〈나〉라는 거만함과 큰 거만함과 교만함과 스스로를 높이고 남을 업신여기는 까닭이다. 거만하여 마음을 높이려 하는 연고로 언덕에 비유한 것이다. 위로는 법의 비를 멈추지 않

---

122) 遺忘記云, "以水爲患者는 由生死水하야 不達涅槃岸이니 則岸是水非也요 今則由我慢原하야 不見佛性水니 則水是原非也."(『三家本私記』 遺忘記 p.160-)

고, 아래로는 본성의 물을 발견하지 못해서 넓고 평평한 것을 언덕이라 하였다. 언덕이 본래 높은 것인데 고원 위에 언덕[阜]을 더하였으니 거만함 위에 지나친 거만함을 뜻한다. 열반의 언덕에 상대해서는 물로 병통이 되고, 불성의 물에 상대해서는 언덕이 잘못이 된다.

[鈔] 受用事時中에 我慢大慢憍慢者는 多恃才能일새 云受用事라 大慢等은 卽三地에 有文이라 我慢은 於等에 自大니 故云大慢이오 於上에 不恭을 說爲憍慢이라 自高陵物일새 總顯慢義라 而云原阜者는 爾雅에 云, 高平曰陸이며 大陸曰阜라하니라

● 현상을 수용할 적에 아만과 대만과 교만이란 대부분 재능을 믿었으므로 '현상을 수용한다'고 말하였다. 대만(大慢) 등은 제3지에 관련된 문장이 있다. 아만(我慢)은 평등함 속에 자신을 크다 함이니 그래서 큰 거만함이라 말하였고, 위에 대해 공경하지 않은 것을 교만이라 말한다. 스스로를 높이고 중생을 능멸하므로 총합적으로 거만함의 뜻으로 설명하였다. 그런데 언덕[原阜]이라 말한 것은 『이아(爾雅)』[123]에 이르되, "높고 평평한 것을 육(陸)이라 하고 큰 육지를 고(阜)라 말한다"고 하였다.

* 현수스님의 해석[古釋] (賢首 69上2)

[疏] 賢首가 云, 四中에 初一은 見이오 次二는 愛요 後一은 慢이라 愛中에 一은 種子不滅故로 還來오 二는 現行深着故로 泥溺이라 如人이 在河에 四事難出이니 一, 被執住요 二, 被廻流요 三, 爲泥溺이오 四, 滯

---

[123] 爾雅: 十三經의 하나로 가장 오래된 字典. 전19권. 天文·地理·音樂·器財·草木·鳥獸 등에 관한 고금의 문자를 설명한 책. 저자는 未詳이나, 내용으로 보아서 宋代 학자들이 集錄한 것으로 생각된다.

枯洲하야 不到彼岸이라하니 合喩하야 思之니라

- 현수(賢首)대사가 이르되, "넷 중에 (1) 하나는 소견에 집착함이요, (2) 다음의 둘은 애착이요, (3) 뒤의 하나는 거만함이다. (2) 애착 가운데 첫째는 종자가 없어지지 않으므로 다시 오는 것이요, 둘째는 현행에 깊이 집착하므로 진흙에 빠지게 된다. 마치 사람이 강에 빠졌을 적에 네 가지 현상에서 벗어나기 어려움과 같다. ① 집착하여 머물러야 하는 것이요, ② 돌며 흐르는 것이다. ③ 진흙에 빠지는 것이요, ④ 섬에 체류하여 피안에 이르지 못하는 것이다"라고 하였으니 비유와 합하여 생각해야 한다.

[鈔] 四滯枯洲者는 論經에 云, 我慢陸地之所焦枯라하야늘 論에 云, 一은 執이오 二는 轉還이오 三은 中着이오 四者는 洲故라하니라

- ① '섬에 체류하여'는 논경의 경문에 "아만의 고원에서 타들고 말라 간다"고 하였는데, 논경의 해석에는 "첫째는 집착이요, 둘째, 유전과 환생이요, 셋째, 중간의 집착이요, 넷째, 섬이다"라고 하였다.

Ⓒ 큰 손실을 이루다[便成大失] (三明 69上9)

安六處聚落하며 無善救者하며 無能度者하나니
육처라는 동리에 있게 되어 구원할 이도 없고 제도할 이도 없으니,

[疏] 三, 明失中에 有三하니 一은 善道無出意失이니 安六處聚落故라 此는 無善因이니라 二는 惡道無救失이니 此는 無救緣이니라 三은 無能度者

는 異處去失이니 謂離自善行하야 生諸難處하야 不値佛故라 此는 雙
闕因緣이니 通善惡道니라
■ ⓒ 손실을 설명함에 셋이 있으니 ㊀ 선도(善道)로 빠져나갈 생각이 없
는 손실이니 육처(六處)라는 동네에 안주하는 까닭이다. 이것은 선업
의 원인이 없는 것이다. ㊁ 악도(惡道)에서 구원받지 못하는 손실이니
이것은 구제받을 인연이 없다는 뜻이다. ㊂ 능히 제도할 자가 없는
것은 다른 곳으로 가 버리는 손실이다. 말하자면 자신의 선행을 여
의고 여러 어려운 곳에 태어나 부처님을 뵙지 못하기 때문이다. 이것
은 원인과 인연을 함께 빠뜨린 내용이니 선도(善道)와 악도(惡道)에 통
한다.

ⓑ 다스리는 주체에 대한 설명[明治] (後能 69下5)

我當於彼에 起大悲心하여 以諸善根으로 而爲救濟하여
令無災患하고 離染寂靜하여 住於一切智慧寶洲하나니라
내가 마땅히 그에게 대비심을 일으키고 여러 선근으로 구
제하여 환난이 없게 하고, 모든 물든 것을 떠나서 고요하게
온갖 지혜의 섬에 머물게 하리라' 하느니라.

[疏] 後, 能治中에 初, 起化心이오 後, 以諸下는 成化行이라 化行有六하니
一은 與善因이니 謂六度萬行으로 以爲船筏이라 二는 作救緣이오 三은
令無苦患이오 四는 令離集染이오 五는 證涅槃寂靜이오 六은 令得菩
提大智라 皆翻上三段이니 思之니라 云何能得此益고 論에 云, 以如
實法이라하니라 云何如實고 了生死實性이 本如니 即苦患而證涅槃이

며 見煩惱本源性離니 卽集染而成大智라 如斯敎者라야 眞與善因이며 眞能救也니라

- ㉡ 다스리는 주체 중에 ㉮ 교화하려는 마음을 일으킴이요, ㉯ 以諸 아래는 교화하는 행법을 성취함이다. ㉯ 교화하는 행법에 여섯이 있으니 (1) 착한 원인을 주는 것이니 육바라밀의 여러 행법으로 배를 삼은 것을 뜻한다. (2) 구제할 인연을 지음이요, (3) 고통과 근심을 없게 함이요, (4) 모인 잡염법을 흩어지게 함이요, (5) 열반의 고요함을 증득함이요, (6) 보리의 큰 지혜를 얻게 함이다. 모두 위의 세 문단[㉤ 自體漂流 ㉥ 爲因起難 ㉦ 便成大失]을 뒤바꾼 부분이니 생각해 보라. 어떻게 이런 이익을 얻을 수 있는가? 논경에서 '사실과 같은 법 때문'이라 하였다. 어떤 것이 사실과 같은 법인가? 나고 죽음의 여실한 본성이 본래로 여여한 줄 요달함이다. 고통과 근심에 합치하여 열반을 증득하게 되며 번뇌의 본원이 본성 여읨을 발견한 부분이니, 잡염이 모인 것에 합치하여 큰 지혜를 성취하는 것이다. 이와 같이 가르쳐야만 진실로 착한 원인을 주는 것이며 진실로 능히 구제할 수 있다.

[鈔] 皆翻上三段者는 謂一은 自體요 二는 起難이오 三은 明失也라 六中에 如一與善因은 卽離自體니 旣無自體에 卽無難及失이라 餘五도 亦然 일새 故云皆翻也니라

- '모두 위의 세 문단을 뒤바꾼 것'이란 ㊀ 자신의 체성이요, ㊁ 어려움을 일으킴이요, ㊂ 손실을 밝힘이다. 여섯 가지 중에 한결같이 착한 원인을 주는 것은 곧 여읜 자체이니 이미 자체가 없을 적에 어려움과 손실이 없게 된다. 나머지 다섯 가지도 마찬가지이므로 '모두 뒤바꾼다'고 하였다.

ⓛ 하나는 세계의 차별[後一界差別] 2.
ⓐ 과목 나누기[分科] (第二 70上7)

又作是念하되 一切衆生이 處世牢獄하여 多諸苦惱하며 常懷愛憎하며 自生憂怖하며 貪欲重械之所繫縛이며 無明稠林으로 以爲覆障하여 於三界內에 莫能自出하나니
(8) 또 생각하기를 '일체 중생이 세간의 옥중에 있으면서 고통이 많고, 사랑하고 미워하는 생각을 품어 스스로 공포하며, 탐욕이란 고랑에 얽매이고 무명의 숲속에 가리었으므로, 삼계에서 벗어나지 못하나니,

[疏] 第二, 明界差別이니 先은 過요 後는 治라
■ ⓛ 세계의 차별을 밝힘이니 ㉠ 허물이요, ㉡ 다스림이다.

ⓑ 과목에 따라 해석하다[隨釋] 2.
㉠ 허물[過] 2.
㉮ 총상 해석[總] (過中 70上7)
㉯ 별상 해석[別] (次多)

[疏] 過中에 初句爲總이니 三界繫縛이 猶如牢獄이어늘 求有處之하니 所以爲過라 次, 多諸下는 別이니 別明世獄이라 有五過隨逐하니 一은 苦事요 二는 財盡이오 三은 愛離요 四는 有縛이오 五는 障礙라 三界之獄도 亦然이라 此五는 示五種難差別이니 一은 無病難이니 無病은 是樂이오 病則有苦니 與彼로 爲難이라 下難義도 準之니라 苦는 謂身諸病

苦요 惱는 謂心病愁惱라 二는 常懷愛憎은 是資生難이니 愛彼資生하야 求而不得하고 憎彼貧窮하야 遠之强會라 三은 親難이니 親愛를 別離일새 故生憂怖라 四는 戒難이니 雖生上界하야 暫離犯戒나 不免戒行相違며 還爲貪械所縛이라 謂報盡에 起於欲惡하니 明上二界는 非欲永滅이라 故此貪欲이 通繫三界니라 五는 見難이니 雖得世間의 八禪定智나 亦爲無明의 所覆하야 與正見으로 相違니라

■ ㉮ 허물 중에 ㉠ 첫 구절은 총상이니 삼계에 속박됨이 마치 옥에 갇힘과 같은데 구할 것이 있으면 옥에 살게 되므로 허물이 된다. ㉡ 多諸 아래는 별상 해석이니 별상으로 세상의 감옥을 설명하였다. 다섯 가지 허물이 따르게 되나니 (1) 고통스러운 일이요, (2) 재물이 다함이요, (3) 애착이 떨어짐이요, (4) <유>의 속박이요, (5) 장애함이다. 삼계의 감옥도 마찬가지이다. 이런 다섯 가지는 다섯 종류의 어려움을 보여서 차별한다. 첫째, 병이 없기 어려움이다. 병이 없음은 즐겁고 병들면 괴로움이 있으니 저와 함께 어려움이 된다. 아래의 어려움의 의미도 여기에 준한다. 괴로움은 몸에 여러 가지 병드는 고통을 말하고, 뇌그러움[惱]은 마음의 병으로 근심하고 괴로워함이다. 둘째, 항상 사랑하거나 미워하는 생각을 품는 것은 생활을 돕기 어려움이다. 생활에 도움이 되는 것을 사랑하여 구하지만 얻지 못하고, 빈궁함을 미워하여 멀어지려 하지만 어쩔 수 없이 만나게 된다. 셋째, 친근하기 어려움이다. 친근하고 사랑하는 사람을 이별한 연고로 근심과 두려움이 생겨난다. 넷째, 계행의 어려움이다. 비록 상계에 태어나 잠시 계율을 범하지는 않았지만 계행이 서로 위배됨을 면하지 못하며 도리어 탐냄의 형틀에 얽힘을 입게 된다. 다시 말하면 과보가 끝나면 욕망과 악함을 일으키나니 위의 두 세계는 욕망이 영원히 없어

진 것이 아님을 밝힌 것이다. 그러므로 이런 탐냄과 욕망이 삼계를 모두 속박하는 것이다. 다섯째, 소견의 어려움이다. 비록 세간의 여덟 가지 선정의 지혜를 얻었지만 역시 무명의 덮임을 받아 바른 소견과 서로 위배된다.

[鈔] 一苦事等者는 一은 鞭杖楚撻故요 二는 費用資財요 三은 親屬分張이며 四는 枷鎖着體이며 五는 垣墻防邏라 法說인대 五中에 前三苦者는 一은 病苦요 二는 求不得苦요 三은 愛別離苦요 四戒難者는 謂後二가 是業이니 一은 犯戒業이니 上二界가 離無慚愧故로 不起犯戒라 五見難은 當邪見業이니 癡爲本故니라

● (1) 고사(苦事) 등이란 1) 채찍이나 몽둥이에 녹초가 됨[楚撻]이요, 2) 생필품과 재물을 쓰는 것이요, 3) 친족·권속이 나누어져 번성함이며, 4) 칼과 사슬에 몸이 묶임이며, 5) 장벽과 방죽에 갇힘이다. 법으로 말한다면 다섯 가지 중에 앞의 세 가지 고통은 ① 병드는 고통 ② 구하여도 얻지 못하는 고통 ③ 사랑하는 사람과 이별하는 고통이다. 넷째, 계난(戒難)이란 말하자면 뒤의 두 가지가 업이니 ① 계율을 범하는 업이니, 위의 두 세계가 부끄러워할 줄 모르는 것을 여읜 연고로 계율 범함을 일으키지 않는다. 다섯째, 견난(見難)은 삿된 소견의 업에 해당되나니 어리석음으로 근본을 삼는 까닭이다.

㉾ 다스리는 주체[治] (後能 71上4)

我當令彼로 永離三有하여 住無障礙大涅槃中하며
내가 마땅히 그로 하여금 삼유를 길이 여의고 장애가 없는

대열반에 머물게 하리라' 하느니라.

[疏] 後, 能治中에 若如實了知三界之相이 無有生死하며 非實非虛하면 則自無障礙하야 果證圓寂이니라
- ㊦ 다스리는 주체 중에 만일 여실하게 삼계의 모양이 생사가 없고 진실함도 헛되지도 않은 줄 요달하였다면 자연히 장애가 없어져서 마침내[果] 원만한 열반을 증득하게 된다.

③ 범행을 구하는 중생을 교화하다[化梵行求衆生] 2.
㉮ 과목 나누기[分科] (第四 71上7)

又作是念하되 一切衆生이 執着於我하야
(9) 또 생각하기를 '일체 중생이 <나>라는 데 집착하여

[疏] 第四, 有二段은 化梵行求衆生이라 分二니 初段은 化邪梵行求하야 令捨邪歸正이오 後段은 化同法小乘하야 令捨權歸實이라
- ③ 두 문단은 범행을 구하는 중생을 교화함이다. 둘로 나누면 ㉠ 첫 문단은 삿되게 범행을 구하려는 중생을 교화하여 삿됨을 버리고 바른 소견으로 돌아오게 함이요, ㉡ 뒤 문단은 같은 불법의 소승을 구하는 중생을 교화하여 권교(權敎)를 버리고 실교(實敎)로 돌아오게 함이다.

㉯ 과목에 따라 해석하다[隨釋] 2.
㉠ 하나는 삿되게 범행을 구하는 중생을 교화하다[初一化邪求衆生] 2.

於諸蘊窟宅에 不求出離하며 依六處空聚하며 起四顚倒
行하며 爲四大毒蛇之所侵惱와 五蘊寃賊之所殺害하여
受無量苦하나니

오온 속에서 벗어나지 못하고, 육처라는 동리를 의지하여
네 가지 뒤바뀐 행을 일으키며, 네 마리 독사에게 시달리고
오온이란 원수의 살해를 당하면서 한량없는 고통을 받나니,

ⓐ 허물을 밝히다[過] 2.
㉠ 총상 해석[總] (今初 71上9)

[疏] 今初니 先은 明過中에 初句爲總이니 謂執着於我過라 然諸外道의 執
見이 雖多나 以我로 爲本하니 斷常等見이 皆因此生이니라 次, 於諸
蘊下는 別이라

■ 지금은 ㉠ 삿되게 범행을 구하는 중생을 교화함이니 ⓐ 허물을 밝힘
가운데 ㉠ 첫 구절은 총상이다. <나>에게 집착하는 허물을 말한다.
그런데 모든 외도들이 집착하는 소견이 많지만 <나>에 대한 집착
으로 근본을 삼나니 단견(斷見)과 상견(常見) 등이 모두 이로 인해 생
겨난다. ㉡ 於諸蘊 아래는 별상 해석이다.

㉡ 별상 해석[別] (別有 71下4)

[疏] 別有六句하니 前三은 失道故니 遠第一義樂이오 後三은 失滅故니 具
足諸苦라 今初니 一, 於諸蘊窟宅不求出離者는 無始發方便이니 謂
彼外道와 衆生이 欲趣涅槃이나 以有我故로 於五陰舍에 不能動發이

라 二, 所趣不眞이니 內入이 無我일새 故名空聚라 我想으로 妄計하야 徧¹²⁴⁾於六根일새 故名爲依라 三, 造行不正이니 旣求涅槃인대 應行八正이어늘 翻行邪道인 四顚倒行하니 以彼計蘊하야 身受心法이 爲淨等故라 後三中에 一은 四大乖違苦니 謂老病死苦라 人皆欲遠이나 由計我故로 四毒常侵이라 二는 五陰隨逐苦니 五蘊이 具諸結過하야 常能害人善法일새 故云怨賊이라 三¹²⁵⁾은 受無量苦者는 上不說者는 皆在其中이며 亦總結前五也니라

■ ㈎ 별상 해석에 여섯 구절이 있으니 ㉮ 앞의 세 구절은 길을 잃은 까닭이니 제일가는 이치의 즐거움과 멀어진 것이요, ㉯ 뒤의 세 구절은 열반을 잃은 까닭이니 여러 고통이 모두 구비된 것이다. 지금은 ㉮이니 Ⓐ '오온의 소굴에서 벗어나지 못한다'는 것은 비롯함 없는 방편이다. 말하자면 저 외도와 중생들이 열반에 나아가려 하지만 〈나〉에 대한 집착이 있는 연고로 오음(五陰)의 집에서 움직이지 못하는 것이다. Ⓑ 취향할 대상이 진실하지 않음이다. 내부적인 육입(六入)은 〈나〉에 대한 집착이 없으므로 '공의 무더기[空聚]'라 이름한다. 〈나〉라는 생각으로 망녕되게 계탁하여 여섯 가지 감관에 두루 하므로 '의지한다'고 한다. 三 행법을 지음이 바르지 않음이다. 이미 열반을 구한다면 응당히 팔정도(八正道)를 행해야 할 텐데, 거꾸로 삿된 길인 네 가지 뒤바뀐 행법[四顚倒行]을 행하였으니 저 팔정도로써 오온을 계탁하여 신(身)·수(受)·심(心)·법(法)의 사념처가 청정하다는 등이 된 까닭이다. Ⓑ의 세 구절 중 一 사대가 무너지고 위배되는 고통이니 늙고 병들고 죽는 고통을 가리킨다. 사람이 모두 이를 멀리하려 하

---

124) 徧은 南續金本作偏誤.
125) 三은 原南續金本作六, 綱本作三.

지만 〈나〉라고 계탁함으로 인해 네 가지 독사에게 항상 시달린다.
三 오음이 따라다니는 고통이니 오온이 여러 번뇌와 허물을 구비하
여 항상 사람과 선법을 해치기 때문에 원수나 도적이라 말한다. 三
'한량없는 고통을 받는다'는 것은 위에서 말하지 않은 것은 모두 그
속에 있기 때문이며, 또 총합하여 앞의 다섯 가지를 결론한 내용인
까닭이다.

[鈔] 無始發方便者는 則顯二는 是中間이니 所趣不眞이며 三은 是終造니
卽行不眞이라 此三失道니 翻有妄集이요 後三은 失滅이니 翻有妄苦라
前二는 內苦니 一은 四大니 卽老病苦요 二,[126] 五盛陰苦라 三은 總
餘五苦니라 人皆厭苦나 由着我故로 不能得出이니라

● '비롯함 없는 방편'이란 둘째는 중간의 지음이니 취향할 대상이 진실
하지 않음을 밝힌 것이며, 셋째는 마지막으로 지음이니 곧 행법이 진
실하지 않다는 뜻이다. 이 셋은 도를 잃음이니 뒤바뀐 것으로 망녕된
모임이 있게 되고, 뒤의 셋은 열반을 잃음이니 뒤바뀐 것으로 망녕된
고통이 있게 된다. 앞의 둘[4. 爲四大- 5. 五蘊寃-]은 내부적인 고통이니
①은 사대이니 곧 늙고 병드는 고통이요, ②는 오음이 치성한 고통
이다. ③은 나머지 다섯 가지 고통을 총합한 내용이다. 사람은 누구
나 고통을 싫어하지만 〈나〉에 대한 집착으로 인해 벗어나지 못하
게 된다.

ⓑ 다스리는 주체를 밝히다[治] (後能 72上10)

---

[126] 二는 甲南續金本作後誤.

我當令彼로 住於最勝無所着處하리니 所謂滅一切障礙하고 證無上涅槃이니라
내가 마땅히 그로 하여금 가장 훌륭하고 집착이 없는 곳에 머물게 하리니, 곧 모든 장애가 없어진 위가 없는 열반이라' 하느니라.

[疏] 後, 能治中에 上由計我하야 處處生着하니 唯大涅槃은 是無着處라 云何能得고 謂如實法이라 如實法者는 略有三義하니 一은 上怨賊等을 外道不知하고 計我處之어니와 今菩薩은 敎之觀過하야 了無有人이라 二는 假以世喩하야도 喩所不及이니 則五陰等이 過於怨等이라 三은 知其實性이 人法俱空이니 皆是最勝無所着處라 餘如涅槃二十一說하니라

■ ⓑ 다스리는 주체를 밝힘 중에 ① 위에서 〈나〉를 잘못 계탁함으로 인해 곳곳에서 집착을 내나니 오로지 대열반만이 집착이 없는 곳이다. 무엇을 얻을 수 있는가? 여실한 법이다. 여실한 법이란 대략 세 가지 뜻이 있으니 (1) 위의 원수나 도적 따위를 외도들은 알지 못하고 〈나〉로 잘못 계탁하여 살지만 지금의 보살은 가르쳐서 허물을 관찰하여 마침내 〈남〉이 없게 된다. (2) 세상의 비유를 빌리더라도 비유로는 미치지 못한다. 오음 등이 원수 따위보다 지나친다. (3) 그 실다운 체성이 〈남〉과 법이 모두 공한 줄 아는 것이니 모두 가장 뛰어난 집착 없는 곳이기 때문이다. 나머지는 『열반경』 제21권에 설명한 내용과 같다.

[鈔] 唯大涅槃者는 翻前失滅하야 得如實法하고 翻前失道하야 三種如實

이라 前二는 事實이오 後一은 理實이니라 餘如涅槃者는 卽南經也니
北經은 當二十三이니 皆高貴德王菩薩品이라 經中에 廣說三惡覺過
하고 令起六念善覺하사 後有此喩하나니 經에 云,127) 善男子여 譬如
有王이 以四毒蛇로 盛之一篋하야 令人으로 瞻128)養餧飼하고 臥起129)
에 摩洗其身호대 若令一蛇가 生瞋恚者면 我當準法戮之都市하리라
爾時에 其人이 聞王切令하고 心生惶怖하야 捨篋逃走하나라 王이 時에
復遣五旃陀羅하야 拔刀隨後라 其人이 廻顧하야 見後五人하고 遂疾
捨去하니라 是時에 五人이 以惡方便으로 藏所持刀하고 密遣一人하야
詐爲親善하야 而語之言호대 汝可還來하라 其人이 不信130)하고 投一
聚落하야 欲自隱匿일새 旣入131)聚中하야 窺132)看諸舍하니 都不見人
이오 執諸133)坏器하니 悉空無物이라 旣不見人이오 求物不得하야 卽
134)便坐地러니 聞空中聲호대 咄哉라 男子여 此聚는 空曠하야 無有居
民135)하니 今夜에 當有六大賊來하리니 汝設遇者인대 命將不全하리니
汝當云何而得免之오 爾時에 其人이 恐怖遂增하야 復捨而去라가 路
値一河하니 其河漂急이라 無有船筏이어늘 以怖畏故로 卽取種種草
木하야 爲筏하고 復更思惟호대 我設住此하면 當爲四大毒蛇와 五旃
陀羅와 一詐親者와 及六大賊之所危害요 若渡此河에 筏不可依인대
當沒水死하리라 寧沒136)水死언정 終不爲彼蛇賊의 所害하리라 卽推

---

127) 『南本涅槃經』제21권 고귀덕왕보살품의 내용이다. (대정장 권12p.742 c17-)
128) 瞻은 金本作瞻誤, 原南續本及北經作瞻; 案瞻養餧飼 南經作養食瞻視.
129) 臥起는 甲南續金本作起臥, 經原本作臥起.
130) 信은 甲南續金本作住.
131) 入은 南續金本作至.
132) 窺는 甲南續金本作觀.
133) 諸는 北經及甲南續金本作捉.
134) 卽은 南續金本作而.
135) 民은 甲南續金本作人.
136) 上二沒字는 甲南續金本作投誤, 經原本作沒.

草筏하야 置之水中하고 身倚其上하야 手抱[137]脚蹋하야 截流而去하니라 旣[138]達彼岸하야는 安隱無患하고 心意泰然하야 恐怖消除라하니라 釋曰, 上具引經하니 在文可知라

- '오로지 대열반만이'란 앞의 열반을 잃음을 바꾸어 여실한 법을 얻고, 앞의 도를 잃음을 바꾸어 세 가지 여실한 법을 얻은 것이다. 그중 앞의 둘[了無有人, 五陰過怨]은 현상적인 실법이요, 뒤의 하나[人法俱호]는 이치적인 실법을 뜻한다. 여여열반(餘如涅槃)이란 『남본열반경』의 권수이니 『북본열반경』으로는 제23권에 해당하나니 모두 고귀덕왕보살품이다. 경문에서 세 가지 나쁜 깨달음의 허물에 대해 자세히 설명하고는 여섯 가지 생각의 착한 깨달음을 일으키게 한 뒤에 이런 비유를 말하였다. 경문에 이르되, "선남자여, 마치 어떤 임금이 네 마리의 독사를 한 상자에 담아 두고 다른 이를 시켜 먹을 것을 주어 기르게 하며, 누울 적에나 일어날 적에 그 몸을 쓰다듬게 하되, 만일 어떤 독사라도 성을 내게 하면 법에 의지하여 사형하리라 하였다. 그 사람이 임금의 명령을 듣고는 무서운 생각을 내어 상자를 버리고 도망하였다. 임금은 다시 전다라 다섯 사람을 보내면서 칼을 빼어들고 따라가라고 하였더니, 그 사람은 전다라들이 따라오는 것을 보고는 더욱 빨리 달아났다. 그때에 다섯 전다라는 나쁜 방편으로 들었던 칼을 숨기고 가만히 다른 사람을 보내어 거짓 친근한 척하면서 도로 가자고 달래었으나, 그 사람은 그 말을 믿지 아니하고 어떤 마을로 들어가서 숨으려 하였다. 그 마을에 들어가서 여러 집들을 살펴보았으나 사람은 보이지 않고 여러 독이나 뒤주들은 아무 것도 담긴 것이 없었다. 사람들도 만날 수 없고 물건도 얻을 수 없어서 그냥 땅바닥에 주

---

137) 抱는 南續金本作把, 原本及北經作抱; 案手抱脚蹋 南經作運手動足.
138) 旣는 南續金本作卽.

저앉았더니, 공중에서 이런 소리가 들렸다. '가엾다. 그대여, 이 마을은 비어서 사는 사람이 없고 오늘 밤에는 여섯 도둑이 올 터인데, 그대가 만일 만나면 목숨을 보전할 수 없으리니 그대는 어떻게 면하려는가?' 그때에 그 사람은 무서운 마음이 점점 더하여 그 마을에서 떠나가다가 큰 강을 만났는데, 강물은 빨리 흐르고 배도 뗏목도 없었다. 황망한 중에 여러 가지 풀과 나무를 꺾어다가 뗏목을 만들면서 다시 생각하였다. '내가 만일 여기 있다가는 네 마리 독사와 다섯 전다라와 거짓 친한 척하는 사람과 여섯 도둑에게 해를 당할 것이요, 만일 이 강을 건너려면 뗏목도 믿기 어려우니 물에 빠져 죽을 것이다. 차라리 물에 빠져 죽을지언정 저 독사나 도둑의 피해를 입지 않으리라' 하고, 풀로 만든 뗏목을 물 위에 밀어넣고 그 위에 몸을 의지하여 손과 발을 허우적거리면서 강을 건너갔다. 저 언덕에 이르고는, 아무 걱정이 없고 마음이 태연하여 공포가 없어졌다"고 하였다. 해석하자면 위에는 경문을 모두 인용하였으니 알 수 있으리라.

下合文이 廣하니 今當撮略호리라 云菩薩摩訶薩得聞受持[139]大涅槃經호대 觀身如篋하고 地水火風如四毒蛇[140]라 蛇有四毒하니 見毒과 觸毒과 氣毒과 齧毒이라 常伺[141]人便하고 性各別異요 敬養無益이라 四大도 亦爾라 又蛇를 以呪藥可治요 四大도 亦爾[142]하니 應遠離之하야 趣八聖道니라 五旃陀羅는 卽是五陰이니 彼旃陀羅가 令人으로 恩愛別離하고 怨憎集會라 又嚴器仗하야 則能害人하고 常有害意하

---

139) 上七字는 甲南續金本作受.
140) 上八字는 甲南續金本作四大如蛇.
141) 伺는 甲南續金本作思誤.
142) 亦爾는 準經應作不爾.

야 偏害一切하니 人無手足과 刀仗과 侍從하면 則爲其害라 五陰도 亦爾하야 令人으로 遠善近惡하며 煩惱로 自嚴器仗하야 常害一切하니 若無戒足과 慧刀와 善知識侍하면 則爲其害라 陰又過彼니 彼害는 不能令墮地獄하고 但害有罪하며 亦不自害요 財貨로 可脫이며 不必常害요 唯在一處며 殺已不墮어니와 五陰은 反此니라 有智之人은 應當遠離하고 依八正道와 六度萬行하야 令心如虛空하고 身如金剛이니라

- 아래 합한 문장은 자세하므로 지금부터는 간략히 줄여서 인용하리라. "보살마하살이 이『대반열반경』을 듣고 받아 지니면, 몸은 상자와 같고 지대 수대 풍대 화대는 네 마리의 독사와 같이 보나니, 보기도 독하고 건드리는 것도 독하고 기운도 독하고 물리는 것도 독하다. 항상 사람의 짬을 엿보고 성품은 각각 다르며 공경히 길러도 이익이 없다. 사대도 그와 같다. 또 독사는 주술이나 약으로 치료할 수 있으니 사대도 그러하니 응당히 멀리 여의고 팔정도로 향해야 한다. 다섯 전다라는 곧 오음이니 저 전다라들이 사람으로 하여금 은혜와 사랑하는 이는 떠나게 하고 원수나 미워하는 이는 만나게 한다. 또 무기나 몽둥이로 장엄해서 사람을 해치며 항상 해칠 생각을 품어서 두루 모두를 해롭게 한다. 사람에게 손과 발, 칼이나 몽둥이, 시종이 없으면 그 피해를 입게 된다. 오음도 그러해서 사람으로 하여금 선법을 멀리하고 악법을 가까이하게 하며, 번뇌는 자신을 무기로 장엄하여 항상 모두를 해롭게 한다. 만일 계행의 발과 지혜의 칼과 선지식의 도움이 없으면 그 피해를 입게 된다. 오음은 저보다 더욱 지나치나니 저것의 피해는 능히 지옥에 떨어지게 하지 못하고 단지 그 죄를 받기만 하며 또한 스스로를 해치지는 않으며, 재물로 벗어날 수 있으

며 늘 해로운 것은 아니요, 오로지 한 곳에만 있으며 죽고 나서는 지옥에 떨어지지 않지만 오음은 이것과 반대이다. 지혜 있는 사람은 응당히 멀리 여의고 팔정도와 육바라밀의 여러 보살행에 의지하여 마음은 허공과 같게 하고 몸은 금강석과 같게 한다.

一詐親善은 以喩於愛가 常伺人便하야 令人輪轉이니 但見身口코 不見其心이라 愛但虛妄하야 無有眞實이로대 愛又過彼하니 無始終故며 難知故며 難遠故라 若有智慧면 不爲其害니라 空聚落者는 卽是六入이오 無人은 人空이오 器等이 空者는 以明法空이라 凡夫는 遠望에 生不空想이어니와 菩薩은 知空하나라 六大賊者는 卽是六塵이니 劫人善法호대 不擇好惡하야 令貧孤露하야 作一闡提하나니 無善防衛하면 則爲其劫이라 又遇大賊에 賊劫現[143]在하고 唯劫欲界어니와 塵劫三世며 亦劫三界라 唯菩薩이 勇健하고 有善僕從하야 不爲其劫하야 直去不廻니라 河喩煩惱니 猶如駛流가 深難得底로 墮未至底라도 卽便命終이라 衆生도 亦爾하야 未至空底코 卽便輪廻二十五有니라 河唯沒身이오 不沒善法이어니와 煩惱는 反此니 故應勸修六度萬行하야 以爲船筏하야 至涅槃岸이라 餘如彼經이니라

● 一詐親善은 애착이 항상 사람의 짬을 엿봄에 비유하여 사람을 윤회 전생하게 하나니 다만 몸과 입만 보고 그 마음은 보지 못하는 것이다. 애착은 단지 허망할 뿐 진실됨이 없지만, 애착은 또 저보다 지나치나니 시작과 끝이 없는 까닭이며 알기 어려운 까닭이며 멀리하기 어려운 까닭이다. 만일 지혜가 있으면 그 피해를 입지 않는다. 공취락(空聚落)이란 그대로 육입이요, 무인(無人)은 〈남〉에 대한 공함이

---

143) 現은 甲南續金本作見.

요, 기등공(器等空)이란 법이 공함을 밝히기 위함이다. 범부는 멀리서 바라보면 공하지 않다는 생각이 일어나지만 보살은 공한 줄 안다. 육대적(六大賊)이란 곧 육진 경계이니 사람의 선법을 겁박하지만 좋고 나쁜 것을 가리지 않아서 가난한 이를 외롭고 헐벗게 하고 일천제가 되게 하나니, 선법으로 막지 않으면 그 겁박을 당하게 된다. 또 큰 도적을 만날 적에 도적은 현재를 겁박하고 오로지 욕계만 겁박하지만 티끌은 삼세를 겁박하며 또 삼계를 겁박한다. 오로지 보살만이 용감하고 좋은 종의 따름이 있으므로 그 겁박을 당하지 않고 바로 가서 돌아오지 않는다. 강은 번뇌에 비유하였으니 마치 빠른 물살에 깊어서 밑바닥을 알 수 없고 떨어지면 강바닥까지 가기 전에 바로 목숨이 다하는 것과 같다. 중생도 그러해서 〈공〉까지 가지 못하고 바로 삼계(三界) 25유(二十五有)를 윤회하게 된다. 강은 오로지 몸만 없어지게 하고 선법을 없애지는 않지만 번뇌는 이와 반대이니, 그러므로 응당히 육바라밀의 많은 보살행 닦는 것을 배나 뗏목으로 삼기를 권해서 열반의 저 언덕에 이르게 한다. 나머지는 저 경문과 같다.

ⓒ 한 문단은 불법 안의 소승을 교화하다[後一化同法小乘] 2.
ⓐ 허물을 일으키다[過] (第二 75上2)

又作是念하되 一切衆生이 其心狹劣하여 不行最上一切智道하며 雖欲出離나 但樂聲聞辟支佛乘하나니

(10) 또 생각하기를 '일체 중생의 마음이 용렬하여 가장 좋은 지혜의 도를 행하지 못하므로, 비록 벗어나려 하면서도 성문승과 벽지불승만 좋아하나니,

[疏] 第二, 化同法小乘이라 初, 起過中에 有三하니 初는 不求大因過니 利生懈怠가 爲狹이오 佛法無量을 退沒不證이 爲劣이라 二는 不行下는 不願大果過요 三은 雖欲下는 明修行過라 不定聚衆生은 實有大乘出離之法이나 而修行小乘이라

- ㉡ 불법 안의 소승을 교화함이다. ⓐ 허물을 일으킴 중에 셋이 있으니 (1) 큰 인행(因行)을 구하지 않는 허물이니 중생을 이롭게 함에 게으른 것을 '좁다'고 하고, 한량없는 불법을 물러나 포기하여 증득하지 못함을 '열등하다'고 한다. (2) 不行 아래는 큰 과덕을 원치 않는 허물이요, (3) 雖欲 아래는 소승법을 닦으려는 허물을 밝힘이다. 부정취(不定聚)의 중생은 진실로 대승의 벗어나는 법이 있는데도 소승법만 수행하는 것이다.

[鈔] 不定聚者는 然三聚가 皆有나 且約長時인댄 入正定聚하면 動經多劫일새 故唯不定이라야 則可廻也니라

- 不定聚란 그처럼 삼정취가 모두 있지만 우선 오랜 시간에 의지한다면 정정취(正定聚)에 들어가면 잠깐 사이에 많은 세월을 지나므로 오로지 부정취(不定聚)라야만 돌아올 수 있다.

ⓑ 다스리는 주체[治] (後能 75上9)

我當令住廣大佛法과 廣大智慧케하리라
내가 마땅히 광대한 부처님 법과 광대한 지혜에 머물게 하리라' 하느니라.

[疏] 後, 能治中에 廣大佛法은 卽諸度萬行이며 登地已上을 名爲廣大니 皆佛因法이라 廣大智慧는 通於因果라 翻前狹劣을 總名廣大라
- ⓑ 다스리는 주체 중에 '광대한 불법'이란 곧 모든 바라밀의 만행(萬行)을 가리키며, 십지 이상에 오른 것을 '광대하다'고 하나니 성불의 원인이 되는 법이다. '광대한 지혜'는 인행과 과덕에 통하는 개념이다. 앞의 좁고 열등함을 뒤바꾼 것을 총합하여 '광대하다'고 말한다.

[鈔] 廣大佛法者는 亦是敎道요 智慧는 卽是證道니라
- 광대한 불법이란 또한 교도이고, 지혜는 바로 증도이다.

[疏] 上來에 廣明攝衆生은 竟하다
- 여기까지 널리 ㄷ) 중생을 섭수하는 계법을 밝힘은 마친다.

b. 섭중생계를 결론하다[結成攝生之戒] (第二 75下5)

佛子여 菩薩이 如是護持於戒하여 善能增長慈悲之心이니라
불자여, 보살이 이렇게 계율을 보호하여 지니며 자비한 마음을 증장케 하느니라."

[疏] 第二, 佛子下는 結成攝生之戒라 護持於戒는 卽前律儀와 及攝善法故라 能增長慈悲之心은 卽益生戒니라
- b. 佛子 아래는 중생을 이익되게 하는 계를 결론함이다. 계율을 보호하여 가지는 것은 앞의 섭율의계(攝律儀戒)와 섭선법계(攝善法戒)인

까닭이다. 능히 자비스러운 마음을 증장함이 바로 중생을 이익되게 하는 게이다.

나) 제2지의 과덕을 밝히다[彰地果] 2.

❖ 제6회 십지품 제2 離垢地 (科圖 26-38; 岡字卷)

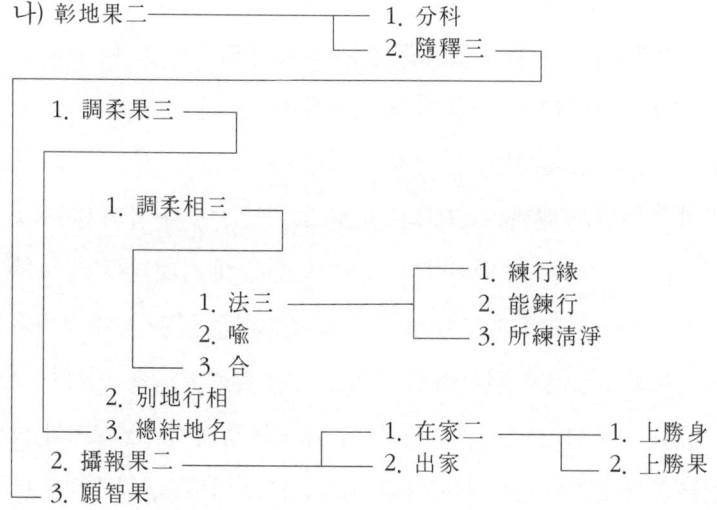

(가) 과목 나누기[分科] (第二 75下10)

佛子여 菩薩이 住此離垢地에 以願力故로 得見多佛하되 所謂見多百佛과 多千佛과 多百千佛과 多億佛과 多百億佛과 多千億佛과 多百千億佛하며 如是乃至見多百千億那由他佛하나라

불자여, 보살이 이 이구지에 머물고는 서원하는 힘으로 많

은 부처님을 보게 되나니, 이른바 여러 백 부처님 여러 천 부처님 여러 백천 부처님 여러 억 부처님 여러 백억 부처님 여러 천억 부처님 여러 백천억 부처님을 보며, 내지 여러 백천억 나유타 부처님을 보느니라.

[疏] 第二, 位果라 唯無發趣하고 三果는 同前이라 故로 論에 云有同者와 無者를 亦名果校量勝者는 三果가 皆勝初地故라 初, 調柔中에 三이니 一, 調柔相이오 二, 佛子此菩薩下는 別地行相이오 三, 佛子是名下는 總結地名이라 初中에 三이니 謂法과 喩와 合이라 法中에 三이니

■ 나) 제2지의 과덕을 밝힘이다. 오로지 발취과(發趣果)만 없고 다른 세 가지의 과덕은 앞과 같다. 그러므로 논경에서 '있는 것과 함께 없는 것을 또한 과덕에 비교하여 뛰어나다'고 말한 것은 세 가지 과덕이 모두 초지보다 뛰어난 까닭이다. ㄱ. 조화롭고 부드러운 결과 중에 셋이니 ㄱ) 조화롭고 부드러운 결과의 모양이요, ㄴ) 佛子此菩薩 아래는 2지의 행상을 구분함이요, ㄷ) 佛子是名 아래는 총합적으로 2지의 명칭을 결론함이다. ㄱ) 중에 셋이니 (ㄱ) 법으로 설함이요, (ㄴ) 비유로 밝힘이요, (ㄷ) 법과 비유를 합함이다. (ㄱ) 법 가운데 또 셋이다.

(나) 과목에 따라 해석하다[隨釋] 3.
ㄱ. 조화롭고 부드러운 결과[調柔果] 3.

ㄱ) 조화롭고 부드러운 결과의 모양[調柔相] 3.
(ㄱ) 법으로 설하다[法] 3.

a. 행법의 인연을 연마하다[練行緣] (初見 76上3)
b. 행법을 연마하는 주체[能練行] 2.
a) 부처님께 공양하다[供養] (二於)

> 於諸佛所에 以廣大心과 深心으로 恭敬尊重하고 承事供養하여 衣服飮食과 臥具醫藥과 一切資生을 悉以奉施하며 亦以供養一切衆僧하여 以此善根으로 廻向阿耨多羅三藐三菩提하며
> 여러 부처님 계신 데서 광대한 마음과 깊은 마음으로 공경하고 존중하고 받들어 섬기고 공양하며, 의복과 음식과 좌복과 의약과 모든 필수품으로 보시하며, 또한 모든 스님네께도 공양하나니, 이 선근으로써 아눗다라삼약삼보디에 회향하느니라.

[疏] 初, 見諸佛이 爲練行緣이라 二, 於諸佛下는 明能練行이라 於中에 先, 供養이며

- a. 부처님을 친견함이 행법의 인연을 연마함이다. b. 於諸佛 아래는 행법을 연마하는 주체를 밝힘이다. 그중에 a) 부처님께 공양함이다.

b) 법을 수지하다[受法] (後於 76下1)

> 於諸佛所에 以尊重心으로 復更受行十善道法하며 隨其所受하여 乃至菩提를 終不忘失이니라
> 또 여러 부처님 계신 데서 존중한 마음으로 다시 십선도법

을 받아 행하며, 그 받은 것을 따르고, 내지 보리를 마침내 잊지 않느니라.

[疏] 後, 於諸佛下는 受法이니 更受十善이 卽學佛善也니 是戒地故니라
- b) 於諸佛 아래는 법을 수지함이다. 다시 십선법을 수지함이 곧 부처님의 십선법을 배움이니 계율의 지위인 까닭이다.

c. 연마할 대상이 청정하다[所練淸淨] (三是 76下5)

是菩薩이 於無量百千億那由他劫에 遠離慳嫉破戒垢故로 布施持戒가 淸淨滿足이니라
이 보살이 한량없는 백천억 나유타 겁 동안에 아끼고 미워하고 파계한 허물을 멀리 여의었으므로 보시하고 계행 가지는 일이 청정하고 만족하나니라.

[疏] 三, 是菩薩下는 所練淨中에 對前勝者는 以離慳嫉와 破戒인 二種垢故라
- c. 是菩薩 아래는 연마할 대상이 청정함 가운데 '앞과 상대하여 뛰어나다'는 것은 간탐(慳貪)과 파계(破戒)의 두 가지 때를 여의는 까닭이다.

(ㄴ) 비유로 밝히다[喩] (初地 76下8)

譬如眞金을 置礬石中하여 如法鍊已에 離一切垢하고 轉復明淨인달하니라

마치 진금을 명반 가운데 넣고 법대로 연단하면 모든 쇠똥이 없어지고 점점 더 밝고 깨끗하여지듯 하느니라.

[疏] 初地菩薩은 戒未淨故로 施亦未淨이니 前就初地하야 說檀度滿일새 今¹⁴⁴⁾更轉淨하야 以離二垢하니 說名離垢故라 故喩初地金에 但火鍊하야 以除外垢어니와 今此에는 置礬石中이라 兼內淨體明일새 云一切淨이라

■ (ㄴ) 초지의 보살은 계율이 아직 청정하지 않은 연고로 보시함도 아직 깨끗하지 않나니, 앞은 초지에 입각하여 '보시바라밀이 원만하다'고 말하였으므로 지금은 다시 점차 청정하게 하여 두 가지 허물을 여의었으니 '때를 여읜다'고 이름한 까닭이다. 그래서 초지에서 금을 단지 불로만 연마함에 비유하여 외부적인 때를 제거하였지만 지금 여기서는 반석 속에 넣음에 비유하였다. 내부적으로 본체의 광명을 청정케 함을 겸하였으므로 '일체가 청정하다'고 말하였다.

(ㄷ) 법과 비유를 합하다[合] (法合 77上4)

菩薩이 住此離垢地도 亦復如是하야 於無量百千億那由他劫에 遠離慳嫉破戒垢故로 布施持戒가 淸淨滿足이니라
보살이 이구지에 머무는 것도 그와 같아서, 한량없는 백천억 나유타 겁 동안에 아끼고 미워하고 파계한 허물을 멀리 여의었으므로 보시와 계행 가지는 일이 청정하고 만족하나니라.

---

144) 今은 雜花記作令.

[疏] 法合이니 可知로다
- (ㄷ) 법과 비유를 합함은 알 수 있으리라.

ㄴ) 제2지의 행상을 구분하다[別地行相] (二別 77上7)

佛子여 此菩薩이 四攝法中에는 愛語偏多요 十波羅蜜中엔 持戒偏多니 餘非不行이로되 但隨力隨分이니라
불자여, 이 보살이 네 가지로 거두어 주는 법 중에서는 사랑스러운 말이 치우쳐 많고, 십바라밀다 중에서는 지계바라밀다가 치우쳐 많으니, 다른 것을 행하지 않는 것은 아니지마는 힘을 따르고 분수를 따를 뿐이니라.

[疏] 二, 別地行中에 以離語四過일새 說愛語偏多니라
- ㄴ) 제2지의 행상을 구분함 가운데 말씀의 네 가지 허물을 여의었으므로 "사랑스러운 말이 치우쳐 많다"고 말하였다.

ㄷ) 제2지의 명칭을 총합하여 결론하다[總結地名] (經/佛子 77上8)

佛子여 是名略說菩薩摩訶薩의 第二離垢地니라
불자여, 이것을 이름하여 보살마하살의 제2 이구지를 간략히 말한다 하느니라."

ㄴ. 보답으로 거둔 결과[攝報果] 2.

ㄱ) 재가에 속하는 결과[在家] 2.
(ㄱ) 훌륭한 몸을 받다[上勝身] (二菩 77下1)

> 菩薩이 住此地에 多作轉輪聖王하여 爲大法主하여 具足七寶하고 有自在力하여
> 보살이 이 이구지에 머물러서는 흔히 전륜성왕이 되고, 큰 법주가 되어 칠보가 구족하고 자재한 힘이 있어,

[疏] 二, 菩薩住此下는 攝報果니 先, 明在家요 後, 若欲下는 出家라 在家中에 二니 先, 上勝身이니 卽金輪王이오
■ ㄴ. 菩薩住此 아래는 보답으로 거둔 결과이다. ㄱ) 재가에 속하는 결과를 밝힘이요, ㄴ) 若欲 아래는 출가에 속하는 결과를 밝힘이다. ㄱ) 재가에 속하는 결과 중에 둘이니 (ㄱ) 훌륭한 몸을 받음이니 곧 금륜(金輪)을 가진 왕을 말한다.

(ㄴ) 뛰어난 결과를 얻다[上勝果] (後能 77下9)

> 能除一切衆生의 慳貪破戒垢하고 以善方便으로 令其安住十善道中하며 爲大施主하여 周給無盡하며 布施愛語利行同事의 如是一切諸所作業이 皆不離念佛하고 不離念法하고 不離念僧하며 乃至不離念具足一切種과 一切智智니라
> 又作是念하되 我當於一切衆生中에 爲首며 爲勝이며 爲殊勝이며 爲妙며 爲微妙며 爲上이며 爲無上이며 乃至爲一切

智智依止者라 하느니라

능히 일체 중생의 아끼고 탐하고 파계한 허물을 제멸하고, 좋은 방편으로써 그들을 십선도에 머물게 하며, 큰 시주가 되어 널리 주는 일이 끝나지 아니하며, 보시하고 좋은 말을 하고 이익하게 하고 일을 같이 하나니, 이와 같이 모든 하는 일이 모두 부처님을 생각하고 법을 생각하고 스님네를 생각함을 떠나지 아니하며, 내지 온갖 지혜와 온갖 지혜의 지혜를 구족하려는 생각을 떠나지 아니하느니라.

또 생각하기를 '내가 일체 중생들 가운데서 머리가 되고 나은 이가 되고 썩 나은 이가 되고, 묘하고 미묘하고 위가 되고 위없는 이가 되고 내지 온갖 지혜와 지혜에 의지함이 되리라' 하느니라.

[疏] 後, 能除下는 明上勝果145)니라

■ (ㄴ) 能除 아래는 뛰어난 결과를 밝힘이다.

ㄴ) 출가에 속하는 결과[出家] (二出 78上4)

是菩薩이 若欲捨家하고 於佛法中에 勤行精進인댄 便能捨家妻子五欲하고 旣出家已에 勤行精進하여 於一念頃에 得千三昧하며 得見千佛하며 知千佛神力하여 能動千世界하며 乃至能示現千身하고 於一一身에 能示現千菩薩로 以爲眷屬이니라

---

145) 此下에 續金本有二出家顯擯報果.

이 보살이 만일 집을 버리고 불법 가운데서 부지런히 정진
하려면, 문득 집과 처자와 다섯 가지 욕락을 버리며, 이미
출가하고는 정진을 부지런히 하여 잠깐 사이에 천 삼매를
얻고 천 부처님을 보고 천 부처님의 신통력을 알고 천 세계
를 진동하며 내지 천 가지 몸을 나타내고 몸마다 천 보살을
나타내어 권속을 삼느니라.

ㄷ. 서원과 지혜의 결과[願智果] (三若 78上7)

若以菩薩殊勝願力으로 自在示現인댄 過於是數하여 百
劫千劫과 乃至百千億那由他劫에도 不能數知니라
만일 보살의 훌륭한 원력으로 자재하게 나타내게 되면 이
보다 지나가서, 백 겁 천 겁으로 내지 백천억 나유타 겁에도
능히 세어서 알 수 없느니라."

[疏] 三, 若以菩薩下는 願智果니 並如初地니라
- ㄷ. 若以菩薩 아래는 서원과 지혜의 결과이니 모두 초지와 같은 내
  용이다.

(3) 거듭 노래하는 부분[重頌分] 2.

가. 게송을 설하는 광경[說偈儀] (經/爾時 8上8)

爾時에 金剛藏菩薩이 欲重宣其義하여 而說頌曰,

그때 금강장보살이 이 뜻을 다시 펴려고 게송으로 말하였다.

나. 바로 게송을 말하다[正說偈] 3.
가) 열 게송은 제2지의 행상을 노래하다[初十偈頌位行] 4.
(가) 열 가지 정직한 마음을 노래하다[初一偈頌十種直心]
(第三 78下1)

質直柔軟及堪能과 調伏寂靜與純善과
速出生死廣大意여 以此十心入二地로다
질직하고 부드럽고 참을성 있고
조복한 마음, 고요한 마음, 순일한 마음
생사를 뛰어나는 광대한 마음
열 가지 마음으로 2지에 들도다.

[疏] 第三, 重頌中에 有十五頌을 分三이니 初十頌은 位行이라 於中에 有四하니 初一頌은 頌十種直心이오
- (3) 거듭 노래하는 부분 중에 15개의 게송을 셋으로 나누었으니 가) 처음의 열 게송은 제2지의 행법을 노래함이다. 그중에 넷이 있으니 (가) 처음 한 게송은 열 가지 정직한 마음을 노래함이요,

(나) 두 게송은 섭율의계를 노래하다[次二偈頌律儀戒] (二有 78下7)

住此成就戒功德하여 遠離殺生不惱害하며

亦離偸盜及邪婬과　　　妄惡乖離無義語로다
여기 있어 계행 공덕 성취하려는
살생과 해치는 일 멀리 여의고
도둑과 사음이며 거친 말이며
이간하고 뜻 없는 말 또한 여의리.

不貪財物常慈愍하며　　　正道直心無諂僞하며
離險捨慢極調柔하여　　　依敎而行不放逸이로다
재물을 탐하잖고 늘 사랑하며
바른 도와 곧은 마음 아첨이 없고
간악함과 교만 버려 조화한다면
교법대로 수행하고 방일하지 않고

[疏] 二, 有二頌은 頌律儀戒요
■ (나) 두 게송은 섭율의계를 노래함이요,

(다) 두 개 반의 게송은 섭선법계를 노래하다[次二偈半頌攝善戒]

(三二 79上3)

地獄畜生受衆苦와　　　餓鬼燒然出猛焰이
一切皆由罪所致니　　　我當離彼住實法이로다
지옥과 축생에서 고통을 받고
아귀는 불에 타서 불길이 맹렬
온갖 것이 모두 다 죄로 생기니

내가 모두 떠나고 법에 머물러

人中隨意得受生과　　　乃至頂天禪定樂과
獨覺聲聞佛乘道가　　　皆因十善而成就니
인간에 마음대로 태어나거나
색·무색계 태어나는 선정의 낙과
독각이나 성문이나 부처 되는 길
모두가 십선으로 성취하나니

如是思惟不放逸하여　　自持淨戒教他護하며
이런 일 생각하고 방일 않으며
자기도 계행 갖고 남을 권하며

[疏] 三, 二頌半은 頌攝善戒요
■ (다) 두 개 반의 게송은 섭선법계를 노래함이요,

(라) 네 개 반의 게송은 섭중생계를 노래하다[後四偈半頌攝生戒]
(四有 79下3)

復見群生受衆苦하고　　轉更增益大悲心이로다
중생이 고통받는 것을 보고는
점점 더 자비한 맘 증장하나니

凡愚邪智不正解하여　　常懷忿恨多諍訟하며

貪求境界無足期하니　　　　　我應令彼除三毒이로다
범부의 삿된 지혜 정견이 없어
분노를 항상 품고 투쟁 잘하고
육진 경계 탐하노라 만족 모르니
저들로 세 가지 독 덜게 하리라.

愚癡大暗所纏覆로　　　　　入大險道邪見網하며
生死籠檻怨所拘니　　　　　我應令彼摧魔賊이로다
캄캄한 어리석음 덮인 바 되어
험한 길과 삿된 소견 그물에 들고
생사의 우리 속에 구속되나니
저들에게 원수 마군 부수게 하며

四流漂蕩心沒溺하며　　　　三界焚如苦無量하며
計蘊爲宅我在中하니　　　　爲欲度彼勤行道146)로다
네 바다에 표류하며 마음 잠기고
삼계가 불타는 듯 고통이 무량
오온으로 집이 되어 내가 거기 있으니
그들을 제도하려 도를 행하고

設求出離心下劣하여　　　　捨於最上佛智慧일새
我欲令彼住大乘하여　　　　發勤精進無厭足이로다
뛰어나기 구하여도 마음이 용렬

---

146) 流는 續金本作海誤, 如宮本作燒; 徑合注云 如宋南論本作燒, 卍合注云 如南宋藏作燒.

가장 높은 부처 지혜 모두 버릴새
그들을 대승법에 가게 하려고
부지런히 정진하고 만족을 몰라.

[疏] 四, 有四頌半은 頌攝衆生戒라
■ (라) 네 개 반의 게송은 섭중생계를 노래함이다.

나) 네 게송은 제2지의 과덕을 노래하다[次四偈頌位果] (二有 80上2)

菩薩住此集功德하여 　　　　見無量佛咸供養하고
億劫修治善更明하니 　　　　如以好藥鍊眞金이로다
보살이 이 지에서 공덕 모으며
한량없는 부처님 뵙고 공양해
억겁 동안 선을 닦아 밝고도 깨끗
명반으로 진금을 단련하듯이

佛子住此作輪王하여 　　　　普化衆生行十善하고
所有善法皆修習하니 　　　　爲成十力救於世로다
불자가 여기에선 전륜왕 되어
중생을 교화하여 십선 행하며
여러 가지 선근을 모두 닦아서
십력을 이루어서 세상을 구제.

欲捨王位及財寶하여 　　　　卽棄居家依佛敎라

勇猛精進一念中에　　　　獲千三昧見千佛이로다
국왕이나 재물을 다 버리려고
집을 떠나 불교에 귀의하여서
용맹하게 정진하며 잠깐 동안에
일천 삼매 얻고서 천 불 보나니

所有種種神通力을　　　　此地菩薩皆能現이나
願力所作復過此하여　　　無量自在度群生이로다
이 세간에 가지가지 신통의 힘을
이 지에 있는 보살 능히 나투며
원력으로 짓는 일 이보다 지나
한량없이 자재한 힘 중생 건지네.

[疏] 二, 有四頌은 頌位果라
- 나) 네 게송은 제2지의 과덕을 노래함이다.

다) 설한 내용을 결론하여 찬탄하다[後一偈結嘆所說] (三有 80上5)

一切世間利益者의　　　　所修菩薩最勝行인
如是第二地功德을　　　　爲諸佛子已開演이로다
한량없는 세간을 이익하는 이
보살들 수행하는 가장 좋은 법
이러한 제2지의 모든 공덕을
불자들을 위하여 연설하노라.

[疏] 三, 有一頌은 結歎所說이라 二地는 竟하다

- 다) 한 게송은 설한 내용을 결론하여 찬탄함이다. 제2절 때를 여의는 지는 마친다.

제2절 이구지(離垢地) 終

大方廣佛華嚴經 제35권

大方廣佛華嚴經疏鈔 제35권의 ② 劍字卷

제26 十地品 ⑧

제3 발광지는 "뛰어난 선정과 큰 교법의 다라니를 성취해서 가없는 묘한 지혜의 빛을 내기 때문에 발광지라 한다"고 하듯이 사선과 사공의 선정 수행을 통해서 광명을 얻게 되므로 먼저 '말한 대로 행을 닦고야 불법을 얻을 것이니, 말만 하여서는 청정할 수 없으리라'고 맹서합니다.

법문 듣고 이치대로 생각해 보아	聞已如理正思惟하여
사선정과 무색계의 삼매 얻으며	獲得四禪無色定하며
자·비·희·사 오신통이 생겨난 대로	四等五通次第起나
그 힘으로 태어나진 아니하리라.	不隨其力而受生이로다
이 보살은 도리천왕 쉽게 되어서	住此多作忉利王하야
한량없는 하늘 대중 다 교화하고	化導無量諸天衆하되
탐욕 마음 버리고 선도(善道)에 있어	令捨貪心住善道하여
한결같이 부처 공덕 구하게 하며	一向專求佛功德이로다

大方廣佛華嚴經疏鈔 제35권의 ② 劍字卷

제26 십지법문을 설하는 품[十地品] ⑧

제3절. 광명을 내는 지[發光地] 7.

❖ 제6회 십지품 제3 發光地 (科圖 26-39; 劍字卷)

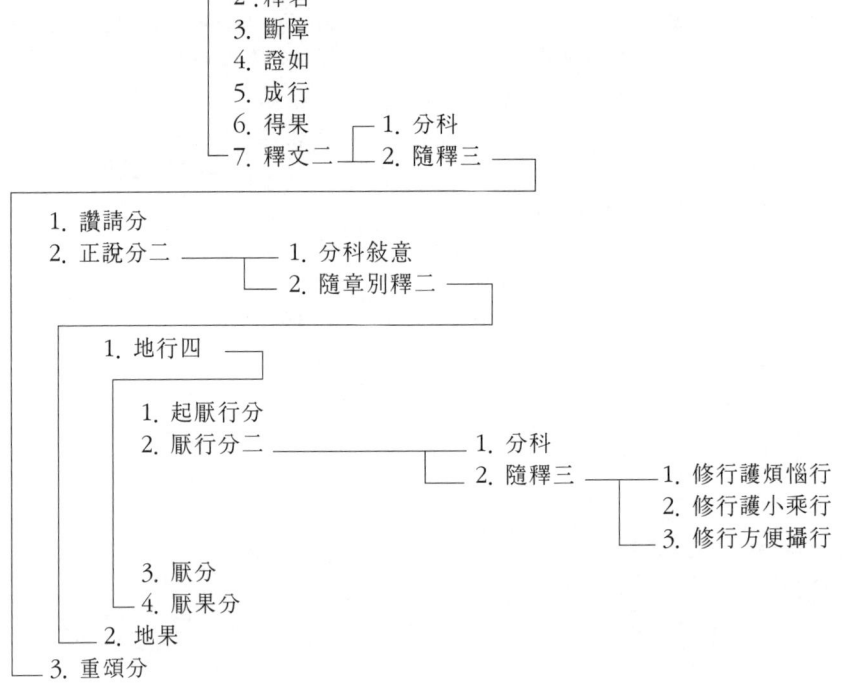

1. 오게 된 뜻[來意] 3.

1) 바로 밝히다[正明] 2.
(1) 삼학을 잡아 해석하다[約三學] (第三 1上5)
(2) 지위에 의탁하여 해석하다[約寄位] (又前)

[疏] 第三, 發光地라 所以來者는 前戒오 此定이니 義次第故니라 又前三地가 寄同世間의 施戒修法이니 前二의 施戒가 竟일새 今此顯修니라
■ 제3절 광명을 내는 지이다. 1. 오게 된 이유는 앞은 계율이요, 여기는 선정이니 이치의 순서이다. 또 앞의 세 지위가 모두 세간의 보시와 지계와 수행하는 법에 의탁하였으니, 앞의 보시와 지계의 두 가지가 끝났으므로 지금은 수행에 대해 밝힌 내용이다.

2) 인용하여 증명하다[引證] (故深 1上7)
3) 회통하여 해석하다[會釋] (此則)

[疏] 故로 深密에 云, 前位는 能持微細戒品이나 未得圓滿世間等持等至와 及圓滿聞法總持하니 爲令得此일새 因說此地하야 令勤修學[147]이라하니 此則具前二意니라
■ 그래서 『해심밀경(解深密經)』에 이르되, "앞의 지위는 능히 미세한 계품을 가지긴 했지만 아직 세간에 원만한 등지(等持)와 등지(等至)를 얻지 못하고 원만한 법의 총지를 얻지 못하였으니 하여금 이런 것을 얻게

---

[147] 『解深密經』 제4권 地波羅蜜多品 제7에 云, "云何名爲十一種分能攝諸地. 謂諸菩薩先於勝解行地. 依十法行極善修習勝解忍故. 超過彼地證入菩薩正性離生. 彼諸菩薩由是因緣此分圓滿. 而未能於微細毁犯. 誤現行中正知而行. 由是因緣於此分中猶未圓滿. 爲令此分得圓滿故. 精勤修習便能證得. 彼諸菩薩由是因緣此分圓滿. 而未能得世間圓滿等持等至. 及圓滿聞持陀羅尼. 由是因緣於此分中猶未圓滿. 爲令此分得圓滿故. 精勤修習便能證得. 彼諸菩薩由是因緣此分圓滿. 而未能令隨所獲事. 菩提分法多修習住. 心未能捨諸等至愛及與法愛. 由是因緣於此分中猶未圓滿. 爲令此分得圓滿故. 精勤修習便能證得. 彼諸菩薩由是因緣此分圓滿. 而未能於諸諦道理如實觀察."(대정장 권16 p. 703-)

하려고 이 제3지를 설하여 부지런히 수행하고 배우게 한다"고 하였다. 여기서는 앞의 두 가지 의미를 갖추고 있다.

[鈔] 所以來者는 來意中에 三이니 初, 正明이오 二, 引證이오 三, 會釋이라 今初니 有二意라 一, 就三學이오 二地는 是戒오 三地는 是定이오 四地已上은 皆屬於慧일새 故爲次第니 則令初地로 亦屬戒收라 又前三下는 二, 約寄位니 謂初地는 爲施오 二地는 爲戒오 三地는 爲修라 此三이 所以名世間者는 世間有情이 多分行故라 故로 俱舍에 云, 契經에 說有三福業事하나니 一은 施類福業事오 二는 戒類福業事오 三은 修類福業事라 此云何立福業事名고 頌에 云, 施戒修三類가 各隨其所應하야 受福業事名이니 差別이 如業道라하니라[148] 釋曰, 類謂性類니 此三이 各別一類性故라 定名修者는 頌에 云, 等引善을 名修니 極能熏心故라하니[149] 謂離沈掉를 名之爲等이오 引生功德을 名之爲引이라 此는 定地善이 極能熏心하야 令成德類일새 故獨名修니라
故深密下는 引經證이라 此則具前下는 三, 會釋也라 謂一은 前位持戒未得等持는 即三學意오 二는 旣言未得世間等持는 即寄位意니 在文可知니라

● 1. 所以來는 오게 된 뜻에 셋이니 1) 바로 밝힘이요, 2) 인용하여 증명함이요, 3) 회통하여 해석함이다. 지금은 1) 바로 밝힘이니 두 가

---

148) 『俱舍論』제18권 分別業品 제4의 ⑥에 云, "齊此精進波羅蜜多修習圓滿. 若時菩薩處金剛座 將登無上正等菩提. 次無上覺前住金剛喩定. 齊此定慧波羅蜜多修習圓滿. 能到自所住圓德彼岸. 故此六名曰波羅蜜多. 契經說. 有三福業事. 一施類福業事. 二戒類福業事. 三修類福業事. 此云何立福業事名. 頌曰,《施戒修三類 各隨其所應 受福業事名 差別如業道"(대정장 권29 p.95b23-)
149) 인용문은 『俱舍論頌疏論本』제18권의 내용이다. "從此大文第七. 明施戒修. 就中分二. 一略明施戒修. 二廣明施戒修. 此下第一. 略明者. 論云. 契經說. 有三福業事. 一施類福業事. 二戒類福業事. 三修類福業事. 此云何立福業事名. 頌曰《施戒修三類 各隨其所應 受福業事名 差別如業道》釋曰. 施戒修三類者. 定名爲修. 類謂性類. 謂施戒修. 各別性類也. 各隨其所應受福業事名者. 謂施等三. 皆名爲福. 於中或有是福業事. 或是業不是事. 或是事不是業. 名各隨所應也."(대정장 권41p.919 c9-)

지 의미가 있다. (1) 삼학(三學)에 입각한 해석이니 제2지는 계율이요, 제3지는 선정에 해당한다. 제4지 이상은 모두 지혜에 속하는 것으로 순서를 삼았으니, 초지도 역시 계율에 거두어 속하는 것으로 배대하였다. (2) 又前三 아래는 지위에 의탁한 해석이니, 말하자면 초지는 보시이고, 제2지는 계율이요, 제3지는 수행에 해당한다. 이 세 가지로 인해 세간이라 이름한 이유는 세간의 중생들이 많이 행하기 때문이다. 그래서 『구사론』에서는 "계경에서 말하기를 세 가지 복된 업과 일이 있다. 첫째, 보시로 분류되는 복된 업과 일이요, 둘째, 계행으로 분류되는 복된 업과 일이요, 셋째, 수행으로 분류되는 복된 업과 일이다"라고 하였다. 여기서 '복된 업과 일'이란 명칭을 어떻게 세웠는가? 게송으로, "보시와 계행과 수행의 세 종류가 각기 그 적응을 따라서 복된 업과 일이란 명칭이 주어지는데 그 차별이 업도와 마찬가지이네"라고 한 까닭이다. 해석하자면 종류는 체성의 종류를 말하나니 이 셋이 각기 다르면서 한 종류의 체성인 까닭이다. 선정을 수행이라 이름 붙인 것은 게송에 이르되, "등인(等引)인 착함을 수행이라고 이름하나니 마음을 아주 잘 훈습하는 까닭이네"라고 한 까닭이다. 말하자면 혼침과 도거를 함께 여의므로 등(等)이라 이름하고, 공덕을 이끌어 내는 것을 인(引)이라 칭한다. 여기서는 선정의 경지의 착함이 마음을 아주 잘 훈습하여 공덕의 종류를 성취하게 하기 때문에 유독 수행이라 이름한다.

2) 故深密 아래는 경문을 인용하여 증명함이다. 3) 此則具前 아래는 회통하여 해석함이다. 말하자면 하나는 앞의 지위에서 '계행을 지녔지만 등지(等持)를 얻지 못했다'는 것은 삼학(三學)에 의지한 의미이고, 둘은 '이미 세간의 등지를 얻지 못했다'고 말한 것은 곧 지위에 의

탁한 의미이니 문장을 보면 알 수 있으리라.

2. 명칭 해석[釋名] 3.

1) 다른 명칭에 대하여 개별로 설명하다[別敍異名] (言發 2上3)

[疏] 言發光者는 智論四十九에 名爲光地하고 本論과 及金光明과 十住
婆沙等에 皆名明地하나니 光之與明은 眼目을 殊稱이라 皆略無發字
니라 仁王에는 名明慧하니 慧亦是明이라 義旨皆同이니라

● '광명을 낸다'는 말은 『대지도론』 제49권에 광명의 지[光地]라 이름하고 본 논경과 『금광명경(金光明經)』과 『십주비바사론(十住毘婆沙論)』 등에 모두 '밝은 지[明地]'라 하였으니, 광(光)과 명(明)은 안(眼)과 목(目)으로 달리 부르는 것과 같으니 모두 발 자(發字)를 생략한 명칭이다. 『인왕반야경(仁王般若經)』에는 '밝은 지혜[明慧]'라 이름하였으니 지혜도 역시 밝은 것이므로 모두 같은 이치이다.

2) 현재의 바른 이치를 밝히다[申今正義] 3.
(1) 첫째 이치[第一義] 2.
가. 바로 해석하다[正釋] (今統 2上5)

[疏] 今統收下經과 及諸經論인대 總有三義하야 立發光名하니 一은 以初
住地十種淨心으로 爲能發勝定하고 聞持로 爲所發光이니 以安住地
竟에 方始聞法하야 修得定故라

■ 지금은 아래 경문과 다른 경과 논서를 총합하여 거둔다면 통틀어 세

가지 이치가 있어서 '광명을 낸다'는 명칭을 세웠으니 (1) 처음의 '십지에 안주하는 열 가지 깨끗한 마음[住地十種淨心]'으로 발생하는 주체인 뛰어난 선정을 삼고, 문지(聞持) 다라니로 발생할 대상인 광명을 삼았으니, 제3지에 안주한 뒤에야 비로소 처음 법문을 들어서 수행하여 선정을 얻게 되는 까닭이다.

나. 인용하여 증명하다[引證] 4.
가) 바로 문지(聞持) 등을 증명하다[正證聞持] (故瑜 2上8)
나) 삼학임을 증명하고 밝히다[證明三學] (由內)

[疏] 故로 瑜伽四十八에 云, 由[150]聞行正法光明과 等持光明之所顯示일새 故名發光地라하며 由內心淨하야 能發光明일새 是故로 說明增上心住라하니라[151]

■ 그러므로 『유가사지론』 제48권에는, "바른 법을 듣고 행하는 광명과 등지(等持)의 광명을 내어 드러내 보였기 때문이니, 그래서 이 지를 발광지라 한다"라고 하였으며, "마음속이 깨끗함으로 말미암아 능히 광명을 낸다 하니 이런 까닭으로 밝음이 더한 마음으로 머문다"고

---

150) 聞은 瑜伽論에 發聞.
151) 인용문은 『瑜伽師地論』 제48권의 持隨法瑜伽處住品 제4의 ②이다. (대정장 권30 p.557 c) [이것을 요약하여 보살의 증상심주(增上心住)를 말한다고 한다. 이를테면 마음 의요(意樂)의 뜻을 짓고 생각하고 원만히 이루고 나아가 들기 때문이요, 온갖 지어 감[一切行]의 모든 유정 세계와 큰 보리에 대하여 비르게 통달하기 때문이요, 모든 유정들의 고통을 벗기는 방편에 대하여 바르게 추구하기 때문이요, 바른 법 가운데서 큰 공경을 일으키어 찾고 구함에 게으름이 없기 때문이요, 바르게 법을 따르고 법을 행하고 수행하고 그 세속의 모든 정려 등의 등지와 등지 및 한량없는 신통에 대하여 능히 이끌고 능히 머물기 때문이요, 그것을 버리고 서원의 자재한 힘으로써 좋아하는 데로 생을 받기 때문이요, 선근이 맑고 깨끗하기 때문이요, 생을 받기 때문이요, 신통력 때문이다. 자세히는 십지경의 발광지에서 설명한 것과 같다. 바른 법을 듣고 행하는 광명과 등지의 광명을 내어 드러내 보이는 바로 말미암은 때문이니 그래서 이 지를 발광지라 한다. 마음속으로부터 깨끗이 하여 광명을 잘 냄으로 인한 것이니 이 때문에 증상심주라 한다. 이런 이치로 말미암아 발광지라 하고 바로 이런 이치로 인해 다시 增上心住라고 하는 줄 알아야 한다.]

설명한다.

다) 뒤의 뜻을 가리켜 해석하다[指後義釋] (旣言 2上10)
라) 사례를 인용하여 해석하다[引例釋成] (攝論)

[疏] 旣言由內心淨이 能發하니 明知以十淨心으로 爲能發也로다 攝論과 金光明經도 意皆同此니라
- 이미 '마음속으로부터 깨끗이 함으로 인하여 잘 발생한다'고 하였으니 열 가지 깨끗한 마음으로 능히 발생하는 줄 분명히 알아야 한다. 『섭대승론』과 『금광명경』에도 의미가 모두 이와 같다.

[鈔] 言發光下는 二, 釋名이라 於中에 三이니 一은 敍異名이오 二는 申正解오 三은 總結揀定이라 初中에 及金光者는 卽第三經이니 經에 云,[152] 無量智慧光明三昧는 不可傾動이며 無能摧伏이니 聞持陀羅尼로 爲作本故라 是故로 三地를 說名明地라하니라

言十住論은 卽十住毘婆沙니 當第一이라 仁王은 下當釋之니라 今統收下는 第二, 正釋이라 後, 故瑜伽下는 引證이라 於中에 四니 一, 正證聞持等이 而爲所發이라 二, 由內心淨下는 證明三學이라 三, 旣言下는 疏指後義하야 釋成能發이라 四, 攝論下는 引例釋成이니 攝論은 卽當第七이니 論에 云, 由無退轉等持等至所依止故며 大法光明所依止故로 名發光地라하니라[153] 世親이 釋云호대 由此地中에 與三摩地와 三摩鉢底로 常不相離하야 無退轉故로 於大乘法에 能作光明일

---

152) 인용문은 『金光明經』 제3권 最淨地陀羅尼品의 내용이다. (대정장 권16 p. 374 b-)
153) 인용문은 『攝大乘論本』 下권 彼修差別分 제6의 내용이다. 論云, "何故三地說名發光. 由無退轉等持等至所依止故. 大法光明所依止故." (대정장 권31 p. 145 c-)

새 名發光地라하며 無性이 釋云호대 由無退轉等持等至所依止者는 謂此地中에 證希有定하야 能發智光하야 明了諸法일새 故名發光이라 得已不失을 名無退轉이오 諸靜慮定을 名爲等持오 諸無色定을 名 爲等至니 等持者는 心一境性이오 等至者는 正受現前이라 大法光明 所依止者는 謂此地中에 與定相應하야 無退轉故니 於諸大乘契經 等法에 得智光明이라 此地가 是彼의 所依因故로 名爲發光이라하니라 釋曰, 此二釋論은 皆當第七이니 大同小異일새 故疏略指하야 同於 瑜伽니 次云金光明者는 如前已引이니라

● 2. 言發光 아래는 명칭 해석이다. 그중에 셋이니 1) 다른 명칭을 설명함이요, 2) 바른 견해를 밝힘이요, 3) 총합 결론하여 선정과 구분함이다. 1) 중에『금광명경』이란 제3권을 가리키나니 경문에 말하였다. "한량없는 지혜광명과 삼매는 쓰러뜨리거나 동요할 수 없으며 꺾어서 굴복시킬 수 없나니 문지(聞持)다라니로 근본을 삼았기 때문이다. 이런 까닭에 제3지를 '밝은 지[明地]'라 이름한다."

言十住論은 곧『십주비바사론』을 말하나니 제1권에 해당한다.『인왕경』은 아래에 마땅히 해석하리라. (1) 제일가는 이치에서 가. 今統收 아래는 바로 해석함이요, 나. 故瑜伽 아래는 인용하여 증명함이다. 그중에 넷이니 가) 바로 문지(聞持) 등이 발생할 대상이 됨을 증명함이다. 나) 由內心淨 아래는 바로 삼학임을 밝힘이다. 다) 旣言 아래는 소가가 뒤의 뜻을 가리켜 발생하는 주체로 해석함이다. 라) 攝論 아래는 사례를 인용하여 해석함이다.『섭대승론(攝大乘論)』은 제7권에 해당하나니 논에 말하였다. "물러남이 없는 등지(等持)와 등지(等至)의 의지처로 인한 까닭이며 큰 법의 광명이 의지할 곳인 까닭에 발광지(發光地)라 이름한다." 세친(世親)보살이 해석하되, "이 제3지에

서 삼마지(三摩地)와 삼마발저(三摩鉢底)가 항상 서로 여의지 않아서 물러남이 없음으로 인하여 대승의 법에 광명을 내기 때문에 발광지라 이름한다." 무성(無性)보살이 해석하되, "'물러남이 없는 등지(等持)와 등지(等至)의 의지처로 인한다'는 것은 말하자면 이 지에서 희유한 선정을 증득하여 지혜의 광명을 발생하여 여러 법을 밝게 요달하므로 발광(發光)이라 이름한다. 얻은 뒤에 잃지 않는 것을 물러남이 없다[無退轉]고 하고, 여러 선정의 삼매를 등지(等持)한다 말하고, 무색계(無色界)의 선정을 등지(等至)라 한다. 등지(等持)란 '마음을 하나의 경계로 만드는 성품[心一境性]'이요, 등지(等至)란 '바로 받아들임[正受]'이 앞에 나타남을 말한다. '큰 법의 광명이 의지할 곳'이란 말하자면 이 지(地)에서 선정과 서로 응하여 물러남이 없는 까닭이니 여러 대승경전의 법에서 지혜광명을 얻은 것이다. 이 지가 저기서는 의지할 대상인 원인으로 발광(發光)이라 이름한다." 해석하자면 이 두 가지 섭론(攝論)을 해석한 내용은 모두 제7권에 해당하나니, 크게 다르지 않으므로 소에서 간략히 『유가사지론』과 같다'고 지적하였다. 다음에 『금광명경』이라 말한 것은 앞에서 이미 인용한 내용과 같다.

(2) 둘째 이치[第二義] (二以 2下2)

[疏] 二는 以聞持로 爲能發하고 勝定으로 爲所發이니라 以聞法竟에 靜處修行하야 方發定故라 瑜伽에 亦說等持하야 爲光明故로 此約地中釋之니라

■ (2) 문지(聞持)다라니로 발생하는 주체를 삼고 뛰어난 선정[勝定]으로 발생할 대상을 삼는다. 법을 듣고 난 뒤에 고요한 곳에서 수행하여

비로소 선정을 발생하게 되는 까닭이다.『유가사지론』에도 "등지(等持)가 광명이 된다"고 말하였으므로 여기서는 지위에 의지하여 해석하였다.

(3) 셋째 이치[第三義] 2.
가. 바로 건립하다[正立] (三以 2下4)
나. 인용하여 증명하다[引證] 4.

가) 논경을 인용하다[引本論] (故下)
나) 유식론을 인용하다[引唯識] (唯識)

[疏] 三은 以勝定總持로 並爲能發이오 彼四地證光明相으로 以爲所發이라 故로 下論에 云, 彼無生慧를 此名光明이니 依此光明일새 故名明地라하니[154] 此約地滿[155]釋이라 唯識에 亦云호대 成就勝定大法總持하야 能發無邊妙慧光故라하니[156]
■ (3) 뛰어난 선정과 등지(等持)로 함께 발생하는 주체를 삼았고, 저 제4지에서 증지(證智)의 광명의 양상으로 발생의 대상을 삼았다. 그러므로 아래 논경에서는, "저 생사가 없는 수행의 지혜를 여기서는 광명이라 하였으니 이런 광명을 의지하였으므로 밝은 지[明地]라 한다"라

---

154)『十地經論』제5권 제3 明地에 云, "經日, 是菩薩作如是念 不離無障礙解脫智處 彼無障礙解脫智處 不離一切法如實覺 彼一切法如實覺 不離無行無生行慧 如是智慧光明 不離禪方便決定智慧觀 彼禪方便決定智慧觀 不離聞慧方便 — 論曰, 如是智慧光明 不離禪方便決定智慧觀者 彼慧此中名光明 依是光明 故名明地 —."(대정장 권26 p. 155 a-)
155) 滿은 南續金本作滿心.
156) 인용문은『成唯識論』제9권의 내용이다. 論云, "三發光地. 成就勝定・大法總持. 能發無邊妙慧光故. [제3은 發光地이다. 뛰어난 禪定과 큰 교법의 總持를 성취해서 가없는 묘한 지혜[聞・思・修慧의 三慧]의 빛을 내기 때문이다]."

고 하였으니, 이는 십지가 만족함에 의지한 해석이다.『성유식론』에
도 말하였다. "뛰어난 선정과 큰 교법의 총지를 성취해서 가없는 묘
한 지혜[三慧]의 빛을 내기 때문이다."

다) 유식론의 이치를 해석하다[釋唯識義] (謂由 2下7)
라) 본분을 인용하여 유식론의 이치를 성립하다[成唯識義] (故上)

[疏] 謂由得勝定하야 發修慧光하고 由得總持教法하야 發聞思光이니 彼
無邊慧는 卽是三慧니라 故로 上本分에 論에 云, 隨聞思修하야 照法
顯現이라하니 謂就此慧中하야 四地의 證法이 爲所照오 三慧光明이
爲能照니 三慧는 是彼證智光明之相이니라

■ 말하자면 뛰어난 선정을 얻음으로 인하여 수혜(修慧)의 광명을 내고, 총지의 교법을 얻음으로 인하여 문혜(聞慧)와 사혜(思慧)의 광명을 내게 되나니, 저 가없는 지혜는 바로 세 가지 지혜를 말한다. 그래서 위의 논경의 본분(本分)에서 "문(聞)·사(思)·수(修)를 따라 법을 조명함이 밝게 된다"고 하였다. 말하자면 이런 지혜에 입각하여 제4지의 증도의 법이 조명할 대상이 되고, 세 가지 지혜의 광명이 조명하는 주체가 되나니, 세 가지 지혜는 곧 저 증도의 지혜에서 나온 광명의 양상인 까닭이다.

[鈔] 二, 以聞持能發下는 卽第二前所發로 以分能所라 於中에 三이니 初,
正立이오 二, 以聞法竟下는 以聞釋成이오 三, 瑜伽下는 引證結成이
라 三, 以勝定下는 第三, 會取第一의 二種所發하야 以爲能發이라 於
中에 分二니 先, 正立이오 後, 故下論云下는 引證이라 於中에 四이니

一, 引本論이오 二, 引唯識이오 三, 謂由得下는 釋唯識意하야 以成前義오 四, 故上本分下는 引上本分하야 成唯識義라
- (2) 둘째가는 이치에서 以聞持能發 아래는 곧 둘째, 이치 앞의 발생할 대상[문지다라니]으로 주체와 대상을 구분하였다. 그중에 셋이니 가. 바로 건립한 이유요, 나. 以聞法竟 아래는 문지(聞持)로 해석함이요, 다. 瑜伽 아래는 인용하여 증명하고 결론함이다. (3) 以勝定 아래는 셋째 이치이니 둘째 이치에서 주장한 두 가지 발생할 대상[聞持와 勝定]을 모아 취해서 발생하는 주체로 삼았다. 그중에 둘로 나누었으니 가. 바로 건립함이요, 나. 故下論云 아래는 인용하여 증명함이다. 그중에 넷이니 가) 논경을 인용함이요, 나)『유식론』을 인용함이요, 다) 謂由得 아래는『유식론』의 의미를 해석하여 앞의 뜻을 성립함이요, 라) 故上本分 아래는 위의 본분을 인용하여『유식론』의 의미를 성립함이다.

3) 총합 결론하여 선정과 구분하다[總結揀定] 2.
(1) 총합 결론하다[總結] (餘諸 3上1)
(2) 선정과 구분하다[揀定] (故十)

[疏] 餘諸經論에 言雖少異나 並不出此라 故十淨心이 唯是能發이오 證光明相이 唯是所發이오 勝定一種은 通能所發이니 是以로 此地를 偏得增上心名이니라
- 나머지 여러 경과 논서에 말이 비록 조금 다르긴 하지만 여기에서 벗어나지 않는다. 그러므로 열 가지 깨끗한 마음만이 오직 발생하는 주체이고, 증도의 광명의 양상만이 발생할 대상이요, 뛰어난 선정 한

가지는 발생하는 주체와 대상에 통하나니 이런 까닭에 이 제3지에만 증상심(增上心)이란 명칭을 갖게 되었다.

[鈔] 餘諸經論下는 第三, 總結揀定이라 上恐學人이 欲見異釋일새 故委出之니 實無異轍이니라 餘論之言을 今當更出호리라 顯揚第三에 云, 三은 發光地니 謂諸菩薩이 住此地中하야 善修治第二地故로 超過一切聲聞과 獨覺地하야 證得極淨三摩地하나니 蘊大智光明之所依止라 是故로 此地를 名爲發光이라하니 則亦不異前矣니라

又上言仁王에 名明慧地者는 卽下卷中에 明三賢과 十聖이 各修一觀門을 皆名法師故라 故로 經에 云,[157] 大牟尼言이 有修行十三觀門하나니 諸善男子야 爲大法王하야 從習忍으로 至金剛頂히 皆爲法師하야 依持建立이라하니라 今言第三地者는 彼經에 云,[158] 復次名明慧道人이니 常以無相忍中에 行三明觀하야 知三世法無來無去하며 亦無住處하야 心心寂滅하야 盡滅三界癡煩惱故로 證得三明一切功德觀故라하니라 釋曰, 立名小異나 義理同經이라 故十淨心下는 此前은 總結이오 此下는 揀定也니라

● 3) 餘諸經論 아래는 총합적으로 결론하여 선정과 구분함이다. 위는 학인이 별다른 해석을 보려 할까 근심하여 자세히 내보인 것이니 진실로 다른 자취는 없다. 다른 논서의 주장을 지금 다시 내보이리라. 『현양성교론(顯揚聖敎論)』제3권에서는, "셋째는 발광지이니 말하자

---

157) 인용문은 『仁王般若經』 下권의 奉持品 제7의 내용이다. 經云, "佛言大王汝今諦聽. 從初習忍至金剛定. 如法修行十三觀門. 皆爲法師依持建立. 汝等大衆應當如佛而供養之. 百千萬佛天妙香花而以奉上."(대정장 권8 p.841 a-)

158) "復次發光地菩薩摩訶薩. 住無分別滅無明闇. 於無相忍而而得三明. 悉知三世無來無去. 依四靜慮四無色定. 無分別智次第隨順. 具足勝定得五神通. 現身大小隱顯自在. 天眼淸淨悉現諸趣. 天耳淸淨悉聞衆聲. 以他心智知衆生心. 宿住能知無量差別. 於六阿僧祇劫. 行一切忍波羅蜜多. 得大總持利益安樂."(위의 책 p.841 c-)

면 여러 보살이 이런 지(地)에 안주하여 제2지를 잘 수행하고 다스렸으므로 온갖 성문이나 벽지불의 지위를 초과하여 지극히 청정한 삼마지를 증득하게 되나니 큰 지혜광명의 의지할 곳을 축적한다. 이런 까닭에 이 지(地)를 발광(發光)이라 한다"라고 하였으니 역시 앞과 다르지 않은 내용이다.

또 위의 『인왕경』에서 '밝은 지혜의 지[明慧地]라 이름한다'는 것은 곧 하권에서 삼현(三賢)과 십성(十聖)의 지위에서 각기 하나의 관법을 수행하는 것을 모두 법사라고 밝힌 까닭이다. 그래서 경문에서 말하되, "대모니(大牟尼)라는 말이 13가지 관법을 수행하게 되나니 모든 선남자야, 큰 법왕을 위하여 인위(忍位)를 익힘으로부터 금강의 꼭대기[金剛喩定]까지 모두 법사가 되어 의지하고 건립한다"라고 하였다. 지금 제3지라고 말한 것은 저 『인왕경』에 이르되, "다시 이름이 지혜가 밝은 도인이 항상 모양 없는 법인 중에 삼명(三明)의 관법을 수행하여 삼세의 법이 오고 감이 없는 줄 알며 머무는 곳도 없어서 마음마다 고요해서 삼계의 어리석은 번뇌를 모두 없애 버리기 때문에 삼명(三明)의 모든 공덕의 관법을 증득하게 된다"고 하였다. 해석하자면 명칭을 세운 것이 조금 다르지만 이치로는 본경과 같다.

故十淨心 아래는 총합적으로 결론하여 선정과 구분함이니 이 앞은 (1) 총합하여 결론함이요, 이 아래는 (2) 선정과 구분함이다.

3. 장애를 단절하다[斷障] 2.

1) 논경의 본분을 거론하다[擧本分] (若所 4下3)

[疏] 若所離障인대 通約三慧니 故로 本分論에 云,[159] 闇相이니 於聞思修에 諸法忘障이라하니라

■ 3. 만일 여의어야 할 장애는 통틀어 세 가지 지혜에 의지하였으니, 그래서 논경의 본분(本分)에 "어두운 양상이니 듣고 생각하고 수행함에서 법을 잊어버리는 장애이다"라고 하였다.

2) 유식론을 인용하다[引唯識] 2.
(1) 장애에 대한 해석[釋障] (唯識 4下 4)
(2) 어리석음에 대한 해석[釋愚] (由斯)

[疏] 唯識에 名暗鈍障이니 謂所知障中에 俱生一分이라 令聞思修法으로 忘失이니 彼障三地의 勝定總持와 及彼所發殊勝三慧하니 入三地時에 便能永斷이라 由斯하야 三地에 說斷二愚와 及彼麤重하니 一은 欲貪愚니 此障勝定과 及彼修慧라 二, 圓滿陀羅尼愚니 此障聞思慧하고 及障彼圓滿陀羅尼故라하니라[160]

■ 『성유식론』에서는 '어둡고 둔한 장애'라 하였다. 말하자면 소지장(所知障) 중에 구생(俱生)번뇌의 일부분이다. 듣고 사유하고 수행하는 법으로 하여금 잊어버리게 하나니, 저것이 제3지의 뛰어난 선정과 총지와 저 장애에서 발생한 뛰어난 세 가지를 장애한다. 제3지에 들어갈 때 문득 길이 단절할 수 있다. 이로 인하여 제3지에 두 가지 어리석음과 그 추중번뇌를 단절한다고 말한다. (그 두 가지 어리석음이란) (1) 탐

---

159) 인용문은 『十地經論』제1권에 云, "何故定說菩薩十地 對治十種障故 何者十障 一者凡夫我相障 二者邪行於衆生身等障 三者暗相 於聞思修等諸法忘障 四者解法慢障 五者身淨我慢障 六者微煩惱習障 七者細相習障 八者於無相有行障 九者不能善利益衆生障 十者於諸法中不得自在障." (대정장 권26 p. 126 b-)
160) 인용문은 『성유식론』제9권의 내용이다.

욕의 어리석음[欲貪愚]이니 이것이 뛰어난 선정과 거기서 발생한 수혜(修慧)를 장애한다. (2) 원만히 듣고 지니는 다라니를 장애하는 어리석음이니 곧 이 중에서 능히 문혜(聞慧)와 사혜(思慧)를 장애하고 저 총지(摠持)다라니를 장애하기 때문이다.

[鈔] 若所離下는 第三, 離障이니 初는 擧本分이니 其名委具오 二는 引唯識이니 立名則總이오 釋義委具라 於彼論中에 先은 釋障하고 後는 釋愚라 障中에 忘失三慧일새 故名暗鈍이라 三慧의 別障은 如下愚中이니 今但總說이라 由斯已下는 釋斷二愚라 一은 欲貪愚니 但略擧愚라 應有問云호대 上標所知어늘 今何得擧欲貪煩惱오 答이라 彼次論에 云, 彼昔多與欲貪俱故로 名欲貪愚라 今得勝定과 及修所成에 彼旣永斷하고 欲貪隨伏하니 此無始來依彼轉故라하니라 釋曰, 以欲貪故로 多住散亂일새 故障定修慧니 以此欲貪이 依障而轉일새 障盡欲亡이니라

二, 圓滿下는 此持는 通四니 一은 法持오 二는 義持오 三은 呪持오 四는 能得忍持니 以聞思慧가 與彼聞持로 極相近故로 所以偏說이언정 非不障修니라

● 3. 若所離障 아래는 장애를 여읨이다. 1) (유식론의) 본분을 거론함이니 그 명칭을 자세하게 갖추었고 2)『유식론』을 인용함이니 명칭을 세운 것은 총상이요, 의미를 해석함에 자세하게 갖추어 있다. 저 논경 중에 (1) 장애에 대한 해석이요, (2) 어리석음에 대한 해석이다. (1) 장애 중에 세 가지 지혜를 잊어버리므로 '어둡고 둔하다'고 이름하였다. 세 가지 지혜의 개별적인 장애는 아래 어리석음과 같나니 지금은 단지 총합적으로 설명한 내용이다.

(2) 由斯 아래는 두 가지 어리석음을 단절함에 대한 해석이다. ① 욕심내고 탐내는 어리석음이니 단지 간략히 어리석음만 거론하였다. 응당히 어떤 이가 묻되, "위에는 소지장을 표방하였는데 지금은 어째서 탐욕의 번뇌를 거론하였는가?" 답한다. "저것[所知障]은 다음으로 논경에 이르되, '저기서 예로부터 자주 탐욕과 함께하기 때문에 탐욕의 어리석음[貪欲愚]이라 이름한다.' 지금은 뛰어난 선정과 수행으로 성취한 지혜를 얻을 적에 저기서 이미 길이 단절하였고 탐욕이 따라서 조복되는 것이니, 이것[貪欲愚]이 비롯함 없는 때로부터 저것에 의지하여 구르기 때문이다." 해석하자면 탐욕 때문에 대부분 산란[掉擧]함에 머물게 되고, 그래서 선정과 수혜(修慧)를 장애하게 되나니 이런 탐욕이 장애에 의지하여 구르는 것이니 장애가 다하면 탐욕이 없어지게 된다.

② 圓滿 아래는 이런 지님[持]이 네 가지에 통하나니, ㉠ 법을 지님[法持]이요, ㉡ 이치를 지님[義持]이요, ㉢ 주문을 지님[呪持]이요, ㉣ 증득하는 주체인 법인을 지님[忍持]이다. 문혜(聞慧)와 사혜(思慧)가 저 문지다라니와 함께 지극히 서로 가깝기 때문에 치우쳐 설하였지만 수행에 장애되지 않는 것은 아니다.

4. 진여를 증득하다[證如] (若約 5上10)

[疏] 若約所證인대 唯就總持하야 名證勝流眞如니 唯識에 云, 謂此眞如의 所流敎法이 於餘敎法에 極爲勝故라하니라 梁攝論에 云, 從眞如하야 流出正體智하고 正體智에 流出後得智하고 後得智에 流出大悲하고 大悲에 流出十二部經하나니 名爲勝流法界라하니라 故로 下經中에 能

捨身命하고 求此善說이라하니라

■ 만일 증득할 대상을 의지한다면 오로지 총지다라니에만 입각하여 '뛰어난 부류의 진여[勝流眞如]'를 증득한다고 할 것이다. 『성유식론』에 이르되, "말하자면 이 진여의 부류인 교법은 다른 교법에 대해서 매우 뛰어나기 때문이다"라고 하였고, 『양섭론(梁攝論)』에 말하였다. "진여로부터 정체(正體)의 지혜가 흘러나오고, 정체의 지혜에서 후득의 지혜가 흘러나오고, 후득의 지혜에서 큰 자비가 흘러나오고, 큰 자비에서 12부(十二部)의 대승경전이 흘러나오는 것이니 이름하여 뛰어난 부류의 법계[勝流法界]라 한다." 그러므로 아래 경문에는 "목숨마저 능히 버리고 이렇게 잘 설법함을 구한다"고 말하였다.

[鈔] 若約所證者는 四, 證如니 以明所流가 是敎法故라 然所證如를 論에 自釋云호대[161] 此有二意하니 一은 由得三慧로 照大乘法하야 觀此敎法根本眞如니 如卽勝流라 故로 論釋에 云, 此如流敎가 最爲勝故라 하니라 二는 若證此如하면 說法勝故니 故로 疏에 結云, 能捨身命하야 求此善說이라 善說卽勝이라

然捨此身下는 卽無性菩薩이 釋攝論言이니 謂此所流敎法이 最勝일새 故捨身命하야 求此善說하야도 不以爲難이라하니라

● '만일 증득할 대상을 의지한다'는 것은 4. 진여를 증득함이니 거기에서 흘러나온 것이 교법임을 밝힌 까닭이다. 그런데 증득할 대상인 진여를 『성유식론』에서 어떤 이가 해석하되, "여기에 두 가지 의미가 있으니 (1) 세 가지 지혜로 대승법을 조명함으로 인해 이 교법이 근본

---

161) 『成唯識論述記』 제20권에 云, "論. 三勝流眞如至極爲勝故. 述曰. 由得三惠照大乘法. 觀此法敎根本眞如 名勝流如. 無性云. 由所流敎勝故捨身命求此善說. 新中邊云. 設有火坑等三千界. 爲求此法投身而取. 不以爲難. 意同無性."(대정장 권35 p.592 a-)

진여임을 관찰하였으니 진여는 곧 승류진여(勝流眞如)이다." 논경에서는, "이 진여에서 흘러나온 교법이 가장 수승하기 때문이다"라고 해석하였다. "(2) 만일 이 진여를 증득하면 설법이 뛰어나게 되는 까닭이다"라고 하였으니, 소가가 결론하되, "목숨마저 능히 버리고 이렇게 설법 잘하기를 구하는 것이다"라고 하였다. 설법을 잘함이 곧 뛰어남이다.

然捨此身 아래는 무성(無性)보살이 『섭론』을 해석한 말이니, 이를테면 여기서 흘러나온 교법이 가장 뛰어나므로 목숨마저 버려서 이렇게 설법 잘하기를 구하더라도 어렵지 않다는 뜻이다.

5. 행법을 성취하다[成行] (其所 6上1)

[疏] 其所成行이 亦唯禪及求法이오
- 그 성취할 행법도 역시 선정과 법을 구하는 수행뿐이다.

[鈔] 其所成行者는 [162]卽下厭分이오 及求法行은 卽方便攝行이라 莊嚴論에 云, 第三住는 能生欲界나 而不退禪이라하니라
- 5. 그 성취할 행법이란 선정은 아래의 (나) 염리(厭離)를 수행하는 부분이요, 법을 구하는 수행은 ㄷ) 방편으로 중생을 섭수하는 행법을 말한다. 『대승장엄론(大乘莊嚴論)』에서는, "제3주(住)는 능히 욕계에 나게 하지만 선정에서 물러나지 않는다"라고 하였다.

6. 과덕을 얻다[得果] (其所 6上4)

---

162) 遺忘記云, 行者下有禪字.(『三家本私記』遺忘記 p. 166-)

[疏] 其所得果도 亦法及禪이라 梁攝論에 云, 通達勝流法界하야 得無邊法音果라하며 金光明에 云, 三地發心이 得難動三昧果라하나니 下文의 四無量과 五神通等이 皆定所攝이니라

■ 그 얻을 대상인 과덕도 역시 법과 선정이다.『양섭론』에서는, "진여에서 흘러나온 뛰어난 법계를 통달하여 그지없는 법음의 과덕을 얻는다"고 하였고,『금광명경』에서는 "제3지의 발심으로 동요하기 어려운 삼매의 과덕을 얻게 된다"고 하였으니, 아래 경문의 네 가지 무량심과 다섯 가지 신통 등이 모두 선정에 속한다.

[鈔] 其所得果者는 下引梁論하야 證於得法이오 引金光明하야 證於得禪이니라

● 6. '그 얻을 대상인 과덕'이란 아래에서『양섭론』을 인용하여 법을 얻게 됨을 증명하였고,『금광명경』을 인용하여 선정을 얻게 됨을 증명한 내용이다.

7. 경문 해석[釋文] 2.

1) 과목 나누기[分科] (次正 6上10)

[疏] 次, 正釋文이라 總分三分이니 初는 讚請分이오 二는 正說分이오 三은 重頌分이라 今初六偈를 分二니 前三은 慶前이오 後三은 請後라 前中에

■ 다음은 7. 경문 해석이다. 모두 세 부분으로 나누었으니 (1) 찬탄하며 법을 청하는 부분이요, (2) 바로 법을 설하는 부분이요, (3) 거듭 노래하는 부분이다. 지금은 (1)의 여섯 게송을 둘로 나누니 가. 앞

의 세 게송은 제2지를 잘 들었다고 기뻐함이요, 나. 뒤의 세 게송은 다음 제3지를 청법함이다. 가. 중에

2) 과목에 따라 해석하다[隨釋] 3.
(1) 찬탄하며 청법하는 부분[讚請分] 2.

가. 세 게송은 앞의 제2지를 잘 들었다고 기뻐하다[前三偈慶前] 2.
가) 경전 편집자의 말[初一偈集經者敍] (初偈 6下1)

佛子得聞此地行하니　　菩薩境界難思議라
靡不恭敬心歡喜하여　　散華空中爲供養이로다
불자들이 이 2지의 행을 들으니
생각도 말도 못할 보살의 경계
공경하며 기쁜 마음 모두 내어서
공중에 꽃을 흩어 공양하더라.

[疏] 初偈는 集經者序[163]오
■ 가) 첫 게송은 경전 편집자의 말이요,

나) 두 게송은 찬탄하는 말을 하다[後二偈發言讚] (後二 6下7)

讚言善哉大山王이여　　慈心愍念諸衆生하사
善說智者律儀法인　　第二地中之行相이로다

---

163) 案此偈經文佛子前에 麗本有第三地三字, 宋元明宮淸合綱杭鼓纂續金本無.

장하여라, 대산왕을 찬탄하는 말
자비로써 모든 중생 가엾이 여겨
지혜 있는 이들의 계행과 위의
제2지의 행상을 말씀하시니

是諸菩薩微妙行이 　　眞實無異無差別하니
爲欲利益諸群生하사 　　如是演說最淸淨이로다
이러한 보살들의 미묘한 행은
진실하고 둘 아니고 차별도 없어
중생들을 이익하기 위하심이니
이와 같이 연설함은 가장 청정해.

[疏] 後二偈는 發言讚能所說이라 於中에 善哉는 是總이오 第八句는 是結이라 別明能說이 有二하니 前偈는 有慈오 後偈는 有悲일새 故云利益이라 所說亦二니 前偈는 敎相이니 故云律儀오 後偈는 證相이니 故云微妙라 眞實者는 契理故오 無異者는 千聖同轍故오 無差別者는 理貫事故라

■ 나) 뒤의 두 게송은 설법하는 주체와 대상을 찬탄하여 말함이다. 그 중에 (가) 선재(善哉)는 총상이요, (나) 여덟 번째 구절[如是演說最淸淨]은 결론함이다. (가) 설법하는 주체를 따로 설명한다면 둘이 있으니 ㄱ. 앞 게송은 인자함이요, ㄴ. 뒤 게송은 대비이므로 '이익(利益)'이라 하였다. (나) 설법할 대상인 법문에도 둘이니 ㄱ. 앞 게송은 교도의 양상이요, ㄴ. 뒤 게송은 증도의 양상이므로 '미묘(微妙)'란 말을 썼다. '진실하다'는 것은 이치에 계합한 까닭이요, '다름이 없다'는 것은

모든 성인이 행적이 같은 연고요, '차별이 없다'는 것은 이치가 현상과 통하기 때문이다.

나. 세 게송은 제3지를 청법하다[後三偈請後] 2.
가) 두 게송은 대중이 청법하다[初二偈大衆請] (後三 7上6)

一切人天供養者여　　　　　　願爲演說第三地하소서
與法相應諸智業을　　　　　　如其境界希具闡하노이다
천상 인간의 공양을 받으시는 이
제3지의 법문을 연설하소서.
교법과 상응하는 지혜의 업을
그 경계와 꼭 같이 보여지이다.

大仙所有施戒法과　　　　　　忍辱精進禪智慧와
及以方便慈悲道와　　　　　　佛淸淨行願皆說하소서
큰 선인의 갖추신 보시와 계율
인욕과 정진이며 선정과 지혜
방편과 자비하신 원과 도력과
부처님의 청정한 행 말씀하소서.

[疏] 後三은 請後라 中에 二니 初二偈는 大衆請이라 前偈는 總請三地之法이니 謂如彼敎法相應三智之業이라 後偈는 別請十度行法이니 以地地에 通有故라 慈悲는 是願이오 道는 謂道力이오 佛淸淨行은 卽無漏智라

- 나. 뒤의 세 게송은 다음 제3지를 청법함이다. 그중에 둘이니 가) 처음 두 게송은 대중이 청법함이다. 그중에 (가) 앞의 게송은 총합적으로 제3지의 법문을 청함이다. 말하자면 저 교법에 서로 응하는 세 가지 지혜의 업과 같다. (나) 뒤 게송은 따로 십바라밀의 행법을 청함이니 지와 지마다 통함이 있는 까닭이다. 자비는 서원을, 도(道)는 도력(道力)을 말하고, '부처님의 청정한 행'이란 '무루(無漏)의 지혜'를 가리키는 말이다.

나) 한 게송은 상수대중이 청법하다[後一偈上首請] (末後 7下2)

時解脫月復請言하되 無畏大士金剛藏하
願說趣入第三地하는 柔和心者諸功德하소서
그때에 해탈월이 다시 청한다.
두려움이 없으신 금강장보살
제3지에 들어가는 화순한 이의
여러 가지 공덕을 연설하소서.

[疏] 末後一偈는 上首請이니라
- 나) 마지막 한 게송은 상수(上首)인 해탈월보살의 청법이다.

(2) 바로 설법하는 부분[正說分] 2.

가. 과목을 나누고 의미를 말하다[分科敍意] (第二 7下5)

[疏] 第二, 正說分中에 先은 明地行이오 後는 辨地果라 前中에 四分이니 一은 起厭行分이오 二는 厭行分이오 三은 厭分이오 四는 厭果分이라 此地에 修禪하야 厭伏煩惱하며 亦厭於禪일새 故名厭地라 設忻大法이라도 亦爲厭故라 正住地心이 住於八禪일새 故但名厭이오 初入地心이 觀修彼行일새 名厭行分이오 趣地方便이 起彼厭行이오 地滿心中에 得無量等이 是厭之果니라 亦可初一은 是入心이오 餘三은 是住心이라

■ (2) 바로 설법하는 부분 중에 가) 제3지의 행상을 밝힘이요, 나) 제3지의 과덕을 밝힘이다. 가) 중에 넷으로 나누리니 (가) 염행(厭行)을 시작하는 부분이요, (나) 염리(厭離)를 수행하는 부분이요, (다) 싫어하는 부분이요, (라) 염행(厭行)의 결과 부분이다. 이 제3지에서 선정을 닦아 염행(厭行)으로 번뇌를 조복하며 또한 선정도 싫어하게 된다. 그래서 '싫어하는 지위[厭地]'라고 이름하였다. 설사 대승법을 좋아했더라도 역시 싫어하게 되기 때문이다. 바로 십지에 머무는 마음이 팔선(八禪)[164]에 안주하므로 단지 '싫어한다'고 하였고, 처음 지에 들어가는 마음으로 관찰하여 저 행법을 수행하므로 염행의 부분[厭行分]이라 하였고, 지(地)에 나아가는 방편이 저 염행(厭行)을 시작하고, 지가 만족한 마음속에 한량없는 등[165]을 얻는 것이 염행(厭行)의 과덕이라 하였다. 또한 처음 하나[(가) 起厭行分]는 지(地)에 들어가는 마음이요, 나머지 셋[(나) 厭行分 (다) 厭分 (라) 厭果分]은 지에 안주하는 마음이다.

---

164) 八禪은 곧 八定이니 色界의 初禪・二禪・三禪・四禪의 선정과 無色界의 空無邊處・識無邊處・無所有處・非想非非想處의 四定을 합하여 말하는 것. 관련내용이『俱舍論』제28권 釋禪波羅密次第法門 ⑦에 보인다.(불광대사전 p. 286上-; 불교학대사전 p. 1623-)
165) 4. 厭果分에 得無量神通力…. 이라 한 것을 가리킨다.

나. 가름을 따라 개별로 해석하다[隨章別釋] 2.
가) 제3지의 행상을 밝히다[地行] 4.

(가) 염행을 시작하는 부분[起厭行分] 2.
ㄱ. 과목 나누기[分科] (今初 8上2)

爾時에 金剛藏菩薩이 告解脫月菩薩言하시되 佛子여 菩薩摩訶薩이 已淨第二地하고 欲入第三地인댄 當起十種深心이니
그때 금강장보살이 해탈월보살에게 말씀하였다. "불자여, 보살마하살이 제2지를 깨끗이 수행하고, 제3지에 들어가려면 열 가지 깊은 마음을 일으켜야 하나니,

[疏] 今初分中에 有三하니 初, 結前起後오 二, 何等下는 徵列十心이오 三, 菩薩以是下는 結行入位라
■ (가) 염행(厭行)을 시작하는 부분 중에 셋이 있으니 ㄱ) 앞을 결론하고 뒤를 시작함이요, ㄴ) 何等 아래는 물음에 따라 열 가지 마음을 나열함이요, ㄷ) 菩薩以是 아래는 행법을 결론하여 지위에 들어감이다.

ㄴ. 과목에 따라 해석하다[隨釋] 3.
ㄱ) 앞을 결론하고 뒤를 시작하다[結前起後] (初中 8上3)

[疏] 初中에 標起호대 云十種深心을 論經에는 云深念心이라하나니 則異前

二地에 單云深心이니 謂更以十心으로 念前十深心故라 瑜伽에 云,
若菩薩이 先於增上戒住에 已得十種淸淨意樂하야 復由餘十淨心
意樂하야 作意思惟하야 成上品故로 入增上心住라하니라

- ㄱ) 중에 시작임을 표방하되 '열 가지 깊은 마음'이라 한 것을 논경에서는 '깊이 생각하는 마음[深念心]'이라 하였다. 곧 앞의 제2지에서 단순하게 '깊은 마음'이라고만 하였으니, 말하자면 다시 열 가지 마음으로 앞의 열 가지 깊은 마음을 떠올렸기 때문이다. 『유가사지론』에 이르되, "만일 보살이 먼저 증상계(增上戒)에 머물 적에 이미 열 가지 청정한 의요(意樂)를 얻고 나서 다시 나머지 열 가지 깨끗한 의요로 인하여 생각을 지어 사유하여 상품을 성취한 연고로 더욱 훌륭한 마음[增上心]에 들어가 안주하게 된다."

[鈔] 前中四分者는 疏文을 分三이니 初, 總科오 二, 此地修禪下는 解釋이오 三, 亦可下는 對屬三心이라 則異前二地下는 疏取彼經하야 以揀今文이라 言更以十心者는 能念이니 卽此地初十心이니 於禪定中에 求欲深故오 所念은 卽是二地初의 十心이니 以欲求禪하야 却念淨戒하며 戒淸淨故로 乃得禪定이라 次에 引瑜伽하야 證成上義니 先, 明所念이오 後, 復由餘十下는 卽是能念이라 起此十心이 在於地前이니 修成下中이라도 未入此地오 故成上品하야사 方入三地니 三地가 卽是增上心住니라

- '가) 중에 넷으로 나눈다'는 것은 소의 문장을 셋으로 나누리니 (가) 총합적인 과목이요, (나) 此地修禪 아래는 과목에 따른 해석이요, (다) 亦可 아래는 상대하여 세 가지 마음을 속하게 함이다. 則異前二 아래는 소가가 저 논경을 취하여 지금 경문과 구분함이다. '다시

열 가지 마음으로'라고 말한 것은 ㄱ. 생각하는 주체이니 곧 이 제2지의 처음의 열 가지 마음을 가리킨다. 선정 속에 구하고 바람이 깊은 까닭이요, ㄴ. 생각할 대상은 곧 제2지 첫 부분의 열 가지 마음이니, 선정을 구하기 위하여 도리어 청정한 계행을 생각하는 것이며, 계행이 청정한 연고로 선정을 얻게 된다. 다음에『유가사지론』을 인용하여 위의 이치를 증명함이니 ㄱ. 생각할 대상을 밝힘이요, ㄴ. 復由餘十 아래는 곧 생각하는 주체이다. 이 열 가지 마음을 일으킴은 십지 이전에 있었으니 하품에서는 닦더라도 이 지(地)에 들어가지 못하는 것이다. 그래서 상품에서 닦아야만 바야흐로 제3지에 들어가나니, 제3지가 곧 증상심(增上心)으로 머무는 지위인 까닭이다.

ㄴ) 물음에 따라 열 가지 마음을 나열하다[徵列十心] 2.
(ㄱ) 의미를 말하여 과목 나누다[敍意分科] (二徵 8下6)

何等爲十고 所謂淸淨心과 安住心과 厭捨心과 離貪心과 不退心과 堅固心과 明盛心과 勇猛心과 廣心과 大心이니라
무엇을 열 가지라 하는가? 청정한 마음, 편안히 머무는 마음, 싫어서 버리는 마음, 탐욕을 여의는 마음, 물러나지 않는 마음, 견고한 마음, 밝고 성대한 마음, 용맹한 마음, 넓은 마음, 큰 마음이니라.

[疏] 二, 徵列中에 十心을 義分四對니 初二, 一對는 根本建立이오 次三, 一對는 方便發修오 次三, 一對는 修已成就오 後二, 一對는 德用自在라 此四對中에 皆前은 離過요 後는 明成善이라

■ ㄴ) 물음에 따라 열 가지 마음을 나열함 중에 열 가지 마음을 이치로 나누면 네 가지 대구(對句)이니 (ㄱ) 처음의 둘[1.淸淨心 2.安住心]인 한 대구는 근본을 건립함이요, (ㄴ) 다음의 셋[3.厭捨心 4.離貪心 5.不退心]인 한 대구는 방편으로 수행을 시작함이요, (ㄷ) 다음의 셋[6.堅固心 7.明盛心 8.勇猛心]인 한 대구는 수행한 끝에 성취함이요, (ㄹ) 뒤의 둘[9.廣心 10.大心]인 한 대구는 공덕과 작용이 자재함이다. 이런 네 가지 대구 중에 앞의 세 가지 대구는 모두 허물을 여의려는 관점이요, 뒤의 한 대구는 잘 성취함을 설명한 내용이다.

(ㄴ) 가름을 따라 개별로 해석하다[隨章別釋] 4.
a. 두 구절은 근본을 건립하다[初二根本建立] (初言 8下9)

[疏] 初言淨心者는 離過也니 論에 云依彼淨深念心이라하니 謂依二地淨心하야 起此趣地淨心이라 故로 瑜伽에 云,[166] 一者는 作意思惟호대

---

[166] 인용문은 『유가사지론』 제48권 持隨法瑜伽處住品 제4의 ②의 내용이다. (대정장 권30 p. 557 a~)* [묻는다. '증상심주의보살이 구르는 때에는 행이 어떠하며 상태가 어떠하며 모양이 어떠한 것으로 알아야 하는가?' 답한다. '그 보살들은 먼저 增上戒住[二地]에서 이미 열 가지 맑고 깨끗한 의요를 얻어서는 뜻을 지어 생각하고 분명히 깨달아 통달하였으며, 다시 나머지의 열 가지 깨끗한 마음의 의요로 말미암아 뜻을 짓고 생각하여 상품을 이룩하기 때문이요, 극히 원만하여지기 때문에 증상계주를 지나서 增上心住에 든다. 무엇이 열 가지냐 하면, (1) 뜻을 지어 생각하기를 '나는 열 가지 깨끗한 마음의 의요에 대하여 이미 맑고 깨끗하게 되었느니라'고 함이요, (2) 뜻을 지어 생각하기를 '나는 열 가지 깨끗한 마음의 의요에 대하여 이미 맑고 깨끗하여졌기 때문에 물러나거나 잃지 않으리라'고 함이요, (3) 뜻을 지어 생각하기를 '나는 온갖 샘[漏]과 샘이 있는 법[有漏法]에 대하여 마음에 나아가 들지도 않고 어기거나 저버리는 가운데서도 편안히 머무느니라'고 함이요, (4) 뜻을 지어 생각하기를 '나는 저 닦아 다스림[修對治]의 안에서는 알고 바르게 편히 머무느니라'고 함이요, (5) 뜻을 지어 생각하기를 '나는 저 닦을 바 다스림에 있어서 다시는 물러나지 않으리라'고 함이요. (6) 뜻을 지어 생각하기를 '나는 이와 같은 견고한 다스림에 대하여 온갖 샘[漏]과 샘이 있는 법[有漏法]과 온갖 악마의 군사들 때문에 굴복받지 않으리라'고 함이요, (7) 뜻을 지어 생각하기를 '나는 이제 온갖 부처님 법에 대하여 그 마음에 겁냄이 없이 굴리라'고 함이요, (8) 뜻을 지어 생각하기를 '나는 이제 온갖 苦行에 겁냄이 없으리라'고 함이요, (9) 뜻을 지어 생각하기를 '나의 마음은 한결같이 대승 안에서 깊이 믿어 앎[信解]을 내어 끝내 다른 하열한 법을 좋아하지 않으리라'고 함이요, (10) 뜻을 지어 생각하기를 '나는 온갖 유정을 이롭게 하는 일에 대하여 깊은 마음으로 좋아하리라'고 하는 것이니, 이 열 가지 깨끗한 마음의 의요로 말미암아 뜻을 지어 생각하며 보살의 증상심주에 들어간다.]

我於十種淨心意樂에 已得淸淨故라하니라 二, 安住心者는 依不捨
自乘과 及前十故라 此二는 依前일새 故云根本建立이오 後八은 依前
起後니라

- 처음에 '청정한 마음'이라 말한 것은 허물을 여의려는 까닭이니, 논경
에서 "저 청정하고 깊게 생각하는 마음에 의지하여"라고 하였다. 말
하자면 제2지의 청정한 마음에 의지하여 이 제3지로 향하는 청정한
마음을 일으킨다는 뜻이다. 그래서 『유가사지론』에서는, "(1) 뜻을
지어 생각하기를 '나는 열 가지 깨끗한 마음의 의요에 대하여 이미 맑
고 깨끗하게 되었다'고 함이오"라고 하였다. (2) 안주하는 마음이란
자기 교법[自乘]과 앞의 열 가지를 버리지 않음에 의지하는 까닭이다.
이 두 가지는 앞을 의지하므로 '근본을 건립한다'고 한 것이요, 뒤의
여덟 가지는 앞을 의지해 뒤를 일으킨 것이다.

[鈔] 初言淨心者[167]는 然十皆淸淨이니 初句는 兼總일새 偏得淨名이라 依
不捨自乘者는 謂所住大乘之法에 堅心不動이라 此句가 是總[168]이니
라 下의 及前十者는 卽前地의 十이니 不捨淨戒일새 方得定故니라

- '처음에 청정한 마음이라 말한 것'이란 그렇게 열 가지 모두가 청정함
이니, 첫 구절은 총상을 겸하였으므로 치우쳐 '청정하다'고 이름하였
다. '자기 교법과 앞의 열 가지를 버리지 않는다'는 것은 머물 대상인
대승의 교법에 견고한 마음으로 동요하지 않음을 뜻한다. 이 구절은
총상이다. 아래의 及前十이란 곧 앞 지(地)의 열 가지 마음이니, 청정
한 계행을 버리지 않아야 바야흐로 선정을 얻게 되기 때문이다.

---

167) 淨은 甲南續金本作淸淨.
168) 總은 南續金本作論總.

b. 세 구절은 방편으로 수행을 시작하다[次三方便發修] (次第 9上7)

[疏] 次, 第二對方便發修者는 論에 云, 志求勝法하야 起善方便이라하니 三地의 勝定總持를 名爲勝法이라 於中에 前二句는 離過니 一은 懸厭當欲이오 二는 離於現貪이오 後一은 造行進善이라 若不勝進하면 則名爲退니 故異第二라 若準瑜伽하면 所修對治에 不復退失이라하니라 故로 下頌에 云不害니 若失對治하면 則有害故니라

- b. 둘째 대구는 방편으로 수행을 시작함에 대해 논경에서는 "뛰어난 법을 구하려는 의지로 훌륭한 방편을 일으킨다"고 하였으니, 제3지의 뛰어난 선정과 총지를 '뛰어난 법'이라고 말한다. 그중에 앞의 두 구절[3.厭捨心 4.離貪心]은 허물을 여읨이니, 첫 구절은 (3) 미래의 욕구를 미리 싫어함이요, 둘째 구절은 (4) 현재의 탐착을 여읨이요, 뒤의 한 구절[5.不退心]은 (5) 나아가 수행하고 선법으로 나아감이다. 만일 승진하지 않으면 물러남이라 이름하나니 그래서 둘째 안주심(安住心)과 다르다. 만일 『유가사지론』에 준해 보면 "닦아서 다스릴 대상에 대하여 다시 물러나고 상실하지 않는다"고 하였다. 그래서 아래 게송에는 '해롭지 않다[不害]'고 하였으니, 만일 다스릴 대상을 잃게 되면 해로움이 있는 까닭이다.

[鈔] 若不勝進者는 此未得不退니 故로 論에 云, 五는 依不捨自乘勝進이라하니라

- '만일 승진하지 않으면'이란 여기서 불퇴심(不退心)을 얻지 못하는 것이므로 논경에서 "다섯째는 자기 교법에서 승진한다는 생각을 버리지 않음에 의지한다"고 하였다.

c. 세 구절은 수행 끝에 성취하다[次三修己成就] (第三 9下3)

[疏] 第三對中에 初一은 離過니 謂自地煩惱가 不能壞일새 故名堅固心이라 自地는 卽第二니 以初十心이 未增하야 未入三地故라 後二는 成善이라 初句는 體成이니 依等至八禪하야 出入自在일새 故云明盛이라 後句는 用成이니 卽依前句禪定自在力하야 雖生下地나 而不退失일새 故云勇猛이라 故로 下經에 云, 於禪에 能出能入者라하니 卽明盛也니라 又云하사대 不隨禪解脫力生者는 是勇猛也라 地滿에 方成이라 今此는 作是思惟하야 卽得入地니 故로 瑜伽十心에 皆有作意思惟之言하니라

■ c. 셋째 대구 중에 처음 한 구절[6.堅固心]은 (6) 자기 지(地)의 번뇌를 파괴할 수 없으므로 '견고한 마음'이라 칭하였다. 여기서 자기 지[自地]란 곧 제2지이니 처음에 열 가지 마음이 늘어나지 않아서 제3지에 들어가지 못한 까닭이다. 뒤의 둘[7.明盛心 8.勇猛心]은 선법을 성취함이다. 첫 구절은 (7) 체성을 성취함이니 등지(等至)와 팔선(八禪)을 의지하여 들고 남이 자재하므로 '밝고 성대하다'고 하였다. 뒤 구절은 (8) 작용을 성취함이니 앞 구절의 선정에 자재한 힘을 의지하여 비록 낮은 지에서 생겨나긴 했지만 물러나거나 잃지 않으므로 '용맹하다'고 하였다. 그래서 아래 경문에, "선정에서 능히 나오기도 하고 들기도 한다"라고 하였으니 '밝고 성대한 마음'이다. 또 "선정과 해탈의 힘에 빠지지 않고 생겨난다"고 말한 것은 용맹한 마음이니, 지(地)가 만족해야 비로소 성취하게 된다. 지금 여기서는 이런 생각을 지어서 바로 제3지에 들어가게 되나니, 그래서 『유가사지론』의 열 가지 마음에 모두 '작의사유(作意思惟)'란 말을 쓴 것이다.

[鈔] 謂自地煩惱者는 釋云二地니 二地에 有何煩惱오 謂障三地者는 是
二地惑이니 今不現前일새 故云不壞니라 依等至者는 論에 云, 三摩提
自在라하니 三摩提는 是古梵語니 卽三摩鉢底라 此云等至故니라

● '자기 지의 번뇌'라 말한 것은 해석하면 제2지를 말하나니, 제2지에 어떤 번뇌가 있었는가? 말하자면 제3지를 장애하는 것은 제2지의 번뇌이니, 지금은 나타나지 않으므로 '무너뜨릴 수 없다'고 하였다. '등지(等至)를 의지한다'는 것은 논경에는 "삼마제(三摩提)에 자재한다"고 하였다. 삼마제(三摩提)는 예전의 범어이니 곧 삼마발저(三摩鉢底)를 가리킨다. 번역하면 등지(等至)라 하기 때문이다.

d. 공덕과 작용이 자재하다[後二德用自在] (第四 10上4)

[疏] 第四對中에 初句는 自行離過니 依欲界生煩惱가 不能染이라 故로 論
名快心이라하고 晉經에 名勝心이라하니 皆以有智故로 不染煩惱라 今
言廣者는 兼不樂陜小故니라 後句는 利他自在니 依利衆生하야 不斷
諸有일새 故云大心이라 此廣大二心은 與前後有異니라

■ d. 네 번째 대구 중에 첫 구절[9.廣心]은 (9) 자리행(自利行)으로 허물을 여읨이니 욕계에서 일어난 번뇌가 더럽힐 수 없음에 의지한 연고로 논경에서는 '유쾌한 마음[快心]'이라 이름한다. 『60권 화엄경[晉經]』에는 '뛰어난 마음[勝心]'이라 하였으니 모두 지혜가 있기 때문에 번뇌에 더럽혀지지 않는다. 지금 본경에서 '넓다'고 말한 것은 협소한 것을 좋아하지 않는다는 뜻을 겸하는 까닭이다. 뒤 구절[10.大心]은 (10) 이타행(利他行)에 자유로움이니 중생을 이롭게 하여 여러 존재를 단절하지 못함에 의지하므로 '큰 마음'이라 하였다. 여기서 '넓고 큰 마음'

은 앞과 뒤로 다른 점이 있다.

[鈔] 皆以有智故者는 以有智故로 慶快殊勝하야 處染不染이니라 此廣大者는 諸處에 有智上求를 爲大오 有悲兼物을 爲廣이며 前地에 亦以不染으로 爲大하고 利他로 名勝이어니와 今以利他가 非小乘故로 亦得名大며 智不求陿일새 亦得稱廣이니라

● '모두 지혜가 있기 때문'이란 지혜가 있는 까닭에 경사스럽고 유쾌함이 뛰어나 더러운 곳에 있더라도 더럽혀지지 않는다. 여기서 '넓고 크다'는 것은 곳곳에서 지혜가 있으면서 위로 구하는 것을 '크다'고 하였고, 자비가 있으면서 중생과 함께하는 것을 '넓다'고 하였다. 앞 지에서는 더럽혀지지 않는 것을 '크다'고 하고 남을 이롭게 함을 '뛰어나다'고 하였지만, 여기서는 이타행(利他行)은 소승이 아니므로 또한 '크다'고 이름하였으며, 지혜로우면 작은 것을 구하지 않으므로 '넓다'고 칭하였다.

ㄷ) 행법을 결론하여 지위에 들어가다[結行入位] (三結 10下3)

菩薩이 以是十心으로 得入第三地니라
보살이 이런 열 가지 마음으로써 제3지에 들어가느니라."

[疏] 三, 結行入地니 謂於前十心에 作意思惟하야 便入增上心住니라
■ ㄷ) 행법을 결론하여 지위에 들어감이다. 말하자면 앞의 열 가지 마음에 생각을 지어 사유해서 문득 증상심주(增上心住)에 들어간다는 뜻이다.

(나) 염리(厭離)를 수행하는 부분[厭行分] 2.

❖ 제6회 십지품 제3 發光地 (科圖 26-40; 劍字卷)

```
(나) 厭行分二 ─┬─ 1. 分科
              └─ 2. 隨釋三 ─┐
  ┌───────────────────────┘
  │1. 修行護煩惱行二 ─┐
  │  ┌───────────────┘
  │  │ 1. 初十句觀無常知有爲體性二 ─┬─ 1. 分科
  │  │                              └─ 2. 隨釋三 ─┐
  │  │  ┌──────────────────────────────────────────┘
  │  │  │ 1. 顯觀時
  │  │  │ 2. 總辨所觀
  │  │  │ 3. 別示其相二 ─┬─ 1. 總
  │  │  │                 └─ 2. 別二 ─┬─ 1. 分科
  │  │  │                              └─ 2. 隨釋二 ─┐
  │  │  │  ┌────────────────────────────────────────┘
  │  │  │  │ 1. 釋前五句卽云何無常
  │  │  │  │ 2. 釋後四句卽何者無常二 ─┬─ 1. 標列章
  │  │  │                              └─ 2. 依標釋二 ─┬─ 1. 少時無常
  │  │                                                 └─ 2. 自性不成實無常
  │  │ 2. 後十句觀無救者卽就人彰過二 ─┬─ 1. 總
  │  │                                  └─ 2. 別二 ─┐
  │  │  ┌────────────────────────────────────────┘
  │  │  │ ┌─ 1. 初四句約死
  │  │  │ ├─ 2. 後二句資生苦
  │  │  │ ├─ 3. 次一句約老
  │  │  │ └─ 4. 後二句約病
  │  │ 1. 正釋四段四
  │  └─ 2. 別通妨難
  │ 2. 修行護小乘行
  └─ 3. 修行方便攝行
```

ㄱ. 과목 나누기[分科] 2.

ㄱ) 바로 구분하다[正分] (第二 10下8)

ㄴ) 지위로 포섭하다[攝位] (又此)

[疏] 第二, 佛子菩薩摩訶薩住第三下는 厭行分이라 中에 有三하니 一, 修行護煩惱行이니 以觀有爲可厭患故라 二, 見如是下는 修行護小乘行이니 求一切智하야 深念衆生하야 捨陿劣心故라 三, 菩薩如是厭離下는 修行方便攝行이니 欲攝衆生하야 不離無障礙智인 究竟方便等故니라 又此三段이 攝前三位니 初及第二一半은 攝修行住오 次, 護小乘陿心下는 攝無恚恨行이니 以慈悲故오 後段, 攝等一切佛廻向이니 思惟佛智하야 度衆生故니라

- (나) 佛子菩薩摩訶薩住第三 아래는 염리(厭離)를 수행하는 부분이다. 그중에 셋이 있으니 ㄱ) 번뇌를 막아 내는 행법을 닦음이니 하염 있는 싫어하고 여의어야 할 병통이라고 관찰하는 까닭이다. ㄴ) 見如是 아래는 소승법을 막아 내는 행법을 닦음이니, 온갖 지혜를 구하여 깊이 중생을 생각하여 '좁고 하열한 마음[陿劣心]'을 버리는 까닭이다. ㄷ) 菩薩如是厭離 아래는 방편으로 섭수하는 행법을 닦음이니 중생을 섭수하기 위하여 걸림 없는 지혜와 궁극의 방편 등을 여의지 않는 까닭이다. 또 이 세 단계가 앞의 세 지위로 포섭되나니 ㄱ)(修行護煩惱)과 ㄴ)(護小乘行)의 반은 제3 수행주(修行住)를 포섭하고, ㄴ)의 護小乘陿心 아래는 제3 무진한행(無瞋恨行)을 포섭하나니 자비한 까닭이요, ㄷ)(修行方便攝行)의 단계는 제3. 모든 부처님과 평등한 회향[等一切佛廻向]을 포섭하나니, 부처님의 지혜로 사유하여 중생을 제도하기 때문이다.

[鈔] 厭行分中에 二니 先, 正科오 後, 又此下는 攝位라 前二는 自分이오 後一은 勝進이니 自分은 護小乘之過오 勝進은 依前進修니라

- (나) 염리(厭離)를 수행하는 부분 중에 둘이니 ㄱ) 바로 과목 나눔이

요, ㄴ) 又此 아래는 지위와 관련 지음이다. 앞의 둘은 자분경계요, 뒤의 하나는 승진경계이다. 자분(自分)은 소승의 허물을 막아 내는 행법이요, 승진(勝進)은 앞을 의지하여 열심히 수행해 나감이다.

ㄴ. 과목에 따라 해석하다[隨釋] 3.
ㄱ) 번뇌를 막아 내는 행법을 닦다[修行護煩惱行] 2.

(ㄱ) 열 구절은 무상(無常)을 관찰하여 유위법의 체성을 알다
　　[初十句觀無常知有爲體性] 2.
a. 과목 나누기[分科] (今初 11上7)

佛子여 菩薩摩訶薩이 住第三地已에 觀一切有爲法의 如實相하나니 所謂無常과 苦와 不淨과 不安隱과 敗壞와 不久住와 刹那生滅과 非從前際生과 非向後際去와 非於現在住며

"불자여, 보살마하살이 제3지에 머물고는, 모든 하염 있는 법의 실상을 관찰하나니, 이른바 무상하고, 괴롭고, 부정하고, 편안하지 않고, 파괴하고, 오래 있지 못하고, 찰나에 났다 없어지고, 과거에서 오는 것도 아니고, 미래로 가는 것도 아니고, 현재에 있는 것도 아니니라.

[疏] 今初二十句를 分二니 初十은 觀無常하야 卽知有爲體性이오 後十은 觀無救者는 卽就人彰過라
■ 지금은 ㄱ) 번뇌를 막아 내는 행법을 수행함에서 처음 20구절을 둘

로 나누리니 (ㄱ) 처음 열 구절은 무상(無常)을 관찰하여 유위법의 체성을 아는 것이요, (ㄴ) 나중의 열 구절은 구제할 이가 없다고 관찰하여 바로 사람에 입각하여 허물을 드러냄이다.

b. 과목에 따른 해석[隨釋] 3.
a) 관찰의 시점을 밝히다[顯觀時] (今初 11上8)
b) 관찰의 대상을 총합하여 밝히다[總辨所觀] (次觀)

[疏] 今初를 分三이니 初, 顯觀時니 謂住地已는 揀前趣入이라 次, 觀一切
下는 總辨所觀이라 言如實相者는 此有二義하니 一은 事實이니 謂無
常等이오 二는 理實이니 謂卽不生等이라 今文에 具二하니라

■ 지금은 (ㄱ)을 셋으로 나누리니 a) 관찰의 시점을 밝힘이다. 말하자면 십지에 머물고 나서 앞의 향해 들어감과 구분한다는 뜻이다. b) 觀一切 아래는 관찰할 대상을 총합하여 밝힘이다. '법의 실상'이라 말한 것은 두 가지 의미가 있으니 (1) 현상적인 실상이니 하염 있는 법[有爲法] 따위를 말한다. (2) 이치적인 실상이니 나지 않음에 합치한 따위를 말한다. 지금의 문장에는 둘을 구비하고 있다.

c) 그 모양을 개별로 보이다[別示其相] 2.
(a) 총상으로 밝히다[總] (後所 11下1)

[疏] 後, 所謂下는 別示其相이라 文有十句하니 初는 總이오 餘는 別이라 總
云無常者는 論에 云是中에 命行不住故라하니 謂命行二字는 是所無
常法이오 不住二字는 是無常義라 相續을 名命이오 遷流를 名行이니

命擧於內오 行通內外라 故下別中에 分出依正하니라

- c) 所謂 아래는 그 모양을 개별로 보임이다. 경문에 열 구절이 있으니 (a) 첫 구절은 총상이요, (b) 나머지 구절은 별상이다. (a) 총상으로 '무상하다'고 말한 것은 논경에서는 "여기서는 명행에 머물지 않기 때문이다"라고 하였다. 말하자면 명행(命行) 두 글자는 무상의 대상인 법이요, 부주(不住) 두 글자는 '무상하다'는 뜻이다. 서로 연속되는 것을 명(命)이라 하고, 옮겨 흐르는 것을 행(行)이라 한다. 명(命)은 내부적으로 거론한 것이고, 행(行)은 안과 밖에 통하는 개념이다. 그러므로 아래 별상에서는 의보(依報)와 정보(正報)로 분리되어 나온다.

[鈔] 謂命行者는 卽經의 有爲字니 此同涅槃의 我觀諸行이 悉皆無常[169]이니라

- '말하자면 명행(命行) 두 글자'는 경문의 유위(有爲)라는 글자이니 이것은 『열반경』의 "나는 모든 지어 감[行]이 전부 무상하다는 것을 관찰한다"는 것과 같다.

(b) 별상으로 밝히다[別] 2.
㈠ 과목 나누기[分科] (別中 11下7)

[疏] 別中에 九句니 初五句는 云何此無常이니 卽前命行이오 後四句는 何者是無常이니 卽前不住라

- (b) 별상 중에 아홉 구절이니 ① 처음의 다섯 구절[苦, 不淨, 不安隱, 敗壞, 不久住]은 '어째서 무상한가'이니 바로 앞의 명행(命行)을 뜻하고,

---

[169] 인용구는 『大般涅槃經』제13권 聖行品 제19의 내용이다. 經云, "善男子. 我觀諸行悉皆無常. 云何知耶. 以因緣故. 若有諸法從緣生者, 則知無常. 是諸外道無有一法不從緣生. —"(대정장 권12 p.687 b11-)

② 뒤의 네 구절[刹那生滅, 非從前際生, 非向後際去, 非於現在住]은 '어떤 것이 무상한가'이니 곧 앞의 부주(不住)를 뜻한다.

[鈔] 云何此無常卽前命行者170)는 命行은 是論이오 經卽有爲라 此問無常所以며 亦無常法이니라 何者是無常者는 不住는 是論이오 經卽無常字니 此問無常體相이라 故로 下經에 云刹那等故니라

- '① 어째서 무상한가'에서 명행(命行)은 논경의 말이요, 본경에는 유위(有爲)라 했다. 여기서는 무상한 이유를 질문하였으며 무상한 법에 대해 질문하였다. '② 어떤 것이 무상한가'에서 부주(不住)는 논경의 말이요, 본경에는 무상(無常)이라 했다. 여기서는 무상한 체성과 모양에 대해 질문하였다. 그래서 아래 경문에 '찰나에 났다 없어지고' 등으로 말하였다.

㈢ 과목에 따라 해석하다[隨釋] 2.
① 다섯 구절은 어째서 무상한가[釋前五句卽云何無常] (初中 12上2)

[疏] 初中에 有二義하니 一, 隨事니 前三은 內報로 以顯無常이오 後二는 外報로 以顯無常이라 二, 據義니 五句가 以苦等四觀으로 共顯無常이니 初句는 卽苦라 論에 云依身轉時力하야 生三種苦故라하니 謂三苦가 依三受하고 三受가 依觸生일새 故依身轉하야 方能生苦니 卽是無常이라 二는 卽不淨이니 依飮食力하야 形色增損故라 三은 不安隱者는 依不護諸惡力하야 橫夭壽等이라 四는 敗壞者는 依世界成力하야 成必滅故라 五는 不久住者는 此句는 依無我니 謂資生依主가 無

---

170) 上五字는 南纘金本作行, 甲本作行命者.

有定力하야 屬於五家오 非一處住며 不定我所니 反顯我無니라

- ① 중에 두 가지 뜻이 있으니 (1) 현상을 따름이니 앞의 세 구절은 내부적인 보답으로 무상함을 밝혔고, 뒤의 두 구절은 외부적인 보답으로 무상함을 밝혔다. (2) 이치에 의거함이니 다섯 구절이 괴로움 등의 네 가지 관찰[苦, 不淨, 不安隱, 敗壞]로 함께 무상함을 밝혔으니, ① 첫 구절은 괴로움이다. 논경에서는 "몸이 바뀔 때의 힘에 의하여 세 가지 괴로움이 생긴다"라고 하였다. 말하자면 닿음에 의지해 생겨나고 몸이 바뀜을 의지해 비로소 괴로움이 생기나니 그대로 무상함이다. ② 둘째 구절은 부정(不淨)함이니, "음식 먹은 힘에 의하여 몸이 늘어나거나 줄어든다"고 하였다. ③ 셋째 구절은 편안하지 않음이니, "모든 막을 수 없는 악한 힘에 의하여 뜻하지 않게 일찍 죽기도 한다"고 하였다. ④ 넷째 구절은 파괴됨이니, "세계를 이루는 힘에 의하여 이룬 것은 반드시 없어진다"고 하였다. ⑤ 다섯째 구절은 오래 있지 못함이니, 이 구절은 무아(無我)에 의지함이다. 말하자면 생활 도구가 의지하는 주체가 선정의 힘이 없어서 오온의 집[五家]에 속한다. 한 곳에도 머물지 않으며 <내 것>에도 정해지지 않았지만 반대로 <내>가 없음을 드러낸다.

[鈔] 論云依身者는 內報遷移를 名身轉時오 從觸生受하며 從受生苦가 已是無常이온 況三苦가 更起아 故是無常이니 由轉生苦일새 故轉爲力이니라 形色增損者는 食爲便利하야 資內汚穢오 垢汚不淨이 顯現於外일새 故云不淨이니 以增損故로 即是無常이니라

依不護者는 論經에 此句를 亦云無常이니 遠公이 云,[171] 此以無常으

---

171) 云은 甲南續金本作釋云.

로 顯於無常이니 以夭壽等의 麤相無常으로 顯於有爲法이 性是無常이오 無我는 理細일새 不顯無常이라하니 今經은 異論하야 云不安隱일새 故疏直釋하고 不配無常과 及與無我라 而通兩意하야 作無常釋이 不異遠公하니 作無我者는 遇緣夭逝하야 不自在故요 下第五句는 正無我所니 故로 彼疏에 云, 不定我所가 反顯我無라하니라

● '논경에서는 몸이 바뀔 때의 힘에 의하여'는 내부적인 보답이 옮겨 가는 것을 '몸이 바뀔 때'라 하고, 닿음에서 받아들임이 생기며 받아들임에서 괴로움이 생겨나는 것이 이미 무상함인데, 어찌 하물며 세 가지 괴로움이 번갈아 일어나겠는가? 그래서 무상함이니 바뀜으로 인해 괴로움이 생기므로 바뀜이 힘이 된다. '몸이 늘어나거나 줄어든다'는 것은 음식이 대소변이 되어서 내부적으로 더러움을 돕고, 때 묻고 더러움이 외부적으로 드러나므로 '부정하다'고 하였으니, 늘어나거나 줄어들기 때문에 무상한 것이다.

'막을 수 없는 악한 힘에 의하여'란 논경에서 이 구절을 역시 '무상하다'고 하였는데, 혜원법사는, "여기서 무상함으로 무상함을 밝혔으니 일찍 죽는 등의 큰 모양의 무상함으로 유위법이 체성이 무상함을 밝혔지만, 무아(無我)는 이치가 미세하므로 무상함을 밝히지 못한다"라고 해석하였다. 지금 본경은 논경과 달리 '편안하지 않다'고 말하였으므로 소가가 바로 해석하기만 하고 무상(無常)과 무아(無我)를 배대하지 않았다. 하지만 두 가지 의미에 통하여 무상하다고 해석하는 점은 혜원법사와 다르지 않다. 무아(無我)로 해석한 것은 인연을 만나 일찍 죽어서 자재하지 못한 까닭이요, 아래 다섯째 구절은 바로 무아인 연고로 저 소에서, "〈내 것〉도 정해지지 않는 것이 반대로 〈내〉가 없음을 드러낸다"고 하였다.

② 뒤의 네 구절은 어떤 것이 무상한가[釋後四句卽何者無常] 2.
㉮ 표방하여 나열하다[標列章] (後四 13上1)
㉯ 표방함에 의지한 해석[依標釋] 2.
㉠ 잠시의 무상함[少時無常] (一者)

[疏] 後四, 何者是無常이라 然無常이 有二種하니 一者, 少時無常이니 卽 刹那生滅이라
- ② 네 구절[刹那生滅, 非從前際生, 非向後際去, 非於現在住]은 어떤 것이 무상한가? 그런데 무상함이 두 종류가 있다. ㉠ 잠시의 무상함이니 곧 찰나에 났다가 없어짐을 가리킨다.

㉡ 자성이 실법을 이루지 못한 무상함[自性不成實無常] 4.
ⓐ 총합 명칭을 해석하다[釋其總稱] (二自 13上2)
ⓑ 개별로 경문을 해석하다[別釋經文] (卽下)

[疏] 二, 自性不成實無常이니 謂三世緣生이 俱無自性일새 故不成實體라 卽下三句니 一, 非從前際生者는 過去已滅故오 二, 非向後際去者는 現在卽滅이니 無容從現하야 轉至未來故오 三, 非於現在住者는 念念遷謝일새 求其住相하야도 不可得故라
- ㉡ 자성이 실법을 이루지 못한 무상함이다. 말하자면 삼세에 인연이 생겨남이 모두 자성이 없으므로 실법의 본체를 이루지 못한다. 아래의 세 구절이니 (1) '과거로부터 생긴 것이 아니다'라고 말한 것은 과거는 이미 없어진 까닭이요, (2) '미래로 가는 것도 아니다'라고 말한 것은 현재는 바로 없어지나니 현재로부터 미래로 옮겨 감을 용납하

지 않는 까닭이요, (3) '현재는 머무는 것도 아니다'라고 말한 것은 생각 생각에 바뀌고 없어지므로 그 머무는 모양을 구하여도 얻을 수 없는 까닭이다.

ⓒ 경문의 의미를 결론해 보이다[結示文義] (約三 13上6)
ⓓ 두 문이 같지 않음을 구분하다[揀門不同] (此中)

[疏] 約三世遷滅하야 求生等相에 皆不可得이요 卽入不生不滅이 是無常義라 此中三世는 約相續門이니 如因前身하야 有今身等이라 若依生滅門인댄 則應從未來藏하야 流入現在하야 遷至過去니 二門不同也니라

■ 삼세에 바뀌고 없어짐에 의지하여 생기는 등의 모양을 구하여도 모두 얻을 수 없음이요, 곧 생겨나지도 않고 없어지지도 않음에 들어가는 것이 무상함의 뜻이다. 이 가운데 삼세는 상속문에 의지한 분석이니, 마치 전생의 몸으로 인하여 금생의 몸이 있다는 등과 같다. 만일 생멸문에 의지한다면 응당히 "미래의 창고로부터 현재로 흘러 들어와서 과거로부터 옮겨 간다"고 해야 하리니 두 문이 같지 않은 내용이다.

[鈔] 然無常者는 遠公이 云,[172] 應有三種하니 一은 分段無常이니 分段을 兩向用之니 向前하야 爲無常所以라 今此는 爲無常體性일새 故此分段이 不出此二라하니라 少時를 亦名念念無常이라 故로 次經[173]에 云, 刹那生滅하야 四相遷故라하니라
二, 自性不成實下는 疏文有四하니 一, 總釋名이요 二, 卽下三句下

---

172) 云은 甲南續金本作釋云.
173) 遺忘記云 次經次字 皆云衍 而愚謂論經也.『三家本私記』遺忘記 p.168-)

는 別釋經文이오 三, 約三世下는 三, 結示文意니 經의 從前際生은 卽是生義니 今非從故로 名爲不生이오 向後際去는 卽是滅義니 今非向故로 名爲不滅이오 亦應不住니 不住는 通於無生無滅이라 爲對生滅이 是無常義하야 顯不生滅이 是無常義니 順淨名故라

四, 此中三世下는 揀門不同이라 謂諸經論中에 辨法이 有二하니 一, 相續門者는 約就三時하야 以辨一法이니 當知是法이 從於過去來하야 向於後世니 如人이 說言, 我從生來로 向於老去라 今是此門일새 故云非從前際生等이니라 二, 以三時로 對別諸法하야 名生滅門이니 是則一法이 隨時爲三이라 三法을 相望에 過去는 已去오 當者는 方來오 現者[174]는 今住니 故引有部의 從未來藏하야 入現在等이라 則謝往을 名過오 過往背[175]今을 稱之爲去오 在當을 名未오 當起之法이 趣現을 名來라 亦可來者는 是其現義니 當法未現을 名爲未來오 今名現法이 住現相故로 名爲現在라 依此門하야 辨無生滅義일새 故[176] 今依前門이라 故於未來義에 則可具言, 過去已滅이오 未來未至오 現在無住니 故無生滅이라 今依前門일새 故於未來에 却名不去니 是故로 結云, 二門不同이니라

● 그런데 무상(無常)이란 혜원법사가 이르되, "응당히 세 종류가 있으니 1) 분단으로 무상함[分段無常]이다. 분단을 두 방향으로 사용하나니 과거를 향해서 무상한 원인을 삼은 것이다. 지금 여기서는 무상의 체성을 삼았으므로 이 분단이 이 두 가지[㉠ 少時無常 ㉡ 自性不成實無常]에서 벗어나지 않는다"라고 하였다. ㉠ 잠시의 무상함을 '생각 생각이 무상함[念念無常]'이라 이름하기도 한다. 그래서 논경에서는, "찰나 간

---

174) 者는 南續金本作在.
175) 背는 甲南續金本作皆誤, 原本及遠公義記作背.
176) 故는 甲南續金本無. 遺忘記云 今依下九字 衍也.(『三家本私記』遺忘記 p. 168-)

에 생멸하여 네 가지 모양으로 변해 가는 까닭이다"라고 하였다.
ⓛ 自性不成實 아래는 소의 문장에 넷이 있으니 ⓐ 총합하여 해석함이요, ⓑ 卽下三句 아래는 개별로 경문을 해석함이요, ⓒ 約三世 아래는 경문의 의미를 결론해 보임이다. 경에서 과거로부터 태어난 것이 그대로 '태어난다'는 뜻이니, 지금은 시작함이 아니므로 '태어나지 않는다'고 이름하며, 미래로 향해 가는 것이 그대로 '없어진다'는 뜻이니 지금은 향해 감이 아니므로 '없어지지 않는다'고 이름한다. 또 '머물지 않는다'고 해야 하나니 머물지 않음은 태어남도 없고 없어짐도 없음에 통하는 까닭이다. 나고 없어짐이 무상의 뜻임을 상대하기 위하여 나고 없어짐이 아닌 것을 무상의 뜻으로 밝힌 내용이니,『유마경』의 주장을 따르기 때문이다.
ⓓ 此中三世 아래는 두 문이 같지 않음을 구분함이다. 말하자면 여러 경과 논서 중에 법을 구분함이 둘이니 ① 상속문(相續門)은 삼세에 입각하여 한결같은 법을 밝힌 부분이다. 마땅히 알라. 이 법이 과거로부터 미래에까지 향하는 것이다. 마치 어떤 사람이 말하되 "나는 태어난 이후로 죽음을 향해 간다"고 하는 것과 같다. 지금은 바로 이 상속문이므로 '과거로부터 태어난 것이 아니다'는 등으로 말하였다. ② 삼세를 개별적으로 여러 법을 상대하여 생멸문(生滅門)이라 하였다. 이것은 한 법이 시간을 따라 셋이 된 것이다. 세 가지 법이 서로 대조하면 과거는 이미 간 것이요, 미래는 비로소 올 것이요, 현재는 지금 머무는 것이다. 그래서 유부(有部)에서 '미래의 창고로부터 현재에 들어간다'는 따위를 인용하였다. 말하자면 끝나고 지나간 것을 과(過)라 하고, 지나간 것을 보내고 현재와 등지는 것을 거(去)라 한다. 장차에 있는 것을 미(未)라 하고, 장차에 일어날 법이 현재로 취

향함을 래(來)라 한다. 또 '올 수 있다'는 것은 나타난다는 뜻이니, 장차의 법이 아직 나타나지 않은 것을 미래라 하고, 지금은 현재의 법이라 이름한 것이 현재의 모습으로 머무는 까닭에 현재라 이름한다. 이런 생멸문에 의지하여 나고 없어짐이 없는 이치를 밝혔으므로 지금은 앞의 상속문에 의지한 분석이다. 그래서 미래의 의미를 갖추어 말하면, "과거는 이미 없어진 것이요, 미래는 오지 않았으며 현재는 머물지 않으므로 나고 없어짐이 없다"고 말할 수 있다. 지금은 앞의 ① 상속문에 의지하므로 미래에 도리어 '가지 않는다'고 하였으니 이런 까닭에 '두 문이 같지 않다'고 결론하였다.

(ㄴ) 열 구절은 관찰하고도 구제하지 않는 이는 사람에 입각하여 허물을 밝힌다[後十句觀無救者卽就人彰過] 2.
a. 총상으로 밝히다[總] (第二 14下2)

又觀此法이 無救無依하며 與憂與悲하며 苦惱同住하며 愛憎所繫며 愁感轉多하며 無有停積하며 貪恚癡火가 熾然不息하며 衆患所纏으로 日夜增長하며 如幻不實하니라
또 이 법을 관찰하면 구원할 이도 없고, 의지할 데도 없고, 근심과 함께하고, 슬픔과 함께하고, 고통과 함께 있으며, 사랑하고 미워하는 데 얽매이고, 걱정이 많아지고, 정지하여 있지 못하며, 탐욕, 성내는 일, 어리석은 불이 쉬지 아니하고, 여러 근심에 얽매여 밤낮으로 늘어나며, 요술과 같아서 진실하지 아니하도다."

[疏] 第二, 又觀下는 明其無救라 初句는 總顯이라 言此法者는 卽前無常이라 今又觀之하면 不出生老病死라 如四方山來에 無逃避處며 無能救者라

- (ㄴ) 又觀 아래는 구제하지 않음을 밝힘이다. a. 첫 구절은 총상으로 밝힘이다. '이 법'이라 말한 것은 앞의 무상(無常)을 가리킨다. 지금은 또 관찰하자면 나고 늙고 병들고 죽음에서 벗어나지 않는다. 마치 사방의 산에서 내려오면 도피할 곳이 없으며 구제할 사람이 없는 것과 같다.

[鈔] 第二至無救者[177]는 無常理定을 非物能裁일새 故云無救라 如四方山來는 卽涅槃文이니 如四諦品[178]하니라

- (ㄴ)에서 無救者까지는 무상한 이치로 정해진 것을 누구도 어찌할 수 없으므로 '구제할 수 없다'고 하였다. '마치 사방의 산에서 내려옴과 같다'는 것은 『열반경』의 경문이니 사제품(四諦品)의 내용과 같다.

b. 별상으로 밝히다[別] 2.
a) 바로 네 문단으로 해석하다[正釋四段] 4.
(a) 네 구절은 죽음에 의지한 설명[初四句約死] (別有 14下7)

[疏] 別有九句를 約生老病死니 初四는 約死以顯無救니 此相顯故로 所以先明이라 一, 無依者는 於無常이 未至中에 無所依告일새 救令不至오 二, 與憂者는 無常旣至에 無能救者일새 意地懼死하니 所以懷憂라 三, 與悲者는 生陰轉壞하고 死相現前이라 於此中間에 彌增涕泗니라

---

177) 上四字는 甲南續金本作又觀下.
178) 인용문은 『涅槃經』師子吼菩薩品의 내용이다. (대정장 권7 p.781c9-)

四, 苦惱同住者는 正捨壽時에 四大分散에 在於五根苦惱事中하야 其力虛弱하고 更以憂悲隨逐하니 則憂苦轉增하고 心生熱惱라

■ b. 별상으로 밝힘에 아홉 구절을 나고 늙고 병들고 죽음에 의지해 설명하였으니 (a) 처음 네 구절은 죽음에 의지하여 구제할 사람이 없음을 밝혔으니, 이처럼 모양으로 드러냈으므로 먼저 설명하였다. 첫 구절의 '의지할 데가 없다'는 것은 무상함이 이르기 전에는 의지할 필요가 없으므로 구제함이 다가오지 못하게 함이요, 둘째 구절에서 '근심과 함께한다'는 것은 무상함이 이미 이른 때에 구제해 줄 사람이 없으므로 다음으로 죽음을 두려워하나니 그런 까닭에 근심하는 것이다. 셋째 구절의 '슬픔과 함께한다'는 것은 태어남은 점점 무너지고 죽는 모양으로 나타난다. 이런 중간에 눈물 흘리는 것이 더욱 늘어난다. 넷째 구절의 '고통을 함께한다'는 것은 바로 목숨을 버릴 때에 사대(四大)가 나뉘어 흩어지면 다섯 감관으로 고통스러운 현상 속에 있어서 그 힘이 약해지고 다시 근심과 슬픔이 따르게 되나니, (결국) 근심과 괴로움이 점점 증가하고 마음에 뜨거운 번뇌가 생기게 된다.

[鈔] 別中九句者는 科文이니 即爲四段이라 初四는 約死오 次二는 約資生이오 第七[179]은 約老오 後二는 約病이라 而生過를 不約은 人所愛故로 略而無之어니와 就總相言에 約生老病死니라 又生一種은 含在資生等中이니 以諸增長位를 總名生故니라 又此四段이 亦攝八苦니 二는 卽求不得苦오 死는 兼愛別離苦오 病中에 有[180]怨憎會苦와 五陰盛苦는 通在於四라 今初死苦를 望之遠近일새 故有四句니라

初言未至者는 自少及長이 皆歸死門이라 一息尙還을 假言未至나

---

[179] 第七은 南金本作次一.
[180] 有는 甲南續金本作兼有.

臨風微燭이 何所依憑가 故로 文殊가 云, 生死有畏어니 菩薩이 當何 所依오 淨名이 答云하사대 菩薩이 於生死畏中에 當依如來功德之力 이라하니라 凡夫無此일새 故無所依니라 二, 死時將臨을 名爲旣至니 故로 無常經에 云, 云何保形命고 不覺死來侵이라하니라 三, 死相現 前者는 諸識昏昧하고 六腑가 空虛하며 餘息이 淹淹에 心魂悄悄라 或 隨業報하야 中陰現前하고 內識과 外身이 皆有死相이라 陰轉死相을 卽日中間이니 難向死門일새 故多涕泗니라 四, 正捨命時니 風刀解體 일새 故曰分散이오 氣絶神逝일새 名捨命時라 故로 無常經에 云,[181] 命 根이 氣欲盡하고 支節이 悉分離하며 衆苦가 與死俱하니 此時에 徒歎 恨이라 兩目이 俱翻上하고 死刀가 隨業下하며 意想이 並懵惶호대 無 能相救濟라하니라 五根已苦라 不能安排어늘 將前憂悲하야 隨逐於 苦하니 增心熱惱라

- 'b. 별상으로 밝힘에 아홉 구절'이란 과목 나눈 문장이니 곧 네 문단 이다. (a) 처음 네 구절은 죽음에 의지한 설명이요, (b) 다음 두 구절 은 생활 현상에 의지한 설명이요, (c) 일곱째 구절[無有停積]은 늙음에 의지한 설명이요, (d) 뒤의 두 구절은 병듦에 의지한 설명이다. 그러나 태어남의 허물에 의지하지 않은 것은 사람들이 사랑하는 대상인 연 고로 생략하여 없앴다. 총상에 입각하여 말하면, 나고 늙고 병들고 죽음에 의지한 설명이 된다. 또 태어남의 한 종류는 생활 도구 속에 포함되어 있으니 모든 늘어나고 커지는 지위를 통틀어 '태어난다'고

---

181) 인용문은 『佛說無常經』의 내용이다. 經云, "求求諸欲境 不行於善事 云何保形命 不見死來侵 / 命根氣欲盡 支節悉分離 衆苦與死俱 此時徒歎恨 / 兩目俱飜上 死刀隨業下 意想並懵惶 無能相救濟 / 長喘連胸急 短 氣喉中乾 死王催伺命 親屬徒相守 / 諸識皆昏昧 行入險城中 親知咸棄捨 任彼繩牽去 / 將至琰魔王 隨業 而受報 勝因生善道 惡業墮泥犂 / 明眼無過慧 黑闇不過癡 病不越怨家 大怖無過死 / 有生皆心死 造罪至 切身 當勤策三業 恒修於福智 / 眷屬皆捨去 財貨任他將 但持自善根 險道充糧食 / 譬如路傍樹 暫息非久 停 車馬及妻兒 不久皆如是."(대정장 권17 p. 746 a-)

이름한 까닭이다. 또 이런 네 문단이 여덟 가지 괴로움[八苦]을 포섭하고 있으니 둘[生과 老]은 구하여도 얻지 못하는 괴로움이요, 죽음은 사랑하는 이와 이별하는 괴로움을 겸하고 있으며, 병듦 속에 원망하고 미워하는 이를 만나는 괴로움과 오음이 왕성한 괴로움이 겸해 있으니, 네 문단에 통해 있는 것이다. 지금은 (a) 죽음의 괴로움을 가깝고 먼 것과 대조하였으므로 네 구절이 있는 것이다.

(a)에서 ㊀ '미지(未至)'라고 말한 것은 어리고 장성함으로부터 모두 죽음의 문에 돌아간다. 한 번 숨 쉬다가 다시 돌아오는 것을 '이르기 전'이란 말을 빌렸지만 바람 앞에 작은 촛불이 어찌 의지가 되겠는가? 그러므로 문수(文殊)보살이 말하되, "나고 죽음에 두려움이 있는데 보살이 장차 어찌 의지처가 되겠는가?" 유마(維摩)거사가 답하되, "보살이 나고 죽음의 두려움 속에서도 마땅히 여래 공덕의 힘에 의지한다"고 하였다. 범부는 이런 힘이 없으므로 의지할 수 없다. ㊁ 죽을 때가 장차 다다른 것을 '기지(旣至)'라 하나니, 그래서 『무상경(無常經)』에서 "어떻게 형상적인 목숨을 보전할까? 별안간에 죽음이 와서 침노한다"고 말하였다. ㊂ '죽는 모양으로 나타난다'고 말한 것은 모든 인식이 어둡고 여섯 장기[六腑]가 비었으며 남은 호흡이 가물거리다가 마음과 혼백이 조용해진다는 뜻이다. 혹은 업보를 따라 중음신(中陰身)이 나타나기도 하고 내부적인 인식과 외부적인 몸에 모두 죽는 모양이 있다. 오음이 죽는 모양으로 바뀐 것을 중간이라 하나니, 죽음의 문에 향하기 어려우므로 눈물 흘리는 것이 많다. ㊃ 바로 목숨을 버리는 때이니 바람이란 칼이 몸을 분해하므로 '분산(分散)'이라 하였고, 기운이 끊기고 정신이 떠났으므로 '목숨을 버리는 때'라 말한다. 그래서 『무상경』에서는 "목숨의 기운이 다하려 하고 사지(四肢)의 뼈

마디가 모두 분리되며 여러 고통이 죽음과 함께 다가오니 이런 순간에 한갓 한탄만 하누나! 두 눈이 모두 위로 뒤집어지고 죽음의 칼이 업을 따라 내려오며 의식과 생각이 함께 황망하지만 누구도 구제해 줄 수 없네!"라고 하였다. 다섯 감관이 이미 괴로워서 능히 안배할 수 없는데 앞의 근심과 슬픔을 가져 괴로움을 따라가나니 마음속의 뜨거운 번뇌만 더하게 된다.

言同住者는 卽是與心으로 相應義也니 明此死人이 但與憂悲苦惱로 同住라 故로 六地에 云,[182] 死時別離어늘 愚迷貪戀이라 心胸煩悶이 爲愁오 涕泗咨嗟가 爲歎이라 在五根에 爲苦오 在意地에 爲憂니 憂苦轉多가 爲惱라하니라 若準涅槃인대 直觀於死에 自有十義하니 云,[183] 夫死者는 於險難處에 無有資糧하며 去處懸遠호대 無有伴侶하며 晝夜常行호대 不知邊際며 深邃幽暗하야 無有燈明하며 入無門戶나 而有處所며 雖無痛處나 不可療治며 往無遮止하고 到不得脫이며 無所破壞나 見者愁毒이며 雖非惡色이나 而令人怖며 致在身邊이나 不可覺知라하니라

- '함께 머문다'고 말한 것은 그대로 마음과 서로 응한다는 뜻이니, 이렇게 죽은 사람이 단지 근심과 슬픔, 괴로움과 번뇌와 함께 머물기만 할 뿐이다. 그래서 제6지에서는, "죽을 때에 이별하는 것을 어리석어 탐내고 그리워하여 가슴이 답답한 것을 근심이라 하고, 눈물 흘리며 슬퍼함을 탄식이라 한다. 오근(五根)에 있어서는 괴로움이라 하고, 뜻에 있어서는 근심이라 하고, 근심과 괴로움이 점점 많아지면 시달림이라 한다"고 하였다. 만일 『열반경』에 준해 보면 바로 죽음을 관찰

---

[182] 인용문은 아래 六地의 十二有支의 相續門 중 12. 老死支에 보인다. (교재 권2 p. 450-)
[183] 인용문은 『涅槃經』 제11권 聖行品 제19에 나오는 내용이다. (교재 권12 p. 679 a28-) 아래 致在는 經作敷在

하는데 자연히 열 가지 뜻이 있다. 경문에 이르되 "죽음이란 험난한 곳에 노자가 없는 것이며, 갈 곳은 먼데 동무가 없으며, 밤낮으로 줄곧 가지만 끝을 알지 못하며, 깊고 어두운 데서 등불이 없으며, 들어갈 문은 없는데 처소만 있으며, 비록 아픈 곳은 없으나 치료할 수 없으며, 가도 끝이 없고 이르러도 벗어날 수 없으며, 파괴되지 않지만 보는 사람마다 근심하며, 험악한 얼굴은 아니지만 사람들을 두렵게 하며, 내 몸에 있지만 깨닫지 못한다"고 말하였다.

(b) 두 구절은 생활 현상에 의지한 설명[次二句約資生] (次二 16下1)

[疏] 次二는 約資生事니 不知是苦하고 妄生樂想하야 對治不入일새 故無救也라 謂五는 追求資生에 境有順違일새 故愛憎所繫라 六은 於受用時에 苦多樂少일새 云愁感轉多니 謂受而不散하야 衆禍皆集하며 用而毀損이 如損身命일새 故曰苦多라

■ (b) 다음의 두 구절[⑥愛憎所繫 ⑦愁感轉多]은 생활 현상에 의지한 설명이니 이것이 고통인 줄 모르고 망녕되게 즐거운 생각을 일으켜 다스려도 들어가지 못하므로 구제할 수 없다. 말하자면 다섯째 구절은 생활을 추구함에 따르고 위배되는 경계가 있으므로 사랑하고 미워하는 데 얽히게 된다. 여섯째 구절은 받아 쓸 때에 괴로움은 많고 즐거움은 적으므로 '걱정이 점점 많아진다'고 하였다. 말하자면 받아서 분산하지 못하고 여러 가지 재앙이 모두 모이며 쓰면서 훼손하는 것이 목숨을 더는 것과 같으므로 '괴로움이 많다'고 말하였다.

[鈔] 次二, 約資生者는 非唯不知追求受用이 皆悉是苦라 亦不知前皆悉

是苦며 亦不知前皆歸於死라 而初追求에 愛順憎違하야 求順不得은 卽求不得苦오 憎違而至는 卽怨憎會苦니라

六에 苦多樂少者는 且順安樂을 名爲樂少오 積而禍集이 已是苦矣오 散而貪戀하야 斯苦更多하니 亦愛別離苦也니라

- '(b) 두 구절은 생활 현상에 의지함'이란 오로지 추구하고 받아 씀이 모두 괴로움인 줄 알지 못할 뿐만 아니라 또한 앞이 모두 다 괴로움인 줄 알지 못하는 것이며, 또한 앞이 모두 죽음으로 돌아가는 줄 알지 못한다. 그러나 처음 추구할 적에 사랑하는 것은 따르고 미운 것은 위배하여 추구하고 따르더라도 얻지 못하는 것은 '구하여도 얻지 못하는 괴로움[求不得苦]'이요, 미운 것을 위배함이 지극한 것은 '원망하고 미워하는 이와 만나는 괴로움[怨憎會苦]'이 된다.

'여섯째, 받아 쓸 때에 괴로움은 많고, 즐거움은 적다'는 것은 우선 안락함을 따르는 것을 즐거움이 적다고 하고, 쌓아 두어 재앙이 모이는 것이 이미 괴로움인 것이요, 헤어져서 그리워하여 이런 괴로움이 더욱 많으니 또한 '사랑하는 이와 이별하는 괴로움[愛別離苦]'이라 말한다.

(c) 한 구절은 늙음에 의지한 설명[次一句約老] (七於 16下10)

[疏] 七, 於身老時에 盛年壯色을 不可救令停積184)이라

- 일곱째 구절[無有停積]은 몸이 늙어 갈 때에 왕성한 나이의 장한 얼굴빛을 구제하여 머물게 할 수 없음을 말하였다.

[鈔] 七於身老時者는 第三, 約老하야 明無救也라 壯色不停이 猶如奔馬

---

184) 積은 續金本作集.

오 西日黯黯을 孰能駐之아
● 일곱째, '몸이 늙어 갈 때에'란 (c) 늙음에 의지하여 구제하지 못함을 설명함이다. 장성한 얼굴빛이 머물지 않는 것이 마치 달리는 말과 같고, 서산으로 기우는 해를 누가 붙잡을 수 있겠는가?

(d) 두 구절은 병듦에 의지한 설명[後二句約病] (後二 17上3)

[疏] 後二는 約病이라 初一은 病因이니 謂八은 於少壯時에 具樂等三受일새 故貪等이 常燒하야 不容法水하야 熾然難救라 九는 於年衰時에 衆患所纏이 如樹將朽하야 日夜增長하야 無能令免이라 然이나 病은 通始終이나 老時에 多故로 論에 偏說老하나니 老卽病緣이라

■ (d) 뒤의 두 구절[⑧ 貪恚癡火— ⑨ 衆患所纏—]은 병듦에 의지한 설명이다. ㊀ 처음 한 구절은 병의 원인이다. 말하자면 여덟째 구절은 어렸을 때에 즐거움 등의 삼수(三受: 苦受, 樂受, 捨受)를 구비하였으므로 탐욕 등이 항상 불타서 법의 물을 용납하지 않고 치연하여 구제하기 어려운 것이다. ㊁ 아홉째 구절은 나이가 쇠잔할 때에 여러 가지 병에 걸리는 것이 마치 나무가 오래되어서 날로 커져 능히 병듦을 면하게 하지 못함과 같다. 그러나 병듦은 시작과 끝에 통하지만 늙어서 많아지기 때문에 논경에서 늙음에만 치우쳐 설명한 것이니, 늙음이 곧 병의 간접 원인이라는 뜻이다.

[鈔] 後二, 約病者는 初一은 少時病이오 後一은 老時病이라 言病因者는 樂受生貪하야 則房色으로 竭其骨髓하고 滋味로 煎其腸藏이어니 安得不病가 苦受生瞋하야 則憤恚가 塡於心胸하야 不思危難하니 安不病

哉아 癡則愚暗하야 不識是非라 動皆顚墜하니 安不病哉아 九中에 然이나 老亦病因이어늘 而不云因者는 老亦卽病이니 謂年耆根熟에 形變色衰하고 飮食不能하고 氣力虛微[185]하며 坐起苦極하고 餘命無幾하니 豈非病哉아 況加客病하면 難復再康이라 枯柳遭霜에 生茂無日이오 隨風墜葉이라 歸樹를 何期아

- (d) '뒤의 두 구절은 병듦에 의지한다'는 것은 처음 한 구절은 어렸을 때의 병든 것이요, 뒤의 하나는 늙었을 때의 병든 것이다. '병의 원인'이라 말한 것은 즐거움의 수[樂受]는 탐욕을 일으켜 방색(房色)으로 그 골수를 고갈시키고 재미로 그 오장(五臟)을 태우는데 어찌 병들지 않겠는가? 고수(苦受)는 성냄을 일으켜 분노가 심장과 허파를 채워서 위험을 생각하지 못하나니 어찌 병들지 않겠는가? 어리석음은 어둡고 우치해서 옳고 그름을 인식하지 못한다. 움직거리면 모두 거꾸로 떨어지나니 어찌 병들지 않겠는가? 아홉 구절 가운데 그러나 늙음도 병의 원인일 텐데 원인이라 말하지 않은 것은 늙음이 또한 병드는 것이다. 말하자면 나이가 많고 근기가 익어지면 형상이 변하고 얼굴빛도 쇠약해지고 음식을 소화하지 못하고 기력도 미약해지며 앉았다가 일어서면 괴로움이 극심하고 남은 목숨이 얼마 되지 않나니 어찌 병든 것이 아니겠는가? 하물며 객병이 더해지면 회복하여 건강을 되찾기가 어렵다. 마른 버드나무가 서리를 맞으면 무성해질 기약이 없고, 바람 따라 낙엽이 지는 것이니 나무로 돌아가는 것을 어떻게 기약하리오!

b) 비방과 힐난을 개별로 해명하다[別通妨難] (故論 17下5)

---

185) 微는 甲南續金本作乏.

[疏] 故로 論에 云, 後三句는 皆明身患事也라 何故로 不在初說고 示身數數患事가 可卒加故라하니라 如幻不實은 總結前九니라
■ 그러므로 논경에서, "뒤의 세 구절은 모두 몸에 따르는 근심에 대한 설명이다. 무슨 까닭에 처음에 설명하지 않았는가? 몸에 근심이 자주 일어나는 것이 갑작스레 더해질 수 있음을 보여 주기 위함이다"라고 하였다. '요술과 같아서 진실하지 않다'고 말한 것은 앞의 아홉 구절을 총합하여 결론한 내용이다.

[鈔] 故論云者는 問意가 云何오 謂前四와 後三이 是老病死라 同身患事어니 何不一處에 倂而說之하고 而於中間에 間以追求오 答云호대 示身數數患事者는 爲欲彰身患事가 非一이라 偏於老少일새 故分兩處니라 言可卒加者는 病之與死가 皆可卒至故니라 復應問言호대 旣云患事非一인대 何不前明老病相耶아 則應答云호대 死過가 重故라 故로 前疏에 云, 此相이 顯故라하니라
● '그러므로 논경에서'는 질문한 의미가 무엇인가? 말하자면 앞의 네 구절과 뒤의 세 구절이 늙고 병들고 죽음이다. 몸에 따르는 근심과 같은데 어째서 한곳에서 함께 말하지 않고 중간에 간혹 추구하는가? 답하되, '몸에 근심이 자주 일어나는 것을 보여 준다'는 것은 몸에 따르는 근심이 하나가 아님을 밝히기 위함이다. 늙고 젊음에 두루 하므로 두 곳에 나누었다.
'갑작스레 더해질 수 있다'고 말한 것은 병듦과 죽음이 모두 갑작스레 올 수 있기 때문이다. 다시 응당히 질문하되 "이미 근심되는 현상이 하나가 아니라고 말하였다면 어째서 앞에서 늙고 병든 모양을 설명하지 않았는가?" 곧바로, "죽음의 허물이 무겁기 때문이다"라고 해

야 한다. 그러므로 앞의 소에서, "이 모양이 뚜렷한 까닭이다"라고 하였다.

ㄴ) 소승을 막는 행법을 닦다[護小乘行] 2.

❖ 제6회 십지품 제3 發光地 (科圖 26-41; 劍字卷)

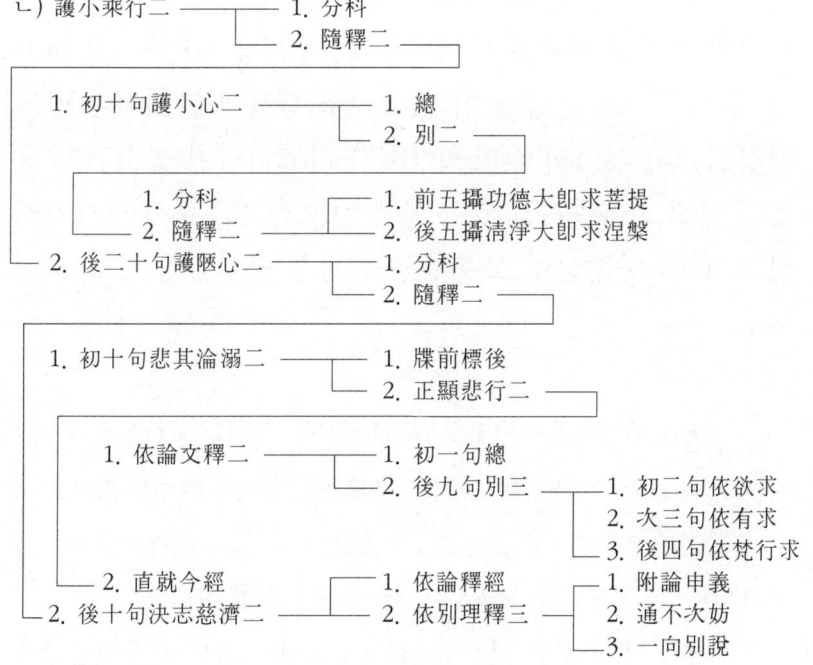

(ㄱ) 과목 나누기[分科] (第二 18上6)

(ㄴ) 과목에 따라 해석하다[隨釋] 2.

a. 열 구절은 소승의 마음을 막다[初十句護小心] 2.

a) 총상으로 밝히다[總] (總中)

見如是已하여는 於一切有爲에 倍增厭離하여 趣佛智慧하되 見佛智慧가 不可思議며 無等無量이며 難得無雜이며 無惱無憂며 至無畏城하여 不復退還이며 能救無量苦難衆生이니라

"이런 것을 보고는 모든 하염 있는 법에 대한 싫증이 배나 더하여 부처님 지혜로 나아가는데, 부처님 지혜는 (1) 헤아릴 수 없고, (2) 동등할 이 없고, (3) 한량이 없고, (4) 얻기 어렵고, (5) 섞이지 않았으며, (6) 시끄러움이 없고, (7) 근심이 없고, (8) 두려움 없는 성에 이르러, (9) 다시 물러가지 않고, (10) 한량없이 고통받는 중생을 구제함인 것을 보았다."

[疏] 第二, 護小乘行이라 有三十句하니 前十句는 護小心이오 後二十句는 護陜心이라 今初니 先, 總이오 後, 見佛下는 別이라 總中에 初는 結前이니 謂先觀無常하야 已厭有爲오 次觀無救라 故로 倍增厭離하고 趣佛智慧는 明其生後니 正護小心하야 求佛大智故니라

■ ㄴ) 소승을 막는 행법이다. 30구절이 있으니 a. 앞의 열 구절은 소승의 마음을 막음이요, b. 뒤의 20구절은 좁은 마음을 막음이다. 지금은 a.이니 a) 총상으로 밝힘이요, b) 見佛 아래는 별상으로 밝힘이다. a) 총상으로 밝힘 중에 ① 앞을 결론함이다. 말하자면 먼저 무상함을 관찰하여 이미 유위법을 싫어함이요, 다음으로 구제하지 못함을 관찰한다. 그래서 싫증이 배나 더하고 ② '부처님 지혜로 나아

간다'는 것은 뒤를 시작함이니, 바로 소승의 마음을 막아서 부처님의
큰 지혜를 구하기 때문이다.

b) 별상으로 밝히다[別] 2.
(a) 과목 나누기[分科] (別中 18上9)

[疏] 別中에 十句를 分二니 前五는 攝功德大니 卽求佛菩提오 後五는 淸
淨大니 卽求涅槃果라 菩提是德이니 修成을 名攝이오 涅槃本有니 離
障을 稱淨이라 此二가 無礙니 菩提와 菩提斷을 俱名菩提오 智相과
智性을 皆名佛智라

■ b) 별상으로 밝힘 중에 열 구절을 둘로 나누었으니 ㊀ 앞의 다섯 구
절[不可思議, 無等, 無量, 難得, 無雜]은 공덕을 포섭함이 광대함이니 부처
님의 깨달음을 구함이요, ㊁ 뒤의 다섯 구절[無惱, 無憂, 至無畏城, 不復
退還, 能救無量,苦難衆生]은 청정이 광대함이니 열반의 과덕을 구함이다.
보리는 덕이니 닦아 이루는 것을 '포섭한다'고 하고, 열반은 본래 가
진 것이니 장애를 여의면 '청정하다'고 지칭한다. 이 두 가지가 걸림이
없으니 보리와 보리로 단절되는 것[菩提斷]을 모두 보리라 이름하고,
지혜의 모양과 지혜의 체성을 모두 '부처님의 지혜'라 이름한다.

[鈔] 菩提菩提斷等者는 如前已引[186]이오 智相과 智性은 卽法華意[187]니라

---

186) 십회향품 제25 제8. 眞如相廻向의 疏文에 언급한 적이 있다. 疏云, "九十六, 云無有少法而能壞亂 令其少分
非覺悟者 如徧非情 則有少分 非是覺悟 況經云 佛性除於瓦石 論云 在非情數中 名爲法性 在有情數中 名
爲佛性 明知非情非有覺性 故應釋言 以性從緣 則情非情異 爲性亦殊 如涅槃等 泯緣從性 則非覺不覺 本
絶百非 言亡四句 若二性互融 則無覺悟 起信云 以色性卽智性故 (色體無形) 說名智身 以智性卽色性故
說名法身 徧一切處 論云 菩提菩提斷 俱名爲菩提 說智及智處 俱名爲般若 亦可證此 旣二性相卽 緣復卽
性故無少分非覺悟者 況心爲總相 又融攝重重哉."(金字卷; 37下8-)

● '보리와 보리로 단절되는 것[菩提菩提斷]' 등은 앞에서 이미 인용한 것과 같고, 지혜의 모양과 지혜의 체성은 『법화론(法華論)』의 주장이다.

(b) 과목에 따른 해석[隨釋] 2.
㈠ 다섯 구절은 포섭한 공덕이 광대함은 보리를 구함이다
[前五攝功德大卽求菩提] (今初 18下5)

[疏] 今初에 一은 神力攝功德大니 智用不測故요 二는 無比德이니 學地無等故요 上二는 妙用自在라 三은 大義德이니 利他無量故요 四는 無譏嫌德이니 自行難得故요 五는 不同德이니 外道無雜故라 顯上二利가 不同外道의 無利勤苦라 上三은 德行圓滿이니라

■ 지금은 ㈠ 신통력으로 포섭한 공덕이 광대함이니 지혜의 작용을 측량하지 못하는 까닭이요, ㈡ 비교할 수 없는 공덕이니 십지를 배움은 짝할 것이 없는 까닭이요, 이런 둘은 미묘한 작용이 자재함이다. ㈢ 큰 의리의 공덕이니 남을 이롭게 하는 공덕이 한량없기 때문이요, ㈣ 거리낌이나 싫어함이 없는 공덕이니 자리행(自利行)은 얻기 어려운 까닭이요, ㈤ 함께하지 않는 공덕이니 외도가 섞이지 않는 까닭이다. 위의 2리행(二利行)이 외도들이 하는 이익 없는 고행과는 같지 않음을 밝힌 내용이다. 위의 세 가지[㈢㈣㈤]는 덕행이 원만함이다.

[鈔] 上二妙用自在者는 結이니 上句는 當體顯用이요 下句는 寄對顯勝이라 然此五句에 皆有攝功德大니 疏文從略이라 下淸淨에도 亦然하니 皆帶總句니라 三, 大義下三句에 亦前二는 正明德行圓滿이요 後一

---

187) 遺忘記云 法華意者 法華論意 彼論云 四佛知見之相菩提 四佛知見之性涅槃也 知見卽根後二智也.(『三家本私記』遺忘記 p.170-)

은 寄對顯勝이니 不雜外道故라 言大義者는 義卽義利니 利他德廣일새 故名爲大니라 四, 無譏嫌者는 淨德殊勝故라 言無雜者는 論名不同攝功德大라하니라 前云寄對는 名爲無比오 顯勝은 踰越二乘이니 今云不雜은 卽勝過外道니라

● '이런 둘은 미묘한 작용이 자재하다'라고 말한 것은 결론함이니 위 구절은 체성 그대로의 작용을 밝힘이요, 아래 구절[無等無量]은 상대에 의탁하여 뛰어남을 밝힘이다. 그런데 이런 다섯 구절에 모두 닦은 공덕이 광대함이 있으니 소의 문장에서 (攝功德大란 말을) 생략하였다. 아래의 ㉡ 포섭한 청정이 광대함에도 마찬가지여서 모두 총상 구절을 수반한다. ㉢ 大義 아래의 세 구절에도 역시 앞의 둘은 바로 덕행이 원만함을 밝혔고, 뒤의 하나는 상대에 의탁하여 뛰어남을 밝혔으니 외도와 섞이지 않기 때문이다. '큰 의리[大義]'라 말한 것은 의(義)는 의리(義利)이니 이타행의 공덕이 광대하므로 크다고 한다. ㉣ 거리낌이나 싫어함이 없다[無譏嫌]는 것은 청정한 공덕이 뛰어난 까닭이다. '섞이지 않는다'는 것은 논경에서는 '다르게 닦은 공덕이 광대하다'고 말하였다. '앞에서 상대에 의탁한다'고 말한 것은 비교할 수 없음을 말하고, '뛰어남을 드러낸다'고 말한 것은 '이승보다 훨씬 탁월하다'는 뜻이니, 지금 본경에서 '섞이지 않는다'고 말한 것은 '외도보다 훨씬 뛰어나다'는 뜻이다.

㉡ 다섯 구절은 청정을 포섭함이 광대함은 열반을 구하는 것
 [後五攝淸淨大卽求涅槃] (後五 19上6)

[疏] 後五中에 義攝有三하니 謂離惑苦하야 得涅槃故라 一, 無惱者는 卽

離惑習이니 無明不雜故오 二, 無憂者는 離苦니 苦依根本이 亡故로 憂悲隨盡이라 三, 得涅槃에 有二義하니 一은 得體니 謂無憂畏城이오 亦是無餘涅槃이라 二는 得用이니 謂能建大事며 亦無住涅槃이니라 卽 後二句는 不住生死니 故云不復退還이라 不住涅槃일새 故能救無量 苦難이라 由俱不住하야사 方是世間涅槃勝事니 以斯爲業하야 則翻 有爲之業矣니라

■ ㈡ 뒤의 다섯 구절은 (청정을 포섭함이 광대함) 중에 의미로 포섭하면 셋이 있으니, 미혹의 괴로움을 여의어서 열반을 얻게 된다는 말이다. ① '시끄러움이 없다'는 것은 미혹의 습기를 여읜 것이니 무명이 섞이지 않은 까닭이요. ② '근심이 없다'는 것은 괴로움을 여읜 까닭이니, 괴로움이 의지할 근본 바탕이 없어졌으므로 근심과 슬픔이 따라 없어진다. ③ 열반을 성취함에 두 가지 의미가 있다. (1) 체성을 얻음이니 근심과 두려움이 없는 성(城)을 말하며 또한 '남김 없는 열반[無餘涅槃]'을 뜻한다. (2) 작용을 얻음이니 큰일을 잘 성취함을 말하며 또한 '머무름 없는 열반'을 뜻한다. 뒤의 두 구절[⑨至無畏城… ⑩能救無量…]은 생사에 머물지 않은 것이니, 그래서 '다시 물러나지 않는다'고 하였다. 열반에 머물지 않는 연고로 한량없이 괴롭거나 어려운 중생을 구제할 수 있다. 둘 다에 머물지 않아야만 비로소 세간법이 열반의 뛰어난 법이 되리니, 이것으로 업을 삼아 유위(有爲)의 업을 바꾸는 것이다.

[鈔] 一無惱者는 四住之結을 名之爲惑이오 四住種子를 名之爲習이라 及 無明住地인 三類가 皆惑일새 故並不雜이니 雜卽惱故라 苦依根本者 는 身受를 名苦오 心受曰憂라 先由身苦하야 後起心憂하니 是故로 說

苦以爲根本이라 憂爲涅槃巨害일새 故偏言之라 若據根本인대 應言
無苦니라 一, 得體等者는 無憂는 卽無上苦요 無畏는 卽無於惑이니 惑
苦雙亡을 名爲無餘니라 二, 得用者는 對上體言이라 無住涅槃은 卽
體用雙具니 卽具大智故로 不住生死오 具大悲故로 不住涅槃이니라
由俱不住下는 疏釋論也니 論에 云, 菩薩이 至涅槃城하야 不復退還
하고 而能利益衆生하야 得世間出世間勝事라하니 疏釋意云호대 由
不住涅槃하야 能入世間하고 由不住生死하야 能出[188]世間이라 此二
無礙가 卽是勝事니 勝事가 卽無住涅槃故라 無住涅槃은 唯佛方得
일새 名爲勝事니라

以斯爲業者는 以前의 菩提와 涅槃을 但無惑苦라하고 不言無業者는
以有[189]利樂之業하야 不與惑苦로 共俱故로 翻有爲之業耳니라 上來
는 亦卽淨樂我常이니라

● ① '시끄러움이 없다'는 것은 네 가지 머무름의 번뇌를 미혹이라 이름
한 것이요, 사주(四住) 번뇌의 종자를 '습기(習氣)'라 이름한다. 그리고
무명이 머무르는 번뇌인 세 종류가 모두 미혹이므로 함께 섞이지 않
는 것이니, 섞임이 곧 시끄러움인 까닭이다. '괴로움이 근본에 의지한
다'는 것은 몸으로 받는 것을 '괴로움'이라 하고, 마음으로 받는 것을
'근심'이라 하였다. 먼저 몸의 괴로움으로 인해 뒤이어 마음의 근심이
일어나나니, 이런 까닭에 '괴로움으로 근본을 삼는다'고 말하였다.
근심이 열반으로 가는 데 큰 해로움이 되기 때문에 치우쳐 말하였다.
만일 근본을 거론한다면 응당히 '괴로움이 없다'고 해야 하리라. 1)
득체(得體) 등에서 근심이 없음은 곧 위의 괴로움이 없어진 것이요, 두
려움 없음은 미혹이 없어짐이니 미혹과 괴로움이 함께 없어진 것을

---

188) 出은 甲南續金本作入出.
189) 有는 南續金本作爲.

'남김이 없다'고 말한다. 2) 득용(得用)은 위의 체성을 상대하여 말하였다. 머무름 없는 열반은 체성과 작용이 함께 구비된 것이니 곧 큰 지혜를 구비한 연고로 생사에 머물지 않고, 큰 자비를 구비한 연고로 열반에도 머물지 않는다.

② 由俱不住 아래는 소가가 논경을 해석한 내용이니, 논경에 이르되 "보살이 열반의 성에 이르러 다시 물러나지 않고 능히 중생을 이익되게 하여 세간과 출세간의 뛰어난 일을 얻는다"라고 하였다. 소가가 해석한 의미는 열반에 머물지 않음으로 인해 능히 세간에 들 수 있고, 생사에 머물지 않음으로 인해 능히 세간을 뛰어날 수 있다는 뜻이다. 이런 둘에 걸림이 없는 것이 바로 뛰어난 일이니, 뛰어난 일이 곧 머무름 없는 열반인 까닭이다. 머무름 없는 열반은 오로지 부처님이라야 얻을 수 있으므로 뛰어난 일이라는 뜻이다.

'이것으로 업을 삼아'란 앞의 보리와 열반 때문에 단지 '미혹과 괴로움이 없다'고만 하고, '업이 없다'고 말하지 않은 것은 이롭고 즐겁게 하는 업이 있어서 미혹이나 괴로움과 함께하지 않으므로 유위의 업을 바꾸었을 뿐이다. 여기까지 또한 열반의 깨끗하고 즐거우며 〈나〉이고 항상함에 대한 내용이다.

b. 20구절은 좁은 마음을 막다[後二十句護陜心] 2.
a) 과목 나누기[分科] (第二 20上10)
b) 과목에 따라 해석하다[隨釋] 2.

(a) 열 구절은 생사에 빠진 중생을 슬퍼하다[初十句悲其淪溺] 2.
㊀ 앞을 따와서 뒤를 표방하다[牒前標後] (前中)

菩薩이 如是見如來智慧의 無量利益하며 見一切有爲의 無量過患하고 則於一切衆生에 生十種哀愍心하나니라
"보살은 이와 같이 여래의 지혜가 한량없이 이익함을 보고, 모든 하염 있는 법은 한량없이 걱정되는 줄을 보았으므로, 일체 중생에게 열 가지 불쌍히 여기는 마음을 내었다.

[疏] 第二, 菩薩如是見如來智下는 護陜劣心이라 有二十句하니 前十은 悲其淪溺이오 後十은 決志慈濟라 前中에 二니 先, 牒前標後니 謂見佛智勝利하고 傷物不得하며 有爲過患에 愍物處之니 此是牒前이오 則起悲心은 是爲生後니라

- b. 菩薩如是見如來智 아래는 좁고 열등한 마음을 막음이다. 20구절이 있으니 (a) 열 구절은 그 생사에 빠진 중생을 슬퍼함이요, (b) 뒤의 열 구절은 확고한 의지와 자비로 구제함이다. (a) 중에 둘이니 ㊀ 앞을 따와서 뒤를 표방함이다. 말하자면 부처님 지혜의 뛰어난 이익을 보고 중생을 잘못되게 하지 않으며, 유위법의 허물과 근심에 중생이 처해 있음을 연민히 생각한다는 뜻이다. 이것은 앞을 따온 내용이요, 대비심을 일으키는 것은 뒤를 시작하는 내용이다.

[鈔] 謂見佛智者는 牒前護小오 有爲下는 牒前護煩惱行이라 所以不次者는 爲順生後悲心便故니라

- '말하자면 부처님 지혜의 뛰어난 이익을 보고'는 앞의 소승의 마음을 막음을 따온 내용이요, 有爲 아래는 앞의 번뇌를 막는 행법을 따온 내용이다. 차례가 맞지 않는 이유는 뒤의 대비심이 생겨나는 편의를 따르기 위한 까닭이다.

㊂ 바로 대비의 행법을 밝히다[正顯悲行] 2.
① 논경에 의지한 해석[依論文釋] 2.
㉮ 총상을 밝히다[初一句總] (二何 21上3)

何等爲十고 所謂見諸衆生의 孤獨無依하고 生哀愍心하며 見諸衆生의 貧窮困乏하고 生哀愍心하며 見諸衆生의 三毒火然하고 生哀愍心하며 見諸衆生이 諸有牢獄之所禁閉하고 生哀愍心하며 見諸衆生이 煩惱稠林의 恒所覆障하고 生哀愍心하며 見諸衆生의 不善觀察하고 生哀愍心하며 見諸衆生의 無善法欲하고 生哀愍心하며 見諸衆生의 失諸佛法하고 生哀愍心하며 見諸衆生의 隨生死流하고 生哀愍心하며 見諸衆生의 失解脫方便하고 生哀愍心이니 是爲十이니라

무엇이 열인가? (1) 중생들이 고독하여 의지할 데 없음을 보고 불쌍한 마음을 내며, (2) 중생들이 빈궁하여 곤란함을 보고 불쌍한 마음을 내며, (3) 중생들이 삼독 불에 타는 것을 보고 불쌍한 마음을 내며, (4) 중생들이 모든 업보의 옥에 갇힘을 보고 불쌍한 마음을 내며, (5) 중생들이 번뇌의 숲에 막혔음을 보고 불쌍한 마음을 내며, (6) 중생들이 잘 살펴보지 못함을 보고 불쌍한 마음을 내며, (7) 중생들이 선한 법에 욕구가 없음을 보고 불쌍한 마음을 내며, (8) 중생들이 부처님 법을 잃어버린 것을 보고 불쌍한 마음을 내며, (9) 중생들이 생사의 물결에 따르는 것을 보고 불쌍한 마음을 내며, (10) 중생들이 해탈하는 방편을 잃음을 보고 불쌍

한 마음을 내나니, 이것이 열이니라."

[疏] 二, 何等下는 正顯悲行이라 文有十句하니 初는 總이오 餘는 別이라 總은 由孤獨無依일새 故生哀愍이라 少而無父曰孤요 老而無子曰獨이라 今衆生이 上遠慈尊하고 又無方便하야 下不利物하며 又闕善心일새 故云孤獨이라 旣孤且獨하니 何所依救아

■ ㈡ 何等 아래는 바로 대비의 행법을 밝힘이다. 경문에 열 구절이 있으니 ① 논경에 의지한 해석 중에 ㉮ 첫 구절은 총상으로 밝힘이요, ㉯ 나머지 구절은 별상으로 밝힘이다. ㉮ 총상으로 밝힘은 고독하여 의지할 데 없으므로 불쌍한 마음이 생겨난다. 어려서 부모가 없는 것을 고(孤)라 하고, 늙어서 자식이 없는 것을 독(獨)이라 한다. 지금은 중생이 위로 자비하고 존귀한 분[慈尊]을 멀리하고 또 방편이 없어서 아래로 중생을 이롭게 하지 못하며, 더욱이 착한 마음도 없으므로 '고독하다'고 하였다. 이미 외롭고 거기다가 고독하니 어디에 의지하고 누구를 구제하겠는가?

[鈔] 今衆生下는 此有兩重父子하니 一, 約人에 上遠慈尊이 是孤오 不化衆生이 是獨이라 二, 約法에 又無方便이 爲孤니 方便이 以爲父故라 又闕善心이 爲獨이니 善心이 誠實男故니라

● 今衆生 아래는 여기에 두 겹의 부모와 자식이 있으니 1) 사람에 의지하여 위로 부처님을 멀리하는 것이 고(孤)요, 중생을 교화하지 못하는 것이 독(獨)이다. 2) 법에 의지하면 또 방편이 없는 것을 고(孤)라 하나니 방편으로 부모를 삼기 때문이다. 또 착한 마음이 없는 것을 독(獨)이라 하나니 착한 마음이 바로 진실한 남자인 까닭이다.

㉴ 아홉 구절은 별상으로 밝히다[後九句別] 3.
㉠ 두 구절은 욕구하는 중생에 의지하다[初二句依欲求] (別有 21上10)
㉡ 세 구절은 구함이 있는 중생에 의지하다[次三句依有求] (次三)
㉢ 네 구절은 범행을 구하는 중생에 의지하다[後四句依梵行求] (後四)

[疏] 別에 有九種孤獨無依하니 初二는 依欲求衆生이니 一, 已得心無厭足일새 故貧窮無依니 經에 云, 知足之人은 雖貧而富오 不知足者는 雖富而貧이라하나니 未必無財를 方曰貧也라 二, 未得他財하야 求無休息일새 故三毒火然이라 此卽多欲이니 多欲之人은 多求利故로 煩惱亦多하니 初求生貪하고 不遂에 生瞋하고 非理가 爲癡라

次三은 依有求衆生이니 一은 閉苦果獄이오 二는 集因覆障이오 三은 無觀察道니 由生八難하야 不聞法故라 由上三故로 安能得滅가 後四는 依梵行求衆生行이니 前三은 小乘이라 一은 行小因이니 不求大因勝善之法이오 二는 保執小果니 不求菩提하야 爲失佛法이라 當知此輩는 皆是增上慢人이니라 三은 不得大般涅槃하야 長隨變易生死니라 後一은 外道니 雖求解脫이나 以行邪故로 失於方便이니라

■ ㉴ 별상으로 밝힘이 아홉 종류의 고독하여 의지할 데 없는 중생이 있으니 ㉠ 처음 두 구절[1. 貧窮困乏 2. 三毒火然]은 욕구하는 중생에 의지함이니, 첫 구절은 이미 마음에 만족함이 없음을 얻었으므로 빈궁하고 의지할 데가 없다. 논경에서 "만족할 줄 아는 이는 비록 가난하더라도 부자인 것이며, 만족할 줄 모르는 이는 부자라 하더라도 가난한 사람이다"라고 하였으니, 반드시 재산 없는 이를 가난하다고 하지는 않는다. 둘째 구절은 다른 이의 재물을 얻지 못하여 쉼 없이 구하는 까닭에 삼독의 불에 탄다는 말이다. 이것은 욕심이 많은 것이니

욕심이 많은 사람은 이익을 구함이 많은 까닭에 번뇌도 많다. 처음 구하는 것은 탐심을 생기게 하고, 구하지 못하면 성냄이 생기고, 이치에 맞지 않으면 어리석음이 된다.

ⓒ 다음 세 구절[3. 見諸衆生諸有牢獄之所禁閉… 4. 見諸衆生煩惱稠林恒所覆障… 5. 見諸衆生不善觀察…]은 구함이 있는 중생에 의지함이다. (1) 괴로움의 과보에 갇힌 지옥이요, (2) 모인 원인으로 덮인 장애요, (3) 관찰하는 방법이 없음이니, 여덟 가지 어려운 곳에 태어남으로 인하여 불법을 듣지 못하기 때문이다. 위의 세 가지로 말미암아 어떻게 열반을 얻을 수 있겠는가? ⓒ 뒤의 네 구절은 범행을 구하는 중생에 의지함이니 앞의 셋은 소승에 해당한다. 첫 구절은 소승의 원인을 행함이니 대승의 원인인 뛰어나고 착한 법을 구하지 않는다는 뜻이요, 둘째 구절은 소승의 결과를 지키려 고집함이니 보리를 구하지 않아서 불법을 잃게 된다. 마땅히 알라. 이런 무리들은 모두 증상만(增上慢)의 사람에 해당한다. 셋째 구절은 대열반(大涅槃)을 얻지 못하여 영원히 변역생사(變易生死)에 쫓아다니게 된다. 이런 뒤의 한 종류[不得大涅槃]는 외도이니 해탈하는 법을 구하긴 하지만 삿된 법을 행하기 때문에 방편을 잃는다.

[鈔] 次三, 依有求는 由迷四諦故니 前二는 有障이오 後一은 無治니 故不證滅이니라 當知此輩者는 卽[190]法華經文이니 大意는 未得究竟하야 謂爲究竟故라 然此上文이 多同二地하니 彼已廣解니라

● ⓒ '구함이 있는 중생에 의지함'은 사성제에 미혹하기 때문이니 앞의 둘은 장애가 있음이요, 뒤의 하나는 다스리는 방법이 없기 때문에 열

---

190) 卽은 甲南續金本作卽是.

반을 증득하지 못한다. '마땅히 알아, 이런 무리들은'이란『법화경』의 경문이니, 큰 의미로는 구경법을 얻지 못하고도 구경법이라 말하는 까닭이다. 그러나 이 위의 문장은 대개 제2지와 같나니 저기서 이미 자세히 해석한 내용이다.

② 바로 본경에 입각한 해석[直就今經] (又上 22上6)

[疏] 又上總別十句가 亦可通爲五對니 一은 無親無財오 二는 有惑有苦오 三은 有障無治오 四는 闕因失緣이오 五는 順流背滅이니라
- ② 또 위의 총상과 별상의 열 구절이 또한 뭉뚱그려 다섯 가지 대구로 볼 수 있으니 (1) 친함이 없으면 재물이 없음이요, (2) 미혹이 있으면 괴로움이 있음이요, (3) 장애가 있지만 다스림이 없음이요, (4) 원인을 빠뜨리면 인연을 잃게 됨이요, (5) 유전을 따르고 열반을 등짐이다.

[鈔] 又上總別下는 上依論文이오 此直就經耳니라
- 又上總別 아래는 그 위까지는 ① 논경에 의지한 해석이요, 여기부터는 ② 바로 본경에 입각한 해석이다.

(b) 열 구절은 확고한 의지로 자비롭게 구제하다[後十句決志慈濟] 2.
㈠ 논경에 의지해 경문을 해석하다[依論釋經] (第二 22下2)

菩薩이 如是見衆生界의 無量苦惱하고 發大精進하여 作是念言하되 此等衆生을 我應救며 我應脫이며 我應淨이

며 我應度며 應着善處며 應令安住며 應令歡喜며 應令
知見이며 應令調伏이며 應令涅槃이라하나라

"보살이 이렇게 중생계의 한량없는 고통과 시끄러움을 보
고, 크게 정진할 마음을 내어 생각하기를 '이 중생들을 내가
구호하고 내가 해탈하게 하고 내가 깨끗하게 하고 내가 제
도하고 선한 곳에 두고 편안히 있게 하고 즐겁게 하고 알고
보게 하고 조복하게 하고 열반하게 하리라' 하느니라.

[疏] 第二, 菩薩如是下는 決志救度라 中에 初는 結前生後오 作是念下는
正顯救心이라 文有十句하니 初는 總이오 餘는 別이라 別分爲三이니 初
三은 何處救度니 謂三道中이라 一, 脫業結이오 二, 淨惑染이오 三, 度
苦果라 次五는 以何行度니 謂授三學이니 初二는 正授니 一, 着戒善
處오 二, 勸住定慧니 三昧地故로 定慧合說이니 謂四地已去에야 方
是慧地라 此地定增하니 故慧是定中之慧耳니라 後三은 明授法利益
이라 初二는 戒益이니 一, 將受[191]戒者는 令除疑生信이니 衆生이 受佛
戒에 便同大覺일새 固應歡喜라 二, 已受者는 令知持犯이니 見其勝
益하야 安固不動이라 後一은 定慧益이니 滅除沈掉일새 故云調伏이라
後一은 度果라 云何救度成고 令得有餘無餘涅槃故라 上皆論意니라

■ (b) 菩薩如是 아래는 확고한 의지로 자비롭게 구제함이다. 그중에
㉠ 앞을 결론하고 뒤를 시작함이요, ㉡ 作是念 아래는 바로 구제할
마음을 밝힘이다. 경문에 열 구절이 있으니 ㉠ 첫 구절은 총상으로
밝힘이요, ㉡ 나머지 (아홉 구절은) 별상으로 밝힘이다. ㉡ 별상을 셋
으로 나누면 ⓐ 처음 세 구절[(2) 我應脫 (3) 我應淨 (4) 我應度]은 '어떤

---

191) 受는 續金本作授誤.

곳에서 구원할까'이니 삼악도를 말한다. (1) 둘째 구절은 업의 결박에서 벗어남이요, (2) 셋째 구절은 미혹의 더러움을 정화함이요, (3) 넷째 구절은 괴로움의 과보를 제도함이다. ⓑ 다음의 다섯 구절[(5) 應着善處 (6) 應令安住 (7) 應令歡喜 (8) 應令知見 (9) 應令調伏]은 '어떤 방법으로 제도할 것인가?'이니 삼학(三學)으로 가르친다는 뜻이다. 앞의 두 구절[(5)應着善處 (6)應令安住]은 바로 가르침이니 (4) 다섯째 구절은 계행이 훌륭한 곳에 살게 함이요, (5) 여섯째 구절은 선정과 지혜에 머물 것을 권함이니, 삼매의 경지인 연고로 선정과 지혜를 합하여 말한 내용이다. 말하자면 제4지 이후에 가서야 비로소 지혜의 지위가 된다는 뜻이다. 이 제3지는 선정이 늘어나나니, 그래서 여기서의 지혜는 선정 속의 지혜일 뿐이다. 뒤의 세 구절[(7) 應令歡喜 (8) 應令知見 (9) 應令調伏]은 법을 배운 이익을 밝힘이다. 그중에서 앞의 두 구절[(7) 應令歡喜 (8) 應令知見]은 계행의 이익이니 (6) 일곱째 구절은 계 받으려 하는 이로 하여금 의심을 없애고 믿음을 내게 하는 것이니, 중생이 부처님의 계율을 받으면 문득 부처님의 대각(大覺)과 같아지므로 진실로 즐거운 것이다. (7) 여덟째 구절은 이미 수계한 이는 하여금 지키고 범하는 것을 알게 함이니, 그 뛰어난 이익을 보고서 견고하게 부동에 안주하는 것이다. (8) 뒤의 한 구절[(9)應令調伏]은 선정과 지혜의 이익이니, 혼침과 도거를 없앴으므로 '조복한다'고 하였다. ⓒ 뒤의 한 구절[(10)應令涅槃]은 제도한 결과이다. 무엇을 제도가 성취됨이라 하는가? 하여금 유여(有餘)열반과 무여(無餘)열반을 얻게 하기 때문이다. 위는 모두 논경의 주장이다.

[鈔] 第二決志救度中에 疏文有二하니 先, 依論釋이오 後, 申別理라 前中

에 云初三何處等者는 論爲三段이니 此是第一이오 次五는 度行이라
論에 云, 以何救度아하니라 後一은 度果니 論에 云, 云何救度成고하니
라 疏文皆具라 然初度處의 三道에 論主가 皆有妄想之言하나니 謂皆
妄想因果를 可除斷故니라 定慧合說者는 問이라 此非慧地어늘 慧合
定中하며 亦非戒地어늘 戒何別說고 前戒已成하니 不依定故오 此中
之慧는 是定中慧故니라

滅除沈掉者는 沈是昏沈이니 是定의 順障이오 是慧의 違障이라 掉는
卽掉擧니 是慧의 順障이오 是定의 違障이라 定多에 易沈하고 慧多에
易掉일새 故名順障이오 沈不明了하고 掉不寂靜일새 故名[192]違障이니
라 論에 云, 滅除沈掉隨煩惱使者는 沈掉가 卽是隨惑이오 使卽隨眠
이니 種現이 俱亡故니라

- (b) '확고한 의지와 자비로 구제함[決志救度]' 중에 소의 문장에 둘이 있으니 ㉠ 논경에 의지한 해석이요, ㉡ 별다른 논리를 전개함이다. ㉠ 중에 ⓐ 처음 세 구절은 '어떤 곳에서 구원할까' 등이라 말한 것은 논경에는 세 문단으로 나누었으니 이것이 첫째이고, 다음의 다섯 구절은 제도하는 행법이다. 논경에는 '어떻게 구제할 것인가'라고 하였다. 뒤의 한 구절은 제도한 결과이니, 논경에는 '무엇을 제도가 성취됨이라 하는가'라고 하였고, 소의 문장에 모두 구비되어 있다. 하지만 ⓐ '어떤 곳에서 구원할까'의 과목에서 삼악도에 논주가 모두 망상(妄想)이란 말을 두었다. 말하자면 모두가 망상의 원인과 결과를 제거하여 끊을 수 있는 까닭이다. '선정과 지혜를 합하여 말한다'는 것은 질문이다. 이 제3지는 지혜의 지위가 아닌데 무엇 때문에 계를 따로 말하였는가? 앞에서 계율을 이미 성취하였으니 선정에 의지하지 않은 것

---

192) 名은 南續金本作多誤.

이요, 이 지의 지혜는 선정 속의 지혜이다.

'혼침과 도거를 없앴으므로[滅除沈掉]'에서 침(沈)은 혼침이니 선정에 수반되는 장애이고 지혜에는 위배되는 장애이다. 도(掉)는 도거이니 지혜에 수반되는 장애이고 선정에 위배되는 장애이다. 선정이 많으면 혼침이 오기 쉽고, 지혜가 많으면 도거가 오기 쉬우므로 '수반되는 장애'라 하였고, 혼침하면 밝게 요달하지 못하고 도거하면 고요하지 못하므로 '위배되는 장애'라 하였다. 논경에서 '혼침과 도거의 수번뇌의 속박을 없애 버린다'고 말한 것은 혼침과 도거가 바로 수반되는 미혹이요, 사(使)는 수면(隨眠)을 말하나니 종자와 현행이 모두 없어졌기 때문이다.

㈡ 별다른 논리에 의지한 해석[依別理釋] 3.
① 논경에 의지해 의미를 밝히다[附論申義] (更有 23下2)

[疏] 更有一理하니 授行五句中에 初三은 是戒니 初는 着戒處오 次는 由持戒하야 得心不悔니 故云安住라 後는 由不悔하야 得心歡喜오 次一은 授慧니 故云知見이오 後一은 授定이니 故云調伏이니라

■ ㈡ 다시 별다른 논리가 있으니 위의 ⓑ 행법을 가르침의 다섯 구절 중에 ⓙ 처음의 세 구절은 계행이다. (1) 첫 구절은 계 지키는 곳에 살게 함이요, (2) 둘째 구절은 지계로 인하여 마음으로 후회하지 않음을 얻게 되나니, 그래서 '안주한다'고 하였다. (3) 셋째 구절은 후회하지 않음으로 인해 마음으로 기뻐함을 얻은 것이요, ⓚ 다음의 한 구절[應令調伏]은 선정을 가르침이니 그래서 '조복한다'고 하였다.

② 순서가 맞지 않다는 비방을 해명하다[通不次妨] (然三 23下4)
③ 완전히 다르게 설명하다[一向別說] (若直)

[疏] 然이나 三學을 對於三道에 有通有別하니 別則戒無業結이오 慧能斷惑이오 定度苦果라 爲別對前次일새 故先說慧나 然猶附論이니라 若直就經文인대 對前十類하야 生此十心이니 一은 救孤獨故오 二는 脫貧窮故오 三은 淨三毒故오 四는 度有獄故오 五는 着無覆障處에 露地坐故오 六은 住善觀察故오 七은 得善法欲하야 生歡喜故오 八은 知見性相이 同佛法故오 九는 調伏諸根하야 不隨流故오 十은 應令涅槃은 得解脫方便故라 論非無理나 未若此順經文이니라

■ ② 그러나 삼학(三學)을 삼악도에 상대하면 서로 통하는 것도 있고 다른 것도 있다. 다른 것은 계행에는 업의 속박이 없으며, 지혜는 미혹을 능히 단절하고, 선정은 괴로운 과보를 구제하게 된다. 앞의 순서와 다르게 상대하였으므로 먼저 지혜를 말하였지만 논경에 의지한 것은 같다. ③ 만일 바로 경문에 입각한다면 앞의 열 종류를 상대하여 여기의 열 가지 마음을 낸 것이니 (1) 고독한 중생을 구제함이요, (2) 빈궁함에서 벗어나게 함이요, (3) 삼독을 정화하기 위함이요, (4) 지옥에 있는 중생을 건져 냄이요, (5) 장애에 덮이지 않은 곳에 살면 드러난 곳에 앉게 됨이요, (6) 좋은 관찰에 머무는 것이요, (7) 선법의 욕구를 성취하여 기쁨이 생긴 것이요, (8) 지견(知見)의 체성과 양상이 부처님 법과 같게 됨이요, (9) 여러 감관을 조복하여 따라 유전하지 않는 것이요, (10) 열반하게 한 것은 해탈하는 방편을 얻은 것이다. 논경에는 이런 이치가 없지 않지만 여기서는 경문에 따르지 않았다.

[鈔] 更有一理者는 第二, 申別理也라 於中에 初, 附論申이오 次, 然三學下는 通不次妨이오 後, 若直就經下는 一向別說이니라
- '다시 별다른 논리가 있다'는 것은 ㉡ 별다른 논리를 전개함이다. 그 중에 ① 논경에 의지해 전개함이요, ② 然三學 아래는 순서가 맞지 않다는 비방을 해명함이요, ③ 若直就經 아래는 완전히 다르게 설명함이다.

ㄷ) 방편으로 중생을 섭수하는 행법을 닦다[修行方便攝行] 3.

(ㄱ) 행법의 명칭을 해석하다[釋行名] (第三 24上4)

菩薩이 如是厭離一切有爲하며 如是愍念一切衆生하며 知一切智智가 有勝利益하고는
보살이 이렇게 모든 하염 있는 법을 싫어하고, 이렇게 일체 중생을 불쌍히 생각하고, 온갖 지혜의 지혜가 훌륭한 이익이 있음을 알고는,

[疏] 第三, 修行方便攝行이니 謂修攝生方便之行이라 故로 下經에 云,[193] 以何方便으로 而能拔濟아하나니 卽知不離佛智等이라 故佛智等이 卽是攝生之方便也로다
- ㄷ) 방편으로 중생을 섭수하는 행법을 닦음이니 중생을 섭수하는

---

[193] 이는 (b) 思求方便攝行條에 나온다. 經云, "作是思惟호대 此諸衆生이 墮在煩惱大苦之中하니 以何方便으로 而能拔濟하야 令住究竟涅槃之樂고 便作은 念호대 欲度衆生하야 令住涅槃인댄 不離無障礙解脫 智니 無障礙解脫智는 不離一切法如實覺이며 一切法如實覺은 不離無行無生行慧光이며 無行無生行慧光은 不離禪善巧決定觀察智며 禪善巧決定觀察智는 不離善巧多聞이니라."(교재 제2책 p.418-)

방편의 수행을 닦는 것을 말한다. 그러므로 아래 경문에 '무슨 방편으로 구제할까'라고 하였으니 곧 부처님 지혜를 여의지 않음을 아는 등이다. 그래서 부처님 지혜 등이 바로 중생을 섭수하는 방편인 것이다.

❖ 제6회 십지품 제3 發光地 (科圖 26-43; 劍字卷)

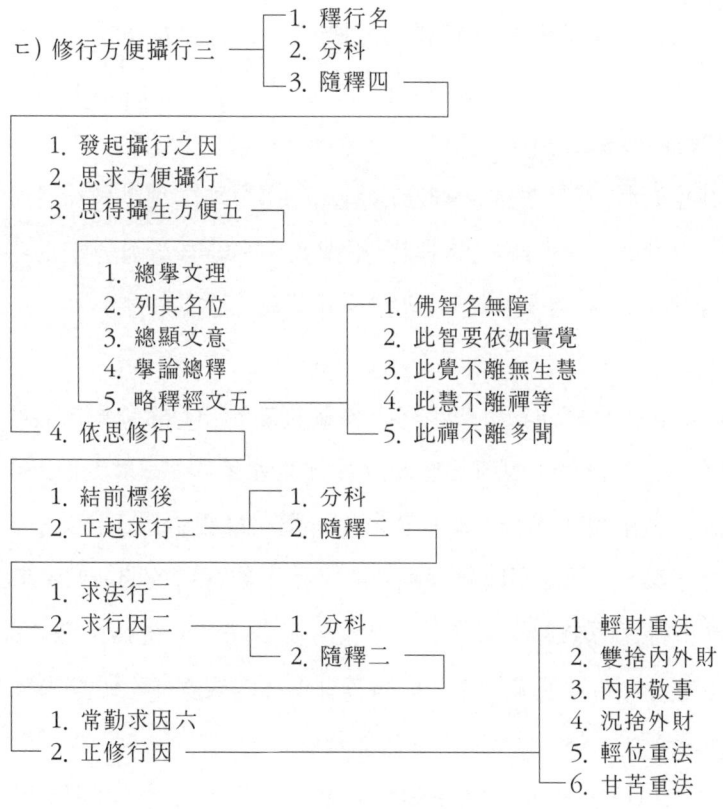

[鈔] 第三, 修行方便攝行이라 文中에 又二니 先, 釋行名이오

- ㄷ) 방편으로 중생을 섭수하는 행법을 닦음이다. 문장에 또 둘이니
  (ㄱ) 행법의 명칭을 해석함이요,

(ㄴ) 과목 나누기[分科] (文分 24上8)

[疏] 文分爲四니 一, 發起攝行之因이오 二, 作是思惟下는 思求方便攝行이오 三, 便作是念下는 思得攝生方便이오 四, 菩薩如是下는 依思修行이니라

- (ㄴ) 경문을 넷으로 나누었으니 a. 중생을 섭수하는 행법을 시작하게 된 원인이요, b. 作是思惟 아래는 방편으로 섭수하는 행법을 구하려고 생각함이요, c. 便作是念 아래는 중생을 섭수하는 방편을 얻었다고 생각함이요, d. 菩薩如是 아래는 생각에 의지하여 수행함이다.

[鈔] 後, 文分下는 科釋이라 今初니 就方便攝行之相이니 疏文에 已具라 今先略示니 謂菩薩이 因前三種觀故로 知生死多過어늘 衆生未出이며 佛智大利를 衆生未得하고 便念衆生이 墮在衆苦하야 何方拔之하야 令得涅槃이라 卽知不離無障礙智며 乃至不離善巧多聞하야 遂求正法하며 得已思修하야 入禪無色하며 依定觀法하야 得無生慧며 依無生慧하야 生如實覺하며 依如實覺하야 得無礙智하며 便能拔衆生出生死苦하야 得涅槃樂이니 攝相如是니라

- (ㄷ) 文分 아래는 과목에 따라 해석함이다. 지금은 a.이니 방편으로 섭수하는 행법의 양상이니 소의 문장에 이미 구비하였고, 지금은 우선 간략히 보이겠다. 말하자면 (1) 보살이 앞의 세 가지 관찰로 인해

생사에 허물이 많은 줄 알지만 중생이 벗어나지 못하며, (2) 부처님 지혜에 큰 이익을 중생이 얻지 못하고 문득 중생이 여러 괴로움에 빠져서 어떤 방법으로 구제할까 생각하여 하여금 열반을 얻게 한다. (3) 장애 없는 지혜를 여의지 않으며, (4) 나아가 뛰어난 방편과 다문(多聞)을 여의지 않고 정법을 구할 줄 바로 알며, (5) 알고 나서 닦을 것을 생각하여 무색계의 선정에 들며, (6) 선정과 관법에 의지하여 무생(無生)의 지혜를 얻으며, (7) 무생의 지혜에 의지하여 여실한 깨달음을 내며, (8) 여실한 깨달음에 의지하여 걸림 없는 지혜를 성취하며, (9) 문득 중생을 구제하여 생사의 괴로움에서 벗어나게 하여 열반의 즐거움을 얻게 하나니 섭수하는 양상이 이와 같다.

(ㄷ) 과목에 따라 해석하다[隨釋] 4.
a. 중생을 섭수하는 행법을 시작하게 된 원인[發起攝行之因] 2.
a) 앞의 두 가지 행법을 따와서 세 가지 원인으로 삼다

[牒前二行以爲三因] (今初 24下8)

[疏] 今初를 分二니 先, 牒前二行하야 以爲三因이오 後, 欲依下는 依前三因하야 以明發起라 今初니 一, 如是厭離一切有爲는 是牒護煩惱行하야 爲離妄想因이오 二, 如是愍念一切衆生은 是牒護陜心하야 爲不捨一切世間因이오 三, 知一切智智가 有勝利益은 是牒護小心하야 爲發精進因이라 謂旣知佛智勝益하니 則修行彼道하야 以趣入故라 然이나 三因之中에 初와 後는 是智오 中一은 是悲니 悲智爲因하야 能求方便이라

■ 지금 a.를 둘로 나누리니 a) 앞의 두 가지 행법[a. 護煩惱行 b. 護小乘行]

을 따와서 세 가지 원인으로 삼음이요, b) 欲依 아래는 앞의 세 가지 원인에 의지해 시작함을 밝힘이다. 지금은 a)이니 (a) 이렇게 모든 하염 있는 법을 싫어함은 번뇌를 막는 행법을 따와서 망상을 여의는 원인으로 삼은 부분이요, (b) 이렇게 일체 중생을 불쌍히 생각함은 좁은 마음을 막아서 모든 세간을 버리지 않는 원인을 따온 부분이요, (c) 일체 지혜의 지혜가 뛰어난 이익이 있음을 아는 것은 소승의 마음을 막아서 정진을 시작하는 원인을 따온 부분이다. 말하자면 이미 부처님 지혜의 뛰어난 이익을 아는 것이니 저 도를 수행하여 향해 들어가는 까닭이다. 그러나 세 가지 원인 중에 (a)와 (c)는 지혜이고 중간의 (b)는 자비에 해당하나니, 자비와 지혜로 원인을 삼아 능히 방편을 구하는 것이다.

[鈔] 先牒前者는 二行은 卽護煩惱와 及護小乘이라 護小行中에 有狹及小일새 故有三因이니라 護煩惱行者는 謂三雜染이 皆爲妄想이니 故로 疏에 前釋三種雜染을 皆名妄想하니라 二, 由念衆生이 常在世間하야 不捨離故오 三, 知一切智智下는 名精進因者는 非勇猛求면 不能證故니라 問이라 上文에 先求佛智하고 後念衆生이어늘 今何在後牒佛智耶아 答이라 前由先念衆生하야 處有爲過라 佛智勝利를 不能得之일새 故起悲心이니 悲其處過오 後求佛智하야 拯此沈溺이니라

● a) '앞의 두 가지 행법을 따와서 세 가지 원인으로 삼음'에서 두 가지 행법이란 (1) 번뇌를 막는 행법과 (2) 소승을 막는 행법을 가리킨다. (2) 소승을 막는 행법 중에 ① 좁은 마음과 ② 소승의 마음이 있으므로 세 가지 원인이 된 것이다. (1) 번뇌를 막는 행법이란 세 가지 잡염이 모두 망상이라는 뜻이다. 그러므로 소에서는 앞에서 세 종류의 잡

염법을 모두 망상이라 해석하였다. b) 중생이 항상 세간에 있음을 불쌍하게 생각하여 버리지 않는 까닭이요, c) 知一切智智 아래는 정진을 시작하는 원인이라 한 것은 용맹하게 구하지 않으면 능히 증득할 수 없기 때문이다. 묻는다. "위의 문장에서 먼저 부처님 지혜를 구하고 나중에 중생을 생각하였는데 지금은 어째서 뒤에 부처님 지혜를 따왔는가?" 답한다. "앞에서는 먼저 중생을 불쌍히 생각함으로 인해 하염 있는 법의 허물로 둔 것이다. 부처님 지혜의 뛰어난 이익을 능히 얻지 못하였으므로 자비심을 일으킨 것이니 그곳의 허물을 슬퍼함이요, 나중에 부처님 지혜를 구하여 저 생사에 빠진 중생을 건져 내는 것이다."

b) 앞의 세 가지 원인에 의지해 시작함을 밝히다[依前三因以明發起]

(後發 25下4)

欲依如來智慧하여 **救度衆生**하려 하면서
여래의 지혜에 의지하여 중생을 제도하려 하면서,

[疏] 後, 發起者는 旣思三因하야 欲將有益之智하야 救可愍之衆生일새 故說經者가 爲此發起라 故로 論에 云, 此言은 示現發起方便攝行故
라하니라

■ b) 시작함이란 이미 세 가지 원인을 생각하여 이런 이익이 있는 지혜를 가져 불쌍한 중생을 구제하려 하므로 경을 설하는 분이 이렇게 시작한 것이다. 그러므로 논경에서 "이 말씀은 중생을 섭수하는 방편의 행법을 시작함을 나타내 보인 것이다"라고 하였다.

b. 중생을 섭수하는 방편을 구할 것을 생각하다[思求方便攝行] 2.
a) 바로 해석하다[正釋] (第二 25下9)

作是思惟하되 此諸衆生이 墮在煩惱大苦之中하니 以何方便으로 而能拔濟하여 令住究竟涅槃之樂고하나라
생각하기를 '이 중생들이 번뇌와 큰 고통 속에 빠졌으니, 무슨 방편으로 구제하여 구경열반의 낙에 머물게 하리오' 하느니라.

[疏] 第二, 思求方便者는 亦只思前衆生이 墮有爲惑業苦中하야 欲令永滅하야 得大涅槃이나 未知方便일새 故思求之라 今經에 闕一業字하나 論經에는 具有니라
■ b. 방편으로 중생을 섭수하는 행법을 구할 것을 생각함이란 또한 단지 '앞의 중생이 하염 있는 법의 미혹과 업과 괴로움에 떨어진다'고만 생각해서 하여금 (괴로움을) 영원히 없애고 대열반(大涅槃)을 얻으려고 하지만, 방편을 알지 못하므로 구하려고 생각하는 것이다. 지금 본경에는 '업(業)'이란 한 글자가 빠져 있지만 논경에는 모두 구비되어 있다.

[鈔] 論經具有者는 彼云此諸衆生이 墮在大苦煩惱業中이니라
● '논경에는 모두 구비되어 있다'는 것은 저 논경에서, "이 중생들이 큰 괴로움과 번뇌와 업에 빠져 있으니"라고 한 것을 가리킨다.

b) 앞을 이끌어 묻고 대답하다[引前問答] 2.

(a) 확고한 의지를 인용하여 묻고 대답하다[引決志問答] (問前 26上3)
(b) 인용하여 거듭 묻고 대답하다[引重復問答] (若爾)

[疏] 問이라 前決志救中에 知授三學하야 滅業惑苦어늘 今何故로 言以何
方便고 答이라 今但思其能授智慧耳니라 若爾인대 前護小中에 已知
如來智慧가 有大勢力이며 及上因中에 云, 知一切智가 有勝利益이어
늘 今何更思오 答이라 前知智勝은 欲令物得이오 今亦思其令得攝生
方便하야 下乃知之니 要自得佛智하야사 方令他得이니라

■ 묻는다. "앞의 확고한 의지로 구제함 중에 삼학을 가르쳐 주어 업과
번뇌와 괴로움을 없애는 줄 이미 알았는데 지금 무슨 연고로 어떤 방
편으로라고 말했는가?" 답한다. "지금은 단지 가르쳐 줄 지혜만 생
각하였다." (b) 만일 그렇다면 앞의 ㄴ) 소승을 막는 행법 중에 이미
부처님 지혜가 큰 세력이 있는 줄 알았으며, 위의 a.(중생을 섭수하는 행
법을) 시작하게 된 원인 중에 "일체의 지혜가 뛰어난 이익이 있는 줄 알
았다"고 하였는데, 지금 '어째서 다시 생각하는가?' 답한다. '앞에서
지혜가 뛰어남을 안 것은 중생들이 얻게 하기 위함이요, 지금은 다시
생각하여 하여금 중생을 섭수하는 방편을 얻게 하려고 다음에 비로
소 알게 하였다.' 스스로 부처님 지혜를 얻어야만 비로소 다른 이에
게 얻게 할 수 있기 때문이다.

c. 중생을 섭수하는 방편을 얻었다고 생각하다[思得攝生方便] 5.
a) 총합하여 경문의 이치를 거론하다[總擧文理] (第三 26下3)

便作是念하되 欲度衆生하여 令住涅槃인댄 不離無障礙

解脫智니 無障礙解脫智는 不離一切法如實覺이며 一切法如實覺은 不離無行無生行慧光이며 無行無生行慧光은 不離禪善巧決定觀察智며 禪善巧決定觀察智는 不離善巧多聞이니라

그리고 이렇게 생각하였다. '중생을 제도하여 열반에 머물게 하려면 장애가 없이 해탈한 지혜를 여의지 않아야 하나니, 장애가 없이 해탈한 지혜는 일체 법을 실상과 같이 깨달음을 여의지 않고, 일체 법을 실상과 같이 깨달음은 만들어짐도 없고 생멸도 없는 행의 지혜를 여의지 않고, 만들어짐도 없고 생멸도 없는 행의 지혜는 선정의 공교롭고 결정하게 관찰하는 지혜를 여의지 않고, 선정의 공교롭고 결정하게 관찰하는 지혜는 공교롭게 많이 앎을 여의지 않았도다' 하느니라."

[疏] 第三, 思得攝生方便中에 方便有五하니 自古로 皆將配位라 論雖無文이나 於理無失이니라

■ c. 중생을 섭수하는 방편을 얻었다고 생각함 중에 방편이 다섯 가지가 있으니 예로부터 모두 지위에 배대하였다. 논경에는 비록 문장이 없지만 이치로는 빠진 것이 없다.

[鈔] 第三, 思得方便이라 於中에 五니 一, 總擧文理오 二, 言有五者下는 列其名位오 三, 然此五下는 總顯文意오

● c. 방편을 얻었다고 생각함이다. 그중에 다섯이니 a) 총합하여 경문의 이치를 거론함이요, b) 言有五者 아래는 그 명칭과 지위를 열거함

이요, c) 然此五 아래는 총합하여 경문의 의미를 밝힘이다.

b) 그 명칭과 지위를 열거하다[列其名位] (言有 26下4)
c) 총합하여 경문의 의미를 밝히다[總顯文意] (然此)

[疏] 言有五者는 一은 佛無礙智오 二는 八地如實覺이오 三은 四地無行慧오 四는 三地禪定이오 五는 亦三地多聞이라 然此五中에 從微至着하면 則後後가 起於前前하나니 故今觀求하야 逆尋其本에 展轉相因일새 並云不離라

■ b) '다섯 가지가 있다'고 말하였으니 ① 부처님의 걸림 없는 지혜 ② 제8지의 실다운 지혜 ③ 제4지의 무생행(無生行)의 지혜 ④ 제3지의 선정 ⑤ 제3지의 다문(多聞)이다. c) 그러나 이 다섯 가지 중에 미세함으로부터 집착에 이르면 뒤로 갈수록 앞과 앞을 일으킨다. 그래서 지금 구함을 관찰하여 거꾸로 그 근본을 찾아본다면 점차적으로 서로 원인이 되므로 또한 '여의지 않는다'고 말하였다.

d) 논경을 거론하여 총합하여 해석하다[擧論總釋] 2.
(a) 경문의 의미를 거론하다[擧經意] (此五 26下7)
(b) 논문을 거론하여 해석하다[擧論釋] (論依)

[疏] 此五之中에 多聞은 唯能起오 佛智는 唯所起오 中間三種은 通能所起라 論依此義하야 攝五爲三하니 一, 佛智窮盡果海니 名證畢竟盡이오 二, 以中三에 皆有下從他起하고 上能起他하야 漸增至佛일새 故攝爲一하야 名起上上證畢竟盡이오 三, 以聞慧가 爲彼中間起行의

所依일새 名彼起依止行이라 以其聞慧가 未是證行이며 不得名起나 而忘軀求聞에 亦得稱行이니라 已知大旨하니

■ d) 이런 다섯 가지 중에 ⑤ 다문(多聞)은 일으키는 주체이고, ① 부처님 지혜는 일으켜야 할 대상이고, 중간의 세 가지[② 제8지의 실다운 지혜 ③ 제4지의 無生行의 지혜 ④ 제3지의 선정]는 일으키는 주체와 대상에 통한다. 논경에서는 이런 이치에 의지하여 다섯 가지를 세 종류로 묶었다. 첫째, 부처님 지혜가 과덕의 바다를 다함이니 '끝까지 모두 증득함[證畢竟盡]'이요, 둘째, 중간의 세 가지에 모두 아래 지위는 다른 데서 일어나고, 위의 지위는 다른 것을 능히 일으켜서 점점 증가하여 부처님 지위에 이르게 하는 까닭에 하나로 묶어서 '상상의 끝까지 증득함을 일으킨다'고 말한다. 셋째, 문혜(聞慧)가 저 중간의 행법을 일으키는 의지처가 되므로 '저것이 의지하여 일으키는 행법[彼起依止行]'이라 일컫는다. 그 문혜는 아직 증득한 행법이 아니며 '일으킨다'고 이름하지는 않았지만 몸을 잊고 문혜를 구하면 또한 행법이라 말한다. 이미 대강의 이치는 알았다.

[鈔] 四, 此五之中下는 擧論總釋이오 五, 正釋文이라 四中에 又二니 一, 出經意하야 成論爲三之由오 二, 論依此義下는 正擧論釋이라 而論에 總云호대 是中方便攝行이 有三種이라하니라 問이라 前來가 豈非方便攝行인대 何以至此하야 始云攝行고 答이라 上之二段은 牒前起後하야 方欲旁求하니 未得名爲方便攝行이오 今此는 求得攝生方便일새 方得其名이라 證中에 最極일새 名畢竟盡이오 起中에 漸增일새 名爲上上이니라 第三은 可知로다

● d) 此五之中 아래는 논경을 거론하여 총합하여 해석함이요, e) 바로

경문을 해석함이다. d)에 또 둘이니 (a) 본경의 의미를 내어서 논경의 셋으로 묶은 이유를 밝힘이요, (b) 論依此義 아래는 바로 논경을 거론하여 해석함이다. 하지만 논경에서 총합하여 말하되, "이 가운데 방편으로 중생을 섭수하는 행법이 세 종류가 있다"고 하였다. 묻는다. "앞까지는 어째서 방편으로 중생을 섭수하는 행법이 아니고 무슨 까닭에 여기에 와서 비로소 '섭수하는 행법'이라 하였는가?" 답한다. "위의 두 문단은 앞을 따와서 뒤를 시작하여 비로소 함께 구하려 하였으므로 방편으로 섭수하는 행법이라 이름하지 않는다." 지금 여기서는 1) ⑤ 다문(多聞)은 중생을 섭수하는 방편을 구하므로 비로소 그런 명칭을 얻은 것이다. 2) ① 부처님 지혜는 증득한 중에 가장 최고이므로 끝까지 모두 증득함이라 한 것이요, 일으킨 중에 점차 증가하므로 '상상'이라 한 것이다. 3) 중간의 세 가지[② 제8지의 실다운 지혜 ③ 제4지의 無生行의 지혜 ④ 제3지의 선정]는 알 수 있으리라.

e) 대략 경문을 해석하다[略釋經文] 5.
(a) 부처님 지혜는 장애가 없다[佛智名無障] (次略 27上10)
(b) 이 지혜로 여실한 깨달음에 의지하려 하다[此智要依如實覺] (二此)

[疏] 次, 略釋文이라 一, 佛智名無障礙解脫者는 無二障故니 是離障解脫이라 具十智力하야 權實無礙故니 是作用解脫이며 此是究竟攝生方便이니라
二, 此智가 要依如實覺者는 八地에 得無生忍하야 覺一切法如實性故라 若覺實性하면 方能盡惑하야 於事理에 無礙故로 佛智가 由起라 論釋一切法云호대 如來所說一切法者는 因音聲忍하야 方得無生이

며 尋於能詮하야 悟所詮故라 釋如實覺云호대 隨順如實覺者는 因於 順忍하야 得無生故라

■ e) 대략 경문을 해석함이다. (a) 부처님 지혜를 '장애 없는 해탈'이라 이름한 까닭은 두 가지 장애가 없기 때문이니, 그래서 '장애를 여읜 해탈[離障解脫]'이라 한다. 열 가지 지혜의 힘을 구비하여 방편과 실법에 걸림이 없는 연고로 '작용하는 해탈'이라 하며, 이것이 바로 끝까지 중생을 섭수하는 방편이다.

(b) '이 지혜로 여실한 깨달음에 의지하려 한다'는 것은 제8지에 무생법인(無生法忍)을 얻어서 모든 법의 여실한 본성을 깨달은 까닭이다. 만일 여실한 본성을 깨달았다면 바야흐로 미혹을 다하여 현상과 이치에 걸림 없는 연고로 부처님 지혜가 이로 인해 일어난다. 논경에서 일체법을 '여래께서 설한 일체법'이라 해석한 것은 '음성의 법인'으로 인해서 비로소 무생(無生)을 얻었으며, 표현의 주체를 찾아서 표현할 대상을 깨달은 까닭이다. 여실한 깨달음을 해석하여 말하되, '여실함을 따라서 깨닫는다'고 해석한 것은 수순하는 법인[隨順忍]으로 인해서 무생(無生)을 얻었기 때문이다.

[鈔] 釋如實覺者는 論에 總云호대 彼盡以如來所說一切法으로 隨順如實覺起라하니라 故로 疏에 分論文兩段하야 釋之하야 先釋一切法이니라 而遠公은 云,[194] 如來所說一切法이 略有二種하니 一, 三地中에 從佛所聞之法이오 二, 當地中諸佛의 七勸所說之法이라하니 今於此二

---

194) 인용문은 『十地經論義記』제8권의 내용이다. 義記云, "一切法者, 是其如來所說法也. 所說有二. 一三地中・從佛聞法名爲如來所說之法. 二八地中諸佛七勸所說之法, 名爲如來所說之法. 名此二種爲一切法. 如實覺者. 亦有二種. 一者於彼三地所聞一切法中・得如實覺, 謂八地中十無生忍及深行等. 二者七勸一切法中・得如實覺, 謂八地中無量身等及淨佛土十自在也. 此等通名如實覺矣. (新纂續藏經 권45 p.142 a-)

에 起如實覺이라 如實覺者는 隨順相應故니 一, 順三地所聞法起하야 得無生忍과 及深行等이니라 疏에 依此義云, 因音聲忍하야 得無生忍이라하니라 然無生忍이 從四地起니 亦證三地之中의 所聞法故로 成於順忍이라 順忍之力으로 得於無生일새 故以順忍으로 釋論의 隨順三地所聞이 即音聲忍이라 二, 對七勸하야 得如實覺이니 即八地中에 得無量身과 及淨佛土와 十自在等이니 得勸之後에 方成此故라 今約展轉일새 故略不明이니라

● '여실한 깨달음을 해석함'이란 논경에서 총합하여 "저가 여래께서 설한 일체법을 따라 여실한 깨달음을 일으킨다"고 말하였다. 그러므로 소가가 논경의 문장을 두 문단으로 나누어 먼저 일체법을 해석하였다. 하지만 혜원법사는 이르되, "여래께서 설한 일체법이 대략 두 종류가 있으니 1) 제3지 중에 부처님께 들은 법이요, 2) 제8지에서 부처님이 일곱 번이나 권해 주신 법이다"라고 하였으니, 지금은 이 두 가지에서 여실한 깨달음을 일으킨 것이다. '여실한 깨달음'이란 따라서 서로 응하는 까닭이다. 1) 제3지에서 들은 법을 따라 일으켜 무생법인과 깊은 행법을 얻는 등이다. 소가가 이런 이치에 의지하여 "음성의 법인으로 인하여 무생법인을 얻는다"고 하였다. 그런데 무생법인은 제4지에서 일어나나니, 또한 제3지에서 들은 법을 증득하는 연고로 '수순하는 법인'을 이룬다. 수순하는 법인의 힘으로 무생을 얻게 되므로 수순하는 법인으로 논경의 제3지에서 들은 바인 '곧 음성의 법을 따르는 것이다'라고 해석하였다. 2) 일곱 번 권하심을 상대하여 여실한 깨달음을 얻은 것이니, 제8지 중에 한량없는 몸과 불국토(佛國土)를 청정케 함과 열 가지 자재함 등을 얻은 것이니, 권유를 받은 이후에 비로소 이런 것을 성취한 까닭이다. 지금은 점차 해석함에 의

지한 연고로 생략하고 밝히지 않았다.

(c) 이런 깨달음이 무생을 여의지 않는 지혜이다[此覺不離無生慧]

(三此 28上9)

[疏] 三, 此覺이 不離無生慧者는 欲覺一切法에 一切法이 不出二種하니 一者는 自相이니 謂色心等殊라 是有爲法體일새 故名爲行이라 二者는 同相이니 色心雖殊나 同皆生住異滅所遷이니 擧初攝後일새 故但名生이라 今四地菩薩이 了自及同이 皆緣生無性하야 成無分別慧일새 故云無行無生이니라 下一行字는 是慧行相이니 以無行과 無生으로 爲慧行相이라 若如是行하면 則得八地覺法自性也니라

■ (c) '이런 깨달음이 무생(無生)을 여의지 않는 지혜'라 말한 것은 일체법을 깨달으려 할 적에 일체법이 두 종류를 벗어나지 않는다. (1) 자상(自相)이다. 말하자면 색법과 심법 등이 다른 것이 하염 있는 법의 체성이므로 행법이라 이름하였다. (2) 동상(同相)이니 색법과 심법이 비록 다르지만 함께 모두 생겼다가 머무르고 달라지고 없어져서 변화하는 대상인 것이니, (1) 자상(自相)을 거론하여 (2) 동상(同相)을 포섭하므로 단지 '생겨난다'고만 하였다. 지금은 제4지 보살이 자상과 동상이 모두 인연 따라 생겨남이 자성이 없음을 요달하여 무분별의 지혜를 성취하였으므로 "행법이 없고 태어남도 없다"고 하였다. 아래의 행(行)이란 한 글자는 지혜의 행상이니, 행법이 없고 태어남도 없으므로 지혜의 행상이 된다. 만일 이처럼 행한다면 제8지의 법의 자성을 깨닫게 될 것이다.

[鈔] 三此覺下는 第三, 方便無自相行과 及共相生爲慧行이니 故로 疏文
에 委具니라
- (c) 此覺 아래는 방편에 자상이 없는 행법과 공상으로 태어남이 지혜
의 행법을 삼는 것이니, 그래서 소의 문장에 자세히 구비하였다.

(d) 이런 지혜가 선정 등을 여의지 않는다[此慧不離禪等] (四此 28下7)

[疏] 四, 此慧가 不離禪等者는 謂此無生慧는 非定이면 不發이라 言禪善
巧者는 得三地滿勝進分禪이니 故로 出入自在라 亦不染禪일새 故名
善巧라 決定者는 於他四地에 決能發也니라 觀察智者는 論에 云自
智慧觀故라하니 謂卽三地禪中之智오 非前所發四地無生之慧라 彼
四地之慧를 此中에 名光明이니 依此光明일새 故名明地라 故로 四地
證慧가 由三地禪中의 修慧而發이니라

- (d) '이런 지혜가 선정 등을 여의지 않는다'는 것은 말하자면 이 무생
의 지혜는 선정이 아니면 생겨나지 않는다는 뜻이다. '선정이 공교하
다'고 말한 것은 제3지가 만족하면 부분적인 선정이 승진하나니 그
래서 출입이 자재한 것이다. 또한 선정에도 물들어 집착하지 않는 연
고로 '선교하다'고 하였다. '결정'이란 저 제4지에서 결정코 발생한다
는 뜻이다. '관찰하는 지혜'란 논경에 "자신의 지혜로 관찰하는 까닭
이다"라고 하였다. 말하자면 제3지의 선정의 지혜이지 앞의 발생할
대상인 제4지의 무생의 지혜를 말한 것이 아니다. 저 제4지의 지혜를
여기서는 광명이라 하였으니, 이런 광명에 의지한 까닭에 '밝은 지[明
地]'라 이름한다. 그래서 제4지에서 증득한 지혜가 제3지의 선정 가운
데 수혜(修慧)로 인해 발생한다는 뜻이다.

[鈔] 得三地者는 淨禪이 有四하니 一은 退分이오 二는 住分이오 三은 勝進分이오 四는 決定分이니 今卽第三이라 四, 卽下의 於四地에 決定能發이니라 謂卽三地者는 卽修慧也니 是下經中에 觀於諸法不生不滅하니 明是三地의 自智慧觀이니라 彼[195]四地下는 揀今修慧니 但是四地證前相故라 尋求趣本일새 故名彼慧하야 以爲光明이니 由此하야 三地를 得名明地니라

- '제3지가 만족하면'이란 청정한 선정에 넷이 있으니 1) 물러나는 부분이요, 2) 머무는 부분이요, 3) 올라가는 부분이요, 4) 결정되는 부분이니 지금은 3)에 해당한다. 4) 결정되는 부분[決定分]은 아래의 제4지에서 결정코 능히 발생한다는 뜻이다. '말하자면 제3지의 선정의 지혜'는 수혜(修慧)이니 아래 경문[調柔果]에 "일체법이 나지도 않고 멸하지도 않은 줄 관찰한다"고 하였으니, 제3지에서 자신의 지혜로 관찰함을 밝혔다.

  彼四地 아래는 제3지의 수혜와 구분한 내용이니, 단지 제4지에서 앞의 제3지의 양상을 증득하는 것뿐이다. 찾고 구하여 근본으로 향하므로 저 슬기를 광명이라 이름하나니, 이로 인하여 제3지를 '밝은 지'라고 부른다.

(e) 이 선정이 다문의 지혜를 여의지 않는다[此禪不離多聞] (五此 29上9)

[疏] 五, 此禪이 不離善巧多聞者는 此中修慧가 由後聞慧하야사 方得起故라 三節이 皆慧로대 而慧不同이니라 言善巧多聞者는 不取聞相故라 然佛智之因이 乃通十地어늘 而偏擧三者는 此地聞修가 近所行

---

195) 彼는 南金本作彼前.

故오 四地는 是慧增之首故오 八地는 無功用之初故니라
- (e) '이 선정이 훌륭한 다문을 여의지 않는다'는 것은 이 가운데 수혜(修慧)는 뒤의 문혜(聞慧)로 인하여야만 비로소 일어나기 때문이다. 세 구절이 모두 지혜이긴 하지만 그 지혜가 같지는 않다. '훌륭한 다문'이라 말한 것은 '들었다는 상[聞相]'에 취착하지 않는 까닭이다. 그러나 부처님 지혜의 원인이 십지를 관통하는데, 치우쳐 세 군데에서만 거론한 이유는, 이 제3지의 문혜(聞慧)와 수혜(修慧)가 행법의 대상에 가깝기 때문이요, 제4지는 지혜가 늘어나는 처음인 까닭이요, 제8지는 무공용행법(無功用行法)의 처음인 까닭이다.

[鈔] 此中修慧者는 論에 云, 此是彼起依止行이니 聞慧方便이 是起所依라 是故로 修行이 名彼起依止行이라하니 意云호대 由聞解修故로 修求聞之行이니라

三節皆慧者는 一은 四地證慧오 二는 三地修慧오 三은 求法聞慧라 瑜伽八十三에 云,[196] 慧有多種하니 言慧光者는 即聞思慧오 言慧耀者는 即修所成慧라하니라 然此第五는 即是聞慧니라

- '이 가운데 수혜(修慧)는'이란 논경에 이르되 "이것이 그가 일어날 때 의지할 행법이니, 문혜(聞慧)의 방편이 의지처로 삼아 일어나는 연고로 행법을 닦는 것을 '그가 일어날 때 의지할 행법[彼起依止行]'이라 한다"고 하였다. 의미를 말하면 문혜(聞慧)로 인해 수혜(修慧)를 알게 되는 까닭에 문혜(聞慧)를 구하는 행법을 닦는다는 뜻이다.

'세 구절이 모두 지혜'란 1) 제4지에서 증득한 지혜와 2) 제3지의 수행으로 얻는 지혜와 3) 법을 구하려 들어서 얻는 지혜를 뜻한다. 『유

---

[196] 인용문은 『瑜伽師地論』제83권의 攝異門分之上의 내용이다. (대정장 권30p. 761-)

가사지론』제83권에 이르되, "지혜에 여러 종류가 있으니 지혜의 광명[慧光]이라 말한 것은 문혜(聞慧)와 사혜(思慧)이고, 지혜의 밝음[慧耀]이란 수혜(修慧)이다"라고 하였다. 그러니 여기의 (e)는 바로 문혜(聞慧)를 가리킨다.

d. 생각에 의지하여 행법을 닦다[依思修行] 2.
a) 앞을 결론하고 뒤를 표방하다[結前標後] (第四 29下10)

菩薩이 如是觀察了知已하고 倍於正法에 勤求修習하여
"보살이 이렇게 관찰하여 알고는, 바른 법을 곱이나 부지런히 닦으며,

[疏] 第四, 依思修行이라 上旣逆推가 本由多聞하니 今則順行하야 先求聞慧而起聞行이라 文中에 二니 初는 結前標後라
■ d. 생각에 의지하여 행법을 닦음이다. 위에서 이미 거꾸로 추구한 것은 본래로 다문(多聞) 때문이니, 지금은 행법을 따라 먼저 문혜(聞慧)를 구하고 문혜의 행법을 시작한 것이다. 경문에 둘이니 a) 앞을 결론하고 뒤를 표방함이다.

[鈔] 初結前者는 標云正法은 通於敎義라 五重方便이 本由求法이니 故於正法에 倍復增求니라
● 'a) 앞을 결론함'이란 표방하되 "정법은 교법의 이치에 통한다. 다섯 겹의 방편[1. 佛無礙慧 2. 八地如實覺 3. 四地無行慧 4. 三地禪定 5. 三地多聞]이 본래로 법을 구함으로 말미암아 정법에서 몇 배로 다시 구함을 더

하는 것이다."

b) 바로 법을 구하는 행법을 시작하다[正起求行] 2.
(a) 과목 나누기[分科] (後日 30上6)

日夜에 唯願聞法하며 喜法하며 樂法하며 依法하며 隨法하며 解法하며 順法하며 到法하며 住法하며 行法이니라
밤낮으로 원하기를 '법을 듣고 법을 기뻐하고 법을 좋아하고 법을 의지하고 법을 따르고 법을 해설하고 법을 순종하고 법에 이르고 법에 머물고 법을 행하여지이다' 하느니라.

[疏] 後, 日夜下는 正起求行이라 於中에 分二니 先, 明求法行이오 後, 菩薩如是下는 明求行因이라

■ b) 日夜 아래는 바로 법을 구하는 행법을 시작함이다. 그중에 둘로 나누면 ㊀ 법을 구하는 행법을 밝힘이요, ㊁ 菩薩如是 아래는 행법을 구하는 원인을 밝힘이다.

(b) 과목에 따라 해석하다[隨釋] 2.
㊀ 법을 구하는 행법[求法行] 2.

① 경문의 의미를 해석하다[釋經意] 4.
㉮ 세 구절은 듣기만 하는 행법[初三句唯聞] (今初 30上8)

[疏] 今初라 文有十句하니 聞法者는 無慢心故라 二, 喜法者는 無妬心故

라 三, 樂法者는 無折伏他心問義故니 此三은 約聽聞時니라
- 지금은 ㊀ 법을 구하는 행법이다. 경문에 열 구절이 있으니 ㉠ 세 구절[(1) 聞法 (2) 喜法 (3) 樂法]은 듣기만 하는 행법에서 (1) '법을 듣는다'는 것은 아만심이 없기 때문이다. (2) '법을 기뻐한다'는 것은 질투심이 없기 때문이다. (3) '법을 좋아한다'는 것은 남을 꺾으려는 마음이 없이 이치를 묻는 까닭이니, 이 세 가지는 법을 듣는 시점에 의지한 분석이다.

[鈔] 今初, 文有十下는 分之爲二니 先은 釋經이오 後는 料揀이라 今初十句는 卽是三慧라 而有四節하니 初三은 唯聞이오 第四와 五와 六은 通聞思慧오 第七은 唯思오 後三은 唯修니라

無慢心故者는 有慢則不求라 二, 不妬他解일새 故生喜悅이오 樂法故로 問無折伏他心하고 好心好法을 名之爲喜오 終時愛味를 說以爲樂이니라

- 今初文有十 아래는 둘로 나눈 과목이니 ① 경문의 의미를 해석함이요, ② 거듭 구분함이다. 지금은 ①에서 열 구절이란 바로 세 가지 지혜를 가리킨다. 그런데 네 문단이 있으니 ㉠ 처음 세 구절은 문혜(聞慧)뿐이요, ㉡ 넷째와 다섯째와 여섯째 구절은 문혜(聞慧)와 사혜(思慧)에 통하는 행법이요, ㉢ 일곱째 구절은 오로지 사혜(思慧)뿐이요, ㉣ 뒤의 세 구절은 오로지 수혜(修慧)뿐이다.

㉠ '아만심이 없기 때문'이란 아만심이 있으면 구하지 못한다. ㉡ 남이 아는 것을 질투하지 않으므로 기쁨이 생겨나고, 법을 좋아하는 연고로 물을 때에 남을 꺾으려는 마음이 없이 첫 마음으로 법을 좋아하는 것을 '기쁨'이라 하였고, 끝날 때의 마음으로 법의 맛을 좋아하는

것을 '좋아한다'고 말하였다.

㉔ 세 구절은 문혜와 사혜에 통하는 행법[次三句通聞思] (四依 30下5)

[疏] 四, 依大乘教하야 自見正取하야 不忘失故니 此揀求小를 不名善故라 自見正取者는 不由他悟故니라 五, 隨自讀誦故라 六, 爲他解說故오
- ㉔ 세 구절[(4) 依法 (5)隨法 (6)解法]은 문혜와 사혜에 통하는 행법에서 넷째 구절[(4)依法]은 대승의 교법에 의지하여 자신의 견해를 바르게 취하여 잃어버리지 않기 때문이니, 이것은 소승법을 구하는 것을 '착하다'고 이름하지 않는다고 구분한 내용이다. '자신의 견해를 바르게 취한다'는 것은 다른 이로 말미암아 깨닫지 못하기 때문이다. 다섯째 구절[(5)隨法]은 자신의 독송을 따르기 때문이다. 여섯째 구절[(6)解法]은 남을 위해 해설하는 까닭이다.

㉕ 한 구절은 오로지 사혜뿐이다[次一句唯思] (七順 30下7)

[疏] 七, 順所聞法하야 靜處思義故니 此三[197]은 約已得法自他利時니라
- ㉕ 일곱째 구절[(7)順法]은 들은 법을 따라 조용한 처소에서 이치를 사유하기 때문이니, 이 넷[ⓑ 四五六句와 ⓒ 七句]은 이미 얻은 법으로 나와 남을 이롭게 하는 시점에 의지한 분석이다.

㉖ 세 구절은 오로지 수혜(修慧)뿐이다[後三句唯修] (八倒 30下9)

---

197) 此三之三은 遺忘記云 恐四.(『三家本私記』遺忘記 p.174-)

[疏] 八, 到法者는 依定修行하야 到究竟故라 九, 住出世間智故라 十, 順佛解脫行故라 上之後三은 皆約修行이라 然이나 後二는 揀不同世間之行이니라

■ ㉣ (세 구절은 오로지 수혜(修慧)뿐에서) 여덟째 구절에서 '법에 도달한다[到法]'는 것은 선정에 의지하여 행법을 닦아 궁극에 도달하기 때문이다. 아홉째 구절[(9)住法]은 출세간의 지혜에 머무는 까닭이다. 열째 구절[(10) 行法]은 부처님이 해탈하신 행법을 따르는 까닭이다. 위의 뒤의 세 구절은 모두 수행에 의지한 분석이다. 그러나 뒤의 두 구절[住法, 行法]은 세간의 행과 같지 않다고 구분한 내용이다.

[鈔] 八到法下는 於後三中에 初一은 是定이오 後二는 是慧라 若隨位分인대 到法은 初地[198]오 住法은 卽是四地已上이오 行法은 卽當八地已上이니라

九, 住出世等者는 卽釋經住法이라 而論經에 云歸依法이라하야늘 論釋에 云依出世間智故라하니 謂四地證智가 是所歸依니라

● 八到法 아래는 뒤의 세 구절 중에 처음 한 구절은 선정이요, 뒤의 두 구절은 지혜에 해당한다. 만일 지위에 따라 구분한다면 법에 도달함은 제3지요, 법에 머무는 것은 제4지 이상이요, 법을 실행하는 것은 제8지 이상에 해당한다.

'아홉째 구절[住法]은 출세간의 지혜에 머무는' 등은 경문의 '법에 머문다'는 구절을 해석한 내용이다. 논경에는 '법에 귀의한다'고 하였는데, 논경의 해석 부분에는, "출세간의 지혜에 의지하는 까닭이다"라고 하

---

198) 遺忘記云 "初地之初 作此 以今在三地 豈可配初地耶 又依定修行 豈初地耶"(앞의 책 遺忘記 p.174-); 雜華記云 "究竟者 初地得聖位故 對地前凡位 可名究竟."(앞의 책 雜花記 p.145-) 義記云 "依靜思者. 解思法也. 依前教故. 靜處思惟故名思法. 下三修中初一是定. 後二是慧隨位以分. 定在此地. 歸依在於四地已上. 隨順在於八地已上."(新纂續藏經 권45 p.143-)

였다. 말하자면 제4지에서 증득한 지혜가 귀의할 대상이란 뜻이다.

② 거듭 구분하다[重料揀] 3.
㉮ 지혜의 행법으로 구분하다[約慧行料揀] (若望 31上6)
㉯ 구하는 주체와 구할 대상으로 구분하다[能所求料揀] (於中)
㉰ 받아들이는 주체와 대상으로 구분하다[能所受料揀] (又此)

[疏] 若望後厭分正修인대 此十이 皆是聞慧오 若望依思而行인대 此十을 皆名爲行이라 於中에 初는 日夜常聞하야 以顯勤行이오 喜法等九는 顯正修行이라 又此十句를 若約所受인대 唯敎與義라 聞은 約敎成이오 修는 依於義오 思는 通敎義니라

■ ② 만일 뒤의 염분(厭分)의 본격적인 수행과 대조한다면 여기의 열 구절이 모두 문혜(聞慧)일 것이요, 만일 생각에 의지하여 수행함과 대조한다면 이 열 구절을 모두 행법이라 해야 할 것이다. 그중에 첫 구절은 밤낮으로 항상 듣고서 부지런히 수행함을 밝힌 부분이요, 법을 기뻐하는 등의 아홉 구절은 바로 수행에 대해 밝힌 내용이다. 또 여기의 열 구절을 만일 받아들일 대상에 의지한다면 오로지 '가르쳐 준다'는 뜻일 뿐이다. 문혜(聞慧)는 교법에 의지해 성취하고, 수혜(修慧)는 이치에 의지하고, 사혜(思慧)는 교법과 이치에 통하는 개념이다.

[鈔] 若望後厭分下는 第二, 料揀이라 於中에 三이니 初, 慧行料揀이오 二, 於中初日夜下[199]는 能所求料揀이라 以顯勤行者는 此卽三地能求法行이오 下九는 皆是所求修行之法이니라 三, 又此十句下는 能所

---

199) 上二十二字는 金本無, 南本作初日夜下; 此下에 南續金本有二字.

受分別이라 言思通教義者는 始依教思오 終則依義니라
- ② 若望後厭分 아래는 거듭 구분함이다. 그중에 셋이니 ㉮ 지혜의 행법으로 구분함이요, ㉯ 於中初日夜 아래는 구하는 주체와 구할 대상으로 구분함이다. '부지런히 수행함을 밝힌다'는 것은 여기서는 제3지에서 법을 구하는 행법의 주체요, 아래 아홉 구절은 모두 구하여 수행할 대상인 법을 가리킨다. ㉰ 又此十句 아래는 받아들이는 주체와 대상으로 구분함이다. '사혜(思慧)는 교법과 이치에 통한다'고 말한 것은 시작할 때는 교법에 의지해 생각하고, 끝날 때는 이치에 의지한다는 의미이다.

㊁ 행법을 구하는 원인[求行因] 2.
① 과목 나누기[分科] (第二 31下4)

菩薩이 如是勤求佛法하되 所有珍財를 皆無悋惜하여 不見有物이 難得可重이요 但於能說佛法之人에 生難遭想하나니
보살이 이렇게 불법을 구하면서, 가진 재물을 아끼지 아니하고, 어떤 물건도 희귀하고 소중한 줄로 보지 아니하며, 다만 불법을 말하는 사람에게 만나기 어렵다는 생각을 내나니,

[疏] 第二, 求行因中에 二니 初, 常勤求因이오 二, 菩薩如是下는 正修行因이니 以前十句에 有此二故니라
- ㊁ 행법을 구하는 원인에 둘이니 ㉮ 항상 부지런히 구하는 원인이요, ㉯ 菩薩如是 아래는 바로 행법의 원인을 닦음이니, 앞의 열 구절에 이

두 가지가 들어 있기 때문이다.

② 과목에 따라 해석하다[隨釋] 2.
㉮ 항상 부지런히 구하는 원인[常勤求因] 6.
㉠ 재물은 가벼이 여기고 법을 소중하게 여기다[輕財重法] (今初 31下5)
㉡ 동시에 안팎의 재물을 희사하다[雙捨內外財] (二是)

是故로 菩薩이 於內外財에 爲求佛法하여 悉能捨施하되
그러므로 (1) 안 재물과 바깥 재물을, 불법을 구하기 위하여 모두 버리며,

[疏] 今初라 論에 云, 彼常勤行은 以何爲因고 示現恭敬重法하야 畢竟盡故라하니라 於中에 分六이니 一, 總明輕財重法이오 二, 是故菩薩下는 雙捨內外오
■ 지금은 ㉮이다. 논경에 말하였다. "저가 항상 부지런히 행하는 것은 무슨 까닭인가? 공경하고 법을 소중히 여겨서 궁극까지 다함을 보여주려는 것이다." 그중에 여섯으로 나누었으니 ㉠ 총합하여 재물은 가벼이 여기고 법을 소중히 여김을 밝힘이다. ㉡ 是故菩薩 아래는 안팎의 재물을 동시에 희사함이요,

㉢ 내적인 재물로 공경하게 섬기다[內財敬事] (三無 32上2)
㉣ 외적인 재물을 희사함과 비교하다[況捨外財] (四若)

無有恭敬을 而不能行하며 無有憍慢을 而不能捨하며 無

有承事를 而不能作하며 無有勤苦를 而不能受니라 若聞
一句未曾聞法하며 生大歡喜를 勝得三千大千世界滿中
珍寶하며

(2) 아무런 공경도 행하지 못할 것이 없고, (3) 아무런 교만
도 버리지 못할 것이 없고, (4) 아무런 섬기는 일도 행치 못
할 것이 없고, (5) 아무런 고생도 받지 못할 것이 없느니라.
(6) 일찍이 듣지 못했던 법을 한 구절만 들어도 크게 환희하
여 삼천대천세계에 가득한 보배를 얻은 것보다 좋아하고,

[疏] 三, 無有恭敬下는 內財敬事니 謂心則恭敬捨慢이오 身則承事忘苦
라 四, 若聞一句下는 況捨外財라

- ㉢ 無有恭敬 아래는 내적인 재물로 공경하게 섬김이다. 말하자면 마
음으로는 공경하여 아만을 버리고, 몸으로는 받들어 섬기는 데 고통
을 잊어버린다는 뜻이다. ㉣ 若聞一句 아래는 외적인 재물을 희사함
과 비교함이다.

㉤ 지위는 가벼이 여기고 법을 소중히 여기다[輕位重法] (五若 32上10)
㉥ 고통을 감수하면서도 법을 소중히 하다[甘苦重法] (六若)

若聞一偈未聞正法하면 生大歡喜를 勝得轉輪聖王位하
며 若得一偈未曾聞法이 能淨菩薩行하면 勝得帝釋梵王
位하여 住無量百千劫하니라
若有人이 言하되 我有一句佛所說法이 能淨菩薩行이니
汝今若能入大火坑하여 受極大苦인댄 當以相與라하면

菩薩이 爾時에 作如是念하되 我以一句佛所說法이 淨菩薩行故로 假使三千大千世界에 大火滿中이라도 尚欲從於梵天之上하여 投身而下하여 親自受取어든 況小火坑에 而不能入가 然我今者에 爲求佛法하는 應受一切地獄衆苦어든 何況人中에 諸小苦惱아하나니

(7) 듣지 못했던 바른 법을 한 게송만 들어도 크게 환희하여 전륜왕의 지위를 얻은 것보다 기뻐하며, (8) 듣지 못했던 법을 한 게송만 얻어서 보살의 행을 깨끗이 하여도 제석천왕이나 범천왕의 지위를 얻어서 한량없는 백천 겁을 지내는 것보다 낫게 생각하느니라.

(9) 만일 사람이 말하기를 '내게 부처님이 말씀한 한 구절 법으로 보살의 행을 깨끗이 할 것이 있는데, 그대가 능히 큰 불구덩이에 들어가서 엄청난 고통을 겪으면 일러 주리라' 하면, 그때에 보살은 생각하기를, '나는 부처님이 말씀하신 한 구절 법을 듣고 보살의 행을 깨끗이 할 수 있다면, 삼천대천세계에 가득한 불구덩이 속에라도, 오히려 대범천의 위로부터 떨어져 들어가서 몸소 받을 터인데, 하물며 이 조그만 불 속에 들어가지 못하랴. (10) 그리고 내가 지금 불법을 구하기 위해서는 일체 지옥의 고통도 받거니와, 하물며 인간에 있는 조그만 고통을 받지 않으리오' 하나니,

[疏] 五, 若聞一偈下는 輕位重法이니 人天王位는 終是無常이오 句偈敎義는 法王爲果라 一句一偈는 約聞敎法이오 淨菩薩行은 約聞義法이니라 六, 若有人言下는 甘苦重法이니 以一句之法이 能盡苦源일새 地

獄多劫을 誠可甘也니라
- ㉤ 若聞一偈 아래는 지위는 가벼이 여기고 법을 소중히 여김이다. 인간과 천상의 왕위는 마침내 무상한 것이요, 구절이나 게송의 교법과 이치는 법왕이 결과가 된다. 한 구절과 한 게송은 교법을 들음에 의지한 표현이요, 청정한 보살행은 이치적인 법을 들음에 의지한 표현이다. ㉥ 若有人言 아래는 고통을 감수하면서도 법을 소중히 함이다. 말하자면 한 구절의 법이 능히 괴로움의 근원을 다하게 하므로 지옥의 오랜 세월을 진실로 달게 받을 수 있다는 뜻이다.

㉴ 본격적으로 수행하는 원인[正修行因] (六若 32下9)

菩薩이 如是發勤精進하여 求於佛法하되 如其所聞하여 觀察修行이니라
보살이 이와 같이 부지런히 정진하여 불법을 구하고, 들은 대로 관찰하고 수행하느니라.

[疏] 二, 正修行因中에 初, 結前이오 後, 如其下는 正顯因相이니 謂靜處에 思惟正觀이 爲修行之因也라 然論經에 但云正觀하고 無修行字하니 故是思慧가 爲修行因이라 若順今經인대 此一段文은 乃是後文標擧耳니라
- ㉴ 본격적인 수행의 원인 중에 ㉠ 앞을 결론함이요, ㉡ 如其 아래는 바로 원인의 모양을 밝힘이다. 말하자면 고요한 처소에서 사유하고 바르게 관찰함이 수행하는 원인이라는 뜻이다. 그런데 논경에서 단지 바른 관찰이라고만 말하고 '수행'이란 글자는 없으므로 사혜(思慧)

가 수행하는 원인이 된다. 만일 본경에 따른다면 이 한 단락의 경문이 뒤 문장의 표방하여 거론함이 될 뿐이다.

❖ 여기서 고통을 감수하면서도 법을 소중히 하다[甘苦重法]에 대해 비슷한 내용을 간추려 보자.

(1) 제14. 수미정상게찬품 진실혜보살의 게송에 이르되,《寧受地獄苦하여 得聞諸佛名이언정 不受無量樂하여 而不聞佛名이로다 / 所以於往昔에 無數劫受苦하야 流轉生死中은 不聞佛名故로다》(화엄경교재 제1책 p.405- 민족사간)

(2) 제24. 도솔궁중게찬품 법당(法幢)보살의 게송에 이르되,《寧可恒具受 一切世間苦언정 終不遠如來하여 不覩自在力이로다 / 若有諸衆生이 未發菩提心이라도 一得聞佛名하면 決定成菩提로다 / 若有智慧人이 一念發道心하면 必成無上尊이니 愼莫生疑惑이어다 / 如來自在力을 無量劫難遇니 若生一念信이면 速證無上道로다》(화엄경소초 권23의 ①, 致字卷; 32상 5, 앞의 책 제2책 p.131-)

(3) 십지품 제3. 발광지(發光地) 경문에 이르되, "若有人言호대 我有一句佛所說法이 能淨菩薩行이니…"라 하였다. (앞의 책 제2책 p.419-)

(4) 입법계품 법계차별원지신통왕(法界差別願智神通王)보살의 게송에 이르되,《寧於無量劫에 受諸惡道苦언정 終不捨如來하고 而求於出離로다 / 寧代諸衆生하야 備受一切苦언정 終不捨於佛하고 而求得安樂이로다 / 寧在諸惡趣하여 恒得聞佛名이언정 不願生善道하야 暫時不聞佛이로다 / 寧生諸地獄하여 一一無數劫이언정 終不遠離佛하고 而求出惡趣로다》라 하였다. (화엄경소초 권60의 ②; 앞의 책 제4책 p.35-)

* 위의 게송과 경문들은 한결같이 고통을 감수하면서도 부처님을 가

까이하겠다[甘苦而近佛]고 하였다. 고통을 감수하면서 법문을 들으면 뛰어난 이익이 있겠지만 즐거움 받느라 부처님 뵙지 않으면 오래 윤회에 빠짐을 면할 수 없다고 밝히고 있다.[受苦得聞 成斯勝益 受樂不覩 不免長淪 故應甘苦 而近佛也] (譯者註)

(다) 싫어하는 부분[厭分] 3.

ㄱ. 앞을 가리켜 표방하여 따와서 넷째를 밝히다[標牒指前正明第四]

(大文 33上8)

此菩薩이 得聞法已하고 攝心安住하여 於空閑處에 作是思惟하여 如說修行하여 乃得佛法이니 非但口言으로 而可淸淨이니라
이 보살이 법을 듣고는 마음을 거두어서 고요한 곳에 있으면서 생각하기를 '말한 대로 행을 닦고야 불법을 얻을 것이니, 말만 하여서는 청정할 수 없으리라' 하느니라."

[疏] 大文第三이라 此菩薩得聞法下는 明厭分者니 前明聞思하고 今顯修慧하니 即五種方便中에 第四禪善巧決定觀察智也니라
■ (다) 此菩薩得聞法 아래는 큰 문단으로 싫어하는 부분이다. 앞에서는 문혜(聞慧)와 사혜(思慧)를 밝혔고, 지금은 수혜(修慧)를 밝혔으니 곧 다섯 종류의 방편[200]에서 ④ 선정의 공교하고 확고한 관찰의 지혜에 해당한다.

---

[200] 다섯 가지 방편이란 c. 修方便攝行의 네 과목에서 (c) 思得攝生方便에 나오는 내용이다. ① 佛無礙智 ② 八地如實覺 ③ 四地無行慧 ④ 三地禪定 ⑤ 三地多聞을 가리킨다. (劍字卷; 言有, 26下4)

❖ 제6회 십지품 제3 發光地 (科圖 26-43; 劍字卷)

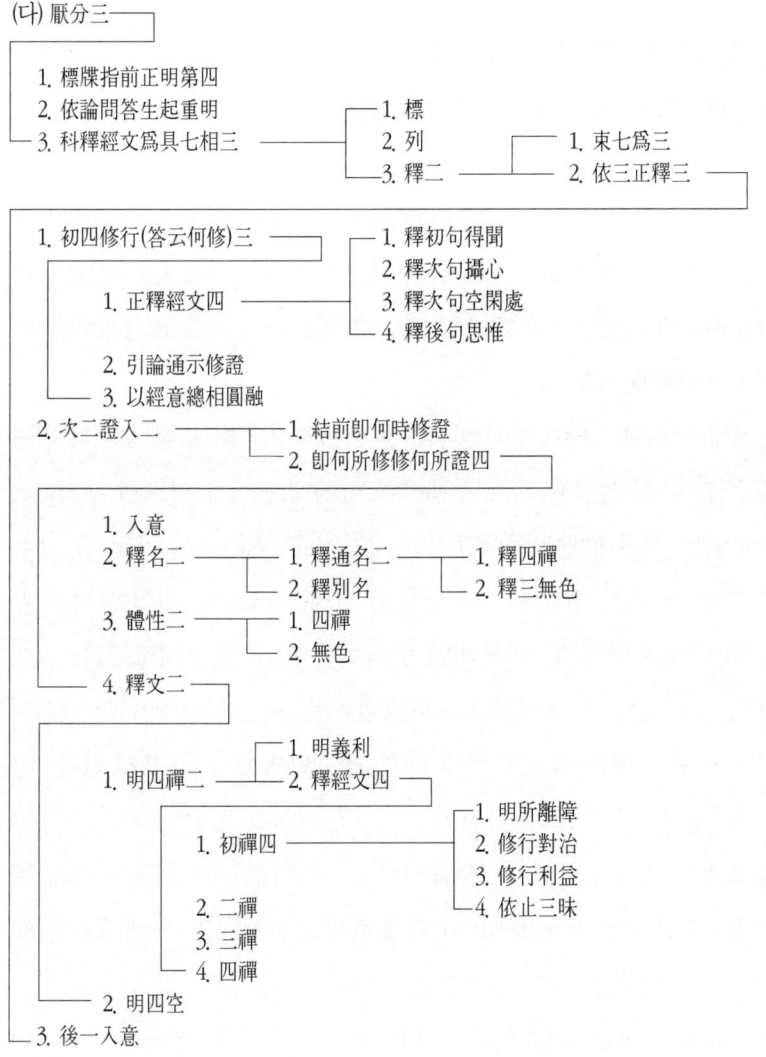

ㄴ. 논경에 의지해 문답을 일으켜 거듭 설명하다[依論問答生起重明] 2.

ㄱ) 논경을 거론하다[擧論] (論云 33上10)

ㄴ) 소가의 해석[疏釋] 2.

(ㄱ) 싫어함의 명칭 해석[釋厭名] (謂不)
(ㄴ) 비방과 힐난을 해명하다[通妨難] (其無)

[疏] 論에 云, 云何厭分고 是菩薩이 聞諸法已에 知如說行하야 乃得佛法하며 入禪無色無量神通이나 彼非樂處하야 於中不染일새 必定應作故라하니 謂不樂不染이 卽是厭義라 其無量神通은 是厭之果라 皆修行力일새 乘便擧來니라

■ 논경에 이르되, "어떤 것이 싫어하는 부분인가? 이 보살이 여러 법문을 듣고 나서 설법한 대로 수행하여 마침내 불법을 얻으며 무색계의 한량없는 신통경계에 들어갔지만 저곳이 즐거운 곳이 아닌 줄 알아서 그 속에 물들지 않으므로 반드시 결정코 (厭行을) 지어야 하기 때문이다"라고 하였다. 이를테면 좋아하지 않고 물들지도 않는 것이 바로 '싫어한다'는 뜻이다. 그 한량없는 신통은 염분(厭分)의 결과이지만 모두 수행한 힘으로 인해 타게 되면 단박에 모두 오게 된다.

[鈔] 論云下는 問答生起니 先, 擧論이오 二, 不樂下는 疏釋論이니 先, 釋厭名이라 其無量下는 通妨이니 以是厭果요 非厭分故라 通意는 可知로다

● ㄴ. 論云 아래는 문답으로 시작함이니 ㄱ) 논경을 거론함이요, ㄴ) 不樂 아래는 소가의 해석이니 그중에 (ㄱ) 싫어하는 부분이란 명칭을 해석함이요, (ㄴ) 其無量 아래는 비방과 힐난을 해명함이니, 염분의 결과이긴 하지만 염분(厭分)은 아닌 까닭이다. 해명한 의미는 알

수 있으리라.

ㄷ. 경문에 일곱 가지 모양을 구비함으로 나누어 해석하다
[科釋經文爲具七相] 3.
ㄱ) 표방하다[標] (經文 33下5)
ㄴ) 열거하다[列] (一依)

[疏] 經文이 七相이니 一, 依何修오 二, 云何修오 三, 何處修오 四, 何故修오 五, 何時修오 六, 何所修오 七, 何爲修라
- ㄷ. 경문에 일곱 가지 양상이 있다. ㄴ) 열거하자면 '(1) 무엇에 의지하여 수행하는가. (2) 어떻게 수행하는가. (3) 어떤 곳에서 수행하는가. (4) 무엇 때문에 수행하는가. (5) 어느 때에 수행하는가. (6) 어떤 목표로 수행하는가. (7) 무엇을 위하여 수행하는가'이다.

ㄷ) 해석하다[釋] 2.
(ㄱ) 일곱 가지를 셋으로 묶다[束七爲三] (束此 33下6)

[疏] 束此七相하야 大爲三段이니 初四는 修行이오 次二는 證入이오 後一은 入意니라
- 이런 일곱 가지 양상을 묶어 크게 세 문단으로 하였으니, ① 처음의 넷[(1) 依何修 (2) 云何修 (3) 何處修 (4) 何故修]은 수행이요, ② 다음의 둘[(5) 何時修 (6) 何所修]은 증득하여 들어감이요, ③ 나머지 하나[(7) 何爲修]는 들어간 의미이다.

[鈔] 經文下는 科釋이니 爲七相者는 約義不同[201]이오 束爲三者는 順文分段이니라

● ㄷ. 經文 아래는 경문을 과목으로 해석함이다. '일곱 가지 양상'이란 의미가 같지 않음에 의지한 분석이요, '셋으로 묶는다'는 것은 경문을 따라 문단을 나눈 내용이다.

(ㄴ) 세 가지에 의지하여 해석하다[依三正釋] 3.
a. 네 구절은 어떻게 수행하는가[初四修行] 3.

a) 바로 경문을 해석하다[正釋經文] 4.
(a) 첫 구절은 법을 들음에 대한 설명[釋初句得聞] (今初 33下9)

[疏] 今初라 此菩薩이 得聞法已는 卽依何修니 以依正法故니 卽了相作意라

■ 지금은 'a. 어떻게 수행하는가?'이니, (첫 구절은) 이 보살이 법을 듣고 나서는 무엇에 의지하여 수행하는가? 정법에 의지하는 까닭이니 양상을 알고 생각을 낸다는 뜻이다.

[鈔] 今初, 此菩薩下는 釋修行中에 三이니 一은 正釋文이오 二는 引瑜伽하야 通示修證이오 三은 以經意로 總相圓融이라 今初에 卽取次下作意하야 釋此中四相이니 文皆有四라 初中四者는 一, 得聞法已는 卽牒經文이오 二,[202] 卽依何修者는 總示義相이오 三, 以依正法故者는

---

201) 同下에 甲南續金本有次科二字.
202) 上六十三字는 南金本作今初修行有三 初正釋文.

卽釋成上義오 四, 卽了相作意者는 以論義收라 下瑜伽中에 爲順世禪하야 了欣厭相하니 卽厭下苦麤障하고 欣上淨妙離라 今云正法은 其義通深하니 若約寄位인대 全同瑜伽오 若約勤求淨菩薩行인대 則 所聞法이 必當深妙니 如下夜神의 所得四禪이라 下三도 各四니 例此 可知니라

- 지금은 a. 此菩薩 아래는 어떻게 수행하는가에 대한 해석에 셋이니 a) 바로 경문을 해석함이요, b) 유가론을 인용하여 닦아 증득함을 통틀어 보임이요, c) 본경의 의미가 총상으로 원융함이다. 지금은 a)에서 곧 다음의 작의(作意)를 취하여 이 가운데 네 가지 양상으로 설명하였으니 경문이 모두 넷이다. a)에서 넷이란 (a) 得聞法已는 경문을 따온 부분이요, (b) 卽依何修는 총상으로 이치적인 양상을 보인 부분이요, (c) 以依正法故란 위의 이치를 해석한 내용이요, (d) 卽了相作意는 논경의 이치로 섭수함이다. 아래『유가사지론』중에 세간적인 선정을 따르기 위해 좋아하고 싫어하는 양상을 아는 것이니, 아래의 '고통스럽고 거친 장애[苦麤障]'를 싫어하고 위의 '청정하고 묘하게 여읨[淨妙離]'을 좋아함을 가리킨다. 지금 정법(正法)이라 말한 것은 그 이치가 통함이 깊다. 만일 의탁한 지위에 의지한다면 완전히『유가론』과 같고, 만일 부지런히 청정한 보살행을 구함에 의지한다면 들은 법이 반드시 깊고 묘해야 하나니, 아래의 야신[夜神, 곧 喜目觀察夜神][203]이 얻은 사선(四禪)의 경지와 같다. 아래의 세 과목도 각기 넷이니 여기에 유례하면 알 수 있으리라.

(b) 마음을 거둠에 대한 설명[釋次句攝心] (次攝 34上6)

---

[203] 入法界品에서 제3. 發光地 선지식으로 본다. 이름이 '기쁜 눈으로 중생을 관찰하는 주야신'이며, 이는 또 앞의 初會에서 主夜神條에 '喜眼觀世主夜神'이라 하였다.

[疏] 次, 攝心安住는 卽云何修니 攝散住法이라 是修相故니 卽攝樂作意라
- (b) 다음 구절에 '마음을 거두어 편안히 머문다'는 것은 어떻게 닦는가?이니, 산란한 마음을 거두어 법에 안주하는 것이다. 이것은 닦는 양상인 까닭이니 좋아함을 거두어 생각을 짓는다는 뜻이다.

[鈔] 次, 攝心安住는 卽第二相이라 言卽攝樂作意者는 下瑜伽釋에 少分觸證이니 是加行益相이니라
- (b) '마음을 거두어 편안히 머문다'는 것은 둘째 양상이다. '좋아함을 거두어 생각을 짓는다'라고 말한 것은 아래 『유가론』의 해석에 조금 증득함과 닿아 있으니 가행도(加行道)의 이익되는 양상이다.

(c) 고요한 곳에 대한 설명[釋次句空閑處] (次於 34上9)

[疏] 次, 於空閑處는 卽何處修라 空閑은 通於事理니 則無處非修니 卽遠離作意라
- (c) 다음 구절에 '고요한 곳에'란 어떤 곳에서 닦을까이다. '고요하고 한가롭다'는 것은 현상과 이치에 통하나니 닦지 못할 곳이 없다는 말이며, '생각으로 지음을 완전히 떠난다[遠離作意]'는 뜻이다.

[鈔] 次於空下는 卽第三相이라 言卽遠離作意者는 下釋遠離云, 與斷道俱라 今空閑處를 何名斷道오 故로 上疏에 云空閑은 通事理라하니 理之空閑이 卽是道斷이니라
- (c) 於空 아래는 셋째 양상이다. '생각으로 지음을 완전히 떠난다'고 말한 것은 아래에 원리(遠離)를 해석하되 "단도(斷道)와 함께한다"고

하였다. 지금 고요한 곳을 어째서 단도(斷道)라 하는가? 그러므로 위의 소에서 "고요한 곳이란 현상과 이치에 통한다"고 하였으니 이치적으로 고요함이 바로 단도(斷道)이다.

(d) 생각함에 대한 설명[釋後句思惟] (次作 34下3)

[疏] 次, 作是思下는 卽何故修니 要必修行하야사 方證得²⁰⁴⁾故니 卽勝解作意라 然이나 口言者는 通於說聽이니 故로 瑜伽에 云, 非但聽聞文字音聲而得淸淨也라하니라

■ (d) 다음 구절의 作是思 아래는 '무슨 목표로 닦는가'이다. 반드시 수행을 통하여 비로소 증득할 수 있기 때문이니, 곧 뛰어난 견해로 생각을 짓는다[勝解作意]는 뜻이다. 하지만 입으로 말하는 것은 설법자와 청중에 통하는 개념이니, 그러므로 『유가사지론』에서, "단지 문자와 음성으로만 법을 듣고 청정함을 얻는 것이 아니다"라고 말하였다.

[鈔] 次, 作是思惟는 卽第四相이라 言卽何故修者는 是修所以니 良以不修하면 則不證故라 言勝解作意者는 下釋正是修行이니 謂勝解가 於境에 印持爲性이오 不可引轉으로 爲業이라 是故로 修行이 非此면 不成이니라 瑜伽에 云,²⁰⁵⁾ 從此超過聞思하고 唯用修行하야 於所起緣相에 發起勝解하야 修奢摩他와 毘鉢舍那하며 數²⁰⁶⁾修習已에 如所尋伺麤相靜相하야 數起勝解하나니 如是를 名爲勝解作意라하니라

● (d) 作是思惟는 넷째 양상이다. '무슨 목표로 닦는가'라고 말한 것은

---

204) 得은 金本作行誤.
205) 瑜伽云는 原本作疏瑜伽三十三下 第二通示修證 於中二 先,正引論 後,對文顯示 前中略釋 案此係次節疏科 茲從甲續金本作瑜伽云 而將原科移後.
206) 數는 論作旣, 甲南續金本無.

닦는 이유이니, 진실로 수행하지 않으면 증득하지 못하는 까닭이다. '뛰어난 견해로 생각을 짓는다'란 말을 아래에서는 '본격적인 수행'으로 해석하였다. 말하자면 뛰어난 견해[勝解]가 경계에 대해 완전히 알고 수지하는 것[印持]으로 체성을 삼으며, 변함을 이끌어 업을 삼지는 않는다. 이런 까닭에 수행함은 이런 뛰어난 견해가 아니면 성취하지 못하는 것이다. 『유가사지론』에 이르되, "이로부터 문혜(聞慧)와 사혜(思慧)를 뛰어넘어 오로지 수행에만 힘써서 일어나는 인연과 양상에 대해 뛰어난 견해를 일으켜 사마타와 위빠사나를 닦으며, 여러 번 닦아 익히고는 찾고 관찰한 거친 양상과 고요한 양상과 같아져서 여러 번 뛰어난 견해를 일으키나니 이런 것을 '뛰어난 견해로 생각 지음[勝解作意]'이라 이름한다"라고 하였다.

b) 유가론을 인용하여 수행과 증득을 통틀어 보이다[引論通示修證] 2.
(a) 유가론을 인용하다[引論] (瑜伽 35上2)
(b) 밝혀 보이다[顯示] (上修)

[疏] 瑜伽三十三에 明修行八定에 皆有七種作意[207]하니 一, 了相作意니 謂了欣厭相故오 二, 勝解作意니 謂正是修行이오 三, 遠離作意니 謂與斷道로 俱오 四, 攝樂作意니 謂少分觸證喜樂이오 五, 觀察作意니 謂重觀試練이오 六, 加行究竟作意니 謂心得離繫오 七, 加行究竟果作意니 謂無間證入이니라 上修行中에 已攝其四하니 前修行因中에 有觀察作意하고 後二作意는 在證入中하고 七中前五는 通貫

---

[207] 인용문은『瑜伽師地論』제33권의 聲聞地 제13 瑜伽處의 ①의 내용이다. "何等名爲七種作意. 謂了相作意. 勝解作意. 遠離作意. 攝樂作意. 觀察作意. 加行究竟作意. 加行究竟果作意. 云何名爲了相作意. 謂若作意能正覺了欲界麤相初靜慮靜相. ──."(대정장 권30 p. 465 c-)

八定이오 下八定中에 各有後二일새 故此總修며 下亦總發이니라

■ b)『유가사지론』제33권에서 여덟 가지 선정을 수행할 적에 모두 일곱 종류로 생각 지음을 밝혔다. (1) 양상을 알고 생각을 지음이니, 좋아하고 싫어하는 양상을 알기 때문이란 뜻이요, (2) 뛰어난 견해로 생각 지음이니, 본격적인 수행을 뜻한다. (3) 생각을 완전히 떠남이니 단도(斷道)와 함께함을 뜻한다. (4) 좋아함을 거두어 생각 지음이니, 조금의 닿음으로 기쁨과 즐거움을 증득한다는 뜻이다. (5) 관찰하여 생각 지음이니, 거듭 관찰하여 시도하고 단련한다는 뜻이다. (6) 가행도의 궁극적인 생각 지음이니, 마음으로 속박에서 떠남을 얻는다는 뜻이다. (7) 가행도의 궁극적 결과의 생각 지음이니, 끊임없이 증득하여 들어간다는 뜻이다. 위의 수행 중에 이미 그 네 가지를 포섭하였으니 앞의 수행하는 원인 중에 (5) 관찰작의(觀察作意)가 있고, 뒤의 두 가지 작의[(6) 加行究竟作意 (7) 加行究竟果〃]는 증입에 들어 있고, 일곱 종류의 작의 중에 앞의 다섯 가지[(1) 了相作意 (2) 勝解〃 (3) 遠離〃 (4) 攝樂〃 (5) 觀察〃]는 여덟 가지 선정을 관통하고, 아래 여덟 가지 선정 중에는 각기 뒤의 두 가지 작의[(6) 加行究竟作意 (7) 加行究竟果〃]가 있으므로 여기서 총합적으로 수행하며, 아래에도 역시 총합하여 시작한다는 뜻이다.

[鈔] 瑜伽三十三下는 第二, 通示修證이라 於中에 二니 先, 正引論이오 後, 對文顯示라 前中에 略釋208)前五를 可知로다

六, 加行究竟者는 論에 云,209) 從此倍更樂斷하야 修習奢摩他와 毘

---

208) 上二十九字는 甲南續金本無, 原在前節非此不成下; 與其後所引瑜伽釋勝解作意文 未能銜接 案此正係本節疏科 其前中略釋與 下 前五可知 文義恰相聯屬 因移於此 附識備考.
209) 인용문은 論에 云, "從此倍更樂斷樂修修奢摩他毘鉢舍那. 鄭重觀察修習對治. 時時觀察先所已斷. 由是因

鉢舍那하야 鄭重觀察하야 修習對治호대 時時觀察先所已斷이라 由是因緣으로 從欲界繫一切煩惱를 心得離繫오 由此離時伏斷方便이오 非是究竟永害種子라 當於爾時하야 初禪靜慮地의 前加行道가 已得究竟하며 一切煩惱對治作意가 已得生起니 是名加行究竟作意라하니라 七, 加行等者는 論에 云, 從此無間하야 由是因緣으로 證入根本初靜慮定이라 俱行作意로니 名加行究竟果作意라하니라 釋曰, 論就初禪하야 略釋其相하고 後例所餘어니와 今疏는 總擧일새 故取大意하야 略釋而已라 下例하면 可知니라

- b) 瑜伽三十三 아래는 수행과 증득을 통틀어 보임이다. 그중에 둘이니 (a) 바로 『유가론』을 인용함이요, (b) 경문과 상대하여 밝힘이다. (a) 중에 간략히 앞의 다섯 가지를 설명한 것은 알 수 있으리라. (6) '가행도의 궁극적인 생각 지음'이란 『유가사지론』에 이르되, "(6) 이로부터 갑절이나 다시 사마타와 위빠사나를 즐거이 끊고 즐거이 닦으며, 정중하게 자세히 살피며 다스림을 닦아 익혀서, 때때로 먼저 이미 끊었던 바를 자세히 살핀다. 이런 인연으로 인해 욕심세계 속박[欲界繫]의 온갖 번뇌로부터 마음에 속박 여읨[離繫]을 얻고, 여기서 잠시 동안 눌러 끊음의 방편[伏斷方便]에 따르나니, 이것은 마침내 종자를 영원히 해치는 것은 아니다. 이때를 당해서는 첫 정려의 경지[初靜慮地]의 그 앞의 가행도에 이미 온갖 번뇌의 다스림을 마칠 수가 있었고, 뜻 지음은 이미 생기게 되었으니, 이것을 '가행도의 궁극적인 생각 지음'이라고 한다"고 하였다. (7) 加行 등이란 『유가론』에 이르되 "(7) 이로부터 끊임없이 이런 인연으로 인해 근본적인 초선의 선정에

緣從欲界繫一切煩惱心得離繫. 此由暫時伏斷方便. 非是畢竟永害種子. 當於爾時初靜慮地前加行道已得究竟一切煩惱對治. 作意已得生起. 是名加行究竟作意. 一"(대정장 권30 p.467-)

증득하여 드나니, 곧 이 근본 초선의 선정과 함께 행해지는 뜻 지음을 '가행도의 궁극적 결과의 뜻 지음[加行究竟果作意]'이라고 한다"고 하였다. 해석하자면 『유가론』에서는 초선(初禪)에 입각하여 간략히 그 양상을 설명하였고, 뒤에서 나머지와 유례하였지만, 지금 소에서는 총합하여 거론하였으므로 대강의 뜻을 취하여 간략히 설명한 것일 뿐이다. 아래는 유례하면 알 수 있으리라.

上修行中下는 第二, 對文顯示라 下八定者는 謂卽離欲惡不善法等이 是加行究竟作意오 住初禪等이 卽加行究竟果作意니라 故此總修者는 然有四句하니 一, 總修總發이니 謂總相修行이니 不偏修一하야 八定俱起를 名爲總發이라 二, 別修別發이니 謂偏修初禪하야 發於初禪하고 修二發二하고 修空發空等이라 三, 總修別發이니 總相修行에 唯發一定等이라 四, 別修總發이니 謂唯修一定에 發得多定이라 前二는 如修오 後二는 不如이니 其故何耶오 宿世에 偏修라가 今雖總修나 唯發一定이 如地有一種에 雨雖普潤이나 唯一芽生이라 四則昔修多門이라가 今雖修一이나 諸定齊發이 如多種子가 共在一處이어든 少分沃潤에 諸芽齊生이라 望定現前을 名之爲發이오 望人修得하야 稱之爲入이라 然此는 卽是天台之意어니와 今菩薩總修하고 下皆總發이라 若別修相인대 具如瑜伽와 智論等說이니라

- (b) 上修行中 아래는 문장과 상대하여 밝힘이다. 아래의 여덟 가지 선정이란 말하자면 욕심 여읨과 악함과 불선법 등이 '가행도의 궁극적인 생각 지음'이요, '초선의 선정에 머무른다'는 등이 '가행도의 궁극적 결과로 생각 지음'이라는 뜻이다. '그러므로 여기서 총합적으로 수행하며'란 그런데 네 구절이 있으니, (1) 첫 구절은 총상으로 닦고

총상으로 일으킴이다. 말하자면 총상으로 수행함은 한 가지를 닦는데 치우치지 않고 여덟 가지 선정을 함께 일으킴을 총상으로 일으킴이라 한다. (2) 둘째 구절은 별상으로 수행하고 별상으로 일으킴이다. 말하자면 초선의 선정만 치우쳐 닦아서 초선의 선정을 일으키고, 2선을 닦아서 2선을 일으키고, 공무변처의 선정을 닦아서 공무변처의 선정을 일으키는 등이다. (3) 셋째 구절은 총상으로 수행하고 별상으로 일으킴이니, 총상으로 수행할 적에 오로지 한 가지 선정만 일으키는 등이다. (4) 넷째 구절은 별상으로 닦고 총상으로 일으킴이다. 말하자면 오로지 한 가지 선정만 닦을 적에 많은 선정을 일으켜 얻는다는 뜻이다. 앞의 둘은 진여의 수행이요, 뒤의 둘은 진여의 수행이 아니니 그 까닭은 무엇인가? 지난 세상에 치우쳐 닦았다가 지금 비록 총상으로 수행하지만 오로지 한 가지 선정만 일으키는 것이 마치 대지(大地)에 한 가지 종자만 씨 뿌렸으면 비록 비는 널리 적셔 주게 하여도 오로지 하나의 싹만 생겨남과 같다. 넷째는 예전에 여러 문으로 수행하다가 비록 지금은 한 가지만 닦지만 여러 선정을 동시에 일으킴이 마치 여러 종자를 한 곳에 씨 뿌렸을 적에 작은 부분에 거름 주고 물 주어도 여러 싹이 동시에 생겨남과 같다. 선정이 나타남과 비교하는 것을 '시작함'이라 하고, 사람이 닦아 얻음과 '비교하여 들어간다'고 이름한다. 그러나 이것은 천태(天台)대사의 주장이지만 지금은 보살이 총상으로 수행하고, 아래에는 모두 총상으로 일으킴이다. 만일 별상으로 수행하는 양상이라면 『유가사지론』과 『대지도론』 등의 설명을 구비한 것과 같다.

c) 본경의 의미가 총상으로 원융한 이유[以經意總相圓融] (然皆 36下1)

[疏] 然皆卽妄卽眞하야 圓融自在니라 又任運而發하야 不同欣厭이라 故로 下論에 云, 三昧地故로 得不退禪이라하니 不退가 卽無漏定也니라 又 釋內淨云호대 修無漏不斷三昧故라하니 故知一一이 皆同鳥迹이로다

■ c) 그러나 모두 허망함에 합치하고 진여에 합치하여 원융하고 자재하다. 또 마음대로 맡겨서 시작하여 좋아하거나 싫어함과는 같지 않다. 그러므로 아래 『유가사지론』에서 "삼매의 경지인 까닭에 물러나지 않는 선정을 얻는다"고 하였으니, 물러나지 않는 선정이 곧 무루의 선정이다. 또 '내부적인 청정[內淨]'을, "무루이며 단절되지 않는 삼매를 닦기 때문이다"라고 해석하였으니 낱낱의 삼매가 모두 새의 발자국과 같음을 알 수 있다.

[鈔] 然皆卽妄下는 三, 以經意로 總相圓融이라 所以融者는 以文畢歷別하고 更引瑜伽欣厭等言하니 恐謂全是일새 故此揀之²¹⁰)라 以寄位故로 引法相宗하야 證成經文하면 據鳥迹意니 理須融會²¹¹)어다

● c) 然皆卽妄 아래는 본경의 의미가 총상으로 원융한 이유이다. 원융한 이유는 경문이 분별을 모두 거쳤고 다시 유가론의 좋아하고 싫어하는 등의 말씀을 인용한 까닭이니, '완전히 똑같다'고 말할 것을 염려하므로 여기서 구분하였다. 지위에 의탁한 연고로 법상종(法相宗)의 종지를 인용하여 경문을 증명하려고 새의 발자국의 의미에 의거하였으니 이치로 융합하여 회통해야 한다.

b. 두 구절은 증득하여 들어가다[次二證入] 2.

---

210) 之는 南續金本作云.
211) 融會는 甲南續金本作會融.

a) 앞을 결론함은 언제 닦고 증득하는가[結前卽何時修證]

(第二 36下9)

佛子여 是菩薩이 住此發光地時에
"불자여, 이 보살이 발광지에 머물렀을 때에는

[疏] 第二, 佛子是菩薩下는 證入中에 分二니 初, 結前이니 卽何時修證이니 謂在三昧地時는 是修行時며 正修行竟은 是證入時라 論經에 云, 住此明地하야 因如說行故라하야늘 今經에는 闕如說行言이라 若但云住地인대 豈初安住에 卽得此禪이리오 但前에 已有修行之言일새 故今略耳니라

- b. 佛子是菩薩 아래는 증득하여 들어감 중에 둘로 나누었으니 a) 앞을 결론함은 곧 언제 닦고 증득하는가이다. 말하자면 삼매의 경지에 있을 때는 곧 수행하는 시기이며, 본격적인 수행이 끝나는 것은 증득하여 들어가는 시기이다. 논경에서 "이런 광명의 지에 머물러 설한 대로 수행하는 까닭이다"라고 하였는데, 지금 본경에는 여설행(如說行)이란 말씀이 빠져 있다. 만일 단지 '지에 머문다'고만 한다면 어찌 처음 안주하면서 이런 선정을 얻을 수 있겠는가? 단지 앞에서 이미 '수행한다'는 말씀이 있었으므로 지금 생략했을 뿐이다.

[鈔] 初, 結前이니 卽何時修證[212]下는 疏文을 分[213]四니 一, 正釋文이요 二, 論經下는 對彼辨異요 三, 今經闕下는 引今經闕하야 反成論有

---

212) 上鈔는 南續金本作謂在三昧.
213) 文分은 南續金本作意有.

요 四, 但前下는 出經無意[214]니라

- a) 앞을 결론함이니 卽何時修證 아래는 소의 문장을 넷으로 나누리니 (a) 바로 경문을 해석함이요, (b) 論經 아래는 저와 상대하여 다른 점을 밝힘이요, (c) 今經闕 아래는 본경의 빠진 것을 이끌어 반대로 논경에 있음을 증명함이요, (d) 但前 아래는 경문에 없는 의미를 내보임이다.

b) 닦을 대상이 무엇이며 닦아서 무엇을 증득하는가
[卽何所修修何所證] 4.
(a) 들어간 뜻[入意] 4.
㊀ 바로 본경의 의미를 밝히다[直顯經意] (後卽 37上6)
㊁ 논경을 거론하여 설명하다[擧本論釋] (論云)

[疏] 後, 卽離下는 卽何所修며 修何所證가 謂證八定이라 八定之義는 廣如別章이어니와 略以四門으로 分別이니 一은 入意요 二는 釋名이요 三은 體性이요 四는 釋文이니 卽當辨相이라 今初니 下經에 云, 但隨順法故行하고 而無所染着이라하니라 論에 云, 以何義故로 入禪과 無色과 無量과 神通고 爲五種衆生故니 一, 爲禪樂憍慢衆生故로 入諸禪이라하니 謂得世禪하야 恃以生慢이요 二, 爲無色解脫慢衆生故로 入無色定이라하니 謂外道가 證此하야 以爲涅槃하야 恃以生慢일새 菩薩이 示入八禪호대 一一過彼하야 故攝伏之요 三, 爲苦惱衆生하야 入慈悲無量이니 令安善處하야 永與樂故로 入慈無量하고 應解彼苦하야 令不受故로 入悲無量이요 四, 爲得解脫衆生故로 入喜捨無量이라하

---
214) 意는 金本作異誤.

니 謂喜其所得에 自離動亂故요 五, 爲邪歸依衆生故로 入勝神通力이니 令正信故라하니라

- b) 卽離 아래는 곧 닦을 대상이 무엇이며 닦아서 무엇을 증득하는가이니, 여덟 가지 선정을 증득한다는 뜻이다. 여덟 가지 선정의 의미에 대해 자세한 것은 별행하는 문장과 같지만 간략히 네 문으로 구분해 보면 (a) 들어간 뜻이요, (b) 명칭 해석이요, (c) 체성을 드러냄이요, (d) 경문 해석이니 곧 그 문에 가서 양상을 구분하리라. 지금은 (a) 들어간 뜻이니 아래 경문에 이르되, "다만 법을 따라서 행할지언정 물들어 집착하는 일은 없다"고 하였다.

논경에 이르되, "무슨 이치 때문에 선정과 무색과 한량없음과 신통에 들어가는가? 다섯 종류의 중생을 위해서이다. (1) 선정의 즐거움으로 교만한 중생을 위하여 여러 선정에 들어간다"고 하였다. 말하자면 세간적인 선정을 얻고서 우쭐하여 교만이 생긴 것을 뜻한다. "(2) 무색의 해탈로 교만한 중생을 위하여 무색계의 선정에 들어간다"고 하였다. 말하자면 외도가 이것을 증득함으로 열반을 삼아서 교만이 생긴 까닭에 보살이 여덟 가지 선정에 들어가지만 낱낱이 저들을 초과하여 섭수하거나 절복시킴을 보인다. "(3) 고뇌하는 중생을 위하여 한량없는 자비에 들어간다"고 하였다. 좋은 곳에 편안히 머물러 길이 즐거움을 누리게 하는 까닭에 한량없는 인자함에 들어가고, 저 괴로움을 알게 해서 받지 않게 하려는 까닭에 한량없는 대비에 들어간다는 뜻이다. "(4) 해탈을 얻은 중생을 위하여 한량없는 희사함에 들어간다"고 하였다. 말하자면 그 얻은 것을 기뻐할 적에 스스로 동요하고 혼란함을 여의기 때문이요, "(5) 사도(邪道)에 귀의한 중생을 위하여 뛰어난 신통력에 들어가나니 바른 믿음과 이치에 들어가게 하

는 까닭이다"라고 하였다.

㈢ 방편과 실법을 회통하다[會通權實] (又示 37下7)
㈣ 외도의 비방과 힐난을 해명하다[解外妨難] (然無)

[疏] 又示入禪定하고 示定寂靜은 超欲等過하야 令物倣故며 善自調練하야 知純熟故며 寄位次第가 法應爾故라 尙不同二乘自爲어니와 豈與凡外로 而同年가 然이나 無量과 神通은 卽是厭果어늘 論主가 倂擧者는 欲顯皆爲順法故라 云何順法고 爲順菩薩이 大悲化生法故니라

■ 또 선정에 들어감을 보이고 선정의 고요함을 보인 것은 탐욕 등의 허물을 초과하여 중생들이 본받게 하려는 것이며, 스스로 잘 조련하여 순숙함을 알게 되는 까닭이며, 지위에 의탁한 순서가 법이 으레 그러한 까닭이다. 오히려 이승 자신의 행위와도 같지 않을 텐데 어찌 범부나 외도와 같아지겠는가? 그러나 한량없음과 신통력은 싫어한 결과인데 논주가 함께 거론한 것은 모두가 법에 수순하기 위한 것임을 밝히기 위한 까닭이다. 어떤 것이 법에 수순함인가? 보살이 대비로 중생을 교화하는 법을 수순하기 위한 까닭이다.

[鈔] 廣如別章者는 大乘法師法苑과 法華疏等에 皆有其章하니 今疏四門이 已略其要니라 初入意中에 四니 一, 直顯經意오 二, 論云下는 擧本論釋이오 三, 又示入禪下는 會通權實이오 四, 然無量下는 解妨難이라 二中에 先問이니 遠公이 云[215]호대 菩薩이 正應修習出世道어늘

---

215) 『十地經論義記』 제8권의 문장을 보면 다음과 같다. 義記云, "論中有二. 一問答以顯入之所爲. 二隨文辨釋. 何義故入徵問起發. 菩薩正應修習出道. 禪等是其凡夫之法. 何故入中問意如是. 今此正應問禪無色. 何故通問無量神通. 因明入禪無色之意. 乘以顯之. 是故通問下答顯之. 先明禪等爲五衆生. 法門有四. 四無量

禪等은 世法이어니 何要入耶아 答이라 爲五種衆生故로 有四類法이니 四等을 開故로 故成五種이라하니라

言五爲邪歸者는 邪歸之人은 智慧가 微薄하야 取信耳目일새 故爲現通하야사 方可信受니라

● '자세한 것은 별행하는 문장과 같다'는 것은 대승법사[慈恩窺基법사]의 저술 『대승법원의림장(大乘法苑義林章)』216)과 『법화경소(法華經疏)』217) 등에 모두 그 문장이 있으니, 지금 소의 네 가지 문이 이미 그 요점을 간추린 내용이다. (a) 들어간 뜻[入意] 중에 넷이니 ㊀ 바로 본경의 의미를 밝힘이요, ㊁ 論云 아래는 논경을 거론하여 설명함이요, ㊂ 又示入禪 아래는 방편과 실법을 회통함이요, ㊃ 然無量 아래는 외도의 비방과 힐난을 해명함이다. ㊀ 중에 먼저 질문함이니 혜원법사가 이르되, "'보살이 바로 응당히 출세간도를 수습해야 할 텐데 선정 등은 세간법인데도 어째서 들어가려 하는가?' 답한다. '다섯 종류의 중생을 위하는 연고로 네 문의 법이 있으니 네 가지 평등한 마음[四無量心]을 전개하여 다섯 종류가 된다' "고 하였다.

(5) '邪道에 귀의한 중생을 위하여'라 말한 것은 사도(邪道)에 귀의한 사람은 지혜가 작고 엷어서 눈과 귀로 믿음을 취하므로 신통을 나투어야만 비로소 믿고 수지할 수 있는 까닭이다.

(b) 명칭 해석[釋名] 2.

㊀ 전체적인 명칭 해석[釋通名] 2.

中所爲有二. 故有五種."(신찬속장경 제45권 p.145 b-)
216) 大乘法師法苑이란 『大乘法苑義林章』을 말하나니 전 7권으로 규기법사(慈恩窺基,632-682)의 저술이다. (대정장 권45 p.245-)
217) 法華經疏란 窺基스님의 저술인 『妙法蓮華經玄贊』을 가리킨다. 전20권. (대정장 권34 p.651-)

① 사선천에 대한 설명[釋四禪] 3.

㉮ 바로 해석하다[正釋] (二釋 38上8)
㉯ 인용하여 증명하다[引證] (故瑜)
㉰ 선정으로 구분하다[揀定] (是以)

[疏] 二, 釋名者는 先은 通이요 後는 別이라 通中에 先釋四禪이라 禪那는 西音이니 此云靜慮니 靜은 謂寂靜이오 慮는 謂審慮라 故로 瑜伽三十三에 云²¹⁸⁾호대 於一所緣에 繫念寂靜하야 而審思慮일새 故名靜慮라 하니라 是以로 靜能斷結하고 慮能正觀이라 諸無色定은 有靜無慮하니 雖能斷結이나 不能正觀이오 欲界의 等持는 有慮無靜하니 雖能正觀이나 不能斷結이라 故唯色界가 獨受斯稱이니라

■ (b) 명칭 해석에서 ㉠ 전체적인 명칭 해석이요, ㉡ 개별적인 명칭 해석이다. ㉠ 중에 ① 사선천(四禪天)에 대한 설명이다. 선나(禪那)는 인도 말이니 '고요히 생각함[靜慮]'이라 번역한다. 정(靜)은 고요하다는 뜻이요, 려(慮)는 살피고 생각한다는 뜻이다. 그러므로 『유가사지론』 제33권에서는, "한 가지 인연의 대상에 대해 생각함이 고요하며 바르게 잘 살펴 생각하므로 정려(靜慮)라 이름한다"고 해석하였다. 이런 까닭으로 고요함은 능히 속박을 끊게 하고, 생각함은 능히 바르게 관찰하지 못하게 하며, 욕계의 등지(等持)는 생각함은 있으나 고요하지 않으며, 비록 능히 바르게 관찰하지만 능히 속박을 단절하지 못한다. 그러므로 오직 색계의 선정만이 이런 명칭을 받게 된다.

---

218) 《대정장》 제30권 p.467 b-)

② 무색계에 대한 세 가지 설명[釋三無色] (次無 38下3)

[疏] 次, 無色定者는 婆沙百四十一[219]에 云, 此四地中에 超過一切有色法故로 違害一切有色法故로 色法이 於彼에 無容生故라하며 俱舍에 云, 無色은 謂無色이라하니라 若大衆部와 及化地部인대 亦許有色이로대 細故로 名無라하야늘 俱舍論中에는 廣破有色하니라

■ ② '무색계의 선정'이란『대비바사론(大毗婆沙論)』제141권에 이르되, "이 제4지 중에 모든 유색(有色)의 법을 초과하는 연고며, 온갖 유색의 법을 위배하고 방해하는 연고로 색법이 거기서 생겨남을 허용하지 않는다"라고 하였다. 『구사론(俱舍論)』에서는 "무색은 색법이 없는 것을 말한다"고 하였다. 만일 대중부(大衆部)와 화지부(化地部)라면 또한 "유색(有色)을 허용하면서 미세한 까닭에 없다"고 말하겠지만, 『구사론』에서는 자세하게 유색(有色)에 대해 논파하였다.

㊂ 개별 명칭을 해석하다[釋別名] (次別 38下7)

[疏] 次, 釋別名者인대 初四禪者는 一, 有尋有伺靜慮요 二, 無尋無伺靜慮요 三, 離喜靜慮요 四, 離樂靜慮라 俱舍定品에 云, 初는 具伺喜樂이오 後는 漸離前支라하니 即斯義也니라 無色別名은 至文當釋이니라

■ ㊂ 개별 명칭을 해석한다면, ① 사선(四禪)이란 (1) 찾음이 있고 살핌도 있는 정려요, (2) 찾음도 없고 살핌도 없는 정려요, (3) 기쁨을 여읜 정려요, (4) 즐거움을 여읜 정려이다. 『구사론』 선정품(禪定品)에 이르되, "첫째, 살핌과 기쁨과 즐거움을 구비하고, 둘째, 점차 앞의

---

[219] 問何故此四說名無色. 答此四地中超過一切有色法故. 違害一切有色法故. 色法於此無容生故說名無色. (대정장 제27권 p.726c~)

세 지(支)를 여읜다"고 하였으니 바로 이런 이치이다. 무색계(無色界)
의 개별 명칭에 대해서는 경문에 가서 해석하리라.

[鈔] 先釋四禪等者는 疏文有三하니 初, 正釋이오 二, 故瑜伽下는 引證이
오 三, 是以靜能下는 揀定이라 次無色下는 二, 釋無色이라 其超過와
違害와 及無容生인 三相이 云何오 言超過者는 地法이 增勝故요 言
違害者는 違害有色故요 言無容生者는 如火中華故니라

- '① 사선천(四禪天)에 대한 설명' 등이란 소의 문장에 셋이 있으니 ㉮
바로 해석함이오, ㉯ 故瑜伽 아래는 인용하여 증명함이오, ㉰ 是以
靜能 아래는 선정을 구분함이다. ② 次無色 아래는 무색계에 대한
설명이다. 그 초과함과 위배함과 생겨남을 허용하지 않는 세 가지 양
상은 무엇인가? '초과한다'는 말은 십지법문이 더욱 뛰어난 까닭이
요, '위배하고 방해한다'는 말은 유색(有色)과 위배되는 까닭이요, '생
겨남을 허용하지 않는다'는 말은 불 속에 피는 꽃과 같기 때문이다.

無色謂無色者는 所引俱舍가 皆是定品인 二十八論이니 下當具引호
리라 言俱舍論中에 廣破有色者는 論에 云,220) 皆無色故로 立無色名
이니라 外難云호대 此因은 不成이니 許有色故라 次反徵云호대 若爾인
대 何故로 立無色名고 彼答云호대 由彼色微하야 故名無色이니 如微
黃物을 亦名無黃이라하니 論主가 問云호대 許彼界中에 色有何相고
若彼唯有身語律儀인대 身語가 旣無어니 律儀가 寧有리오 又無大種
이어니 何以造色이리오 若謂如有無漏律儀인대 不爾니 無漏는 依有漏
大種故라 又彼定中에 亦遮有故라 若許於彼에 有色根身인대 如何可

---

220) 인용문은 『俱舍論』 제28권의 分別定品의 내용이다. (대정장 권29 p.145 c-)

言彼色微少리오 若謂於彼에 身量小故인대 水中細蟲極微之物을 亦
應名無色이니 亦身量小不可見故라 若謂²²¹⁾彼身이 極淸妙故인대 中
有와 色界도 應名無色²²²⁾이오 若謂彼身이 淸妙中極인대 應唯有頂이
라도 得無色名이니 如定生身이 有勝劣故라하거늘 更有廣破어니와 略
知其旨니라

● '무색은 색법이 없는 것을 말한다[無色謂無色]'는 것은 인용한『구사론』
이 모두 분별정품(分別定品) 제28권이니 아래에 갖추어 인용하리라.
'『구사론』에서 유색(有色)을 자세히 논파했다'고 말한 것은『구사론』
에 이르되, "모두 색이 없으므로 무색(無色)이라는 명칭을 세운 것이
다. (외도가 힐난하기를)'그러한 원인은 성립되지 않나니 색(色)이 있다
고 허용하기 때문'이라고 한다. (大衆部・化地部의 주장)" 다음에 반대로
묻되, "만일 그렇다면, 무슨 까닭으로 무색이라는 명칭을 세웠는가?"
저들이 답하되, "저의 색은 미세하기 때문에 무색(無色)이라고 이름한
것이니'아주 작은 누른 물건[微黃物]'을 또한 누른 것 없다고도 말함
과 같다. (大衆部 측의 대답)"고 하였다. 논주가 묻기를, "저 세계에 색
(色)이 있다고 인정한다면, 어떠한 형상이 있는가? 만일 거기에는 오
직 몸과 말의 율의(律儀)만 있다고 한다면, 몸과 말이 이미 없는데 율
의가 어찌 있겠는가? 또 원소[四大種]가 없거늘 어떻게 지어진 물질[造
色]이 있겠는가? 만일 무루인 율의[無漏律儀]가 있는 것과 같다고 한다
면 그렇지 않나니 무루(無漏)는 유루(有漏)인 원소에 의지하기 때문이
다. 또 저 선정 중에서는 또한 저 유루인 율의가 있는 것까지 부정하
기 때문이다. 만일'거기에 색체인 감관과 몸이 있다'고 인정한다면 어
찌하여 저 색(色)은 아주 작아 미세하다고 말하는가? 만일'저 세계에

---
221) 謂는 甲南續金本作許.
222) 上八字는 原本作中應有色, 玆從甲南續金本 與論合.

있는 몸의 부피는 작기 때문'이라고 말한다면 물에 있는 미세한 벌레[蟲]들의 아주 작은 것들을 또한 무색이라고 이름해야 할 것이니, 그도 또한 몸의 부피가 작아서 볼 수 없기 때문이다. 만일 '저 몸은 아주 청정하고 미묘하기 때문'이라고 말한다면, 중유(中有)와 형상 세계도 응당 무색이라고 이름해야 하리라. 만일 '저 몸은 청정하고 미묘한 중에서도 아주 제일'이라고 말한다면, 응당 유정(有頂)만은 무색이라는 명칭을 얻어야 한다. '선정으로 생긴 몸[定生身]이 수승함과 하열함이 있기 때문'이라고 함과 같다." 다시 자세히 논파한 것이 있지만 그 의미는 대략 알았으리라.

(c) 체성을 드러내다[體性] 2.
㈠ 사선의 체성[四禪] (三體 39下5)

[疏] 三, 體性者는 婆沙에 云, 四靜慮가 有二種하니 一, 修得이라하니 俱舍論에 云, 是善性攝인 心一境性이니 以善等持로 爲自性故라 若兼助伴하면 五蘊으로 爲性이오 二, 生得이니 隨地所繫인 五蘊으로 爲性이라하니라 皆有色者는 定共戒故라

■ (c) 체성이란 『대비바사론』에 이르되, "사정려에 두 종류가 있으니 (1) 닦아서 얻는 것[修得]이다"라고 하였다. 『구사론』에서 말하는 착한 성품에 섭속되는 '마음을 하나의 경계로 만드는 성품[心一境性]'을 말하나니, 선성(善性)을 등지(等持)함으로 자성을 삼는 까닭이다. 만일 도와주는 반려를 겸한다면 오온으로 성품을 삼은 것이요, "(2) 태어나면서 얻는 것[生得]이니 지(地)에 따라 얽힌 오온으로 성품을 삼는다"라고 하였다. 모두 유색(有色)이라 한 것은 정공계(定共戒)인 까닭

이다.

㈢ 무색(無色)의 체성[無色] 2.
① 바로 해석하다[正釋] (無色 39下 8)
② 구분하다[料揀] (大乘)

[疏] 無色體性은 但除於色이라 餘義는 同前이라 故로 俱舍에 云, 無色도 亦如是니 四蘊이며 離下地라하니라 大乘宗中에 亦無異轍이니 若會相歸性하면 則八定支林하야 一切皆空이오 若事盡理現하면 皆如來藏이오 泯絶無寄하면 則定亂을 兩亡이오 若事理圓融하면 一卽一切니라

㈢ 무색(無色)의 체성은 단지 색법만 제외했을 뿐이다. 나머지 뜻은 앞과 동일하다. 그러므로 『구사론』에서는, "무색(無色)도 역시 그와 같은데 사온(四蘊)이고 아래 경지 떠났나니"라고 하였다. 대승의 종지 가운데 또한 별다른 법이 없으니, 만일 모양을 알고 본성에 돌아가면 여덟 가지 선정의 숲이 모두 다 공하며, 만일 현상을 다하여 이치가 나타나면 모두 여래장일 것이요, 끊어 없애고 의탁함이 없으면 선정과 산란심이 모두 없어질 것이요, 만일 현상과 이치가 원융하다면 하나가 곧 전부일 것이다.

[鈔] 一修得者는 頌에 云,[223] 靜慮에 四各二니 於中에 生은 已說이오 定은 謂善一境이니 幷伴五蘊性이라하니라 釋云호대 靜慮에 有二하니 一, 生靜慮요 二, 定靜慮라 定은 卽修得이니라
言於中生已說者는 卽世界品에 說十七天이 卽生靜慮니 卽以無覆無

---

[223] 대정장 제29권 p. 145 a-.

記인 五蘊으로 爲性이라 今疏에 具有하나라 言善性攝者는 此言은 猶漫이니 剋實言之인대 以善等持으로 而爲其性이니라 言心一境性者는 謂能令心으로 專一所緣故니라 無色下는 出無色體라 於中에 二니 先은 正釋이니 就小乘明이오 後는 諸敎料揀이라 今初에 引俱舍云四蘊이며 離下地者는 次後偈에 云, 幷上三[224]近分을 總名除色想이니라 無色은 謂無色이니 後色起가 從心이라하니 今此는 正引初之七字하야 出無色體니 謂亦用善性攝과 心一境性이니 以善等持로 爲其自性이라 但幷助伴에 唯除色蘊이니 無色에는 無有隨轉色故라 其離下地는 自屬別立이니 四名不同이니 在一句中일새 因便引耳라 下方別釋이니라

若大乘宗下는 二, 就諸敎料揀라 無異轍者는 卽通諸敎니 若會相下는 正明始敎요 若事盡理現下는 辨終敎오 從泯絶已下는 卽是頓敎요 若事理圓融下는 辨圓敎니라

● (1) '닦아서 얻는 것'이란 게송에 이르되, "정려의 넷에 각각 둘이 있다. 그중에 생정려(生靜慮)는 앞에서 이미 말했으며, 정정려(定靜慮)란 선(善)과 일경(一境)을 말하는데 반려[伴]까지 들면 오온의 성질이다. 처음은 살핌[伺]과 기쁨[喜]과 즐거움[樂] 갖추며 다음에는 앞의 것들을 차츰 떠나네"라고 하였다. 해석하자면 정려에 두 가지가 있으니 1) 생정려(生靜慮)요, 2) 정정려(定靜慮)이다. 정(定)은 곧 닦아서 얻는 것을 뜻한다.

'그중에 생정려(生靜慮)는 앞에서 이미 말했다'는 것은 세계성취품(世界成就品)에 "17개의 하늘이 생정려에 해당한다"고 말하였으니, 무부무기(無覆無記)인 오온으로 체성을 삼은 내용이다. 지금 소에 구비되어 있다. 선성섭(善性攝)이라 말한 이 말은 아직 산만하다는 뜻이니, 엄

---

224) 三은 甲續金本作二誤.

밀하게 말한다면 선성(善性)을 등지함으로 그 본성을 삼는다. '마음을 하나의 경계로 만드는 성품[心一境性]'이란 능히 마음으로 반연할 대상에 집중하게 하는 것을 말한다.

㊂ 無色 아래는 무색(無色)의 체성을 드러냄이다. 그중에 둘이니 ① 바로 해석함이니 소승에 입각하여 밝힌 내용이요, ② 여러 교법과 구분함이다. 지금은 ①에서 『구사론』의 사온(四蘊)을 인용하였고, 아래 지위를 뺀 것은 다음의 뒷부분 게송에서, "…위[前四根本]와 삼근분정(三近分定)을 통틀어 색상을 제거함이라고 이름하네. 무색이란 형상 없음을 말하나니 뒤에 형상이 생김은 마음으로부터이다"라고 하였다. 지금 여기서는 바로 처음의 일곱 글자[無色亦如是四蘊]를 인용하여 무색의 체성을 드러내었으니 착한 성품에 포섭되거나 심일경성(心一境性)으로 작용하기도 하나니, 선성(善性)을 등지(等至)함으로 자성을 삼게 되는 까닭이다. 다만 도와주는 반려와 함께할 적에 오직 색온(色蘊)만 제외하였으니, 무색에는 형상을 따라 바꿈이 없는 까닭이다. 그 아래 지위를 뺀 것은 스스로 따로 세운 것에 속하므로 네 가지 명칭이 같지 않나니, 한 구절 안에 있으므로 편하기 때문에 인용하였을 뿐이다. 아래에 가서 개별로 해석하겠다.

② 若大乘宗 아래는 여러 교법과 구분함이다. '다른 법이 없다'는 것은 여러 교법과 통한다는 뜻이다. ㉮ 若會相 아래는 바로 대승시교(大乘始敎)에 대한 설명이요, ㉯ 若事盡理現 아래는 대승종교(大乘終敎)에 대한 설명이요, ㉰ 泯絶부터 아래는 곧 돈교(頓敎)에 대한 설명이요, ㉱ 若事理圓融 아래는 원교(圓敎)에 대한 설명이다.

(d) 경문 해석[釋文] 2.

㊀ 사선천에 대해 설명하다[明四禪] 2.

① 뜻과 이치를 밝히다[明義理] 4.
㊀ 네 갈래를 동등하게 건립하다[等立四支] (第四 40下8)
㊁ 사선(四禪)을 거치면서 다른 점이 있다[歷禪有異] (然四)

[疏] 第四, 釋文이니 初明四禪하고 後說四空이리라 四禪之中에 雖支有多少나 論主가 並勒爲四하나니 一은 離障이오 二는 對治요 三은 利益이오 四는 彼二의 依止三昧니라 四中에 後三은 是支요 初一은 非支라 雖後後所離가 是前前支나 望於當地에 並皆非支니라 然이나 四禪을 通說에 有十八支하니 謂初와 三은 各五요 二와 四는 皆四라 爲欲惡을 難除며 第二禪의 喜深을 難拔일새 故로 初와 三은 各五요 初와 三은 不然이요 故로 二四는 唯四니라

■ (d) 경문 해석이니 ㊀ 사선천(四禪天)에 대해 설명함이요, ㊁ 사공천(四호天)에 대해 설명함이다. ㊀ 사선(四禪) 중에 비록 갈래의 많고 적음이 있지만 논주가 함께 묶어 넷으로 하였으니 ① 장애를 여읨이요, ② 다스림이요, ③ 이익이요, ④ 저 둘이 의지하는 삼매이다. 넷 중에 뒤의 세 가지는 갈래[수행의 목적]이고, 처음 ① 장애를 여읨은 갈래가 아니다. 비록 뒤로 갈수록 여읠 대상이 바로 앞의 갈래이지만 해당 지(地)와 비교하면 모두 갈래가 아니다. 그러나 사선(四禪)을 통틀어 말하면 18가지 갈래가 있으니 말하자면 (1)과 (3)은 각기 다섯이요, (2)와 (4)는 모두 넷이다. 욕구와 악함을 제거하기 어려우며, 제2선의 깊은 기쁨을 뽑아내기 어려우므로 초선과 삼선은 각기 다섯이다. 하지만 초선과 삼선은 그렇지 않으며, 그러므로 이선과 사선은 오직

넷 뿐이다.

㉢ 그 實法을 거론하다[擧其實法] (其間)
㉣ 건립하게 된 이유[建立所由] (此等)

[疏] 其間에 除重은 則唯有十하니 謂一은 覺이오 二는 觀이니 此唯初禪이요 三은 捨요 四는 念이니 此通後二라 五는 喜니 局於前兩이라 六은 樂이니 該於前三이라 七者는 一心이니 徧於諸地라 八은 內淨이니 唯二요 九는 正知니 唯三이요 十은 捨受니 唯四라 若分二樂인대 則有十一이오 若內淨無別體인대 則唯有九니라 此等은 皆爲順益於禪일새 故立支名이라 故로 瑜伽十一²²⁵⁾에 云, 諸靜慮中에 雖有餘法이나 然此勝故로 於修定者에 爲恩重故로 偏立爲支라하니라

■ 그 사이에 빠진 중요한 것은 오직 열 가지뿐이다. 말하자면 (1) 거친 생각[覺]이요, (2) 세밀한 생각[觀]이니 이것은 오직 초선에만 해당하고 (3) 버림[捨]이요, (4) 기억[念]이니 이것은 뒤의 3선과 4선에 통한다. (5) 기쁨이니 앞의 초선과 2선에만 국한한다. (6) 즐거움이니 앞의 셋[초·2·3선]을 포함한다. (7) 일심(一心)이니 여러 지에 두루 통한다. (8) 내부적인 등지의 청정함[內等淨]이니 오로지 2선뿐이요, (9) 바른 지혜[正知]이니 오직 3선뿐이요, (10) 덤덤한 느낌[捨受]이니 오직 4선뿐이다. 만일 두 가지 즐거움으로 나눈다면 11가지가 있고, 만일 내부적인 청정함에 개별적인 체성이 없다고 본다면 오로지 아홉 가지만 있게 된다. 이런 것들은 모두 선정에 따르는 이익이므로 갈래의 명칭을 건립한다. 그러므로 『유가사지론』 제11권에 말하였다. "모든

---

225) 인용문은 『瑜伽師地論』 제11권의 本地分 중의 三摩多地 제6의 내용이다. (대정장 권35 p. 330 ㄷ)

정려 중에는 비록 다른 법이 있기는 하나 이것이 보다 뛰어나기 때문이며, 선정을 닦는 이에게 은혜를 무겁게 입기 때문에 치우쳐 건립하여 갈래로 삼았다."

[鈔] 四禪之中下는 疏文分二니 先은 義理오 後는 釋文이라 文前에 分四니 一은 等立四支오 二는 歷禪有異오 三은 擧其實法이오 四는 建立所由라 今初를 分三이니 初, 列支名이오 次, 四中後三下는 料揀同異오 後, 雖後後下는 通妨이라 從初一非支上하야 生難하니 難云호대 卽初離障이 皆非是支인대 二禪離障을 云滅覺觀하니 覺觀이 卽是初禪二支어늘 何言非支요 今答云호대 雖是前支나 於我에 非支라 餘二도 亦然이니라

然四禪通說者는 第二, 歷禪有異라 於中에 又二니 先은 正明이오 後는 出所以라 今初니 俱舍頌에 云,[226] 初禪에 具五支하니 尋과 伺와 喜와 樂과 定이요 二禪에 具四支하니 內淨과 喜와 樂과 定이요 三禪에 具五支하니 捨와 念과 慧와 樂과 定이오 四禪에 具四支하니 捨와 念과 中

---

226) 인용문은 『俱舍論』 제28권의 게송이다. (대정장 권29 p. 146 b-) *관련 부분을 『俱舍頌疏』를 통해 살펴보자. "從此第四. 別明八等至. 就中有二. 一明靜慮支. 二明淨等至. 前中分六. 一明靜慮支數. 二明支體. 三明染無支. 四明名不動. 五明生受有異. 六明起下心. 且第一明靜慮支數者. 論云. 於四靜慮. 各有幾支. 頌曰 《靜慮初五支 尋伺喜樂定 第二有四支 內淨喜樂定 / 第三具五支 捨念慧樂定 第四有四支 捨念中受定》釋曰. 唯淨無漏. 四靜慮中. 有十八支. 初靜慮中. 具有五支. 一尋. 二伺. 三喜. 四樂. 五等持. 第二靜慮中唯四支. 一內等淨. 二喜. 三樂. 四等持. 第三靜慮. 具有五支. 一行捨(解云. 是大善地中捨故. 名行捨也). 二正念. 三正慧. 四樂受. 五等持(前二是輕安樂. 此樂受樂). 第四靜慮. 唯有四支. 一行捨. 二念淸淨(離八災患. 得淸淨名. 下文釋也). 三非苦樂受. (此是頌文中受). 四等持. 問何故初二靜慮立輕安. 不立行捨. 後二靜慮立行捨. 不立輕安. 答第三定捨極喜. 第四定捨極樂. 故立行捨. 初二旣不立行捨. 故立輕安. 問信通諸地. 何故唯於第二靜慮. 立信爲支. 答隨む增上淨信. 必依大喜. 第二靜慮. 有勝喜故. 立內淨支. 問慧通諸地. 何故第三定. 獨立慧爲支. 答彼有樂受. 爲耽此樂. 不欣上地. 對治此故. 立正慧支. 問念通諸地. 何故三四定. 獨立念爲支. 答此第三定. 爲第二定勝喜漂溺. 若第四定. 爲第三定勝樂留礙. 由發下地所留難故. 於自地染. 不能出離. 是故世尊勸住正念. 問何故初三靜慮. 等具五支. 二四靜慮. 等具四支. 答欲界諸惡. 難斷難可破. 難可越度故. 初靜慮須具五支. 第二靜慮有極重혔. 難斷難破難可越度故. 第三定建立五支. 初及第三無如是事. 故於二四. 唯立四支. 又解爲欲隨順超定法故. 謂從五支定超入五支定. 復從支四定. 超入四支定. 以支等者. 易可超越."(대정장 권41p. 971-)

受와 定이라하니 故今疏에 云, 初와 三은 各五요 二와 四는 皆四라하니라
● ㈠ 四禪之中 아래는 소의 문장을 둘로 나누리니 ① 의리를 밝힘이요, ② 경문 해석이다. 경문 해석 앞에 ①을 둘로 나누었으니 ㉮ 사지(四支)를 동등하게 건립함이요, ㉯ 선을 거침에 달라진 점이 있음이요, ㉰ 그 실법을 거론함이요, ㉱ 건립하게 된 이유이다. 지금은 ㉮를 셋으로 나누리니 ㉠ 갈래의 명칭을 나열함이요, ㉡ 四中後三 아래는 같은 점과 다른 점을 구분함이요, ㉢ 雖後後 아래는 비방을 해명함이다.

初一非支 위로부터 힐난이 시작되었으니 힐난하되, "초선의 장애 여읨이 모두 갈래가 아니라면 2선의 장애 여읨을 거친 생각과 세밀한 생각을 여읜다고 하였으니, 거친 생각과 세밀한 생각이 바로 초선의 두 갈래인데 어째서 갈래가 아니라고 말하는가?" 지금 대답한다면 "비록 앞의 갈래이긴 하지만 <나>에 대해서는 갈래가 아니다. 다른 두 가지도 마찬가지이다."

'그러나 사선(四禪)을 통틀어 말하면'이란 ㉯ 사선을 거치면서 달라진 점이 있음이다. 그중에 또 둘이니 ㉠ 바로 밝힘이요 ㉡ 이유를 드러냄이다. 지금은 ㉠이니 『구사론』게송에서는, "처음 정려에 다섯 가지가 있으니 거친 생각[尋]・세밀한 생각[伺]・기쁨[喜]・즐거움[樂]・선정[定]이며, 제2정려에는 네 가지가 있나니 내부적인 등지의 청정[內等淨]・기쁨・즐거움・선정이다. 제3정려에 다섯 가지가 있으니 행사(行捨)・정념(正念)・정혜(正慧)・수락(受樂)・정(定)이며, 제4정려에 네 가지가 있나니 행사청정(行捨淸淨)・염청정(念淸淨)・중수(中受)・정(定)이네"라고 하였다. 그러므로 지금 소에 이르되, "초선과 3선은 각기 다섯이요, 2선과 4선은 모두 넷이다"라고 하였다.

爲欲惡下[227]는 出彼立支多少所以니 病深에 藥多요 賊微에 兵少니라 其間下는 三은 擧其實法이니 此依大乘이라 三은 是行捨니 異後捨受니라 若分二樂者는 俱舍에 頌云,[228] 此實事는 十一이오 初二는 樂輕安이오 內淨은 卽信根이요 喜는 卽是喜受라하니 謂初와 二禪의 樂은 是輕安樂이오 第三禪의 樂은 是樂受樂이니 故成十一이니라

若內淨者는 謂俱舍에는 內淨이 卽是信心이어니와 大乘雜集等에는 但合[229]第三禪의 捨와 念과 正知三支하야 以爲內淨이오 無別內淨일새 故但有九니라

此等皆爲順益下는 四, 建立爲支所以니 以益於禪故라 支는 卽分義며 及因義故라 瑜伽下는 引證이니라

● ㉮ 爲欲惡 아래는 저 건립한 갈래가 많고 적은 이유를 드러냄이다. 병이 깊어지면 약이 많아지고 도적이 적으면 군사도 적어지는 이치이다. ㉯ 其間 아래는 그 실법을 거론함이니 이것은 대승법에 의지한 분석이다. (3)은 버림을 행함[行捨]이니 뒤의 사수(捨受)와는 다르다. '만일 두 가지 즐거움으로 나눈다면'이란 『구사론』게송에서, "이의 진실한 현상은 열하나이니 처음과 둘째의 즐거움은 가뿐함[輕安]이며, 내등정(內等淨)은 바로 신근(信根)이요, 기쁨은 곧 희수(喜受)이네"라고 말하였다. 말하자면 초선과 2선의 즐거움은 '가뿐한 즐거움'이요, 3선의 즐거움은 '즐거움 받음의 즐거움[樂受樂]'이니 그래서 11갈래가 성립된다.

若內淨이란 말하자면 『구사론』에는 내등정(內等淨)이 바로 믿는 마

---

227) 下下에 南續金本有二字.
228) 인용문은 『俱舍論』제28권 分別定品 제8의 내용이다. 論云, "第四靜慮唯有四支. 一行捨淸淨二念淸淨三非苦樂受四等持. 靜慮支名旣有十八. 於中實事總有幾種. 頌曰《此實事十一 初二樂輕安 內淨卽信根 喜卽是喜受》"(대정장 권29 p.146 -)
229) 但合은 續本作俱舍, 金本作但舍誤.

음이지만 『아비달마잡집론(阿毘達磨雜集論)』 등에는 단지 제3선의 사(捨)와 염(念)과 정지(正知)의 세 갈래를 합하여 내등정(內等淨)으로 삼았으며, 내등정(內等淨)과 다른 점이 없으므로 단지 아홉 갈래뿐인 것이다.

㉣ 此等皆爲順益 아래는 갈래로 건립하게 된 이유이니, 선정을 이익되게 하기 위함으로, 갈래[支]는 '나눈다'는 뜻이며, 원인의 뜻이기 때문이다. 瑜伽 아래는 인용하여 증명함이다.

② 경문을 해석하다[釋經文] 4.
㉮ 초선에 대한 설명[初禪] 4.
㉠ 여읠 대상인 장애를 밝히다[明所離障] (今初 42上7)

卽離欲惡不善法하고 有覺有觀하여 離生喜樂하여 住初禪하나니라
곧 욕심과 악한 일과 선하지 못한 법을 여의고, 깨달음도 있고 관찰함도 있으면, 여의어서 기쁘고 즐거움을 내어 초선에 머무느니라.

[疏] 今初는 初禪이니 一은 卽離欲惡不善法者는 此明離障이니 以一卽離가 貫於下三이라 然이나 諸論의 說이 大同小異하니 若毘曇인대 離五欲故로 名爲離欲하고 斷十惡故로 名爲離惡이오 除五蓋故로 名離不善法이어니와 若智論八十八云[230]인대 離欲者는 謂離五欲이오 惡不善法은

---

[230] 인용문은 『大智度論』 제86권의 釋次第學品 제75의 내용이다. (대정장 권25 p.665b~) [이 가운데서 부처님은 친히 증거를 대면서 "나는 본래 보살이었을 적에 여섯 가지 바라밀을 행하여 욕심을 여의고 악과 선하지 않은 법을 떠나 거친 생각도 있고 세밀한 생각도 있어서[有覺有觀] 오욕을 여의고 기쁨과 즐거움을 내며[離生喜樂]

謂離五蓋니 五蓋가 將人入惡道故로 名惡이오 障善法故로 名不善法이라하니라 若辨蓋欲之相인대 廣如智論十九와 及瑜伽十一하니라 雜集第八에 斷欲恚害라하니 恚가 卽是惡이오 害卽不善法이니라 瑜伽三十三에 亦合惡不善法하니 彼論에 云,[231] 離欲者는 欲有二種하니 一, 煩惱欲이오 二, 事欲이라 離亦有二하니 一, 相應離요 二, 境界離라
言離惡不善法者는 煩惱欲因所生인 種種惡不善法이니 卽身口惡行이라하나니 此意는 則總棄[232]欲界諸惡不善이니라 已明離障하다

- ㉮ 초선에 대한 설명이니 ㉠ '곧 욕심과 악한 일과 선하지 못한 법을 여읜다는 것'은 장애 여읨을 밝힘이니, 즉리(卽離) 한마디가 아래 셋에 관통한다. 그러나 여러 논서의 설명이 크게는 같고 다른 점은 적다. 만일 소승의 『아비담론(阿毘曇論)』에 의지한다면 오욕을 여읜 연고로 이욕(離欲)이라 하고, 십악(十惡)의 일을 끊는 연고로 이악(離惡)이라 하고, 다섯 가지 덮개[五蓋][233]를 제거한 까닭에 '선(善)하지 않은 법을 여읜다'고 하였다. 만일 대승의 『대지도론』 제88권에 의지해 말한

초선에 들어갔느니라"고 하셨다. '욕심을 여읜다' 함은 오욕을 여의는 것이요, '악과 선하지 않은 법을 떠난다' 함은 五蓋를 떠나는 것이다. 사람을 데리고 나쁜 길[惡道]로 들어가는 것을 '악하다' 하고, 착한 법을 막기 때문에 '선하지 않다'고 한다. '거친 생각이 있고 세밀한 생각이 있다' 함은 初禪에 속해 있는 착한 覺觀이요, '오욕을 여의고, 기쁨과 즐거움을 낸다' 함은 오욕을 버리고 기쁨과 즐거움을 낸다는 것이다. '기쁨[喜]과 즐거움[樂]'이라 함은, 色界 가운데에 있는 두 가지의 즐거움이다. 첫째는 기쁨이 있는 즐거움이요, 둘째는 기쁨이 없는 즐거움이다. 기쁨이 있는 즐거움은 초선과 이선에 있고, 기쁨이 없는 즐거움은 三禪 가운데 있다. 초선과 第二禪은 다 같이 기쁨과 즐거움이 있는데 어떤 차별이 있느냐 하면, 초선 가운데의 기쁨과 즐거움은 욕심을 여의게 되기 때문에 생기고, 第二禪의 기쁨과 즐거움은 선정을 좇아 생긴다. [문] 역시 초선의 번뇌를 여의면 第二禪을 얻게 되거늘 무엇 때문에 '욕심을 여의어야 생긴다[離生]'고 하는가? [답] 欲界에서는 산란하기 때문에 선정이라는 이름이 없고, 수행하는 이가 욕심을 여의기 때문에 '욕심을 여의어야 생긴다'고 하며, 初禪에는 선정이 있고 第二禪은 초선의 선정으로 인하여 생기기 때문에 '선정에서 생긴다[定生]'고 한다.] (역경원 간 한글대장경 『대지도론』, 5책 p. 166-)

231) 대정장 권30 p. 467 b- .
232) 棄는 甲南續金本作辨.
233) 五蓋 : 범어 pañca-āvaraṇāi의 번역, 五障이라고도 한다. 蓋는 蓋覆의 뜻. 마음을 덮어서 善法을 내지 못하게 하는 다섯 가지 번뇌. 곧 貪欲蓋, 瞋恚蓋, 惛眠蓋(睡眠蓋 즉 昏沈과 睡眠), 掉悔蓋(掉擧와 惡作), 疑蓋 등이다. (불교학대사전 p. 1090-)

다면 " '욕심을 여읜다' 함은 오욕을 여의는 것이요, '악과 선하지 않은 법을 떠난다' 함은 오개(五蓋)를 떠나는 것이다. 사람을 데리고 나쁜 길[惡道]로 들어가는 것을 '악하다'고 하고, 착한 법을 막기 때문에 '선하지 않다'고 한다"라고 하였다. 만일 덮개와 욕구의 양상을 밝히려면 자세한 것은 『대지도론』제19권과 『유가사지론』제11권의 내용과 같다. 『아비달마잡집론』제8권에 "욕심과 성냄과 해침을 끊는다"라고 하였으니 성냄이 바로 악한 일이요, 해침은 선하지 않은 법이다. 『유가사지론』제33권에도 악과 선하지 않은 법을 합하였으니, 저 논에서는, "욕심 여읨이란 욕심에 두 가지가 있다. 1) 번뇌스러운 욕심[煩惱欲]이요, 2) 일의 욕심[事欲]이다. 여읨에도 두 가지가 있으니, 1) 서로 응하여 여읨[相應離]이요, 2) 경계에서 여읨[境界離]이다.

'나쁘고 착하지 않은 법을 여읜다'고 말한 것은 1) 번뇌 욕심의 원인으로부터 생기는 갖가지 나쁘고 착하지 않은 법이니, 곧 몸으로 짓는 나쁜 행[身惡行]과 말로 짓는 나쁜 행[語惡行]이다"라고 하였다. 이 의미는 총합적으로 욕계의 여러 악한 일과 선하지 않은 법을 버린다는 뜻이다. ㉠ 장애 여읨을 밝힘은 마친다.

[鈔] 一煩惱下는 煩惱는 約內요 事欲은 爲外니 內心이 不與欲貪으로 相應을 名相應離요 不染外境을 名境界離니라

- 1) 煩惱 아래는 번뇌의 욕심은 내부에 의지한 분석이요, 일의 욕심은 외부적인 분석이다. 내부적인 마음이 욕심과 탐심과 서로 응하지 않는 것을 '서로 응하여 여읨'이라 하고, 바깥 경계에 물들지 않는 것을 '경계에서 여읨'이라 말한다.

ⓛ 수행으로 다스리다[修行對治] (二有 43上1)

[疏] 二, 有覺有觀者는 此有二支하니 是修行對治라 新譯에는 名尋伺라하니 皆初는 麤오 後는 細라 俱舍에 云, 尋伺心麤細라하고 智論[234]에 云, 譬如振鈴에 麤聲은 喩覺이오 細聲은 喩觀이라하니라 瑜伽十一에 以尋求伺察不淨慈悲로 治欲界欲恚害障이라하며 又五蓋中에 有欲恚害와 不死와 親里와 國土等覺이라 今對惡覺하야 起善覺察이니라 又智論四十四에 云,[235] 小乘이 以欲恚惱覺으로 爲麤하고 親里와 國土等覺으로 爲細하며 又唯善覺은 爲細나 於摩訶衍에는 皆麤라하니 則覺空이 爲細니라

■ ⓛ '거친 생각이 있고 세밀한 생각도 있다'는 것은 여기에 두 갈래가 있으니 수행으로 다스림이다. 신역에는 심사(尋伺)라 이름하였으니 대개 처음[尋]은 거친 생각이요, 뒤[伺]는 세밀한 생각이다. 『구사론』에서는 "심(尋)과 사(伺)는 마음의 거침과 세밀함이요"라 하였고, 『대지도론』에는 "비유하건대 요령을 흔들 적에 큰 소리는 각(覺)에 비유하고, 가는 소리는 관(觀)에 비유한다"고 하였다. 『유가사지론』제11권에서는 "거친 생각으로 구함[尋求]과 세밀한 생각으로 관찰함[伺察]

---

234) 인용문은 『大智度論』 제17권 禪波羅蜜 제28의 내용이다. (대정장 권25 p. 186 a-) [[문] 각과 관은 한 법인가? 두 법인가? [답] 두 법이니, 거친 마음으로 처음 생각하는 것을 覺이라 하고, 자세한 마음으로 분별하는 것을 觀이라 한다. 비유하건대 종을 쳤을 때, 처음의 소리가 큰 것은 覺이요, 나중에 소리가 가늘어지는 것은 觀이라 할 수 있다.]
235) 인용문과 관련된 내용으로 『大智度論』 제23권 十相釋論을 보자. (대정장 권25 p. 234 b-) [[문] 각·관에는 어떠한 차별이 있는가? [답] 거친[麤] 마음의 모양을 覺이라 하고, 세밀한[細] 마음의 모양을 觀이라 하나니, 처음 반연하는 가운데서 마음이 일어나는 모양을 각이라 하고, 뒤에 좋다 궂다 함을 분별하고 헤아리는 것을 관이라 한다. 세 가지 거친 覺[麤覺]에는 欲覺과 瞋覺과 惱覺이 있고, 세 가지 善覺에는 出要覺과 無瞋覺과 無惱覺이 있으며, 세 가지 세밀한 각[細覺]에는 親里覺과 國土覺과 不死覺이 있다. 여섯 가지의 각은 삼매를 방해하거니와 세 가지의 선한 각은 삼매의 문이 열리게 한다. 만일 각·관이 지나치게 많으면 도리어 삼매를 잃게 되나니, 마치 바람이 배를 잘 가게도 하지만 바람이 거세면 곧 배를 파괴하는 것과 같다. 이렇게 갖가지로 각·관을 분별할 수 있다.]

과 깨끗하지 않음[不淨]과 자비(慈悲)로 욕심세계의 탐욕과 성냄과 해침의 장애를 다스린다"고 말하였다. 또 다섯 가지 덮개[五蓋] 중에 탐욕과 성냄과 해침과 친리각(親里覺)과 국토각(國土覺) 등이란 거친 생각이 있다. 지금은 나쁜 생각을 상대하여 선한 생각으로 관찰함을 일으킨 것이다. 또 『대지도론』 제44권에서는, "소승은 욕각(欲覺)과 진각(瞋覺)과 뇌각(惱覺)으로 거침을 삼고, 친리각(親里覺)과 국토각(國土覺) 등으로 세밀함을 삼는다"고 하였다. 또 오직 선한 깨달음만 세밀함으로 삼았지만, 대승법에는 모두 거침으로 삼나니, 깨달음이 〈공〉함으로 세밀함을 삼는 것이다.

[鈔] 尋伺心麤細者는 卽是根[236]品이니 釋曰 尋는 爲尋求요 伺는 爲[237] 伺察이라 心之麤性을 名之爲尋이오 心之細性을 名之爲伺니라 國土 等者는 等取族姓覺과 及輕侮覺이니 卽是八覺이라 廣如發心功德品 에 說하니라

● '심(尋)과 사(伺)는 마음의 거침과 세밀함'이란 곧 『구사론』 분별근품(分別根品)의 내용이다. 해석하자면 심(尋)은 심구(尋求)요, 사(伺)는 사찰(伺察)이다. 마음의 거친 성품을 심(尋)이라 하고, 마음의 미세한 성품을 사(伺)라 부른다. 國土 등이란 족성각(族姓覺)과 경모각(輕侮覺)을 함께 취한 말이니 바로 여덟 가지 생각[八覺][238]을 가리킨다. 자세한 것은 발심공덕품(發心功德品)에 설명한 내용과 같다.

ⓒ 수행한 이익[修行利益] (三離 43下2)

---

236) 根은 各本作界誤, 據論改正.
237) 上二爲는 南續金本作謂.
238) 앞의 주) 171 참조.

[疏] 三, 離生喜樂者는 是修行利益이니 慶離欲惡等일새 是故로 生喜라 身心이 猗息하며 及得解脫之樂일새 故名爲樂이니 由此하야 名利益 支니라 瑜伽三十三에 云, 離者는 已得加行究竟作意故라 所言生者 는 由此爲因爲緣하야 無間生故로 已獲加行究竟果作意故라 喜樂 者는 謂已獲得所希義故로 得大輕安하야 身心이 調暢하야 有堪能故 라하니라

■ ㉢ '여의어서 생겨난 기쁨과 즐거움'이란 수행한 이익이니, 욕심과 악한 일 등을 경사스럽게 여의므로 기쁨이 생긴다. 몸과 마음이 의지해 쉬며 해탈의 즐거움을 누리므로 즐거움이라 하였다. 이로 인해 이익의 갈래라 이름한다. 『유가사지론』 제33권에 이르되 "여읨이란 이미 가행도가 끝난 생각 지음[加行究竟作意]을 얻었기 때문이다. 난다[生] 고 말한 것은 이로 인해 원인이 되고, 이로 말미암아 반연이 되어 끊임없이 생겨나는 대상이기 때문에 여읨으로 인해 난다[離生]고 한다. '기쁨과 즐거움'이라고 말한 것은 이미 바랐던 바의 뜻을 획득하였고, 기쁨 안에서 아직은 허물을 보지 못하고서 온갖 거칠고 무거운 번뇌가 이미 없어져 버렸기 때문이며, 이미 넓고 큰 가뿐함을 획득하여 몸과 마음이 알맞게 화창하고 견뎌 낼 수 있기 때문에 기쁨과 즐거움이라 한다"라고 하였다.

[鈔] 三[239] 離生喜樂者는 瑜伽十一에 明斷除五法하나니 謂欲所引인 喜樂과 及憂와 不善所引인 憂와 喜와 及捨라 彼五受일새 故生喜樂이라 言喜者는 深慶適悅이오 樂者는 身心이 適悅하야 得無損害와 及解脫 樂이니라

---

239) 三은 南金本作經.

慶離欲惡等者는 等取不善法이라 言身心猗息者는 猗者는 美也라 此
輕安樂이니 異解脫樂이니라 得大輕安者는 卽引文하야 重²⁴⁰⁾釋輕安
義니 唯識第六에 云,²⁴¹⁾ 輕安者는 謂遠離麤重하야 調暢身心하야 堪
任으로 爲性이오 對治昏沉하야 轉依로 爲業이라하니라 釋曰, 謂離煩
惱麤重이 爲輕이오 身心調暢이 爲安이라 令所依身으로 輕安適悅을
名有堪能이니라 疏順瑜伽하야 略不釋輕이니라

- ㉢ '여의어서 생겨난 기쁨과 즐거움[離生喜樂]'이란 『유가사지론』 제11
권에 다섯 가지 법을 끊어 없앰을 밝힌 내용이다. 말하자면 욕심에서
이끌린 기쁨[欲所引喜]과 욕심에서 이끌린 근심[欲所引憂]과 선하지 못
함에서 이끌린 근심[不善所引憂]과 선하지 못함에서 이끌린 덤덤함[不
善所引捨]이다. 저 다섯 가지 법을 받으므로 기쁨과 즐거움을 내게 된
다. '기쁨[喜]'이라 함은 (방편을 바르게 닦고 익힘을 먼저로 삼아서) 깊이 경사
스럽고 즐거워지는 마음이 뛰놀 듯하는 성질이며, '즐거움[樂]'이라 함
은 이와 같은 마음의 알맞음으로 인해 몸과 마음에 손해 없는 즐거
움과 해탈하는 즐거움을 얻는다.
'욕심과 악한 일 등을 경사스럽게 여읜다'고 말한 등은 선(善)하지 않
은 법을 함께 취한다는 뜻이다. '몸과 마음이 의지해 쉰다[身心猗息]'고
말한 것은 의(猗)는 '아름답다'는 뜻으로 이것은 가뿐한 즐거움이지만
해탈한 즐거움과는 다르다. '넓고 큰 가뿐함을 획득한다[得大輕安]'는
것은 논문을 인용하여 거듭 가뿐함의 의미를 해석한 부분이다. 『성유
식론』 제6권에서는, "가뿐함이란 추중번뇌를 멀리 여의고 몸과 마음
을 고르고 화창하게 해서 자재한[堪任] 것을 체성으로 삼는다. 혼침
을 다스려서 신체[所依身]를 전환하는 것을 업으로 한다"고 말하였다.

---

240) 上五字는 甲南續金本作下.
241) 대정장 권31 p.30b- .

해석하자면 번뇌의 거칠고 무거움을 여의는 것을 '가뿐하다'고 하고, 몸과 마음이 고르고 화창함을 '편안하다'고 한다. 의지하는 몸으로 하여금 가뿐함과 마음의 알맞게[適悅] 함을 '자재함이 있다'고 말한다. 소가는 『유가론』을 따랐으므로 가뿐함에 대해서는 생략하여 해석하지 않았다.

㉣ 의지하는 삼매[依止三昧] 2.
ⓐ 의지하는 삼매를 개별로 해석하다[別釋依止] (四住 44上7)
ⓑ 초(初)와 주(住) 자를 해석하다[釋初住字] (而言)

[疏] 四, 住初禪者는 是彼二의 依止三昧[242]니 謂於所緣에 審正觀察하야 心一境性하야 爲彼對治와 及利益支之所依止라 依止定力하야 尋等 轉故로 其所離障이 以無行體라 非是支故로 不爲彼依니라 而言初者는 欲界上進에 此最初故라 而言住者는 卽安住義니라 瑜伽에 云,[243] 安住者는 謂於後時에 由所修習하야 多成辦故로 得隨所樂하며 得無艱難하야 乃至七日七夜의 能正安住라하니라 四禪의 此句도 大旨는 不殊니라

■ ㉣ '초선에 머문다'는 것은 저 두 가지 장애가 의지하는 삼매이다. 말

---

242) 위의 문장은 『瑜伽師地論』 제11권의 내용과 관계가 있다. (대정장 권30 p. 329 a-) [사마아디[三摩地]라 함은 반연할 대상[所緣]에 대해 자세하고 바르게 살펴서 마음을 하나의 경계로 만드는 성품[心一境性]으로 됨을 말한다. 세존께서는 샘이 없는 방편[無漏方便] 중에서는 먼저 사마아디를 말씀하시고 뒤에 해탈을 말씀하셨는데, 사마아디가 잘 이루어 원만하게 하는 힘으로 말미암아 모든 번뇌에서 마음이 영원히 해탈되기 때문이다. 샘이 있는 방편[有漏方便] 중에서는 먼저 해탈을 말씀하시고 뒤에 사마아디를 말씀하셨는데, '방편으로 마지막 뜻 지음의 결과[究竟作意果]를 증득하여 번뇌를 끊은 뒤에라야 근본 사마아디를 얻기 때문이다. 혹은 한꺼번에 사마아디와 해탈을 말씀하기도 하셨는데, 곧 이 방편으로 마지막 뜻 지음과 다른 無間道 사마아디 중에는 사마아디와 그의 해탈이 때를 같이하기 때문이다.] (역경원 간 한글대장경 『유가사지론』 1책 p. 243- 1995년 서울)
243) 인용문은 『유가사지론』 제33권 聲聞地 제13 瑜伽處의 내용이다. (대정장 권30 p. 467 b-)

하자면 반연할 대상에 대해 자세하고 바르게 살펴서 마음을 하나의 경계로 만드는 성품[心一境性]으로 되어 저들의 다스림과 이익의 갈래가 의지할 대상이 된다. 삼매의 힘에 의지하여 거친 생각이 평등하게 구르는 까닭으로 그 여읠 장애가 행할 체성이 없어진다. 갈래가 아니므로 저들의 의지가 되지도 않는다.

그런데 '처음'이라 말한 것은 욕심세계에서 위로 승진할 적에 이것이 최초인 까닭이다. '머문다'고 말한 것은 안주한다는 의미이다. 『유가사지론』에서는, "'편안히 머문다'고 말한 것은 뒷날에 닦아 익히는 바가 많이 이룩되기 때문에 좋아하는 바를 따르게 되고, 어려움이 없게 되고 막힘과 꺼끄러움이 없게 되어서, 정려 선정에 그의 마음은 밤낮으로 바르게 따르고 나아가 향하고 다달아 들며, 하고 싶어하고 즐기는 바에 따라서 일곱 낮 일곱 밤에 이르기까지도 빠르게 편안히 머무르기 때문에 편안히 머무름[安住]이라고 한다"라고 말하였다. 사선(四禪)의 이런 구절도 큰 의미로는 다르지 않다.

[鈔] 四, 住初禪等者는 先釋依止오 後, 而言初下는 釋初住字니라
- ㉣ 住初禪 등이란 앞은 의지하는 삼매를 해석함이요, ⓑ 而言初 아래는 초(初)와 주(住) 자를 해석함이다.

㉯ 이선(二禪)에 대한 설명[二禪] 4.
㉠ 여읠 장애를 밝히다[明所離障] (第二 44下5)

滅覺觀하고 內淨一心이라 無覺無觀하여 定生喜樂하여 住第二禪하며

생각과 관찰함을 멸하고 속으로 한 마음을 깨끗이 하여 깨달음도 없고 관찰함도 없으면, 선정으로 기쁘고 즐거움을 내어 제2선에 머무느니라.

[疏] 第二禪中에 一, 滅覺觀이니 是所離障이라 覺觀은 麤動하야 發生三識하야 亂於二禪이 如淨水波動이니 則無所見故라 初禪能治가 爲此所治니 則病盡藥亡이니라

■ ㈏ 이선(二禪)에 대한 설명 중에 ㉠ (여읠 장애를 밝힘이니) 거친 생각과 세밀한 생각을 없앰이니 여읠 장애이다. 거친 생각과 세밀한 생각은 거칠게 요동하여 세 가지 의식을 발생하여 이선(二禪)을 혼란하게 함이 마치 맑은 물에 물결이 움직이는 것과 같나니, 보는 대상이 없는 까닭이다. 초선의 다스리는 주체가 여기서는 다스릴 대상이 되나니 병이 없어지면 약도 없어진다.

[鈔] 第二禪이라 覺觀麤動發生三識者는 謂眼耳身이라 遠公이 云,[244] 初禪之中에 覺觀이 有三하니 一은 定心이오 二는 出定時라 三識身力이 麤動覺觀이라 此三이 並是動亂之心이니 二禪勝靜이 皆盡遣之라하니라

● ㈏ 이선(二禪)에 대한 설명이다. '거친 생각과 세밀한 생각은 거칠게 요동하여 세 가지 의식을 발생한다'는 것은 안식(眼識)과 이식(耳識)과 신식(身識)을 말한다. 혜원법사가 이르되, "초선에서는 거친 생각과 세밀한 생각이 둘이 있으니 1) 선정에 든 마음이요, 2) 선정에서 나오는 시기이다. 세 가지 인식에서 몸에 거친 생각과 세밀한 생각이 거칠게 움직인다. 이 둘이 모두 요동하고 산란한 마음이니 이선(二禪)의

---

[244] 인용문은 『十地經論義記』 제8권에 云, "初禪之中覺觀有二. 一卽定心. 二出定時. 三識身中麤動覺觀. 此二並是亂動之心. 二禪勝靜同皆滅之."(신찬속장경 卷45 144 c-)

뛰어난 정려가 모두 함께 없어진다"고 하였다.

㉡ 수행으로 다스리다[修行對治] (二內 45上1)

[疏] 二, 內淨一心無覺無觀者는 是修行對治라 言內淨者는 小乘은 是 信이니 能淨心相하야 離外散動하야 定等이 內流요 大乘은 卽攬三禪 三支하야 以成이라 故로 顯揚十九[245]와 瑜伽六十三에 皆云호대 內淨 은 以捨와 念과 正知로 爲體니 以此三法이 尙爲喜覆하야 力用이 未 勝하고 但能離外尋伺일새 故合名內淨이라하니라 言一心者는 釋於內 義니 唯緣法塵하야 不同初禪에 有三識故라 故로 身子阿毘曇에 云호 대 欲界地中에는 心行六處요 初禪地中에는 心行四處니 謂無鼻舌識 이오 二禪已上에는 心行이 一處니 唯意識身이니 緣法塵故라하니라

無覺無觀은 釋於淨義니 不同初禪에 有覺觀故라 前滅覺觀은 顯於 所治요 此復言無는 顯能治無니 故로 非重也라 本論에 釋一心云호대 修無漏不斷三昧하야 行一境故라하니 欲異世間이 是如實修故라 不 斷者는 相續一心이오 行一境者는 對緣一心이니 由此하야 卽名三昧 無漏니라

---

245) 인용문은 『顯揚聖敎論』 제19권 攝勝決擇分의 내용이다. (대정장 권31 p. 575 c~)
[문] 모든 정려에는 몇 가지 갈래가 있는가? [답] 처음의 정려에는 다섯 갈래가 있다. 무엇이 다섯이냐 하면, 尋 · 伺 · 기쁨[喜] · 즐거움[樂] · 마음을 하나의 경계로 만드는 성품[心一境性]이다. 제2정려에는 네 갈래가 있나 니 안으로 평등하고 깨끗함과 기쁨 · 즐거움 · 심일경성을 말한다. [문] 안으로 평등하고 깨끗함은 어떤 법으 로 그 자체가 되었는가? [답] 기억과 바르게 아는 것과 놓음으로 그 자체가 되었다. 그리고 제3정려에는 다섯 갈래가 있나니 기억과 바르게 아는 것과 놓음과 즐거움과 심일경성을 말한다. 제4정려에는 네 갈래가 있나니, 놓음이 청정함과 기억이 청정함과 괴롭지도 즐겁지도 않음과 심일경성이다. [문] 기억과 바르게 아는 것과 놓 음은 어느 곳에도 있는데 무슨 까닭으로 처음 정려 따위에서는 말하지 아니했는가? [답] 처음 정려에서는 尋 · 伺의 문에서 이끌어 밝히기 때문에 비록 있으나 말하지 않았고, 제2정려에서는 기뻐 날뛰는 자체에서 짓는 업이 있고 마음에 소유하고 있는 약간의 번뇌에 얽히고 덮인 것이 있기 때문에 통틀어 안으로 평등하고 깨끗함 이라는 명칭으로써 그를 밝힌 것이다. (역경원 간 한글대장경 「현양성교론」 p. 412- 1995년 서울)

■ ⓒ '안으로 한 마음을 깨끗이 하여 거친 생각도 없고 세밀한 생각도 없다'고 한 것은 수행으로 다스림이다. '안으로 깨끗이 한다'고 말한 것에서 소승은 믿음을 가리키나니, 마음의 모양을 깨끗이 하여 밖으로 흩어지고 요동함을 여의고 선정 등이 안으로 흐르게 하는 것이요, 대승은 삼선(三禪)의 세 가지 갈래를 잡아서 성취한다. 그러므로『현양성교론(顯揚聖教論)』제19권과『유가사지론』제63권에 모두 이르되, "안으로 깨끗이 하는 것은 덤덤한 느낌과 기억과 바른 지혜로 체성을 삼나니, 이 세 가지 법이 오히려 기쁨을 덮어서 세력과 작용이 뛰어나지 못하고 단지 능히 외부적인 거친 생각과 세밀한 생각만 여의는 것이므로 합하여 안으로 깨끗이 한다고 이름한다"고 하였다. 일심(一心)이라 말한 것은 안[內]의 뜻을 해석하였으니 오로지 법진(法塵)만을 반연하여 초선(初禪)에 세 가지 인식이 있음과는 같지 않은 까닭이다. 그러므로『사리불아비담론(舍利弗阿毘曇論)』에 이르되, "욕심세계의 지위는 마음이 육처(六處)에 행하며, 초선의 지위에는 마음이 네 곳에 행하나니 '비식(鼻識)과 설식(舌識)이 없다'는 뜻이다. 이선(二禪)의 지위 이상은 마음이 한 곳에 행하나니 오로지 '의식(意識)의 몸'뿐이니 법진(法塵)을 반연하는 까닭이다"라고 하였다.

'거친 생각도 없고 세밀한 생각도 없다'는 것은 깨끗함의 뜻을 해석함이니, 초선에 거친 생각과 세밀한 생각이 있음과는 같지 않다. 앞에서 '거친 생각과 세밀한 생각을 없앤다'는 것은 다스릴 대상을 밝힌 것이요, 여기서 다시 '없다'고 말한 것은 '다스리는 주체가 없다'는 뜻이므로 중요하지 않다. 본 논경에서 일심(一心)을 해석하되 "무루(無漏)의 간단 없는 삼매를 닦아서 한 경계만 행하는 까닭이다"라고 하였으니, 세간법의 여실한 수행과 구분하려 한 내용이다. '간단 없다'는 것은 일심을 계속 이어감이요, '한 경계에만 행한다'는 것은 일심을 반연함을 상대한 것이니 이로 인해 곧 '삼매는 무루이다'라고 이름하였다.

[鈔] 內淨之義는 前已總釋이라 此具二宗하니 顯揚과 雜集에는 名內等淨이라 顯揚第二에 云,[246] 謂爲對治尋伺故로 攝念과 正知하야 於自內體에 其心이 捨住하야 遠離尋伺塵濁法故로 名內等淨이라하며 雜集疏에 云, 所言等者는 謂內定體가 由離尋伺하야 體得平等捨住라하며 又念慧가 非一일새 故名平等이니라 若婆沙云인대 謂信平等하야 令內心淨이라하니라

前滅覺觀下는 通妨이니 妨云호대 謂上滅覺觀이라하고 今復云無하니 豈非重覆고 答意에 云[247]호대 前擧覺觀은 是此所滅이니 云顯所治요 此言無者는 不同初禪에 用此覺觀하야 以爲能治니 云顯能治無라 遠公이 云, 前滅覺觀은 如呼滅諦하야 以爲無染이오 此無覺觀은 如呼道諦하야 以爲無染故라하니라

● '안으로 한 마음을 깨끗이'의 뜻은 앞에서 이미 총합적으로 해석한 적이 있다. 여기서는 두 종지를 구비하였으니 『현양성교론』과 『잡집론』에는 '내등정(內等淨)'이라 하였다. 『현양성교론』 제2권에 이르되, " '안이 평등하고 청정함'이라 함은 거친 생각[尋]과 세밀한 생각[伺]을 다스리기 위해서 기억과 바른 지혜를 포섭하고 자기 안의 자체에서 그 마음을 덤덤하게 머무르며, 거친 생각과 세밀한 생각으로 혼탁해진 법을 멀리 떠나기 때문에 '안이 평등하게 깨끗하다'고 한다"라고 말하였다. 『잡집론소(雜集論疏)』에 이르되, "등(等)이라 말한 것은 내부적인 선정 자체가 거친 생각과 세밀한 생각을 여읨으로 인하여 자체

---

246) 인용문은 『顯揚聖敎論』 제2권 攝事品 제1의 내용이다. (대정장 권31 p.487 a-)
247) 云은 南續金本作中云.

에 평등하고 덤덤하게 머무름을 얻게 된다"라고 하였다. 또 기억과 지혜가 하나가 아니므로 '평등하다'고 말한다. 만일 『대비바사론』에 의지하면 "믿음이 평등해서 내부적인 마음이 깨끗하게 한다"라고 말하였다.

前滅覺觀 아래는 비방을 해명함이다. 비방하기를, '위에서는 각(覺)과 관(觀)을 없앤다고 하였고, 지금 다시 없다고 하니 어찌 거듭 덮는 것이 아니겠는가?' 대답한 의미는 앞에서 각(覺)과 관(觀)을 거론한 것은 여기서 없앨 대상이었으니 다스릴 대상을 드러낸 것이요, '여기서 없다'고 말한 것은 초선에서 이 각(覺)과 관(觀)을 다스리는 주체로 삼은 것과는 다르나니, 다스리는 주체가 없음을 밝힌 것이다. 혜원법사가 이르되, "앞에서 각과 관을 없앤 것은 마치 멸제(滅諦)를 불러 오염되지 않음으로 삼은 것과 같고, 여기서 '각과 관이 없다'는 것은 마치 도제(道諦)를 불러 오염되지 않음으로 삼은 것과 같은 까닭이다"라고 하였다.

本論下는 先, 引論이오 後, 欲異世下는 疏釋論文이니 上釋無漏요 此下는 釋一心이라 然이나 論經에는 一心을 云心行一處라하나니 今釋論文에 乃以二意로 釋行一處니라 …〈下略〉…

- ⓐ 本論 아래는 논경을 인용함이요, ⓑ 欲異世 아래는 소가가 논경을 해석함이니 위에서 무루(無漏)를 해석하였고, 이 아래는 일심(一心)을 해석하였다. 그러나 논경에는 일심(一心)을 '마음이 한 곳에 행한다'고 하였으니 지금 논경을 해석하면서 이런 두 가지 의미로 한 곳에 행한다는 뜻을 해석하였다. …〈아래 생략〉…

㉢ 수행한 이익[修行利益] (三定 46下2)
㉣ 의지하는 삼매[依止三昧] (四住)

[疏] 三, 定生喜樂은 此二支는 是修行利益이라 初禪은 慶背欲惡일새 故名離生이어니와 今慶覺觀心息일새 故名定生이니 如淨鑑止水일새 故身心이 適悅이라 若智論意인대 卽從初禪하야 定生이라하니 欲界는 無定일새 故初에 但云離요 二禪에 雖離初禪의 煩惱나 初禪은 有定故라 又初禪은 離欲大障故니라 四, 住第二禪은 卽彼二의 依止三昧니라

㉢ '선정으로 기쁨과 즐거움을 내어'라고 한 것은 이 두 갈래가 수행한 이익이다. 초선(初禪)에서는 욕심과 악함을 위배함을 경사스러워 하므로 이생(離生)이라 하였지만, 지금 2선에는 각관심(覺觀心)을 쉬는 것을 기뻐하므로 정생(定生)이라 하였다. 마치 깨끗한 거울의 가라앉은 물과 같으므로 몸과 마음이 알맞게 기뻐한다[適悅]. 만일 『대지도론』의 의미로 말하면 '초선으로부터 선정이 생긴다'고 해야 할 것이다. 욕계는 선정이 없으므로 초선에서는 다만 '여읜다'고만 하였고, 2선에는 비록 초선의 번뇌를 여의지만 초선에도 선정이 있는 까닭이다. 또 초선에서 욕심이란 큰 장애를 여의기 때문이다. ㉣ '제2선에 머문다'는 것은 저 둘이 의지하는 삼매를 가리킨다.

[鈔] 如淨鑒止水者는 欲惡은 如泥요 初禪之定은 如淨動水라 今無欲惡하고 復滅覺觀하니 如淨止水라 是則初禪은 慶其所離요 此慶所得하야 得亡照故니라 若智論下는 敍異釋也니 前解定生은 定在二禪이오 今云定生은 定在初禪이라 背於初禪의 有覺觀定하야 得二禪故라 欲界는 無定爲可背故로 初名離生이니라

二禪雖離下는 通難이니 難云호대 初禪은 離欲惡하니 卽 名爲離生이오 二禪은 離覺觀하니 亦合名離生이라할새 故爲此通이니 通云호대 初禪은 離欲惡無定일새 名離生이오 二禪은 離覺觀有定일새 名定生이라 然其設難이 唯難前解어니와 及通難云호대 初禪有定이라하니 二解가 俱成이니 欲界는 無定하니 爲所背故로 卽成前解요 初禪은 有定하야 爲所背故로 卽通後解²⁴⁸⁾니라

初禪離欲大障者는 約障大小解라 離欲大障으로 初는 名離生이오 二는 無大障이니 二不名離니라

● '마치 깨끗한 거울의 가라앉은 물과 같으므로[如淨鑒止水]'란 욕심과 악함은 진흙과 같고 초선의 선정은 맑으면서 요동하는 물과 같다. 지금은 욕심이나 악함이 없고 다시 각(覺)과 관(觀)도 없앴으니 맑으면서 가라앉은 물과 같다. 이렇다면 초선은 그 여읠 대상을 기뻐하고, 여기서는 얻은 것을 기뻐하여 비추지 않음을 얻은 까닭이다. 若智論 아래는 다른 해석을 밝힘이니 앞에서 '선정이 생긴다'는 것은 선정은 2선에 있다고 해석한 내용이요, 지금 '선정이 생긴다'고 말한 것은 선정이 초선에도 있다는 뜻이다. 초선에 각(覺)과 관(觀)이 있어서 '선정은 2선에서 얻는다'는 것과 위배되기 때문이다. 욕계(欲界)는 선정이 없어서 위배될 수 있으므로 초선에서 '여의어서 생겨남[離生]'이라 하였다.

二禪雖離 아래는 힐난을 해명함이다. 힐난하되 "초선은 욕심과 악함을 여의나니 그래서 이생(離生)이라 칭하고, 2선도 각과 관을 여의었으니 또한 이생(離生)이라 해야 한다"고 말하므로 여기서 해명하였다. 해명한다면 "초선은 욕심과 악함을 여의지만 선정이 없으므로 이

---

248) 解下에 南續金本有又初禪者四字.

생(離生)이라 하였고, 2선은 각(覺)과 관(觀)을 여의면서 선정이 있으므로 선정에서 생겨남[定生]이라 하였다." 하지만 그 힐난을 설정한 것이 오로지 앞의 해석에 대한 힐난일 뿐이지만, 해명하기를 '초선에도 선정이 있다'고 하였으니 두 가지 견해가 모두 성립하나니 욕계(欲界)는 선정으로 위배할 대상이 없는 연고로 앞의 해석이 성립되고, 초선은 선정이 있어서 위배할 대상이 되는 연고로 뒤의 해석으로 해명하였다.

'초선에서 욕심이란 큰 장애를 여읜다'는 것은 장애가 크고 작음에 의지한 해석이다. 욕심이란 큰 장애를 여의었으므로 초선을 이생(離生)이라 하고, 2선에는 큰 장애가 없으므로 2선에 '여읜다'고 칭하지 않았다.

㉰ 삼선(三禪)에 대한 설명[三禪] 4.
㉠ 여읠 장애를 밝히다[明所離障] (第三 47下1)

離喜하여 住捨하며 有念하며 正知하여 身受樂하나니 諸聖所說로 能捨有念受樂하여 住第三禪하며
기쁨을 여의고, 버리고 생각이 있고 바로 아는 데 머물러 몸으로 즐거움을 받으면, 여러 성인이 말하는 능히 버리고 생각이 있어 즐거움을 받아서 제3선에 머무느니라."

[疏] 第三禪中에 一, 離喜者는 是所離障이니 謂二禪利益支에 喜心으로 分別하야 想生動亂이어늘 三禪은 轉寂일새 故須除遣이니 如貧人이 得寶生喜하고 失則深憂라 莫若雙絶喜憂하야사 方爲快樂이니라

■ ㉴ 삼선(三禪)에 대한 설명 중에 ㉠ '기쁨을 여읜다'는 것은 여읠 장애를 밝힘이다. 말하자면 2선의 이익에서 "기쁜 마음으로 분별하여 생각에서 요동과 혼란이 생긴다"고 하였는데, 삼선(三禪)은 점차 고요해지므로 없애 버려야 할 필요가 있는 것이다. 마치 빈궁한 사람이 보배를 얻으면 기쁨이 생기고 보배를 잃게 되면 근심이 깊어짐과 같다. 만일 기쁨과 근심을 한꺼번에 끊어야만 비로소 쾌활하고 즐거워지는 것과는 같지 않다.

ⓒ 수행으로 다스리다[修行對治] (二住 47下4)

[疏] 二, 住捨와 有念과 正知인 三支는 是修行對治라 一, 住捨者는 卽是捨數니 揀非捨受라 故로 諸經論에 皆名行捨니 行心調停하야 捨彼喜過라 故로 顯揚에 云,249) 住捨者는 於已生喜에 不忍可故로 平等正直하야 無動安住라하나라 二, 有念者는 於喜不行中에 不忘明記故라 三, 正知者는 或時失念喜行을 於此에 分別하야 正知而住니 謂住於捨라 瑜伽三十三에도 大同於此니라 上三은 卽前內淨이 漸修轉勝일새 至此別開라 深細寂靜일새 故能治下地의 喜踊浮動이니라

■ ⓒ 버림에 머무름과 기억 있음과 바른 지혜인 세 갈래는 수행으로 다스림이다. (1) '버림에 머문다[住捨]'는 것은 바로 버림의 법수이니 구분하면 사수(捨受)가 아니다. 그래서 여러 경전과 논서에 모두 행사(行捨)라 하였으니, 마음을 행함이 조화롭고 정지하여 저 기쁨의 허물을 버린다. 그러므로 『현양성교론』에서는, "'놓아 버림에 머문다'는 것은 이미 생긴 기쁜 생각에 대해서 인정하지 않는 연고로 (잡염이 아닌

---

249) 인용문은『顯揚聖教論』제2권 攝事品의 내용이다. (대정장 권31 p.487 a-)

머무는 마음은) 평등하고 정직한 마음으로 변동 없이 편히 머무는 성질이다"라고 하였다. (2) '기억함이 있다'는 것은 이미 기쁨과 기쁨이 아닌 중에 잊어버리지 않고 분명히 기억하는 까닭이다. (3) '바른 지해'란 혹시 기억을 못하고 기쁨이 다시 현행(現行)함을 여기서 분별하여 바르게 알고 머무는 것이니 '놓아 버림에 머무는 것'을 뜻한다.『유가사지론』제33권에도 이런 내용과 대략 같다. 위의 셋은 앞의 내부적인 평등하고 청정함[內等淨]이 점차 수행하여 수승하게 바뀌었으므로 여기에 이르러 개별적으로 전개한 내용이다. 깊고 세밀하여 고요한 까닭에 능히 아래 2지의 뛸 듯이 기뻐하며 들떠서 동요함을 다스릴 수 있다.

[鈔] 第三禪이라 一250)住捨者卽是捨數者는 謂是善十一中의 一心數法이라 善十一者는 唯識頌에 云,251) 善은 謂信과 慚과 愧와 無貪等三根과 勤과 安과 不放逸과 行捨와 及不害라하니 今明行捨는 卽是其一이니라 彼論에 釋云호대 言行捨者는 卽精進과 三根이니 令心으로 平等正直하야 無功用住로 爲性이오 對治掉擧不寂靜住로 爲業이라하니라 釋曰, 此卽四法이 爲體니 故云精進과 三根이니 三根은 卽無貪等善行252)이니라 故로 次疏에 云揀非捨受라하니 捨受는 唯是無記오 非是善性故라 行捨는 善性일새 故今揀之니라

心行調停者는 行捨는 通捨貪等인 三不善根이어니와 今對二禪之喜일새 云捨喜過故니라

---

250) 一은 金本作二誤.
251)『성유식론』제6권의 제11게송에 云, "善謂信・慚・愧・無貪等三根・勤・安・不放逸・行捨・及不害."(대정장 권31 p. 29 b-)
252) 上三字는 金本作無瞋無癡, 甲南續本作等行慈.

- ㉰ 3선에 대한 설명이다. (1) '버림에 머무는 것은 바로 버림의 법수이다'라고 말한 것은 선심소(善心所)의 11가지 중의 한 가지인 심수법(心數法)이다. 선심소 11가지는 『성유식론』의 게송에 이르되, "선심소는 신(信)·참(慚)·괴(愧)와 무탐(無貪) 등 세 가지 선근[無貪·無瞋·無癡의 심소]과 근(勤)·안(安)·불방일(不放逸)과 행사(行捨)와 불해(不害)이네"라고 하였다. 지금 설명하는 행사(行捨)는 그중 하나이다. 저 논에서 해석하되 "버림을 행한다[行捨]고 말한 것은 정진과 세 가지 선근이 심왕(心王)으로 하여금 평등하고 정직하며 작용[功用]이 없이 머물게 하는 것을 체성으로 삼는다. 들뜸[掉擧]을 다스려서 고요히 머물게 하는 것을 업으로 삼는다"라고 하였다. 해석하자면 이것은 네 가지 법으로 자체를 삼았으므로 '정진과 세 가지 선근'이라 하였으니, 세 가지 선근은 탐냄 없음 등의 선행을 가리킨다. 그러므로 다음으로 소에서 "구분하면 사수(捨受)가 아니다"라고 하였으니, 사수는 오로지 무기일 뿐이요, 선한 성품이 아닌 까닭이다. 행사는 선한 성품인 연고로 지금 구분하였다.

'마음을 행함이 조화롭고 정지하다'라 말한 중에 행사는 탐냄 등의 세 가지 선근 아님을 통틀어 버리지만, 지금은 2선의 기쁨을 상대하므로 '기쁨의 허물을 버린다'고 하였다.

顯揚下는 引論하야 顯於捨相이니 唯識은 通說行捨하고 顯揚은 正釋 三禪中의 捨일새 故云住捨니라 於已生喜不忍可者는 不忍可言은 即 是捨義라
言平等正直無動安住者는 三品捨相에 一同唯識이니 平等이 爲初니 離沉掉故오 正直이 爲次니 於染에 不怯故오 無動安住가 爲後니 即

寂靜住라 卽上唯識에 云無功用住니라 不忘明記가 爲念義故라 遠公이 釋云호대 念前喜過하야 守心一境이라하니라

三, 正知者는 正知가 卽慧니 遠公이 云호대 分別喜過라하니라 而言正者는 論名安慧니 遠公이 云, 慧靜을 名安이라하니라 安卽正義니 靜鑑雙流일새 故名爲正이니 正故로 得安이니 上三下는 結成勝義니라

● 顯揚 아래는 논문을 인용하여 버림의 양상을 드러냄이다. 『성유식론』은 통틀어 행사(行捨)를 말하였고, 『현양성교론』은 3선의 버림을 바로 해석하였으므로 '버림에 머문다'고 하였다. '이미 생긴 기쁨의 생각에 대해서 인정하지 않는다'는 구절에서 '인정하지 않는다'는 말은 바로 '버린다'는 뜻이다.

'평등하고 정직한 마음으로 변동 없이 편히 머문다'고 말한 것은 세 품류의 버림의 양상이 한결같이 『유식론』과 같나니, 평등은 처음이니 혼침과 도거를 여의는 까닭이요, 정직은 다음이니 오염을 겁내지 않는 까닭이요, 변동 없이 안주함이 나중이니 곧 고요하게 머무는 것이다. 곧 위의 유식론에서 '공용 없이 머문다'고 한 내용이다. 잊지 않고 분명하게 기억하는 것이 염(念)의 뜻인 까닭에 혜원법사가 "앞의 기쁨의 허물을 기억하여 마음을 지켜 한 경계가 되게 한다"고 해석하였다. (3) 바른 지해는 바르게 아는 것이 곧 지혜라는 뜻이니, 혜원법사는 "기쁨의 허물을 잘 분별한다"고 하였다. 하지만 '바르다'고 말한 것을 논에서는 '평안한 지혜[安慧]'라 칭하였으니, 혜원법사는 "지혜가 고요한 것을 안(安)이라 한다"고 하였다. 평안함이 곧 올바르다는 뜻이니, 고요함과 비춤을 함께 유행하므로 '바르다'고 하였으니, 바른 까닭에 평안함을 얻게 된다. 上三 아래는 수승함의 이치로 결론함이다.

ⓒ 수행한 이익[修行利益] (三身 48下10)
ⓔ 의지하는 삼매[依止三昧] (四住)

[疏] 三, 身受樂下는 是利益支라 於中에 初는 身受樂이니 正顯支體라 正對二禪의 喜心浮動일새 是故로 但言身受於樂이니 設心受樂이라도 亦名身受라 故로 瑜伽에 云,[253] 由捨念正知하야 數修習故로 令心踊躍俱行喜受를 便得除滅하고 離喜寂靜하고 最極寂靜하야 與喜相違하야는 心受가 生起어든 彼於爾時에 色身과 意身이 領納受樂과 及輕安樂이니 是故로 說言有身受樂이라하니라 又 初禪喜樂은 如土石山頂에 而有池[254]水요 二禪喜樂은 如純土山頂에 而有池水요 三禪之樂은 如純土山이 在大池內라 樂徧身外하고 身在樂中일새 是故로 心樂을 亦名身受니라 次는 諸聖所說能捨有念受樂者는 釋成勝義니 謂下諸地에는 無如是樂과 及無間捨오 上地에는 有捨而復無樂이라 故로 諸佛과 及佛弟子가 說第三禪에 具有能捨와 及念과 正知며 而復受樂이라 故로 諸樂中에 三禪樂이 勝이라하니라 此는 瑜伽意니 不應別解하고 文中에 略牒하야 尙闕正知어니와 但有捨와 念이라도 已殊上下니라 四, 住第三禪은 卽彼二의 依止三昧니라

■ ⓒ 身受樂 아래는 수행한 이익이다. 그중에 (1) '몸으로 받는 즐거움'이니 바로 갈래의 체성을 드러낸 부분이다. 바로 2선의 기쁨으로 인해 들뜨고 동요함을 상대한 내용이다. 이런 까닭에 단지 '몸으로 즐거움을 받는다'고만 하였으니 설사 마음으로 즐거움을 받았더라

---

253) 인용문은 『瑜伽師地論』 제33권 聲聞地 중 瑜伽處의 내용이다. 論云, "彼於爾時住如是捨, 正念正知親近修習. 多修習故令心踊躍. 俱行喜受便得除滅. 離喜寂靜最極寂靜. 與喜相違心受生起. 彼於爾時色身意身領納受樂及輕安樂. 是故說言有身受樂."(대정장 권30 p.468 a-)
254) 而有池는 南續金本作有.

도 또한 '몸으로 받는다'고 했을 것이다. 그래서 『유가사지론』에 이르되, "그는 그때에 이와 같은 버림에 머물러 바르게 생각하고 바르게 알면서, 친히 하고 가까이하며 닦고 익히며, 많이 닦고 익히기 때문에 마음으로 하여금 뛰놀게 하며, 함께 행해지는 기쁜 느낌[喜受]을 곧 없애 버릴 수 있고, 기쁨을 여의어 고요함과 가장 극히 고요함으로써 기쁨과 서로 어기는 마음의 고요함과 가장 극히 고요함으로써 기쁨과 서로 어기는 마음의 느낌을 일으킨다. 그는 그때에, 형상의 몸[色身]과 뜻으로 생긴 몸[意身]에 느낌의 즐거움과 가뿐함의 즐거움을 받아들이게 되나니, 그 때문에 몸으로 받는 즐거움[身受樂]이 있다"고 한다. 또 초선의 기쁨과 즐거움은 마치 흙과 돌로 된 산의 꼭대기에 물이 있는 것과 같고, 2선의 기쁨과 즐거움은 마치 흙만으로 된 산의 꼭대기에 연못이 있는 것과 같고, 3선의 즐거움은 마치 흙만 있는 산이 큰 못 속에 있는 것과 같다. 즐거움은 몸 밖에 두루 하고 몸은 즐거움 속에 있으니, 이런 까닭에 마음이 즐거운 것도 '몸으로 받는다'고 말하였다. 다음은 여러 성인이 '능히 버리고 생각이 있어 즐거움 받는다'고 말씀하신 것은 수승한 의미로 해석함이다. 말하자면 아래 여러 지(地)에는 이런 즐거움과 '간단없는 버림[無間捨]'이 없으며, 위 지(地)에는 버림은 있지만 즐거움이 없다. 그러므로 부처님과 부처님의 제자들이 말하기를 "제3정려에서는 버리는 주체와 기억함과 바른 지혜가 구비되어 있으며 다시 즐거움을 받는다. 그래서 여러 즐거움 가운데 3선의 즐거움이 뛰어나다"고 하였다. 이것은 『유가론』의 주장이니 응당히 개별적으로 해석하지 않고 경문 속에 간략히 따와서 오히려 바른 지혜를 빠뜨리긴 했지만 단지 버림과 기억함만 있어도 이미 위나 아래 지(地)와는 다르다. ㉣ '제3선에 머무른다'는 것은 곧 저 둘이 의지하는 삼매를 뜻한다.

[鈔] 設心受樂者는 下引瑜伽色身意身하야 俱名身故니라 故瑜伽下는 引 證이라 於中에 有五하니 初, 明能治요 二, 令心下는 顯其治能이니 卽 前離喜요 三, 離喜寂靜下는 生起下文의 身受樂義하야 明是離喜之 樂이라 故云與喜相違心受生起이니 心受生起는 卽意身受樂이니라 四, 彼於下는 正釋身受樂義요 五, 是故下는 結釋經文이니 上約根 本說故라 遠公이 云,[255] 身受者는 受有二種하니 謂身與心이오 分別 에 有二하니 一, 約根本分別이니 五識等受는 依色根生일새 故名身受 요 意識中受는 從意根生일새 故名心受라 二, 約所益하야 分別身心 이니 下品之受가 適暢在心을 名爲心受요 上品之受가 適徧身心에 就 所徧處하야 從末爲名일새 故曰身受라 今從後義라 樂實心法이니 此 處가 增上하야 徧滿身心일새 故說身受하야 顯樂增上이니 樂是心受 之義라 不待言說이라하니라 釋曰, 遠公이 有二義호대 意但取後하니 今疏에 具用하고 上引瑜伽하야 證成前義에 意識을 名身일새 故云心 受를 亦名身受니라

● ⓐ'설사 마음으로 즐거움을 받는다'는 것은 아래『유가론』의 형상의 몸과 뜻으로 생긴 몸을 인용하여 모두 몸이라 이름한 까닭이다. ⓑ 故瑜伽 아래는 인용하여 증명함이다. 그중에 다섯이 있으니 ㉠ 다스 리는 주체를 밝힘이요, ㉡ 令心 아래는 다스리는 능력을 밝힘이니 곧 앞의 기쁨을 여의는 것이요, ㉢ 離喜寂靜 아래는 아래 문장의 몸으로 받는 즐거움의 뜻으로 시작하여 기쁨을 여읜 즐거움을 밝힌 내용이

---

255) 인용문은『十地經論義記』제8권의 내용이다. 義記云, "身受樂者, 是利益也. 適暢在心名爲心受. 上品之受 適遍身心. 就所遍處從末爲名故曰身受. 今從後義. 樂實心法. 此處增上遍滿身心. 故說身受. 顯樂增上樂 是心法. 心受之義不待言論."(신찬속장경 권45 p.145 a-)

다. 그래서 '기쁨과 서로 어기는 마음의 느낌을 일으킨다'고 하였으니, 마음의 느낌을 일으킴이 바로 의생신(意生身)으로 받는 즐거움이다. ㉠ 彼於 아래는 몸으로 받는 즐거움의 의미를 바로 해석함이요, ㉡ 是故 아래는 경문을 결론하여 해석함이니 위는 근본에 의지해 설명한 까닭이다. 혜원법사는 "신수(身受)에서 느낌[受]에 두 종류가 있으니 몸과 마음이요, 구분하면 둘이 있으니 1) 근본에 의지한 분별이니 전5식의 느낌은 색근(色根)에 의지해 생겼으므로 몸의 느낌이라 하며, 의식의 느낌은 의근(意根)으로부터 생겼으므로 마음의 느낌이라 한다. 2) 이익되는 결과에 의지하여 몸과 마음으로 구분하였으니 하품의 느낌이 마음에 알맞게 드러남[適暢在心]을 마음의 느낌이라 하고, 상품의 느낌이 몸과 마음에 두루 알맞으니[適徧身心] 두루 한 곳에 입각하여 끝으로부터 '몸의 느낌'이라 이름한다"고 하였으니, 지금은 뒤의 뜻을 따른다. "즐거움은 진실로 심법이니 이곳이 늘어나서 몸과 마음에 두루 하므로 몸의 느낌을 '즐거움이 늘어난다'고 밝혔으니, 즐거움이 바로 마음의 느낌이므로 말로 설명해 주기를 기다리지 않는다"고 말하였다. 해석하자면 혜원법사는 두 가지 뜻을 말했지만 의미로는 단지 뒤의 것만을 취하였다. 지금 소에서 갖추어 쓰고 위에서 『유가론』을 인용하여 앞의 뜻을 증명할 적에 의식은 '이름과 부합된 몸[名身]'이므로 그래서 마음의 느낌도 또한 몸의 느낌이라 하였다.

如土石下는 引山水喩니 卽順後義라 約所益說에 有品數故라 則土喩於心이오 石喩於身이오 水總喩樂이라 初禪은 心樂故로 如水不入石中이오 二禪은 已徧身心이 如水徧山하야 無石礙故라 然이나 爲喜覆이 如土覆水하야 但是潛潤이오 三禪은 身樂이 徧[256]增호대 如池水

가 在外에 水徧山內를 居然可知로다

釋成勝義者는 上擧三山하니 已知三禪의 樂勝故라 今方出勝義호리라 於中에 有六하니 一, 上一句는 標요 二, 謂下는 正明勝義니 無如是樂者는 無有無喜인 勝樂이라 及無間捨者는 明無能治行捨이니 則下地는 有樂無捨요 上地는 有捨無樂이어니와 今有捨有樂하니 故樂이 最勝이라 三, 故諸佛下는 引證消經하야 明其有樂有捨요 四, 故諸樂下는 結成勝義요 五, 此瑜伽下는 結彈異解니 謂遠公이 將能捨兩字하야 屬於上句하고 云諸聖所說能捨라하고 釋云호대 唯聖弟子가 能說爲過하야 堪能捨離요 非凡所能이니 彰此樂深이라하니라 今將能捨兩字하야 屬下하고 云能捨와 有念과 受樂일새 故樂爲勝이니 故諸聖者가 共說此樂者가 最爲勝耳니라 遠公은 但云樂勝이라하니 不知何以得勝이니 思之니라 是故로 結云, 有文有理하니 不應別解니라 六, 文中下는 會經同論이니 言但有捨와 念이 已殊上下者는 有捨와 念故로 異下요 有樂故로 異上이니라

● ㉑ 如土石 아래는 산과 물의 비유를 인용함이니 곧 뒤의 뜻을 따른 내용이다. 이익되는 결과에 의지하여 설명하면 품의 법수가 있기 때문이다. 흙은 마음에 비유하고, 돌은 몸에 비유하고 물은 통틀어 즐거움에 비유하였다. 초선은 마음의 즐거움이므로 물이 돌 속에 들어가지 못함과 같고, 2선은 이미 몸과 마음에 두루 한 것이 물이 산에 가득해서 돌에 걸리지 않음과 같은 까닭이다. 그러나 기쁨에 덮인 것이 마치 흙이 물을 덮어서 단지 잠기고 물 묻어 있을 뿐이요, 3선은 몸의 즐거움이 두루 증가하되어 마치 연못의 물이 바깥에 있을 적에는 물이 산속에 가득한 것을 편안하게 알 수 있으리라.

---

256) 徧은 南續金本作偏.

㉠ '수승한 의미로 해석함'이란 위에서는 세 가지 산을 거론하였으니 이미 3선의 즐거움이 뛰어난 줄 알기 때문이다. 지금에 비로소 뛰어남의 이치를 내보이리라. 그중에 여섯이 있으니 ① 위의 첫 구절은 표방함이요, ② 謂 아래는 바로 뛰어남의 이치를 밝힘이요, '이러한 즐거움이 없다'고 말한 것은 기쁨이 없는 뛰어난 즐거움이 없다는 뜻이다. 아울러 '간단없는 버림'이란 다스리는 주체인 행사(行捨)가 없다는 말이다. 다시 말하면 아래 지(地)는 즐거움은 있고 버림은 없는 것이요, 위 지(地)는 버림은 있고 즐거움이 없지만 지금의 (3선은) 버림도 있고 즐거움도 있으므로 즐거움이 가장 뛰어나다. ③ 故諸佛 아래는 경문을 풀이하여 그 즐거움도 있고 버림도 있음을 밝혀서 증명한 내용이요, ④ 故諸樂 아래는 뛰어난 이치를 결론함이요, ⑤ 此瑜伽 아래는 다른 견해를 결론적으로 비판함이다. 이를테면 혜원법사가 '능사(能捨)' 두 글자를 가져 위 구절에 배속시키고 '여러 성인이 말하는 능히 버림'이라 말한 것을 "오직 성인의 제자만이 버림을 감당하여 초과한다고 말할 수 있고 범부들이 할 수 있는 것이 아니니, 이런 즐거움이 깊음을 밝혔다"고 해석하였다. 지금은 능사(能捨) 두 글자를 가져 아래에 배속시키고 이르되 "사(捨)와 유념(有念)과 수락(受樂)하므로 즐거움이 뛰어난 것이다. 그러므로 모든 성인들이 함께 '이 즐거움이 가장 뛰어남이 된다'고 말씀하셨다"라 하였다. 혜원법사는 단지 '즐거움이 뛰어나다'고만 하였으니 무슨 까닭에 뛰어남을 얻었는지를 몰랐던 것이니 생각해 볼 일이다. 이런 연고로 결론하기를, 문장이 있고 이치도 있으니 응당히 별다르게 해석한 것이 아니다. ⑥ 文中 아래는 경문을 회통하여 논서와 합치한 내용이다. 단지 버림과 생각이 이미 '위와 아래가 다르다'고만 말한 것은 버림과 생각이 있는 까닭에 아

래와 다르며, 즐거움이 있는 연고로 위와도 다르다.

㉣ 사선(四禪)에 대한 설명四禪] 4.
㉠ 여읠 장애를 밝히다[離障] 2.
ⓐ 여읠 장애를 바로 해석하다[正釋離障] (第四 51上7)

斷樂하여 先除苦喜憂滅하고 不苦不樂하여 捨念淸淨하여 住第四禪하느니라
"즐거움을 끊되 먼저 고통을 제하였고 기쁨과 근심이 멸하였으므로 괴롭지도 않고 즐겁지도 않으면, 버리는 생각이 청정하여서 제4선에 머무느니라.

[疏] 第四禪中에 一, 斷樂先除苦喜憂滅者는 卽是離障이라 三禪勝樂이 於此爲害가 如重病人이 觀妙音樂하야 爲障四禪일새 故須除遣이니 故云斷樂이라 得此定者는 卽於爾時의 所有苦樂을 皆得超越일새 故總集說先除苦等이라

■ ㉣ 사선(四禪)에 대한 설명 중에 ㉠ '즐거움을 끊되 먼저 고통을 제거하고 기쁨과 근심이 멸한다'는 것은 곧 여읠 장애를 밝힘이다. 3선의 뛰어난 즐거움이 여기서는 해로움이 되는 것이 마치 중환자가 묘한 음악을 관찰하여 사선(四禪)의 장애가 되는 줄 알았으므로 없애 버리려고 하는 것과 같나니 그래서 '즐거움을 끊는다'고 하였다. 이 선정을 얻은 이는 곧 그때에 가졌던 괴로움과 즐거움을 모두 초월하게 되므로 "총합적으로 모아서 먼저 괴로움 등을 제거한다"고 말한다.

ⓑ 비방과 힐난을 통틀어 해석하다[通釋妨難] 2.
㈀ 해결되지 않는 비방을 해명하다[通不決之妨] (先之 51上10)

[疏] 先之一字는 總貫下三이니 二禪에 先除苦受하고 三禪에 先滅喜受하고 初禪에 先滅憂受라 幷今斷樂하면 則已滅四受라 依禪次第하야는 應先明憂어니와 爲對前樂하야는 先言除苦니라

■ '先' 한 글자가 아래의 셋에 총합적으로 관통하나니, 2선에는 먼저 괴로운 느낌을 제거하고, 3선에는 먼저 기쁜 느낌을 제거하고, 초선에는 먼저 근심의 느낌을 제거한다. 아울러 지금 즐거움을 끊는다면 이미 네 가지 느낌[苦受, 樂受, 喜受, 憂受]을 없앤 것이 된다. 선정의 차례에 의지해서는 응당히 먼저 근심에 대해 밝혀야 하겠지만, 앞의 즐거움에 상대해서 '먼저 괴로움을 제거한다'고 말하였다.

㈁ 초선에 괴로움이 있다는 비방을 해명하다[通初禪有苦妨] 2.
㉮ 질문과 대답으로 바로 설명하다[正明問答] (瑜伽 51下3)
㉯ 교법을 잡아 다른 점을 구분하다[約敎揀異] (若依)

[疏] 瑜伽十一에 云, 何故로 苦根을 初禪에 未斷고 答이라 彼品의 麤重을 猶未斷故니라 若爾인대 何不現行고 答이라 由其助伴相對인 憂根의 所攝諸苦를 彼已斷故라 若初靜慮에 已斷苦根인대 是則行者가 入初靜慮와 及第二時에 受所作住인 差別이 應無리니 由二俱有喜와 及樂故라하니 此意는 明不斷麤重일새 故異二禪이오 而無現行일새 故立樂支어니와 若依小乘인대 初二禪之樂은 但是輕安이오 而非樂受며 三이 是樂受라하니 故로 不同也니라

■ ㊦『유가사지론』제11권에 이르되, "무엇 때문에 괴로움의 뿌리가 첫 정려 중에서 아직도 끊어지지 않았다고 말하는가?" 답한다. "그 품의 거칠고 무거운 번뇌를 아직도 끊지 못하였기 때문이다." "만일 그렇다면 어째서 현행하지는 않는가?" 답한다. "그 돕는 반려인 상대 때문이니 근심의 뿌리에 소속되는 모든 괴로움을 그가 이미 끊었기 때문이다. 만일 초선의 정려에서 이미 괴로움의 뿌리를 끊었다고 하면, 이는 곧 수행하는 이가 초선의 정려와 제2정려에 들어갈 때에 느낌[受]과 짓는 바[所作]와 머무름[住]의 차별이 없어야 하리니, 두 가지는 다 같이 기쁨과 즐거움이 있기 때문이다"라고 하였다. 이 의미는 거칠고 무거움을 끊지 못했음을 밝혔으므로 2선과 다르고, 현행(現行)이 없으므로 즐거움의 갈래를 세우긴 했지만, 만일 소승법에 의지한다면 초선과 2선의 즐거움은 단지 가뿐함뿐이요, 즐거운 느낌이 아니며, 3선은 즐거운 느낌일 것이니 그래서 같지 않다는 뜻이다.

[鈔] 初는 正明問答이니 初禪에 有樂이어늘 那未斷苦이오 答意는 可知로다 若依小乘下는 約敎揀異니 故로 俱舍에 云, 初와 二의 樂은 輕安이라 하니 則顯前論이 皆約樂受로다

● ㊦ (초선에 괴로움이 있다는 비방을 해명함에서) ㉮ 문답을 통해 바로 해명함이니, '초선에 즐거움이 있는데 어째서 아직 괴로움을 끊지 못했는가?' 대답한 의미는 알 수 있으리라. ㉯ 若依小乘 아래는 교법에 의지하여 구분함이다. 그래서『구사론』에서는, "초선과 2선의 즐거움은 가뿐함이다"라고 하였다. 앞의 논서가 모두 즐거운 느낌에 의지해 밝힌 까닭이다.

ⓒ 수행한 이익[利益] 3.
ⓐ 표방하다[標] (二不 52上3)
ⓑ 순서가 맞지 않다는 비방을 해명하다[通不次妨] (餘禪)

[疏] 二, 不苦不樂者는 是利益支라 餘禪에 皆先明治하고 今此에 先明益者는 乘前總無四受하야 便擧不苦不樂이니 明五受內에 唯有於捨하니 是不動故니라

■ ⓒ '괴롭지도 즐겁지도 않음'이란 수행한 이익의 갈래이다. 다른 선정에서는 모두 먼저 다스림을 밝혔는데 지금 여기서 먼저 이익을 밝힌 것은, 앞은 총합하여 네 가지 느낌이 없음을 타고 문득 괴롭지도 즐겁지도 않은 느낌을 거론하였다. 다섯 가지 느낌 속에 '오로지 사수(捨受)만 있다'고 밝혔으니 동요하지 않기 때문이다.

ⓒ 앞을 참고하여 힐난이 생겨나다[攝前生難] 2.
ⓟ 힐난하다[難] (若爾 52上5)
ⓟ 대답하다[答] 3.

㉮ 다섯 가지 느낌에 의지해 이름하다[約五受爲名] (答五)
㉯ 세 가지 느낌에 의지해 이름하다[約三受爲名] (三受)
㉰ 마땅한 이치를 밝히다[明所宜之義] (又此)

[疏] 若爾인대 前來에 亦滅憂喜어늘 此何不言不憂不喜오 答이라 五受明義에는 無別不憂不喜요 三受明義에는 苦樂이 攝於憂喜일새 故但對之니라 又此는 正斷於樂일새 故宜對之니라

■ 힐난하되 "만일 그렇다면 앞에서도 근심과 기쁨을 없앴는데 여기서는 어째서 근심도 아니고 기쁨도 아니라고 말하지 않았는가?" 대답한다. "다섯 가지 느낌으로 뜻을 밝힌다면 근심하지도 기뻐하지도 않음과 다름이 없다." "세 가지 느낌으로 뜻을 밝힌다면 기쁜 느낌과 즐거운 느낌이 근심과 기쁨을 포섭하고 있으므로 단지 상대하기만 하였다." "또 여기서는 즐거운 느낌을 바로 끊기 때문에 마땅한 이치로 상대하였다."

[鈔] 又此正斷下는 明其所宜라 此亦遮難이니 難言호대 一種相攝인대 何不擧不憂不喜하야 攝苦樂耶아 答云호대 一, 五受中에 無別名故요 二, 所對樂近하고 憂苦가 遠故니 先已斷故니라

● ㉠ 又此正斷 아래는 그 마땅한 이치를 밝힘이다. 이 또한 힐난을 막는 내용이다. 힐난하기를, '한 종류로 서로 포섭한다면 어째서 근심하지도 기뻐하지도 않는 느낌은 거론하여 괴로움과 즐거움을 포섭하지 않았는가?' 대답한다. '1) 다섯 가지 느낌 중에 명칭이 다름이 없기 때문이요, 2) 상대할 대상인 즐거움이 가깝고 근심과 괴로움은 멀기 때문이니 그래서 먼저 이미 끊은 것이다.'

㉢ 수행으로 다스리다[對治] 3.
ⓐ 바로 해석하다[正釋] (三捨 52下2)
ⓑ 이유를 밝히다[釋所以] (喜心)

[疏] 三, 捨念淸淨은 此二는 是對治支니 三禪은 捨念하야 與樂愛[257]로 俱

---

257) 雜華記云, 二行三行兩愛 皆受之誤也.『三家本私記』雜華記 p.150-)

어니와 此斷樂受²⁵⁸)일새 故云淸淨이라 然其能治는 大同三禪이오 但 所治喜樂에 故分二別이니 喜心은 浮動하니 常須正知요 樂受는 深細 하니 但須捨念이라

- ㉢ 버리는 생각과 청정함, 이 둘은 다스림의 갈래이다. 3선은 버리는 생각이 즐거운 느낌과 함께하지만, 여기서는 즐거운 느낌을 끊었으므로 '청정하다'고 하였다. 하지만 그 다스리는 주체는 ㉣ 3선에 대한 해석과 대략 같으며, 단지 다스릴 대상인 기쁨과 즐거움을 일부러 둘로 나누어 구별하였다. 기뻐하는 마음은 들뜨고 동요하나니 항상 바른 지혜가 필요함이요, 즐거운 느낌은 깊고 미세하나니 단지 버리는 생각만 있으면 된다.

❖ 4선(四禪)에 대한 표 (도표 26-2)

	명칭	심소		비고
初禪	離生喜樂地	尋, 伺, 喜, 樂, 心一境性(5)	거친 생각[尋]·세밀한생각[伺]·기쁨[喜]·즐거움[樂]·선정[定]	離欲離惡不善法. 有覺有觀離生喜樂入初禪. 滅諸覺觀內淸淨故. (離生喜樂者捨離五欲生喜樂)
二禪	定生喜樂地	內等淨, 喜, 樂, 心一境性(4)	내부적인 등지의 청정[內等淨]·기쁨·즐거움·선정	一心無覺無觀定生喜樂入第二禪.
三禪	離喜妙樂地	念, 正知, 捨, 樂, 心一境性(5)	행사(行捨)·정념(正念)·정혜(正慧)·수락(受樂)·정(定)	離喜故行捨受身樂聖人能說能捨念行樂入第三禪. 斷苦樂故先滅憂喜故.
四禪	捨念淸淨地 (不苦不樂地)	捨淸淨, 念淸淨, 不苦不樂, 心一境性(4)	행사청정(行捨淸淨)·염청정(念淸淨)·중수(中受)·정(定)	不苦不樂捨念淨入第四禪. 過一切色相故. 滅有對相故. 一切異相不念故. 入無邊虛空處. 過一切無邊虛空處入一切無邊識處. 過一切無邊識處入無所有處. 過一切無所有處入非有想非無想處. 過一切非有想非無想處入滅受想定.
		顯揚聖教論 권19	俱舍論 권28	大智度論 권44, 86; 瑜伽師地論 권11

---

258) 受는 甲南續金本作愛誤.

ⓒ 거듭 청정에 대해 밝히다[重顯淸淨] 2.
㉠ 논문을 인용하다[引論] (若遠 52下5)
㉡ 소가의 해석[疏釋] (此論)

[疏] 若遠顯淸淨者인댄 瑜伽에 云,²⁵⁹⁾ 從初靜慮로 一切下地의 災患을 已
斷이니 謂尋伺喜樂과 入息出息이라 是故로 此中에 捨念하야 淸淨鮮
白이니 由是로 此禪에 心住無動이라하니 此論은 略擧六事어니와 應兼
無苦와 及憂라 故로 俱舍等에 明此禪中에 離八災患하니라 然이나 四
禪을 雖曰不動이나 而猶有捨受하니 未名無受라 瑜伽十一에 云,²⁶⁰⁾
又無相者는 經中에 說爲無相心定이니 於此定中에 捨根을 永滅이라
하니라 若非無相이면 乃至有頂이라도 皆有捨受니라

■ 만일 청정에 대해 멀게 드러낸다면『유가사지론』제33권에 이르되,
"초선의 정려로부터는 온갖 아래 지의 재환(災患)인 거친 생각과 세밀
한 생각 · 기쁨과 즐거움 · 들이쉬는 숨과 내쉬는 숨을 이미 끊었나
니, 그렇게 끊었기 때문에 이 안의 버림의 생각은 깨끗하고 산뜻하다.
이런 인연으로 인해 바로 사선에서 마음이 움직임이 없음[無動]에 머
무를 뿐더러 (온갖 어지러움을 모두 다 멀리 여의나니, 그 때문에 버리는 생각이 맑
고 깨끗하다[捨念淸淨])"고 하였다. 이 논문에는 간략히 여섯 가지 일만
거론하였지만 응당히 괴로움과 근심이 없음을 겸하였다. 그러므로
『구사론』등에 이 사선 중에 여덟 가지 재환[八災患] 여읨을 밝혔다.
그러나 사선에서 비록 '동요하지 않는다'고 하였지만 아직도 사수(捨

---

259) 인용문은『瑜伽師地論』제33권 聲聞地中 瑜伽處의 내용이다.(대정장 권30 p.468 a-)
260) 인용문은『瑜伽師地論』제11권 本地分 중 三摩多地 제6의 내용이다. 論云, "又無相者. 經中說爲無相心定. 於此定中捨根永滅. 但害隨眠. 彼品麤重. 無餘斷故. 非滅現纏. 住無相定. 必有受故. 於此定中. 容有三受. 謂喜樂捨. 非彼諸受得有隨眠. 煩惱斷. 故說以爲斷. 彼品麤重. 說名隨眠. 又此捨根乃至何處. 當知始從第四靜慮. 乃至有頂."(대정장 권30 p.331 b-)

受)가 남아 있으니 느낌이 없다고 이름하지 않는다. 『유가사지론』 제 11권에 이르되, "또 모양 없음[無相]이라 함은, 경전 중에서는 '모양 없는 마음의 선정[無相心定]'이라고 말씀하셨으니, 이 선정 중에서는 기쁘지도 즐겁지도 않은 뿌리[捨根]조차 영원히 없어진다. 만일 모양 없는 선정이 아니라면 (제4정려로부터) 유정천(有頂天)까지도 모두 사수가 있다"고 하였다.

[鈔] 喜心浮動下는 釋無正知所以라 三, 若遠顯下는 重顯淸淨之言²⁶¹⁾이니 上에는 但對三禪하야 明四淸²⁶²⁾淨하고 今에는 總對前三하야 以明淸淨이라 先, 引論文이오 後, 此論略擧六事者는 疏釋論文의 無苦及憂니 故云略擧라 亦以遠故니 正明從初禪來로 下地의 災患도 已斷하니 憂及苦之²⁶³⁾現行이 俱在欲界일새 故略不言이라 故俱舍下는 論에 云,²⁶⁴⁾ 第四는 名不動이니 離八災患故라하니라 八災患者는 謂尋과 伺와 苦와 樂과 憂와 喜와 出息과 入息이니라

- ⓑ 喜心不動 아래는 바른 지혜가 없는 이유를 밝힘이다. ⓒ 若遠顯 아래는 거듭 청정에 대해 밝힘이다. 위에서 단지 삼선만을 상대하여 사선의 청정함에 대해 밝혔고, 지금은 앞의 셋을 총합적으로 상대하여 청정을 밝힌 것이다. ⓓ 논문을 인용함이요, ⓔ '이 논은 간략히 여섯 가지 일만 거론하였다'는 것은 소가가 논문의 괴로움과 근심이 없음을 해석함이니, 그래서 '간략히 거론한다[略擧]'라고 하였다. 또한 멀기 때문이니 초선 이래로부터 아래 지(地)의 재환(災患)도 이미 끊었

---

261) 之言은 甲南續金本作初引論.
262) 淸은 南續金本作時誤.
263) 及苦之는 南續金本作苦.
264) 인용문은『俱舍論』제28권의 게송이다. "第四名不動 離八災患故 八者謂尋伺 四受入出息"(대정장 권29 p.147-) [제4정려를 움직임 아니라고 함은 여덟 가지 재앙과 환란을 떠났기 때문이니 여덟이란 尋과 伺와 四受와 들숨과 날숨을 말하네.]

음을 바로 밝혔으니 근심과 괴로움이 현행하는 것이 모두 욕계(欲界)에 있으므로 생략하고 말하지 않았다. 故俱舍 아래는 논경에 이르되, "제4 정려를 움직임 아니라고 함은 여덟 가지 재앙과 환란을 떠났기 때문이니"라고 하였다. '여덟 가지 재앙과 환란'이란 ① 거친 생각 ② 세밀한 생각 ③ 괴로운 느낌 ④ 즐거운 느낌 ⑤ 근심의 느낌 ⑥ 기쁨의 느낌 ⑦ 들숨 ⑧ 날숨 따위를 말한다.

㉣ 저 둘이 의지하는 삼매[依止] (四住 53上8)

[疏] 四, 住第四禪은 卽彼二依止三昧라 然入上色定은 其身相狀이 如處室中이오 入下四空은 如處虛空이니라

■ ㉣ '제4선에 머무른다'는 것은 곧 저 둘이 의지하는 삼매이다. 그러나 위의 색계의 선정에 들어감은 그 몸의 모양이 마치 집안에 처함과 같고, 아래의 네 가지 하늘에 들어감은 마치 허공에 머무는 것과 같다.

㊂ 사공천(四空天)에 대해 밝히다[明四空] 4.

① 구분하다[料揀] 4.
㉮ 차별을 드러내다[彰差別] (第二 53上10)

[疏] 第二, 四空이라 空處等 名이 同心一境性이어니 有何差別고 俱舍定品에 顯此差別265)호대 由離下地染일새 故立四名하니 謂離第四禪하야

---

265) 인용문은『俱舍論』제28권 分別定品 제8의 내용이다. 論云, "雖一境性體相無差. 離下地生故分四種. 謂若已離第四靜慮. 生立空無邊處. 乃至已離無所有處生. 立非想非非想處. 離名何義. 謂由此道解脫下地惑. 是離下染義. 卽此四根本幷上三近分. 總說名爲除去色想. 空處近分未得此名. 緣下地色起色想故. 皆無色故立無色名. 此因不成. 許有色故."(대정장 권29 p.146 c~)

立空無邊處하고 離空無邊處하야 立識無邊處 等이라하니라

■ (三) 사공천(四空天)에 대해 밝힘이다. ① 구분함에서 공무변처(空無邊處) 따위의 명칭이 '마음을 하나의 경계로 만드는 성품[心一境性]'과 같은데 무슨 차별이 있겠는가?『구사론』분별정품(分別定品)에 이런 차별을 밝혔으니 "아래 지의 더러움을 여읨으로 인해 네 가지 명칭을 세웠으니, 말하자면 제4정려를 떠나서 공무변처를 내세우고, 공무변처를 떠나서 식무변처 등을 내세운다"라고 하였다.

❖ 제6회 십지품 제3 發光地 (科圖 26-44; 劍字卷)

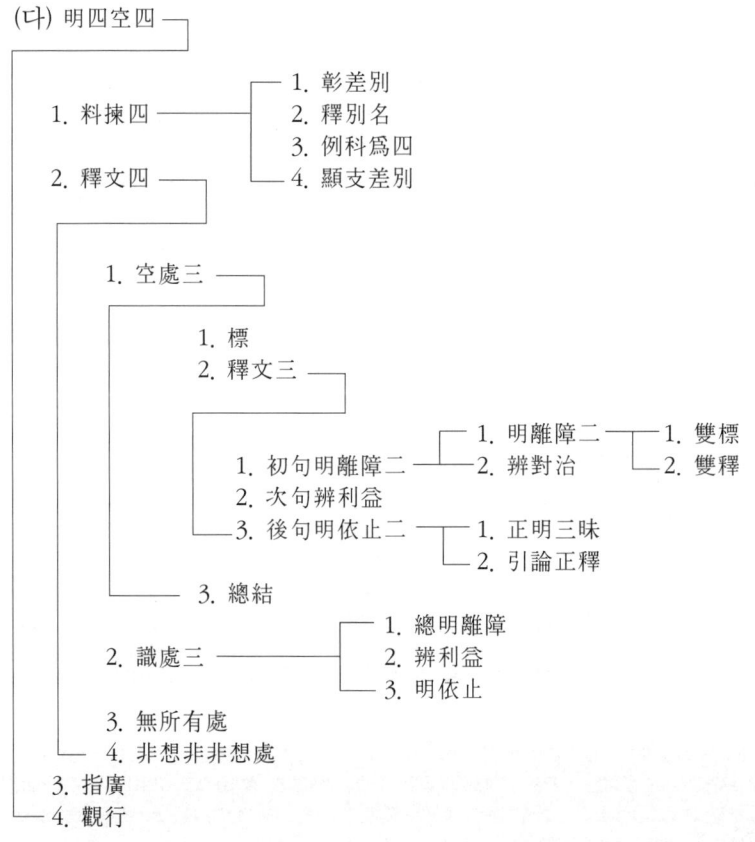

㉴ 개별 명칭을 해석하다[釋別名] 6.
㉠ 총합하여 질문하다[總徵] (差別 53下2)
㉡ 논서를 인용하여 답하다[引論答] (彼次)

[疏] 差別旣爾인대 從何得名고 彼次頌에 云호대 空無邊等三은 名從加行
立이오 非想非非想은 昧劣故立名이라하니라
- ㉴ 차별이 이미 그렇다면 어디서부터 명칭을 얻었는가? 저『구사론』
의 다음 게송에 이르되, "공무변처 따위의 셋은 가행위에서부터 세워
진 명칭이며, 비상비비상처의 명칭은 어둡고 하열함에서 세워진 것이
네"라고 하였다.

㉢ 구사론에 의지한 대한 해석[釋論] (謂修 53下4)

[疏] 謂修定前에 起加行位하야 厭壞色故로 作勝解想하야 思無邊空하니
加行이 成時에 名空無邊處오 厭空하야 想識하고 厭識하야 想無所有
도 準此可知니라 其第四空은 由想昧劣이니 謂無下地의 明慧勝想일
새 得非想名이오 有昧劣想일새 名非非想이니 故로 前三無色은 加行
受名이오 第四無色은 當體受稱이니라
- 말하자면 선정을 닦기 전에 가행위(加行位)에서 시작하여 색법을 싫어
하고 무너뜨리는 연고로 뛰어난 견해라는 생각을 지어 끝없는 허공
을 생각한 부분이니, 가행도가 이루어질 적에 공(空)무변처라 이름하
였고, 〈공〉을 싫어하여 인식을 생각하고 인식을 싫어해서 무소유처
(無所有處)를 생각하는 부분도 여기에 준하면 알 수 있으리라. 그 제4
비상비비상처는 생각이 어둡고 하열하기 때문이다. 말하자면 아래

지(地)의 밝은 지혜가 생각보다 뛰어남이 없으므로 비상(非想)이란 명칭을 얻었고, 어둡고 하열하게 생각함이 있으므로 비비상(非非想)이라 이름하였다. 그래서 앞의 세 가지 무색계(無色界)는 가행위에서 받은 명칭이요, 네 번째 무색계[비상비비상처]는 체성에 맞추어 받은 명칭이다.

㉣ 다른 이유를 내보이다[出異所以] (以前 53下9)
㉤ 인용하여 증명하다[引證] (瑜伽)
㉥ 경문을 지적하다[指文] (加行)

[疏] 以前三近分加行位中에 唯緣空等하야 入根本位하고 亦緣餘蘊일새 故從加行受名이오 第四非想은 加行과 根本이 同一所緣일새 故當體受稱이라 瑜伽論中에도 亦同於此니라 加行等의 想空識等殊는 至文當辨이니라

■ 앞의 삼근분정(三近分定)[266]의 가행위에서 오로지 〈공〉 따위만 반연하여 근본 지위에 들어가고, 또한 나머지 온(蘊)을 반연하였으므로 가행위에서 명칭을 받은 것이요, 네 번째 비상비비상처는 가행과 근본이 반연할 대상이 같으므로 체성에 맞추어 받은 명칭이다.『유가사지론』에서도 또한 이와 같다. 가행위 따위의 공무변처와 식무변처 등이 다르다고 생각하는 것은 경문에 가서 밝히리라.

㉦ 과목에 유례하여 넷으로 나누다[例科爲四] (然此 54上2)

---

266) 近分定 : 근본정(根本定)에 가까운 선정이라는 의미이다. 下地의 修所斷의 번뇌[修惑]를 隱覆하고 억압[伏壓]하여 얻는 上地의 선정이다. 색계의 初禪天부터 무색계의 有頂地까지 각각 하나의 近分定이 있어서 모두 8가지 近分定이 있다. (역경원 간 한글대장경「성유식론」제5권 p.203- 참조)

[疏] 然此四空이 亦各有四하니 謂離障等이라 而經文中에는 但各三句나 義含於四니 謂初段離障에 具對治義니라

- ㉥ 그러나 이런 사공천(四空天)에 또한 각기 넷이 있으니 이를테면 ① 장애를 여읨 등이다. 그런데 경문에는 단지 각기 세 구절만 있지만 의미로는 넷을 포함하고 있다. 다시 말하면 첫 단락의 장애 여읨에 다스림의 뜻을 포함하고 있다는 뜻이다.

㉧ 갈래의 차이점을 밝히다[顯支差別] 2.
㉠ 질문하다[問] (問若 54上4)
㉡ 대답하다[答] 4.
ⓐ 함께 대답하다[雙酬] (答準)
ⓑ 회통하다[會通] (經論)

[疏] 問이라 若有治等인대 爲有支不아 答이라 準雜集等論인대 諸無色의 奢摩他는 一味相故로 無有支分建立이어니와 若依瓔珞本業인대 四無色定에 各有五支하니 謂想과 護와 止와 觀과 一心이니라 經과 論이 相違어니 云何會通고 論依相似니 不同四禪의 覺觀等異요 又慧用이 劣일새 名無支分이어니와 經就相似하야 同皆有五니라

- ㉧ 갈래의 차이점을 밝힘에서 ㉠ 묻는다. "만일 다스림 따위가 포함되었다면 어째서 갈래를 만들지 않았는가?" ㉡ 답한다. "『잡집론』따위에 준해 보면 모든 무색계의 사마타(奢摩他)는 한맛의 모양[一味相]인 까닭에 갈래로 나누어 건립하지 않았지만, 만일『영락본업경(瓔珞本業經)』에 의지한다면 네 가지 무색계의 선정에 각기 다섯 갈래가 있다. 이른바 생각과 막아 보호함[護]과 그침[止]과 관찰[觀]과 한 마음

[一心]이다. 경전과 논서가 서로 어긋나니 어떻게 회통할 것인가? 논서는 비슷함에 의지하였으니 사선의 각(覺)과 관(觀) 따위의 차이가 다르고, 또 지혜의 작용이 하열하므로 갈래가 없다고 하였지만, 경전에서는 비슷함에 입각하여 같은 것이 모두 다섯이다."

ⓒ 유(有)를 보여 주다[示有] (如初 54上9)
ⓓ 결론해 보이다[結示] (故五)

[疏] 如初空定에 厭下色相하야 起於空想은 即今對治니 護彼色相하야 令不現前이라 若起色想267)인대 即名爲止니 是今離障이오 空無邊行이 照了分明은 即是觀義니 是今利益이오 一心은 即是彼二所依니라 故로 五支가 顯然커니 豈得判無하야 違經依論이리오

■ 마치 제1 공무변처의 선정은 아래의 색상(色相)을 싫어하여 〈공〉하다는 생각을 일으킨 것을 지금에 다스리나니 저 색상을 막아서 현전하지 못하게 함과 같다. 만일 색상이란 생각을 일으키면 지(止)라 해야 하리니 지금 여읠 장애이고, 공(空)무변처의 행위가 비추어 아는 것이 분명함은 바로 관찰의 뜻이니 지금의 이익에 해당되며, 한 마음은 그대로 저 둘이 의지하는 대상인 (삼매에) 해당된다. 그러므로 다섯 갈래가 뚜렷해졌는데 어찌 없다고 판단하여 경전을 어기고 논서에 의지해야 하겠는가?

[鈔] 第二, 四空下는 釋此에 分四니 一, 義門料揀이오 二, 釋文이오 三, 指廣이오 四, 觀行이라 四中에 初一은 彰差別이오 二는 釋別名이오 三은

---

267) 想은 南金本作相.

例科爲四오 四는 顯支別이라 今初니 卽前所引四蘊이며 離下地니 離下地言은 是顯差別이니라 差別旣爾下는 二, 釋別名이라 於中에 六이니 一, 總徵이오 二, 彼次頌下는 引論答이오 三, 謂修定下는 釋論文이오 四, 以前三下는 出異所以니 所以同四無色이로대 受名不同者는 前三根本이 不一所緣故라 五, 瑜伽論云下는 引例爲證이오 六, 加行等者는 指相在文이라 五中에 然瑜伽에 乃有二意하니 此是一意라 論에 云,[268] 此中에 依於近分이며 乃至未入上根本定하고 唯緣虛空等이니 若已得入上根本定하면 亦緣虛空이며 亦緣自地諸蘊이라하니라 釋曰, 言近分唯緣空者는 約八解脫道中의 少分而說이니 解脫이 亦緣自地蘊故라 九無間道는 此全不論이라 根本亦緣自地蘊者는 初刹那心이 緣自地蘊하고 後心而得에 緣上下蘊이니 今揀後心일새 故云亦也니라 第二釋者는 前三加行이 亦緣自蘊이니 取其解脫道中에 以少分緣義와 及無間道로 緣自蘊故라 前釋은 從其多分이오 俱舍는 唯取一義니라 然此四下는 三, 例科爲四니라 問若有下는 四, 顯支差別이니 先은 問이오 後는 答이라 答中에 四니 一, 雙酬오 二, 經論

---

268) 인용문은 『瑜伽師地論』 제33권 聲聞地中 瑜伽處의 내용이다. (대정장 권30 p. 468 c-) (5) 다음에는 허공에 대하여 훌륭한 견해를 일으키기 때문에, 있는 바 푸르고·누르고·붉고·흰 따위의 서로 응하는 드러난 빛깔의 생각이 나타나지 않으며 욕심을 싫어하여 여의기 때문에 모두를 초월할 수 있나니, 그러므로 '빛깔의 생각[色想]을 뛰어나기 때문'이라고 설명한다. 나타나지 않음과 그 생각을 뛰어남으로써 원인이 되기 때문에, 있는 바 갖가지 많은 품류의 여러 드러난 빛깔의 섞이고 쌓여 모임으로 인하여 대상이 있다는 생각[有對想]이 스러져 없어지기 때문이라고 말한다. 그 생각을 멀리 여읨으로써 원인이 되기 때문에, 있는 바 저 가지가지 무더기 안에서 서로 다르다는 생각을 구르는 것이니, 음식 병과 옷·탈 것·꾸미개·성의 집·군대·동산과 산 숲 따위의 생각이 그것이다. 이것에 대하여 온통 뜻을 짓지 않고 구르나니, 그 때문에 갖가지 생각에 뜻을 짓지 아니한다고 말한다. 그러므로 이와 같은 빛깔이 있고 대상이 있다[有色有對]는 갖가지 생각을 없애버린 뒤에는 끝없다[無邊]는 생각인 허공의 훌륭한 견해를 일으키나니, 그 때문에 끝없는 공[無邊空]에 든다고 말한다. 이미 근분(近分)의 행을 더하여 마침의 뜻 지음을 뛰어나서 위의 근본의 행을 더하여 결과를 마침의 뜻 지음 선정[加行究竟果作意定]에 듦으로 말미암아 그 때문에 공이 끝없는 처소[空無邊處]에 두루 갖추어 편안히 머문다고 말한다. 그러므로 알아야 한다. 이 안에서는 근분정에서 내지 위의 근본정에 아직 들지 못함에 의하여 허공만을 반연할 뿐이며, 또는 이미 위의 근본정에 들게 되었어도 역시 허공을 반연하고, 역시 제 자리에 있는 바 모든 쌓임[蘊]을 반연하며, 또 근분 중에서도 역시 아래 자리에 있는 바 모든 쌓임을 반연한다. (역경원 간 한글대장경 「유가사지론」 2책 p. 223- 1995년 서울)

下는 會通이오 三, 如初下는 示有오 四, 故五下는 結示니라

● ㈁ 四호 아래는 이를 해석함에 넷으로 나누었으니 ① 이치로 구분함이요, ② 경문 해석이요, ③ 자세하게 지적함이요, ④ 행법을 관찰함이다. 넷 중에 ① 구분함에서 ㉮ 차이점을 밝힘이요, ㉯ 개별적인 명칭해석이요, ㉰ 과목에 유례하여 넷으로 나눔이요, ㉱ 갈래의 차이점을 밝힘이다. 지금은 ㉮ 차이점을 밝힘이니 앞에서 인용할 대상인 사온(四蘊)이며, 아래 지(地)에서 여읜 것이다. '아래 지에서 여읜다'는 말은 바로 차이점을 밝힘이다.

㉯ 差別旣爾 아래는 개별적인 명칭 해석이다. 그중에 여섯이니 ㉠ 총합적인 질문이요, ㉡ 彼次頌 아래는 논서를 인용하여 대답함이요, ㉢ 謂修定 아래는 논문을 해석함이요, ㉣ 以前三 아래는 차별된 이유를 드러냄이니 네 가지 무색천(無色天)과 같지만 받은 명칭이 다른 이유는 앞의 세 가지 근본이 반연할 대상이 하나가 아닌 까닭이다. ㉤ 瑜伽論云 아래는 사례를 인용하여 증명함이요, ㉥ 加行 등이란 양상은 경문에 있음을 지적함이다. ㉣ 중에 그렇지만 『유가론』에 두 가지 의미가 있으니 이것이 한 가지 의미이다. 『유가론』에 이르되, "그러므로 알아야 한다. 이 안에서는 근분정(近分定)에서 내지 위의 근본정(根本定)에 아직 들지 못함에 의하여 허공만을 반연할 뿐이며, 또는 이미 위의 근본정에 들게 되었어도 역시 허공을 반연하고, 역시 제 자리에 있는 바 모든 쌓임[蘊]을 반연하며, (또 근분 중에서도 역시 아래 자리에 있는 바 모든 쌓임을 반연한다)"고 하였다. 해석하자면 '근분정(近分定)에 의지하고 오로지 허공만을 반연한다'고 말한 것은 여덟 가지 해탈 중의 작은 부분에 의지하여 말한 것이니, 해탈이 또한 자기 지(地)의 쌓임을 반연하는 까닭이다. 아홉 가지 무간도(九無間道)[269]는 여기서는

완전히 거론하지 않는다. '근본정도 역시 제 자리에 있는 바 모든 쌓임을 반연한다'고 말한 것은 처음의 찰나심이 자기 지(地)의 쌓임을 반연하고 뒤 마음으로 얻는데 아래위의 쌓임을 반연하나니, 지금은 뒤 마음과 구분하기 때문에 '역(亦)'이라 하였다. 둘째 해석은 앞의 세 가지 가행도 또한 자기 지(地)의 쌓임을 반연하나니 그 해탈도 중에 작은 부분을 반연한다는 뜻과 무간도로 지(地)의 쌓임을 반연한다는 것을 취했기 때문이다. 앞의 해석은 그 많은 부분에서 나온 것이요, 『구사론』은 오로지 한 가지 의미만 취하였다.

㉰ 然此四 아래는 과목에 유례하여 넷으로 나눔이다. ㉱ 問若有 아래는 갈래의 차이점을 밝힘이다. 그중에 ㉠ 질문함과 ㉡ 대답함이다. ㉡ 대답함 중에 넷이니 ⓐ 동시에 대답함이요, ⓑ 經論 아래는 회통함이요, ⓒ 如初 아래는 유(有)를 보여 줌이요, ⓓ 故五 아래는 결론해 보임이다.

② 경문 해석[釋文] 4.

㉮ 공무변처에 대한 설명[空處] 3.

㉠ 표방하다[標] (今初 55上7)

---

269) 無間道: 加行道에 이 세 가지[無間道, 解脫道, 勝進道]를 합하여 '번뇌를 끊는 수행'의 네 가지 단계라 한다. 번뇌를 끊는 수행에 ① 加行道; 번뇌를 끊는 지위의 예비로서 수행에 힘을 더하는 기간이다. ② 無間道; 근기가 성숙하여 참으로 번뇌를 끊고자 하는 단계이다. ③ 解脫道; 無明번뇌를 여읜 곳에 나타나는 진여를 얻고자 하는 찰나이다. ④ 勝進道; 다시 정진을 계속하여 涅槃에 나아가는 기간이다. (앞의 책 성유식론 p.370-) *
九無間道: 또는 九無礙道. 삼계를 九地로 나누고 一地의 修惑을 또 九品으로 나누어 그것을 끊는 데 각각 九無間과 九解脫의 二道가 있다. 惑을 끊는 자리를 無間道라 하고, 끊어 마친 자리를 解脫道라 한다. 또 見道位에서는 八忍이 無間道이고, 八智가 解脫道이며, 修道位에서는 九地各位에서 九品修惑을 끊어야 한다. (불교학대사전 p.393-)

超一切色想하며 滅有對想하며 不念種種想하고 入無邊
虛空하여 住虛空無邊處하며
모든 물질이란 생각을 초월하고 상대가 있다는 생각을 멸
하여 가지가지 생각을 생각하지 않으면, 공에 들어가 허공
이 끝없는 곳에 머무느니라.

[疏] 今初는 空處니 謂觀虛空하야 作無邊行相하야 能滅色想하고 心安空
定을 名空無邊處니라
- ② 경문 해석에서 지금은 ㉮ 공무변처(空無邊處)이다. 말하자면 허공
을 관찰하여 끝없는 행법의 양상을 지어서 능히 색상이라는 생각을
없애고 마음을 〈공〉에 두는 선정을 공무변처라 한다.

[鈔] 今初空處下는 釋文이라 有[270]三하니 初는 標라 而言處者는 順正理에
云,[271] 四空을 名處者는 謂有情의 生長處故라하니라
- ② 今初空處 아래는 경문 해석이다. 셋이 있으니 ㉠ 표방함이다. 하
지만 처(處)란 말은 『아비달마순정리론(阿毘達磨順正理論)』에 이르되,
"이 네 가지 무색계 하늘[四空]을 모두 '처소'라고 말하는 것은 이는 모
든 유정(有情)이 나고 자라는 곳이기 때문이다"라고 하였다.

㉡ 경문을 해석하다[釋文] 3.

---

270) 釋文有는 南金本作文.
271) 인용문은 『阿毘達磨順正理論』 제77권의 辯定品 제8의 내용이다. (대정장 권29 p. 758c~) [이 네 가지 無色을
모두 處라고 말하는 것은, 이는 모든 有가 나고 자라는 처소이기 때문이다. 이를테면 이 네 가지 처소는 有가
있는 것이 없는데도 갖가지 업번뇌(業煩惱)를 내어 자라게 하기 때문이며, 거기가 바로 열반이라고 망령되이
헤아리는 것을 깨뜨리기 위하여 부처님께서는 有를 生長하는 처소라고 말씀하셨다.] (역경원 간 한글대장경
「아비달마순정리론」 4책 p. 439~ 1996년 서울)

ⓐ 첫 구절은 여읠 장애를 밝히다[初句明離障] 2.

㉠ 여읠 장애에 대한 설명[辨障] 2.
㉮ 함께 표방하다[雙標] (文中 55上10)

[疏] 文中에 三句니 初句는 含二義하니 一, 明離障이오 二, 明對治[272]라
■ ⓐ (장애 여읨을 밝힘에서) 경문에 세 구절이 있으니 첫 구절에는 두 가지 의미를 포함하고 있으니 ㉠ 여읠 장애에 대한 설명이요, ㉡ 다스림에 대한 설명이다.

[鈔] 二, 文中下는 釋文이오 三, 總結이라 二中에 三句가 即爲三別이라 釋初句中에 二니 先, 雙標라 今初句者는 以經三句로 連爲義句니 故로 曲有三이니라
● ㉡ 文中 아래는 경문을 해석함이요, ㉢ 총합하여 결론함이다. ㉡ 중에 세 구절을 곧 세 가지로 구별한다. ⓐ 첫 구절을 해석함 중에 둘이니 ㉮ 함께 표방함이다. 지금 첫 구절은 경문의 세 구절로 연결하여 의미로 보면 셋이 된다.

㉯ 함께 해석하다[雙釋] 4.
Ⓐ 총합하여 표방하다[總標] (言離 55下2)
Ⓑ 세 구절을 개별로 분석하다[別釋三句] (論云)

[疏] 言離障者는 曲有三句하니 謂離三有對等色이라 論에 云, 超一切色

---

[272] 上十三字는 續本作卽爲三別, 初明離障 二辯利益 三明依止 初中分二 初辯障 二對治 初辯中又二 初雙標 二言離障下 雙釋 今初句者 以經三句遠爲義句 故曲有三; 案續藏誤以鈔文列入疏文.

想者는 過眼識相이라하니 此明超可見有對요 二, 滅有對想者는 耳鼻舌身識和合想이 滅故라하니 此는 滅不可見有對라 三, 不念種種想者는 不念意識和合想故라 意識이 分別一切法故로 說名種種이라 하니 此는 滅不可見無對라 意識이 雖緣非色之境이나 今但取緣色自有種種이니라

■ 여읠 장애란 말은 자세히는 세 구절이니 Ⓐ 세 가지의 상대가 있다는 등과 물질이 있다는 생각을 여읜다는 뜻이다. Ⓑ 논경에 이르되, "(1) '일체의 물질에 대한 생각을 초월한다'는 것은 안식의 생각[眼識想]을 초월한다는 뜻이다"라고 하였으니, 이것은 '볼 수 있는 상대가 있다는 생각[可見有對想]'을 초월함을 밝힌 부분이요, "(2) '일체의 상대가 있다는 생각을 없앤다'는 것은 이식·비식·설식·신식이 화합한 생각을 소멸하기 때문이다"라고 하였으니, 이것은 '볼 수 없는 상대가 있다는 생각[不可見有對想]'을 소멸한다는 뜻이다. "(3) '일체의 갖가지 상념들을 생각하지 않는다'는 것은 의식이 화합한 상념을 생각하지 않는다는 뜻이다. 의식이 일체의 법을 분별하기 때문에 '갖가지'라고 이름한다"라고 하였으니, 이것은 볼 수 없는 상대가 있다는 생각을 소멸하는 내용이다. 인식이 비록 물질이 아닌 경계까지 반연하지만 지금은 단지 물질만 취하여 반연하였으므로 자연히 '갖가지'라 말하였다.

Ⓒ 상(想) 자에 대한 개별 해석[別釋想字] 2.
㊀ 소승법에 의지한 해석[依小乘] (皆云 55下7)
㊁ 대승법에 의지한 해석[依大乘] (大乘)

[疏] 皆云想者는 小乘이 以在色欲하야 修起此定에 未捨色形일새 故不言滅色하고 但言滅想이니 想取色相일새 故偏滅之니라 大乘之中에는 決唯滅想이니라 若超色想을 說無色者인대 後滅空識도 應無識空이로다

- ⓒ 모두 생각이라 말한 것은 ㊀ 소승법이 물질에 대한 욕구가 있어서 이런 선정을 닦기 시작할 적에 물질의 형상을 버리지 않았으므로 '물질을 소멸했다'고 말하지 않고 단지 '생각을 소멸했다'고만 하였으니 생각으로 물질의 형상을 취하였으므로 치우쳐 그것만 소멸하였다.
  ㊁ 대승법 중에는 결정코 오로지 생각만 소멸한 것이다. 만일 물질에 대한 생각을 초월했다고 하여 무색(無色)이라 말한다면 뒤에서 〈공〉의 인식을 소멸하는 것도 응당 '인식이 없는 공'이라 해야 하리라.

ⓓ 비방과 힐난을 해명하다[通妨難] 2.
㊀ 힐난하다[難] (問香 55下10)

[疏] 問이라 香味之想을 初禪에 已離하고 色聲觸想은 二禪에 已除어늘 今云何言空定滅耶아

- ㊀ 묻는다. "향기나 맛에 대한 생각을 초선에서 이미 여의었고, 물질·소리·촉감의 생각은 이선에서 이미 제거하였는데, 지금은 어째서 '사공(四空)의 선정을 없앤다'고 말하였는가?"

㊁ 대답하다[答] 2.
① 세로로 점차로 닦음에 의지한 해명[竪約漸修] 2.
㋐ 향기와 맛을 해명하다[通香味] (遠公 56上2)
㋑ 나머지 셋을 해명하다[通餘三] (色聲)

[疏] 遠公이 答云호대 香味二想이 雖盡初禪이나 今云滅者는 治有四種하니 一, 壞對治니 謂方便道로 觀下有漏無常等故요 二, 斷對治니 謂無礙道로 正斷下過오 三, 持對治니 謂解脫道로 爲首하며 及後一切無間解脫로 持彼無爲하야 不令失壞오 四, 遠分對治니 謂解脫로 爲首하며 及後一切無礙解脫로 遠令前障으로 畢竟不起라 今此空定은 據第四治라 色聲觸三을 云二禪滅者는 二禪已上으로 乃至四禪히 當地雖無나 得借初禪의 三識之心인 見聞覺觸하나니 是故로 乃至第四에도 猶有此想이라 空定滅之라하니 此上所釋은 約次第修[273]니라

■ 三 혜원법사가 답하되, "'향기나 맛의 두 가지 생각이 비록 초선에 다 했지만 지금 소멸했다'고 말한 것은 다스림에 네 종류가 있으니 (1) 무너뜨려서 다스림이다. 말하자면 방편도로 아래의 유루(有漏)와 무상(無常) 따위를 관찰하기 때문이요, (2) 끊어서 다스림이니, 말하자면 무간도로 바로 아래의 허물을 끊는다는 뜻이다. (3) 지녀서 다스림이니, 말하자면 해탈도로 우두머리를 삼았으며 뒤의 일체 무간도와 해탈도로 저 무위법(無爲法)을 지녀서 하여금 잃거나 무너뜨리지 않게 하는 것이요, (4) 먼 쪽을 다스림이니, 말하자면 해탈도로 우두머리를 삼았으며 뒤의 일체 걸림 없는 해탈로 먼 쪽부터 앞의 장애로 하여금 끝내 일어나지 못하게 함을 말한다. 지금 이런 공무변처의 선정은 (4)의 다스림[遠分對治]에 의거한 내용이다.

'물질과 소리와 촉감의 셋은 이선에서 소멸한다'고 말한 것은 이선 이상부터 사선(四禪)까지 해당 지위에는 비록 없더라도 초선의 세 가지 인식의 마음인 보고 듣고 촉감을 빌려 왔으니, 이런 까닭에 제4선까지에도 아직 이런 생각이 남아 있으며, 공무변처의 선정에 가서 소멸

---

273) 上三十二字는 金本誤移於下鈔斯理善成之後.

한다"고 하였다. 이 위까지의 해석은 ① 점차로 닦음에 의지한 분석이다.

② 가로로 단박 닦음에 의지한 해명[橫約頓修] (若於 56上9)

[疏] 若於色界에 頓修空定하면 則六識行境이 並皆得滅이니 故로 論의 上에 言意緣一切法이니 亦無揀故니라
- ② 만일 색계에서 공무변처의 선정을 단박에 닦는다면 육식(六識)이 행하는 경계가 모두 함께 소멸함을 얻은 것이므로 논경의 윗부분에 "의식이 일체법을 반연한다"고 말하였으니 또한 가림이 없기 때문이다.

[鈔] 言離障下는 雙釋이니 先, 釋離障이오 後, 釋對治라 今初라 疏文有四하니 一, 總標오 二, 別釋三句오 三, 總釋想字오 四, 通妨難이라 今初에 言謂離三有對者는 俱舍의 界品中에 明十八界하야 諸門分別호대 總有二十二門하니 今此는 要二니 謂問云호대 幾有見無見이며 幾有對無對이오 偈에 云, 一은 有見이니 謂色이오 十은 有色有對라하니라 釋曰, 十八界中에 謂色界一이니 此는 一是有見이니 謂爲眼根의 所觀照故로 名爲有見이라 五根과 五境인 此之十界는 有色有對니 謂此十界는 體是色故라 極微所成이며 更相障礙일새 故名有對니 論에 云, 如手礙手하며 如石礙石하며 或二相礙라하니[274] 手石名二[275] 應知有對에 總有三種하니 一은 障礙有對니 卽十色爲體라 障礙가 卽有對니 持業釋也니라 二는 境界有對니 謂十二界(卽六根六識)와 法界一分이라 謂於法界中에 唯取心所니 此十三法이 於色等境에 而能取故

---

274) 인용문은『俱舍論頌疏』제2권의 내용이다(신찬속장경 권45 p.826 c~)
275) 上注는 原續本係正文.

며 爲境所拘일새 名爲有對라 境界之有對니 依主釋也니라 三은 所緣有對니 其體가 卽是七心界全이니 今謂六識及意와 幷法界一分이니 亦心所也니라

言所緣者는 色等六境이요 言有對者는 卽七心等이 爲六境界의 所拘礙故라 然이나 對是礙義라 礙有二種하니 一은 障礙礙요 二는 拘礙礙라 三有對中에 障礙有對는 卽障礙礙요 餘二有對는 是拘礙礙니라 論에 自問云호대 境界와 所緣은 彼有何別고 論에 答云호대 若於彼法에 此有功能하면 卽說彼가 爲此法境界요 心心所法이 執彼而起하면 彼於心等에 名爲所緣이라하니라 釋曰, 彼는 卽六境이요 此는 卽根識等이니 意云호대 若根과 識等이 於色等境에 有能見等之功能故라하면 卽名色等이 爲我境界라 若心心所인대 猶如羸人이 非杖不起하야 託境方生하나니 卽色境等을 名爲心等之所緣也라 是則境界有對는 能緣力이 强하고 所緣有對는 所緣力이 强故라 所緣中에 但有七心하고 境界之中에 具有根識호대 以根不託境而生故라 故로 能取境邊을 名境界有對요 爲境引邊을 名所緣有對라 而大雲이 釋云호대 礙取境義邊을 名境界有對요 礙緣境義邊을 名所緣有對라하니 似非本意라 以論에 引施設足論의 四句하야 分別境界有對하니 謂一은 於水에 有礙非陸이니 如魚等眼이요 二는 於陸에 有礙非水니 如人等眼이요 三은 俱礙니 如捕魚人과 及蝦蟆等眼이요 四는 俱非礙니 謂除前根이라하니라 釋曰, 以此而明인대 以見等으로 爲礙耳오 非礙見等也니라

● ㉑ 言離障 아래는 함께 해석함이니 ㉮ 여읠 장애에 대한 해석이요, ㉯ 다스림에 대한 해석이다. 지금은 ㉮이다. 소의 문장에 넷이 있으니 Ⓐ 총합하여 표방함이요, Ⓑ 개별로 세 구절을 해석함이요, Ⓒ 따로 상자(想字)를 해석함이요, Ⓓ 비방과 힐난을 해명함이다. 지금 Ⓐ에 '세

가지의 상대가 있다는 생각을 여읜다'고 말한 것은 『구사론』 분별계품 중에 18계(十八界)를 밝혀서 여러 부문으로 분별하면 총합하여 22부문으로 나누어지나니, 지금 여기서 중요한 것이 두 가지이다. 말하자면 묻기를, "유견(有見)과 무견(無見)이 몇이며 상대가 있다는 생각과 상대가 없다는 생각이 몇인가? 게송으로 답하되, "하나는 유견(有見)이니 물질을 말하고 열은 물질에 상대가 있다는 생각[有色有對想]이다"라고 하였다. 해석하자면 18계 중에 색계가 하나라는 말이니 여기서 하나는 유견(有見)을 말한다. 말하자면 안근(眼根)으로 관찰하고 비추는 대상이므로 유견(有見)이라 하였다. 다섯 가지 감관과 다섯 가지 경계인 이와 같은 열 가지 경계는 유색유대(有色有對)이다. 말하자면 이 열 가지 경계는 체성이 물질인 연고로 극히 미세한 물질로 이루어졌으며 다시 서로 장애하므로 상대가 있다[有對]고 이름한다. 논에서는, "마치 손이 손을 장애하고 돌이 돌을 장애하며 혹은 둘이 서로 장애하는 것과 같다"고 하였다. 유대(有對)에 총합적으로 세 종류가 있음을 알아야 한다. (1) 장애하는 유대색[障礙有對]이니 곧 열 가지 물질로 체성을 삼은 것이다. 장애함이 곧 유대(有對)이니 곧 업을 간직한 해석으로 보아야 한다. (2) 경계가 되는 유대색[境界有對]이니 말하자면 12계(十二界)와 법계의 일부분이다. 말하자면 법계 중에 오로지 심소(心所)만 취하나니, 이런 13가지 법이 물질 등의 경계에 취하는 주체가 되는 까닭이며 경계를 구애하는 대상이 되므로 유대(有對)라 이름한다. 그래서 경계유대(境界有對)는 주체에 의지한 분석으로 보아야 한다. (3) 반연할 대상인 유대색[所緣有對]이니 그 체성이 바로 일곱 가지 마음 경계 전체이다. 지금은 육식과 말나식[意]과 함께 법계의 일부분이니 또한 심소이기도 하다.

'반연할 대상'이란 말은 물질 등의 여섯 가지 경계를 뜻하며, 유대(有對)라는 말은 일곱 가지 심소 등이 여섯 가지 경계에 구애받는 대상이 되는 까닭이다. 그러나 상대는 장애함의 의미이다. 장애함에 두 종류가 있으니 1) 장애(障礙)의 애(礙)요, 2) 구애(拘礙)의 애(礙)이다. 세 가지 유대(有對) 중에 (1) 장애유대(障礙有對)는 1) 장애의 애(礙)에 속하고, 다른 두 가지 유대[有對, (2) (3)]는 2) 구애의 애(礙)에 속한다. 논에서 스스로 묻되, "경계와 반연할 대상은 저기에 어떤 구별이 있는가?" 답한다. "만일 저 법에 여기서 공능이 있다면 저것이 이런 법의 경계이며 심왕과 심소법이 저것에 집착하여 일어나면 저것이 마음 등에 반연할 대상이라 이름한다"고 하였다. 해석하자면 저것은 육경(六境)이고 이것은 육근(六根)과 육식(六識) 등이다. 의미로 말하면 "감관과 인식 따위가 물질 등의 경계를 볼 수 있는 등의 기능이 있기 때문이다"라고 하면 명칭과 물질 따위가 <나>의 경계가 된다. 만일 심왕과 심소의 경우라면 마치 병든 사람이 지팡이가 아니면 일어나지 못함과 같아서 경계에 의탁하여 비로소 생겨나나니 곧 물질의 경계유대(境界有對)는 반연하는 주체인 힘이 강하고, 소연유대(所緣有對)는 반연할 대상의 힘이 강한 까닭이다. 반연할 대상 중에 단지 일곱 가지 마음만 있고, 경계 속에 육근과 육식을 구비하였으니 감관이 경계에 의탁하여 생기는 까닭이다. 그러므로 능히 경계를 취하는 쪽으로는 (2) 경계유대(境界有對)요, 하지만 경계에 끄달리는 쪽으로는 (3) 소연유대(所緣有對)라 하지만 대운(大雲)법사는, "장애가 경계를 취하는 의미의 쪽을 경계유대(境界有對)라 하고, 장애가 경계를 반연하는 의미의 쪽을 소연유대(所緣有對)라 이름한다"라고 해석하였으니, 본래의 의미가 아닌 듯하다. 논에서 『시설족론(施設足論)』의 네 구절을 이끌어 경계유대(境界有對)라고 분별하였다. "말하자면 첫째, 물에서는 육지가 아닌 것을 장애하나니 고기 따위의 눈과 같고, 둘째, 육지에서는 물이 아닌 것을 장애하나니 사람 따위의 눈과 같고, 셋째, 모두 장애되나니 마치 고기 잡는 사람과 두꺼비, 개구리 등의 눈과 같고, 넷째, 모두 장애되지 않나니 앞의 감관을 제외한다는 말이다." 해석하자면 이것으로 분명하다면 보는 등으로 장애가 될 뿐이요, 보는 등이 장애인 것은 아니다.

又論에 自釋礙義호대 云何眼等이 於自境界와 及自所緣이 轉時에 名爲有礙요 答云, 越彼於餘276)에 此不轉故라하니라 釋曰, 謂眼緣色하고 不聽聲等이니 故로 眼於色에 名爲有礙라 礙我의 餘緣故라하면 則礙取境義가 斯亦有理나 而疏에 不言礙取餘境하고 但言礙取境邊일새 故非論意니라 三有對義를 彼論에 爲難하니 今已略顯이니라 然第三有對는 體雖七心이나 要緣六境일새 故亦有色이니라 又言等者는 等於下別無對色故니 此無對色은 亦六境中의 法界攝耳니라

論云超下277)는 二, 別釋三句라 句皆有三하니 如初句中에는 初, 標經이오 二, 過眼識等은 論釋이오 三, 此明下는 即疏釋論이니 下二句도 亦然이라 其疏釋三句는 亦即俱舍界品의 明五蘊中色에 辨麤細門이니 一, 可見有對者는 謂色境也요 二, 不可見有對者는 謂眼等五根과 聲香味觸也요 三, 無見無對者는 謂無表色이라 今初의 可見有對는 即前界品中의 一은 可見謂色이니라 瑜伽에 名爲超於顯色이니 論에 云, 次於虛空에 起勝解故로 所有靑黃赤白相應顯色想이 由不顯故며 及厭離故로 皆能超越이라하니라

---

276) 餘는 南金本作此, 論原續本作餘.
277) 下는 南本作超下, 續金本作超一切下.

二減有對想者는 標經이니 三²⁷⁸⁾有對言이 因此句生이니라 耳鼻舌下는 論釋이 取四識和合하야 但謂四塵이니 卽聲香味觸이라 識必依根하니 卽兼前可見이 皆障礙有對니라 故로 瑜伽에 云, 由不顯現하야 超越彼想하야 以爲因故로 所有種種衆多品類가 因諸顯色하야 和合積集이면 有障礙想을 皆得除遣이라하니라

● 또 논경에 스스로 장애의 의미를 묻되, '어째서 눈 등이 자신의 경계와 자신의 반연할 대상이 바뀔 때에 장애함이 있다고 말합니까?' 답한다. '저것이 남은 경계를 초월할 적에 이것은 바뀌지 않기 때문이다'라고 하였다. 해석하자면 눈은 물질을 반연하지만 소리를 듣지 못한다는 등이니, 그래서 눈이 물질에 장애됨이 있다고 말한다. 나의 다른 반연을 장애하는 까닭이라 한다면, 장애가 경계를 취하는 의미가 이 또한 이치가 있지만 소에서 장애가 다른 경계를 취한다고 말하지 않고, 단지 장애가 경계를 취하는 쪽으로만 말하였으므로 논의 주장이 아니다. 세 가지 상대가 있다는 의미를 저 논에서 힐난하였지만 지금은 이미 간략히 밝혔다. 그러나 (3) 소연유대(所緣有對)는 체성이 비록 일곱 가지 마음이지만 육경을 반연하려 하므로 또한 물질이 있는 것이다. 또 등(等)이라 말한 것은 아래 개별적으로 '상대가 없는 물질[無對色]'과 평등한 까닭이니, 이런 무대색(無對色)은 또한 육경 중에 법계에 섭속될 뿐이다.

Ⓑ 論云超 아래는 개별로 세 구절을 해석함이다. 구절이 모두 셋이 있으니 첫 구절 중에 ㈠ 경문을 표방함이요, ㈡ 過眼識 등은 논경의 해석이요, ㈢ 此明 아래는 소가가 세 구절을 해석한 내용은 또한 『구사론』분별계품에서 오온 중의 색법(色法)을 설명하면서 거칠고 미세

---

278) 上二는 南續金本無, 三은 南續金本作而.

한 문으로 밝혔다. 1) 가견유대(可見有對)는 물질의 경계이고, 2) 불가견유대(不可見有對)는 눈 등의 다섯 가지 승의근과 소리·향기·맛·닿음의 경계이고, (3) 보는 것 없고 상대도 없는 것[無見無對]은 무표색(無表色)[279]을 말한다. 지금 1) 가견유대(可見有對)는 앞의 분별계품에서 '하나는 볼 수 있는 것이니 물질을 말한다'고 하였다.『유가론』에서는 "물질로 드러나는 것을 초월한다"고 하였다. 논경에는 "다음에는 허공에 대하여 훌륭한 견해를 일으키기 때문에, 있는 바 푸르고·누르고·붉고·흰 따위의 서로 응하는 드러난 물질의 생각이 나타나지 않으며 욕심을 싫어하여 여의기 때문에 모두를 초월할 수 있다"고 하였다.

(2) '상대가 있다는 생각을 없앤다'는 것은 경문으로 표방한 부분이니 세 가지 유대(有對)라는 말이 이 구절로 인해 생긴 것이다. 耳鼻舌 아래는 논서의 해석이 네 가지 인식과 화합한 것을 취하여 단지 사진(四塵)이라고만 말하였으니 소리와 향기와 맛과 닿임을 가리킨다. 인식은 반드시 감관을 의지하나니 앞의 볼 수 있는 물질이 모두 (1) 장애유대(障礙有對)를 겸하게 된다. 그래서『유가론』에 이르되, "나타나지 않음과 그 생각을 뛰어남으로써 원인이 되기 때문에, 있는 바 갖가지 많은 품류의 여러 드러난 물질이 섞이고 쌓여 모임으로 인하여 장애가 있다는 생각[有對想]이 스러져 없어지기 때문이다"라고 하였다.

---

279) 無表色: 범어 avijñapti-rūpa의 음역. 無作色 不更色 無敎色이라고도 한다. 受戒를 인연으로 해서 몸 가운데 생겨서 서로 연속되어 항상 변화하여 防非止惡의 공능이 있는 無見·無聲·無對의 색법을 일컫는다. 곧 색법으로 나타낼 수 없는 색물질이므로 無表色이라 한 것이다. 俱舍論에서는 색법 11종류 가운데 하나로 四大種을 만든다 하고, 唯識論에서는 제6식의 思惟의 심소가 제8식으로 훈습된 종자 위에 假立시켜 心法으로 모아서 無表思라 이름한다. 이는 다시 말해 법진의 色과 다르고 현전의 색과 다른 승의근이다. (불교학대사전 p.423-)

三不念下는 釋第三句不念이니 先, 以論釋이오 此滅下는 二, 疏釋이라 先은 正釋이오 後는 意識緣下는 通妨을 可知로다 然此第三이 通於境界와 及所緣攝이니 是法塵故며 意識緣故니 已如上說이라 瑜伽에 云, 由遠離彼想하야 以爲因故로 所有彼種種聚中의 差別想이 轉이니 謂飮食과 甁衣와 車乘과 莊嚴具와 城舍와 軍林等想[280]이라 一切不作意轉이라하니라

皆云想者는 三, 別釋想字니 先은 依小乘이오 後는 依大乘이라 前中에 俱舍에 云, 亦總名除色想이라하니라[281] 然이나 無色에 亦二니 一者는 生得이니 生得이 卽果니 果滅色形이라 二者는 修得이라 修得은 在因이니 身居欲色하야 修空定時에 但滅於想이니라 應有問言호대 何不滅餘아 할새 故로 疏答云想取色相일새 故偏說滅이언정 非不滅餘라하니라

大乘下는 二, 約大乘이니 謂縱生無色이라도 亦唯滅想이라 先, 正釋이오 後, 若超色想下는 以例反成이니 謂生識處하야 不滅於空하고 生無所有하야 不滅於識인대 何生空處하야 而滅色耶아 斯理가 善成[282]이니라

問香味之想下는 四, 通妨이니 先은 難이오 後는 答이라 答中에 二니 先, 竪約漸修오 後, 橫約頓證이라 前中에 又二니 先, 通香味오 後, 色聲下는 通餘三想을 可知로다

若於色界頓修空定下는 約頓證以明이라 言意緣一切法者는 前明

---

280) 想은 南續金本作相, 想下에 論有於是二字.
281) 인용문은 『俱舍論』제28권의 分別定品 제8의 견해이다. 論云, "無色云何. 頌曰,《無色亦如是 四蘊離下地 / 幷上三近分 總名除色想 無色謂無色 後色起從心 / 空無邊等三 名從加行立 非想非非想 昧劣故立名"(대정장 권29 p.145 -)《무색정도 역시 이와 같으며 사온(四蘊)으로 아래 地을 떠났다. / 이와 아울러 위의 세 근분정(近分定)을 모두 색의 상(想)을 제거한 것이라 하니 무색이란 말하자면 색이 존재하지 않는 것으로 관법에서 나온 후의 색은 마음에서 일어난다 / 공무변처 등의 세 명칭은 가행에 따라 설정된 것이며 비상비비상처라는 명칭의 설정은 그 상(想)이 어둡고 하열하기 때문이다.》]
282) 成下에 金本有初禪三識等三十二字하니 係上疏文誤移於此.

意識之中에 唯取緣色之想일새 故今辨之니 通緣[283]一切라 論主가 但云, 滅意識和合想故니 意識이 分別一切法故로 說別異想이라하나니 曾不揀言唯取意中之色想耳라 故知通也로다

● 三 不念 아래는 셋째 구절에 대한 해석이니 ① 논경의 해석이요, ② 此識 아래는 소가의 해석이다. ② 중에 ㉮ 바로 해석함이요, ㉯ 意識緣 아래는 비방을 해명함이니 알 수 있으리라. 그런데 여기서 2) 불가견유대(不可見有對)가 경계와 반연할 대상에 섭속된다는 점을 해명하였으니 법진(法塵)인 까닭이며 의식이 반연하기 때문이니 이미 앞에서 설명한 내용과 같다. 『유가론』에 이르되, "그 생각을 멀리 여읨으로써 원인이 되기 때문에, 있는 바 저 가지가지 무더기 안에서 서로 다르다는 생각을 뒤바꾼 것이다. 말하자면 음식 병과 옷·탈 것·꾸미개·성의 집·군대·동산과 산 숲 따위의 생각이 그것이다. 이것에 대하여 온통 뜻을 짓지 않고 구른다"라고 하였다.

모두에 '생각'이라 한 것은 ⓒ 상자(想字)에 대한 개별 해석이니 ㊀ 소승법에 의지한 분석이요, ㊁ 대승법에 의지한 분석이다. ㊀ 중에 『구사론』에서 이르되, "또한 통틀어서 색에 대한 생각[色想]을 제거한다고 하네"라고 하였다. 그러나 무색계에 또 둘이니 (1) 타고나는 것[生得]이니 (무색계에는) 타고나는 것이 곧 결과이니 결과적으로 물질의 형상을 없앤 것이요, (2) 닦아 얻는 것[修得]이다. 닦아 얻음은 인위(因位)이니 몸이 욕계나 색계에 살면서 공처(空處)의 선정을 닦을 때에 단지 생각을 없애기만 한다. 응하여 어떤 이가 묻되, '어째서 다른 것은 멸하지 않는가?' 그래서 소가가 답하되, '상념은 물질의 형상을 취하는 연고로 치우쳐 없앤다고만 말하였지만 나머지를 없애지 않는 것

---

[283] 通緣은 甲本作知通, 知는 南金本作知通.

은 아니다'라고 하였다.

㈢ 大乘 아래는 대승법에 의지한 분석이다. 말하자면 비록 무색계에 태어났더라도 또한 오로지 생각을 없애기만 한다는 뜻이다. ① 바로 해석함이요, ② 若超色想 아래는 유례하여 반대로 성립함이다. 말하자면 '식무변처에 태어나 공처의 선정을 없애지 못하고 무소유처에 태어나 식처의 선정을 없애지 못한다면 어떻게 공무변처에 태어나 색계의 선정을 없앨 수 있겠는가?'라는 뜻이니 이런 이치가 쉽게 성립된다. ⓓ 問香味之想 아래는 비방과 힐난을 해명함이니 ㈠ 힐난함이요, ㈡ 대답함이다. ㈡ 대답함 중에 둘이니, ① 세로로 점차로 닦음에 의지한 해명이요, ② 가로로 단박 닦음에 의지한 해명이다. ① 중에 또 둘이니 ㈎ 향기와 맛으로 해명함이요, ㈏ 色聲 아래는 나머지 세 가지 생각을 해명함이니 알 수 있으리라. ㈏ 若於色界頓修空定 아래는 단박에 증득함[頓證]에 의지해 밝힘이다.

'의식이 일체법을 반연한다'고 말한 것은 앞에서는 의식 속에는 오직 물질만 반연한다는 생각을 취한 연고로 지금에 통틀어 반연한다고 밝혔다. 논주는 단지 "의식이 화합한 생각을 없앤 까닭이니 의식이 일체법을 분별하는 연고로 별다른 생각을 말한다"고만 하였으니, 일찍이 오로지 의식 속의 물질만 취한다는 생각을 구분하지 않았을 뿐이므로 통함을 알게 된다.

⑥ 다스림에 대해 밝히다[辨對治] (己明 59下9)

[疏] 已明離障하니 云何對治오 前三句中에 不念之言은 含於對治니 謂不分別色等境故라 何以不念고 見無我故라 約菩薩實治일새 故云

無我어니와 若依有漏인대 但厭苦麤로 以爲加行이니라 順正理에 云, 謂若有法이 雖與色俱나 而其自體는 不依屬色하니 諸有가 於色에 求出離者는 必應最初에 思惟彼法이니 謂虛空體는 雖與色俱이나 而 待色無하야 方得顯了하나니 外法의 所攝인 其相이 無邊을 思惟彼時에 而能離色이니 此卽加行之相也니라

■ 여읠 장애에 대해 이미 밝혔으니 ㉥ 어떻게 다스려야 할까? 앞의 세 구절 중에 '생각하지 않는다'는 말은 다스리는 법을 포함하고 있다. 말하자면 물질 등의 경계를 분별하지 않는다는 뜻이다. 무슨 까닭에 생각하지 않는가? 〈내〉가 없음을 보기 때문이다. 보살이 실법으로 다스림에 의지한다면 〈내〉가 없다고 하겠지만, 만일 유루법(有漏法)에 의지한다면 단지 괴로움과 거친 생각을 싫어하는 것으로 가행도를 삼게 된다. 『순정리론(順正理論)』에 이르되, "이를테면 만일 어떤 법이 비록 물질과 함께한다 하더라도 그 자체가 물질에 의지하거나 속하지 않으면, 모든 〈유〉가 물질에 대하여 벗어나기[出離]를 구하는 이는 반드시 맨 처음에 그 법을 사유해야 한다. 이를테면 허공의 본체가 비록 물질과 함께한다 하더라도 물질을 기다려 환히 알게 되는 것이 없고 외부의 법이 섭수한 그 모양은 끝이 없나니, 그것을 사유할 때에 물질을 여의기가 쉽기 때문이다"라고 하였으니 이것은 곧 가행위의 양상이다.

[鈔] 已明離障下는 二, 釋對治라 上二句는 結前生後요 後, 前三句下는 正釋이라 然其不念之言은 對治義顯이니 初超와 次滅이 亦是對治라 上引瑜伽에는 三句之內에 皆具對治하니 謂由遠離彼想爲因等과 下總釋에 云, 除遣如是有色有對인 種種想已와 餘無邊想虛空勝解가 是也니라

何以不念下는 卽是論釋不念之言이니 謂色無自實하야 當體가 卽空일새 故云無我니 卽法無我니라 約菩薩下는 卽疏釋論이니라 但厭苦麤者는 此卽有漏인 六行伏惑이니 謂厭下苦麤障하고 欣上淨妙離일새 略言苦麤니라 然此對治는 經雖無文이나 論主가 義取不念釋耳니라

● ㉮ 已明離障 아래는 다스림에 대해 밝힘이다. ㉠ 위의 두 구절은 앞을 결론하고 뒤를 시작함이요, ㉡ 前三句 아래는 바로 해석함이다. 하지만 그 불념(不念)이란 말은 다스림의 의미를 밝힌 것이니, 첫 구절의 초월함과 다음 구절의 소멸함이 또한 다스림의 의미이다. 위에서 인용한『유가론』에는 세 구절 속에 모두 다스림이 구비되었다. 말하자면 저 생각을 멀리 떠남을 원인으로 삼기 때문이란 등과 아래 총합적인 해석에 이르기를, "그러므로 이와 같은 빛깔이 있고 대상이 있다[有色有對]는 갖가지 생각을 없애 버린 뒤에는 공무변처와 식무변처의 훌륭한 견해를 일으킨다"는 것이 그것이다.

何以不念 아래는 그대로 불념(不念)이란 말을 논에서 해석한 내용이다. 말하자면 물질에 자체의 실법이 없어서 자체가 〈공〉에 합치하므로 〈내〉가 없다고 하였으니 곧 법에 〈나〉라는 집착이 없다. 約菩薩 아래는 소가가 논을 해석함이다. '단지 거칠고 괴로움을 싫어한다'는 것은 이것은 유루법인 여섯 가지 행법으로 미혹을 조복하는 것이다. 말하자면 아래의 고추장(苦麤障)을 싫어하고 위의 정묘리(淨妙離)를 기뻐하므로 간략하게 고추(苦麤)라고 하였다. 그런데 이 다스림은 본경에는 비록 문장이 없지만 논주가 의미로 취하여 불념(不念)이라 해석한 내용이다.

順正理下는 引論하야 釋成加行之相이라 然云有法雖與色俱者는 有

法이 卽空이니 空徧一切色과 非色處라 今明色中之空일새 故云雖與
色俱라 而其自體者는 空是無礙요 色是變礙故라 下經에 云,284) 譬
如虛空이 徧至一切色과 非色處나 非至非不至니 何以故요 虛空은
無身故라하니 此約事空이라 若約理空인대 義亦同此라 故로 經頌에
云,285) 譬如法界가 徧一切나 不可見取爲一切가 是也니라 上辨虛空
之體니라

諸有於色下는 辨觀行之相이라 而待色無者는 然顯空相에 略有二
義하니 一, 滅色明空이니 謂先有色이라가 今此已無故요 二, 對色明
空이니 此處는 是色이오 無色處는 是空이라 今待色無가 義含二意니
故로 婆沙論八十에 云,286) 但由加行하야 名空無邊處이니 謂初業者
는 先應思惟牆上과 樹上과 岸上과 舍上等의 諸空之相이니 取此相
已에 假想勝解로 觀察照了無邊空相이니 以先思惟無邊空相으로 而
修加行하야 展轉引起初無色定일새 故說此名虛空無邊處니라 曾聞
苾芻는 出此定已에 便擧兩手하야 捫摸虛空이어늘 有見問言호대 汝
何所覓하고 苾芻가 答言호대 我覓自身이로다 彼言호대 汝身이 卽在牀
上하니 如何餘處에 更覓自身하니 故知入此定已에 亦不見身이오 起
定에 猶爾라하니 今疏는 但明加行之相耳이니라

- ⓒ 順正理 아래는 논서를 인용하여 가행(加行)의 양상을 해석함이다.
그런데 '어떤 법이 비록 물질과 함께한다'고 말한 것은 〈유〉의 법이

---

284) 이는 如來出現品 제37의 如來身業의 열 가지 譬喩에 나오는 내용으로 具云하면, "佛子야 譬如虛空이 徧至
一切色非色處호대 非至非不至니 何以故오 虛空은 無身故인달하야 如來身도 亦如是하사 徧一切處하며
徧一切衆生하며 徧一切法하며 徧一切國土호대 非至非不至니 何以故오 如來身은 無身故니 爲衆生故로
示現其身이니라. 佛子야 是爲如來身第一相이니 諸菩薩摩訶薩이 應如是見이니라."(교재 제3권 p.251-)
285) 如來出現의 비유에 대한 게송이다. "譬如法界徧一切호대 不可見取爲一切인달하야 十力境界도 亦復然하야
徧於一切非一切로다." [법계가 일체 것에 두루 했지만 그를 보고 일체라고 할 수 없나니 열 가지 힘 경계도 그
와 같아서 일체에 두루 하나 일체 아니며]
286) 인용문은 『阿毘達磨大毘婆沙論』제84권 結蘊 제2중 十門納息 제4의 14의 내용이다. (대정장 권27 p.432c-)

〈공〉과 합치하였으니 허공이 온갖 물질과 물질 아닌 곳에 두루 하다는 뜻이다. 지금은 물질 속의 〈공〉을 설명하기 때문에 "비록 물질과 함께한다 하더라도"라고 하였다. '하지만 그 자체'에서 〈공〉은 무애하고 물질은 전변하고 장애되는 까닭이다. 아래경문에서는, "비유하건대 마치 허공이 모든 물질과 물질 아닌 곳에 두루 이르지마는, 이르는 것도 아니고 이르지 않는 것도 아니니, 왜냐하면 허공은 몸이 없는 연고이니라"라고 하였으니, 이것은 현상적인 〈공〉에 의지한 분석이다. 만일 이치적인 〈공〉에 의지한다 해도 의미가 역시 이와 같을 것이다. 그러므로 경문에 게송으로, "법계가 일체 것에 두루 했지만 그를 보고 일체라고 할 수 없나니"라 함이 그것이다. 여기까지 허공의 체성에 대해 밝혔다.

① 諸有於色 아래는 관찰하는 행법의 양상에 대해 밝힘이다. '그래도 색을 기다리지 않으면[而待色無]'이란 그처럼 〈공〉의 양상을 밝힐 적에 대략 두 가지 의미가 있으니 1) 물질을 없애고 공함을 밝힘이다. 말하자면 먼저 물질이 있었다가 지금 여기서 없어진 까닭이요, 2) 물질을 상대하여 공함을 밝힘이다. 이 욕계는 물질이요, 무색계는 〈공〉이다. 지금은 물질이 없기를 기다림이 이치로 두 가지 의미를 포함하고 있다. 그러므로 『대비바사론(大毘婆沙論)』 제84권에서는, "단지 가행으로 인해 공무변처라 이름하나니, 이를테면 처음으로 업을 익히는 이는 먼저 울타리 위와 나무・벼랑・집 위 따위의 모든 허공의 모양을 사유해야 한다. 이 모양을 취한 뒤에 가상(假想)으로 훌륭하게 이해하면서 끝없는 허공의 모양을 관찰하고 환히 비추는 것이니, 먼저 끝없는 허공의 모양을 사유하면서 가행을 닦으며 점차로 첫 무색계의 선정을 끌어 일으키기 때문에 이것을 공무변처라고 한다. (또 等

流에 의거하기 때문에 이 정을 공무변처라고 한다. 이를테면 유가사는 이 정에서 나올 때는 반드시 서로 유사한 허공이라는 생각을 일으켜 앞에 나타나 있게 한다.) 일찍이 듣건대 비구는 이런 선정에서 나온 뒤에 문득 두 손을 들어 허공을 더듬는다"고 하였다. "어떤 이가 보고서 묻기를, '너는 무엇을 찾고 있는가?' 비구가 답하기를, '나는 내 몸을 찾고 있습니다.' 저가 말하되, '네 몸이 평상 위에 앉아 있는데 어째서 다른 곳에서 다시 자신을 찾는다고 하느냐?'"라 하였다. 그러므로 알라. 이런 선정에 들고 나면 또한 몸을 보지 못하며, 선정을 일으키면 그렇게 된다고 하니, 지금 소에서는 단지 가행도의 양상만 밝혔을 뿐이다.

ⓑ 이익을 밝히다[次句辨利益] (二入 61下3)

[疏] 二, 入無邊虛空者는 是修行利益이니 謂三色想이 絶하면 則入空理니 廓爾無邊故니라

■ ⓑ '끝없는 허공에 들어간다'는 것은 수행한 이익을 밝힘이다. 말하자면 세 가지의 물질에 대한 상념이 끊어지면 〈공〉의 이치에 들어간다는 뜻이니, 넓기가 끝없기 때문이다.

ⓒ 의지하는 삼매[後句明依止] 2.
ⓕ 바로 삼매에 대해 밝히다[正明三昧] (三住 61下5)
ⓕ 논문을 인용하여 바로 해석하다[引論正釋] (瑜伽)

[疏] 三, 住虛空無邊處者는 是彼二依止三昧니라 瑜伽에 云, 由已超過近分加行究竟作意하야 入上根本加行究竟果作意定이니 是故로 說

言空無邊處具足安住라하니라 準瑜伽意인대 四義之中에 離障은 是超下地요 對治는 是加行究竟作意요 利益은 是勝解作意요 彼二依止는 是加行究竟果作意니 前三는 爲近分이요 後一은 是根本이니라 後之三定도 一同於此니라

- ⓒ '허공이 끝없는 곳에 머문다'는 것은 ㉮ 저 둘이 의지하는 삼매를 가리킨다. ㉯『유가사지론』에 이르되, "이미 근분(近分)의 행을 가행위의 마침의 생각 지음을 뛰어나서 위의 근본의 행을 '가행위의 궁극적 결과로 생각 지음의 선정[加行究竟果作意定]'에 들어감으로 인해 그 때문에 공무변처에 두루 갖추어 편안히 머문다고 말한다"라고 하였다.『유가론』의 주장에 준한다면 네 가지 의미 가운데 여읠 장애는 아래 지(地)를 초월함이요, 다스림은 가행구경작의(加行究竟作意)요, 이익은 승해작의(勝解作意)요, 저 둘이 의지하는 삼매는 가행구경과작의(加行究竟果作意)에 해당한다. 앞의 셋은 근분정(近分定)이요, 뒤의 하나[加行究竟果作意]는 근본정(根本定)이다. 뒤의 세 가지 선정도 이와 마찬가지이다.

[鈔] 瑜伽云由已超過下는 疏文有三하니 初, 引論이오 二, 準瑜伽意下는 釋彼論文이오 三, 後之三下는 結例라 二中에 以加行究竟作意[287]는 卽是第六이니 以彼釋에 云, 謂心得離繫故라하니라 言利益是勝解作意者는 以雖彼當第二나 釋云正是修行이라하며 以下彼二依止는 是加行究竟果作意를 彼釋에 云, 謂無間證入이라하니 則知利益이 是正修行矣로다

- ㉯ 瑜伽云由 아래는 소의 문장에 셋이 있으니 ㉮ 논문을 인용함이요,

---

287) 作意는 南金本作下.

㉣ 準瑜伽意 아래는 저 논문을 해석함이요, ㉤ 後之三 아래는 결론하여 유례함이다. ㉢ 중에 가행구경작의(加行究竟作意)는 일곱 가지 작의(作意) 중의 제6에 해당하나니, 저 논에서 해석하되 "마음으로 얽힘에서 벗어난 까닭이다"라고 하였다. '이익은 승해작의이다'라고 말한 것은 비록 저것이 제2에 해당되지만 바로 수행으로 해석하였으며, 아래의 '저 둘이 의지하는 삼매는 가행구경과작의'라 한 것을 저 논에서, "간단없이 증득해 들어감을 말한다"라고 해석하였으니 이익이 바로 수행임을 알 수 있다.

㉢ 총합하여 결론하다[總結] (又此 62上1)

[疏] 又此四義에 初는 何所超요 次는 云何能超요 三은 超前何緣이요 四는 超何所證이니라
■ 또한 이 네 가지 이치에서 (1) 무엇을 초월하는가. (2) 어떻게 초월하는가. (3) 앞을 초월하면 무엇을 반연하는가. (4) 초월하면 무엇을 증득하는가로 결론할 수 있다.

[鈔] 又此四義下는 第三는 總結이라 何所超者는 謂色이요 云何能超는 謂無分別이요 何[288]緣者는 謂緣虛空無邊이니 尤顯此句가 是修行相이로다 何所證者는 卽空處心一境性이니라
● ㉢ 又此四義 아래는 총합하여 결론함이다. (1) 하소초(何所超)는 물질을 말하고, (2) 운하능초(云何能超)는 분별없음을 말하고, (3) 하연(何緣)은 끝없는 허공을 반연한다는 뜻이니, 이 구절이 수행하는 양상

---

288) 何는 南續金本作何所.

임이 더욱 드러난 셈이다. (4) 하소증(何所證)이란 공무변처의 심일경성(心一境性)을 가리킨다.

㉮ 식무변처에 대한 설명[識處] 3.

㉠ 여월 장애를 총합하여 밝히다[總明離障] (二識 62上10)

超一切虛空無邊處하여 入無邊識하여 住識無邊處하느니라
일체 허공이 끝없는 곳을 초월하면 끝없는 식에 들어가 식이 끝없는 곳에 머무느니라."

[疏] 二, 識無邊處니 心緣內識하야 作無邊行相일새 故以爲名이라 初, 超虛空無邊處가 是明離障이니 彼何所障이라 外念이 爲麤故라 云何對治오 見彼外念麤分別過患故니라
㉮ 식무변처이다. 마음으로 내부의 인식을 반연하여 끝없는 행법의 양상을 지으므로 그렇게 이름한다. 첫 구절에서 '일체 공무변처를 초월한다'고 말한 것은 ㉠ 여월 장애를 밝힘이니 저 무엇이 장애할 대상인가? 바깥 상념은 거칠기 때문이다. 어떻게 다스려야 하는가? 저 바깥 상념의 거친 분별의 허물과 병통을 발견하는 까닭이다.

㉡ 이익을 밝히다[辨利益] (二入 62下3)
㉢ 의지하는 삼매[明依止] (後依)

[疏] 二, 入無邊識이 是修行利益이니 前明捨外요 今辨緣內라 正理에 云,

謂於純淨六識身에 能了知中에 善取相已하야 安住勝解하고 由假想力하야 思惟觀察無邊識相하나니 由此加行爲先하야 得入根本이라하나니라 後, 依止는 可知로다

- ㉡ '끝없는 인식에 들어간다' 함이 수행한 이익이다. ⓐ 앞에서는 "외부적인 거친 생각을 버렸다"고 밝혔고, 지금은 내부적인 생각에 대해 밝혔다. ⓑ 『순정리론』에 이르되, "(만일 勝解로 말미암아 끝없는 인식을 사유하면 그 가행으로 이루는 바를 식무변처라고 한다.) 이를테면 순수하고 깨끗한 육식(六識)의 몸에 대하여 분명히 분별하여 아는 가운데 모양을 잘 취하고 나서 승해(勝解)에 편안히 머무르고 가정적으로 생각하는[假想] 힘으로 인해 끝없는 인식의 모양을 사유하여 관찰하나니, 이 가행으로 우선을 삼음으로 인해 근본에 들어간다"고 하였다. ㉢ 의지하는 삼매는 알 수 있으리라.

[鈔] 正理云[289]下는 引論證成加行之相이라 言得入根本은 卽彼二의 依止三昧니라

- ㉡ 正理云 아래는 논문을 인용하여 가행의 양상을 증명함이다. ㉢ '근본정에 들어간다'는 것은 곧 저 둘이 의지하는 삼매이다.

㉰ 무소유처에 대한 설명[無所有處] 3.

㉠ 여읠 장애를 총합하여 밝히다[總明離障] (三無 62下10)

超一切識無邊處하여 入無少所有하여 住無所有處하느니라

---

289) 云은 續金本作論.

"일체 식이 끝없는 곳을 초월하면 조그만 것도 없는 데 들어가 아무 것도 없는 곳에 머무느니라."

[疏] 三, 無所有處者는 卽內外가 皆無也라 初는 超無邊識은 是明離障이라 何過를 須超요 事念麤故라 云何對治오 見麤念事의 分別過患이니라

■ ㉰ 무소유처라 한 것은 '안과 밖이 모두 없다'는 뜻이다. ㉠ 첫 구절의 '끝없는 인식을 초월하면'이라 말한 것은 여읠 장애를 밝힘이다. 어떤 허물을 초월해야 하는가? 현상적인 생각은 거칠기 때문이다. 어떻게 다스리는가? 거친 생각의 일로 분별하려는 허물과 병통을 발견하기 때문이다.

㉡ 이익을 밝히다[辨利益] (次入 63上3)
㉢ 의지하는 삼매[明依止] (後住)

[疏] 次, 入無少所有者는 修行利益이니 前以捨外緣內일새 故爲麤念이어니와 旣無所取하야 能取가 亦無일새 故로 內外가 俱無니 斯爲利益이니라 正理에 云, 見前無邊行相麤動하고 起此加行일새 是故로 此處를 名最勝捨니 以於此中에 不復樂作無邊行相하고 心於所緣에 捨諸所有하야 寂然290)而住라하니라 瑜伽에 云, 從識處하야 上進時에 離其識外에는 更求餘境하야도 都無所得이라하니 此意는 明識旣爲麤라 識外에 復無일새 故無所有니라 後, 住無所有處는 是彼二依止니라

■ ㉡ '조그만 것도 없는 데 들어간다'는 것은 수행한 이익이다. 앞의 바깥의 거친 생각을 버리고 내부로 반연하였으므로 '거친 생각'이라 하

---

290) 然은 金本作照誤, 論原南續本作然.

였지만, 이미 취한 것이 없어서 취하는 주체도 없어졌으므로 안과 밖이 모두 없는 것이니 이것이 바로 이익인 셈이다.『순정리론』에 이르되, "(만일 勝解로 말미암아 온갖 모든 가행으로 이룬 바를 버린다면 무소유처라고 한다.) 이를테면 끝없는 행상이 거칠게 움직이는 것을 보고 싫어하여 버리기 위해 이 가행을 일으키는 것이니, 이 때문에 이곳을 가장 수승하게 버린다[最勝捨]고 한다. 이 가운데 다시 끝없는 행상을 즐겨 짓지 않으며 마음이 반연할 대상에 대하여 모든 있는 바를 버리고 고요히 머무르기 때문이다"라고 하였다.『유가론』에 이르되, "식무변처로부터 위로 승진할 때에 그 식처 밖을 떠나서는 다시 다른 경계를 구하여도 도무지 얻은 바가 없다"고 하였으니, 이런 의미는 식처(識處)가 이미 거친 생각임을 밝힌 내용이다. 식처 밖에 다시 없으므로 무소유(無所有)라 하였다. ㉢ '아무 것도 없는 곳에 머문다'는 것은 저 둘이 의지하는 삼매를 뜻한다.

㉣ 비상비비상처에 대한 설명[非想非非想處] 2.

㉠ 명칭 해석[釋名] (四非 63下2)

超一切無所有處하여 **住非有想非無想處**하니라
"일체 아무것도 없는 곳을 초월하면 생각이 있지도 않고 생각이 없지도 않은 곳에 머무느니라.

[疏] 四, 非想中에 無下七地의 明了之想하고 有昧劣想일새 故以爲名이니라
■ ㉣ 생각도 아니고 생각 아님도 아닌 곳이다. ㉠ 그중에 제7지에서는

생각을 밝게 요달함이 없고, 어둡고 하열한 생각이 남아 있으므로 이렇게 이름한다.

ⓒ 경문 해석[釋文] 2.
ⓐ 첫 구절을 해석하다[釋初句] 3.
㉮ 장애를 표방하다[標障] (超一 63下3)
㉯ 다스림을 밝히다[顯治] (云何)
㉰ 회통하여 해석하다[會釋] (經闕)

[疏] 超一切無所有處는 是所離障이라 云何對治오 無彼無所有니 以見麤念의 分別過患일새 故爲能治라 旣寂無所有어니 云何名麤오 猶有無所有想故니라 經闕一句나 論經則具하니 彼云호대 知非有想非無想安隱이 卽²⁹¹⁾修行利益이라하니라

■ '일체 아무것도 없는 곳을 초월한다'라고 말한 것은 ㉮ 여읠 대상인 장애를 뜻한다. ㉯ 어떻게 다스리는가? 저 아무것도 없는 곳마저 없는 곳이니, 거친 생각의 분별하는 허물과 병통을 발견했으므로 능히 다스릴 수 있다. 이미 무소유처가 고요해졌는데 어째서 '거칠다'고 이름하는가? 아직도 무소유처라는 생각이 남아 있기 때문이다. ㉰ 본경에는 한 구절이 빠졌지만 논경에는 구비되어 있으니, 저 논경에서는, "생각이 있는 것도 아니요 없는 것도 아닌 안온한 경지를 아는 것이 수행한 이익이다"라고 하였다.

ⓑ 셋째 구절을 해석하다[釋第三句] 2.

---

291) 卽은 續金本作則.

㉠ 간략한 해석[略釋] (即入 63下8)

[疏] 即入非有想非無想處行은 是二依止니라
- ㉮ 생각이 있는 것도 아니요 생각이 없는 것도 아닌 경지의 행법에 들어가는 것이 저 둘이 의지하는 삼매이다.

㉡ 자세한 해석[廣釋] 2.
㉮ 생각이 있는 것이 아님에 대한 해석[釋非有想] (瑜伽 63下8)
㉯ 생각이 없는 것이 아님을 해석하다[釋非無想] (又言)

[疏] 瑜伽에 云,292) 先入無所有處定하야 超過一切有所有想하고 今復超過無所有想일새 故言非想이라하니라
又言호대 非無想者는 非如無想과 及滅盡定에 一切諸想을 皆悉滅盡이오 唯有微細想이 緣無想境轉故로 即於此處에 起勝解하야 則超近分而入根本이라하니라 此中에 所以不出三界者는 由緣無想境이니 即是細想이어늘 外道는 不了하야 謂爲涅槃이나 未能無緣이어니 豈離心境이리오 況計此爲我하야 復生愛味아 故로 法華에 喩頭上火然293)이라하나니 若知此患하면 更求上進이니 求上進時에 求上所緣하야도 竟無所得이라 無所得故로 滅而不轉하면 則得滅受想定也라 若未得此定하고 厭想爲先하야 後想이 不行하면 即入無想定이니라
- ㉮ 『유가사지론』에 이르되, "(다음에 아무것도 없는 처소로부터 위로 나아가려

---

292) 인용문은 『瑜伽師地論』 제33권 聲聞地 중 瑜伽處의 내용이다. (대정장 권30 p. 468 c-)
293) 인용문은 『法華經』 비유품 제3의 게송이다. 經云, "鳩槃茶鬼가 隨取而食하며 又諸餓鬼는 頭上火然커던 / 飢渴熱惱로 周慞悶走하며 其宅如是히 甚可怖畏라."[구반다 귀신들이 날름날름 주워 먹고 또 모든 귀신들은 머리마다 불이 붙고 / 배고프고 뜨거워서 황급하게 달아나니 그 집이 이와 같이 지독하게 무서우며

할 때에는 아무것도 없는 처소의 생각에서 거친 생각을 일으킴으로 인해 곧 아무것도 없는 처소의 생각을 버릴 수 있다. 이런 인연으로 인해) 먼저 무소유처의 선정에 들 때에, 온갖 있다는 생각과 있는 바라는 생각을 뛰어나고 이제는 다시 '아무것도 없다는 생각'에서조차 뛰어난다. 그 때문에 생각이 있는 것이 아니라고 한다"라고 하였다.

또 말하되, "생각이 없는 것도 아니라고[非無想] 함은 마치 생각 없는 선정[無想定]과 생각이 끊어진 선정[滅盡定]에는 온갖 모든 생각이 모두 다 끊겨 없어진 것은 아니어서 미세한 생각만은 있으며 모양 없는 경계[無相境]를 반연하여 구른다. (그 때문에 생각도 아니고 생각 아님도 아님[非想非非想]이라고 한다.) 곧 이곳에서 뛰어난 견해를 일으킬 때에 (온갖 근본과 근본의 아무것도 없는 처소와) 생각도 생각 아님도 아닌 처소의 근분 내지는 가행도의 궁극적 결과의 뜻 지음의 선정에 든다"고 하였다. 이 가운데 삼계를 벗어나지 못한 이유는 모양 없는 경계를 반연한 까닭이다. 미세한 생각이긴 하지만 외도는 그것을 알지 못하고 열반이라 하나, 능히 반연을 없애지도 못했는데 어찌 마음의 경계를 여읠 수 있겠는가? 하물며 이것을 〈나〉로 계탁하여 다시 애정에 맛들임이겠는가? 그러므로『법화경』에서는 머리 위에 붙은 불로 비유하였으니, 만일 이런 병통을 안다면 다시 위로 승진하기를 구할 것이다. 위로 승진을 구할 때에 위의 반연할 대상은 구하더라도 마침내 얻은 바가 없으리라. 얻은 바가 없는 연고로 끊어져 구르지 않는다면 바로 '느낌과 생각이 끊어진 선정[滅受想定]'을 얻게 된다. 만일 이 선정을 얻지 못하고 싫어하는 생각이 앞서고 뒷생각이 행하지 않으면 생각 없는 선정[無想定]에 든 것으로 본다.

[鈔] 四, 非想中에 疏文有二니 先, 釋名이오 後, 超一切下는 釋文이라 釋初句中에 疏文有三하니 初, 牒經標章이오 次, 云何下는 顯治오 後, 經闕下는 會釋이라 即入非有想下는 釋第三句라 分二니 先, 略釋이오 後, 瑜伽下는 廣釋이라 於中에 二니 先, 釋非有想이오 後, 又言下는 釋非無想이라 於中에 三이니 初, 對他釋이오 二, 唯有下는 約自地釋이오 三, 此中所以下는 對無漏定하야 以辨優劣[294]이라

● ㉣ 생각도 아니고 생각 아님도 아닌 곳 중에 소의 문장에 둘이 있으니 ㉠ 명칭 해석이오, ㉡ 超一切 아래는 경문 해석이다. ⓐ 첫 구절에 대한 해석 중에 소의 문장에 셋이 있으니 ㉮ 경문을 따와서 가름으로 표방함이요, ㉯ 云何 아래는 다스림을 밝힘이요, ㉰ 經闕 아래는 회통하여 해석함이다. ⓑ 即入非有想 아래는 셋째 구절에 대한 해석이다. 둘로 나누었으니 ㉮ 간략한 해석이요, ㉯ 瑜伽 아래는 자세한 해석이다. 그중에 둘이니 ㉤ 생각이 있는 것이 아님에 대한 해석이요, ㉥ 又言 아래는 생각이 없는 것도 아님에 대한 해석이다. 그중에 셋이니 Ⓐ 다른 것과 상대한 해석이요, Ⓑ 唯有 아래는 자신의 지(地)에 의지한 해석이요, Ⓒ 此中所以 아래는 무루의 선정과 상대하여 우열을 구분함이다.

③ 자세함을 지적하다[指廣] (然婆 64上8)

[疏] 然이나 婆沙百四十一과 顯揚第三과 及諸論에 皆明이로대 而文言이 浩博이라 上引二論은 文略義顯하니라
  ■ ③ 그러나 『대비바사론』제141권과 『현양성교론』제3권과 여러 논

---
294) 優는 原本作憂誤, 優劣은 甲續本作定; 上一百九字는 南金本無.

서에서 모두 밝혔지만 문장과 언사가 너무 넓다. 위에 인용한 두 가지 논서[유가론, 구사론]는 문장이 간략하고 의미가 뚜렷하다.

[鈔] 然婆沙論下는 指廣在餘라 言諸論者는 雜集第九에 亦廣分別하니라
● ③ 然婆沙論 아래는 자세하게 다른 것을 지적함이다. '여러 논서'라 말한 것은 『잡집론』제9권에 또한 자세히 분별한 것이 있다는 뜻이다.

④ 관찰하는 행법에 의지한 해석[觀行] (今更 64下2)

[疏] 今更約第一義修하야 略示四空호리라 謂觀色卽空하야 心安於空하면 是空處定이오 次知空色이 不出於心하면 是識處定이오 次는 心境兩亡하면 爲無所有오 次는 亦亡無所有想하고 緣無想住하면 名非想非非想이오 若不緣此無想하면 則諸漏가 永寂이니라
■ ④ 지금은 다시 제일가는 이치의 수행에 의지하여 네 가지 하늘을 간략히 보이겠다. 말하자면 물질이 곧 〈공〉인 줄 관찰하여 마음을 〈공〉에 안주하면 바로 공무변처의 선정이며, 다음으로 〈공〉과 물질이 마음에서 벗어나지 않음을 안다면 식무변처의 선정이며, 다음으로 마음과 경계 둘 다 사라지면 무소유처의 선정이요, 다음으로 아무 것도 없다는 생각마저 없어지고 생각 끊어진 선정을 반연하면 생각도 아니고 생각 아닌 것도 아닌 선정이라 이름한다. 만일 이런 생각 끊어진 선정도 반연하지 않으면 모든 번뇌가 영원히 고요해지리라.

[鈔] 今更約下는 約觀心釋이니 兼通禪門이니라
● ④ 今更約 아래는 관심에 의지한 해석이니 겸하여 선종(禪宗)과 통하

는 견해이다.

c. 들어간 의미[後一入意] (第三 64下8)

但隨順法故로 行이언정 而無所樂着이니라
다만 법을 따라서 행할지언정 즐거워 집착하는 일은 없느니라."

[疏] 第三, 入意니 但順化衆生法이언정 不同凡小가 有愛味等이니 如前已釋이니라
- c. 들어간 의미이다. 단지 중생을 교화하는 법에만 따른다 하더라도 범부나 소승이 애정에 맛들이는 따위와는 같지 않나니, 앞에서 이미 해석한 내용과 같다.

(라) 염행의 결과의 부분[厭果分] 2.

ㄱ. 과목 나누기[分科] (大文 65上2)

佛子여 此菩薩이 心隨於慈하여 廣大無量不二하며 無怨無對하며 無障無惱하며 徧至一切處하며 盡法界虛空界하여 徧一切世間하나니라
"불자여, 이 보살의 마음이 인자함을 따르나니, 넓고 크고 한량없고 둘이 아니고 원수가 없고 상대가 없고 장애가 없고 시끄러움이 없으며, 온갖 곳에 두루 이르며 법계와 허공

계를 끝까지 하여 일체 세간에 두루 하나니라.

❖ 제6회 십지품 제3 發光地 (科圖 26-45; 劍字卷)

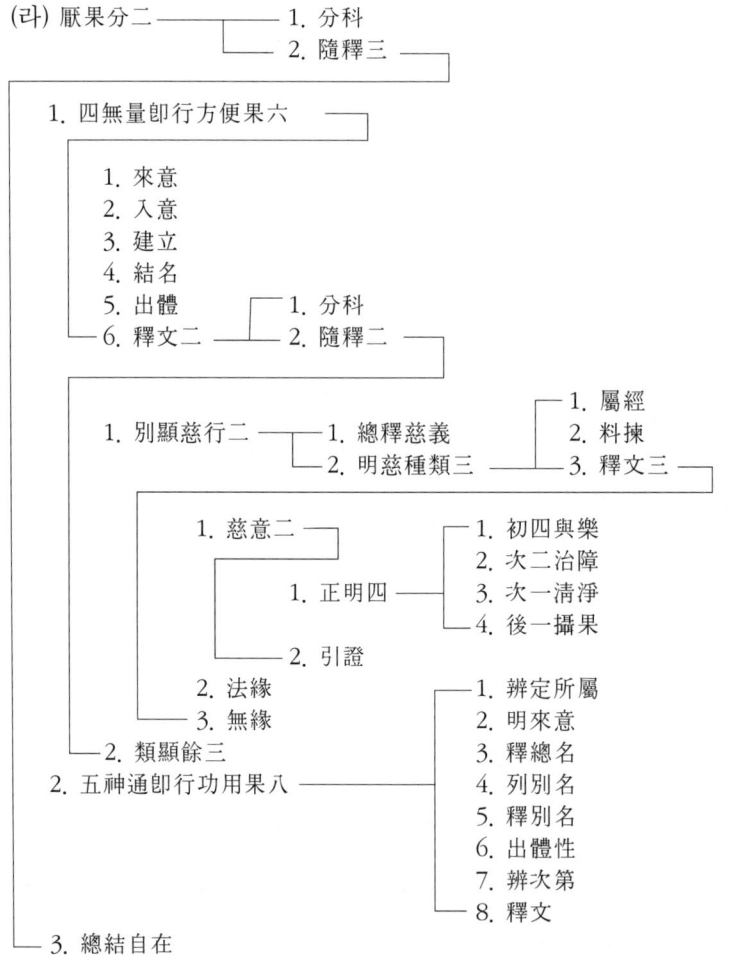

[疏] 大文第四, 佛子此菩薩心隨下는 明其厭果니 卽前八定之所等引일 새 故名爲果라 文分爲三이니 初, 四無量은 卽行方便果요 次, 五神

通은 卽行功用果요 三, 此菩薩於諸禪下는 總結自在라
- 큰 문단으로 (라) 佛子此菩薩心隨 아래는 그 염행(厭行)의 결과의 부분이다. 앞의 여덟 가지 선정[사선과 사공]에서 똑같이 이끌려진 결과이므로 결과라고 이름하였다. 경문을 셋으로 나누었으니 ㄱ) 사무량심은 곧 방편을 실천한 결과이고, ㄴ) 다섯 가지 신통력은 곧 공용을 실천한 결과이며, ㄷ) 此菩薩於諸禪 아래는 총합하여 자재함으로 결론함이다.

ㄴ. 과목에 따라 해석하다[隨釋] 3.

ㄱ) 사무량심은 곧 방편을 실천한 결과이다[四無量心卽行方便果] 6.
(ㄱ) 오게 된 뜻[來意] (今初 65上5)
(ㄴ) 들어간 의미[入意] (然入)

[疏] 今初니 所以先明者는 凡夫는 味定하야 三界輪廻하고 二乘은 上升이나 多皆趣滅하고 菩薩은 因定發生慈悲하야 廣利有情하야 成菩薩性이니라 然이나 入之所以는 前論에 已辨이니라
- 지금은 ㄱ) 사무량심이니 (ㄱ) 먼저 밝히는 이유[來意]는 범부는 선정에 맛들여 삼계에 윤회하고, 이승은 위로 승진하지만 대부분 열반으로 향하고, 보살은 선정으로 인해 자비한 마음을 일으켜 널리 중생을 이롭게 함으로 보살의 성품을 이룬다. (ㄴ) 그러나 들어간 이유는 앞의 논경에서 이미 밝혔다.

(ㄷ) 건립하다[建立] (爲對)

(ㄹ) 명칭으로 결론하다[結名] (此四)

[疏] 爲對生死와 涅槃하야 分四爲二라 準瑜伽等인대 四種無量이 爲四有情이니 謂緣求樂衆生하야 興慈하고 有苦에 興悲하고 有喜에 隨喜하고 有惑에 不染이라 復應此四가 通緣一切니 以智導之에 則無所着이니라 此四가 皆緣無量境일새 故名四無量이라

■ (ㄷ) 생사와 열반에 상대하기 위하여 넷을 나누어 둘로 삼았다. 『유가사지론』에 준해 보면 사무량심이 네 가지 중생이 된다. 말하자면 (1) 즐거움을 구하는 중생에게는 인자한 마음을 일으키고, (2) 괴로움 있는 중생에게는 대비심을 일으키고, (3) 기쁨 있는 중생에게는 따라서 기뻐하고, (4) 미혹 있는 중생에게는 물들지 않는다는 뜻이다. 다시 이 네 가지로 응하여 통틀어 모두를 반연하나니, 지혜로 이끌어야 집착한 바가 없게 된다. (ㄹ) 이 네 가지가 모두 한량없는 경계를 반연하는 것이므로 사무량심이라 말한다.

(ㅁ) 체성을 내보이다[出體] 2.
a. 총상으로 밝히다[總] (若總 65下1)
b. 별상으로 밝히다[別] (若別)

[疏] 若總相說인대 皆以定慧로 而爲其體요 若別明之인대 慈卽與樂이니 無瞋으로 爲體요 拔苦하야 不害慶他하야 不嫉이오 自他捨惑은 卽是善捨니라

■ a. 만일 총상으로 설명한다면 모두 선정과 지혜로 그 체성을 삼는다.
b. 만일 별상으로 설명한다면 인자한 마음은 즐거움을 주는 것이니

성냄 없음으로 체성을 삼고, 대비심은 괴로움을 없애 주어 해치지 않고, 기뻐하는 마음은 다른 사람을 칭찬하여 질투함이 없으며, 자신과 남에게 미혹을 버리게 하는 것은 그대로 희사(喜捨)를 잘 행하는 것이다.

[鈔] 第四厭果分이라 今初所以先明者下는 疏文有六하니 一, 來意오 二, 然入之所以下는 入意오 三, 爲對生死下는 建立이오 四, 此四皆緣下는 釋總名295)이오 五, 若總相下는 出體오 六, 文中下는 釋文이라 四中에 疏通始終之敎라 準大集第九인대 云,296) 知諸衆生心性本淨이 是名爲慈오 觀於一切가 等如虛空이 是名爲悲요 斷一切喜가 是名爲喜요 遠一切行이 是名爲捨라하나니 此通終頓이니라 若圓敎明인대 如下離世間品에 各有十義와 及圓融等이니라

若總相下는 五, 出體라 中에 二니 先, 總出體니 皆以定慧者는 雜集十三에 云, 慈等三昧는 後得智中에 所建立故라하니라 然論四無量에 總有五門297)하니 一, 以靜慮로 爲所依요 二, 以有情으로 爲所緣境界요 三, 與樂等相應으로 爲行相이오 四, 定慧로 爲自體니 一切功德이 皆奢摩他毘鉢舍那之所攝故라 五, 諸心心所으로 以爲助伴이라하니 疏皆含有니라

● (라) 염행(厭行)의 결과의 부분이다. ㄱ) 所以先明者 아래는 소의 문

---

295) 釋은 甲本作結, 續本作釋結, 南金本作四結.
296) 인용문은 『大方等大集經』제8권의 海慧菩薩品 제5의 내용이다. 經云, "實相之性其性寂靜. 畢竟義者. 名無常苦無我. 假名淸淨大淨. 能調心者名之爲施. 身心淸淨名之爲戒. 諸法無常名之爲忍. 勤修是智名爲精進. 內外淸淨名爲三昧. 觀眞實故名爲智慧. 知諸衆生心性本淨是名爲慈. 觀於一切等如虛空是名爲悲. 斷一切喜名爲喜心. 遠一切行名爲捨心. 一切諸法未來世淨. 過去種種現在無我."(대정장 권13 p. 50 b14-)
297) 인용문은 『阿毘達磨雜集論』제13권 決擇分 중 得품 제3의 내용이다. 論云, "此中顯慈無量 以靜慮爲所依 有情爲境界 願彼與樂相應爲行相定慧爲自體 一切功德皆奢摩他毘鉢舍那所攝故 諸心心法爲助伴 當知悲等一切功德隨其所應亦爾."(대정장 권13 p. 758 a-)

장에 여섯이 있으니 (ㄱ) 오게 된 뜻이요, (ㄴ) 然入之所以 아래는 들어간 의미요, (ㄷ) 爲對生死 아래는 건립함이요, (ㄹ) 此四皆緣 아래는 총합적인 명칭 해석이요, (ㅁ) 若總相 아래는 체성을 드러냄이요, (ㅂ) 文中 아래는 경문 해석이다. (ㄹ) 명칭 해석 중에 소가가 대승시교(大乘始敎)와 종교(終敎)를 회통하였다.『대집경(大集經)』제9권에 준해 말하면, "모든 중생의 심성이 본래 깨끗함을 아는 것을 인자함[慈]이라 하고 온갖 것은 평등하기가 허공 같다고 보는 것을 슬퍼함[悲]이라 하며, 온갖 기쁨을 끊는 것을 기쁜 마음[喜心]이라 하고 온갖 행을 멀리함을 버린 마음[捨心]이라 한다"고 하였으니, 이것은 종교(終敎)와 돈교(頓敎)를 회통한 내용이다. 만일 원교(圓敎)에 의지해 설명한다면 아래 이세간품(離世間品)에서 각기 열 가지 이치와 원융함으로 밝힌 내용 등과 같다. (ㅁ) 若總相 아래는 체성을 드러냄이다. 그중에 둘이니 a. 총상으로 체성을 드러냄이니 모두 '선정과 지혜로'라 한 것은『잡집론』제13권에서, "인자함 등 삼매와 후득지 중에 건립한 것이기 때문이다"라고 하였다. 하지만『잡집론』의 사무량심에는 총합하여 다섯 부문이 있으니 "(1) 정려로써 그 의지할 대상을 삼음이요, (2) 유정으로써 반연할 경계를 삼음이요, (3) 즐거움을 주고자 하는 원력과 상응하는 것으로 그 행상을 삼음이요, (4) 선정과 지혜로써 그 자체를 삼는 것이니, 일체의 공덕이 모두 사마타와 위빠사나에 섭수되는 까닭이다. (5) 여러 가지 마음과 심소로 그 도와주는 반려[助伴]를 삼는다"고 하였으니 소에 모두 포함되어 있다.

若別明下는 二, 別出體兼含行相이라 此有四句하니 句皆有二니 慈卽與樂은 此明行相이오 無瞋으로 爲體는 卽是出體라 拔苦는 悲相이

니 不害는 出體라 慶他는 喜相이니 不嫉은 出體라 自他捨惑은 是捨行相이오 卽是善捨는 是出捨體라 俱舍頌에 云, 無量이 有四種하니 對治瞋等故라 慈悲는 無瞋이 性이오 喜와 喜捨는 無貪이라 此行相이 如次하야 與樂과 及拔苦와 欣慰와 有情等이니 緣欲界有情이니라 喜는 初와 二의 靜慮요 餘는 六이며 或五며 十이라 不能斷諸惑이니 人起定에 成三이라하니라[298] 釋曰, 初句는 標요 次句는 辨治라 治有四種하니 一은 瞋이오 二는 害요 三은 不欣慰요 四는 欲貪이라 言瞋等者는 等取下三이라 次二句는 出體니 慈悲는 以無瞋으로 爲性이라 喜는 卽喜受요 捨는 卽無貪이니 此卽婆沙論意라 若俱舍論云[299]인대 悲以不害로 爲體니 故疏依之라 捨는 以無貪과 無瞋으로 共爲其體라 今言行捨니 是雜集意라 次三句는 行相이니 與樂은 是慈行相이오 拔苦는 是悲行相이오 欣慰는 是喜行相이오 有情等은 是捨行相이니 怨親이 平等故라 次句는 明所緣이니 唯緣欲界라 上界에는 無瞋等故니라 次兩句는 明所依라 喜初二靜慮餘六者는 謂三無量이 依於六地니 謂四靜慮와 及未至中間이라[300] 或五者는 有餘師說호대 唯依五地하고 除未至定이니 謂修無量者는 是定與德일새 已離欲者라야 乃能修故라하니라 或十者는 欲令此四가 通依十地니 謂欲界定과 四靜慮根本과 及四近分과 幷中間禪이라 有三義故로 不能斷惑하니 一, 有漏根本緣故요 二, 勝解作意相應故니 斷惑에 要須眞實作意故라 三, 徧緣一切

---

298) 인용문은 『俱舍論』 제28권 分別定品 제8의 내용이다. (대정장 권29 p. 150-)
299) 云은 甲南續金本作主.
300) 인용문은 『俱舍論頌疏』 제29권의 내용이다. 疏云, "從此第二. 明能依功德. 就中六. 一明四無量. 二明八解脫. 三明八勝處. 四明十遍處. 五明得定身. 六明起定緣. 且第一明四無量者. 論云. 如是已說所依止定. 當辨依定所生功德. 諸功德中. 先辨無量. 頌曰《無量有四種 對治瞋等故 慈悲無瞋性 喜喜捨無貪 / 此行相如次 與樂及拔苦 欣慰有情等 緣欲界有情 / 喜初二靜慮 餘六或五十 不能斷諸惑 人起定成三》釋曰. 初句總標. 次一句顯唯有四. 次兩句出體. 次三句明行相. 次一句明所緣. 次兩句明所依地. 次一句明不斷惑. 次一句明處及成. 無量有四種者. 一慈. 二悲. 三喜. 四捨. 一." (대정장 권41 p. 975-)

有情境界故니 斷惑에 要緣法作意故라 次句는 明處及成이니 唯在人中하야 成一에 卽成三種이니라

● b. 若別明 아래는 별상으로 체성을 드러냄이니 겸하여 행법의 양상도 포함하고 있다. 여기에 네 구절이 있으니 구절마다 모두 두 가지가 있다. '인자함은 즐거움을 주는 것'이란 행법의 양상을 밝힘이요, '성냄 없음으로 체성을 삼는다'는 것은 그대로 체성을 드러냄이다. '괴로움을 없애 주는 것'은 대비의 양상이요, 해치지 않음은 체성을 드러냄이다. 남을 기쁘게 함은 기쁨의 양상이요, 질투하지 않음은 체성을 드러냄이다. '자신과 남의 미혹을 버리는 것'은 버리는 행법의 양상이요, 잘 버린다는 것은 버림의 체성을 드러냄이다. 『구사론』게송에 이르되, "무량에는 네 가지가 있으니 성냄 따위를 다스리기 때문이요, 자(慈)와 비(悲)는 성냄 없는 성질이요, 희(喜)는 희수(喜受), 사(捨)는 탐냄 없음이네. / 이의 행상은 그 순서와 같아서 즐거움을 베풀고 고통을 없애 주며 반갑게 위안하고 중생에게 평등함이니 욕심 세계의 중생에게만 반연하네. / 희(喜)는 처음 정려와 제2정려이며 그 외[慈, 悲, 捨]는 제6지 혹 제5지나 제10지의 경계인데 모든 번뇌 능히 끊지 못하며 사람이 선정을 일으키면 셋을 이루네"라고 하였다. 해석하자면 첫 구절은 표방함이요, 다음 구절[對治瞋等故]은 다스림을 밝힌 내용이다. 다스림에 네 종류가 있으니 ① 성냄 ② 해침 ③ 기쁜 마음으로 위로함 ④ 욕심과 탐냄이다. 진등(瞋等)이라 말한 것은 아래 셋[害 不欣慰 欲貪]을 함께 취한다는 뜻이다.

다음의 두 구절[慈悲無瞋 — 捨無貪]은 (ㅁ) 체성을 드러냄이니 인자함과 대비는 성냄 없음으로 체성을 삼았고, 기쁨은 희수(喜受)요, 버림은 탐심 없음을 가리키나니 이것은 『대비바사론』의 주장이다. 만일

『구사론』에 의지해 말한다면 "대비는 해치지 않음으로 체성을 삼는다"고 해야 하나니, 소가가 여기에 의지하였다. 버림은 탐냄 없음과 성냄 없음으로 함께 그 체성을 삼는다. 지금은 행사(行捨)라 하였으니 『잡집론』의 주장이다.

다음 세 구절[此行相— 有情等]은 행법의 양상이니 즐거움을 베푸는 것은 인자함의 행상이요, 괴로움을 없애는 것은 대비의 행상이요, 기쁜 마음으로 위로함은 기쁨의 행상이요, 有情等이란 버림의 행상이니 원수나 친척이 평등한 까닭이다. 다음 구절[緣欲界有情]은 반연할 대상을 밝힘이니 오로지 욕계만 반연한다. 위의 두 세계에는 성냄 등이 없는 까닭이다. 다음의 두 구절[喜初二--, 或五+]은 의지할 대상을 밝힌 내용이다.

'희(喜)는 초선의 정려와 제2정려이며 그 외는 여섯'이란 말하자면 세 가지 무량함[慈, 悲, 捨]은 제6 현전지에 의지한다는 뜻이니, (세 가지 무량함은) 네 가지 정려와 미지정(未至定)과 중간정(中間定)을 말한다. 或五란 다른 어떤 스님이 말하되, "오로지 제5 난승지만 의지하고 미지정(未至定)은 제외하나니, 왜냐하면 무량을 닦는 것은 선정과 덕성을 닦는 것이므로 이미 욕심을 여읜 이라야 능히 닦을 수 있는 까닭이다"라고 하였다. 혹십(或+)이란 이 넷을 모두 제10 법운지에 의지하게 하려는 것이다. 말하자면 욕계의 선정과 사정려(四靜慮)의 근본정과 사정려의 근분정(近分定)과 중간정(中間定)을 말한다. 세 가지 이치가 있는 연고로 능히 미혹을 끊지 못한다. 1) 유루법의 근본적인 인연인 까닭이요, 2) 승해작의(勝解作意)와 상응하는 까닭이니, 미혹을 끊으려면 진실한 뜻 지음을 구해야 하기 때문이다. 3) 두루 일체 유정의 경계를 반연하는 까닭이니, 미혹을 끊으려면 법을 반연하는 뜻 지음이 필요한 까닭이요, 다음 구절[人起定成三]은 오로지 인간 세상에만 있으므로 하나를 이루면 세 종류[慈, 悲, 捨]를 다 이루게 된다는 뜻이다.

(ㅂ) 경문 해석[釋文] 2.
a. 과목 나누기[分科] (文中 67上6)

[疏] 文中에 二니 初, 別顯慈行이오 後, 住悲下는 類顯餘三이라
- (ㅂ) 경문 해석에 둘이니 a) 인자함의 행법을 개별로 밝힘이요, b) 住悲 아래는 유례하여 남은 셋의 행법을 밝힘이다.

b. 과목에 따른 해석[隨釋] 2.
a) 인자함의 행법을 개별로 밝히다[別顯慈行] 2.
(a) 인자함의 의미를 총합하여 해석하다[總釋慈義] (初中 67上6)

[疏] 初中에 有十二句하니 心隨於慈는 此句가 爲總이라 隨有二義하니 一, 心不趣寂하야 動皆合[301]慈오 二, 以此慈心으로 隨逐於物이 如犢逐母라 次, 十句는 別이라
- a) 인자함의 행법에 12구절이 있으니 (a) '마음이 인자함을 따른다'는 이 구절은 총상이다. 따름에 두 가지 이치가 있으니 (1) 마음이 고요함으로 향하지 않아서 거동이 모두 인자함에 합해 있고, (2) 이런 인자한 마음으로 중생을 따르는 것이 마치 송아지가 어미 소를 따르는 것과 같다. (b) 열 구절[廣大一]은 별상으로 해석함이다.

---

301) 合은 續金本作含, 原南本作合.

(b) 인자함의 종류를 밝히다[明慈種類] 3.

㊀ 경문과 연관 짓다[屬經] (慈之 67上9)

㊁ 구분하다[料揀] (初一)

[疏] 慈之種類가 總有其三하니 初有七句八義는 衆生緣慈요 次一은 法緣이오 後二는 無緣이라 緣은 謂緣念이라 初緣은 假者니 欲與其樂이오 次緣은 人空이니 但有蘊等善惡行法하야 以用敎化요 後緣은 衆生體空이니 欲令悟入이니라 初一은 通凡이오 次一은 通小요 後一은 唯大니라

■ (b) 인자함의 종류가 통틀어 셋이 있으니 (1) 일곱 구절의 여덟 가지 이치는 중생을 반연하는 인자함이요[衆生緣慈], (2) 한 구절[偏至一切處]은 법을 반연하는 인자함[法緣慈]이요, (3) 두 구절[盡法界, 虛空界]은 인연 없는 인자함[無緣慈]이다. 여기서 연(緣)이란 '반연하고 생각함'을 뜻한다. (1)의 인연은 잠시 빌린 것이니 즐거움을 주기 위함이요, (2)의 인연은 〈나〉와 남이 공한 이치이니, 단지 오온(五蘊) 따위에 선하고 악한 행법이 있어서 그것을 사용하여 교화함을 말한다. (3)의 인연[無緣]은 중생의 체성이 〈공〉하므로 하여금 깨달아 들어오게 하려는 것이다. 첫째 하나는 범부에 통하고, 다음 하나는 소승에 통하고, 뒤의 하나는 대승에 통하는 견해이다.

[鈔] 慈之種類者는 疏依常義니 經論이 大同이라 涅槃十五[302]에 更有一義하야 云, 衆生緣者는 緣於五蘊이니 願與樂故요 法緣者는 緣諸衆生所須之物이오 無緣者는 緣於如來니 是名無緣이라 慈者는 多緣於貧窮衆生이니 如來大師는 永離貧窮하시고 受第一樂하나니 若緣衆生

---

302) 인용문은 『북본涅槃經』 제15권 梵行品 제8의 내용이다. (대정장 권12 p. 452 b-)

하면 則不緣佛이라 法亦如是라 以是義故로 緣如來者를 名曰無緣이라하니라 次更有義하니 卽是今疏의 所明이니라

- (b) 인자함의 종류란 소가가 일반적인 이치에 의지한 내용이니 경전과 논서가 대략 동일하다. 『열반경』 제15권에 다시 한 가지 이치가 있으니 이를테면 "곧 중생을 반연하는 것은 오음으로 인해 즐거움을 주려는 것이다. 이것을 이름하여 중생연(衆生緣)이라 한다. 또 법을 반연하는 것은 여러 중생들이 필요로 하는 물건을 보시하는 것이다. 이것을 이름하여 법연(法緣)이라 한다. 또 '반연함이 없다'는 것은 여래를 반연하는 것이니, 이것을 이름하여 무연(無緣)이라 한다. 또 인자함[慈]은 가난한 중생을 반연하는 것인데 부처님 같은 큰 스승께서는 가난을 영원히 여의시고 제일가는 즐거움을 받으신다. 만일 중생을 반연한다면 부처님의 법을 반연하는 것이 아니기 때문에, 이런 의미에서 여래를 반연하는 것[緣如來]을 이름하여 반연함이 없다[無緣]고 한다"고 말하였다. 다음에 또 이치가 있으니 그대로 지금 소가가 밝힌 내용이다.

㈢ 경문 해석[釋文] 3.
① 인자함의 의미[慈意] 2.

㈎ 바로 밝히다[正明] 4.
㉠ 네 구절은 즐거움을 주다[初四與樂] (今初 67下10)

[疏] 今初八義에 曲復有四하니 初四는 與樂이니 正顯行相이라 廣者는 與欲界樂이니 欲境이 廣多故라 大者는 與同喜樂이니 謂初와 二禪은 喜

受俱故라 高出을 名大니라 無量者는 與不同喜樂이니 三禪已上에 離苦離喜故라 深故로 名無量이니라 不二者는 三樂을 平等與故라 上皆論意니라 更有一理하니 廣則無樂不與요 大는 謂菩提涅槃이오 無量은 謂窮來際요 不二者는 無一不與故라

■ 지금은 ① 인자함에서 ㉮ 여덟 가지 이치를 자세하게는 다시 넷으로 나누었으니 ㉠ 네 구절[廣, 大, 無量, 不二]은 즐거움을 주는 부분이니 바로 행법의 양상을 밝힘이다. '넓다'는 것은 욕계의 즐거움을 주는 부분이니 욕계의 경계가 넓고 많기 때문이다. '크다'는 것은 기쁨을 동반한 즐거움을 주는 부분이다. 말하자면 초선과 이선은 기쁜 느낌[喜受]과 함께하는 연고로 높고 특출한 것을 '크다'고 하였다. '무량(無量)'이란 기쁨을 동반하지 않는 즐거움을 주는 부분이니 삼선 이상에서 괴로움과 기쁨을 여의는 까닭이다. 깊은 연고로 '한량없다'고 하였다. '불이(不二)'란 세 가지 즐거움을 평등하게 주는 까닭이다. 위는 모두 논경의 주장이다. 다시 한 가지 이치가 있으니 광(廣)이란 즐거움을 주지 않는 곳이 없다는 뜻이요, 대(大)는 보리와 열반을 말하고, 무량(無量)은 '미래가 다하도록'을 말하고, 불이(不二)는 '하나도 남김없이 준다'는 뜻이다.

[鈔] 於中에 三이니 初, 屬經文이오 次, 初一下는 料揀이오 後, 今初下는 釋文이라 言與欲界樂은 卽五欲樂이라 同喜之樂은 二禪之中의 一切因果라 三禪도 亦然이오 非唯如樂受라 三禪已上에는 以喜로 爲患이니 離故로 名樂이라 不二者三樂平等與故者는 論에 云, 不二者는 亦是廣大無量이라하니 卽重牒前三이라 以此三樂으로 徧與衆生하고 不揀彼此일새 云平等與니라

● 그중에 셋이니 ㉠ 경문과 연관 지음이요, ㉡ 初一 아래는 구분함이요, ㉢ 今初 아래는 경문 해석이다. '욕계의 즐거움을 준다'는 것은 다섯 가지 욕구와 즐거움을 가리킨다. 기쁨을 동반한 즐거움은 이선 속의 온갖 인과이다. 삼선도 마찬가지이고 오로지 즐거운 느낌[樂受] 과만 같을 뿐만 아니라 삼선 이상에는 기쁨을 근심거리로 삼나니 여의는 까닭에 '즐겁다'고 한다. '불이(不二)란 세 가지 즐거움을 평등하게 준다'는 것은 논경에서, "둘이 아닌 것은 또한 광대하고 무량함을 뜻한다"고 하였으니, 앞의 셋에 중복되는 견해이다. 이런 세 가지 즐거움을 두루 중생에게 주고 저와 나를 구분하지 않으므로 '평등하게 준다'고 말하였다.

㉡ 두 구절은 장애를 나스리다[次二治障] (次二 68上10)

[疏] 次二는 治障이니 不愛之怨에 亦與其樂일새 故無怨障이오 是愛之親에 亦與其樂하야 非是偏情일새 故無對礙요 中人에 無愛不愛일새 故非障也라
■ ㉡ 다음의 두 구절[無怨 無對]은 장애를 다스림이니 사랑하지 않는 원수에게도 그 즐거움을 주는 연고로 원한이나 장애가 없으며, 사랑하는 친척에게도 그 즐거움을 주어서 치우친 정리가 아니므로 상대할 장애가 없으며, 가깝지도 멀지도 않은 중간 사람들에 대해 사랑하고 사랑하지 않음이 없으므로 장애가 아니다.

[鈔] 次二治障者는 卽經의 無寃無對니 慈行은 平等이오 不等은 是障이라 怨應與苦어늘 今皆與樂일새 故無慈障이오 怨與其樂하니 可名治障이

아니와 親與其樂하니 何名治障이리오 不以親故로 偏與之也니 故로 疏
云無偏情也니라 與前不二로 有何別耶아 前은 唯就樂하야 以明不二
오 今就苦樂相對遣也니라

- ㉡ 次二治障이란 곧 경문의 '원수가 없고 상대가 없음'을 가리키나니, 인자한 행법은 평등함이요, 평등하지 않음은 장애가 된다. 원한은 응당히 괴로움을 주게 될 것인데, 지금은 모두 즐거움을 주는 연고로 인자함의 장애가 없으며 원수에게 그 즐거움을 주었으니 장애를 다스림이라 이름할 수 있지만, 친척에게 그 즐거움을 주었으니 어찌 장애를 다스림이라 하겠는가? 친근하기 때문에 치우쳐 주는 것이 아니므로 소가가 '치우친 정리가 없다'고 말하였다. 앞의 둘이 아님과 어떤 차이가 있는가? 앞은 오로지 즐거움에만 입각하여 둘이 아님을 밝혔고, 지금은 괴로움과 즐거움이 상대함에 입각하여 버림을 밝혔다.

㉢ 한 구절은 청정한 인자함[次一淸淨] (次一 68下7)

[疏] 次一은 淸淨이니 謂無身心不調五蓋等障이니 是行淸淨慈라

- ㉢ 한 구절[無障]은 청정함이다. 말하자면 몸과 마음이 조화롭지 않은 다섯 가지 덮개 따위의 장애가 없는 것이니 '행법이 청정한 인자함'이라는 뜻이다.

[鈔] 次一淸淨은 卽經의 無障이라 然이나 經에 云無障이라하야늘 論爲淸淨하고 前說無障에 無障을 却云治障者는 由前治障하야 得此無障이니 無障이 卽淨이니라 又前은 是慈用이니 用平等慈하야 治於怨親이니 此據慈體라 體是禪果의 所依니 依禪하야 治下欲惡等染일새 故名淸淨

이라 身心이 不調하야 造十惡業하니 調故로 無之니라 五蓋等者는 等
上十惡과 及怨親也라
言行淸淨慈者는 卽淨名觀衆生品에 云,303) 行淸淨慈니 諸法性淨
故라하나니 契深行304)淨에 障蓋不生이니라

● ㉢ 次一淸淨은 경문의 '장애 없음'을 가리킨다. 하지만 논경에서는 '장애가 없다'고 하였지만 논경에는 '청정하다'고 하였고, 앞에서 장애 없음을 설명하면서 무장(無障)을 도리어 '장애를 다스린다'고 말한 것은 앞의 장애를 다스림으로 말미암아 여기서 장애 없음을 얻은 것이니, 장애가 없음이 곧 '청정하다'는 뜻이다. 또 앞은 인자함의 작용이니 평등한 인자함을 써서 원수나 친척을 다스리는 것이니 이것은 인자함의 체성에 의거한 분석이다. 체성은 선정의 결과가 의지하는 대상이니 선정에 의지하여 아래 욕심과 악함 등의 잡염을 다스리는 것이므로 '청정하다'고 하였다. 몸과 마음이 조화롭지 않아서 열 가지 악업을 짓게 되나니 조화로워지면 없어진다는 뜻이다. 다섯 가지 덮개 등이란 위의 열 가지 악함과 원수나 친척에게 평등한 것이다.
'행법이 청정한 인자함'이라 말한 것은 『유마경』의 관중생품(觀衆生品)에서는, "모든 사물[法]의 본성이 청정하므로 청정한 사랑을 행한다"고 하였으니, 깊이 행법이 청정함에 계합하면 장애와 덮개가 생기지 않는다는 뜻이다.

㉣ 결과를 포섭하다[後一攝果] (後一 69上5)

---

303) 인용문은 『維摩經』 中권 觀衆生品 제7의 내용이다. (대정장 권14 p. 547 a-)
304) 行은 甲南續金本作性. 遺忘記云, "色界以慈定得生故云正果也 欲界則習慈而生故云習果也". (『三家本私記』 遺忘記 p. 160-)

[疏] 後一은 攝果니 慈定으로 起於色界正果하고 慈之餘勢가 起欲界習果니 皆無苦惱之事니라
- ㉢ 한 구절[無惱]은 결과를 포섭함이니 인자함의 선정으로 색계의 바른 결과를 일으키고, 인자함의 남은 세력이 욕계의 익힌 결과를 일으키는 것이니, 모두 괴롭고 시끄러운 현상이 없어진 것을 뜻한다.

[鈔] 後一攝果는 卽經無惱이니 先依論釋이니 故로 論에 云, 欲色界中에 正受善果일새 無苦惱事라하나니 疏別配釋이니라
- ㉢ 後一攝果는 경문의 '시끄러움이 없음'를 가리키나니 먼저 논경에 의지해 해석하였다. 그러므로 논경에 이르기를, "욕계와 색계에서 바르게 선한 결과를 받으므로 괴롭고 시끄러운 현상이 없다"고 하였으니 소가가 따로 배대하여 해석한 내용이다.

㉮ 인용하여 증명하다[引證] 3.
㉠ 다른 경문을 거론하다[擧彼經文] (故修 69上10)

[疏] 故로 修慈經에 說修慈가 有十五利하니 謂臥安과 覺安과 天護와 人護와 眠無惡夢과 寤常歡喜와 水不能漂와 火不能燒와 刀不能傷과 毒不能害와 常生善處와 鎭受快樂과 正報梵世와 殘報人王과 遠果作佛이라하나니 皆慈之果니라
- ㉠ 그러므로 『수자경(修慈經)』305)에 이르되, "인자함을 닦으면 15가지 이익이 있음을 설하였다. 이를테면 (1) 편안한 잠자리 (2) 깨었을 때 편안함 (3) 하늘의 보호 받음 (4) 사람들의 보호 받음 (5) 나

---

305) 修慈經: 본래는 『大方廣佛華嚴經修慈分』이라 한다. 전1권으로 우전국 삼장 提雲般若가 번역하다. 인용문은 내용을 축약한 듯하다. (대정장 권10 p. p. 959-961)

쁜 꿈을 꾸지 않음 (6) 깨어날 때마다 기쁨 (7) 물에 빠지거나 (8) 불에 타지 않음 (9) 칼에 상처나지 않음 (10) 독충에 물리지 않음 (11) 항상 좋은 곳에 태어남 (12) 진득이 쾌락을 받음 (13) 정보(正報)로 범천에 태어남 (14) 남은 과보로 세상의 왕이 됨 (15) 먼 장래의 과보로 성불함" 등이라 하였으니 모두 인자함의 결과이다.

ⓒ 여러 결과로 묶어 보다[束成諸果] (然此 69下2)
ⓒ 수행하기 권함으로 결론하다[結示勸修] (修一)

[疏] 然此中에 有多種果하니 初는 現報果요 常生下는 後報果요 正報梵世는 望上生報요 望下에 正報라 殘報人王은 卽是習果라 又初는 士用果요 水不漂等은 是增上果요 常生下는 異熟果요 殘報는 等流果요 作佛은 是離繫果라

修一慈心에 三報가 不斷하고 五果가 俱圓하야 無費一毫하야도 而功報가 無極하니 幸諸後學은 思而修之어다

■ ⓒ 그런데 이 가운데 여러 종류의 결과[五果][306]가 있으니 (1)은 현생에 받는 과보이며, (2) 常生 아래는 미래 오는 생에 받는 과보[後報果]

---

306) 五果: 果는 원인을 따라서 나타나는 결과를 말한다. 有部宗이나 唯識宗에서 5果로 나눈다. (1) 等流果: 善因으로부터 생기는 善果, 惡因으로부터 생기는 惡果처럼 因과 동질의 果를 일컬으며, 六因 중의 同類因과 遍行因에서 생기는 果를 말한다. 習果라고도 한다. (2) 異熟果: 善·不善의 業因 즉 異熟因으로부터 생기는 無記의 果를 말한다. 또 報果라고도 한다. (3) 士用果: 士用이란 士夫의 작용이란 뜻, 인간의 노력에 의해 사업을 성공함과 같이 相應因과 俱有因의 動用에 의해 얻은 결과를 뜻한다. (4) 增上果: 자기 자신을 제외한 모든 有爲法을 能作因이라 하고, 이 能作因에 의해 생긴 果를 말한다. 果에 대해 힘을 강하게 주는 因에 의해서 생긴 果란 뜻. 여기까지 四果는 유위법이므로 有爲果라 한다. (5) 離繫果: 離繫란 번뇌의 속박을 여읜 것을 뜻하므로 이계과는 擇滅 곧 열반의 깨달음을 가리킨다. 擇滅은 無爲法이어서 因 등을 갖지 않으므로 不生不滅이며, 따라서 離繫果는 道에 의해 생기는 果는 아니지만 道는 擇滅을 얻기 위한 得[離繫得]을 내는 因이 되고, 동시에 택멸은 道에 의해서 증득되므로 擇滅을 離繫果라 하며, 이것을 또 果果라고도 한다. (불교학대사전 p.96-)

이며, (13) 정보범세(正報梵世)는 상계에 태어나는 보답과 비교함이요, 아래의 바른 과보와 비교하였다. (14) 잔보인왕(殘報人王)은 그대로 익힌 결과이다. 또 (1) 현생에 받는 과보[現報果]는 사용과(士用果)이며, (7) 물에 빠지지 않는 등은 증상과(增上果)이며 (2) 常生 아래는 이숙과(異熟果)요, (14) 잔보(殘報)는 등류과(等流果)요, (5) 부처 지음은 이계과(離繫果)에 해당한다.

㉢ 하나의 인자한 마음만 닦더라도 세 가지 보답[順現報, 順生報, 順後報]이 끊어지지 않고, 다섯 가지 결과[等流果, 異熟果, 士用果, 增上果, 離繫果]가 모두 원만하여 조금의 허비함이 없어도 공용과 보답이 끝이 없나니, 다행스럽게 여러 후배들은 잘 생각하여 수행하기 바란다.

[鈔] 後故修慈下는 引證廣釋이라 於中에 三이니 初, 擧彼經이오 次, 然此中下는 束成諸果오 後, 修一慈下는 結示勸修라 三報는 卽現과 生과 後요 五果는 卽異熟等이니라

● ⑭ 故修慈 아래는 인용하여 증명하고 자세히 해석함이다. 그중에 셋이니 ㉠ 다른 경문을 거론함이요, ㉡ 然此中 아래는 여러 결과로 묶음이요, ㉢ 修一慈 아래는 수행하기 권함으로 결론함이다. 세 가지 보답이란 ① 금생에 바로 받는 과보[順現報]와 ② 다음 생에 받는 과보[順生報]와 ③ 미래 오는 생에 받는 과보[順後報]이고, 다섯 가지 결과는 이숙과 따위를 가리킨다.

② 법의 인연으로 인자함[法緣] (次偏 69下9)

[疏] 次, 偏至一切處는 卽法緣慈니 橫偏十方하며 竪通三界하야 彼中의

所有一切諸法을 皆能緣念이라 然法有二種하니 一, 緣聖凡五蘊之法이오 二者, 衆生의 所有分別作業之法이니 此卽所化差別이라 故로 涅槃에 云, 緣利衆生法을 名爲法緣이라하니라

- ② '일체 세간에 두루 함'은 법의 인연으로 인자함이다. 수평으로 시방에 두루 하며 수직으로 삼계에 통하여 그 가운데 있는 일체의 모든 현상을 모두 능히 반연하는 생각을 가리킨다. 그런데 법에 두 종류가 있으니 첫째, 성인과 범부의 오온으로 반연하는 법이요, 둘째, 중생이 가진 분별로 업을 짓는 법이니, 이것은 교화할 대상의 차이다. 그러므로『열반경』에서는, "중생에게 이익되는 법의 인연을 법연(法緣)이라 이름한다"고 하였다.

[鈔] 一緣凡聖五蘊之法者는 是所與樂人이라 見無我故니 如諸論說이라 二者, 衆生所有分別作業法者는 卽涅槃意니 隨其所作하야 化與樂故라

- 첫째, '성인과 범부의 오온으로 반연하는 법'이란 즐거움을 줄 대상인 사람에 의지한 분석이다. 견해에 〈내〉가 없는 까닭이니 여러 논서에서 설명한 것과 같다. 둘째, '중생이 가진 분별로 업을 짓는 법'이란 『열반경』의 주장이니 지은 바를 따라 즐거움을 주어 교화하기 때문이다.

③ 인연 없는 인자함[無緣] (後二 70上8)

[疏] 後二句는 無緣者는 無緣에 有二하니 一, 自體無緣이니 竪窮法空을 云盡法界요 二, 徧至無緣이니 顯空無分齊하야 橫盡虛空이라 末句에

云徧一切世間者는 總結上慈하야 成無量義也니라
- ③ 뒤의 두 구절[盡法界虛空界, 徧一切世間]은 인연 없음이다. 인연 없음에 둘이 있으니 (1) 본래 자체가 인연이 없음이니, 수직으로 끝까지 법이 공함을 '법계를 다한다'고 하고 (2) 두루 지극하여 인연이 없음이니, 〈공〉하여 구분할 수 없어서 '가로로 허공계를 다한다'고 밝힌 것이다. 마지막 구절에서 '일체 세간에 두루 하다'고 말한 것은 위의 인자함을 총합적으로 결론하여 무량(無量)의 이치를 성립한 내용이다.

[鈔] 經徧至一切世間者는 正約有情世間이나 義兼餘二니 正覺과 器界는 是所與故라 然約圓敎는 下離世間品에 各有十義하니라
- 본경의 '일체 세간에 두루 이른다'고 말한 것은 바로 중생세간에 의지하였지만 의미는 다른 둘을 겸하였으니 지정각세간과 기세간은 즐거움을 줄 대상인 까닭이다. 그런데 원교(圓敎)는 아래의 이세간품(離世間品)에 각기 열 가지 뜻이 있음에 의지하였다.

b) 남은 셋을 유례하여 밝히다[類顯餘三] (類三 70下3)

住悲喜捨도 亦復如是하니라
불쌍히 여기고 기뻐하고 버리는 데 머무는 것도 그와 같으니라."

[疏] 類三하면 可知로다
- b) 다른 셋[悲, 喜, 捨]과 유례하면 알 수 있으리라.

ㄴ) 다섯 신통은 공용을 행한 결과이다[五神通卽行功用果] 8.

(ㄱ) 선정에 속한 것을 밝히다[辨定所屬] (第二 70下10)

> 佛子여 此菩薩이 得無量神通力하여 能動大地하며 以一身으로 爲多身하고 多身으로 爲一身하여 或隱或顯하며 石壁山障에 所往無礙를 猶如虛空하며 於虛空中에 跏趺而去를 同於飛鳥하며 入地如水하며 履水如地하며 身出煙焰을 如大火聚하며 復雨於水를 猶如大雲하며 日月이 在空하여 有大威力이어든 而能以手로 捫摸摩觸하며 其身自在하여 乃至梵世하니라

"불자여, 이 보살이 한량없는 신통의 힘을 얻어서, 땅덩이를 흔들며, 한 몸으로 여러 몸이 되고, 여러 몸으로 한 몸이 되며, 숨기도 하고 나타나기도 하며, 돌이나 절벽이나 산이 막혔더라도 장애 없이 통과하기를 허공과 같이 하여, 공중에서 가부좌하고 가기를 나는 새와 같이 하며, 땅에 들어가기를 물과 같이 하고, 물을 밟고 가기를 땅과 같이 하며, 몸에서 연기와 불길을 내는 것이 불더미와 같고, 물을 내리기를 큰 구름과 같이 하며 해와 달이 허공에 있듯이 큰 위력이 있어 손으로 만지고 주무르고 부딪히며, 몸이 자재하여 범천에까지 이르느니라.

[疏] 第二, 佛子下는 得五神通이니 明行功用果라
■ ㄴ) 佛子 아래는 다섯 가지 신통을 얻음이니 공용을 행한 결과를 밝

힘이다.

(ㄴ) 오게 된 뜻을 밝히다[明來意] (前內 70下10)
(ㄷ) 총합적인 명칭 해석[釋總名] (妙用)
(ㄹ) 개별로 명칭을 나열하다[列別名] (文中)

[疏] 前은 內懷慈齊之心이오 此는 外現救生之用이라 從多分說이나 但爲邪歸니라 妙用難測日神이오 自在無擁日通이니라 文中에 有五하니 一, 神境이오 二, 天耳요 三, 他心이오 四, 宿住오 五, 天眼이니 寄同世間일새 故但得五니라

■ (ㄴ) 앞에서는 안으로 인자함으로 구제하는 마음을 가진 것이요, 여기서는 밖으로 중생을 구제하는 작용을 밝힌 것이다. 여러 부분에서 설명하였지만 단지 삿되게 귀의한 것일 뿐이다. (ㄷ) 미묘한 작용은 짐작하기 어려운 것을 '신령하다'고 말하고, 자재로워서 옹색함이 없는 것을 '통한다'고 말한다. (ㄹ) 경문에 다섯이 있으니 (1) 경계를 신통하게 통함이요, (2) 천상의 귀처럼 통함이요, (3) 남의 마음을 아는 신통이요, (4) 과거를 잘 아는 신통[宿住通]이요, (5) 천상의 눈처럼 보는 신통이니 함께 기세간(器世間)에 의탁한 연고로 단지 다섯 가지 신통을 얻는다는 뜻이다.

(ㅁ) 다른 명칭에 대한 해석[釋別名] (外色 71上4)
(ㅂ) 체성을 내보이다[出體性] (若語)
(ㅅ) 순서를 밝히다[辨次第] (餘處)

[疏] 外色과 內身이 皆神之境이니 轉變多種일새 偏受神名이라 亦名神足이니 依欲勤心觀之所成故라 亦名如意니 隨意成故라 餘名은 易了니라 若語其體인대 通是慧數오 別則前四는 是智요 後一은 是見이라 見亦是智니 照了分明하야 順眼義故로 偏立見名이니라

餘處에 天眼이 居神境次者는 顯自修者가 先成自根勝用하고 次知他心하고 後知往業故라 今約利他三業일새 故天眼이 居末이라 初一은 身業이니 到化機所오 次二는 口業이니 天耳로 聞佛說法하고 聞衆方言이오 以他心智로 隨種種言音하야 皆盡知已하고 將前所聞之法하야 隨其方言之異하야 復宜用何言之異하야 而授與之라 後二는 意業이니 宿住로 知其過去가 是何界種이며 天眼으로 見其未來의 遠近成益하야 隨應化之라 餘如十通品辨하니라

■ (ㅁ) '(1) 신통경계'는 외부의 물질과 내부의 몸이 모두 신령한 경계이니 여러 종류로 바뀌기 때문에 치우쳐 신령하다는 명칭을 받게 되었다. 또 신족통(神足通)이라 이름하나니, 욕심에 의지해 부지런히 마음으로 관찰하여 이루어졌기 때문이다. 또한 여의통(如意通)이라고도 이름하나니, 뜻한 대로 성취되기 때문이다. 다른 명칭들은 쉽게 알 것이다.

(ㅂ) 만일 그 체성을 말한다면 통(通)은 지혜의 법수이고, 개별로는 앞의 넷[神境 天耳 他心 宿住]은 지혜에 속하고, 뒤의 하나[天眼]는 보는 작용에 속한다. 보는 것도 지혜이니 비추어 아는 것이 분명해서 눈에 수반되는 의미인 연고로 치우쳐 '본다'는 명칭을 세웠다.

(ㅅ) 다른 곳에서 천안통(天眼通)을 신경통(神境通) 다음에 둔 이유는 스스로 수행하는 이가 자기 감관의 뛰어난 작용을 먼저 이루고, 다음으로 남의 마음을 알고, 나중에 과거의 업에 의지한 연고로 천안통

을 마지막에 둔다. a. 신경통(神境通)은 신업(身業)이니 찾아가서 중생의 근기를 교화함이요, b. 천이통(天耳通)과 타심통(他心通)의 둘은 구업(口業)이니 천이통(天耳通)으로 부처님의 설법을 듣고 중생들의 갖가지 말을 듣는 것이요, 타심통(他心通)으로 갖가지 언사와 음성을 따라 모두 다 알고 나서 앞에서 들은 법을 가지고 그 사투리의 차별을 따라 다시 어떤 언사의 차이를 알맞게 써서 전해 주는 것이다. c. 둘[宿住 天眼]은 의업(意業)이니 숙주통(宿住通)으로 그 과거가 어떤 세계 종류인지 알게 되며, 천안통으로 그 미래의 가깝고 멀게 성취할 이익을 미리 보고서 따라 응해서 교화하는 것이다. 나머지는 십통품(十通品)에서 밝힌 내용과 같다.

[鈔] 第二五神通者는 疏文有八하니 一, 上句는 辨定所屬이오 二, 前內懷下는 次明來意라 言從多分說者는 會上論文이오 三, 妙用下는 釋總名이오 四, 文中下는 列別名이오 五, 外色下는 釋別名이오 六, 若語其體下는 出體性이라 言順眼義者는 就眼辨智니 廢體從眼일새 故云約見이라 天耳에는 何不廢智요 就根名聞이니 聞不順智하야 不如眼故라 七, 餘處下는 辨次第니 亦是三業分別이라 五通이 皆智요 智皆意業이니 今從用相일새 故分三業이니라

● ㄴ) 다섯 가지 신통은 소의 문장에 여덟이 있으니 (ㄱ) 위 구절은 선정에 속함을 밝힘이요, (ㄴ) 前內懷 아래는 오게 된 뜻을 밝힘이요, '여러 부분에서 설명한다'고 말한 것은 위의 논문을 회통한 내용이다. (ㄷ) 妙用 아래는 총합적인 명칭 해석이요, (ㄹ) 文中 아래는 개별로 명칭을 나열함이요. (ㅁ) 外色 아래는 다른 명칭에 대한 해석이요, (ㅂ) 若語其體 아래는 체성을 드러냄이다. '눈에 수반되는 의미'라고

말한 것은 눈에 입각하여 지혜를 밝힘이니 체성은 없애고 눈을 쫓아 다니므로 '보는 데 의지한다'고 말하였다. '천이통에는 어째서 지혜를 없애지 못하는가?' '감관에 입각해서 듣는다'고 말하였으니 들음은 지혜를 따르지 않아서 눈과 같지 않은 까닭이다. (ㅅ) 餘處 아래는 순서를 밝힘이니 또한 세 가지 업으로 분별하였다. 다섯 가지 신통이 모두 지혜이고, 지혜는 모두 의업(意業)이니 지금은 작용과 양상으로부터 나온 분석이므로 세 가지 업으로 나누었다.

(ㅇ) 경문 해석[釋文] 5.

a. 경계를 신령하게 통하다[神境通] 2.
a) 총합적인 설명[總明] (今初 71下9)
b) 개별로 설명하다[別顯] (後別)

[疏] 今初身通이라 文에 二니 初, 總明이오 後, 能動下는 別顯이라 總中에 云得者는 總修總得이라 若準瑜伽三十三인대 得四靜慮竟하고 各各別修호대 皆有假想하니 則別修別得이라 旣寄位次第인대 別亦無違니라 然이나 通依四禪이나 多依第四니라

後, 別中에 得三種自在하니 一, 世間自在니 動大地故요 二, 以一身下는 身自在요 三, 石壁下는 作業自在니라

- (ㅇ) 경문 해석에서 지금은 a. 경계를 신령하게 통함[身通]이다. a) 총합하여 설명함이요, b) 能動 아래는 개별로 설명함이다. a) 총합하여 설명함 중에 '얻는다'고 말한 것은 총합적으로 닦아 총합적으로 얻는다는 뜻이다. 만일 『유가사지론』 제33권에 준해 보면 사선의 정

려를 얻고 나서 각각 개별적으로 수행하되 모두 가정적으로 생각함
[假想]이 있으니 따로 닦고 따로 얻는다. 이미 지위와 순서에 의탁한
다면 개별적인 것도 또한 어김이 없다. 그러나 통틀어 사선에 의지한
다고 하였지만 대부분 제4정려를 의지한다.

b) 개별로 설명함 중에 세 가지 자재함이 있으니 (1) 세간적인 자재
함이니 대지를 움직이기 때문이요, (2) 以一身 아래는 몸의 자재함이
요, (3) 石壁 아래는 업을 지음이 자재함이다.

[鈔] 八, 初身下는 釋文이라 後, 別中三種自在者307)는 經有十句를 論攝
爲三하니 初二는 各一이오 後八은 爲一이라 論亦分八이니라 然總十事
가 亦十八變이니 文有不足이로대 故論直分이니라 疏以經難으로 留在
下說이라 今且依論인대 作業自在中의 八者는 一, 旁行無礙니 如經
石壁山障에 所往無礙를 猶如虛空故요 二者, 上行이니 如經於虛空
中에 跏趺而去가 同於飛鳥故라 三者, 下行308)이니 如經入地如水故
라 四者, 涉水不沒이니 如經履水如地故라 五者, 其身熾然이니 如經
의 身出煙焰호대 如大火聚故라 六者, 身能注水니 如經의 復雨於水
가 猶如大雲故라 七者, 身能捫摸이니 如經의 日月在空有大威力而
能以手捫摸摩觸故라 八者, 自在니 乃至梵世間과 器世間을 隨意轉
變하야 得自在故니 如經의 其身이 自在乃至梵世故라하니라 釋曰, 若
會十八變者인대 三種之中에 初一은 卽振動이라 二中에 有四하니 一
者는 一身이 爲多身은 是舒요 二者는 多身이 爲一身은 是卷이오 三은
隱이오 四는 顯이라 三의 爲八中에 攝爲五種하니 一, 旁行과 二, 上行
은 皆是往來요 三과 四는 皆轉變이오 五와 六은 皆熾然이오 七은 卽衆

---

307) 上十四字는 南金本作後別顯.
308) 下는 論南續金本作上下, 案論經云 入出於地 如水無異 故論云上下行.

像이 入身이니 以高大故요 八은 卽所作自在라 上三段中에 初一과 次四와 後五는 但有其十이오 餘八은 略無니라 論見多無일새 別爲科釋이라 餘如善住知識處에 明하니라

- (ㅇ) 初身 아래는 경문 해석이다. b) 개별로 설명함 중에 '세 가지 자재함'이란 본경의 열 구절을 논경에서 셋으로 묶었으니 (1) 세간자재(世間自在)와 (2) 신자재(身自在)는 각기 한 구절이고, 뒤의 여덟 구절은 하나로 묶어 (3) 작업자재(作業自在)가 된다. 논경에도 여덟 가지로 나누었다. 그러나 총합하여 열 가지 현상이 또한 '18가지 신변[十八變]'309]이니 경문이 부족하지만 논경에서 곧바로 나누었다. 소가가 본경의 힐난을 아래에 두고 설명하였다. 지금 우선 논경에 의지한다면 (3) 作業自在 중의 여덟 가지란 ① 옆으로 감에 무애함[傍行無礙]이니 경문에서 "석벽이나 산 같은 장애물을 마치 허공을 가듯이 한다"라고 하였고 ② 위로 가는 데 무애함[上行無礙]이니 경문에서 "허공에 가부좌를 틀고 앉아 마치 새가 날아가듯이 한다"고 하였고 ③ 위아래로 감에 무애함[上下行無礙]이니 경문의 "물속에 들어가는 것과 다름없이 땅속에 들어간다"고 하였다. ④ 물을 건너도 빠지지 않음[涉水不沒]이니 경문에서 "물을 마치 평지처럼 밟는다"고 하였고 ⑤ 몸에서 불이 타오름[其身熾然]이니 경문에서 "몸에서 마치 큰 불무더기처럼 연기와 화염을 내뿜는다"고 하였고 ⑥ 몸에서 물을 뿜어 냄[身能注水]이니 경문에서 "몸에서 큰 구름처럼 물을 뿜어 낸다"고 하였고, ⑦ 몸으로 무엇이나 만질 수 있음[身能捫摸]이니 경문에서 "큰 위력이 있어서 능히 해와 달을 손으로 잡고 만진다"라고 말한 것과 같다. ⑧ 자재

---

309) 十八變:『유가사지론』의 주장으로 佛菩薩이 나타내는 18종의 부사의한 神變을 말한다. (1) 震動, (2) 熾然, (3) 流布, (4) 示現, (5) 轉變, (6) 往來, (7) 卷, (8) 舒, (9) 衆像入身, (10) 同類往趣, (11) 隱, (12) 顯, (13) 所作自在, (14) 制他心通, (15) 能施辯才, (16) 能施憶念, (17) 能施安樂, (18) 放大光明 따위이다.

로이 범천세간과 기세간에까지 이르고 마음대로 전변함이 자재로운 것이니, 경문의 "몸의 힘이 자재하여 범천에까지 이른다"는 내용과 같다. 해석하자면, 만일 18가지 신변에 의지해 알아보면 세 가지 중에 처음 하나는 진동함이다.

(2) 신자재(身自在)에 넷이 있으니 ① 한 몸이 여러 몸이 되는 것은 펼침이요, ② 여러 몸이 한 몸이 되는 것은 거둠이요, ③ 숨고 ④ 나타남이다. (3) 작업자재의 여덟 가지를 다섯 종류로 묶었으니 ① 옆으로 감과 ② 위로 오름은 모두 '왕래함'이라 하고, ③ 아래로 내려감과 ④ 물을 건너도 빠지지 않음은 모두 '전변함'이라 하고, ⑤ 몸에서 화염을 냄과 ⑥ 물을 뿜어 냄은 모두 '치연함'이라 하고, ⑦ 해와 달을 만지는 것은 '여러 영상이 몸에 드는 것[衆像入身]'이니 높고 크기 때문이요, ⑧ 범천과 기세간을 뜻대로 전변함은 '지은 바에 자재함[所作自在]'이다. 위의 세 문단 중의 처음 하나와 다음의 넷과 뒤의 다섯은 단지 열일 뿐이요, 나머지 작업자재의 여덟 가지에 대해서는 생략하였다. 위는 논경에서 대부분 없는 것을 발견하였으므로 과목으로 해석하여 분별한 내용이다. 나머지는 입법계품(入法界品)의 선주(善住)비구 선지식 처소에서 밝힌 내용과 같다.

b. 천상의 귀처럼 통하다[天耳通] (第二 73上4)

此菩薩이 天耳清淨이 過於人耳하여 悉聞人天의 若近若遠한 所有音聲하고 乃至蚊蚋虻蠅等聲도 亦悉能聞하니라
이 보살이 천이통이 청정하여 인간의 귀보다 썩 지나가서 인간이나 천상이나 가까운 데나 먼 데 있는 음성을 모두 들

으며, 내지 모기·등에·파리 따위의 소리들도 다 듣느니라.

[疏] 第二, 天耳通이라 初는 總標其體니 謂天耳淸淨이라 淸淨에 有二義하니 一, 離欲界法하고 得靜慮하야 引生淸淨大種所造故요 二, 離於障礙하야 審諦聞故니 由此故로 云過於人耳니라 悉聞下는 顯用이라 釋過人義니 遠細를 皆知故니라

■ b. 천상의 귀처럼 통함[天耳通]이다. a) 그 체성을 총합적으로 표방함이니 천이(天耳)가 청정함을 뜻한다. 청정함에 두 가지 의미가 있으니 (1) 욕계의 현상법을 여의고 선정을 얻어서 청정한 사대종(四大種)으로 지은 바를 이끌어 생겨난 까닭이요, (2) 장애를 여의고 자세하게 들을 수 있는 능력이니 이런 까닭으로 인해 사람의 귀보다 뛰어날 뿐이다. b) 悉聞 아래는 작용을 밝힘이다. 일반 사람보다 뛰어난 의미를 해석한 부분이니 멀거나 미세한 것을 모두 알기 때문이다.

c. 남의 마음을 아는 신통[他心通] 3.
a) 총상으로 해석하다[釋總] (第三 73下4)

此菩薩이 以他心智로 如實而知他衆生心하나니 所謂有貪心에 如實知有貪心하고 離貪心에 如實知離貪心하며 有瞋心離瞋心과 有癡心離癡心과 有煩惱心無煩惱心과 小心廣心과 大心無量心과 略心非略心과 散心非散心과 定心非定心과 解脫心非解脫心과 有上心無上心과 雜染心非雜染心과 廣心非廣心을 皆如實知하나니라
이 보살이 타심통의 지혜로 다른 중생의 마음을 사실대로

아나니, 이른바 탐심이 있으면 탐심이 있음을 실지대로 알고, 탐심이 없으면 탐심이 없음을 실지대로 알며, 성내는 마음, 성냄을 떠난 마음, 어리석은 마음, 어리석음을 떠난 마음, 번뇌가 있는 마음, 번뇌가 없는 마음, 작은 마음, 넓은 마음, 큰 마음, 한량없는 마음, 간략한 마음, 간략하지 않은 마음, 산란한 마음, 산란하지 않은 마음, 선정의 마음, 선정이 아닌 마음, 해탈한 마음, 해탈하지 못한 마음, 위가 있는 마음, 위가 없는 마음, 물든 마음, 물들지 않은 마음, 광대한 마음, 광대하지 않은 마음들을 모두 실지대로 아느니라.

[疏] 第三, 他心通中에 三이니 初, 總이라 知他心者는 通於王所라 次, 所謂下는 別이오 後, 菩薩如是下는 結이라

- c. 남의 마음을 아는 신통[他心通]에 셋이니 a) 총상이다. '남의 마음을 안다'는 것은 심왕과 심소에 통하는 개념이다. b) 所謂 아래는 별상이요, c) 菩薩如是 아래는 결론함이다.

b) 별상으로 해석하다[明別] 3.
(a) 논경에 의지해 명칭을 세우다[依論立名] (別中 73下5)

[疏] 別中에 二十六心의 行相이 各異라 然除小等四心코는 餘皆障治間明이며 善惡對顯이라 總攝爲九니

- b) 별상에 26가지 마음이 있는데 행법의 양상이 각기 다르다. (a) 하지만 작은 마음 따위의 네 가지를 제외하고 나머지는 모두 장애를 다스리는 중간에 밝힌 것이며, 선과 악을 상대하여 밝힌 것이다. (b) 뭉

뚱그려 아홉 문으로 묶었다.

(b) 아홉 문을 바로 해석하다[正釋九門] 9.
㊀ 여섯 가지 마음은 수번뇌에 대한 설명[初六心明隨煩惱]

(一 以 73下7)

[疏] 一, 以初六心으로 明隨煩惱니 謂隨緣現起하야 煩惱相應일새 故名爲隨오 非約小惑名隨니라 言有貪者는 於可愛所緣에 貪纏所纏故라 離貪者는 遠離如是貪纏故라 下四는 例知니라 卽三不善根과 及三善根이 以爲能治라 論에 今但以能治가 亦因煩惱而來일새 故로 皆名隨煩惱니 下使도 亦然하니라

■ ㊀ 처음의 여섯 가지 마음[有貪心, 離貪心, 有瞋心, 離瞋心, 有癡心, 離癡心]으로 수번뇌(隨煩惱)를 밝혔다. 말하자면 인연 따라 나타나서 번뇌와 상응하므로 '수반한다'고 말하였고, 작은 미혹에 의지해 '수반한다'고 말한 것은 아니다. '탐냄이 있다'고 말한 것은 사랑스러운 반연할 대상에 대해 탐냄에 얽힌 까닭이다. '탐냄을 여의었다'는 것은 이러한 탐냄의 얽힘을 완전히 여읜 까닭이다. 아래의 넷도 유례하면 알 수 있다. 곧 세 가지 선근이 아닌 부분과 세 가지 선근이 다스리는 주체가 된다. 논경에는 지금 단지 다스리는 주체만이 번뇌로 인해 왔기 때문에 모두 수번뇌라 이름하나니 아래의 번뇌의 속박[使]도 마찬가지이다.

[鈔] 一以初六心者는 疏文有四하니 一, 釋論立名이오 二, 言有貪下는 別釋初對요 三, 卽三不善下는 例以總釋이오 四, 論今下는 會通論意

라 二中에 貪은 是心所니 心王之體가 與貪相應을 名貪纏所纏이라 餘亦如是니라
- ㊀ 以初六心이란 소의 문장에 넷이 있으니 ① 논경에서 세운 명칭을 해석함이요, ② 言有貪 아래는 첫 대구를 따로 해석함이요, ③ 卽三不善 아래는 유례하여 총합하여 해석함이요, ④ 論云 아래는 논경의 의미와 회통함이다. ② 중에 탐냄은 심소이니 심왕의 체성이 탐냄과 상응한 것을 '탐냄에 얽힘'이라 이름하였다. 나머지도 이와 같다.

㊁ 두 가지 마음은 번뇌가 있는 마음과 없는 마음[次二心有煩惱等二心]
(二有 74上4)

[疏] 二, 有煩惱等二心은 明使니 卽是隨眠이니라
- ㊁ 번뇌가 있는 따위의 두 가지 마음은 번뇌의 속박을 밝힘이니 바로 '따라 잠드는 번뇌[隨眠]'를 말한다.

[鈔] 二心明使者는 論中에 名使라하니 隨眠往來310)가 猶如公使가 隨逐捉縛故니라
- '두 가지 마음은 번뇌의 속박을 밝힘'이라 한 것은 논경에서 '속박'이라 이름하였으니, 잠을 따라 오고 감이 마치 공적인 사신이 따라 다니며 속박함과 같은 까닭이다.

㊂ 네 가지 마음은 태어남이라 이름하다[次四心名生] (三小 74上6)

---

310) 往來는 南金本作性成 來下는 甲本有成字, 續本有性成二字.

제3절 發光地 (라) 厭果分 ㄴ) 五神通　505

[疏] 三, 小等四心은 名生이니 約無記報心에 人心은 小오 欲天은 廣이오 色天은 大요 無色의 二解脫은 無量이니 以作空과 識의 無邊行相故라 上二는 不爾니 故非無量이라 而論에 不明上二空處는 意明無所有와 及昧劣故라 或是略非略으로 攝之니라

- ㈢ 작은 마음 등 네 가지 마음은 태어남이라 이름하나니, 무기(無記)의 보답으로 나타나는 마음에 의지할 적에 사람의 마음은 작으며, 욕계의 하늘은 넓고, 색계의 하늘은 크며, 무색계의 두 가지 해탈은 한량없음이니, 공함과 인식의 끝없는 행상을 짓기 때문이다. 위의 둘[隨煩惱, 有煩惱 등]은 그렇지 않으므로 한량없음이 아니다. 하지만 논경에서 위의 두 공무변처의 하늘을 설명하지 않은 것은 의미로는 아무것도 없거나 어둡고 하열함을 밝힌 까닭이다. 혹은 간략함과 간략하지 않음으로 포섭한 내용이다.

[鈔] 或是略非略者는 以論經에는 無略非略이오 下釋卽散不散中에 開出이라 今以論中에는 不說於上二無色故로 以此로 當之니 無所有想은 卽是略也요 非想非非想中에 此想이 亦劣일새 故名非略이니라

- '혹은 간략함과 간략하지 않음으로 포섭한다'는 것은 논경에는 간략한 마음과 간략하지 않은 마음이 없고, 아래에 흩어진 마음과 흩어지지 않은 마음을 해석할 적에 전개하여 내보였다. 지금은 논경에서 위의 무색계의 두 하늘을 말하지 않은 연고로 이것[散心, 不散心]으로 배당하였으니 무소유처의 생각이 그대로 간략한 마음이요, 비상비비상처에서는 이런 생각도 하열하므로 '간략하지 않은 마음'이라 하였다.

㉔ 네 가지 마음은 삼매를 배우는 행법[次四心學三昧行] (四有 74下3)

[疏] 四, 有四心은 學三昧行이니 略者는 謂由止行하야 於內所緣에 繫縛其心故요 非略者는 太沈昧故라 或不一所緣故니라 散者는 太擧니 於五妙欲境에 隨順流散故요 非散者는 於妙所緣에 明了顯現故라 前二는 約定이오 後二는 約慧라 定이 等均者는 則名等持라 論經에 合之爲二하야 名攝不攝하나니 故로 論에 以散不散으로 釋之니라

■ ㉔ 네 가지 마음[略心, 非略心, 散心, 不散心]은 삼매를 배우는 행법이다. '간략함'이란 말하자면 지(止)의 행법으로 인해 내부의 반연할 대상에 그 마음을 묶어 두기 때문이요, '간략하지 않음'이란 지나친 혼침과 어둠이기 때문이다. 혹은 반연할 대상이 한결같지 않은 까닭이다. '흩어짐'이란 너무 들뜬 것이니 다섯 가지 미묘한 욕심의 경계가 흐름에 따라 흩어지는 까닭이요, 흩어지지 않음이란 미묘한 반연할 대상에 대해 분명하게 나타나기 때문이다. 앞의 둘은 선정에 의지한 분석이요, 뒤의 둘[散心, 不散心]은 지혜에 의지한 분석이다. 선정이 균등한 것을 등지(等持)라 이름한다. 논의 경문에 합하여 둘로 삼아서 포섭하는 마음과 포섭하지 않은 마음이라 이름하나니, 그래서 논경에서 산란한 마음과 산란하지 않은 마음으로 해석하였다.

[鈔] 四有四心者는 異後의 得定이라 以略으로 釋止者는 故로 唯識에 釋睡眠云311)호대 昧略으로 爲性이니 略은 揀寤時요 昧는 揀定中이라하니 定

---

311) 인용문은 『성유식론』의 제14 게송에 대한 해석이다. "眠이란 睡眠을 말한다. 자재하지 못하며 어둡고 빼앗기게 하는 것을 체성으로 하고, 관찰[觀]을 장애하는 것을 업으로 한다. 수면 상태에서는 몸으로 하여금 자재하지 못하게 하고, 마음으로 하여금 매우 어둡고 용렬하게 하며, 하나의 문[門]에서만[意識에만] 전전하기 때문이다. 어둡다는 것은 선정에 들어 있는 것을 구분한다. 빼앗는다는 것은 깨어 있을 때를 구별한다. 하게 한다[令]는 것은 수면의 심소가 자체와 작용이 없는 것이 아님을 나타낸다. 무심의 지위에 있어도 이 명칭을 가립한다.

中은 是略而不昧故라 繫緣一境이 卽是略義니라 略非略中에 略心은 爲得이오 非略은 爲失이오 散非散中에 散則爲失이오 非散은 爲得이니라 前二約定者는 以論無略非略하고 但名學三昧行이라 今以三昧에 有止觀品일새 故別用之니라

● ㉣ 有四心이란 뒤에 '얻은 선정'과는 다르다. 간략함을 지(止)라 해석한 것은 그러므로 『성유식론』에서 수면(睡眠)을 해석하되, "(자재하지 못하며) 어둡고 빼앗기게 하는 것을 체성으로 하고, '빼앗는다'는 것은 깨어 있을 때와 구분한 언구이고, '어둡다'는 것은 선정에 들어 있는 상태와 구분한 언구이다"라고 하였다. 선정 중에는 빼앗기는 해도 어둡지는 않기 때문이다. 한 경계에 묶여 반연하는 것이 빼앗는다는 의미이다. 빼앗고 빼앗지 않는 중에 마음을 빼앗는 것을 '얻었다'고 하고, 빼앗지 못한 것을 '잃었다'고 한다. 산란하고 산란하지 않은 중에서 산란함은 '잃었다'고 하고, 산란하지 않음을 '얻었다'고 말한다. '앞의 둘은 선정에 의지한 분석'이라 한 것은 논경에는 빼앗고 빼앗지 못함이 없고, 단지 '삼매를 배우는 행법'이라고만 한 까닭이다. 지금은 삼매에 지관품(止觀品)이 있으므로 따로 쓰게 되었다.

㊄ 두 가지 마음은 얻은 삼매를 밝히다[次二心明得三昧] (五有 75上4)
㊅ 두 가지 마음은 얻은 해탈을 밝히다[次二心明得解脫] (六有)
㊆ 두 가지 마음은 범부의 증상만[次二心凡夫增上慢] (七有)

[疏] 五, 有二心은 明得三昧니 定者는 正入根本定故요 不定者는 未入과

다른 것과 같이, 덮고[蓋] 얽음[纏]으로써 심왕과 상응하기 때문이다."
* 세간과 성스러운 가르침에서 無心位를 睡眠으로 이름하는 경우도 있는데, 이것은 假立이고 실제의 수면은 별도로 존재한다. 이것은 심왕을 덮고 얽어매기[蓋纏] 때문이다. 덮고 얽어매는 것은 반드시 심소법으로서 자체[體]가 없는 법이 아니다.

及起時故니라 六, 有二心은 明得解脫이니 有縛과 無縛故니라 七, 有二心은 餘凡夫增上慢이니 即前類之餘라 以得四禪하야 謂爲四果라 即麤習行을 名上이오 無此가 即細習行이니 名無上이니라

- ㊄ 두 가지 마음[定心, 非定心]은 얻은 삼매를 밝힘이다. '선정'이란 바로 근본인 선정에 들었기 때문이요, '선정이 아님'은 들어가지 않았을 때와 시작할 때를 말한다. ㊅ 두 가지 마음[解脫心, 非解脫心]은 얻은 해탈을 밝힘이니 속박 있음과 속박 없음인 까닭이다. ㊆ 두 가지 마음[有上心, 無上心]은 범부에게 남은 증상만이니 곧 앞의 종류의 나머지이다. 사선(四禪)의 정려를 얻었으므로 '네 가지 결과'라 하였다. 거칠게 익힌 행법을 '위가 있는 마음'이라 하였고, 이런 마음이 없는 것은 미세하게 익힌 행법이니 '위가 없는 마음'이라 이름하였다.

[鈔] 以得四禪者는 得初禪하야 謂得初果하고 餘三은 如次니라

- '사선(四禪)의 정려를 얻었으므로'란 초선의 정려를 얻어서 '첫째 과덕을 얻었다'고 말하였고, 남은 세 가지는 순서와 같다.

㊇ 두 가지 마음은 허망한 행법과 바른 행법[次二心妄行正行]
(八有 75上10)

㊈ 두 가지 마음은 대승법을 얻음과 잃음[後二心大乘得失] (九有)

[疏] 八, 有二心은 妄行正行이니 論經에는 名求不求心이니 希求名聞은 即是雜染이오 反此는 非染이니라 九, 有二心은 大乘得失이니 悲智兼濟가 爲廣이오 隨闕이 非廣이라 論闕此二니라

- ㊇ 두 가지 마음[雜染心, 非雜染心]은 허망한 행법과 바른 행법이니, 논

경에는 구하는 마음과 구하지 않는 마음이라 하였다. 이름나기를 바라는 것이 바로 '물든 마음'이요, 이것과 반대는 '물들지 않는 마음'이라 한다. ㈨ 두 가지 마음[廣心, 非廣心]은 대승법을 얻음과 잃음이니, 자비와 지혜로 함께 구제함을 '광대하다'고 하였고, 경우에 따라 빠뜨린 것을 '광대하지 않다'고 하였다. 논경에는 이 두 가지가 빠져 있다.

[鈔] 論經名求者는 仍在上無上前이니라 九有二心大乘得失者는 論經에 無此하고 論亦無義로대 今以義로 釋耳니라
- '논경에는 구하는 마음이라 이름함'은 이런 까닭에 위가 있고 위가 없으니 마음 앞에 두어야 한다. ㈨ '두 가지 마음은 대승법을 얻음과 잃음'이란 논경에는 이것이 없고 논문에도 또한 뜻이 없지만 지금은 뜻으로 해석했을 뿐이다.

(c) 전체 양상으로 구분하다[通相料揀] (上之 75下6)

[疏] 上之九類가 不出三種하니 初二는 煩惱요 次一은 是苦요 餘皆是業이니 業有善惡耳니라 亦卽四諦니 開解脫하야 爲滅이오 善業은 爲道故니라 皆如實知者는 審於事實하야 見理實故라 亦非心外에 見法이오 亦非無境可知라 若自他相絶하면 則與衆生心으로 同一體니 故無心外也라 不壞能所일새 故能知也라 又他心은 是總이오 餘皆是別이라 六相圓融이 一乘之實知也니라
- (c) 위의 아홉 부류가 세 종류에서 벗어나지 않나니, 처음 둘은 번뇌이고, 다음 하나는 괴로움이요, 나머지는 모두 업이니, 업에는 선과

악이 있을 뿐이다. 또한 사성제와 합치하나니 해탈을 전개하여 멸제(滅諦)라 하고, 선한 업은 도제(道諦)라 하기 때문이다. '모두 실제대로 안다'고 한 것은 현상적인 실법을 살펴서 이치의 실다움을 발견한 것이다. 또한 마음 밖에서 법을 발견한 것이 아니요, 또한 경계가 없다는 것도 아님을 알 수 있다. 만일 자신과 남을 서로 끊는다면 중생심과 동일한 체성이니, 그러므로 마음 밖이 아닌 것이다. 아는 주체와 대상을 무너뜨리지 않았으므로 능히 알 수 있다. 또 타심통(他心通)은 총상이고, 나머지 네 가지 신통은 별상이다. 육상(六相)이 원융(圓融)한 것이 일승법을 실답게 아는 것이다.

[鈔] 上之九類下는 通相料揀이라 有三하니 一, 三雜染料揀이오 二, 亦卽下는 四諦料揀이오 三, 皆如實下는 總釋如實知義라 有五敎意하니 初는 通小乘과 初敎니 理實이 通人法二空故라 二, 亦非心外下는 通始終二敎니 唯識之義가 通二敎故라 三, 若自他下는 通於終頓兩敎니 但同一體가 卽[312]是頓敎요 兼取不壞能所知義가 卽是終敎[313]義니라 又總取雙絶雙存은 亦圓敎中의 同敎義故요 四, 又他心下는 六相圓融이니 唯屬圓敎의 一乘之別敎義니라

● (c) 上之九類 아래는 전체 양상으로 구분함이다. 그중에 셋이 있으니 ㉠ 세 가지 물듦으로 구분함이요, ㉡ 亦卽 아래는 사성제로 구분함이요, ㉢ 皆如實 아래는 여실하게 아는 뜻을 총합하여 해석함이다. 다섯 가지 교법의 의미가 있으니 (1) 소승과 초기 대승에 통함이니 이치의 실다움이 사람과 법 둘이 〈공〉함에 통하는 까닭이다. (2) 亦非心外 아래는 시교(始敎)와 종교(終敎)에 통하니『성유식론』

---

312) 卽은 南續金本作但.
313) 敎는 甲續金本作義.

의 의미로 두 교법을 회통한 까닭이다. (3) 若自他 아래는 종교(終敎)와 돈교(頓敎)를 회통함이니 단지 체성만 동일한 것이 돈교이고, 알려는 주체와 대상을 무너뜨리지 않는 뜻을 겸하여 취한 것이 종교의 의미이다. 또 동시에 없애고 동시에 두는 이치를 총합하여 취한 것은 또한 원교 중의 동교(同敎)일승법의 이치이다. (4) 又他心 아래는 육상(六相)이 원융(圓融)함이니 오로지 원교 중의 일승별교(一乘別敎)의 이치에만 속할 뿐이다.

c) 결론을 밝히다[辨結] (菩薩 73下3)

菩薩이 如是以他心智로 知衆生心하며
보살이 이와 같이 타심통의 지혜로 중생의 마음을 아느니라.

d. 과거를 잘 아는 신통[宿住通] (第四 76下7)

此菩薩이 念知無量宿命差別하나니 所謂念知一生하며 念知二生三生四生과 乃至十生二十三十과 乃至百生과 無量百生과 無量千生과 無量百千生과 成劫壞劫과 成壞劫과 無量成壞劫에 我曾在某處한 如是名과 如是姓과 如是種族과 如是飮食과 如是壽命과 如是久住와 如是苦樂과 我於彼死하여 生於某處하고 從某處死하여 生於此處한 如是形狀과 如是相貌와 如是言音하여 如是過去無量差別을 皆能憶念이니라
이 보살이 한량없이 차별한 지나간 세상의 일을 아나니, 이

른바 1생 일을 알고, 2생·3생·4생과 내지 10생·20생·30생으로 백생·무량 백생·무량 천생·무량 백천생의 일과, 생겨나는 겁, 망그러지는 겁, 생겨나고 무너지는 겁, 한량없이 생겨나고 망그러지는 겁을 알며, 내가 어느 때 아무 곳에서 어떤 이름·어떤 성·어떤 가문·어떤 음식이며, 얼마의 수명으로 얼마나 오래 살았고, 어떤 고통과 낙을 받은 일과, 어디서 죽어 어느 곳에 났고, 어디에서 죽어 여기 났으며, 어떤 형상·어떤 모습·어떤 음성, 이러한 지난 적의 한량없는 차별을 다 기억하여 아느니라.

[疏] 第四, 宿住智通이니 初, 總標니 誰能念은 卽宿住之智라 次, 所謂下는 別顯이오 後, 如是過去下는 總結이라 別中에 初, 念何等事는 謂一生과 乃至多劫中事니 此顯念時分이라 次, 我曾下는 云何念이니 卽念相差別也라 念彼因中에 名字가 不同이라 姓은 謂父母家姓이니 如迦葉等이오 種族은 卽刹利等貴賤이라 餘는 可知로다

■ d. 과거를 잘 아는 신통이다. a) 총합하여 표방함이니 (논경의) '누가 능히 생각하는가?'는 과거에 머물러 아는 지혜를 가리킨다. b) 所謂 아래는 개별로 밝힘이요, c) 如是過去 아래는 총합하여 결론함이다. b) 개별로 밝힘에서 ① 어떤 따위의 일을 기억하는가? 말하자면 한 생과 나아가 오랜 세월 중의 일이니, 여기서는 시절을 기억함을 밝힌다. ② 我曾 아래는 '어떤 것을 기억하는가'이니 곧 모양이 차별됨을 기억한다는 뜻이니, 저 인행 중의 이름이 다른 것을 기억한다. 성(姓)은 부모 가문의 성씨를 말하나니 가섭 등과 같고, '종족'은 찰제리 따위의 귀하고 하천한 신분을 뜻한다. 나머지는 알 수 있으리라.

e. 천상의 눈처럼 보는 신통[天眼通] (第五 77上9)

此菩薩이 天眼淸淨이 過於人眼하여 見諸衆生의 生時死時와 好色惡色과 善趣惡趣에 隨業而去하며 若彼衆生이 成就身惡行하고 成就語惡行하고 成就意惡行하여 誹謗賢聖하고 具足邪見과 及邪見業因緣하면 身壞命終에 必墮惡趣하여 生地獄中하며 若彼衆生이 成就身善行하고 成就語善行하고 成就意善行하여 不謗賢聖하고 具足正見과 正見業因緣하면 身壞命終에 必生善趣諸天之中을 菩薩이 天眼으로 皆如實知하나니라

이 보살이 천안통이 청정하여 인간의 눈보다 썩 지나가서 모든 중생의 나는 때·죽는 때·좋은 몸·나쁜 몸·좋은 갈래·나쁜 갈래에 업을 따라가는 것을 보며, 만일 중생이 몸으로 나쁜 행을 짓고, 말로 나쁜 행을 짓고, 뜻으로 나쁜 행을 지으며, 성현을 비방하고, 나쁜 소견과 나쁜 소견의 업을 구족하면, 그 인연으로 몸이 죽고는 나쁜 갈래에 떨어져서 지옥에 태어나고, 만일 중생이 몸으로 선한 행을 짓고, 말로 선한 행을 짓고, 뜻으로 선한 행을 지으며, 성현을 비방하지 않고, 바른 소견과 바른 소견의 업을 구족하면, 그 인연으로 몸이 죽고는 좋은 갈래에 태어나 천상에 나는 것을 보살이 천안통으로 실지대로 모두 아느니라."

[疏] 第五, 天眼通이라 論名生死智通이니 約根과 約境이 異故라 初, 總顯能見이니 誰能見고 天眼故라 淸淨者는 審見故요 過人者는 遠見故라

次, 見諸下는 別顯所見이니 初는 見生死本有之果와 隨業之因이라 若彼衆生下는 云何見고 別見因果不同이니 如二地攝善戒中에 辨이라 菩薩下는 結이니라

- e. 천상의 눈처럼 보는 신통이다. 논경에는 '나고 죽음을 지혜롭게 아는 신통[生死智通]'이라 이름하였으니 감관과 경계를 의지함이 다른 까닭이다. a) 보는 주체를 총합하여 밝힘이니, 누가 볼 수 있는가? 천상의 눈을 가진 까닭이다. '청정함'이란 자세히 보는 까닭이요, '사람보다 월등하다'는 것은 멀리 보기 때문이다. b) 見諸 아래는 보는 대상을 개별적으로 밝힘이니 (a) 나고 죽고 본래 가진 결과와 업을 따르는 원인을 본다. (b) 若彼衆生 아래는 무엇을 보는가? 원인과 결과가 다름을 개별적으로 보는 것이니, 제2지의 섭선법계(攝善法戒) 조에서 밝힌 내용과 같다. c) 菩薩 아래는 결론함이다.

ㄷ) 자재함으로 총합 결론하다[總結自在] (第三 77下6)

此菩薩이 於諸禪三昧와 三摩鉢底에 能入能出이나 然이나 不隨其力受生하고 但隨能滿菩提分處하여 以意願力으로 而生其中이니라

"이 보살이 선정과 삼매와 삼마발저에 마음대로 들고 나면서도, 그 힘을 따라 태어나는 것이 아니고, 보리의 부분을 만족할 수 있는 곳을 따라서 마음과 원력으로 그 가운데 나느니라."

[疏] 第三, 此菩薩下는 總結自在니 近結厭果요 遠結前厭이라 於何에 自

在오 卽前禪等이라 禪은 謂四禪이오 三昧者는 四無量慈等三昧故라 三摩鉢底者는 論에 云五神通이라하니 此應譯者之誤라 合云三摩呬多니 以此云等引이니 五通이 卽所引故라 三摩鉢底는 此云等至니 非神通故라 云何自在요 智能入出이니 則散動에 不能縛하고 卽生心時에 隨心用하야 現在前故며 大悲方便으로 不隨受生하니 則定不能縛이라 若不隨禪生하면 當何所生고 不揀淨穢하고 但能滿菩提分處가 卽生其中이니라 論主는 從勝及自利說하야 謂諸佛菩薩이 共生一處니 是能滿處라 以願力者는 非業繫生故니라

■ ㄷ) 此菩薩 아래는 자재함으로 결론함이다. 가깝게는 염행의 결과를 결론함이요, 멀게는 앞의 염분을 결론함이다. 무엇에 자재한가? 곧 앞의 선정 따위를 뜻한다. '선정'은 사선(四禪)이요 '삼매'는 사무량심 가운데 인자함 따위의 삼매이다. '삼마발저'는 논경에서 다섯 가지 신통이라 하였으니 이것은 번역한 사람의 잘못일 것이다. 합에서 '삼마사다'라 한 것을 번역하면 '평등하게 끌어옴[等引]'이라 하였으니 다섯 가지 신통이 곧 끌어올 대상인 까닭이다. '삼마발저'는 '평등하게 이름[等至]'이라 번역하나니 신통이 아닌 까닭이다. 어떻게 자재한가? 지혜로 능히 들고 남에 자재함이니 산란한 마음으로 동요하면 묶을 수 없고, 마음을 낼 적에 마음의 작용을 따라 앞에 나타나는 까닭이며, 대비(大悲)의 방편으로 태어남을 따르지 않나니 선정으로 능히 묶지 못하는 까닭이다. 만일 사선천에 태어남을 따르지 않으면 장차 어느 곳에 태어나는가? 정토(淨土)와 예토(穢土)를 가리지 않고 단지 보리의 부분법을 잘 만족하는 곳에만 태어난다. 논주는 훌륭한 처소와 자리행을 따라 설명하되 "불보살이 한곳에 함께 태어난다"고 하였으니, 바로 보리의 부분법을 잘 만족한 처소이다. '원력 때문'이

란 업에 얽매여 태어난 곳이 아닌 까닭이다.

[鈔] 卽生心時者는 此有三重自在하니 上明散動不能縛[314]은 則入定自在요 二, 此段에 欲入則入하고 欲出便出은 則入出自在니 是則定散皆不能縛이니 卽是地初의 明盛心[315]也라 三, 大悲方便下는 受生自在니 則報果가 無縛이라 論에 云, 彼淳厚深念心을 此成就示現者는 謂地初의 十種深心中第八心也라 今經은 當勇猛心이니 故로 上論에 釋云호대 又不隨禪解脫力生이라하고 疏釋에 云, 地滿方成이 正指此也니라 論主從勝等者는 佛菩薩處가 勝諸穢處라 及自利者는 爲滿自利菩提分故니 近佛菩薩이니라 若約利他인대 瑜伽와 地持에 皆云, 隨他見已하야 生道法處라하니라 故로 今疏에 云, 不揀淨穢하고 能滿二利菩提分處에 卽生其中이라하니라

● '마음을 낼 적에'란 여기에 세 겹으로 자재함이 있으니 (1) 위에서 '산란심으로 동요하면 묶을 수 없다'고 밝힌 것은 선정에 들어감이 자재함[入定自在]이요, (2) 이 단락에서 '들어가려 한다면 들어가고 나가려 하면 바로 나간다'는 것은 들고 남이 자재함[入出自在]이다. 그렇다면 선정과 산란함에 모두 묶을 수 없을 것이니 그대로 제3지 첫 부분의 '밝고 성대한 마음[明盛心]'을 가리킨다. (3) 大悲方便 아래는 태어남이 자재함이니 보답의 결과가 속박됨이 없다. 논경에서 '저 순후하고 깊은 마음이 여기서 성취되어 현전한다'고 말한 것은 말하자면 제3지 첫 부분의 열 가지 깊은 마음 중 여덟째 마음[淳厚心]을 말한다. 본경에는 '용맹한 마음'으로 대체하였으니[當] 그러므로 위의 논경에서 해

---

314) 能縛은 甲南續金本作亂誤.
315) 明盛心은 三地 첫부분의 十種深心을 밝힌 곳에 보인다. 經云, "何等爲十고 所謂淸淨心과 安住心과 厭捨心과 離貪心과 不退心과 堅固心과 明盛心과 勇猛心과 廣心과 大心이니"라 하였다.

석하되, "또 선정 해탈의 힘에 따라 태어나는 것이 아니다"라고 하였다. 소가가 해석하되, "제3지가 원만하면 비로소 성취한다"고 한 것이 바로 이것을 가리킨 말이다.

'논주는 훌륭한 처소 따라' 등이란 불보살의 처소가 더러운 곳보다 뛰어나다는 내용이다. 급자리(及自利)란 자리행의 보리의 부분법을 만족하기 위한 까닭이니 불보살과 가깝다. 만일 이타행(利他行)에 의지한다면『유가사지론』과『보살지지경(菩薩地持經)』에 모두 "다른 이의 견해를 따르고 보리의 부분법의 처소에 태어난다"고 하였다. 그러므로 지금 소에서 "정토와 예토를 가리지 않고 능히 2리행(二利行)의 보리의 부분법을 만족한 곳에 태어난다"고 하였다.

나) 제3지의 과덕[地果] 2.

(가) 과목을 나누다[分科] (第二 78下9)

[疏] 第二, 位果니 三果가 即爲三別이라 初, 調柔果中에 三이니 初, 調柔行體요 二, 此菩薩於四攝下는 別地行相이오 三, 佛子是名下는 結說地相이라 前中에 有法과 喩와 合이라 法中에 三이니

- 나) 제3지의 과덕이니 세 가지 결과가 곧 세 가지 별상이 된다. ㄱ. 조화롭고 부드러운 결과 중에 셋이니 ㄱ) 조화롭고 부드러운 행법의 체성이요, ㄴ) 此菩薩於四攝 아래는 제3지의 행상을 구분함이요, ㄷ) 佛子是法 아래는 제3지의 양상을 결론함이다. ㄱ) 중에 (ㄱ) 법으로 설함과 (ㄴ) 비유로 밝힘과 (ㄷ) 법과 비유를 합함이 있다. (ㄱ) 법으로 설함 중에 셋이다.

(나) 과목에 따라 해석하다[隨釋] 3.

ㄱ. 조화롭고 부드러운 결과[調柔果] 3.

ㄱ) 조화롭고 부드러운 행법의 체성[調柔行體] 3.

(ㄱ) 법으로 설하다[法] 3.

a. 행법을 연마하는 인연[練行緣] (初練 79上1)

佛子여 是菩薩이 住此發光地에 以願力故로 得見多佛하나니 所謂見多百佛하고 見多千佛하고 見多百千佛하며 乃至見多百千億那由他佛하니라

"불자여, 보살이 이 발광지에 머물고는 서원하는 힘으로 많은 부처님을 보게 되나니, 이른바 여러 백 부처님을 보며, 여러 천 부처님을 보며, 여러 백천 부처님을 보며, 내지 여러 백천억 나유타 부처님을 보느니라.

[疏] 初, 練行緣이오 二, 悉以下는 明能練行이오 三, 見縛下는 明所練淨이라

- a. 행법을 연마하는 인연이요, b. 悉以 아래는 행법을 연마하는 주체를 밝힘이요, c. 見縛 아래는 연마할 대상이 청정함을 밝힘이다.

b. 연마하는 주체의 행법[能練行] 3.

a) 경문을 바로 해석하다[正釋經文] (二中 79上8)

悉以廣大心深心으로 恭敬尊重하고 承事供養하여 衣服

飮食과 臥具湯藥과 一切資生을 悉以奉施하며 亦以供養
一切衆僧하여 以此善根으로 廻向阿耨多羅三藐三菩提하
며 於其佛所에 恭敬聽法하고 聞已受持하여 隨力修行하
며 此菩薩이 觀一切法이 不生不滅이라 因緣而有하니라
모두 광대한 마음과 깊은 마음으로 공경하고 존중하고 받
들어 섬기고 공양하며, 의복과 음식과 좌복과 탕약과 모든
필수품으로 보시하며, 또한 일체 스님에게 공양하고, 이 선
근으로 아뇩다라삼먁삼보리에 회향하며, 그 부처님 계신 데
서 공경하여 법을 듣고 받아 지니며, 힘대로 수행하며, 이
보살이 일체 법이 나지도 않고 멸하지도 않아 인연으로 생
기는 줄을 관찰하느니라.

[疏] 二中에 先은 福行이오 次는 廻向行이오 後는 修智行이라 言觀一切法
不生不滅者는 卽法性觀이니 於淸淨法中에 不見增일새 故不生이오
煩惱妄想中에 不見減일새 故不滅이라
- b. 중의 a) 경문을 바로 해석함 중에 (a) 복덕의 행법이요, (b) 회향
하는 행법이요, (c) 지혜를 닦는 행법이다. '일체법이 나지도 않고 멸
하지도 않음을 관찰한다'고 말한 것은 법성의 관법이다. 청정한 법
중에 늘어남을 발견하지 못하므로 나지 않으며, 번뇌와 망상 중에 없
어짐을 발견하지 못하므로 멸하지 않는다.

[鈔] 第二位果라 不生不滅卽法性觀者316)는 約眞諦觀이니 則顯因緣而
有는 是因緣觀이며 是俗諦觀이라 不見增減者는 以法性中에 無淨穢

---

316) 者下에 南續金本有亦字.

故며 體無增減故며 性無二故니라
- 나) 제3지의 과덕이다. '나지 않고 멸하지 않음이 곧 법성의 관법'이란 진제(眞諦)의 관법에 의지한 분석이니, 인연으로 생김을 밝힌 것은 인연의 관법인 동시에 속제(俗諦)의 관법이다. '늘어나고 줄어듦을 발견하지 못한다'는 것은 법의 성품에는 깨끗하고 더러움이 없기 때문이며, 체성에는 늘어나거나 줄어듦이 없는 까닭이며, 성품이 둘이 아닌 까닭이다.

b) 마지막 구절을 개별로 해석하다[別釋末句] (因緣 79下4)

[疏] 因緣而有에 此有二義하니 一者, 成上이니 由淨法이 從緣生일새 故無可增이오 妄法이 從緣滅일새 故無可減이라 二, 約不壞相故니 雖體不生滅이나 不礙生滅이라 依對治因緣하야 離煩惱妄想일새 故滅이오 轉勝淸淨般若가 現前일새 故生이라 以一切法이 不生은 般若가 生故요 知一切法이 不滅은 妄想이 滅故라 以此로 該後니 則見縛等滅은 是不滅之滅也라

- b) (마지막 구절을 개별로 해석함에) 인연으로 생기는 것에 두 가지 의미가 있으니 (1) 위를 성취함이다. 청정한 법이 인연에서 생김으로 인해 증가하지 않으며, 허망한 법이 인연에서 멸함으로 인해 감소하지도 않는다. (2) 무너뜨리지 않는 모양에 의지한 까닭이니, 체성이 비록 나거나 없어지지 않지만 나고 없어짐에 구애되지 않는다. 다스리는 인연에 의지하여 번뇌와 망상을 여의었으므로 없어지는 것이요, 점점 뛰어나고 청정한 반야가 현전하므로 생기는 것이다. 일체법이 나지 않는 것은 반야가 생긴 까닭이요, 일체법이 없어지지 않음을 아는 것은

망상이 없어진 까닭이다. 이것으로 뒤를 포괄하면 '소견의 속박[見縛]' 따위가 없어짐은 '없어지지 않는 없어짐[不滅之滅]'이다.

[鈔] 一者成上者는 卽隨順觀世諦하야 卽入第一義也니라 二約不壞相者는 約卽眞之俗也니라 以一切法不生者는 卽大般若文이니 悟法無生을 名般若故로 知無可生³¹⁷⁾이오 照見惑源일새 故無可³¹⁸⁾滅也니라

- (1) 成上이란 세속제(世俗諦)를 수순하여 관찰하여 제일가는 이치에 들어간 해석이다. (2) 約不壞相이란 진제(眞諦)에 합치한 속제(俗諦)에 의지한 해석이다. '일체법이 나지 않는 까닭'이란 『대반야경(大般若經)』의 문장이니, 법이 나지 않음을 깨닫는 것을 반야라 이름한 연고로 생겨날 수 없음을 알았고, 미혹의 근원을 비추어 보았으므로 멸할 수 없음을 안다.

c) 말한 이유를 결론하다[結說之由] (又以 80上3)

[疏] 又以此三地에 世間이 滿故로 於禪定中에 爲此實觀하야 生起後地無生行慧니 亦卽善巧決定觀察智也니라

- c) 또 이 제3지에서 세간이 만족한 까닭으로 선정 속에서 이것을 실답게 관찰하기 위하여 다음 제4지의 '남이 없는 행법의 지혜[無生行慧]'를 일으키는 것이니, 또한 공교하고 확고한 관찰의 지혜[三地禪定]이기도 하다.

[鈔] 又以此下는 結說之由라

---

317) 生은 甲南續金本作滅.
318) 無可는 甲南續金本作妄.

- c) 又以此 아래는 말한 이유를 결론함이다.

c. 연마할 대상이 청정하다[所練淨] 2.
a) 미혹을 끊음에 대해 바로 밝히다[正明斷惑] (三所 80上9)

> 見縛이 先滅에 一切欲縛色縛有縛無明縛이 皆轉微薄하여 於無量百千億那由他劫에 不積集故로 邪貪邪瞋과 及以邪癡가 悉得除斷하고 所有善根이 轉更明淨하나니라
> 소견의 속박이 먼저 멸하고, 욕심의 속박 · 색계의 속박 · 무색계의 속박 · 무명의 속박이 점점 희박하여지고, 한량없는 백천억 나유타 겁에 모아 쌓지 아니하므로 삿된 탐욕 · 삿된 성내는 일 · 삿된 어리석음이 모두 끊어지고 모든 선근이 점점 더 밝고 깨끗하니라."

[疏] 三, 所練淨中에 先, 明斷惑이오 後, 揀細異麤라 前中에 五縛은 卽五住煩惱니 若合色有하면 卽是四縛이니 縛衆生故라 亦名四流니라 見縛先滅者는 初地見道에 已斷分別惑故라 一切欲等者는 論에 云,[319] 一切修道中에 三縛과 及彼因이 同無明習氣가 皆悉微薄이라하니 謂煩惱障이 三縛現行과 及種일새 故云彼因이라 與當地所知障種으로 同滅일새 故云同無明習氣니 習氣는 卽種義니라 瑜伽四十八에 云,[320] 捨欲貪故로 無欲縛이오 棄捨靜慮等持故로 斷有縛이라하니라

■ c. 연마할 대상이 청정함 중에 a) 미혹을 끊음에 대한 설명이요, b)

---

319) 論云, "論曰, 一切欲縛轉復微薄者 斷一切修道 欲色無色界所有煩惱 及彼因 同無明習氣 皆悉微薄遠離故 諸見縛者 於初地中見道時已斷 如經是菩薩一切欲縛轉復微薄"이라 하다.(대정장 권26 p.158-)
320) 인용문은『유가사지론』제48권 本地分 중 菩薩地 제15의 持隨法瑜伽處住品 제4의 내용이다.(대정장 권30 p.557 b-) [이와 같이 보살은 욕계의 탐냄을 떠나는 까닭에 욕심의 속박[欲縛]을 끊는다고 하며, 정려와 等

미세함이 거침과 다름을 구분함이다. a) 중에 다섯 가지 속박은 곧 다섯 가지의 머무는 번뇌이다. 만일 색계의 속박[色縛]과 무색계의 속박[有縛]을 합하면 네 가지 속박이 되나니, 중생을 속박하는 연고로 네 가지 폭류라고 이름하기도 한다. '소견의 속박이 먼저 멸한다'는 것은 초지의 견도위에 이미 분별과 미혹을 끊은 까닭이다. 일체의 욕심 등이란 논경에 이르되, "일체의 수도위 중에 욕계와 색계와 무색계의 속박[三縛]과 그 원인인 무명의 습기를 끊어 모두 경미해진다"고 하였다. 말하자면 번뇌장이 세 가지 속박의 현행과 종자이므로 '그 원인'이라 하였다. 그 지의 소지장의 종자와 함께 없어지는 연고로 '무명의 습기와 함께'라 하였으니 습기는 곧 종자의 뜻이다. 『유가사지론』 제48권에서는, "이와 같이 보살은 욕계의 탐냄을 떠나는 까닭에 '욕심의 속박[欲縛]을 끊는다'고 하며, 정려와 등지(等持)와 등지(等至)를 버리는 까닭에 '무색계의 속박[有縛]을 끊는다'고 한다"고 하였다.

[鈔] 若合色有者는 有當無色이니 今合爲一이라 卽上二界를 總名有縛이니 故爲四縛이라 四流³²¹는 如初二地說이니라 上에 辨開合이오 二, 見縛先滅下는 釋經이라 則五中에 初一은 見道所斷이니 已隔二地일새 故云先也라 論云下는 先, 擧論이오 後, 謂煩惱下는 釋論이라

言與當地所知障種同滅者는 以地地에 各別斷所知障하고 而種現을 雙斷이라 故로 此地初에 云 此地에 斷暗鈍障이라하니 謂所知障中의 俱生一分을 開成二愚와 及彼麤重이니 麤重은 卽是種子라 所知의 種

持와 等至를 버리는 까닭에 유의 속박[有縛]을 끊는다고 하며, 보살은 먼저의 승해행지(勝解行地)에서 법진여(法眞如)에 대하여 훌륭한 앎을[勝解] 닦은 까닭에 이미 소견의 속박[見縛]을 끊고 삿된 탐욕과 성냄과 어리석음을 다 마쳐서 굴리지 않는다. 널리 모든 부처님을 뵙고 착한 뿌리가 맑고 깨끗한 것은 앞에서와 같은 줄 알아야 한다.]

321) 流下에 南續金本有義字.

現은 體卽無明일새 故云無明習氣니 習氣는 卽是麤重이니 其俱生煩惱는 若約現行인대 亦地地別斷이니 故與所知障種現으로 俱滅이니라 煩惱種子는 直至金剛하야사 方永斷盡이라 今約現行일새 故得云滅이니라 若約種子인대 但言微薄이니 以現斷故로 種隨가 微薄이라 又斷現故로 亦得薄名이니라

● '만일 색계의 속박과 무색계의 속박을 합하면'에서 유(有)는 무색계에 해당하나니 지금 합하여 하나가 되었다. 곧 위의 두 세계를 통틀어 '유박(有縛)'이라 하였으므로 네 가지 속박이 된다. 네 가지 폭류는 초지와 제2지에 설한 내용과 같다.322) (a) 전개하고 합함을 밝힘이요, (b) 見縛先滅 아래는 경문을 바로 해석함이다. 다섯 가지 속박 중에 처음 하나는 견도위일 적에 끊어지나니 이미 제2지와 떨어져 있으므로 '먼저'라 이름하였다. ㉠ 論云 아래는 논경을 거론함이요, ㉡ 謂煩惱 아래는 논경을 해석함이다.

'그 지(地)의 소지장의 종자와 함께 멸한다'고 말한 것은 지와 지마다 각기 따로 소지장을 끊고 종자와 현행을 함께 끊는다. 그래서 이 제3지의 첫 부분에 "이 지(地)에서 어둡고 둔한 장애를 끊는다"고 하였다. 말하자면 소지장 중의 구생(俱生)번뇌의 일부분을 전개하여 두 가지 어리석음과 그 추중번뇌를 이루나니, 추중번뇌는 바로 종자를 가리킨다. 소지장의 종자와 현행은 체성이 무명이므로 '무명의 습기'라 하나니, 습기가 바로 추중(麤重)번뇌이다. 그 구생번뇌는 만일 현행에 의지하면 또한 지(地)와 지(地)마다 따로 끊는 것이니, 그러므로 소지장의 종자와 현행과 함께 멸한다. 번뇌의 종자는 바로 금강유정(金剛喩定)에 가야만 비로소 영원히 다 끊게 된다. 지금은 "현행(現行)에 의지한

---

322) 초지는 崑字卷下 14下3과, 二지는 岡字卷 66上9에 보인다. (譯者註)

까닭에 없앤다"고 말하였다. 만일 종자(種子)에 의지한다면 단지 '경미해진다'고만 말했을 것이니, 현행이 끊어진 연고로 종자가 따라서 경미해지고, 또 현행을 끊었으므로 또한 '경미하다'고 말하기도 한다.

b) 미세함이 거침과 다름을 구분하다[揀細異麤] (後於 81上8)

[疏] 後, 於無量下는 揀細異麤니 謂是斷細는 以多劫에 不積三不善根故로 細種이 漸斷에 善根이 轉淨이라 言多劫者는 仁王經에 說初地가 經四阿僧祇劫하고 二地는 五요 三地는 六이라하니라 細障은 難斷일새 經劫이 轉多라 多劫에 不積故로 邪貪等이 斷이라 然但斷細習이오 非是斷麤니 麤障見道는 初地에 已斷이요 麤障修者는 二地에 已斷故라 善根轉淨은 卽前信等이니라

■ b) 於無量 아래는 미세함이 거침과 다름을 구분함이다. 말하자면 미세한 번뇌를 끊는 것은 오랜 세월 동안 세 가지의 착하지 않은 뿌리를 쌓지 않은 까닭에 미세한 종자를 점차 끊나니 선근이 점점 깨끗해진다는 뜻이다. 다겁(多劫)이란 『인왕반야경』에서 "초지는 4아승지겁을 지나고, 제2지는 5아승지 겁을, 제3지는 6아승지 겁을 지난다"고 한 것을 뜻한다. 미세한 장애는 끊기 어려우므로 걸리는 세월이 더욱 많다. 많은 세월 동안에 쌓지 않은 연고로 삿된 탐심 등이 끊어진다. 그러나 단지 미세한 습기만 끊어질 뿐이요, 추중번뇌가 끊어진 것은 아니다. 견도(見道)를 거칠게 장애하는 것은 초지에서 이미 끊어졌고, 거친 장애를 닦는 것은 제2지에 이미 끊어졌기 때문이다. 선근이 더욱 깨끗해짐은 곧 앞의 믿음 따위의 심소(心所)를 가리킨다.

[鈔] 揀細異麤者는 望於二地일새 故得名細요 非望後地하야 已得細名이니라 麤障見道者는 卽分別起라 麤障修者는 二地已斷者는 然이나 煩惱가 有三하니 一, 正起者는 初地에 斷이오 二, 誤心起者는 二地에 已斷이오 三, 不善根使의 任運性成은 三地已上에 漸次斷之라 又貪等惑이 略有二種하니 一者는 不善이니 凡夫所起요 二者는 是善이니 愛佛을 名貪이오 憎厭世間을 說之爲瞋이오 分別有無를 說以爲癡라 上三處斷은 是不善煩惱라 善煩惱斷에 亦有三處하니 一者는 正起니 地上에 漸斷하고 八地時에 盡이오 二者는 習起니 八地已上에 漸次除斷하고 十地時에 盡이라 三者는 使性은 至佛乃盡이라 今此는 但斷不善之性일새 不說現斷이니 至七地中하야사 方說斷於求佛貪等이니라

● '미세함이 거침과 다름을 구분함'이란 제2지와 비교한 까닭에 미세하다고 이름한 것이요, 뒤의 지(地)와 비교하여 미세하다고 이름한 것은 아니다. '견도를 거칠게 장애한다'라 말한 것은 분별이 일어난다는 뜻이다. '거친 장애를 닦는 것은 제2지에 이미 끊었다'고 한 것은 그런데 번뇌가 셋이 있으니 (1) 바로 일어나는 것은 초지에서 끊었고 (2) 잘못된 마음이 일어나는 것은 제2지에서 이미 끊었으며 (3) 착하지 않은 뿌리의 속박이 마음대로 성품을 이룬 것은 제3지 이상에서 점차로 끊어간다. 또 탐냄 등의 미혹이 대략 두 종류가 있으니 1) 착하지 않은 심소이니 범부가 일으키는 바이고, 2) 착한 심소이니 부처 좋아하는 것을 '탐낸다'고 하고, 세상 미워하는 것을 '성낸다'고 하며, 있고 없음을 분별하는 것을 '어리석다'고 말한다. 위의 세 곳에서 끊는 것은 착하지 않은 번뇌이다. 착한 번뇌를 끊는 것도 역시 세 곳이 있다. 1) 바로 일어남이니 십지의 이상의 지위에 점차 끊고 제8지에서 모두 끊으며, 2) 습기가 일어남이니 제8지 이상에서 점차로 끊어 없

애고, 제10지에서 모두 끊는다. 3) 성품을 속박함은 부처님 지위에 가서야 비로소 끊는다. 지금 이것은 단지 착하지 않은 성품만 끊었으므로 '현행이 끊어졌다'고 말한 것은 아니니, 제7지에 가서야 비로소 "부처 구하는 탐심 따위를 끊는다"고 말하는 까닭이다.

(ㄴ) 비유로 밝히다[喩] (喩言 82上5)

佛子여 譬如眞金을 善巧鍊治에 秤兩不減하고 轉更明淨인달하니라
"불자여, 마치 진금을 공교롭게 연단하면 근량이 줄지 않고 더욱 밝고 깨끗하여지는 것 같으니라."

[疏] 喩言秤兩不減者는 厭離世間이 勝於前地요 信等이 入於厭火일새 故로 自在不失減也니라
- (ㄴ) 비유로 '근량이 줄지 않는다'고 말한 것은 세간을 싫어함이 앞지(地)보다 뛰어난 것이요, 믿음 따위가 싫어하는 불 속에 들어가는 까닭에 자재하여 줄지 않는다.

(ㄷ) 법과 비유를 합하다[合] 2.
a. 바로 합하다[正合] (三合 82下2)

菩薩도 亦復如是하여 住此發光地에 不積集故로 邪貪邪瞋과 及以邪癡가 皆得除斷하고 所有善根이 轉更明淨하나니 此菩薩이 忍辱心과 柔和心과 諧順心과 悅美心과

不瞋心과 不動心과 不濁心과 無高下心과 不望報心과 報恩心과 不諂心과 不誑心과 無險詖心이 皆轉淸淨323)이니라

"보살도 그와 같아서 이 발광지에 머무르면 모아 쌓지 아니하므로 삿된 탐욕·삿되게 성내는 일·삿된 어리석음이 모두 끊어지고, 모든 선근이 점점 더 밝고 깨끗하여지나니, 이 보살의 참는 마음·화평한 마음·화순하는 마음·아름다운 마음·성내지 않는 마음·동하지 않는 마음·혼탁하지 않은 마음·높고 낮음이 없는 마음·갚음을 바라지 않는 마음·은혜를 갚는 마음·아첨하지 않는 마음·속이지 않는 마음·험피하지 않은 마음들이 점점 청정하여지느니라."

[疏] 三, 合中에 二니 先, 正合前行淨이오 後, 此菩薩下는 別顯忍淨이라 此地에 忍增일새 故偏明之라 有十三心이니

- (ㄷ) 법과 비유를 합함 중에 둘이니 a. 앞의 행법이 청정함과 바로 합함이요, b. 此菩薩 아래는 법인이 청정함을 따로 밝힘이다. 이 지(地)에 법인이 늘어나므로 치우쳐 밝힌 것이다. (여기에) 13가지 마음이 있다.

b. 개별로 밝히다[別顯] 2.
a) 두 구절은 총상이다[初二總] (初二 82下3)

---

323) 詖는 麗本作詃, 宮普嘉淸續金等本作詖, 宋元明本準大正作詃, 準弘昭本作詖; 案詖詃는 妙嚴品主林神하니 經疏鈔各本皆作詃詖, 離世間品十種腹經文唯宋論本作詃詖, 妙嚴品慧苑音義作詖.

[疏] 初二句는 爲總이니 一, 他加惡辱이라도 能忍受故요 二, 善護他心이니 謂他人이 陵我以剛强하야도 我則騁之以柔和故라 下諸句는 別釋此二라
- a) 처음 두 구절은 총상이니 (1) 남이 나쁜 욕을 퍼붓더라도 능히 참고 감수하는 까닭이요, (2) 남의 마음을 잘 보호하나니, 말하자면 남이 나를 억세게 능멸하더라도 나는 부드럽게 화합함으로 화답하는 까닭이다. 아래 여러 구절도 이 두 가지를 따로 해석하였다.

[鈔] 他人陵我者는 卽借老子之言이니 彼云柔弱이 勝剛强이라하고 又云, 天下之至柔가 馳騁天下之至堅이라하니 例而用之耳니라
- '남이 나를 억세게 능멸한다'는 것은 노자(老子)의 말씀을 빌려온 내용이다. 저 『노자(老子)』에 이르되, "약한 것이 단단한 것을 이긴다"고 하였고, 또 "천하에서 가장 유약한 것이 천하에서 가장 단단한 것을 부린다"고 하였으니 유례하여 써야 할 것이다.

b) 11가지 마음은 별상이다[後十一別] 4.
(a) 두 마음은 남을 잘 보호하는 마음[初二心分別善護他心]
(初有 82下8)
(b) 세 마음은 악을 가해도 참고 감수하는 마음[次三心分別加惡忍受]
(次以)

[疏] 初, 有二心은 分別善護他心이니 一, 諧順心者는 以他가 於菩薩에 作惡하야 疑菩薩瞋恨하면 菩薩이 現同伴侶하야 與之諧和요 二, 悅美者는 愛語로 誨誘라 次, 以三心은 分別加惡忍受니 謂身加惡而不

瞋이오 口毁辱而不動이오 心嫉害而憂惱가 不能濁이라 以萬頃之
陂324)로 方其量故라

- b) (뒤의 11가지 마음은 별상이니) 그중에 (a) 두 가지 마음[諧順心, 悅美心]
은 남을 잘 보호하는 마음으로 분별한다. (1) '화순하는 마음'이란
남이 보살에게 악을 지어 보살이 성내고 원한 살까 의심하면 보살이
친구로 나타나 그와 함께 화순하고 (2) '아름다운 마음'이란 사랑스
러운 말로 가르쳐 이끄는 것을 뜻한다. (b) 세 가지 마음[不瞋心, 不動
心, 不濁心]은 악을 가해도 참고 감수하는 마음으로 분별하였다. 말
하자면 몸으로 악을 가해도 성내지 않으며, 입으로 헐뜯고 욕하더라
도 동요하지 않으며, 마음으로 질투하고 해치더라도 근심과 번뇌가
흐리게 하지 않는다. 만 이랑의 파도로 그 분량을 견주는 까닭이다.

[鈔] 以萬頃之陂者는 蔡邕이 歎郭林宗云호대 汪汪若萬頃之陂하야 既撓
之不濁하고 亦澄之不淸이라하니 言其量大也니라

- '만 이랑의 파도'는 채옹(蔡邕)325)이 곽림종(郭林宗)을 찬탄하면서 "넓
고 넓은 것이 만 이랑의 파도 같아서 흔들어도 흐려지지 않고 맑히더
라도 깨끗해지지 않는다"고 하였으니, 그 분량이 크다는 말이다.

(c) 세 마음은 위의 두 가지 원인을 드러내다[次三心出上二因] (次有)
(d) 세 가지 마음은 위의 두 마음이 장애를 여읨임을 밝히다
　　[後三心顯上二心離障] (後三)

---

324) 陂는 金本作波 下鈔同.
325) 蔡邕 : 後漢代 詩人. 秦始皇代에 隸書와 篆書를 절충하여 八分이란 書體를 만들다.

[疏] 次有三心은 出上二因이니 無高下者는 過去에 久離憍慢故며 不自高擧며 輕下於彼일새 由此하야 能柔和護他라 後二는 即加惡不改之因이니 一, 不望報恩故로 益他被辱而忍受요 二, 受恩에 常念하야 小恩을 大報니 故로 衆生이 於我에 有恩하니 法爾應忍이라

後三心은 顯上二心離障이니 雖柔順護他라도 而非諂이오 實爲利益故로 不誑이오 心無隱覆諂佞故로 無險詖라 險詖者는 諂佞也라 餘皆可知니라

■ (c) 세 가지 마음[無高下心, 不望報心, 報恩心]은 위의 두 가지 원인을 드러냄이니, '높고 낮음이 없다'는 것은 과거에 오래도록 교만을 여읜 까닭이며, 스스로 높이 들지 않으며 저를 깎아내리니, 이로 인해 능히 부드럽고 화평함으로 남을 보호한다는 뜻이다. 뒤의 둘은 악을 가해도 바뀌지 않는 원인이니 (1) 은혜에 보답하기를 바라지 않기 때문에 더욱 저들에게 욕을 당하더라도 참고 감수하며, (2) 은혜를 받으면 항상 기억하고 있다가 작은 은혜에 크게 보답한다. 그래서 중생이 나에게 은혜가 있는 것이니, 법이 으레 그러하여 참아야 한다.

(d) 뒤의 세 가지 마음[不諂心, 不誑心, 無險詖心]은 위의 두 마음이 장애 여읜 것을 밝힘이다. 비록 유순함으로 남을 보호하더라도 아첨하는 것이 아니요, 실제로 이익이 되는 연고로 속이지 않는 것이요, 마음속에 숨기고 덮고 아첨하고 아양떠는 것이 없는 연고로 치우치고 잘못됨이 없다. 험피(險詖)란 아첨과 아양떠는 마음이며, 나머지는 모두 알 수 있으리라.

[鈔] 二受恩者는 即涅槃文이니 十行에 已引하니라 衆生이 於我有恩者는 若無衆生하면 不能成我普賢行故니라 險詖者는 毛詩序에 云, 內有

進賢之志하고 而無險詖326)之心이라하니라 蒼頡篇에 云, 詖는 謂諂佞 也라하니라

● '(2) 은혜를 받으면'이란 곧 『열반경』의 문장이니 십행품(十行品)에 이미 인용한 내용이다. '중생이 나에게 은혜가 있다'는 것은 만일 중생이 없었다면 나의 보현행을 성취하지 못했을 것이기 때문이다. 험피(險詖)란 『시경』 서문에 이르되 "안으로 어짊에 나아가려는 의지가 있으면서 남을 잘못되게 하려는 마음이 없다"고 하였다. 창힐(蒼頡) 편에 이르되 "피(詖)는 아첨하고 아양떤다는 뜻이다"라고 하였다.

ㄴ) 제3지의 행상을 구분하다[別地行相] (經/此菩 83下6)
ㄷ) 제3지의 양상을 결론하다[結說地相] (經/佛子)

此菩薩이 於四攝中엔 利行이 偏多하고 十波羅蜜中엔 忍波羅蜜이 偏多하며 餘非不修하되 但隨力隨分이니라 佛子여 是名菩薩의 第三發光地니라
"이 보살이 네 가지로 거두어 주는 법 중에는 이롭게 하는 행이 치우쳐 많고, 십바라밀다 중에는 참는 바라밀다가 치우쳐 많으니, 다른 것을 닦지 아니함은 아니지마는 힘을 따르고 분한을 따를 뿐이니라. 불자여, 이것을 이름하여 보살의 제3 발광지라 하느니라."

ㄴ. 보답으로 거둔 결과[攝報果] 2.

---

326) 險은 原南續本作論, 金本及詩卷耳序作險.

ㄱ) 훌륭하고 뛰어난 몸[上勝身] (二菩 83下10)

ㄴ) 훌륭하고 뛰어난 결과[上勝果] 2.

(ㄱ) 자분의 행법[自分行] (後能)

菩薩이 住此地에 多作三十三天王하며 能以方便으로 令諸衆生으로 捨離貪欲하고 布施愛語利行同事하나니 如是一切諸所作業이 皆不離念佛하고 不離念法하고 不離念僧하며 乃至不離念具足一切種과 一切智智니라

"보살이 이 발광지에 머물러서는 흔히 삼십삼천왕이 되며, 방편으로써 중생들로 하여금 탐욕을 버리고, 보시하고 좋은 말을 하고 이로운 행을 하고 일을 함께 하나니, 이와 같이 모든 하는 일이 모두 부처님을 생각하고 법을 생각하고 스님네를 생각함을 떠나지 아니하며, 내지 갖가지 지혜와 온갖 지혜의 지혜를 구족하려는 생각을 떠나지 아니하느니라.

[疏] 二, 菩薩住此下는 攝報果라 此下의 諸地攝報에 文皆分二니 初는 上勝身이오 後, 能以下는 上勝果라 果中에 一, 自分行이오

■ ㄴ. 菩薩住此 아래는 보답으로 거둔 결과이다. 이 아래의 여러 지에서 거둔 과보에 문장을 모두 둘로 나누었으니 ㄱ) 훌륭하고 뛰어난 몸이요, ㄴ) 能以 아래는 훌륭하고 뛰어난 결과이다. 결과 중에 (ㄱ) 자분의 행법이요,

(ㄴ) 승진의 행법[勝進行] (二復 84下1)

復作是念하되 我當於一切衆生中에 爲首며 爲勝이며 爲殊勝이며 爲妙며 爲微妙며 爲上이며 爲無上이며 乃至爲一切智智依止者라하나니 若勤行精進하면 於一念頃에 得百千三昧하여 得見百千佛하며 知百千佛神力하며 能動百千佛世界하며 乃至示現百千身에 一一身이 百千菩薩로 以爲眷屬이니라

또 생각하기를 '내가 중생들 가운데서 머리가 되고 나은 이가 되고 썩 나은 이가 되고, 묘하고 미묘하고, 위가 되고 위없는 이가 되고, 내지 온갖 지혜와 지혜의 의지함이 되리라' 하느니라. 만일 부지런히 정진하면 잠깐 동안에 백천 삼매를 얻고, 백천 부처님을 보고, 백천 부처님의 신통력을 알고, 백천 부처님의 세계를 진동하며, 내지 백천 가지 몸을 나타내고, 몸마다 백천 보살로 권속을 삼느니라.

[疏] 二, 復作是念下는 勝進行이니라

■ (ㄴ) 復作是念 아래는 승진의 행법이다.

[鈔] 攝報果[327]요 經云得百千三昧者는 初地는 百이오 二地는 千이니 此爲十倍라 三地는 百千이니 卽已百倍요 四地는 億數라 然其百千은 已用中等數法에 百百變之이니 方是一萬이라 若百萬이 爲億인대 四地를 望三에 亦是百倍라 五地는 千億이니 已是千倍요 六地는 百千億이라 若云百箇千億인대 亦是百倍라 若總云百千億인대 則數難分이라 七地는 百千億那由他니 則已有那由他倍니 由有百千億箇那由他

---

327) 攝報는 甲南續金本作勝進, 果下에 南續金本有中字.

故라 準阿僧祇品云인대 一百洛叉가 爲一俱胝라하니 此中等數라 洛叉는 爲億이오 俱胝는 當兆라 次云俱胝俱胝가 爲一阿庾多요 阿庾多阿庾多가 爲一那由他라하나니 自此已上은 皆用上等之數하야 倍倍變之라 故로 百千億那由他는 已非心識思量之境이온 況八地에 云百萬三千大千世界微塵數라하고 九地에 云百萬阿僧祇國土微塵數라하고 十地에 云不可說百千億那由他佛刹微塵數三昧等이라하니 此上三地는 皆以刹塵으로 當前一數니 故로 難思中의 難思也니라 況一一地中에 皆悉結云호대 若以殊勝願力인대 復過於此하야 百劫과 千劫과 百千億那由他劫에 不能數知라하니라 此約行布은 況圓融耶아 以登地는 難量일새 故略寄數하야 以揀深淺이라 空中鳥跡은 難可宣示니라 瓔珞에도 亦云328)호대 初地의 一念無相法身이 成就百萬阿僧祇功德하야 雙照二諦호대 心心이 寂滅하며 法流水中에 不可以凡心識으로 思量二種法身이온 況二地와 三地와 乃至等覺地아 但就應化道中하야 可以初地有百身과 千身과 萬身과 乃至無量身等이라하니라 釋曰, 據此等文인대 寄其數量은 非盡理說이니라

- ㄴ. 보답으로 거둔 결과이다. 경문에서 '백천 삼매를 얻고'라 말한 것은 초지에 백 가지요, 제2지에 천 가지이니 여기서 열 배이니 제3지는 백천 가지이다. 이미 백 배이며 제4지는 억의 숫자가 된다. 그러나 그 백천 가지는 이미 작용 중에 동등하게 법을 헤아리면 백의 백 배로 변

---

328) 인용문은 『菩薩瓔珞本業經』 상권의 제3 賢聖學觀品의 내용이다. (대정장 권24 p. 1016 a-) [불자여 초지에 일념무상의 법신과 지신은 백만 아승지 공덕의 법을 성취하고 二諦를 다 비추고 마음 마음마다 적멸하는 법류의 물 속에 흐르느니라. 범부의 심식으로서는 두 가지 법신을 헤아릴 수 없거늘 하물며 어떻게 二地·三地, 나아가 妙覺地까지를 헤아릴 수 있겠느냐? 다만 응화하는 道 중에 취함으로써 초지에 백신·천신·만신, 나아가 無量身까지가 있어 계박이 있고 해탈이 있는 것이니라. 그 법신은 마음 마음마다 적멸하는 법류(法流)의 물 속에 처하며 위로 일체 불법과 일체 과보를 구할 수 있음을 보지 않고, 아래로 무명의 모든 견해를 끊어야 하고 중생을 교화해야 함을 보지 않느니라. 다만 세간 진리[世諦]의 응화법 중에서는 부처를 구해야 하고, 모든 견해를 끊어야 하며 중생을 교화해야 함을 보느니라.]

할 것이니 비로소 '1만'이 된다. 만일 백만이 억이라면 제4지를 제3지와 비교하면 또한 백 배가 된다. 제5지는 천억 가지이니 이미 천 배이고, 제6지는 백천억이 된다. 만일 백 개의 천억이라 말한다면 또한 백 배라는 뜻이다. 만일 총합하여 백천억이라 한다면 헤아릴 수 없는 분량이리라. 제7지는 백천억 나유타이니 이미 나유타 배가 되나니, 백천억 개의 나유타이기 때문이다. 아승지품에 준하여 말하면 '1백의 낙차(洛叉)가 1구지(俱胝)가 된다'고 하니 이 가운데 동등하게 헤아린 것이다. "낙차는 억의 숫자요, 구지(俱胝)는 조(兆)에 해당한다. 다음으로 구지의 구지가 1아유다(阿庾多)가 되고, 아유다의 아유다가 1나유타(那由他)가 된다"고 하였으니, 여기부터 이상은 모두 위와 동등한 숫자를 사용하여 배의 배로 변하는 내용이다. 그러므로 백천억 나유타는 이미 마음의 인식으로 생각할 수 있는 경계가 아닐 텐데, 하물며 "제8지에 백만 삼천대천세계의 미진수라 하였고, 제9지에 백만 아승지의 국토의 미진수라 하였고, 제10지에 말할 수 없는 백천억 나유타의 불찰의 미진수 삼매 등이다"라고 하였다. 이 위의 4·5·6 세지(地)는 모두 세계의 티끌로 앞의 한 숫자에 해당하나니, 그래서 생각하기 어려운 중의 생각하기 어려운 숫자가 된다. 하물며 낱낱의 지(地)에서 모두 결론하되, "만일 뛰어난 원력으로 또 이보다 지나가서 한량없는 백 겁과 천 겁과 백천억 나유타 겁에도 이 숫자를 헤아릴 수 없다"라고 하였다. 이것은 항포문에 의지한 분석인데 하물며 원융문이겠는가? 십지에 오른 것은 헤아리기 어려운 것이므로 대략 숫자에 의탁하여 깊고 얕음을 구분하였으며 허공의 새 발자취는 내보이기 어려운 것이다. 『보살영락경』에도, "불자여, 초지에 일념무상의 법신(法身)과 지신(智身)은 백만 아승지 공덕의 법을 성취하고, 이제(二諦)

를 다 비추고 마음 마음마다 적멸한 법류의 물속을 흐른다. 범부의 심식으로는 두 가지 법신을 헤아릴 수 없거늘 하물며 어떻게 제2지·제3지, 나아가 묘각지(妙覺地)까지를 헤아릴 수 있겠느냐? 다만 응화하는 도(道) 중에 취함으로써 초지에 백 신·천 신·만 신, 나아가 무량신(無量身)까지가 있어 계박이 있고 해탈이 있다"라고 하였다. 해석하자면 이런 등의 경문에 의거한다면 그 수량에 의탁한 표현은 이치를 다해 말한 것이 아니라는 뜻이다.

ㄷ. 서원과 지혜의 결과[願智果] (經/若以 85下4)

若以菩薩殊勝願力으로 自在示現인댄 過於此數하여 百劫千劫과 乃至百千億那由他劫에도 不能數知니라
만일 보살의 훌륭한 원력으로 자재하게 나타내면, 이보다 지나가서 백겁 천겁으로 내지 백천억 나유타 겁에도 능히 세어서 알 수 없느니라."

(3) 거듭 노래하는 부분[重頌分] 5.

가. 염행을 일으키는 부분을 노래하다[初一偈頌起厭行分] (第三 85下9)

爾時에 金剛藏菩薩이 欲重宣其義하여 而說頌曰,
그때 금강장보살이 이 뜻을 다시 펴려고 게송으로 말하였다.

淸淨安住明盛心과　　　厭離無貪無害心과
堅固勇猛廣大心이여　　智者以此入三地로다
청정하고 잘 머물고 밝고 성한 맘
싫어하고 탐심 없고 해치지 않고
견고하고 용맹하고 넓고 큰 마음
지혜로운 이 이것으로 3지에 든다.

[疏] 第三, 重頌이라 十八頌을 分五하니 初一은 頌起厭行分이라
■ (3) 거듭 노래하는 부분이다. 18개의 게송을 다섯으로 나누었으니
　　가. 한 게송은 염행을 일으키는 부분을 노래함이다.

나. 12개의 게송은 염행의 부분을 노래하다[次十二偈頌厭行分] 3.
가) 두 게송은 번뇌를 막는 행법을 노래하다[初二偈頌護煩惱行]
(二有 86上4)

菩薩住此發光地에　　　觀諸行法苦無常과
不淨敗壞速歸滅과　　　無堅無住無來往하며
보살이 발광지에 머물고 보니
모든 법이 괴롭고 깨끗하지 않고
무상하고 파괴되고 빨리 멸하고
굳지 않고 안 머물고 왕래가 없어

觀諸有爲如重病하여　　憂悲苦惱惑所纏이요
三毒猛火恒熾然하여　　無始時來不休息이로다

하염 있는 모든 법 중병과 같고
슬퍼하고 괴롭고 번뇌에 속박
삼독의 맹렬한 불 성하게 타서
끝없는 옛적부터 쉬지 않으며

[疏] 二, 有十二頌은 頌厭行分이라 於中에 初二는 護煩惱行이오
■ 나. 12개의 게송은 염행의 부분을 노래함이다. 그중에 가) 처음의 두 게송은 번뇌를 막는 행법을 노래함이요,

나) 세 게송은 소승을 막는 행법을 노래하다[次三偈頌護小乘行]

(次三 86下1)

厭離三有不貪着하고　　　　專求佛智無異念하니
難測難思無等倫이며　　　　無量無邊無逼惱로다
삼유를 다 여의어 탐하지 않고
부처님의 지혜 구해 딴생각 없고
헤아리기 어렵고 짝할 이 없어
한량없고 그지없고 핍박도 없다.

見佛智已愍衆生하되　　　　孤獨無依無救護하며
三毒熾然常困乏하며　　　　住諸有獄恒受苦하며
부처 지혜 보고 나니 딱하다 중생
고독하여 의지 없고 구제할 이 없어
삼독 불이 치성한데 항상 곤하고

생사 옥에 있으면서 고통받도다.

煩惱纏覆盲無目하며　　　志樂下劣喪法寶하며
隨順生死怖涅槃하니　　　我應救彼勤精進이로다
번뇌에 덮이어서 눈이 멀었고
마음이 용렬하여 법보 잃으며
생사를 따르노라 열반을 공포
내가 저를 구하려고 항상 정진해.

[疏] 次三은 護小乘行이오
■ 나) 세 게송은 소승을 막는 행법을 노래함이요.

다) 일곱 게송은 방편으로 중생을 섭수하는 행법을 노래하다
　[後七偈頌方便攝行] (後七 87上6)

將求智慧益衆生하되　　　思何方便令解脫고하여
不離如來無礙智하니　　　彼復無生慧所起로다
지혜 얻어 중생을 이익하려면
어떠한 방편으로 해탈하게 하리.
여래의 큰 지혜를 여의지 않고
생멸 없는 슬기로 일으켰도다.

心念此慧從聞得하고　　　如是思惟自勤勵하여
日夜聽習無間然하여　　　唯以正法爲尊重이로다

생각하니 이 지혜 들어서 얻고
이리하여 부지런히 애를 쓰면서
밤낮으로 듣고 익혀 쉬지 않으며
오로지 바른 법을 존중하도다.

國城財貝諸珍寶와　　　　　妻子眷屬及王位를
菩薩爲法起敬心하여　　　　如是一切皆能捨로다
나라와 재물이며 모든 보물과
처자나 권속들과 국왕의 자리
보살이 법을 위해 공경한 마음
이와 같은 모든 것 능히 버리고

頭目耳鼻舌牙齒와　　　　　手足骨髓心血肉이여
此等皆捨未爲難이요　　　　但以聞法爲最難이로다
눈과 머리, 귀와 코, 혀와 치아와
손과 발과 골수와 염통과 혈육
이런 것 다 버려도 어렵잖지만
바른 법 듣는 일이 가장 어려워.

設有人來語菩薩하되　　　　孰能投身大火聚오
我當與汝佛法寶라하면　　　聞已投之無怯懼로다
어떤 사람 보살에게 와서 하는 말
누구나 큰 불구덩이에 몸을 던지면
그에게 불법 보배 일러 주리라.

이 말 듣고 몸 던져도 겁날 것 없어

假使火滿三千界라도 　　　　身從梵世而投入이니
爲求法故不爲難이어든 　　　況復人間諸小苦아
맹렬한 불 삼천세계 가득 찼는데
범천에서 몸을 던져 뛰어든대도
법을 듣기 위하여선 어렵잖거든
인간의 작은 고통 참지 못하랴.

從初發意至得佛히 　　　　其間所有阿鼻苦를
爲聞法故皆能受어든 　　　何況人中諸苦事아
처음 마음 낸 때부터 부처 되도록
그동안에 닥쳐오는 지옥 고통도
법을 듣기 위하여서 능히 받거든
인간의 모든 괴로움 말도 말아라.

[疏] 後七은 方便攝行이니라
■ 다) 일곱 게송은 방편으로 중생을 섭수하는 행법을 노래함이다.

다. 한 게송은 염분과 염행의 결과 부분을 노래하다
　　[次一偈頌厭分及果分] (三一 87上9)

聞已如理正思惟하여 　　　　獲得四禪無色定하며
四等五通次第起나 　　　　　不隨其力而受生이로다

법문 듣고 이치대로 생각해 보아
사선정과 무색계의 삼매 얻으며
자·비·희·사 오신통이 생겨난 대로
그 힘으로 태어나진 아니하리라.

[疏] 三, 一은 頌厭分과 及果라
■ 다. 한 게송은 염분과 염행의 결과 부분을 노래함이다.

라. 네 게송은 제3지의 과덕을 노래하다[次四偈頌位果] (四三 87下6)

菩薩住此見多佛하여   供養聽聞心決定하며
斷諸邪惑轉淸淨하니   如鍊眞金體無減이로다
3지보살 수많은 부처님 보고
공양하고 법문 들어 마음이 결정
삿된 의혹 다 끊으니 더욱 청정해
진금을 연단해도 근량 안 줄 듯.

住此多作忉利王하여   化導無量諸天衆하되
令捨貪心住善道하여   一向專求佛功德이로다
이 보살은 도리천왕 쉽게 되어서
한량없는 하늘 대중 다 교화하고
탐욕 마음 버리고 선도에 있어
한결같이 부처 공덕 구하게 하며

佛子住此勤精進하여　　　百千三昧皆具足하며
見百千佛相嚴身이나　　　若以願力復過是로다
불자들이 여기서 정진 잘하여
백천 삼매 구족하고 백천 부처님
상호로 장엄한 몸 모두 보지만
서원하는 힘으로는 이보다 지나

[疏] 四, 三頌은 頌位果라
■ 라. 세 게송은 제3지의 과덕을 노래함이다.

마. 한 게송은 결론을 노래하다[後一偈結說] (五一 87下9)

一切衆生普利益이　　　彼諸菩薩最上行이니
如是所有第三地를　　　我依其義已解釋이로다
일체 중생 모두 다 이익하게 하는
저 여러 보살들의 가장 좋은 행
이와 같은 제3지 모든 인행을
내가 지금 이치대로 해석했노라.

[疏] 五, 一頌은 結說이라 三地는 竟하다
■ 마. 한 게송은 결론을 노래함이다. 제3절 광명을 내는 지는 마친다.

제3절 발광지(發光地) 終

화엄경청량소 제18권

| 초판 1쇄 발행_ 2019년 10월 28일

| 저_ 청량징관
| 역주_ 석반산

| 펴낸이_ 오세룡
| 편집_ 손미숙 박성화 김정은 이연희 김영미
| 기획_ 최은영 곽은영
| 디자인_ 김효선 고혜정 장혜정
| 홍보 마케팅_ 이주하

| 펴낸곳_ 담앤북스
　　　　서울특별시 종로구 새문안로3길 23 경희궁의 아침 4단지 805호
　　　　대표전화 02)765-1251 전송 02)764-1251 전자우편 damnbooks@hanmail.net
　　　　출판등록 제300-2011-115호

| ISBN 979-11-6201-193-5 04220

정가 30,000원